생활법률 솔루션

법과 생활

법학박사 김동근
법학박사 이기원 공저
변 호 사 최나리

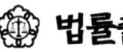 법률출판사

머 리 말

현대사회를 살아가는 사람들은 법의 홍수시대를 사는 것과 같다. 무슨 법이 그리 많은지 각종 사안에 법적용을 하는 실무가들조차도 어려워 할 정도이다. 더구나 각 법조문의 용어들 또한 너무나 추상적이거나 난해한 표현들로 구성되어 있어 일반인들이 이해하기에는 쉽지가 않다. 이러다보니 일반인들의 입장에서, 법은 전문가들만의 특수한 분야라 인식하고 외면해 왔던 것이 사실이다.

사실 우리 일상의 대부분은 법과 관련되어 있다. 아침에 대중교통을 이용하는 것에서부터 마트에서 물건을 사는 일, 부동산을 구입하는 일, 근로계약을 체결하는 일까지 어느 하나 법률적 문제와 연결되지 않는 것이 없는 실정이다. 그러면서도 법에 대해 무심하게 지내온 것이 현실이다.

이러한 현실로 인해 보다 쉬운 이해를 위한 생활법률서적 발간의 필요성이 대두되게 되었다.

이를 위해 본서는 독자들이 내용상 어려워하는 부분을 보다 쉽게 이해할 수 있도록 하기 위하여 관련법규는 물론 핵심이론 및 관련 판례 그리고 Q&A의 형태로 각각의 해당 부분에 대한 사례까지 삽입함으로써 독자들에게 쉬우면서도 생동감이 있는 법률상식을 전하기 위해 노력을 아끼지 아니하였다.

본서의 전반을 훑어보아도 알 수 있듯이, 본서는 일반인에게는 알아두면 요긴한 실생활의 법률상식을, 법학도에게는 상아탑에서 배우는 교과서적 지식의 바탕위에 살아있는 법률실무지식을, 실무자들에게는 법 분야에 대한 다양한 지식을 전달해 줄 것으로 확신한다.

끝으로 어려운 여건 속에서도 본서의 출판을 위하여 불철주야 노력하신 법률출판사 김용성 사장님을 비롯하여 편집자 및 여러 임직원들에게 깊은 감사를 드리는 바이다. 또한, 앞으로도 본서의 최신성 유지를 위하여 판을 거듭하면서 개정되는 법령의 내용을 충실히 반영할 것이며, 사회변화에 따라 새롭게 부각되는 법률적 문제를 추가적으로 기술하고 해설해 나갈 것을 약속한다.

2018. 7.
공저자 씀

목 차

제1편 법의 기본 상식

제1장 법의 개념·기능 및 종류

제1절 법이란 과연 무엇일까?

1. 법이란?

뉴스나 라디오 등 여러 매체에서 여러 다양한 사건보도를 접할 수 있을 것이다. 만약 법이 존재하지 않는다면 사건이 발생할 경우 그에 따른 법적분쟁을 해결 할 수 없을 것이다. 이렇듯 법이 존재하지 않는다면, 사람들은 저마다 자신의 이익만을 주장하게 되어 서로의 의견을 조정할 수 없게 되므로 여러 사회적인 혼란을 겪을 것이다. 그래서 법은 현대에서 뿐만 아니라 먼 과거에서도 이러한 이유에서 존재하였다.

이러한 문제들에 대해 법적분쟁을 해결하고 사전에 문제발생이 되는 것을 예방하기 위해서법이 필요한 것이다. 그렇다면 우리가 흔히 알고 있는 법의 정의란 무엇인가?

법이란 일상생활에서 발생할 수 있는 여러 가지 분쟁을 해결하는 역할을 담당하는 것이다. 이렇게 사회 구성원들의 합의에 의해 만들어 진다. 이런 합의에 의해 만들어진 법은 강제성을 가진 규칙으로써 다양한 생활에서 발생할 수 있는 여러 가지 법적 분쟁을 해결하는 기능을 담당하는 것이다.[1]

대부분의 법학자들은 법을 사회규범이라고 주장하기 때문에 우리는 사회규범에 관해서 간략히 살펴 볼 필요가 있다.

---

[1] 법에 대해서 자세히 살펴보면 ① 법은 국가에 의해 승인되고 강제되는 사회규범이다. 예컨대, 소크라테스는 '악법도 법이다'라는 말은 아무리 악법일지라도 국가가 법으로 승인하고 사회를 지배하는 한 악법일지라도 거부 할 수 없다. ② 법은 사회의 일반인 또는 평균인을 대상으로 하는 현실적 기준이다. ③ 법은 개인의 내재된 심성보다는 외부에 나타난 표현을 더 중요시하고, 과거의 사실보다는 현존의 질서를 우선시하는 규범이다.

사회규범이란 우리가 사회생활을 하면서 지켜야 할 다양한 규칙을 말한다. 사회규범의 종류에는 도덕, 관습, 종교 등을 들 수 있다. 이에 대한 정의를 간략히 살펴보면 다음과 같다.

(1) 관습이란 어떠한 행위가 오랜 세월 동안 반복되어온 규범을 말한다. 예컨대, 결혼 풍습이나 장례 풍습 등의 경우.

(2) 종교란 초자연적인 절대자의 힘에 의존하여 인간생활의 고뇌를 해결하고 삶의 궁극적 의미를 추구하는 것을 말한다. 예컨대, 증인이 증인석에서 선서하는 경우

(3) 도덕이란 인간이 지켜야 할 도리나 바람직한 행동규범을 말한다.

법	도덕
정의(正義)의 실현	선(善)의 실현
인간의 외면적 행위 규율(양면성)	내면적 양심, 동기중시
강제성 중시	비강제성
양면성(의무와 권리) 중시	일면성(의무의 성격이 강함) 중시
타율성 중시	자율성 중시

2. 법의 기능에 대해

법의 기능에 대해서도 살펴보면 다음과 같다.

(1) 분쟁을 해결하는 기능을 가진다.

사인과 사인 간의 관계에서 법적분쟁이 발생할 경우에 사람들은 자신의 이익을 먼저 생각할 것이다. 이러한 법적분쟁을 해결하는 기능을 가지는 것이다. 따라서 법적분쟁의 처리기준은 객관적이고 공정해야 한다.

(2) 질서유지 기능과 공공복리를 담당하는 기능을 한다.

법은 사회의 평화와 질서를 유지하는 기능을 가진다. 사인과 사인간의 법적분쟁을 해결하여 사회 평화와 질서를 유지시켜 주고, 범죄행위로 인해 사회의 질서가 흔들리는 것을 막아주기도 한다. 예컨대, 범죄로부터 우리 주변의 사람들의 신체, 생명, 재산을 보호해주는 기능을 한다.

(3) 정의와 인권의 수호에 이바지하는 기능을 한다.

예컨대, 각종 재판제도와 청원제도 등의 경우이다.

3. 법 관련 기관의 종류에 대해

법 관련 기관의 종류에 대해 살펴보면 입법작용을 하는 기관(입법부), 사법작용을 하는 기관(사법부), 행정작용을 하는 법(행정부) 관련 기관으로 나누어 볼 수 있다.

(1) 입법작용을 하는 기관(입법부)

입법작용이란 국가의 통치권에 의하여 국가와 국민, 국민과 국민 상호간의 관계에 관한 법률 을 제정하는 것을 말한다. 헌법은 법을 제정하는 입법권이 '국회'에 있음을 분명히 하고 있다. 즉 국민의 재산과 자유에 대한 기본적인 사항은 민주적 정당성이 있는 국민의 대표기관인 국회에서 제정하는 것이 바람직하다고 본다.

(2) 사법작용을 하는 기관(사법부)

사법작용이란 어떠한 분쟁이 발생하면 법관이 법적인 내용에 대해서 살펴보는 것을 말한다. 즉, 재판을 하는 것을 말하는 것이다.

> 법조삼륜이란 판사[2], 검사[3], 변호사[4]를 지칭하는 말이다.

(3) 행정작용을 하는 법 관련 기관(행정부)

행정작용이란 국회에서 제정된 법률에 그 근거를 두고 이 법률을 직접 국민들에게 집행하는 국가의 작용을 말한다. 예컨대, 읍·면·동사무소에서 일하는 공무원, 중앙행정기관의 공무원 등이다.

---

[2] 판사는 재판의 모든 절차를 주관하는 일을 담당하면서, 최종적으로 사건에 관한 법적인 판단을 선고하는 역할을 담당하고 있다.
[3] 검사는 범죄가 인정될 만한 범죄 혐의자를 수사한 뒤에 죄가 있다고 판단되는 경우 혐의자를 기소하고, 이렇게 기소함으로써 형사 재판 절차가 시작되도록 이끄는 역할을 담당하고 있다.
[4] 변호사는 소송 당사자의 의뢰를 받아 변론 등의 소송에 대한 전 과정을 당사자 대신에 집행하는 역할을 담당하고 있다.

제2절 법의 어원에 대해

1. 법의 의미를 한자어로

법(法)을 한자로 하나하나씩 살펴보아야 할 필요성이 있다. 법은 물 '수(水)', 갈 '거(去)'와 해태 치(廌)의 세 가지 뜻글자를 합하여 '법(法)'이라고 한다. 이런 세 가지 뜻의 글자를 해석해보면 다음과 같다.

① 물 수(水)는 수면과 같이 평평함을 뜻하는 것으로 법에 있어서 공평(公平)을 의미한다.

② 갈 거(去)는 악을 제거하는 응징적인 요소를 뜻하는 것으로 법에 있어서 강제성(强制性)을 의미한다.

③ 해태 치(廌)는 시비선악을 가리는 전설적 동물[5]로서 법에 있어서는 정의(正義)를 상징한다.

2. 착한 사마리아인법

우리는 교회에서 목사님의 설교 중에 '착한 사마리아 인의 법'에 대해 들어 본적이 있을 것이다. 그렇다면 착한 사마리아인의 법이 무엇인가에 관해서 법적으로 접근하면 과연 어떠한 가에 대해서 궁금증이 생길 수도 있을 것이다. 이에 대해서 간략히 정리를 해보았다.

(1) 의의

신약 성서 누가복음서 10장에 등장하는 착한 사마리안의 비유에서 유래 되었다. 인간의 도덕적 의무에 대한 상징으로 널리 쓰이는 이야기 이다. 위험에 처해있는 사람에 대해서 그 사람의 신체나 생명을 구조하지 않는 경우에 처벌하는 법을 말한다.

---

5) '해태'라는 동물을 다음과 같이 표현하고 있다. 해태는 뿔이 하나 달렸고, 겉모습은 소를 닮기도 하고, 산양이나 사슴을 닮았다고 한다. 이 동물은 "옳고 그름과 굽고 곧은 것을 판별할 줄 알아서 재판을 할 때 해태를 놓아두면, 사악한 자나 부정한 자에게 가서 뿔로 그 자를 들이 받고 물어뜯어 부정을 가려냈다고 한다."

(2) 현행법과 사마리아인법

"우리나라 법에는 어디에도 착한 사마리아인 법에 관한 일반적인 조항을 살펴볼 수 없다. 불구조죄에 해당되어 처벌되지 않는다. 예컨대, 물에 빠진 사람을 보고 구조해줄 수 있음에도 불구하고 구조를 하지 않아 물에 빠진 사람이 죽은 경우라도 도덕적으로 비난을 받을 지라도 법적으로는 책임을 지지 않는 경우이다.

(3) 착한 사마리아인법의 요건

급박한 위험이 발생할 것, 도와줄 힘이 있는 자이어야 하고, 최소한의 구조의무를 가질 것을 요한다.

(4) 사마리아인의 법에 대한 생각

이 법이 제대로 실현되기 위해서는 응급상황이 발생해서 타인을 구조하려고 하였으나 좋지 않은 결과가 발생한 경우 구조자가 그 결과에 대해 책임을 지지 않는 법안이 도입되어야 할 것이다. 구조자가 구조를 하는 과정에서 뜻하지 않게 자기 자신이 부상을 당한 경우 그에 따른 보상에 관한 문제가 해결되어야 할 것이다.

3. 법률적 관계와 호의적 관계

우리가 살아가는 사회 생활관계 중에서 법에 의해 규율되는 다양한 사회 생활관계를 법률적 관계라고 한다. 그러나 법이라 하더라도 모든 사회생활에 대해서 강제적으로 통제하고 규제할 수는 없는 것이다. 예컨대, 남녀 간의 문제 등이다.

자기 자신이 자발적으로 곤경에 처해 있는 사람을 돕겠다는 호의적인 생각에 의해 곤경에 처한 사람에게 도움을 주는 사회 생활관계를 우리는 호의적 관계라고 한다. 예컨대, 같은 이웃집에 사는 사람이 출근 도중 같은 아파트 이웃을 태워 같이 출근하는 경우, 지나가던 사람이 자동차를 주차하는 과정에서 어려움을 겪는 것을 보고 주차하는 것을 도와주는 경우 등이다.

그러나 호의적 관계의 경우는 법률적 의무를 발생하는 것은 아니고 도움을 요하는 사람을 자기 스스로 대가성 없이 도와주는데 그 특징이 있는 것이다. 하지만 호의적 관계의 경우도 예외적으로 법률적 책임을 수반하는 경우가 발생할 수 있다. 상대방을 호의로 도움을 주었는데 그로인해 상대방에게 손해가 발생한 경우에는 그에 따른 손해배상을 해주어야 경우도 발생할 수 있다. 예컨대, 같은 아파트에 사는 이웃이 출근 중에 같은 아파트 이웃을 태워 같이 출근하는 도중 그만 다른 차와 부딪혀 옆에 타고 있던 아파트 이웃이 다친 경우이다.

그러나 이러한 경우에도 위법성조각사유에 해당되는 피해자가 승낙(제24조)하는 경우에는 책임을 지지 않는다.

제3절 법의 기본원리

법의 기본원리에 관련된 원칙들 중 몇 가지를 간략히 살펴보면 다음과 같다.

1. 비례의 원칙

오늘날 공법과 사법의 두 이해관계가 충돌할 경우에 어느 한쪽에 치우치지 않고, 균형 있게 양자를 보호하기 위한 원칙을 말한다. 예컨대, 헌법재판소가 법률의 위헌성 여부를 판단하는 경우에 있어 당해 법률이 국민의 기본권을 제한하는 정도를 결정하는 기준으로 사용하는 경우이다.

> **헌법재판소의 비례의 원칙의 내용**
> "국가가 정책 등의 달성을 위하여 국민의 기본권에 대해 법률로 제한할 경우에는 목적과 방법이 정당하고 적절해야 하며, 국민의 피해를 최소화하는 수단을 사용해야 할 것이다. 설령 이러한 요건이 충족된다고 해도, 국민의 권리침해로 인해 발생한 손해와 정책달성으로 인한 이득을 최종적으로 가늠해 보아 국민의 권리 침해의 비중이 더 큰 경우에는 비례의 원칙에 위배되는 것이다."

> 비례의 원칙은 과잉금지의 원칙과 거의 같은 의미로 사용
>
> 과잉금지의 원칙이란 헌법 제37조 제2항에 의하면 "국민의 모든 자유와 권리는 국가안전보장, 질서유지 또는 공공복리를 위하여 필요한 경우에 한하여 법률로써 제한할 수 있으며, 제한하는 경우에도 자유와 권리의 본질적인 내용을 침해할 수 없다."라고 규정된 원칙을 말한다. 즉 헌법상 명시되어 있다. 그러나 비례의 원칙의 경우 판례를 통해 형성된 원칙으로, 헌법상 명시되어 있지는 않다.
>
> 하지만 "국민의 기본권을 제한함에 있어 법적인 정당성을 가질 수 있는 요건들을 제시한다는 점에서 두 원칙이 거의 같은 의미로 사용하고 있다고 본다."

2. 일사부재리의 원칙

재판에서 판결이 확정되면 그 후 같은 사건에 대해서 다시 심판하는 것을 금지한다는 원칙으로서 "이중처벌 금지의 원칙"이라고도 한다.

3. 신의성실의 원칙

민법은 권리의 행사와 의무의 이행을 함에 있어서 신의에 따라 성실하게 할 것을 규정한 원칙을 말한다. 즉, 상대방의 정당한 이익을 해쳐서는 안되는 것이고, 상대방이 자기에게 가지고 있는 신뢰를 배반하지 않고 성의를 가지고 행동해야 하며, 상대방의 정당한 이익을 고려해서 권리와 의무를 행사해야 한다. 신의성실에 반하는 권리행사는 권리남용이 된다.

4. 권리남용금지의 원칙

권리행사가 사회성와 공공성에 반하여 겉으로 보기에는 권리를 행사하는 것처럼 보이지만 실제적으로는 타인에게 고통을 주어 불이익을 주는 행위를 막기 위한 원칙이다. 권리행사가 사회적 목적에 반하는 경우 권리남용이 된다. 헌법에서도 권리의 행사는 공공복리에 어긋나지 않도록 해야 한다고 정하고 있다.

권리를 남용한 경우에는 법적 효과가 발생하지 않고, 손해를 입인 경우에는 손해

배상을 청구할 수 있다.

5. 죄형법정주의

사회적으로 다른 사람에게 비난받을 짓을 한 경우라도 그 비난받을 짓이 법률이 정한 행위에 해당되지 않은 경우에는 범죄로 규정지을 수 없고 처벌받을 수 없는 원칙을 말한다. 법치국가에 있어 형법의 가장 기본원리이기도 하다. 이에 의하여 국가는 임의대로 형벌권을 행사할 수 없고 국민은 자유와 권리를 보호 받을 수 있는 것이다.

참고〉 민사관계와 형사관계의 구별

똑같은 행위에 의해 발생한 문제라도 어떠한 경우에는 민사관계가 되기도 하고 형사관계가 되기도 한다.

① 민사관계는 기본적으로 개인과 개인간의 사적인 관계를 말한다. 민사관계의 해결 절차는 누군가로부터 부당하게 손해를 입은 사람이 법원에 민사소송을 제기하면 법원이 그의 정신적·금전적 손해에 대하여 배상 등을 명하는 형태로 진행된다.

② 형사관계는 범죄를 저지른 개인과 형벌권을 지니고 있는 국가 사이의 관계를 말한다. 따라서 검사가 국가기관을 대표하여 범죄혐의자를 대상으로 기소를 한 경우에 법원은 혐의자의 잘못이 있는지 없는지를 판단하여 잘못이 있는 경우에 형벌을 얼마나 부과할 것인지를 결정한다.

③ 결론적으로 민사소송과 형사소송은 별개의 문제를 다루는 서로 독립적인 절차이다.

제4절 법의 해석

1. 학리해석과 유권해석

(1) 유권해석

법을 해석하는 데에도 여러 종류에 의해서 해석 할 수 있다. 법을 해석한 결과가 구속력을 가지고 있고 사람들에게 영향을 끼치고, 권한을 가지고 있는 해석을 '유권해석'이라고 부른다. 유권해석에는 다음과 같은 종류가 있다. 입법해석[6], 행정해석[7], 사법해석[8]이 그것이다.

(2) 학리해석

유권해석과는 반대되는 해석이 있는데 이를 '학리해석'이라고 한다. 학리해석은 권한을 가지고 있지 않는 해석을 말한다. 이 해석은 주로 학문적 입장에서 법을 분석하고 파악하는 경우에 주로 이용한다. 학리해석은 학문적 접근을 통해 유권해석의 잘못을 지적할 수 있으므로, 비록 구속력은 없어도 학문적으로 매우 중요한 의미를 지닌다고 볼 수 있다. 학리해석에는 다음과 같은 종류가 있다. 문리해석[9], 논리해석[10], 유추해석이 그것이다.

---

6) 입법해석: 입법부인 국회에서 법을 만들 때, 법의 내용 안에 법을 해석하고 설명하는 규정을 넣는 것을 말하며, 법의 의미가 좀 더 명확해진다.
7) 행정해석: 행정관청이 집행하는 과정에서 법을 해석하는 것이다.
8) 사법해석: 재판을 통해 법을 적용할 때 사법부가 법을 해석하는 것이다.
9) 문리해석: 법조항 자체의 의미를 확정하는 것을 말한다.
10) 논리해석: 법 전체의 의미를 논리적으로 파악하는 것을 말한다.

제5절 법의 적용과정의 단계별 순서

1. 삼단논법과 실제적인 법의 적용과정

(1) 삼단논법에 의한 법의 적용과정

① 대전제: 법에서는 법조문에 해당하고 법 원리에 해당된다. 관련된 법규를 발견하고 그에 따른 해석을 하여 대전제를 도출하는 단계이다.

② 소전제: 구체적인 사실에 대해 확정을 짓는 단계이다.

③ 결론: 대전제를 소전제에 적용시켜 문제를 해결하는 단계이다.

대전제	사람은 언젠가는 죽는다.	사람을 살해한 자는 사형에 처한다.
소전제	이장군은 사람이다.	병은 사람을 죽였다.
결론	이장군은 언젠가는 죽는다.	병을 사형에 처한다.

(2) 실제적인 법의 적용과정

일반적인 법의 적용과정을 살펴보면 '대전제 → 소전제 → 결론'으로 이루어지나 대법원이 법을 적용하는 과정은 일반적인 법의 적용과정과는 차이가 있다. '소전제 → 대전제 → 결론'의 순이다.

소전제	병은 사람을 죽였다.
대전제	사람을 살해한 자는 사형에 처한다.
결론	병을 사형에 처한다.

2. 법의 적용의 원칙

(1) 상위법 우선의 원칙이란 상위법과 하위법이 충돌하는 경우에 있어서 상위법이 하위법에 우선적으로 적용되면 하위법은 효력이 상실한다는 원칙을 말한다. 예컨대, 헌법과 법률이 충돌하는 경우이다.

(2) 특별법 우선의 원칙이란 특별법과 일반법이 충돌할 경우 특별법은 일반법에 우선하여 적용된다는 원칙을 말한다. 예컨대, 특별법인 폭처법과 일반법인 형법이 충돌하는 경우 등이다.

(3) 신법우선의 원칙이란 신법과 구법이 충돌하는 경우 신법이 우선하여 적용되는 원칙을 말한다. 예컨대, 2017년의 형법과 2018년의 형법의 경우 2018년의 형법이 우선 적용되는 경우 등이다.

(4) 특별법과 신법의 충돌이 있는 경우 특별법과 일반법인 신법이 충돌하는 경우에도 특별법을 우선 적용한다. 예컨대, 2017년의 특가법과 2018년의 형법이 충돌하는 경우 등이다.

제2장 법의 종류

법의 분류에 대해서 아래의 순서에 입각하여 간략히 정리해 보았다.

```
1. 법 →   (1) 실정법(성문법)
              ▶ 1) 국내법 ▶ ① 공법 ▶ 실체법 ▶ 헌법, 형법, 행정법
                                ▶ 절차법 ▶ 민사, 형사, 행정 (소송법)
                   ② 사법 ▶ 민법, 상법 등
                   ③ 사회법 ▶ 노동법, 경제법 등
           (2) 자연법
              ▶ 2) 국제법 →  국제조약
                           국제관습법
```

법에는 실정법과 자연법이 있다. 실정법에는 국내법과 국제법으로 나누어진다. 국내법에는 공법, 사법, 사회법이 있고 국제법에는 국제조약, 국제관습법이 있다. 이를 다시 나누어 보면 공법에는 실체법(헌법, 형법, 행정법)과 절차법(민사소송법, 형사소송법, 행정소송법), 사법(민법, 상법, 국제사법), 사회법(노동법, 경제법, 사회보장법, 사회복지법)으로 나누어진다.

1. 실정법과 자연법

(1) 실정법

우리가 사는 사회의 구성원들이 합의하여 만들어지고 현재 존재하는 모든 법을 실정법이라고 한다. 예컨대, 법률·명령·관습법이 이에 해당된다.

(2) 자연법

자연법은 인위적이 아닌 자연적 성질에 바탕을 둔 규범을 의미하는 것으로 민족, 사회, 시대를 초월해 영구불변의 타당성을 지니는 것이 특징이다. 하지만 자연법의

문제점은 그 내용이 구체적이지 않을 뿐만 아니라 사람에 따라 조금씩 생각이 다를 수도 있어 강제력을 갖는 것이 어렵다는 점이다.

2. 성문법(成文法)과 불문법(不文法)

(1) 성문법

성문법이란 법전의 형식적 체계를 갖추고 일정한 절차와 형식에 의해서 권한 있는 입법기관의 절차에 의해서 제정되어 공표한 법을 말한다. 성문법은 문자로 표현을 하고 문서의 형식에 의해 이루어진다. "법전을 가진 나라가 법전제도를 포기한 예는 찾아볼 수 없다"고 한 '필드'의 말은 성문법주의 의미를 실감나게 한다. 현대 국가의 법질서는 성문법을 기본으로 하고 있다. 성문법은 헌법, 법률, 명령, 자치법규 등의 순서로 이루어지는데 그 의미에 대해서는 다음과 같이 나누어 설명하고 있다.

---

① 헌법(憲法)이란 국가의 이념, 조직 및 작용에 관한 근본법이고, 국가최고의 기본법이다. '규범중의 규범'이라고도 표현한다(후술에 다시 논함).

② 법률(法律)이란 넓은 의미에서는 '법 일반'이라고 부르고 좁은 의미에서는 입법기관인 의회가 제정한 성문법을 말한다. "국회는 유일한 입법기관으로서 기본권에 관한 사항을 법률로써 정한다.[11]"

③ 명령(命令)이란 국회의 의결을 거치지 않고, 행정기관에 의해 제정된 법을 말한다. 법률의 위임에 의하거나 법률을 집행하기 위하여 행정기관이 발하는 명령이다.

④ 자치법규(自治法規)란 지방자치단체가 법령의 범위 내에서 제정한 법을 말한다. 여기에는 조례와 규칙이 있다.

▶ 조례(條例)란 지방자치단체가 지방의회의 의결을 거쳐 제정한 법규이다.

▶ 규칙(規則)이란 지방자치단체의 장이 법령 또는 조례가 위임한 범위 내에서 자기의 권한에 속하는 사무에 관하여 제정한 법규를 말한다.

---

11) 헌법, 민법, 형법, 상법, 형법, 민사소송법, 형사소송법 등을 합하여 '6법전'이라고 한다. 6법을 비롯하여 행정법, 사회법 등이 법질서의 근간을 이루고 있다.

(2) 불문법

불문법이란 관행으로 존재하는 성문법 이외의 법원, 문서로 되어 있지 않은 법으로써 실제 관행으로 존재하는 성문법 이외의 법원을 말한다. 실제 불문법에는 다음과 같이 나누어진다.[12] 불문법은 관습법, 판례법, 조리(條理) 등이 이에 포함되며, 입법기관의 제정 절차를 거치지 않고 자연적이고 자율적으로 형성된 법이기 때문에 '비제정법'을 의미한다. 현대사회에는 복잡하고 다양화 되어 있는 사회이기 때문에 성문법만으로 법을 적용하는 것은 한계가 있기 때문에 불문법을 성문법의 보충법으로 이용하고 있다. 즉, 법해석과 개정에는 한계가 있고 번잡한 절차를 필요로 하기 때문에 성문법만으로 이에 대처한다는 것은 사실상 어려운 것이기 때문에 입법상의 제정절차를 불문법이 자연스럽게 보충해주는 것이 합리적일 것이다.

3. 일반법과 특별법

일반법과 특별법으로 구별하는 것은 법의 효력범위가 일반적·보편적 사항에 대한 것인가 또는 특수적인 사항인가를 기준으로 하여 법을 분류한 것이다.

(1) 일반법

일반법이란 사람, 사항, 장소, 사물에 관하여 일반적으로 공통된 효력을 갖는 법이다.

일반법의 경우 법을 적용함에 있어 법전이 규정하는 범위 내에서 처벌을 하면 되는 것이다. 예컨대, 살인죄(형법 제251조에 의해 사람을 살해한자는 사형, 무기, 10년 이상의 징역에 처한다) 등이다.

(2) 특별법

특별법은 특정한 사항에 국한된 효력범위를 갖고 적용되는 법으로서 특수한 사람, 장소, 사물에 관하여 제한적으로 적용되는 법을 의미한다. '특례법'이라고도 한다.

---

12) ① 관습법- 사회생활상의 전통적 관행이 법적 구속력을 가지게 된 법을 의미한다(일정한 사회에서 그 구성원들에 의해 오랫동안 반복적으로 행해지던 행위를 말한다. ② 판례법(判例法)- 법원의 판례를 통해서 형성된 성문법화 되지 않은 법규범을 의미한다. ③ 조리(條理)- 사람의 건전한 상식으로 판단할 수 있는 합리적·본질적 법칙을 의미한다.

특별법의 경우는 기본법전의 일반법의 분야에 속하면서도 특별한 부분에 대해서도 지위를 갖는다. 예컨대, 집단적·상습적 폭력행위를 엄벌하기 위하여 형법상 폭행죄(형법 제260조)를 대신해 특별법을 적용하여 '폭력행위 등 처벌에 관한 법률'에 의하여 엄벌에 처하는 경우이다.

4. 국내법과 국제법

(1) 국내법

국내법이란 국가의 주권이 미치는 범위 내에서만 시행되는 법을 말한다(국가 안에서만 시행). 예컨대, 헌법·형법 등이다.

(2) 국제법

국제법이란 국가 사이의 합의에 따라 권리·의무 관계를 규율하는 법으로 분쟁의 평화적 해결과 강제적 해결, 안전보장과 전쟁 등을 그 내용으로 하고 있다. 예컨대, UN헌장·제네바협정 등이다.

5. 일반적인 생활관계에 따른 법의 분류(공법·사법·사회법)

(1) 공법

공법이란 국가와 국민사이의 관계를 규율하는 법 규범을 말한다. 여기에는 실체법과 절차법으로 나누어진다.

1) 실체법

실체법이란 국민의 권리와 의무의 내용, 발생, 변경, 소멸 등을 대상으로 하는 법을 말한다. 실체법에는 헌법, 형법, 행정법이 있다.

① 헌법이란 국가의 조직과 작용에 관한 근본적인 규정을 정한 공법이고, 국가최고의 기본법을 말한다.
② 형법이란 범죄나 그 범죄에 가해지는 형벌에 관해 규정한 공법을 말한다. 형법은 총칙과 각칙[13]으로 나누어져 있다.

③ 행정법이란 행정권의 조직・작용 및 행정구제에 관한 공법이다.

2) 절차법

절차법이란 실체법에 의해 발생된 권리와 의무를 실현하기 위한 법이다. 여기에는 소송법이 대표적이다. 소송법(訴訟法)이란 국가의 재판권 행사에 관한 법으로서 절차법이라고 한다. 소송법에는 민사소송법, 형사소송법, 행정소송법이 해당된다.

① 민사소송법이란 개인 사이의 분쟁이나 이해의 대립을 국가의 재판권에 따라 법률적으로 해결, 조정하기 위한 법을 말한다. 즉, 양 당사자(가해자와 피고인)사이에 다툼이 생겼을 경우 그 다툼을 사법기관인 법원에서 재판을 통해 문제를 해결하려는 것을 말한다.

② 형사소송법이란 형사절차에 관한 법을 말한다. 즉, 형사사건에 대하여 수사를 진행하고, 공소를 제기를 하며, 재판하고, 선고된 형벌을 집행하는 일련의 형사절차를 규율하는 법이다.

③ 행정소송법이란 행정소송절차에 관하여 필요한 사항을 규정한 법률을 말한다. 행정소송절차를 통하여 행정청의 위법한 처분과 그 밖에 공권력의 행사・불행사 등으로 인한 국민의 권리 또는 이익의 침해를 구제하고, 공법상의 권리관계 또는 법적용에 관한 다툼을 적정하게 해결함을 목적으로 한다.

(2) 사법

사법이란 개인과 개인사이의 관계 즉, 사적인 생활관계를 규율하는 법 규범을 말한다. 사법에는 민법, 상법, 국제사법이 해당된다.

① 민법이란 일반인의 사적 생활관계인 재산관계와 가족관계를 규율하는 사법을 말한다(총4개의 장으로 구성[14]).

② 상법이란 경제생활(기업의 생활관계)을 규율하는 민사에 관한 특별사법을 말한다.[15]

---

13) 총칙은 형법 제1조부터 86조까지이고, 각칙은 제87조부터 제372조까지이다.
14) 민법은 총4개의 장으로 구성되는데 제1장은 민법총칙, 제2장은 물권법, 제3장은 채권법, 제4장은 가족법이다.

(3) 사회법

사회법이란 사법과 관련하여 사회공공의 이익을 실현하고, 경제적 약자를 보호하기 위하여 국가가 개입한 법 규범을 말한다. 복지국가, 사회국가실현을 위한 법이다.[16] 즉 자본주의가 발전하면서 발생되는 여러 사회문제 예컨대, 실업, 빈곤, 근로조건의 악화, 소비자의 피해, 환경오염 등을 해결하기 위해 비교적 최근에 등장한 법 영역이다. 사회법에는 노동법과 경제법이 해당된다.

① 노동법이란 근로자와 사용자간의 노동관계를 규율하는 법이다
② 경제법이란 국가와 국민경제 전체의 이익을 고려하여 경제일반을 통제하기 위해 마련된 법규를 말한다. 예컨대, 독점규제 및 공정거래에 관한 법률, 소비자보호법 등의 경우이다.

이외에도 연소자·아동의 생활보호, 질병자, 실업자를 위한 사회보험제도 등도 해당된다.

---

15) 상법은 제1편 총칙, 제2편 상행위, 제3편 회사, 제4편 보험, 제5편 해상 및 부칙으로 구성되어 있다.
16) 사법과 공법의 중간적 성격의 법이다.

제2편 형사법 및 형사소송 관련 일반상식

제1장 범죄와 형벌의 종류

제1절 범죄

1. 범죄의 개념

범죄란 실질적으로 국가가 보호하려고 하는 사회생활의 전반적인 이익이나 가치를 침해하고, 사회의 안전과 질서를 문란하게 하는 반사회적 행위를 말한다. 즉, 범죄는 그러한 행위가 사회생활에 있어 반사회적인 행위이기 때문에 형벌을 과하는 것이다. 예컨대, 보통살인죄의 경우 5년 이상의 징역, 무기, 사형의 경우이다.

2. 범죄의 주체와 객체

(1) 주체

우리가 행하는 범죄는 자기 자신의 행위에 의해서 이루어지는 것이 대부분일 것이다. 행위의 의미를 쉽게 설명하면 다음과 같다. 사람의 의사활동이 밖으로 표출되는 것을 말한다. 이러한 행위는 사람만이 할 수 있고, 사람만이 주체가 될 수 있다.

법률상으로는 자연인과 법인으로 나누어진다. 자연인이 범죄의 주체가 되는 것은 말할 것도 없으나 법인이 과연 범죄의 주체가 될 수 있는가에 대해서는 "법인은 일반적으로 범죄의 주체가 될 수 없고, 다만 행정범[17]의 경우에서는 형벌의 주체로 인정되고 있는 경우가 있다."

---

17) 행정법상의 의무에 위배됨으로써 행정벌이 과해지는 것을 말한다. 행정범은 행정상의 목적을 달성하기 위하여 법률에 의해 규정된 의무에 위반되기 때문에 처벌을 받게 된다.

(2) 객체

범죄의 객체라 함은 범죄구성요건의 내용을 이루는 행위의 대상인 사람을 말한다. 예컨대, 객체 중에 인간만이 가능하고, 동물·식물은 객체가 될 수 없는 경우이다.

3. 범죄의 성립요건

(1) 구성요건해당성

같은 행위라도 형법상 구성요건에 해당(일치)되면 구성요건해당성이 있다고 본다. 즉, 범죄가 성립하기 위해서는 우선 사람의 행위가 구성요건에 해당되어야 한다. 예컨대, 살인의 의사로 사람을 향해 총을 발사하는 행위는 살인죄에서 사람을 살해하는 것에 해당된다.

(2) 위법성

구성요건에 해당하는 행위가 위법한 것(법질서에서 허용 되지 않는 성질)을 의미한다. 예컨대, 살인죄에서 사람을 죽이는 행위 등의 경우이다.

(3) 책임

구성요건에 해당하고 위법성이 있는 행위를 한 행위자에 대한 비난가능성을 말한다. 비난가능성이란 "법규범이 요구하는 의사형성과 행위를 할 수 있었음에도 불구하고 이를 하지 아니한 행위자의 가치판단을 의미한다." 예컨대, 어떤 사람을 죽이지 않을 수도 있는 상황에서 이를 실행에 옮겨 사람을 죽인 경우이다.

제2절 형벌의 종류

형집행을 하는 경우에는 형법 제41조[형의종류]에 나와 있는 법률조항에 기초하여 형집행을 한다. 물론 조항만을 적용하여 형을 집행하는 경우보다는 그 밖에 다른 여러 가지 사정을 종합하여 이를 검토한 후 형을 집행하게 된다. 이 형의 종류에는 다음과 같은 것이 있다.

1. 형의 종류

1. 사형	2. 징역	3. 금고
4. 자격상실	5. 자격정지	6. 벌금
7. 구류	8. 과료	9. 몰수

2. 형의 분류

형을 분류해서 살펴보면 다음과 같이 나누어 볼 수 있다.

(1) 자유형

① 징역

유기징역과 무기징역으로 나누어지는데 유기징역의 경우 1개월 이상 30년 이하이
나, 형을 가중 하는 경우에는 50년 까지 가중할 수 있고, 무기징역은 20년이 경과한
후에 올바른 수감태도와 반성하는 모습이 뚜렷한 경우 심사 후 가석방이 가능하다.

② 금고

수형자를 교도소 내에 구치하여 신체의 자유를 박탈하는 형벌이다. 금고는 교도
소 내에서 노역에 의무적으로 복무하지 않게 하는 것이 노역에 의무적으로 복무
하게 하는 징역과의 차이라고 할 수 있다.

③ 구류

수형자를 구속하여 교도소 또는 경찰서 유치장 내에 유치하는 형벌을 말한다. 즉,
일정한 기간 동안 유치장에 구금하는 것을 말한다. 기간은 1일 이상 30일 미만이다.

(2) 재산형

① 벌금

범인에게 일정금액을 징수하는 형벌의 하나이다. 5만 원 이상을 부과한다. 감경하
는 경우에는 5만 원 이하도 가능하다. 벌금은 판결확정 일로부터 30일 이내에 완

납해야 하며 그렇지 못한 경우에는 1일 이상 3년 이하의 기간 동안 노역장유치에 처할 수도 있다.

② 과료

가장 가벼운 형벌로서 구류와 같이 주로 경범죄에 대해서 과하게 된다. 2천 원 이상 5만 원 미만으로 한다. 과료를 완납하지 않는 경우 1일 이상 30일 미만의 기간 동안 노역장에 유치하여 작업에 복역할 수 있다. 과료는 형벌이나, 과태료는 형벌이 아니다.

③ 몰수

범죄반복의 방지와 범죄로 인한 범인의 이익취득을 방지할 목적으로 범죄와 관련된 재산을 박탈하여 국고에 귀속시키는 형벌이다. 다음과 같은 경우 몰수 할 수 있다.

- 범죄행위에 제공하였거나 제공하려고 한 물건(1)
- 범죄행위로 인하여 취득한 물건(2)
- 전 (1), (2)호의 대가로 취득한 물건

단, 위의 네모박스의 기재한 물건을 몰수하기 불가능 한 경우에는 그 가액을 추징한다. 또한 문서, 도화, 전자기록 등 특수매체기록 또는 유가증권의 일부가 몰수에 해당하는 때에는 그 부분을 폐기한다.

(3) 명예형

① 자격상실

사형, 무기징역, 무기금고의 선고가 있으면 그 형의 효력으로서 일정한 자격이 다음과 같은 경우 박탈된다.

- 공무원이 되는 자격

- 공법상의 선거권과 피선거권

- 법률로 요건을 정한 공법상의 업무에 관한 자격

- 법인의 이사, 감사 또는 지배인 기타 법인의 업무에 관한 검사역이나 재산
  관리인이 되는 자격

② 자격정지

일정기간 동안 일정자격의 전부 또는 일부를 정지시키는 경우이다. 자격정지의 기간은 1년 이상 15년 이하까지이다.

제2장 위법성 조각사유

위법성 조각사유란 구성요건에 해당되는 행위를 하였으나 그 행위의 위법성[18]을 배제하는 특별한 사유를 말한다. 이에는 정당행위(형법 제20조), 정당방위(형법 제21조), 긴급피난(형법 제22조), 자구행위(형법 제23조), 피해자의 승낙(형법 제24조)이 있는데 이에 대해서 간략히 살펴보도록 하자.

1. 정당방위

한참 된 드라마지만 TV 방송국에서 방영했던 '추적자'라는 드라마에서 합법적인 법의 절차에 따르지 않고 자기 자신이 임의대로 자기 딸을 죽인 살인자에게 복수를 하는 장면들이 기억난다. 법은 법률에 의거해서 상대방에게 벌을 주는 것이 원칙이기 때문에 개인이 합법적인 법을 통하지 않고 사적으로 복수를 하는 것은 원칙상 허용될 수 없다. 즉, 법은 '자력구제 행위(self-help)'를 원칙상으로 허용하지 않는다. 그러나 급박하고 부당한 침해를 당한 경우에 있어서 법적인 구제절차를 기대할 수 없는 절박한 상황인 경우에 한하여 적법한 행위로 인정하고 있다.

(1) 의의

정당방위란 "자기 또는 타인의 법익에 대한 현재의 급박하고 부당한 침해를 방위하기 위한 행위는 상당한 이유가 있는 때에는 벌하지 아니한다(형법 제21조)."라고 규정하여 정당방위(selfdefence)를 인정하고 있다.

---

18) 위법성: 어떠한 행위가 법이 정한 질서에 반하는 것을 의미한다. 형법상 개인이 행한 범죄는 개인이나 사회 또는 국가의 법익을 침해하는 반사회적 행위로써 구성요건에 해당되는 행위이므로 위법한 행위이다.

(2) 성립요건

> 1. 자기 또는 타인의 법익에 대한 침해가 있을 것.[19]
>
> 2. 현재의 부당한 침해가 있을 것.[20]
>
> 3. 방위하기 위한 행위가 있을 것.[21]
>
> 4. 상당한 이유가 있을 것.[22]

(3) 문제

> 이웃에 사는 갑과 을은 서로 주차문제 때문에 자주 싸우는 사이였다. 갑의 집에는 엄청 큰 개가 한 마리 있었다. 갑은 기회를 봐서 을을 자신이 기르는 개로 하여금 물게 하여 혼을 내줄 생각을 가지고 있었다. 마침 을이 일을 보고 집으로 오는데 갑의 사주를 받은 개가 자신을 향해 달려드는 것을 보고 주위에 있던 막대기로 내리쳐서 개를 살해하였다. 을의 행위는 정당방위에 해당되는가?
>
> ▶ 정당방위에 해당된다. 이 경우에는 동물에 의한 침해에 해당되는 경우로써 주인의 사주에 의해서 공격해 오는 동물을 살해한 경우에는 현재의 부당한 침해로부터 자신을 보호하기 위한 행위이기 때문에 정당방위에 해당된다고 본다.

---

19) 자기의 법익뿐만 아니라 타인의 법익에 대한 침해에도 정당방위가 허용된다. 여기서 법익이란 생명, 신체, 자유, 명예, 재산 등 법에 의하여 보호되는 모든 이익을 말한다.

20) 침해는 인간의 행위에 의한 것이어야 한다. 인간의 행위에 의하지 않는 자연현상의 경우에는 해당되지 않는다. 또한 동물에 의한 침해의 경우에는 다음과 같이 살펴볼 수 있다. ① 주인 없는 동물이 공격해온 경우에 그 동물을 살해한 경우에는 문제시 되지 않거나 뒤에서 배울 긴급피난으로 해결해야 한다. ② 주인의 사주 또는 관리 소홀에 의해서 공격해 오는 동물을 살해한 경우에는 정당방위가 성립된다.

21) 자기 또는 타인의 법익에 대한 현재의 부당한 침해를 방위하기 위한 행위라야 한다. 순수한 수비적 방어뿐만 아니라 반격방어행위도 가능하다고 본다.

22) 방위행위가 상당성을 갖기 위해서는 ① 방위행위의 필요성, ② 방위행위의 보충성(최후수단이어야 함), ③ 법익균형성. 판례는 "위의 세 가지 이외에도 언급하는 것이 침해행위의 방법, 완급 및 방위행위 등 구체적 상황도 고려해야 한다"고 보고 있다.

(4) 판례

1. 인적이 드문 심야에 귀가중인 여성에게 치한이 달려들어 강압적으로 키스를 하려고 하였다. 이에 여성은 정조와 신체의 안전을 지키려는 일념 하에 치한의 혀를 깨물어 절단시킨 행위를 하였다. 이에 대해서 대법원은 다음과 같은 판결을 하였다. "그 여성은 자기의 신체에 대한 정조와 안전을 지키려는 일념 하에 그 치한의 부당한 침해에서 벗어나기 위한 행위로서 혀를 절단한 것이기 때문에 위법성이 결여된다고 판결하였다(대법원 1989.8.8, 89도358)."

2. 갑과 을 두 사람이 서로 치고받고 격렬하게 싸움을 마친 후에 싸움이 중지되었다. 그런데 싸움이 중지 된지 몇 분 후에 다시 상대방 중 한명이 다시 도발한 경우에 있어서 대법원은 다음과 같은 판결을 하였다. "별개의 가해행위를 방위하기 위하여 부득이 하게 단도로 상대방의 복부에 자상을 입힌 행위에 대하여 정당방위에 해당하여 위법성이 조각된다(대법원 2002.5.10, 99도4341)."

3. 의붓아버지의 강간행위에 의하여 정조를 유린당한 후 계속적으로 성관계를 강요받아온 피고인(김양)은 더 이상 참지 못하고 그의 남자친구와 의붓아버지를 죽일 생각으로 사전에 공모하여 범행에 사용할 여러 가지 물건들을 준비한 후 의붓아버지가 잠든 틈을 타 피고인은 남자친구가 들어오게끔 문을 열어주었다. 남자친구는 의붓아버지에게 더 이상 괴롭히지 말라는 말을 하고 제대로 반항할 수 없는 의붓아버지를 식칼로 심장을 찔러 살해하였다. 피고인들은 정당방위를 주장 하였다. 그러나 대법원은 이 행위에 대해서 "사회통념상 상당성을 결여하여 정당방위가 성립할 수 없다고 판단하였다.(대법원 1992.12.22, 92도2540)."

4. 피해자의 침해행위에 대하여 자기의 권리를 방위하기 위한 부득이한 행위가 아니고 그 침해행위에서 벗어난 후 분을 풀려는 목적에서 나온 공격행위는 정당방위에 해당하지 않는다(대법원 1996.4.9, 96도231).

Q 甲은 乙과 언쟁을 하다가 乙이 먼저 폭행을 하자 격분하여 乙과 상호 폭행을 하게 되었고, 그로 인하여 각각 3주의 진단이 나오는 상해를 입었습니다. 이 경우 乙이 먼저 폭행을 하였으므로 그에 대하여 응수한 甲의 행위가 정당방위가 될 수는 없는지요?

A 「형법」제21조는 정당방위에 관하여 "① 자기 또는 타인의 법익(法益)에 대한 현재의 부당한 침해를 방위하기 위한 행위는 상당한 이유가 있는 때에는 벌하지 아니한다. ② 방위행위가 그 정도를 초과한 때에는 그 정황에 의하여 그 형을 감경 또는 면제할 수 있다. ③ 전항의 경우에 그 행위가 야간 기타 불안스러운 상태하에서 공포, 경악, 흥분 또는 당황으로 인한 때에는 벌하지 아니한다."라고 규정하고 있습니다. 즉, 정당방위가 인정되기 위해서는 ① 현재의 부당한 침해가 있을 것, ② 자기 또는 타인의 법익을 방위하기 위한 행위일 것, ③ 상당한 이유가 있을 것이라고 하는 세 가지 요건이 구비되어야 합니다.

이러한 정당방위가 성립하려면 침해행위에 의하여 침해되는 법익(法益)의 종류, 정도, 침해의 방법, 침해행위의 완급과 방위행위에 의하여 침해될 법익의 종류, 정도 등 일체의 구체적 사정들을 참작하여 방위행위가 사회적으로 상당한 것이어야 하고, 정당방위의 성립요건으로서의 방어행위에는 순수한 수비적 방어뿐만 아니라 적극적 반격을 포함하는 반격방어의 형태도 포함되나, 그 방어행위는 자기 또는 타인의 법익침해를 방위하기 위한 행위로서 상당한 이유가 있어야 합니다(대법원 1992. 12. 22. 선고 92도2540 판결, 2007. 4. 26. 2007도1794 판결).

그런데 싸움 중에 이루어진 가해행위가 정당방위에 해당할 수 있는지에 관하여 판례는 "싸움과 같은 일련의 상호투쟁 중에 이루어진 구타행위는 서로 상대방의 폭력행위를 유발한 것이므로 정당방위가 성립되지 않는다."라고 하였고(대법원 1996. 9. 6. 선고 95도2945 판결), "가해자의 행위가 피해자의 부당한 공격을 방위하기 위한 것이라기 보다는 서로 공격할 의사로 싸우다가 먼저 공격을 받고 이에 대항하여 가해하게 된 것이라고 봄이 상당한 경우, 그 가해행위는 방어행위인 동시에 공격행위의 성격을 가지므로 정당방위 또는 과잉방위행위라고 볼 수 없다."라고 하였으며(대법원 2000. 3. 28. 선고 2000도228 판결), "피해자의 침해행위에 대하여 자기의 권리를 방위하기 위한 부득이한 행위가 아니고, 그 침해행위에서 벗어난 후 분을 풀려는 목적에서 나온 공격행위는 정당방위에 해당한다고 할 수 없다."라고 하였습니다(대법원 1996. 4. 9. 선고 96도241 판결).

그러나 "서로 격투를 하는 자 상호간에는 공격행위와 방어행위가 연속적으로 교차되고 방어행위는 동시에 공격행위가 되는 양면적 성격을 띠는 것이므로, 어느 한쪽 당사자의 행위만을 가려내어 방어를 위한 정당행위라거나 또는 정당방위에 해당한다고 보기 어려운 것이 보통이나, 외관상 서로 격투를 하는 것처럼 보이는 경우라고 할지라도 실지로는 한쪽 당사자가 일방적으로 불법한 공격을 가하고 상대방은 이러한 불법한 공격으로부터 자신을 보호하고 이를 벗어나기 위한 저항수단으로 유형력을 행사한 경우라면, 그 행위가 적극적인 반격이 아니라 소극적인 방어의 한도를 벗어나지 않는 한 그 행위에 이르게 된 경위와 그 목적 수단 및 행위자의 의사 등 제반 사정에 비추어 볼 때 사회통념상 허용될 만한 상당성이 있는 행위로서 위법성이 조각된다고 보아야 할 것이다."라고 하면서 외관상 서로 격투를 한 당사자 중 일방의 유형력의 행사가 타방의 일방적인 불법폭행에 대하여 자신을 보호하고 이를 벗어나기 위한 저항수단으로서 소극적인 방어의 한도를 벗어나지 않았다는 이유로 위법성이 조각된다고 본 사례가 있습니다(대법원 1999. 10. 12. 선고 99도3377 판결, 헌법재판소 2002. 5. 30. 선고 2001헌마733 결정, 2002. 12. 18. 선고 2002헌마527 결정).

따라서 위 사안의 경우에도 단순히 乙이 먼저 폭행을 시작하였다는 것만으로 甲의 乙에 대한 폭행이 정당방위에 해당되어 처벌되지 않을 것으로는 보이지 않습니다.

2. 긴급피난

(1) 의의

자기 또는 타인의 현재의 급박한 위난을 피하기 위한 행위로서 상당한 이유가 있는 때에는 벌하지 아니한다(형법 제22조).

'위난은 사람에 의하든 동물이든 또는 자연현상에 의하든 상관없다. 그러나 개에게 돌을 던져 맞아 성난 개가 공격하여 위험을 자초하는 경우에는 긴급피난은 원칙상 인정되지 않는다. 이를 '자초위난'[23)이라고 한다. 급박한 위기에서 자신의 이익보호를 위해 타인의 이익을 침해하는 극한상황은 이른바 '카르네아데스(plank of Karneades)판자'의 문제가 된다.

(2) 성립요건

> 긴급피난의 성립요건
>
> ① 자기 또는 타인의 법익에 대한 현재의 침해가 있을 것.[24)
>
> ② 피난의사가 있을 것.
>
> ③ 상당한 이유가 있을 것[25)

---

23) 자초위난이란 자기 자신이 스스로 초래한 행위를 말한다. 위난의 원인제공자가 다른 사람이 아닌 긴급피난행위자 자신인 경우를 말한다. 판례 중에 갑이 을에 대한 강간을 시도하는 중에 갑이 을의 손가락을 깨물며 반항을 하였다. 이에 을은 물린 손가락을 비틀며 잡아 뽑다가 갑의 이빨이 부러지게 하는 상해를 입혔다. 대법원은 "을의 행위가 위난을 피하기 위한 것임은 사실이지만 상당성은 인정되지 않는다고 판결하였다(대판 1995.1. 12, 94도2781)."

24) 정당방위에서와는 다르게 긴급피난의 경우에는 자기 또는 타인의 법익에는 "개인적 법익뿐만 아니라 국가·사회적 법익도 포함된다"는 것이 다수설의 입장이다.

25) 긴급피난에서 상당한 이유는 정당방위의 상당한 이유(상당성)보다 더 엄격하다. 왜냐하면 정당방위의 경우에 는 부정한 것에 대한 정당한 행위를 하는 것이고, 긴급피난의 경우에는 정당한 행위에 대한 정당한 행위이기 때문에 더 엄격함을 요구하는 것이다.

카르네아데스 판자에 대한 내용

그리스 철학자 '카르네아데스(Karneades, BC 214129)'가 제시한 문제이다. 주로 형법에 긴급피난의 본질을 논할 때 자주 인용된다. 내용은 기원전 2세기 그리스에서 배가 난파되어 승무원 전원이 바다에 빠졌다. 혼자만이 매달릴 수 있는 판자 한 조각을 붙잡고 간신히 살아난 사람이 있었는데, 거기에 다른 한 사람이 나타나 그 판자에 매달리려 했다. 매달려 있던 사람은 두 사람이 매달릴 경우 널빤지가 가라 앉아 둘 다 죽게 된다고 판단하고 그 사람을 밀어내 빠져 죽게 만들었다. 이후 그는 구조되어 그에 따른 재판을 받게 되었는데, 이 재판에서 무죄선고를 받았다. 따라서 '카르네아데스의 판자'의 경우도 마찬가지로 사람의 목숨은 법적으로 가치가 동일하므로, 가한 해가 피하려는 해의 정도를 넘었다고 볼 수 없다. 그런 의미에서 긴급피난을 인정하기도 한다.

(3) 긴급피난이 허용되지 않는 자에 대한 특칙

위난을 피하지 못할 책임이 있는 자에 대해서는 긴급피난이 허용되지 않는다. 위난을 피하지 못할 책임이 있는 자, 즉 특별의무자라 함은 군인, 경찰관, 소방관, 의사 등과 같이 그 의무를 수행함에 있어서 마땅히 일정한 위난을 감수해야 할 의무가 있는 자를 말한다. 하지만 이들 또한 직무를 수행함에 있어서 때론 급박한 위난의 상황에 처할 수 있으며, 이 경우에는 이들의 법익도 마찬가지로 법의 보호를 받아야 할 가치를 지닌 것도 당연하므로 이들에게도 마찬가지로 긴급상태가 성립될 수 있는 것이다. 그러나 형법은 이들이 맡고 있는 직무의 성격과 이에 따른 의무를 중시하여 특칙으로 긴급피난을 배제하고 있는 것이다.[26]

---

26) 긴급피난을 배제한다기보다는 "직무수행상 의무적으로 이행해야 할 일정한 한도까지 피난행위의 상당성을 제한하는 것으로 해석됨이 타당하다고 본다."

(4) 문제

갑이 업무상 일이 생겨 출장을 가게 되었는데 밖에는 비가 내리고 있어 노면이 미끄러운 상태였다. 갑은 운전을 하는 중에 우회전을 하였는데, 그 우회전 하는 방향의 신호등에 서 있던 사람을 발견하고 그 사람을 피하기 위해 핸들을 꺾었는데 옆에 서 있던 차량을 들이 받았다. 갑의 죄책은 무엇인가?

▶ 사람의 생명과 신체가 재물보다도 더 중요한 법익이기 때문에 우월한 법익을 보전하기 위한 행위로써 긴급피난에 해당된다.

(5) 판례

1. 제한속도로 운전 중 우회전하다가 전방의 버스를 발견하고 급제동 조치를 취하였으나 빗길 때문에 그만 미끄러져 중앙선을 침범한 경우에 앞차를 피하기 위한 다른 적절한 조치를 취할 방도가 없는 상황에서 부득이 중앙선을 침범한 경우 긴급피난을 인정한 판결이다(대법원 1990.5.8, 90도606).

2. 임신을 지속 하는 것이 산모의 건강을 해칠 것이 당연할 뿐 아니라 기형아 내지 불구아를 출산한 가능성마저도 없지 않다는 판단을 한 산부인과 의사는 부득이 한 방법을 취한 산부인과 의사의 낙태 수술행위의 경우 긴급피난에 해당되어 위법성이 없는 경우에 해당된 판결이다(대법원 1976.7.13., 75도1205[27]).

3. 몇 명의 상대방과 싸우던 갑은 힘이 붙이자 옆 포장마차로 달려가 그 안에 있던 길이 30센티미터의 식칼을 가지고 나와 이들 3명을 상대로 칼을 휘둘렀다. 이를 말리면서 식칼을 빼앗으려고 한 피해자의 귀를 찔러 상해를 입힌 사건에서 긴급피난을 인정하지 않았다(대법원 1987.10.26, 87도1745).

---

27) 이 판결은 모체의 건강(경우에 따라 생명에 대한 위험까지도 예상된다)을 태아의 생명보다도 우위에 둔 점을 인정할 수 있다. 그러나 문제는 기형아나 장애아를 출산할 가능성이 있는 경우에도 임신중절을 인정하는 것은 사회적 논란의 여지가 있는 부분이다.

Q 甲은 乙女를 성폭행 하려다가 미수에 그쳤지만, 乙이 반항하면서 甲의 손가락을 깨물자 甲이 손가락을 비틀어 잡아 뽑다가 乙의 치아를 손상시켰습니다. 이 경우 甲은 어떠한 죄명으로 형사책임을 지게 되는지요?

A 「형법」 제297조는 "폭행 또는 협박으로 사람을 강간한 자는 3년 이상의 유기징역에 처한다."라고 규정하고 있고, 같은 법 제301조는 "제297조 내지 제300조(미수범)의 죄를 범한 자가 사람을 상해하거나 상해에 이르게 한 때에는 무기 또는 5년 이상의 징역에 처한다."라고 규정하고 있습니다. 그러므로 甲이 乙의 치아를 손상시킨 것이 위법이라면 강간죄가 아닌 강간치상죄가 문제될 것입니다.

그런데 「형법」 제22조 제1항은 긴급피난(緊急避難)에 관하여 "자기 또는 타인의 법익에 대한 현재의 위난을 피하기 위한 행위는 상당한 이유가 있는 때에는 벌하지 아니한다."라고 규정하고 있습니다. 정당방위와 긴급피난의 차이는 정당방위는 '부정한 침해' 즉, 위법한 침해에 대한 방어행위임을 요하나, 긴급피난의 경우에는 위난이 현재 진행되고 있으면 족하고, 위법한 침해가 있는 것을 요하지 않는 점에 있습니다.

어느 행위가 긴급피난에 해당되어 처벌되지 않으려면 ①자기 또는 타인의 법익에 대한 현재의 위난이 존재하여야 하고, ②위난을 피하기 위한 행위이어야 하며, ③피난행위가 상당한 이유를 가지고 있어야 합니다. 위난의 원인은 묻지 않으며 또한 그것이 사람의 행위에 의한 것이든 자연에 의한 것이든 불문하며, 피난행위란 현재의 위난을 모면하기 위한 일체의 행위를 말합니다. 긴급피난의 상당한 이유 즉, 상당성이 인정되기 위해서는 ①피난행위가 위난에 빠져 있는 법익을 보호하기 위한 유일한 수단이어야 하고(보충성의 원리), ②피해자에게 가장 경미한 손해를 주는 방법을 택하여야 하며, ③피난행위에 의하여 보호되는 이익이 이로 인하여 침해되는 이익보다 커야 하며(균형성의 원리), ④피난행위 자체가 사회윤리나 법질서 전체의 정신에 비추어 위난을 피하기 위한 적합한 수단이어야 합니다(적합성의 원리)(대법원 2006. 4. 13. 선고

2005도9396판결).

그러나 민법상의 긴급피난에 관하여 판례는 "민법 제761조 제2항 소정의 '급박한 위난'에는 가해자의 고의나 과실에 의하여 조성된 위난은 포함되지 아니한다."라고 하였습니다(대법원 1975. 8. 19. 선고 74다1487 판결, 1981. 3. 24. 선고 80다1592 판결). 또한, "강간 등에 의한 치사상죄에 있어서 사상의 결과는 간음행위 그 자체로부터 발생한 경우나 강간의 수단으로 사용한 폭행으로부터 발생한 경우는 물론, 강간에 수반하는 행위에서 발생한 경우도 포함하고, 피고인이 스스로 야기한 강간범행의 와중에서 피해자가 피고인의 손가락을 깨물며 반항하자 물린 손가락을 비틀며 잡아 뽑다가 피해자에게 치아결손의 상해를 입힌 행위를 가리켜 법에 의하여 용인되는 피난행위라 할 수 없다."라고 하였습니다(대법원 1995. 1. 12. 선고 94도2781 판결).

따라서 위 사안에서 甲은 강간치상죄로 처벌받게 될 것으로 보입니다.

3. 자구행위

(1) 의의

법정절차에 의해서 청구권을 보존하기 불가능한 경우에 그 청구권의 실행불능 또는 현저한 실행곤란을 피하기 위한 상당한 이유가 있는 경우에는 처벌하지 않는 것을 의미한다(형법 제23조).

법치국가는 원칙적으로는 청구권을 실행을 함에 있어 개인적으로 자기자신의 힘을 사용하여 청구권을 실행하는 것을 금지하고 있다. 그러나 법정절차가 적절한 시기에 이루어 질 수 없는 경우, 국가가 개인의 청구권을 보호해 줄 수 없거나 곤란한 상황에서 청구권자의 즉각적인 개입이 없이는 청구권의 실현이 무효화되거나 본질적으로 어렵게 되는 경우에 개인이 국가를 대신하여 권리를 행사하는 행위는 가능하다. 예컨대, 여관집 주인이 숙박비를 지불하지 않고 슬쩍 도망가는 손님을 붙들고 실력으로 그 대금을 취하는 행위 등의 경우를 들 수 있다.

자구행위는 타인을 위해서(타인을 위한 자구 행위)는 인정되지 않기 때문에 '자기의 청구권에 대한 침해'가 있어야 한다. 단 자구행위를 할 수 있는 자의 요청으로 인해서 그 사람을 도와준 경우에는 자구행위가 가능하다.

예컨대, 여관비를 지급하지 않고 도망가려는 손님을 자신은 다리가 안 좋아 잡지 못하기 때문에 여관에서 근무하는 종업원으로 하여금 도망가는 손님을 잡아 오게 하는 경우이다.

자구행위는 보전이 가능한 권리를 대상으로 하기 때문에 원상회복이 불가능한 생명·신체·자유·명예 등의 권리는 자구행위의 대상에 포함되지 않는다.

자구행위는 타인을 위해서는 인정되지 않기 때문에 '자기의 청구권에 대한 침해'가 있어야 한다.

(2) 성립요건

> **자구행위의 성립요건**
> 1. 법정절차에 의하여 청구권[28]을 보전하는 것이 불가능한 경우
> 2. 청구권의 실행불능 또는 현저한 실행곤란을 피하기 위한 행위인 경우[29]
> 3. 상당한 이유가 있는 경우[30]

(3) 문제

> ▨ 채무자 갑은 사업을 하기 위하여 채권자 을에게 1년 안에 돈을 갚겠다고 약속을 한 후 상당량의 돈을 을에게서 빌렸다. 그러나 그 사업이 잘 안 되어 오히려 빚을 지는 신세가 되어 그 사람의 돈을 갚지 못하게 되자. 외국으로 영구히 잠적하려고 비행기에 올랐다. 채권자 을은 비행기에 오르는 채무자를 체포한 경우에 을은 죄가 성립되는가?
> ▶ 법치국가는 원칙적으로 청구권의 실행을 위해 사력을 쓰는 것을 금하고 있

---

28) 청구권이란 사법상의 청구권으로서 상대방에 대해 일정한 행위를 요구할 수 있는 권리를 말한다. 예컨대, 채권, 물권 등이다.
29) 자구행위는 청구권의 실행불능이나 현저한 실행곤란을 피하기 위한 행위에 국한되므로 청구권을 실행까지 하는 행위는 자구행위가 될 수 없다고 보고 있다.
30) 법정절차에 의해서 그 청구권을 보전하기 힘든 경우에만 자구행위가 허용된다.

지만, 법정절차가 적절한 시기에 이루어지지 않아 즉각적 개입 없이는 청
구권의 실현이 무효화 되거나 본질적으로 어렵게 되는 경우의 급박한 상
황인 경우에는 예외적으로 자구행위가 허용된다.

Q 甲男은 17세의 乙女를 강제추행하였으므로 乙은 고소를 하였습니다. 그
런데 甲은 크게 뉘우치고 乙의 정신적 고통에 대한 손해배상도 모두 하
였으며, 甲의 홀어머니가 사정을 하므로 乙과 그 부모들은 고소를 취소
해 주려고 합니다. 이 경우 고소가 취소되면 甲이 처벌받지 않게 되는
지요?

A 「형법」 제298조는 강제추행죄에 관하여 "폭행 또는 협박으로 사람에 대
하여 추행을 한 자는 10년 이하의 징역 또는 1,500만원 이하의 벌금에
처한다."라고 규정하고 있습니다. 종래에는 같은 법 제306조가 강제추
행죄를 고소가 있어야 공소를 제기할 수 있는 친고죄로 규정하고 있었
으나, 2012. 12. 18. 형법개정에 따라 위 친고죄 규정은 폐지되었고, 이
렇게 개정된 형법은 2013. 6. 19. 시행되었습니다.
한편 현행 「아동·청소년의 성보호에 관한 법률」(법률 제12361호(아동
복지법) 일부개정 2014. 01. 28.) 제2조 제1호는 "청소년은 19세 미만의
자를 말한다. 다만, 만 19세에 도달하는 해의 1월 1일을 맞이하는 자를
제외한다."고 규정하고 있습니다. 동법은 아동·청소년에 대한 (준)강
간·강제추행 등 범죄(동법 제7조의 죄)와 그 미수범(형법 제300조)의
경우 친고죄로 규정하지 않고 있습니다. 따라서 위 범죄에 관하여는 피
해자 등의 고소가 없더라도 수사기관이 공소를 제기할 수 있고, 그에
따라 가해자는 형사처벌을 받을 수 있게 되었습니다.
위 사안의 경우는 아동·청소년에 대한 강제추행의 죄로서 아동·청소년
의 성보호에 관한 법률 제7조가 적용되어 고소를 취소하더라도 처벌을
받을 것이고, 고소취소는 양형참작 사유로서 고려될 것으로 보입니다.

4. 피해자의 승낙

(1) 의의

피해자의 승낙이란 피해자가 가해자에게 자신의 법익을 침해할 것을 승낙하는 것을 말한다. 이에 대해서 형법 제24조는 "타인에게 자기의 법익에 대한 침해를 허용하는 경우에는 설령 그 행위가 범죄의 구성요건에 해당할 지라도 승낙한 경우이기 때문에 위법성이 조각시키는 경우에 해당된다." 예컨대, 그 집의 집주인이 집에 들어오라고 승낙한 경우, 의사가 환자의 동의를 받아 수술한 경우, 교통사고를 당하여 의식이 불명인 환자를 긴급히 수술한 경우 등. 하지만 사람의 '생명'의 경우에 있어서는 어떠한 이유이든 간에 승낙이 되지 않는다. 만약 죽여 달라고 한 사람의 승낙에 의하여 살해하게 되도 위법성이 조각되어 죄가 성립 되지 않는 것이 아니라 '보통살인죄'에 해당되어 처벌을 받는다.

(2) 성립요건

> 승낙[31]에 의한 행위의 성립요건
> 1. 당해법익을 처분할 수 있는 자[32]의 유효한 승낙이 있어야 한다.
> 2. 행위자에게 승낙에 대한 인식이 있어야 한다.[33]
> 3. 법률에 특별한 규정이 없을 것을 요한다.[34]
> 4. 승낙에 의한 행위가 사회상규에 위배되지 않을 것.[35]

---

31) 승낙은 자유로운 판단에 의한 진지한 승낙이어야 하고 그렇지 못한 승낙은 승낙이 되지 못한다. 예컨대, 농담으로 한 승낙 등의 경우.

32) 이러한 능력에 대해 민법상의 법률행위능력에 의존되거나 이와 함께 자동적으로 부여되는 것이 아니고, "자연적 통찰력 내지 판단능력"을 의미하는 것으로 볼 수 있다.

33) 예컨대, 채혈을 해도 좋다고 승낙을 했으나 그것을 몰랐던 경우에는 채혈을 하게 되면 위법성이 조각되지 않는다. 그러나 피해자의 승낙을 얻어서 채혈을 하면 피해자의 승낙에 의한 행위로서 위법성이 조각된다.

34) 형법각칙상의 처벌규정이 있는 경우에는 형법각칙상의 처벌규정이 형법 제24조의 규정보다 우선시한다. 예컨대, 촉탁·승낙에 의한 살인죄(제252조)의 경우에는 촉탁 승낙이 있어도 처벌을 하는 예외규정인 것이다.

35) 통설, 판례의 의하면 승낙에 의한 행위라도 사회상규에 위배되지 않아야 위법성이 조각된다.

Q 甲은 교통사고의 피해자인 乙이 서울에 입원하고 있어 경찰서에 乙과 함께 출두할 수 없었으므로 乙이 승낙을 하면 사용하려고 乙의 도장을 만들었으나, 乙에게 전화한 결과 승낙을 받지 못하여 이를 사용하지 않고, 그 날 오후에 乙의 언니에게 위 도장을 준 경우, 甲에게 乙의 인장을 위조한 책임이 인정되는가요?

A 형법 제239조 제1항의 인장위조죄는 행사(사용)할 목적으로 타인의 허락 등이 없이 타인의 인장을 만드는 등의 행위를 한 경우에 성립하는 범죄를 말합니다. 인장위조죄가 성립되려면 인장을 행사(사용)할 목적이 인정되어야 하는데, 위 사례와 같이 타인의 허락 하에 사용할 목적으로 인장을 위조한 경우에 '행사할 목적'을 인정할 수 있는지 여부가 문제됩니다.

* 인장이란 특정인의 인격을 상징하고 그 동일성을 증명하기 위하여 사용하는 일정한 물건을 말하고, 인장에는 도장, 도장이 찍힌 인영 등이 있습니다.

이와 관련하여 대법원은 "형법 제239조 제1항 소정의 인장위조죄는 그 명의인의 의사에 반하여 위법하게 행사할 목적이 인정되어야 하며, 타인의 인장을 조각할 당시에는 미처 그 명의인의 승낙을 얻지 아니하였다고 하더라도 인장을 조각하여 그 명의인의 승낙을 얻어 그 명의인의 문서를 작성하는 데 사용할 의도로 인장을 조각하였으나 그 명의인의 승낙을 얻지 못하여 이를 사용하지 아니하고 명의인에게 돌려주었다면, 특별한 사정이 없는 한 행사의 목적이 있었다고 인정할 수 없을 것이다"라고 판단하였습니다(대법원 1992.10.27. 선고 92도1578 판결 참조).

따라서, 甲이 乙의 허락 하에 乙의 도장을 사용하려는 목적으로 乙의 도장을 만든 것이므로 권한 없이 乙의 도장을 행사(사용)하려는 목적을 인정할 수 없어 甲에게 인장위조죄가 성립된다고 볼 수 없을 것입니다.

5. 정당행위

(1) 의의

범죄행위의 구성요건에 해당 되지만 그러한 범죄행위가 사회상규에 위배되지 아니하여 국가적으로나 사회적으로 정당시되어 위법성이 조각되는 행위를 말한다(형법 제20조).

(2) 성립요건

정당행위의 성립 요건
1. 그 행위의 동기나 목적의 정당성
2. 행위의 수단이나 방법의 상당성
3. 보호법익과 침해법익의 균형성
4. 긴급성
5. 그 행위 이외의 다른 수단이나 방법이 없다는 보충성

(3) 법령에 의한 행위

법령에 의한 행위는 법령에 근거를 두고 행하는 행위를 말한다.

1) 공무원의 직무집행행위

법령이 규정상 일정한 공무원의 직무(또는 직무상)로 규정되어 있는 행위를 말한다. 공무원이 직접 법령에 근거하여 행하는 행위와 상관의 명령에 의해서 행하는 행위 또한 여기에 포함된다. 구속력이 있는 적법한 명령에 복종하여 행위하는 직무집행행위의 경우에는 위법하지 않으나 외견상 보기에는 직무의 실행행위처럼 보여지나 그 진실이 법률의 정신에 위배되어 직권남용에 해당될 경우에는 위법하다. 공무원의 직무집행행위의 예로는 형벌의 집행, 사회보호법에 의한 보호처분 등이 있다.

2) 직무집행

공무원의 직무집행행위로서 허용되는 경우와 사인에게 허용되는 경우의 두 가지로 나누어 볼 수 있다.

① 공무원의 직무집행행위로서 허용되는 경우의 예는 각 학교의 장이 교육상 필요할 때에 학생에게 행할 수 있는 징계(교육법 제76조), 소년원장 또는 소년분류심사원이 수용중인 소년의 규율 위반시 위반자에게 행할 수 있는 징계(소년원법 제15조) 등의 경우이다.

② 사인에게 허용되는 경우의 예는 친권자가 그 자녀를 보호 또는 교양하기 위하여 행하는 징계(민법 제915조[징계권]) 등의 경우이다.

3) 사인의 현행범체포

현행범인의 경우 영장 없이 누구든지 체포할 수 있다(형사소송법 제212조). 따라서 사인이 현행범을 체포하는 행위는 법령에 위반되는 것이 아니다. 하지만 일정한 한계를 벗어난 체포행위의 경우에는 법령에 의한 행위로 볼 수 없다. 예컨대, 현행범인을 체포한 후 자기 집 지하실에 감금해 둔 경우 등이다.

4) 정신병자의 감호행위

위험한 행위를 할 염려가 있는 정신병자의 행위에 대해서는 감호의 대상이 된다. 이러한 감호를 소홀히 하여 정신병자를 옥외에서 배회하게 만든 자에 대해서는 구류 또는 과료에 처할 수 있다(경범죄처벌법 제1조 본문 및 동조 제31호). 따라서 감호의무자가 법률이 요구하는 행위에 근거하여 감호행위를 행하는 경우에는 법령에 의한 행위로 볼 수 있는 것이다.

5) 승마투표권, 주택복권의 발매

마사회가 경마를 개최할 때에 승마투표권을 발매하는 행위(한국마사회법, 제6조), 주택복권을 발매하는 행위(주택건설촉진법 제17조)의 경우에는 법령에 의한 행위로서 형법 제248조[36]에 위반되지 않는다.

---

36) 형법 제248조[복표의 발매 등] ① 법령에 의하지 아니한 복표를 발매한 자는 3년이하의 징역 또는 2천만원이하의 벌금에 처한다. ② 전항의 복표발매를 중개한 자는 1년이하의 징역 또는 500만원이하의 벌금에 처한다. ③ 제1항의 복표를 취득한 자는 500만원이하의 벌금 또는 과료에

6) 모자보건법에 의한 임신중절수술

모자보건법 제14조는 "본인 또는 배우자에게 대통령령으로 정하는 우생학적 또는 유전학적 정신장애·신체질환, 전염성질환이 있는 경우, 강간·준강간으로 임신된 경우, 법률상 혼인할 수 없는 혈족 또는 인척간에 임신된 경우 및 임신의 지속이 보건의학적 이유로 모체의 건강을 심히 해하고 있거나 해할 우려가 있는 경우에 있어서 의사는 본인과 배우자의 동의를 얻어 인공임신중절수술을 할 수 있다."고 규정하고 있다. 이러한 규정은 법령에 의한 행위로서 위법하지 않는다.

7) 노동쟁의 행위

헌법 제33조 제1항은 "근로자의 자주적인 단결권, 단체교섭권 및 단체행동권을 보장하고 있다." 이에 근거하여 노동쟁의 조정법은 "동맹파업, 태업 등 쟁의행위에 관한 규정을 두고 있다." 이러한 법의 테두리 내에서 행하는 행위는 법령에 의한 행위로서 위법하지 않는다. 대법원은 다음과 같은 요건을 갖춘 경우에는 쟁의행위가 위법하지 않는다고 보고 있다.

> 대판, 2001. 6. 12, 2001도1012
> 1. 그 주체가 단체교섭의 주체로 될 수 있는 자일 것을 요한다.
> 2. 근로조건 향상을 위한 노사 간의 자치교섭 조성이 그 목적일 것을 요한다.
> 3. 개시시점에 대해서는 사용자가 단체교섭을 거부했을 때이며 특별한 사정이 없는 한 조합원의 찬성 결정 등 필요한 절차를 거칠 것을 요한다.
> 4. 그 수단과 방법이 사용자의 재산권과 조화를 이루고 폭력의 행사나 제3자의 권익을 침해하는 것이 아닐 것을 요한다.

8) 전염병예방에 의한 의사의 신고

전염병예방법 제4조 제1항은 "의사 또는 한의사가 전염병환자 등 또는 예방접종 후 이상반응자를 진단하거나 의사가 그 시체를 검안하였을 때에는 전염병환자등·

처한다. 복표란 "특정한 표찰을 발매하여 다수인으로부터 금품을 모은 다음 추첨 등의 방법으로 당첨자에게는 재산상의 이익을 제공하고 다른 참가인에게는 손실을 가져오게 하는 것을 말한다." 예컨대, 주택복권의 경우이다.

예방접종 후 이상반응자 또는 그 동거인에게 소독방법과 전염방지의 방법을 지시하고 제1군·제2군·제4군 전염병 및 제3군의 탄저와 예방접종후 이상반응의 경우에는 즉시로, 탄저를 제외한 제3군 및 지정전염병의 경우에는 7일 이내에 전염병환자 등·예방접종후 이상반응자 또는 그 시체의 소재지를 관할하는 보건소장에게 그 성명, 연령, 성별, 기타사항을 신고하여야 한다"고 규정하고 있다. 이러한 규정에 근거하여 의사의 신고의 경우 '형법 제317조(업무상비밀누설죄)'[37]에 위반되는 경우이나 이러한 경우에도 불구하고 법령에 의한 행위로서 인정되기 때문에 위법성이 조각된다고 본다.

(4) 업무로 인한 행위

업무로 인한 행위란 사회생활에 있어서 계속적이거나 반복의 의사로써 행하는 사무(영업 또는 업무)를 말한다. 이러한 행위로서 거론되는 예를 살펴보면 다음과 같다.

1) 치료행위

치료행위는 사람의 신체적 건강을 유지시켜주거나 촉진시켜주는 행위로서, 그 행위주체가 의사이건 아니건 상관없이 타당하다고 인정되는 범위내의 경우에는 위법하지 않는다. 치료행위와 관련하여 "산파나 침구사 등의 행위, 엄격한 조건하의 안락사의 시행[38]" 등도 업무로 인한 행위의 예로서 거론된다.

2) 변호사 또는 성직자의 직무집행행위

변호사가 법정에서 재판을 하는 과정에서 변호를 위해 부득이하게 타인의 비밀을 누설하거나 타인의 명예를 훼손하는 사실을 적시한 경우에는 정당한 업무에 해당되어 위법하지 않는다. 성직자의 경우 또한 직무상 알게 된 타인의 범행을 고발하지

---

37) 제317조[업무상비밀누설죄] ① 의사, 한의사, 치과의사, 약제사, 약종상, 조산사, 변호사, 변리사, 공인회계사, 공증인, 대서업자나 그 직무상 보조자 또는 차등의 직에 있던 자가 그 업무처리 중 지득한 타인의 비밀을 누설한 때에는 3년 이하의 징역이나 금고, 10년 이하의 자격정지 또는 700만 원이하의 벌금에 처한다. ② 종교의 직에 있는 자 또는 있던 자가 그 직무상 지득한 사람의 비밀을 누설한 때에도 전항의 형과 같다.
38) 안락사가 위법성을 조각시키는 조건으로서는 흔히 1962년의 일본 나가요 고판(초 37. 12. 22)의 판시 내용이 인용된다(후술에서 다룸).

않는 경우에도 위법하지 않는다. 단, 이를 넘어서서 적극적으로 범인을 은닉하거나 도피시킬 경우에는 위법하다.[39]

3) 운동경기를 통한 타인의 신체 침해행위

격투기, 권투, 유도 등 사회통념상 스포츠로 인정되는 행위를 통하여 타인의 신체를 침해하는 행위의 경우에는 그 행위가 일반적으로 인정되는 경기규칙에 위반되지 않는 한 위법하지 않는 것으로 본다.

(5) 기타 사회상규에 위배되지 아니하는 행위

형법 제20조 후단은 "기타 사회상규에 위배되지 아니하는 행위는 벌하지 않는다."고 규정하고 있다. 여기서 '사회상규'란 사회생활에 있어서 일반적으로 인정되는 일상적(또는 정상적)인 규칙을 말한다. '사회상규에 위배되지 아니하는 행위'라는 말은 바로 이러한 규칙의 테두리를 벗어나지 아니하는 행위를 말한다. 사회상규로서 거론되는 사례를 살펴보면 다음과 같은 예들이 있다.

사회상규에 위배되지 아니하는 행위로서 적절하다고 보는 예는 주로 판례에 의해서 나타나고 있다. 예컨대, 법령상 징계권이 없는 자가 잘못을 저지르는 남의 자녀를 적절하게 징계하는 경우, 뽕밭에 매어 놓은 타인의 소가 뽕밭을 유린하는 것을 보고 뽕밭 주인이 그 소의 고삐를 풀려고 하였으나 나무에 얽혀 풀 수 없으므로 그 고삐를 낫으로 끊고 소를 밭에서 끌어내다가 그 옆에 있는 송아지의 꼬리를 상하게 한 경우[40], 지휘관이 야간에 소란행위를 제지하기 위하여 술에 취하여 신병에게 행패를 부리는 부하에 대하여 경미한 폭행을 가한 경우[41] 등이 있다.

(6) 결론

이상과 같이 정당방위, 긴급피난, 자구행위, 피해자의 승낙, 정당행위에 대해서 살펴보았다. 이러한 행위들은 원칙적으로 구성요건에 해당하는 행위이지만 예외적으로 위법성을 조각시켜 죄가 성립되지 않는 행위의 유형들인 것이다. 실제로 재판에서도 이러한 법리에 의해서 재판을 하는데 중요한 역할을 하고 있기 때문에 이론

---

39) 대판, 1983. 3. 8, 82도3248.
40) 대판, 1976. 12. 28, 76도2359.
41) 대판, 1978. 4. 11, 77도3149.

적인 면과 그에 따른 예를 들어 이해를 돕고자 간략히 정리하였다.

> **Q** 가정주부인 甲은 술에 취한 乙이 자신의 집에 무단으로 들어와 유리창을 깨고 행패를 부리자, 乙을 뒤따라가 어깨를 붙잡았습니다. 그런데 乙이 욕설을 계속하므로 甲은 그 행패를 막으려고 乙의 어깨를 밀쳤고, 이에 乙이 바닥에 넘어져 사망한 경우, 甲의 행위는 정당행위에 해당하는지요?
>
> **A** 형법 제20조는 "법령에 의한 행위 또는 업무로 인한 행위 기타 사회상규에 위배되지 아니하는 행위는 벌하지 아니한다."라고 규정하고 있습니다.
>
> 따라서 甲이 乙의 어깨를 밀친 행위가 사회상규에 위배되지 아니하는 행위로서 정당행위에 해당하는지가 문제될 것입니다.
>
> 대법원 1992. 3. 10. 선고 92도37 판결은, "만 57세 남자인 피해자는 이 사건 사고일 오전부터 술에 만취하여 아무 연고도 없는 피고인의 집에 함부로 들어가 지하실 방으로 들어가는 출입문의 유리창을 발로 걸어차 깨뜨리는가 하면 성기를 꺼내어 아무데나 마구 소변을 본 뒤 2층으로 통하는 계단을 따라 올라갔고, 피고인은 가정주부로서 피고인의 집에서 혼자 있는 상태에서 현관문을 열고 밖으로 나오다가 피해자의 위와 같은 행동을 보고, 말로 어른이 술에 취해 무슨짓이냐, 집밖으로 나가라는 요구를 하였으나 피해자는 오히려 피고인에게 상스러운 욕설을 마구 퍼부으면서 횡설수설하였고, 결국은 피해자가 집밖으로 나갔으나, 피해자가 유리창을 깬 것을 안 피고인이 피해자의 집에 가서 유리창 값을 받을 생각으로 피해자의 뒤를 따라가자 뒤돌아보면서 다시 피고인에게 상스러운 욕설을 할 뿐더러 피고인이 "당신집이 어디냐, 같이 가서 당신 부인으로부터 유리 깨어진 것 변상을 받아야겠으니 같이 가자"고 왼손으로 피해자의 어깨 위쪽을 붙잡자, 피해자는 "내가 들어있는 방이 금 1,400,000원이니 당장 금 1,400,000원을 내어 놓으라"고

피고인으로서는 이해할 수 없는 엉뚱한 요구를 하면서 다시 "이 씹할 년아 개 같은 년아." 하면서 욕설을 계속하므로, 피고인이 더 이상 이를 참지 못하고 빨리 가라면서 잡고 있던 왼손으로 피해자의 오른쪽 어깨 부위를 밀치자 술에 만취하여 비틀거리던 피해자가 몸을 제대로 가누지 못하고 앞으로 넘어져 시멘트바닥에 이마를 부딪치면서 1차성 쇼크로 사망"한 사안에서 피고인의 행위는 형법 제20조에서 정하는 정당행위에 해당한다고 판시하였습니다.

위 판결은 그 구체적인 이유로서, "가정주부인 피고인으로서는 예기치 않게 피해자와 맞닥뜨리게 되어 위와 같은 행패와 엉뚱한 요구를 당하는가 하면 상스러운 욕설을 듣고 매우 당황하였으리라고 보여지고, 이에 화도 나고 그 행패에서 벗어나려고 전후 사려 없이 피해자를 왼손으로 밀게 된 것으로 인정되며, 그 민 정도 역시 그다지 센 정도에 이르지 아니한 것으로 인정되므로, 피고인의 위와 같은 행위는 피해자의 부당한 행패를 저지하기 위한 본능적인 소극적 방어행위에 지나지 아니하여 사회통념상 용인될 수 있는 정도의 상당성이 있어 위법성이 없다고 봄이 상당하다."고 판시하였습니다.

따라서 위 대법원 판결의 취지에 따른다면, 甲의 행위는 형법 제20조에 따라 사회상규에 위반되지 않는 정당행위에 해당하여 죄가 되지 않을 가능성이 높아 보입니다.

제3장 다양한 범죄의 종류

1. 살인죄와 존속살인죄

우리 주변에서 발생되는 살인과 관련된 범죄의 비중이 높아지고 있다. 우리가 사람을 살해한 경우에 살인죄의 법률적용에 의거하여 처벌받는 것은 누구나 잘 알고 있지는 사실이지만 이론적인 살인죄에 관한 기본적 지식에 대해서는 잘 알지 못한다. 우리는 살인죄에 대한 가장 기본적인 이론과 그에 따른 간략한 사례나 문제를 통해서 이론적 체계를 정리해보고자 한다. 또한 살인죄 중 가장 무거운 법정형인 사형과 관련하여 사형제도에 대해서도 살펴보고자 한다.

(1) 보통살인죄

1) 의의

사람을 살해함으로써 다른 사람의 생명을 침해하는 것을 내용으로 하는 범죄를 말한다(형법 제250조제 1항). 형법에만 법조항으로 규정된 것이 아니라 헌법 제10조[42])에서도 "인간의 존엄과 가치를 최고의 국가 규범으로 명시"하고 있다.

살인죄는 인간의 존엄과 가치를 침해하는 가장 전형적이고 기본적인 범죄라고 할 수 있다. 사람의 생명은 헌법적 체계에서 가장 높은 위치에 있기 때문에 형법은 사람의 생명을 보호함에 있어서 '절대적 생명보호의 원칙'에 입각하여 시작하고 있다. 즉, 사람의 생명은 그 사람의 나이, 건강상태, 사회적 지위 등을 불문하고 절대적으로 보호받아야 된다.

2) 연혁

살인죄는 가장 오랜 역사를 지닌 범죄로서 바빌로니아의 함무라비법전, 헤브라이법전, 중국고대의 법전, 고조선의 8조법 등에 그 규정이 있다.

---

42) 헌법 제10조[인간의 존엄성과 기본적 인권의 보장] 모든 국민은 인간으로서의 존엄과 가치를 가지며, 행복을 추구할 권리를 가진다. 국가는 개인이 가지는 불가침의 기본적 인권을 확인하고 이를 보장할 의무를 진다.

3) 주체

본죄는 자연인(사람)만이 주체로 될 수 있고, 법인은 주체로 될 수 없다. 예컨대 살아 있는 사람이면 "불치의 병에 걸린 환자, 기형아, 사형판결이 확정된 자, 실종 선고를 받은 자, 자살을 결행중인 자 등도 관계없다."[43]

4) 행위

행위는 사람을 살해하는 것이고, 설령 사람을 살해하려고 시도하였으나 살인에 실패하고 미수도 처벌된다.

5) 사람의 시기

사람의 시기는 사람이 출생한 시점부터 사람이 사망한 시점까지로 보고 있는데 이에 대해서 네 가지로 구분지어 살펴볼 수 있다.

⇨ 진통설(분만개시설): 규칙적인 진통을 동반하면서 태아가 태반으로부터 이탈하기 시작한때를 말한다. 우리나라의 통설과 판례에 해당된다.
⇨ 독립호흡설: 이 설은 태아가 태반에 의한 호흡 대신에 폐에 의한 호흡을 할 수 있게 된 때를 사람의 시기로 보는 설이다.
⇨ 전부노출설: 분만이 완성되어 태아의 신체가 모체로부터 완전히 노출되었을때를 사람의 시기로 보는 설이다. 우리민법의 입장에 해당된다.
⇨ 일부노출설(두부노출설): 생명체의 일부분이 모체로부터 노출되어진 상태를 사람의 시기로 보는 설이다. 이 설은 종래 일본의 통설 · 판례이다.

6) 판례

1. 살인죄에서 살인의 범의는 반드시 살해의 목적이나 계획적인 살해의 의도가 있어야 인정되는 것은 아니고, 자기의 행위로 인하여 타인의 사망이라는 결과를 발생시킬 만한 가능성 또는 위험이 있음을 인식하거나 예견하면 족한 것이다. 피고인이 범행 당시 살인의 범의는 없었고 단지 상해 또

---

43) 대판, 1948. 5. 14, 4281형상38.

는 폭행의 범의만 있었을 뿐이라고 다투는 경우에 피고인에게 범행 당시 살인의 범의가 있었는지 여부는 피고인이 범행에 이르게 된 경위, 범행의 동기, 준비된 흉기의 유무, 종류, 공격의 부위와 반복성, 사망의 결과발생 가능성 정도 등 범행 전후의 객관적인 사정을 종합하여 판단할 수 밖에 없다(대판 1006. 4. 14, 2006도734).

2. 사람의 생명과 신체의 안전을 보호법익으로 하고 있는 형법의 해석으로는 규칙적인 진통을 동반하면서 분만이 개시된 때(소위 진통설 또는 분만개시설)가 사람의 시기라고 본다. 조산원이 분만 중인 태아를 질식시켜 사망에 이르게 한 경우에는 업무상 과실치사죄가 성립된다(대판 1982. 10. 12, 81도2621).

  ▶ 업무상과실치사란 업무상 필요한 주의를 게을리 해 사람을 죽음에 이르게 한 경우를 말한다.

3. 피고인이 격분하여 피해자를 살해할 것을 마음먹고 밖으로 나가 낫을 들고 피해자에게 다가서려고 하였으나 제3자가 이를 제지하여 그 틈을 타서 피해자가 도망함으로써 살인의 목적을 이루지 못한 경우에는 살인미수에 해당된다(대판 1986. 2 .25, 85도2773)

4. 인체의 급소를 잘 알고 있는 무술교관 출신의 피고인이 무술의 방법으로 피해자의 울대를 가격하여 사망케 한 경우(대판 2000. 8. 18, 2000도2231).

5. 총알이 장전되어 있는 엽총의 방아쇠를 잡고 있다가 총알이 발사되어 피해자가 사망한 경우(대판 1997. 2. 25, 96도3364)

7) 사람의 종기

사람의 종기는 사망한 때이다. 사망한 때가 언제인가에 대해서는 맥박종지설(심장박동종지설 내지 심장사설), 뇌사설(현재의 다수설, 특히 뇌사설 중에서도 뇌간을 포함한 전뇌의 기능이 소멸한 상태를 뇌사로 보는 전뇌사설) 등의 견해 대립이 있다.

8) 착수시기 및 기수시기

살인의 고의를 가지고 생명을 위태롭게 하는 행위가 개시된 때 실행의 착수가 있고, 살해행위로 사망의 결과가 발생한 때 기수로 된다.

9) 문제

> 갑남은 사법시험의 합격을 위해 3년이라는 기간 동안 열심히 학교에서 공부를 하였다. 시간이 흘러 갑남은 고사장에서 시험을 보았다. 그러나 갑남은 기대한 만큼 시험을 잘 치르지 못하였다. 이에 실망을 한 갑남은 자살을 결심하고 자살을 시도하는 중이었는데 평소에 갑남에 대해 못마땅하게 생각하던 을남이 갑남이 자살을 시도 중이라는 사실을 알지 못한 체 갑남을 살해하였다. 이 경우 을남의 죄책은 무엇인가?
>
> ▶ 앞에서 언급했듯이 살아 있는 사람이면 "불치의 병에 걸린 환자, 기형아, 사형판결이 확정된 자, 실종선고를 받은 자, 자살을 결행중인 자 등"을 살해한 경우에도 보통살인죄로 처벌된다고 예를 들었다.
> 따라서 이 사례문제의 경우 자살을 시도하는 자인데 이 경우에도 마찬가지로 자살을 시도 한 자라도 아직 살아있는 자이기 때문에 그 사람을 살해한 경우도 형법 제250조 규정에 의거하여 보통살인죄로 처벌을 받게 된다.

(2) 존속살해죄

1) 의의

자기 또는 배우자의 직계존속[44]을 살해함으로써 성립하는 범죄를 말한다.(제250조 제2항). 살해에 실패한 경우 즉 미수범의 경우도 처벌 한다.

존속살해죄는 동양에서 주로 법이 적용되고 있다. 즉, 직계존속을 살해한 경우 가중처벌을 하고 있으나 일본의 경우 1995년에 존속살해규정(제215조)의 조항을 삭제하였다. 살인죄(제250조 제1항)는 일반인을 살해함으로써 성립하는 것이지만 존속살해죄는 직계존속에 대한 직계비속의 패륜이라는 반 윤리성으로 말미암아 살인죄에 비해 형이 더 무겁게 가중하여 적용되고 있다.

---

44) 증조부모, 조부모 등, 직계비속: 아들 ,딸, 손자 등이다.

2) 주체

본죄의 주체는 직계비속, 배우자이고, 객체는 직계존속이다. 예컨대, 아들이 아버지를 살해하는 경우에는 존속살해죄가 성립. 하지만 아버지가 아들을 살해하는 경우 존속살해죄가 성립되지 않고 보통살인죄가 성립한다.

3) 객체

자기 또는 배우자의 직계존속이다.

⇨ 배우자는 법률상(민법)의 배우자를 말하고 사실혼관계의 자는 제외된다. 배우자는 현재의 생존한 자를 의미한다(통설). 따라서 과거의 배우자였던 직계존속은 객체에서 제외된다.

배우자의 신분관계는 실행행위의 착수시에 있어야 한다. 따라서 동일한 기회에 배우자를 먼저 살해하고 계속하여 그 직계존속을 살해한 경우에도 본죄는 성립한다.

⇨ 직계존속은 법률상의 개념이므로 민법에 의해 결정될 것이나 반드시 호적이 기준이 되는 것은 아니다. 따라서 호적(가족관계등록부)상 친권자로 등재되어 있다 하더라도 사실이 다를 경우 법률상 직계존속이 될 수 없다(판례).

혼인외의 출생자의 경우 생부는 인지시에만 법률상의 직계존속이 되나, 생모의 겨우 자의 출생으로 당연히 법률상의 직계존속이 된다(판례).

4) 문제

아버지 갑과 아들 을은 잦은 말다툼을 하였다. 어느 날 밤 술에 취해 들어온 아들 을은 아버지에게 심한 욕설을 하였다. 이에 아버지 갑은 화가 치밀어 아들 을을 밀어 넘어뜨렸는데 모서리에 머리가 부딪혀 죽고 말았다. 아버지는 존속살해죄로 처벌을 받을 것인가?

▶ 존속살해죄는 직계비속이 직계존속을 살해함으로써 성립하는 범죄이다. 아버지의 경우에는 직계비속이 아니라 직계존속에 해당된다. 직계존속이 직계비속을 살해하는 경우에는 존속살해죄로서 처벌되는 것이 아니라 보통살인죄로 처벌된다. 따라서 처벌을 받을 수 없다가 정답이다.

5) 판례

> ⇨ 존속살해죄의 관련 사례 중에 "혼인외출생자가 그 생부를 살해한 경우에는 본죄가 성립하지 않으나 혼인외출생자가 그 생모를 살해한 경우에는 직계존속 살해죄가 성립하게 된다(대판 1980. 9. 9, 80도1731)."[45]
>
> ⇨ 피살자가 그의 문전에 버려진 영아의 피고인을 주어다 기르고 그 남편과의 친생자인 것처럼 출생신고를 하였으나 입양요건을 갖추지 않았다면 피고인과의 사이에 모자관계가 성립되지 않으므로, 설령 피고인이 동녀를 살해하였다고 하여도 존속살인죄로 처벌 할 수 없다(대판 1981. 10. 13, 81도2466).

> **Q** 甲은 평소 어머니를 상습적으로 폭행하던 아버지 乙에 대해 극심한 분노를 느끼던 중 또다시 어머니를 때리는 乙을 말리려다 우발적으로 乙을 살해했습니다. 甲은 자신의 행위가 보통 살인범보다 죄질이 가볍거나 적어도 엇비슷하다고 믿는데 단지 존속을 살해하였다는 이유만으로 가중처벌되는 것이 불합리하다고 느꼈습니다. 존속살인죄를 가중처벌하는 형법 제250조 제2항은 위헌이 아닌가요?
>
> **A** 헌법재판소는 직계존속을 살해한 자를 사형, 무기, 또는 7년 이상의 징역으로 처벌하는 형법 제250조 제2항이 헌법 상 평등원칙에 반하지 아니한다고 보아 합헌으로 결정하였습니다.(헌법재판소 2013. 7. 25. 자 2011헌바267 결정)
>
> 특히 헌법재판소는 존속살해의 범행은 오래 전부터 보편적 사회질서나 도덕원리, 나아가 인륜에도 반하는 행위로 인식되어 왔고, 그 패륜성에 비추어 일반 살인죄에 비하여 고도의 사회적 비난을 받아야 할 이유가 충분한 점, 1995년 이 사건 법률조항의 법정형이 종래의 '사형 또는 무

---

45) 왜냐하면 혼인외출생자와 생부와의 관계에서는 '인지(어떠한 사실을 이성이나 감각에 의하여 알게 되는 것)'를 하지 않은 이상은 자식 부모관계가 성립하지 않기 때문이다. 하지만 생모와의 관계는 출생자체만으로도 이미 법률상의 친족관계가 성립한다고 본다.

기징역'에서 '사형, 무기 또는 7년 이상의 징역'으로 개정되어 양형에 있어서의 구체적 불균형의 문제도 해소된 점에 비추어 이 규정이 헌법 상 평등원칙에 반하는 것이 아니라고 판단했습니다.

단 이 결정에 관하여는 형법 제250조 제2항이 헌법 상 평등원칙에 반한다는 재판관 2인의 위헌의견이 있었습니다.

참고로 헌법재판소는 이 규정과 유사하게 피해자가 존속인 경우 상해치사범을 가중처벌하는 형법 제259조 제2항에 관하여도 유사한 취지의 합헌결정을 하였던 바 있습니다.(헌법재판소 2002. 3. 28. 자 2000헌바53 결정)

(3) 사형제도

앞에서 살펴보았듯이 살인죄는 사람을 살해한 자에 대해서는 사형, 무기 또는 5년 이상의 징역에 처하고 있다. 사람을 살해한 자에 대해서는 오래전부터 사형제도를 통해 사형을 집행하고 있는 것을 여러 기록을 통해서도 알 수 있다. 예컨대, 고조선 법 중 '8조법' 등의 경우. 사형제도를 찬성하는 쪽과 그렇지 않은 쪽으로 나누어져 있다. 이하에서는 사형제도의 전반적인 이론에 대해 간략히 살펴보도록 한다. 그러나 현재 우리나라 경우 사형제도는 존재하지만 실제로 형은 집행하지 않고 있다. 이하에서는 사형제도에 대해서 간략히 살펴보도록 하자.

1) 사형제도 의의

사형은 형법을 위반한 죄 중 가장 무거운 형벌이고 사형집행을 통해 사람의 생명을 박탈하는 것이기 때문에 '생명형'이라고도 한다.

2) 사형제도의 역사

사형제도를 성문화 시킨 최초의 법은 기원전 18C 바빌로니아의 '함무라비 법전'으로 25개의 종류에 대한 범죄를 규정하여 처벌한 기록이 있다.

우리나라의 경우 고조선 시대 '8조법'에 살인한자는 사형에 처한다고 명시되어 있다.

3) 우리나라의 사형제도의 경우와 각국의 사형제도 현황

① 우리나라의 경우

앞에서 언급하였듯이 현재 우리나라의 경우 '형법 41조(형의종류)'에서 형법의 종류 중에서 법정 최고형으로 사형을 포함시키고 있다. 법정형으로 사형을 규정한 범죄는 예컨대, 살인죄, 내란죄 등의 여러 규정 등의 경우. 특별법으로 군대에서 군인이 사람을 살해한 경우 등에 적용되는 '군형법' 등이 있다.

사형의 집행에 대해서는 형법 제66조와 군형법 제3조에 규정되어 있다. 형법 제66조[사형]는 "사형은 형무소 내에서 교수하여 집행한다." 군형법 제3조도 "사형은 소속 군 참모총장 또는 군사법원의 관할권 지정한 장소에서 총살로써 집행한다." 사형제도에 대한 관련법이 엄연히 존재하고 있지만 우리나라의 경우 1997년 이후 단 한번도 사형집행이 이루어지지 않았다. 그 이유에 대해서는 확실치는 않지만, 세계적인 여론이 사형집행에 대한 부정적인 인식과 현 정부에서 사형을 집행한 오점을 남기지 않기 위한 것으로 보여 진다. 우리가 한 가지 명심해야 할 것은 "사형제도에 의해 사형을 집행하는 것과 대법원의 판결에 의해서 사형선고를 하는 것은 별개의 문제이다." 대법원은 사형에 관해서는 일관되게 다음과 같이 정의를 내리고 있다. "사형이 인간의 생명 자체를 영원히 박탈하는 냉엄한 형벌로서 문명국가의 이성적인 사법제도가 상정할 수 있는 극히 예외적인 형벌"이라는 점을 분명히 명시하고 있다.[46]

② 각국의 사형제도 현황
각국의 사형제도 현황에 대해 간략히 살펴보면 다음과 같다.

⇨ 북중미 중 미국은 미주지역에서 유일한 사형집행 국이다. 그러나 모든 주가 다 사형을 집행하는 것이 아니라 주마다 다르다(미국의 경우 워싱턴 D.C, 뉴욕주, 하와이 등은 사형 전면 폐지, 텍사스주는 사형이 활발히 진행). 34개 사형존치주 중 13개주에서 43건의 사형집행이 있었고 이 건수는 2001년에 비해 1/3가량 감소했다.
⇨ 아시아 중에 싱가포르의 경우는 사형집행을 하다가(2000년 이전에는 매년 30~40명씩 사형), 2012년 한 해 동안은 사형집행을 하지 않았다.
⇨ 이란, 이라크, 사우디아라비아, 예멘 4개국이 차지하는 사형집행 건수가 중동 및 북 아프리카 지역의 총 사형집행 건수의 99퍼센트를 차지하고 있다.
⇨ 유럽의 벨라루스의 경우 유럽 전역에 걸쳐 사형제도를 존치시키는 유일한 국가이며 유럽안보협력기구 회원국 중에서 미국을 제외한 유일한 사형 존치국이다.

---

46) 대판 2001도6425, 2005도4178판결문 등

4) 사형제도의 찬·반 의견

사형제도를 찬성하는 입장과 사형제도를 반대하는 입장이 대립하고 있는데 그 내용을 살펴보면 다음과 같다.

① 사형제도를 찬성하는 주장의 견해

⇨ 다른 사람을 살해한 자 또한 마찬가지로 그 생명을 박탈당해야 된다고 생각하는 것은 일반 국민이 가지고 있는 법적인 정서이다. 즉, 국민 대다수가 사형제도를 찬성하고 있다.

⇨ 사형제도 자체를 위헌이라 볼 수 없다. 왜냐하면 우리나라는 헌법재판소에서 이 사형제도에 대해 합헌이라고 판결한 적이 있다(우리나라 헌법재판소 1996.11.28. 결정).

⇨ 사형제도에 의하여 국가의 행형비용을 절감할 수 있기 때문에 사형을 존치해야 한다.

⇨ 사형제도를 존치시키면 다른 사람을 죽인 경우 자신 또한 사형에 의해 죽음을 면치 못한다는 점을 강조할 경우 함부로 사람을 죽이지 않게 되어 범죄를 억제 시키는 효과가 있다.

⇨ 생명은 피해자나 가해자나 다 마찬가지로 중요하지만 이들 중 선택을 하자면 가해자(범죄자)보다는 일반국민(피해자)의 생명이 더 귀중하다.

② 사형제도를 폐지하자는 주장의 견해

⇨ 국가가 사형이라는 명목 하에 범죄자의 생명을 거두는 것은 헌법[47]이 보장한 인간의 존엄성에 정면으로 배치되는 행위이다.

⇨ 사형을 시킴으로써 중요범죄의 발생을 억제 하는 효과가 있다고 주장하는 사람들의 주장이 제대로 입증되지 못하고 있다(범죄예방의 효과).

⇨ 모든 판결을 함에는 오판을 할 가능성을 배제할 수 없다. 왜냐하면 재판관도 사람이기 때문이다.

⇨ 실질적으로 많은 나라에서 사형을 폐지하고 있는 추세이다.

---

47) 헌법 제10조[인간의 존엄성과 기본적 인권의 보장] "모든 국민은 인간으로서의 존엄과 가치를 가지며, 행복을 추구할 권리를 가진다." 국가는 개인이 가지는 불가침의 기본적 인권을 확인하고 이를 보장할 의무를 진다.

2. 성폭력과 성희롱에 대해

성폭력과 성희롱에 대한 전반적인 이론들은 형법과 특별법에도 다양하게 규정되어 있는데 성폭력에 관련된 죄로서 형법의 강간죄와 강제추행죄, 직장에서 이루어지는 성폭력의 하나인 성희롱에 대한 이론에 대해서 살펴보고 그와 관련된 몇 가지 사례와 문제에 대해 살펴보기로 한다.

성폭력이란 본인 자신은 그러한 행위를 원하지 않은데 자기 아닌 타인에 의해 강제적으로 행사되는 성적행위이다.

성폭력은 단순히 신체적인 접촉만을 의미하는 것이 아니라 '정신적인 압력·협박·불쾌감등 모든 경우'를 포함한다. 성폭력에 관한 규정을 두고 있는 법률로는 형법의 간강죄, 강제추행죄, 특별법에 의한 특정범죄가중처벌 등에 관한 법률, 성폭력범죄의 처벌 등에 관한 법, 아동·청소년의 성보호에 관한 법률 등이 있다.

형법은 강간과 추행의 죄는 '개인의 성적자유'를 침해하는 것을 내용으로 하는 범죄를 의미한다.

(1) 강간죄

1) 의의

강간죄는 폭행 또는 협박으로 부녀를 강제적으로 강간함으로써 성립하는 범죄를 말한다(형법 제 297조). 예전에는 친고죄의 성격(고소가 있어야 처벌)이었으나 현재 (2013년 6월 19일)는 법이 개정되어 친고죄가 폐지되어 친고죄의 적용을 하지 않고 있다(60년 만에 친고죄 조항이 폐지). 즉, 강간을 저지른 범죄인에 대해시는 피해자의 고소 및 합의 여부와 상관없이 무조건적으로 처벌을 할 수 있게 되었다. 본죄를 범한 경우에는 3년 이상의 유기징역에 처한다. 본죄의 범한 행위의 주체는 남성이었고 객체는 부녀였다. 그러나 법이 개정되면서 객체가 부녀에서 '사람'으로 확대되었다. 이렇게 개정됨에 따라 남성도 강간죄의 피해자가 될 수 있게 되었다. 이미 독일, 프랑스, 오스트리아 등 선진국의 경우에는 성범죄의 객체에 남자를 포함하고 있는 등 성범죄의 대상을 여성을 의미하는 부녀에만 국한 되는 것이 아니라 남녀를 모두 포함하는 사람으로 확대하는 게 세계적인 추세이다. 또한 '성폭력범죄의 처벌 등에 관한 특례법(줄여서 성폭법)'상 13세 미만자에 대한 강간죄 등의 친고죄도 폐지되었다.

법이 개정되기 전에는 강간은 폭행·협박으로 상대방의 반항을 억압할 정도뿐만 아니라 현저히 곤란한 상태에 있는 상대방 부녀를 간음하는 것을 의미 하였는데, 법이 개정됨에 사람을 간음하는 것으로 조항이 변경되었다. 강간죄는 강간 도중 여의치 않아 실패한 경우라 할지라도 처벌을 하지 않는 것이 아니라 미수범으로써 처벌을 하고 있다.

2) 판례

1. 처를 강제로 강간한 경우에 과연 부부강간죄가 성립할 수 있는가? 이에 대해서는 학자마다 생각하는 견해가 제각기 다르다고 볼 수 있는데 이에 대해 살펴보면 다음과 같다.

   첫째, 부부관계가 해소되어 가는 경우는 물론 그렇지 않은 때에도 처에 대한 강간죄의 성립을 인정해야 한다는 견해.

   둘째, 부부관계의 특수성과 법정형을 고려해볼 때 처는 본죄의 객체가 될 수 없다는 견해로 나누어지고 있다. 대법원의 입장은 다음과 같다. "처에 대해서는 본죄의 성립을 부정하고 있으나 혼인관계가 파탄되어 실질적인 부부관계가 인정될 수 없는 지경에 이른 경우에는 법률상의 배우자인 처도 본죄의 객체가 될 수 있다고 판시하고 있다(대판 2009.12.12., 2008도8601)."[48]

2. 성전환 수술을 한 사람을 강간한 경우에 있어 강간죄가 성립하겠는가?

   이에 대해서 대법원은 성전환수술에 의하여 남성에서 여성으로 된 자일지라도 부녀에 해당하지 않는다고 보았으나(대법원 1996.6.11, 96도791), 그 이후의 판례는 다음과 같이 태도를 바꾸었는데 그 내용을 살펴보면 다음과 같다.

   "피해자가 성장기부터 남성에 대한 불일치감과 여성으로의 성 귀속감을 나타냈고, 성전환 수술을 말미암아 여성으로서의 신체적 외관을 갖추었고, 수술 이후 개인적·사회적으로 여성으로서의 생활을 영위해 가고 있는 경우에는 사회통념상 여성으로 평가되는 성전환자로서 보아야 하므로 강간죄의 객체인 부녀에 해당된다고 판시하였다(대판 2009.9.10, 2009도3580)."

Q 甲은 남자였으나 성전환수술을 하여 여성으로 된 자로서 乙이 甲을 성폭행 한 경우 乙을 강간죄로 처벌할 수 있는지요?

A 종전「형법」제297조는 "폭행 또는 협박으로 부녀를 강간한 자는 3년 이상의 유기징역에 처한다."라고 규정하여 강간죄의 객체를 "부녀"로 한정하였으나, 형법의 개정[법률 제11574호, 2012.12.18, 일부개정]으로 강간죄의 객체가 "부녀"에서 "사람"으로 바뀌었습니다.

따라서 위 개정 형법이 시행되는 2013. 6. 19. 이후의 범행에 대해서는 남자였으나 성전환수술을 하여 여성으로 된 자도 당연히 강간죄의 객체가 되는 것이므로 강간죄가 성립한다고 할 것입니다.

참고로, 위 개정 형법 시행 이전의 판례를 보더라도 "강간죄의 객체는 부녀로서 여자를 가리키는 것이므로, 강간죄의 성립을 인정하기 위하여는 피해자를 법률상 여자로 인정할 수 있어야 한다. 종래에는 사람의 성을 성염색체와 이에 따른 생식기, 성기 등 생물학적인 요소에 따라 결정하여 왔으나, 근래에 와서는 생물학적인 요소뿐 아니라 개인이 스스로 인식하는 남성 또는 여성으로의 귀속감 및 개인이 남성 또는 여성으로서 적합하다고 사회적으로 승인된 행동·태도·성격적 특징 등의 성역할을 수행하는 측면, 즉 정신적·사회적 요소들 역시 사람의 성을 결정하는 요소 중의 하나로 인정받게 되었으므로, 성의 결정에 있어 생물학적 요소와 정신적·사회적 요소를 종합적으로 고려하여야 한다."라고 하면서 "성전환자를 여성으로 인식하여 강간한 사안에서, 피해자가 성장기부터 남성에 대한 불일치감과 여성으로의 성귀속감을 나타냈고, 성전환 수술로 인하여 여성으로서의 신체와 외관을 갖추었으며, 수술 이후 30여 년간 개인적·사회적으로 여성으로서의 생활을 영위해 가고 있는 점 등을 고려할 때, 사회통념상 여성으로 평가되는 성전환자로서 강간죄의 객체인 '부녀'에 해당한다."고 판시하여 강간죄가 성립한다고 한바 있습니다.(대법원 2009. 9. 10. 선고 2009도3580 판결).

---

48) 법률개정과는 직접적인 관련은 없지만 최근의 대법원의 태도는 부부간 강간죄가 성립할 수 있다고 보았다. 예컨대, "이혼 절차가 진행 중이지 않고 동거하고 있는 부부 사이의 경우에는 강간죄가 성립된다고 판결하였다."

(2) 강제추행죄

1) 의의

폭행 또는 협박에 의해 사람을 추행함으로써 성립하는 범죄를 말한다(형법 제298조). 추행이란 "성적의 흥분, 자극 또는 만족을 목적으로 하는 행위로서 건전한 상식 있는 일반인의 성적 수치·혐오의 감정을 느끼게 하는 일체의 행위를 의미한다. 본죄 또한 강간죄와 마찬가지로 친고죄이다. 그러나 강제추행죄 또한 법이 개정됨에 따라 친고죄의 적용이 폐지되었다. 본죄를 범한 자는 10년 이하의 징역 또는 1,500만 원 이하의 벌금에 처한다. 본죄의 행위 주체는 강간죄와는 달리 아무런 제한을 두고 있지 않다. 즉, 남자뿐만 아니라 여자도 본죄의 주체가 된다. 즉 피해자는 남자와 여자를 모두 포함한다. 기혼·미혼여하를 묻지 않는다. 폭행과 협박은 두가지의 견해이다. 강간죄의 폭행·협박과 같은 정도로서 상대방의 반항을 불가능하게 하거나 현저히 곤란하게 할 정도에 이를 것을 요한다는 견해(다수설)와 강간죄와 폭행죄 및 협박죄의 중간 정도의 폭행·협박이면 충분하다는 견해(일반인으로 하여금 항거에 곤란을 느끼게 할 정도 또는 상대방의 의사의 임의성을 잃게 할 정도에 이르면 족하다는 견해)가 있다. 판례의 경우는 폭행·협박은 반드시 상대방의 의사에 반하는 유형력의 행사인 한 그 힘의 대소강약을 불문한다고 보는 것이 타당하다고 판시하고 있다(대판 1992.2.28, 91도3182; 1994.8.23, 94도630).

추행이라 함은 성욕을 만족시키거나 성욕을 자극하기 위하여 상대방의 성적 수치심이나 혐오감을 불러일으키는 일체의 행위를 말한다. 폭행행위 자체가 추행행위라고 인정되는 경우도 이에 해당된다(대판 1983.6.28, 83도399; 1992.2.28, 91도3182).

2) 문제

> 　　대학에 재학 중인 을남은 집안 사정이 어려워 친구의 소개로 술집에서 밤에 아르바이트 일을 하고 있다. 술집주인 갑녀는 을남을 평소에 귀엽고 어여쁘게 여겨 아르바이트 비용도 다른 아르바이트생보다 더 주는 등 배려를 해주었다. 그런데 어느 날 밤 청소를 끝내고 퇴근을 하려고 준비하는데 술집주인 갑녀가 을남에게 다가오더니 을남의 힙을 더듬으면서 가만있지 않으면 해고 하겠다는 말을 하였다. 집에 돌아온 을남은 성적수치심에 잠을 제대로 자지 못하고

고민 끝에 술집주인 갑녀를 고소하기로 마음먹었다. 을남이 갑녀를 고소 할 경우 술집주인 갑녀를 처벌받게 할 수 있는가?

▶ 형법상 강간죄의 경우는 폭행 또는 협박으로 부녀를 강간함으로써 성립하는 것이며 개정된 법률에 의하여 법률상 강간죄의 주체는 사람이며 피해자도 사람으로 확대되었다. 따라서 여주인의 강간행위에 대해서도 형법상 강간죄로 처벌할 수 있다. 그러나 강제추행죄의 경우에도 남자에 한하지 않고 여자 또한 주체로 되기 때문에 이 사례 문제의 경우에는 여주인의 그러한 행위도 강제추행죄로써 처벌할 수 있다.

(3) 직장 내 성희롱

성희롱은 사업주나 직장의 상사 등이 직장 내의 자기지위를 이용해서 성적언동을 함으로써 상대방으로 하여금 성적굴욕감 또는 혐오감을 느끼게 하거나 이 밖의 요구에 응하지 않는 경우를 이유로 고용에서 불이익을 주는 것을 의미 한다[49]. 성희롱과 관련된 규정은 "남녀고용평등과 일·가정 양립지원에 관한 법률, 국가인권위원회법[50]" 등이 있다.

1) 성희롱이란 단어 유래

성희롱은 1974년 미국의 코넬대학의 Lin Farley에 의해, '원치 않는 성적 관심'에 대한 이슈가 논의 되면서, 'Sexual harassment' 라는 용어로 사용된 이래, 세계 대다수의 국가에서 성희롱에 대한 법적 규제를 강화 하고 있다.

2) 직장 내 성희롱의 성립요건

직장 내 성희롱이 성립되기 위해서는 다음과 같은 요건을 필요로 한다.

---

49) 남녀고용평등과 일·가정 양립 지원에 관한 법률(제2조 2호).
50) 국가인권위원회법(제2조 3호)은 업무, 고용, 그 밖의 관계에서 공공기관의 종사자, 사용자 또는 근로자가 그 직위를 이용하여 또는 업무 등과 관련하여 성적 언동 등으로 성적 굴욕감 또는 혐오감을 느끼게 하거나 성적 언동 또는 그 밖의 요구 등에 따르지 아니한다는 이유로 고용상의 불이익을 주는 것을 말한다.

⇨ 행위자와 피해자 요건이 충족되어야 한다.

　사업주, 상급자, 동료, 하급자, 고객 등 제3자이다.

⇨ 직장 내 지위의 이용 또는 업무와의 관련성: 회사 안에서 이든 회사 밖에서 이든 관계없다.

⇨ 성적인 말이나 행동: 성적인 말이나 행동을 가하거나, 이를 조건으로 해야 한다. 상대방이 원하지 않는 성적 언동이 반복되거나 단 한번이라 해도 그 정도가 심하면 성립한다.

⇨ 성적 굴욕감 또는 혐오감 유발: 직장 내에서 사업주가 음담패설 등의 발언을 하여 근로자가 그에 따른 굴욕감을 느끼고, 일하고자하는 근로의욕이 저하됨으로써 고용환경을 악화시키면 성립한다.

⇨ 성적요구를 하였는데 이에 불응을 한 이유로 한 고용상의 불이익: 사업주가 성적인 관계를 요구했는데 이를 거절하거나 하는 이유 등 의로 채용탈락, 승진, 감봉, 해고 등과 같은 고용상의 불이익을 주는 것을 말한다.

3) 직장 내 성희롱의 유형

직장 내 성희롱의 유형은 다음과 같이 세 가지로 나누어 볼 수 있다.

① 육체적 성희롱

예컨대, 직장 내에서 근무 중에 일을 도와주면서 뒤에서 껴안는 행위, 회식자리에서의 신체적 접촉행위 와 특정신체 부위를 만지는 등을 들 수 있다.

② 언어적 성희롱

예컨대, 음란한 농담이나 음담패설 등 음란한 내용의 전화통화 등

③ 시각적 성희롱

예컨대, 야한 사진을 컴퓨터 배경화면 등으로 보여서 시각적으로 타인에게 성적 불쾌감을 초래하는 경우, 상대방의 특정 신체부위를 유심히 쳐다보거나 흘어 보는 행위 등

4) 노동법상 성희롱과 형법상 성범죄의 차이

노동법상의 성희롱과 형법상 성범죄의 차이점을 도표로 살펴보면 다음과 같다.

차이점	노동법상 성희롱	형법상 성범죄
유형	언어적, 육체적, 시각적 성희롱	강간, 강제추행, 음행매개, 음화 등 제조·판매, 공연음란 등
고의 유무	고의 불필요	고의 필요
형벌 유무	형벌 보다는 근로관계에서의 불이익을 통해서 규제	국가 형벌권의 발동에 의해 형벌부과
입증책임	사업주	검사
강제성	강제력과 상관없이 성립	강제력이 있어야 성립(폭행 또는 협박 등)

5) 성희롱을 당한 경우 이에 대처하는 방법

성희롱을 직장 내에서 당한 경우 이에 대해서 대처하는 방법은 다음과 같은 순서로 설명할 수 있다.

① 상대방에게 거부의사 표시를 분명히 한다.

피해자는 성희롱 행위를 하지 말라는 거부의사를 상대방에게 분명히 하고, 적극적인 태도로 행위중지를 요구해야 한다. 이러한 거부의사를 상대방에게 분명히 밝혔는데도 이리한 행위를 중지히지 않온 경우에는 이보다 더 강력한 조치를 통해 이에 대응할 수 있다.

② 주변에 도움을 요청한다.

회사 내 믿을 만한 사람, 자신의 상급자, 고용주 등에게 우선적으로 도움을 요청한다. 이래도 안 될 경우에는 회사 내에서 운영하는 기관에 신고를 하고 그래도 안 될 경우 공공기관에 신고하여 바로 잡을 수 있다.

⇨ 회사 내 노사협의회 등 고충을 처리할 수 있는 기관에 신고를 한다. 즉, 개인적인 대응으로 해결이 되지 않은 경우 회사 내 노사협의회 등 고충을 처리할

수 있는 기관에 신고를 해야 하는 것이다. 신고는 전화무인 응답기, 신고전용 전화, 사내통신망 등을 이용할 수 있다.

⇨ 고용노동부에 진정 또는 고소·고발을 한다.

사업주가 남녀고용평등과 일·가정 양립 지원에 관한 법률에 명시되어 있는 예방 교육, 행위와 조치, 피해근로자에 대한 고용상의 불이익 금지조항을 지키지 않을 경우에는 사업장 소재의 지정 고용노동관서에 진정이나 고소·고발을 할 수 있다. 이러한 피해 사실을 알고 있는 제3자 또한 고발이 가능하다.

⇨ 국가인권위원회 진정

'국가인권위원회'는 조사 중이거나 조사가 끝난 진정에 대하여 필요한 구제조치를 당사자에게 제시하고, 합의를 권고할 수 있다. 진정은 방문을 통해서도 가능하며 인터넷을 이용할 수 있다.

국가인권위원회는 "인권침해 및 차별행위 중지, 손해배상 등의 구제조치, 유사 행위의 재발을 방지하기 위하여 필요한 조치 등을 포함할 수 있다(국가인권위원회 법 제42조)."

6) 사업주의 의무

사업주의 의무에 대해서는 다음과 같은 조치를 해야 할 필요가 있다.

① 직장 내 성희롱 예방 교육을 해야 한다. 예컨대, 비디오 시청 등
② 직장 내 성희롱 예방장치 마련해야 한다. 예컨대, 고용 처리기관, 고충처리 위원회, 노사협의회 등
③ 성희롱 행위자에 대한 징계 조치를 분명히 해야 한다. 예컨대, 해고, 감봉 등
④ 성희롱 피해자에 대한 불이익 조치 금지해야 한다. 예컨대, 승진상의 불이익 등
⑤ 고객 등에 의한 성희롱 방지 의무를 해야 한다. 예컨대, 근무자가 성희롱 행위로 인하여 고충해소를 요청하는 경우 근무장소의 변경, 배치전환 등의 가능한 조치를 취하도록 노력

7) 결론

성희롱의 행위를 하여 상대방 여성에게 피해를 입히기 전에 자기 스스로가 어떠

한 행동이 성희롱에 해당되는 행동인지를 분명히 하여 상대방에게 피해를 입히는 일이 없도록 주의를 기울여야 할 것이다. 이러한 성희롱을 한 경우 성희롱을 한 가해자에게는 형법상의 조항에는 없지만 형사상의 죄를 물을 수 있고 민사상으로도 손해배상을 져야 할 뿐만 아니라 회사에 다닐 수 없게 되고 가정이 있는 사람은 가정파탄의 원인이 되기도 하는 문제가 발생할 수 있고 피해자에게는 성희롱을 당한 수치심으로 인해 심한 스트레스를 받을 수 있고 회사생활을 잘 할 수 없게 되는 등 심각한 문제점이 제기될 수 있다.

3. 상해죄와 폭행죄(특수폭행 포함)

우리는 일상생활에서 상해죄로 체포된 OO씨, 폭행죄로 체포된 OO씨라는 TV 뉴스 보도를 접한 적이 있을 것이다. 실제로 일상생활에서 일어나는 범죄발생의 경우에도 폭행죄와 상해죄가 차지하는 비중이 굉장히 크다. 우리는 상해죄와 폭행죄에 관해서 간략히 살펴보도록 하자.

(1) 상해죄
1) 의의
사람의 신체를 살해한 자는 7년 이하의 징역, 10년 이하의 자격정지 또는 1천만원 이하의 벌금에 처한다. 미수범은 처벌한다(제257조 제1항, 제3항). 상해죄는 고의적으로 사람의 신체를 상해함으로써 성립하는 범죄를 말한다.

2) 상해죄의 연혁
고조선 8조법 중에서 상해한 자는 곡물로 갚게 한다는 규정(한서지리지)이 있다.

3) 주체와 객체
상해죄의 주체는 자기 자신을 제외한 모든 자연인이다(자연인인 사람). 동물이나 행위자 자신의 신체, 태아는 본죄의 행위객체가 아니다. 행위는 사람을 상해하는 것이다. 여기서의 '상해'는 신체의 건강을 해치는 것이다.

4) 수단 · 방법

상해를 가하는 수단 · 방법에는 어떻게 하든지 상관이 없다. 사람의 신체에 직접 타격을 가하는 유형적 방법은 물론 무형적 방법도 가능하다. 예컨대, 병균을 감염시키거나 정신적 충격을 주어 건강을 손상시키는 경우, 모가 유아에게 우유를 안줘서 영양실조에 걸리게 하는 경우.

5) 상해의 개념

상해의 개념에 대해서는 신체의 완전침해설, 생리적 기능훼손설, 절충설 등의 견해가 대립되고 있다. 상해의 보호법익 신체의 건강, 폭행죄의 보호법익은 신체의 건재(완전성)을 말한다.

완전침해설은 상해와 폭행의 보호법익이 같다고 보는 입장으로, 이 견해에 의하면 사람의 신체에 상처를 입힌 경우와 같은 생리적 기능의 훼손뿐만 아니라 눈썹이나 머리카락을 절단하는 등의 신체외관의 변경도 상해로 본다.

생리적 기능훼손설은 상해와 폭행의 보호법익이 다르다고 보는 입장으로, 신체의 정신적 · 육체적인 병적 상태의 야기와 증가를 의미한다고 한다(다수설). 이에 의하면 모발, 수염, 손톱 등의 절단과 같은 신체외관의 변경은 상해가 아니라 폭행에 해당되나, 모발이나 수염, 손톱 등을 뽑아 버리는 것은 상해에 해당한다고 본다. 예컨대, 신체에 대한 유형력의 행위(처녀막파열 사건 등), 기능장애(예컨대, 수면장애, 실신 등), 성병감염과 같은 질병감염 약물이나 음식물을 통한 무형의 상해행위(예컨대, 구토, 설사, 질병 감염 등)도 이에 해당된다고 본다.

마지막으로 절충설은 생리적 기능의 훼손 외에 신체외관에 중대한 변경을 가하는 경우도 상해로 본다. 이에 의하면 생리적 기능의 훼손에 이르지 않더라도 예컨대, 눈썹이나 머리카락의 전부 또는 대부분을 절단하는 경우처럼 신체외관에 중대한 변경이 있으면 상해에 해당하게 된다고 본다.

⇨ 결론적으로 판례의 경우에는 생리적 기능훼손설에 입각하고 있다고 볼 수 있다. "피해자의 신체의 건강상태가 불량하게 변경되고, 생활기능에 장애가 초래되는 것을 말하는 것으로서, 신체의 외모에 장애가 생겼다고 하더라도 신체의 생리적 기능에 장애를 초래하지 않는 이상 상해에 해당된다고 할 수 없다고 판시(대판 2003.3.23, 99도3009; 대판 2002.1.11, 2001도5925; 대판

2004.10.28, 2004도4437)한 것으로 알 수 있다.

모발을 절단한 경우에는 상해죄가 성립되겠는가의 문제

단순한 모발의 절단은 생리적 기능을 훼손시키는 것은 아니기 때문에 단순한 폭행에는 해당되나 상해는 성립하지 않는다. 그러나 모발의 모근까지 뽑는 행위는 상해에 해당된다고 본다. 또한 모발의 절단이 충격을 주어 정신질환을 일으킬 의사로 행하여진 경우도 상해로 될 수 있다. 또한 모발만 절단한 경우에도 만일 이로 인해 정신적 충격으로 정신질환을 일으킨 경우도 상해가 인정된다.

---

5) 사례

1. 미성년자에 대한 추행행위로 말미암아 피해자의 외음부 부위에 염증이 발생한 경우에 대한 대법원의 판결은 증상이 약간의 발적과 경도의 염증이 수반된 정도에 불과하더라도 이로 인해 피해자가 신체의 건강상태가 나쁘게 변경되고 생활기능에 장애를 초래하기 된 경우에 해당된다고 판결하여 상해를 인정하였다(대판 1996. 11. 22, 96도1395).

2. 난소의 제거로 이미 임신불능 상태에 있는 피해자의 자궁을 적출했다 하더라도 그 경우 자궁을 제거한 것이 신체의 완전성을 해한 것이 아니라거나 생활기능에 아무런 장애를 주는 것이 아니라거나 건강상태를 불량하게 변경한 것이 아니라고 할 수 없다. 이는 업무상과실치상죄에 있어서 상해에 해당된다(대판 1993. 7. 27, 92도2345).

6) 문제

을은 5시경 친구의 원룸에서 그 곳으로 데려온 갑녀가 자기의 말을 듣지 않는다는 이유로 갑녀를 강제로 눕힌 후에 옷을 벗긴 후에 갑녀의 음모를 면도기로 깎은 사건으로써 이 경우 을의 죄책은 무엇인가?

▶ 상해죄는 신체의 건강에 해를 가하는 것인데 이 사례의 경우에는 이 피해

자 갑녀의 "신체의 외모에 변화가 생겼다고 할지라도 신체의 생리적 기능에 장애를 초래한 것은 아니므로 상해에는 해당된다고 볼 수 없다." 다만 음모를 절단한 을의 행위에 대해서는 폭행은 성립된다고 할 것이고, 을의 이러한 행동은 피해자인 갑녀에게는 상당한 성적수치심을 느끼게 한 행위이기 때문에 강제추행도 성립된다고 볼 것이다. 정리하면 폭행죄와 강제추행죄가 성립하고 상해죄는 성립하지 않는다.

Q 甲과 乙은 교통사고를 일으켜 보험금을 받아 내기로 공모하고 甲은 자신이 운전하는 자동차로 乙이 운전하는 자동차를 충격하였습니다. 그런데 이 충돌로 인하여 甲과 乙이 의도한 바와 달리 乙은 중상을 입게 되었습니다. 이와 같이 乙이 미리 승낙한 경우에도 甲은 상해죄로 처벌받는지요?

A 「형법」 제24조는 "처분할 수 있는 자의 승낙에 의하여 그 법익을 훼손한 행위는 법률에 특별한 규정이 없는 한 벌하지 아니한다."라고 규정하고 있습니다.

그러나 판례는 "형법 제24조의 규정에 의하여 위법성이 조각되는 소위 피해자의 승낙은 해석상 개인적 법익을 훼손하는 경우에 법률상 이를 처분할 수 있는 사람의 승낙을 말할 뿐만 아니라 그 승낙이 윤리적, 도덕적으로 사회상규에 반하는 것이 아니어야 한다고 풀이하여야 할 것이다."라고 하였습니다(대법원 2008.12.11. 선고 2008도9606 판결).

위 사안의 경우 보험사기를 위한 乙의 승낙은 사회상규에 반하는 것이므로 이에 의하여 甲의 행위의 위법성이 조각된다고 할 수는 없을 것으로 보이며, 따라서 甲의 행위는 상해죄에 해당할 것입니다.

판례는 피고인이 다른 피고인과 함께 피해자의 몸에서 잡귀를 물리친다면서 뺨을 때리고 팔과 다리를 붙잡고 배와 가슴을 손과 무릎으로 힘껏 누르고 밟는 등 하여 피해자를 사망에 이르게 한 사안에서 "폭행에 의하여 사람을 사망에 이르게 하는 따위의 일에 있어서 피해자의 승낙은 범죄성립에 아무런 장애가 될 수 없는 윤리적, 도덕적으로 허용될 수 없는 즉 사회상규에 반하는 것이라고 할 것이므로 피고인 등의 행위가 피해자의 승낙에 의하여 위법성이 조각된다는 상고논지는 받아들일 수가 없다."고 판시한 바 있습니다(대법원 1985. 12. 10. 선고 85도1892 판결).

한편 피해자의 승낙은 자유로운 의사에 의한 진지한 승낙이어야 하는 바, 판례는 "산부인과 전문의 수련과정 2년차인 의사가 자신의 시진, 촉진결과 등을 과신한 나머지 초음파검사 등 피해자의 병증이 자궁 외 임신인지, 자궁근종인지를 판별하기 위한 정밀한 진단방법을 실시하지 아니한 채 피해자의 병명을 자궁근종으로 오진하고 이에 근거하여 의학에 대한 전문지식이 없는 피해자에게 자궁적출술의 불가피성만을 강조하였을 뿐 위와 같은 진단상의 과오가 없었으면 당연히 설명 받았을 자궁 외 임신에 관한 내용을 설명 받지 못한 피해자로부터 수술승낙을 받았다면 위 승낙은 부정확 또는 불충분한 설명을 근거로 이루어진 것으로서 수술의 위법성을 조각할 유효한 승낙이라고 볼 수 없다."라고 하여 의사에게 업무상 과실치상죄를 인정하였습니다(대법원 1993. 7. 27. 선고 92도2345 판결).

(2) 폭행죄

1) 의의

사람의 신체에 대하여 폭행을 가한 자는 2년 이하의 징역, 500만원 이하의 벌금에 처한다(제260조 제1항). 피해자의 명시한 의사에 반하여 공소를 제기할 수 없다(제260조 제3항). 폭행죄는 사람의 신체에 대하여 폭행을 가함으로써 성립하는 범죄를 말한다.

2) 주체와 객체

본죄의 주체는 모든 자연인이고, 객체는 타인이다.

3) 형법상 폭행의 개념

본죄의 행위는 사람의 신체에 대해서 폭행을 하는 것인데, 폭행에는 네 가지 종류로 나누어 살펴볼 수 있다.

> ⇨ 최광의의 폭행: 대상이 사람, 물건에 관계없이(대상 불문) 유형력을 행사하는 것을 말한다. 예컨대, 내란죄·소요죄 등에 있어서의 폭행의 경우
>
> ⇨ 광의의 폭행: 사람에 대한 직접·간접의 유형력의 행사를 말한다. 예컨대, 공무집행방해죄(제136조)[51]·강요죄(제324조)[52]등에 있어서의 폭행의 경우
>
> ⇨ 협의의 폭행: 사람의 신체에 대한 유형력의 행사를 의미. 예컨대, 폭행죄(제260조)·가혹행위죄(제125조)[53] 등에 있어서 폭행의 경우
>
> ⇨ 최협의의 폭행: 상대방의 반항을 억압하거나 현저히 곤란하게 할 정도의 폭행을 의미 예컨대, 강도죄(제333조)[54]·강간죄(제297조)[55] 등에 있어서 폭행의 경우

폭행죄는 사람의 신체에 대한 유형력의 행사 즉 물리력의 행사라 할 수 있는데, 사람의 신체에 대한 행위라야 한다. 예컨대, 뺨을 때리거나 발로 차는 등의 구타행위, 밀거나 잡아당기거나 얼굴에 침을 뱉거나 모발을 절단하는 행위, 심한 소음이나 악취, 고함 등도 해당된다. 그러나 단순히 언어에 의하여 공포심을 갖게 하는 것은 협박의 행위에는 해당될지라도 폭행은 아니다. 본죄의 폭행은 사람의 신체에 대한 직접적인 유형력의 행사를 의미한다. 유형력의 행사는 사람의 신체에 대한 것이어야 하므로 단순히 물건에 대한 유형력의 행사는 폭행이 아니다. 다만 반드시 사람의

---

51) 제136조[공무집행방해죄] ① 공무원에 대하여 폭행 또는 협박한 자는 5년 이하의 징역 또는 1천만 원 이하의 벌금에 처한다. ② 공무원에 대하여 그 직무상의 행위를 강요 또는 저지하거나 그 직을 사퇴하게 할 목적으로 폭행 또는 협박한 자도 전항의 형과 같다.

52) 제324조[강요] 폭행 또는 협박으로 사람의 권리행사를 방해하거나 의무 없는 일을 하게 한자는 5년 이하의 징역에 처한다.

53) 제125조[폭행, 가혹행위] 재판, 검찰, 경찰 기타 인신구속에 관한 직무를 행하는 자 또는 이를 보조하는 자가 그 직무를 행함에 당하여 형사피의자 또는 기타 사람에 대하여 폭행 또는 가혹한 행위를 가한 때에는 5년 이하의 징역과 10년 이하의 자격정지에 처한다.

54) 제333조[강도] 폭행 또는 협박으로 타인의 재물을 강취하거나 기타 재산상의 이익을 취득하거나 제3자로 하여금 이를 취득하게 한 자는 3년 이상의 유기징역에 처한다.

55) 제297조[강간] 폭행 또는 협박으로 부녀를 강간한 자는 3년 이상의 유기징역에 처한다.

신체에 직접적으로 접촉할 것을 요하지 않으며, 예컨대, 이웃의 소음 중단 요구를 묵살하고 계속 확성기를 틀어 놓는 경우가 이에 해당한다.

4) 상해죄와 폭행죄의 차이점을 살펴보면 다음과 같다.

	상해죄	폭행죄
보호법익	신체의 건강	신체의 건재
고의	타인의 건강을 훼손한다는 인식과 인용	타인의 건재를 해한다는 인식과 인용
범죄유형	침해범	형식범
행위수단	유형적, 무형적 방법(예컨대, 언어적 방법)가능	유형적 방법에 의해서만 가능
처벌	미수범 처벌	미수범 처벌하지 못함(불가벌)
죄의 형태	친고죄, 반의사불벌죄와 상관없이 적용	반의사불벌죄[56]

5) 사례

> 1. 안수기도를 하는 데 있어서 안수기도를 하는 자의 행위가 가슴이나 배에 손을 얹거나 약간 누르는 정도의 행위가 아니라 도가 지나쳐 가슴과 배를 반복적으로 누르거나 때리는 행위를 함으로써 피해자가 사망에 이른 사건에서 대법원은 "도가 지나쳐 이러한 행위에 의해 피해자가 사망에 이른 정도라면, 이러한 행위는 사람의 신체에 대한 유형력의 행사에 해당되어 폭행에 해당되는 행위이다"라고 판결하였다(대판, 1994. 8. 23, 94도1483).
>   ⇨ 피해자에게 근접하여 욕설을 하면서 때릴 듯이 손발이나 물건을 휘두르거나 던지는 행위는 직접 피해자의 신체에 접촉하지 않았다고 하여도 피해자에 대한 불법한 유형력의 행사로서 폭행에 해당된다(대판 1990. 2. 13, 89도1406).
> 2. 폭행의 정의에 대해서는 앞에서 언급했듯이 사람에 대한 유형력의 행사를

---

56) 반의사불벌죄: 피해자의 명시한 의사에 반해서 공소를 제기할 수 없는 범죄를 말한다. 원칙적으로는 공소를 제기할 수는 있으나 피해자가 처벌을 희망하지 않는 의사를 명백히 한 경우 공소제기가 불가능한 범죄이다.

함으로써 사람의 신체에 대하여 공격을 하는 것을 말한다. 즉 협의의 폭행에 해당된다. "사람에게 직접적으로 유형력을 행사한 것이 아니라 타인의 집 앞마당에 비닐봉지 안에 담겨져 있던 인분을 던진 행위만으로는 사람에 대한 유형력의 행사를 한 것이 아니다"라고 판결하였다(대판. 1977. 2. 8. 75도2673).

3. 피고인을 만나주지 않는다는 이유로 시정된 탁구장문과 주방문을 부수고 주방으로 들어가 방문을 열어주지 않으면 모두 죽여 버린다고 폭언하면서 시정된 방문을 수회 발로 찬 경우에는 폭행에 해당되지 않는다. 단 재물손괴죄와 단순협박죄에는 해당된다(대판 1984. 2. 14. 83도3186).

6) 문제

1. 갑은 자기회사의 동료인 병에게 돈을 빌려주었는데 이를 갚지 않자 밤에 회사원들의 기숙사에 찾아갔으나 거기서 머물고 있는 동료인 병이 자기를 일부러 만나주지 않자 홧김에 방문을 부수는 행위 등을 하였다. 갑의 죄책은 무엇인가?

   ▶ 폭행죄의 폭행은 사람의 신체에 대한 유형력의 행사를 의미한다. 그런데 이 사례에서는 방문을 부수는 행위만을 하였고 사람에 대한 어떠한 유형력의 행사를 하지 않았다. 그러므로 폭행죄에 대한 처벌은 할 수 없으나 홧김에 방문을 부수는 행위에 대해서는 죄가 성립되기 때문에 손괴죄로 처벌된다.

2. 프로축구선수 이씨는 술을 마시면 꼭 다른 사람과 이상하리만큼 시비를 거는 안 좋은 습관을 가지고 있었는데 이날도 술을 마신 후에 지나가던 행인에게 시비를 걸어 을을 폭행한 혐으로 기소되었다. 결국 법원에서 재판까지 받게 되었다. 프로축구선수 이씨의 죄책은 무엇인가?

   ▶ 이씨의 경우에는 사회적으로 공인에 해당되는 자임에도 불구하고 술을 마신 후에 지나가던 행인 을을 폭행하였기 때문에 폭행죄에 해당되는

것이다. 그러나 이 재판을 맡은 판사는 다음과 같은 형을 구형하였다. "폭행죄에 해당은 되나 이씨의 동료선수들로부터 선처를 해줄 것을 탄원하는 탄원서를 받아 법원에 제출한 점과, 앞으로도 선수로서의 생명이 더 남았는데도 선수생명을 끊는 것은 가혹하다는 점을 들어 폭행죄가 아닌 벌금형을 선고하였다."

7) 본죄는 반의사불벌죄이다.

폭행죄는 피해자의 명시한 의사에 반하여 공소를 제기할 수 없는 반의사불벌죄로서 처벌불원의 의사표시는 의사능력이 있는 피해자가 단독으로 할 수 있는 것이고, 피해자가 사망한 후 그 상속인이 피해자를 대신하여 처벌불원의 의사표시를 할 수는 없다고 보아야 한다(대판 2010. 5. 27, 2010도2680).

(3) 특수폭행죄

1) 의의

단체 또는 다중의 위력을 보이거나 위험한 물건을 휴대하여 제260조 제1항 또는 제2항(존속폭행죄)의 죄를 범한 때에는 5년 이하의 징역 또는 1천만원 이하의 벌금에 처한다(제261조). 본죄는 단체 또는 다중의 위력을 보이거나 위험한 물건을 휴대하여 사람의 신체에 폭행함으로써 성립하는 범죄를 말한다. 실제로는 폭처법 제3조가 적용된다.

2) 조문해석 풀이

⇨ 단체 또는 다중의 위력을 보이는 경우
단체: 공동목적을 가진 다수인의 계속적, 조직적인 결합체를 말한다. 현실적 집합은 요하지 않고 연락 등에 의한 집합가능성이 있으면 된다.
다중: 단체를 이루지 못한 다수인의 단순한 집합을 말한다. 계속적 조직체일 필요는 없지만, 동일장소에 현실적 집합을 요한다.

위력을 보여: 위력이란 사람의 의사를 제압함에 족한 세력을 말한다. 위력은 유형적, 무형력을 불문한다.

단체·다중의 현장성 여부: 단체나 다중이 폭행의 현장에 존재할 것은 요하지 않는다(통설). 다만 단체나 다중은 실제로 존재해야 한다.

⇨ 위험한 물건을 휴대하는 경우

위험한 물건: 그 물건의 객관적 성질과 사용방법에 따라서 생명과 신체에 해를 가하는데 사용할 수 있는 일체의 물건을 말하고, 그것이 본래 사람을 살상하기 위하여 제조된 것임을 요하지 않는다(통설·판례).

위험한 물건에 해당하는지 여부는 물건의 성질과 사용방법의 위험성을 함께 고려하여 사회통념에 비추어 그 물건을 사용하면 그 상대방이나 제3자가 위험성을 느낄 수 있으리라고 인정되는 물건인가의 여부에 따라 판단한다(통설·판례).

판례는 면도칼, 안전면도용 칼날, 유리병, 마요네즈병, 깨어진 유리조각, 드라이버, 시멘트벽돌, 곡괭이 자루, 농약 등 화악약품 등이 위험한 물건에 해당된다고 판시한바 있다.

휴대하여: 소지뿐만 아니라 널리 이용한다는 뜻도 포함된다. 승용차를 수단으로 한 가해행위도 위험한 물건을 '휴대하여' 행위한 것으로 해석하였다(대판 1998. 5. 29, 98도1086 등 참조).

위험한 물건의 휴대는 반드시 범행 이전부터 소지할 것을 요하지 않고 범행현장에서 소지하는 경우도 휴대가 인정된다.

> 피고인이 이 사건 폭력행위 당시 과도를 범행 현장에서 호주머니 속에 지니고 있었던 이상 이는 위험한 물건을 휴대한 경우로서 폭력행위 등 처벌에 관한 법률 제3조 제1항 소정의 죄에 해당된다(대판 1984. 4. 10, 84도353).

위험한 물건의 휴대는 위험한 물건을 범행현장에서 그 범행에 사용하려는 의도로 소지하거나 몸에 지니는 것을 말하므로 그 범행과는 무관하게 우연히 이를 소지하는 경우에는 여기에 포함되지 않는다. 한편 본죄는 위험한 물건을 휴대하고 폭행을 하면 족하다 할 것이고 이를 상대방에게 인식케 할 필요는 없다고 해야 한다(판례). 다만 행위자 자신의 경우는 위험한 물건을 휴대한 사실을 인식하고 있어야 한다.

3) 사례

1. 어떤 물건이 폭력행위 등 처벌에 관한 법률 제3조 제1항에 정한 '위험한 물건'에 해당하는지 여부는 구체적인 사안에서 사회통념에 비추어 그 물건을 사용하면 상대방이나 제3자가 생명 또는 위험을 느낄 수 있는지 여부에 따라 판단하여야 한다. 이러한 판단기준은 자동차를 사용하여 사람의 생명 또는 신체에 위해를 가하거나 다른 사람의 재물을 손괴한 경우에도 마찬가지로 해당된다(대판 2009. 3. 26, 2007도3520; 대판 2010. 11. 11, 2010도10256).

2. 피고인이 공기총에 실탄을 장전하지 아니하였다고 하더라도 범행 현장에서 공기총과 함께 실탄을 소지하고 있었고 피고인으로서는 언제든지 실탄을 장전하여 발사할 수도 있으므로 공기총이 위험한 물건에 해당한다고 판시하였다(대판 2002. 11. 26, 2002도4586).

3. 피고인이 피해자를 땅바닥에 넘어뜨리고 시멘트벽돌을 집어 들고 머리 부분을 1회 때렸다면 위 세멘벽돌은 흉기 기타 위험한 물건에 해당된다(대판 1990. 1. 23, 89도2273).

4. 견인료납부를 요구하는 교통관리직원을 승용차 앞 범퍼 부분으로 들이받아 폭행한 사안에서, 위 승용차는 폭력행위 등 처벌에 관한 법률 제3조 제1항 소정의 '위험한 물건'에 해당된다(대판 1997. 5. 30, 97도597).

5. 경륜장 사무실에서(직원 5~6명이 있는 상태) 술에 취해 소란을 피우면서 '소화기'를 집어던졌지만 특정인을 겨냥하여 던진 것이 아닌 점(및 피해자

들이 상해를 입지 않은 점) 등을 종합하여, 위 '소화기'는 폭력행위 등 처벌에 관한 법률 제3조 제1항의 '위험한 물건'에 해당하지 않는다고 본 사례이다(대판 2010. 4. 29, 2010도930).

4. 낙태의 죄

제269조(낙태) ① 부녀가 약물 기타 방법으로 낙태한 때에는 1년 이하의 징역 또는 200만원 이하의 벌금에 처한다.

1) 의의 및 성격

임신한 부녀가 약물 기타 방법으로 낙태함으로써 성립하는 범죄이다. 본죄는 낙태죄의 기본적 구성요건으로서 성격을 가진다.

2) 주체

임신한 부녀(임부)에 제한된다. 따라서 본죄는 진정신분범에 해당된다. 부녀가 타인과 공동으로 낙태하는 경우에도 부녀는 본죄에 해당되고 타인의 경우는 경우에 따라 동의낙태죄(제269조 제2항) 또는 업무상 동의낙태죄(제270조 제1항)의 죄책을 진다.

3) 객체

모체 내에 생존해 있는 태아이다. 수태의 원인, 태아의 발육상태나 생존능력, 임신기간의 장단 등은 불문한다. 사태(死胎)는 본죄의 객체가 아니다. 태아의 시기는 수정란이 자궁에 착상된 때부터 이다.

4) 행위

행위는 약물 기타의 방법으로 낙태시키는 것이다.

① 약물 기타의 방법

낙태의 방법에는 제한이 없다. 약물은 낙태방법의 한 예시일 뿐이다. 따라서 약물뿐만 아니라 수술, 기구의 사용, 높은 곳에서 뛰어 내리는 방법, 심적 충격 등 유형적, 무형적 방법을 불문한다. 또한 부녀가 스스로 행하건 타인에게 의뢰하여 타인으로 하여금 행하게 하든 상관없다. 본죄는 간접정범의 방법에 의해서도 가능하다. 본죄는 자수범이 아니기 때문이다. 예, 임부가 정을 모르는 타인으로 하여금 자기에게 낙태주사를 놓게 하여 낙태한 경우, 임부가 스스로 낙태를 시도하다가 생명의 위험에 직면하자 의사의 낙태수술을 받은 경우 등이다.

임부가 자살을 기도하였다가 낙태시킨 경우에 본죄가 성립하는가에 대해서는 긍정설과 부정설의 대립이 있으나 자살의 의사속에 낙태의 미필적 고의가 포함된다고 볼 수 있고, 태아의 생명의 경우 임부에게 종속된 것이 아니고 독자적 법익이라는 관점에서 긍정설이 타당하다고 할 수 있다.

② 낙태

낙태의 의의에 대해서는 앞에서 언급했듯이 태아를 모체 내에서 살해하거나 살해의 고의로 태아를 자연적 분만기에 앞서서 모체 밖으로 배출시키는 행위이다. 여기서 자연적 분만기란 분만개시 진통이 시작되는 시점을 뜻한다.

5) 기수

본죄는 태아가 모체 내에서 사망하거나 모체 밖으로 배출된 때에 기수가 된다(통설).

6) 모자보건법상의 위법성조각사유(제14조)

임부가 촉탁 또는 승락을 통하여 의사로부터 임신중절수술을 받은 경우에는 모자보건법상의 일정한 요건을 갖추고 있는 한 이 법에 의거해서 행위의 위법성이 조각된다. 우리나라의 경우에는 모자보건법에 일정한 적응유형에 따라 방법적 요건을 갖춘 경우에 낙태행위의 위법성을 조각하는 규정을 마련해 두고 있다.

① 개별적 적응요건
⇨ 의학적 적응(동법 제14조 제1항 5호)

임신의 지속이 보건의학적 이유로 모체의 건강을 심히 해하고 있거나 해할 우려가 있는 경우를 의미한다. 이 유형은 모체의 생명·건강이 생성중인 태아보다 더 중요하다는 우월적 이익의 원칙에 근거를 두고 있는 것으로서 이론적으로는 긴급피난의 원리가 적용될 수 있는 경우에 해당된다.

⇨ 우생학적 적응(제14조 제1항 1호, 2호)
본인 또는 배우자가 대통령령이 정하는 우생학적 또는 유전학적 정신장애나 신체질환이 있는 경우(제14조 제1항 1호)와 본인 또는 배우자가 대통령령이 정하는 전염성질환이 있는 경우(제14조 제1항 2호)가 이에 해당된다.
유전학적 정신장애나 신체의 질환이 있는 경우(제14조 제1항 1호)의 예, 유전성 정신분열증, 유전성 조울증, 유전성 간질, 유전성 정신박약, 혈우병, 현저한 범죄경향이 있는 유전성 정신장애 등으로서 태아에게 미치는 위험성이 현저한 질환의 경우이다.
배우자가 대통령령이 정하는 전염성질환이 있는 경우(제14조 제1항 2호)의 예, 태아에게 미치는 영향이 큰 풍진, 수두, 간염, 후천성면역결핍증 및 전염병예방법 제2조 제1항의 법정전염병(콜레라, 장티푸스, 홍역, 일본뇌염, 결액, 나병 등)의 경우이다.

⇨ 윤리적 적응(제14조 1항 3호, 4호)
강간 또는 준간강에 의하여 임신된 경우(제14조 제1항 3호)와 법률상 혼인할 수 없는 혈족 또는 인척간에 임신된 경우(제14조 제1항 4호)가 이에 해당된다.
이 유형의 경우는 성범죄나 반윤리적 성행위에 의하여 수태된 경우에 임신의 지속이나 출산의 요구가 법질서에 반한다는 것과 임부의 딱한 처지를 동시에 고려한 것이다. 그러나 이 유형을 인정함에 있어서 임신의 원인인 강간 도는 준강간으로 제한하고 있다.

② 방법상(일반적)의 요건
시술자는 반드시 의사(산부인과 전문의 불문)라야 한다(제14조 제1항). 본인과 배우자의 동의를 얻어야 한다. 여기서의 배우자는 법률상의 배우자 뿐만 아니라 사실상 혼인관계(사실혼)에 있는 자도 포함된다(제14조 제1항). 배우자의 사망, 실

종, 행방불명 기타 부득이한 사유로 인하여 동의를 얻을 수 없는 경우에는 본인의 동의만 얻어 시술할 수 있다(제14조 제1항). 본인이나 배우자가 심신장애로 인하여 의사표시를 할 수 없는 경우에는 그 친권자 또는 후견인의 동의로, 친권자나 후견인이 없는 때에는 부양의무자의 동의로 갈음 할 수 있다(제14조 제3항). 인공임신중절수술은 임신한 날로부터 28주 이내에 하여야 한다(동법 시행령 제15조).

③ 모자보건법의 문제점
모자보건법 적용요건 중에서 우생학적·윤리적 적응의 경우 그 허용범위가 지나치게 제한적이라는 것과 사회적이나 경제적 곤궁으로 인한 사회적 적응을 인정하지 않는다는 점이다.

Q 甲은 대학 신입생 때 학교 선배인 乙과 교제하며 서로의 사랑을 영원히 간직하고자 아이를 갖기로 하였습니다. 그런데 임신기간 중 乙이 바람을 피운 사실을 알게 되어 헤어지게 되었습니다. 甲은 뒤늦게 후회가 되어 낙태시술을 시도하였다가 경찰 단속에 걸려 형사처벌을 받게 되었습니다. 甲은 낙태를 처벌하는 형법 제269조 제1항이 여성의 자기결정권을 침해하는 것으로 불합리하다고 느꼈습니다. 형법 제269조 제1항은 위헌이 아닌가요?

A 헌법재판소는 자기낙태를 처벌하는 형법 제269조 제1항이 여성의 자기결정권을 침해하는 것이 아니므로 합헌이라고 결정하였습니다.(헌법재판소 2012. 8. 23. 자 2010헌바402 결정)
특히 헌법재판소는 태아에게도 생명권이 인정되어야 하는 점, 성교육과 피임법의 보편적 상용, 임부에 대한 지원 등은 불법적인 낙태를 방지할 효과적인 수단이 되기에는 부족한 점, 모자보건법 제14조에 따라 일정한 경우 낙태가 허용되는 점 등에 비추어 위 규정이 임부의 자기결정권을 불합리하게 침해하는 것이 아니라고 판단했습니다.
단 위 결정에 관하여는 자기낙태죄 조항이 임신 초기의 낙태까지 전면적, 일률적으로 처벌하는 점이 임부의 자기결정권을 침해한다는 재판관 4인의 위헌 의견이 있었습니다.

5. 업무로 인하여 발생하는 일상적인 범죄

업무로 인해 주로 사건이 발생하는 경우로는 의료사고의 경우, 공장에서 업무로 인한 사고 등도 있지만 대부분의 사고는 주로 자동차 운전에 의한 사고이다. 이렇게 업무로 인해 사람을 다치거나 죽게 하는 경우를 형법은 '업무상과실치사상죄(제268조)'로 처벌을 하고 있다. 물론 예외규정인 '신뢰의 원칙'에 의거해서 사고가 발생한 경우에 있어서는 책임을 지지 않는 경우도 있다.

(1) 업무상과실치사상죄

1) 의의

업무상 과실 또는 중대한 과실로 인하여 사람을 사상에 이르게 한 자는 5년 이하의 금고 또는 2천만원 이하의 벌금에 처한다제(268조). 업무상과실치사상죄는 업무로 인해 사람을 다치게 함으로써 성립하는 범죄를 말한다. 행위를 하는 자가 업무자라는 신분이기 때문에 형이 가중되는 범죄이다. 위험을 수반하는 업무로는 예컨대, 자동차, 기차, 전동차, 항공기 등의 운전자와 차장의 업무, 중기, 경운차, 기타 위험한 기계나 공구를 취급하는 자의 업무, 의료업자[57], 교량, 철교 등의 안전관리자, 유아원, 보육원, 유치원 등의 감호자, 극장, 백화점 등의 화기단속책임자 등의 업무를 들 수 있다.

2) 주체

사람의 생명이나 신체에 위해를 가할 우려가 있는 업무에 종사하는 자를 말한다.

3) 형을 가중하는 이유

업무로 인해서 사람의 신체를 상해할 우려가 있는 업무행위에 대해서는 사회적으로 더 강도 높은 객관적 주의의무가 요구되므로 이에 대한 침해에 대해서

---

57) 대판 1982. 10. 12, 81도2621에 의하면 "조산원이 분만중인 태아를 질식사에 이르러 죽게 한 경우에도 업무상 과실치사죄가 성립한다."

는 불법이 가중된다. 또한 이러한 업무를 행하는 자는 일반인에 비해서 지식, 기술, 경험 등에 바탕을 둔 고도의 주의능력이 있기 때문에 주의의무를 지키지 않은 것에 대한 비난이 일반인에 비해 상대적으로 크다고 볼 수 있다." 이에 대해서는 학자마다 주장하는 바가 조금씩 다르다.

4) 업무의 계속성

업무는 사회생활 속에서 계속적으로 행하는 사무인데 그러한 사무가 어떠한 형태이든 상관없다. 예컨대, 공무인가 사무인가, 본업인가 부업인 사무인가, 영리를 위한 것인가, 적법한가, 불법한가를 묻지 않는다.

5) 문제

위험을 수반하는 만원열차의 문이 열려 승객이 추락한 사건이 발생하였다. 이때에 운행을 한 차장의 죄책은 무엇인가?

▶ 차장의 주의의무에 있어서 차장은 마땅히 객차의 승강구 출입문이 열려 있지나 아니한가를 확인 점검하여 출입문이 열려있다면 그것을 닫고 열차를 운행토록 하는 조치를 강구하여 열려진 승강구에서의 승객이 추락하는 사고를 사전에 방지할 업무상의 주의의무가 있다고 보았다. 업무상과실에 해당된다.[58]

6) 사례

1. 유류탱크의 불순물 청산작업에 의해 사고가 난 경우에 있어 회사대표자가 법적인 모든 책임을 지는 가에 대해서 대법원은 다음과 같이 판결을 하고 있다. "회사를 책임지는 회사대표자에게는 공장전체에 대한 안전관리 책임자인 공장장이나 보일러실, 유류저장 탱크의 운영, 보관에 대한 책임자인 보일러실 기관장을 임명하고, 이를 지휘 감독함에 필요한 일반적인 주의의무가 있을 뿐 유루저장탱크의 불순물 청산작업이라든가 구체적 작업

---

58) 대판 1983. 9. 27, 82도267.

방법 및 작업상 요청되는 안전대책을 강구할 구체적이고도 지속적인 주의의무는 없다고 판결하였다(대판 1983. 10. 11, 83도2108).

2. 산후조리원에 입소한 신생아가 출생 후 10일 이상이 경과하도록 계속하여 수유량 및 체중이 지나치게 감소하고 잦은 설사 등의 이상증세를 보임에도 불구하고, 산후조리원의 신생아 집단관리를 맡은 책임자가 의사나 한의사 등의 진찰을 받도록 하지 않아 신생아가 탈수 내지 괴사성 장염으로 사망한 사안에서, 위 집단관리 책임자가 산모에게 신생아의 이상증세를 즉시 알리고 적절한 조치를 구하여 산모의 지시를 따른 것만으로는 업무상 주의의무를 다하였다고 볼 수 없다면 신생아의 사망에 대한 업무상 과실치사의 죄책을 인정한 사례이다(대판 2007. 11. 16, 2005도1796).

3. 자전거 전용통로에 도시가스배관, 철도횡단흉관 압입공사를 하기 위하여 너비 약 3미터, 깊이 약 1미터, 길이 약 5미터의 웅덩이를 파두어 야간에 그곳을 지나던 통행인이 위 웅덩이에 떨어져 상해를 입었다면 동 공사현장 감독에게 공사현장의 보안관리를 소홀히 한 주의의무 위반이 있다(대판 1986. 8. 19, 86도915).

4. 광고업자가 건물옥상에서 애드벌룬을 공중에 띄움에 있어서 강풍이 불고 22,900볼트의 고압전선이 설치되어 있는 곳이라면 광고업자는 그 주위의 주민의 안전여부를 확인해야 하며, 그 주변의 주민들에게 그에 따른 위험을 알려주어 사전에 위험을 방지할 주의의무가 있다. 그런데 주의를 환기시키고 애드벌룬이 고압전선에 감겼을 때에도 안전하게 이를 제거할 방법을 강구할 광고업자가 그런 주의의무를 태만히 하여 문제가 발생한 경우이면 이는 업무상의 주의의무에 해당된다고 판시하였다(대판 1990. 11. 13, 90도1987).

5. 버스정류장에서 버스를 타려고 뛰어가던 행인끼리 충돌하여 넘어지면서 순간적으로 막 출발하려는 버스의 앞바퀴와 뒷바퀴 사이로 머리가 들어가 사고가 발생한 경우, 위 버스운전사에게 피해자가 다른 행인과 부딪쳐 넘어지면서 동인의 머리가 위 버스 뒷바퀴에 들어 올 것까지 예견하여 사전에 대비하여야 할 주의의무까지는 없다(대판 1986. 8. 19, 86도1123).

7) 기타 주의의무 위반의 사례

자동차 운전자는 전방과 좌우를 주시하면서 운행하여 사고발생을 사전에 방지할 업무상 주의의무가 있고[59], 자동차를 야간에 운전하는 자는 전조등의 범위 내는 물론 그 범위 밖에서 통행인 기타 장애물이 갑자기 도로에 나타날 경우에 경적을 울려 피하게 하거나 정차하여 사고를 사전에 방지할 주의의무가 있고,[60] 자동차가 후진할 때에는 후사경으로 후방의 동태를 주시하는 등의 주의의무가 있고,[61] 운행의 종료 후에는 차가 미끄러지거나 타인이 운전할 수 없도록 안전조치를 취해야 할 주의의무가 있다.[62] 야간에 고속도로에서 차량을 운전하는 자는 주간에 정상적인 날씨 아래에서 고속도로를 운행하는 것과는 달리 노면상태 및 가시거리상태 등에 따라 제한최고속도 이하의 속도로 감속하여 서행할 의무가 있다.[63] 업무상과실을 공부하면서 빼놓을 수 없는 이론이 바로 이 신뢰의 원칙이다.

8) 신뢰의 원칙

신뢰의 원칙이란 도로교통과 관련하여 주로 판례에 의해 형성된 원칙인데 자기스스로가 규칙을 준수하면서 도로교통의 운전에 참여한 운전자의 경우에는 특별한 다른 사정이 없는 한 다른 교통참여자도 마찬가지로 교통규칙을 준수하면서 행동할 것을 신뢰하여도 좋다는 원칙을 말한다. 최근에는 이 원칙들이 도로교통 뿐만 아니라 의료행위, 공장의 작업과정 등과 같이 분업적 공동 작업이 필요한 모든 경우에 적용된다는 것이 보편화 되고 있다. 몇 가지 판례의 예를 살펴보면 다음과 같다. 횡단이 금지되어 있는 육교 밑에서 보행자가 뛰어 들어 올 것까지 예상하여 주의해야 할 의무가 없고,[64] 고속도로에서 운전하는 자에게는 도로상에 장애물이 나타날 것을 예견하여 제한속도 이하로 감속 서행할 주의의무가 없다.[65]

---

59) 대판 1966. 5. 31, 66도548.
60) 대판 1957. 2. 9, 4289형상676.
61) 대판 1977. 9. 28, 77도1875.
62) 대판 1970. 10. 30, 70도1711.
63) 대판 1999. 1. 15, 98도2605.
64) 대판 1989. 2. 28, 88도1689.
65) 대판 1981. 12. 8, 81도1808.

김 씨는 업무상의 일로 인해서 지방으로 출장을 갔다 오는 길이었다. 그런데 고속도로에서 운전을 하던 도중에 갑자기 보행자가 나타나는 바람에 미처 발견하지 못하고 그만 사고가 발생하였다. 김 씨의 죄책은 무엇인가?

▶ 고속도로를 무단으로 횡단하는 보행자가 있을 경우 예견하여 운전할 주의의무는 없다고 보아야 한다. 따라서 김씨는 죄에 대한 책임을 질 필요가 없다.

6. 유기죄

제271조(유기) ① 노유, 질병 기타 사정으로 인하여 부조를 요하는 자를 보호할 법률상 또는 계약상 의무 있는 자가 유기한 때에는 3년 이하의 징역 또는 500만원 이하의 벌금에 처한다.

(1) 의의 및 성격

노유, 질병 기타 사정으로 인하여 부조를 요하는 자를 보호할 법률상 또는 계약상 의무가 있는 자가 유기함으로써 성립하는 범죄이며 추상적 위험범이다. 유기의 죄의 기본적 유형이다.

(2) 주체

요부조자를 보호할 법률상 또는 계약상 의무가 있는 자이다. 즉 보호의무 있는 자이다.

(3) 법률상의 보호의무와 계약상의 보호의무

법률상의 보호의무란 법령에 보호의무의 근거를 두는 경우로서 그 법령은 공법, 사법을 불문한다. 예, 경찰관직무집행법 제4조에 의한 경찰관의 보호조치의무는 공법상 보호의무, 자녀에 대한 친권자의 감호의무(민법 제913조), 친족관계에 의한 부양의무(민법 제974조) 등은 사법상의 보호의무, 도로교통법 제54조의 사고운전자의 구호의무 등이다.

계약상의 보호의무에서 계약은 반드시 유기자와 피유기자 사이에 체결될 것을 요하지 아니하며 명시적, 묵시적 계약이건 불문한다. 예, 간호사·보모 등과 같이 그 사무의 성질상 당연히 보호의무를 포함하는 경우, 고용계약에 근거하여 동거하는 피용자가 질병에 걸린 경우에도 묵시적 계약에 의하여 사용자는 보호의무를 지는 경우이다.

형법은 보호의무의 근거를 법률상 또는 계약상 의무로 국한시킬 것인가 아니면 법률과 계약 이외에 사무관리, 조리 등에 근거한 보호의무도 인정할 것인가에 대해서 학설상의 대립이 있다. 긍정설은 법률상 또는 계약상의 의무를 보호의무의 예시에 지나지 않는다고 하여 이들 의무 이외에도 사무관리, 조리 등에 근거한 보호의무를 인정하고 있다. 부정설은 유기죄의 보호의무를 법률상의 의무와 계약상의 의무로 제한하고 있다. 부정설의하면 법률상 또는 계약상 의무로 한정하고 있는 우리 형법 하에서는 법문의 범위를 넘어 사무관리, 관습 또는 조리에 의한 보호의무까지 인정하는 것은 죄형법정주의의 원칙상 허용 될 수 없다고 본다. 또한 민법상의 사무관리를 보호의무의 근거로 삼는 것은 형법해석의 사법이론(私法理論)에 대한 지나친 구속으로서 형법해석의 독자성을 무시하는 것을 들고 있다. 또한 앞에서 언급했듯이 관습이나 조리에 의한 보호의무의 예로서 거론된 경우도 대부분 묵시적 계약이나 법률상 보호의무에 속하므로 보호의무의 근거를 법률·계약에 한정된 것으로 보아야한다. 판례의 경우는 부정설의 입장이다.

(4) 객체

노유·질병 기타 사정으로 인하여 부조를 요하는 자이다. 여기서 부조를 요하는 자란(요부조자) 타인의 도움 없이는 자기의 생명·신체에 대한 위험으로부터 벗어날 수 없는 자를 의미한다. 요부조자인가의 판단은 정신적·육체적 능력이나 상태 기타 구체적인 사정을 고려하여 종합적으로 판단한다. 노유·질병은 그 예시이다. 극빈자(경제적 요부조자)의 경우는 이에 해당되지 않는다(통설).

노유는 노인과 유아를 의미하는데 연령에 따라 획일적으로 판단할 수는 없고 구체적 사정에 따라 결정할 수밖에 없다. 질병이란 정신적·육체적 질환을 의미하며 그 원인, 치유가능성, 치료기간의 장단 등은 불문한다. 병적 정신장애로 볼 수 있는 정신질환(정신분열증, 조울증, 간질 등), 알콜 중독이나 마약 중독 등도 이에 속한다고 볼 수 있다.

기타사정이란 노유·질병은 아니지만 타인의 도움 없이 자기의 생명·신체의 위험으로부터 벗어날 수 없는 사정을 폭 넓게 포함하는 개념이다. 신체장애자, 백치, 최면에 걸린 자, 술에 심하게 취한 자의 경우 등이 여기에 속한다. 그러나 단순한 명정은 비록 심한 의식장애의 상태이기는 하나 알콜 중독의 경우는 질병으로 보기 어렵다.

(5) 행위

유기는 요부조자를 보호 없는 상태에 둠으로써 그 생명, 신체를 위태롭게 하는 행위를 의미한다. 유기의 수단, 방법은 불문한다. 유기에는 요부조자를 장소적 변경을 통하여 안전한 상태에서 보호 없는 상태로 옮기는 적극적 유기에 해당되는 이치와 요부조자를 종래의 상태에 그대로 두고 보호의무자가 떠나가 버리는 치거가 모두 포함된다. 보호의무자가 요부조자에게서 떠나가지 아니하고 필요한 보호조치를 하지 아니하는 경우는 치거에 해당된다.

이치는 장소적 격리를 전제로 하는데 장소의 변경이 요부조자의 상황을 악화시킬 것을 요한다. 이치에 있어서 종전의 요부조자의 처지가 합법적이었는가는 불문하며, 이치에 반드시 폭력적 수단이 요구되는 것도 아니며, 기망이나 협박에 의해서도 가능하다. 작위, 부작위에 의해서도 가능하다. 예컨대, 유모차에 타고 있는 어린 소녀를 보호할 의무가 있는 자가 그 유모차가 경사지에서 굴러 위험스럽게 되는 것을 방치하는 경우.

(6) 사례

1. 강간치상의 범행을 저지른 자(주체)가 그 범행으로 인하여 실신상태에 있는 피해자를 구호하지 아니하고 방치하였다고 하더라도 그 행위는 포괄적으로 단일의 강간치상죄만을 구성한다. 즉 선행행위인 강간치상죄만 인정 (대판 1980.6. 24. 80도726).
2. 서로 알지 못하는 관계인 피고인과 피해자는 술에 취한 상태에서 길을 같이 걷다가 함께 도로에서 실족하여 2미터 아래 개울로 떨어져 5시간 가량 잠을 자다 깨어나 도로 위로 올라오려 하였으나 날이 이미 날이 어두워

길을 찾을 수 없었다. 개울을 헤매던 피해자는 후두부타박상을 입고 움직일 수 없는 상태가 되었다. 그 사이에 피고인은 길을 찾아 피해자를 둔채 귀가하였다. 결국 피해자는 4~5시간 후 심장마비로 사망에 이르렀다. 이 사건에서 대법원은 유기죄에 있어서 구법과는 달리 보호법익의 범위를 넓힌 반면에 보호책임 없는 자의 유기죄는 없애고 법률상 또는 계약상의 의무 있는 자만을 유기죄의 주체로 규정하고 있어 명문상 사회상규상의 보호책임을 관념할 수 없다고 하겠으니 유기죄의 죄책을 인정하려면 보호책임이 있게 된 경위와 사정관계 등을 설시하여 구성요건이 요구하는 법률상 또는 계약상 보호의무를 밝혀야 하고, 설혹 동행자가 구조를 요하게 되었다 하여도 일정거리를 동행한 사실만으로는 피고인에게 법률상 계약상의 보호의무가 있다고 볼 수 없으므로 유기체의 주체가 될 수 없다(대판 1977. 1 .11, 76도3419).

3. 국민의 생명과 신체의 안전을 보호하기 위한 응급의 조치를 강구하여야 할 직무를 가진 경찰관인 피고인으로서는 술에 만취된 피해자가 향토예비군 4명에게 떼 메어 운반되어 지서 나무의자 위에 눕혀 놓았을 때 숨을 가쁘게 쿨쿨 내뿜고 자신의 수족과 의사도 자제할 수 없는 상태에 있음에도 불구하고 근 3시간 동안이나 아무런 구호조치를 취하지 아니한 것은 유기죄에 대한 범의(고의)를 인정할 수 있다(대판 1972. 6. 27, 72도863).

4. 피고인이 자신이 운영하는 주점에 손님으로 와서 수일 동안 식사는 한 끼도 하지 않은 채 계속하여 술을 마시고 만취한 피해자를 주점 내에 그대로 방치하여 저체온증 등으로 사망에 이르게 하였다는 내용으로 기소된 사안에서, 피해자가 피고인의 지배 아래 있는 주점에서 3일 동안 과도하게 술을 마시고 추운 날씨에 난방이 제대로 되지 아니한 주점 내 소파에서 잠을 자면서 정신을 잃은 상태에 있었다면, 피고인은 주점의 운영자로서 피해자의 생명 또는 신체에 대한 위해가 발생하지 않도록 피해자를 주점 내실로 옮기거나 인근에 있는 여관에 데려다 주어 쉬게 하거나 피해자의 지인 또는 경찰에 연락하는 등 필요한 조치를 강구해야 할 계약상의 부조의무를 부담한다고 판단하여 유기치사죄를 인정한 사례이다(대판 2011.11.24, 2011도12302).

5. 피고인이 질병으로 인하여 이와 같이 보호를 요하는 딸(11세 남짓)을 병원에 입원시켜 놓고 의사가 수혈이 최선의 치료방법이라는 의사의 권유를 자신의 종교적 신념이나 휴유증 발생의 염려만을 이유로 완강하게 거부하고 방해한 경우라면 이는 결과적으로 요부조자를 위험한 장소에 두고 떠난 경우나 다름없다고 할 것이어서 이러한 행위의 성질로 보면 치거(생모의 수혈거부행위)에 해당된다고 할 것이다(대판 1980. 9. 24, 79도1387).

7. 명예훼손죄와 모욕죄

사회적 존재로서의 사람은 사회의 다른 구성원으로부터 하나의 인격체로서의 가치, 즉 명예를 인정받을 때에 사회생활을 원만히 잘 해나갈 수 있는 것이다. 그런데 문제는 다양한 사람들로 구성되어진 사회생활에서 때로는 상대방의 사실을 남에게 전달하거나 없는 사실을 상대방에게 전달하여 그 사람의 명예를 훼손시키는 경우가 종종 발생한다. 하지만 어느 경우에 명예훼손죄에 해당되는 가에 대해서는 정확히는 알지 못하기에 이에 관해서 간략히 살펴보고자 한다.

(1) 명예훼손죄

제307조(명예훼손) ① 공연히 사실을 적시하여 사람의 명예를 훼손한 자는 2년 이하의 징역이나 금고 또는 500만원 이하의 벌금에 처한다. ② 공연히 허위의 사실을 적시하여 사람의 명예를 훼손한 자는 5년 이하의 징역, 10년 이하의 자격정지 또는 1천만원 이하의 벌금에 처한다.

1) 의의

명예훼손죄란 공연히 사실을 적시하거나 허위의 사실을 적시하여 사람의 명예를 훼손함으로써 성립하는 범죄이다(제 1항). 허위의 사실을 적시하는 경우에는 사실을 적시하는 경우에 비하여 행위불법이 크기 때문에 형이 더 가중된다(제2항).

2) 주체

자연인인 사람이며 이에는 자연인은 물론 법인, 법인격 없는 단체도 포함된다. ① 자연인은 모두 명예의 주체로 된다. 성별, 연령, 사회적 지위, 법적상태, 정신적 능력 등을 불문한다. 예컨대, 유아, 정신병자, 범죄자, 백치, 실종선고를 받은 자 등의 경우에도 명예의 주체가 된다. 태아는 자연인이 아니므로 제외된다. ② 법인도 사회적 활동 활동과 연관되어서는 명예의 주체가 된다. 해산 이후에도 청산이 종료되어 법인격을 상실할 때까지는 주체가 된다. ③ 법인격 없는 단체도 법적으로 인정된 사회적 기능을 행하고 통일된 의사를 형성할 수 있는 한 명예의 주체가 된다(통설, 공법상의 단체, 사법상의 단체 불문). 그러나 다음의 경우는 명예의 주체가 될 수 없다. 예컨대, 취미활동을 하기 위하여 결성된 낚시클럽이나 등산클럽의 경우. ④ 사자도 명예의 주체가 된다(다수설·판례). 왜냐하면 사람이 사망하더라도 그에 대한 사회적인 인격적 가치는 남는 것이므로 역사적 존재자로서의 인격적 가치는 보호받아야 하기 때문이다.

3) 객체

명예이다. 명예는 사람의 인격적 가치에 대한 사회일반의 평가를 말한다(외적 명예). 보호가치 있는 긍정적이고 적극적 가치이다. 따라서 범죄자로서 얻은 악명과 같은 부정적 가치는 명예가 될 수 없다.

4) 공연성

명예훼손죄의 경우에는 반드시 '공연성'이 있어야 한다. 공연성의 정의를 쉽게 설명하면 다음과 같다. 불특정 또는 다수인이 인식할 수 있는 상태를 말한다. 이것이 통설과 판례[66]의 태도이다.

① '불특정인'이란 어떤 특수한 관계로 인하여 특정되어 있는 자 이외의 사람을 말한다. '다수인'이란 모든 구체적인 정황에 비추어 그 정도의 대상자에게 알려질 경우 사회적으로 명예가 훼손된다고 판단할 수 있는 상당한 숫자의 인원을 말한다.

---

66) 대판 1976. 4. 25, 75도273; 대판 1981. 8. 25, 81도149; 대판 1985. 11. 26, 85도2073; 대판 1996. 7. 12, 96도1007; 대판 2006. 9. 22, 2006도4407 등.

② 인식할 수 있는 상태란 불특정 또는 다수인이 직접 인식할 수 있는 상태에 이르러야 공연성을 인정할 수 있다는 의미이다. 그러나 판례의 경우에는 순차적인 방법으로 불특정 또는 다수인에게 전파될 가능성만 있으면 족하다고 보고 있다.

> "개별적으로 한 사람에 대하여 사실을 유포하였다고 하여도, 이로부터 불특정 또는 다수인에게 전파될 가능성이 있으면 공연성의 요건을 충족한다고 보았다.[67] 또한 1인에게 편지를 발송한 경우에도 수신인이 그 내용을 타인에게 전파할 가능성이 있는 경우라면 공연성을 인정하고 있다(대판, 1979. 8. 14, 79도1517). ⇨ '전파(가능)성이론

③ 사실의적시란 사람의 인격에 대한 사회적 가치 내지 평가를 저하 시킬만한 일체의 사실을 말한다. 예컨대, 나쁜 일 추한 일, 성격, 경력, 건강 등 대상에는 제한이 없다. 그러나 적시[68]되는 사실은 현재 또는 과거에 속하는 사실이어야 한다. 장차 일어날 일을 예언적으로 지적하는 것은 본죄가 성립되지 않는다.
또한 피해자가 특정되어 있어야 하지만 그렇다고 해서 성명을 명시할 필요는 없고, 그 표현이 당시 어떠했는가를 종합적으로 판단하여 명예를 훼손한 자가 누구인지 알 수 있으면 충분하다고 보았다.

5) 사례

> 1. 피고인의 말을 들은 사람은 한 사람씩에 불과하였으나 그들은 피고인과 특별한 친분관계가 있는 자가 아니며, 그 범행의 내용도 지방의회 의원선거를 앞둔 시점에 현역 시의회 의원이면서 다시 그 후보자가 되고자 하는 자를 비방한 것이어서 피고인이 적시한 사실이 전파될 가능성이 크기 때문에 피고인의 이러한 행위는 공연성이 인정됨으로 명예훼손죄에 해당된다(대판 1996. 7. 12, 96도1007).

---

67) 대판 1986. 9. 23, 86도156; 대판 1990. 7. 24, 90도1167; 대판 1994. 9. 30, 94도1880; 대판 1996. 7. 12, 96도1007 등.
68) 249면은 적시란 "불특정 또는 다수인인 타인에게 특정인의 명예를 훼손할 만한 사실을 드러내는 일체의 행위를 말한다." 적시는 특정인의 명예가 훼손될 수 있을 정도로 구체성을 지니면 족하고 그 세부적인 사항까지 상세하게 들추어 낼 것을 요하지 않는다.

2. 개인블로그의 비공개 대화방에서 상대방으로부터 비밀을 지키겠다는 말을 듣고 일대일로 대화하면서 타인의 명예훼손적 사실을 적시한 경우(대판 2008. 2. 14, 2007도8155).

3. 직장의 전산망에 설치된 전자계시판에 타인의 명예를 훼손하는 내용의 글을 게시한 경우(대판 2000. 5. 12, 99도5734).

6) 문제

명예훼손죄에 해당되는 사례문제

1. 그 마을은 종중원이 대부분을 차지하는데 "그 마을에 사는 김씨는 어떤 분자가 종중재산을 착복하였다"고 말함으로써 종중의 재산을 관리하고 있는 재산관리인의 명예를 훼손한 사건이다. 김씨의 죄책은 무엇인가?
   ▶ 그 마을의 대다수가 종중원인데 재산을 관리하고 있는 자 또한 종중원의 한 구성원이기 때문에 직접적으로 재산을 관리하고 있는 종중원의 이름을 거론하지 않더라도 그 재산을 착복한자가 누구인지는 다른 종중원들이 다 알 수 있기 때문에 김씨가 한 말은 명예훼손죄에 해당되는 것이다.

2. 갑은 김녀의 시어머니 을, 동네사람 정과 같이 있는 자리에서 며느리인 병녀에 대해서 기생오라비 같은 놈하고 매일 같이 붙어 다니면서, 일만 마치면 여관에 가서 같이 누워 자고 아침에 들어온다고 말하였다. 갑녀의 죄책은 무엇인가?
   ▶ 갑은 정 및 을이라는 특정 소수인에게 정녀의 명예를 훼손할 수 있는 사실을 적시하였고 이로 인해 전파가능성이 있으므로 인해 공연성이 인정된다. 따라서 명예훼손죄가 성립한다(대판 1983. 10. 11, 83도2222).

(2) 모욕죄

제311조(모욕) 공연히 사람을 모욕한 자는 1년 이하의 징역이나 금고 또는 200만원 이하의 벌금에 처한다.

1) 의의

모욕죄란 공연히 사람을 모욕함으로써 성립하는 범죄를 말한다. 친고죄에 해당된다. 명예훼손죄와 모욕죄의 차이점은 사실의 적시가 있고 없고의 차이이다.

2) 주체

자연인인 사람이다. 모욕이란 사실을 적시하는 것이 아니라 사람에 대한 '경멸적 감정을 표현 하는 것을 의미한다(판례). 즉 추상적 관념을 사용하여 사람의 인격을 경멸하는 경우가 이에 해당된다고 본다. 예컨대, 개놈의 새끼들, 개같은 잡년, 창녀 같은 년, 빨갱이 무당 년, 첩년이라고 말한 경우(대법원 1981. 11. 24, 81도2280).

3) 객체

자연인인 이상 유아, 정신병자도 포함된다. 모욕죄는 살아있는 사람에 국한되기 때문에 사자의 경우는 제외된다. 자연인 이외에 법인과 법인격 없는 단체 또한 포함된다(다수설).

4) 수단과 방법

모욕의 수단이나 방법에는 어떠한 제한이 없다. 예컨대 언어, 거동, 문서, 공개적인 연설 등. 모욕에 해당하는가는 구체적인 상황을 고려하여 객관적인 내용에 따라 판단해야 한다. 예컨대, "단순한 무례나 불친절 정도는 본죄가 성립하지 않으나"[69] 침을 뱉는다거나 사람의 뺨을 때리는 행위의 경우에는 거동에 의한 행위에 해당되므로 본죄가 성립한다고 본다.

5) 사례

> 1. 갑은 자기의 딸과 을의 아들 사이에 혼인이 파탄에 이르자 이를 수습하기 위해 모 여관방에서 만나 이야기를 하던 중 을에게 '사이비 기자'라 하고, 을의 처에게 '너 이 쌍년 왔구나'라고 한 사건에서 대법원은 그렇게 말을 한 장소가 여관방 안이고 그곳에는 피고인과 그의 처, 피해자들과 그들의

---

69) 대판 1966. 7. 26, 66도469.

딸, 사위, 매형 밖에 없었고 피고인의 딸과 피해자들의 아들간의 파탄된 혼인관계를 수습하기 위해서 만나 애기하던 중 감정이 격화되어 위와 같이 말한 것은 문제될 소지이나 위 발언은 "불특정 또는 다수인에게 전파될 가능성이 있는 상태에서 이루어진 말이라고 보기는 어렵기 때문에 이는 모욕죄에 해당되지 않는다고 본 사례이다(대판 1984. 4. 10, 83도49)."

2. 피고인이 택시 기사와 요금 문제로 시비가 벌어져 112 신고를 한 후, 신고를 받고 출동한 경찰관 갑에게 늦게 도착한 데 대하여 항의하는 과정에서 '아이 씨발!'이라고 말한 경우, 여러 제반 사정에 비추어 피고인의 발언은 직접적으로 피해자를 특정하여 그의 인격적 가치에 대한 사회적 평가를 저하시킬 만한 경멸적 감정을 표현한 모욕적 언사에 해당한다고 단정하기는 어렵다(대판 2015. 12. 24, 2015도6622).

3. 동네사람 4명과 구청직원 2명 등이 있는 자리에서 피해자가 듣는 가운데 구청직원에게 피해자를 가리키면서 '저 망할 년 저기 오네.'라고 피해자를 경멸하는 욕설 섞인 표현을 하였다면 이는 피해자를 모욕한 것이라고 할 수 있다(대판 1990. 9. 25, 90도873).

5) 문제

1. 동네사람 4명과 구청직원 2명 등이 있는 자리에서 갑은 피해자인 을이 듣고 있는 가운데 구청직원들에게 을을 가리키면서 '저 망할 년 저기 오네'라고 하였다. 갑의 죄책은 무엇인가?
   ▶ 갑이 한 행위는 모욕죄에 해당되는 것으로써 추상적 관념을 사용하여 사람의 인격을 경멸하는 욕설이 담긴 표현을 사용한 것이기 때문에 모욕죄에 해당된다고 판시한 사건이다(대판 1990. 9. 25, 90도873).

2. 모 병원에서 환자의 간호를 담당하던 간병인 이씨에게 병원의사인 김모씨는 다음과 같이 말하였다(단 복도에서 많은 사람들이 있었다). 그렇게 뚱뚱해서 남의 간병이나 제대로 할 수 있겠는가? 자기 몸도 제대로 돌보지도 못할듯한데… 이에 이씨는 의사 김모씨를 모욕죄로 고소하였는데 의사

김모씨의 죄책은 무엇인가?

▶ 이는 모욕죄에 해당된다고 볼 수 있다. 왜냐하면 많은 사람들이 있는 복도에서 간병인 이씨에게 그런 말을 함으로써 간병인의 인격을 경멸한 것에 해당되기 때문이다.

8. 업무방해죄

업무방해죄는 일을 하는 회사나 그 밖에 음식점, 백화점, 커피전문점 등 여러 장소에서 그 사람의 업무를 방해함으로써 문제시되는 범죄이다. 이러한 경우가 종종 우리주변에서 발생한다. 이하에서는 업무방해죄에 대한 이론을 살펴보고 사례와 문제도 살펴보기로 한다.

> **제314조(업무방해)** ① 제 313조(신용훼손)의 방법 또는 위력으로써 사람의 업무를 방해한 자는 5년 이하의 징역 도는 1천500만원 이하의 벌금에 처한다.

(1) 의의

업무방해죄란 허위의 사실을 유포하거나 위계 또는 위력으로써 사람의 업무를 방해함으로써 성립하는 범죄를 말한다(형법 제313조). 우리는 위계와 위력에 대해서 알아 둘 필요가 있다.

1) 업무란 사람이 사회생활상의 지위에 기하여 계속적으로 종사하는 사무나 사업을 말한다. 사람의 주된 업무뿐만 아니라 이와 밀접불가분의 관계에 있는 부수적인 업무도 이에 포함된다(판례). 경제적인 사무에 국한하지 않고 보수의 유무, 영리의 목적 유무를 불문하며 계속적으로 종사하는 것인 한 주된 업무이든 부수적인 업무이든 관계없다.[70] 예컨대, 상사의 명령에 의하여 그 직장의 업무를 수행하는 경우에는 일시적인 것이라도 업무에 해당한다고 본다.[71] 그러나 계속하여 행하는 사무

---

70) 대판 1961. 4. 12, 4292형상769; 대판 1985. 4. 9, 84도300 등.
71) 대판 1971. 5. 24, 71도399.

가 아닌 공장의 이전과 같은 일시적인 사무, 오락을 위한 일시적인 수렵 등의 경우에는 업무에 해당되지 않는다.

① 업무는 형법상 보호할 가치가 있는 업무에 제한된다. 따라서 정당한 업무수행이라고 할 수 없는 행위에 대해서는 이를 설령 방해해도 본죄가 성립되지 않는다(대판 1983. 10. 11, 82도2584 등).

② 형법상 보호가치가 있는 업무인가의 여부는 사무가 사실상 평온하게 이루어지는 사회적 활동의 기반을 이루고 있느냐에 따라 결정되는 것이다. 업무의 기초가 되는 계약이나 행정행위 등이 반드시 적법해야 하는 것은 아니며(판례), 그 업무의 개시나 수행과정에서 실체상 또는 절차상의 하자가 있다고 하더라도 그 정도가 반사회성을 띠는 데까지 이르지 아니한 이상 업무방해죄의 보호대상이 된다고 보아야 할 것이다(판례). ⇨ 그러나 어떤 사무나 활동 자체가 위법의 정도가 중하여 사회생활상 도저히 용인될 수 없는 정도로 반사회성을 띠는 경우 내지 법적 보호라는 측면에서 그와 동등한 평가를 받는 경우에는 법의 보호를 받을 가치를 상실하였다고 할 것이므로 업무방해죄의 보호대상이 되는 업무에 해당한다고 볼 수 없다(판례).

반드시 경제적, 영리적인 사무에 제한되지 않고 정신적·문화적인 사무도 포함되며(판례), 주된 업무, 부수적 업무를 불문한다(판례).

그러나 일정한 자격에서 권리를 행사 하는 것은 '직업 기타 사회생활상의 지위에 기하여 계속적으로 종사하는 사무 또는 사업이 아니기에 업무에 해당되지 않는다(판례).

2) 위계란 사람의 착오 또는 부지를 이용하거나 기망·유혹의 방법으로 상대방을 착오에 빠지게 하거나 판단을 그르치게 하는 일체의 행위를 말한다. 예컨대, 동종 또는 유사한 상호나 상표를 사용하여 고객을 빼앗는 경우, 시험문제의 누설로 출제 관련 업무를 방해하거나, 시험문제의 유출로 입시감독업무를 방해한 경우 등.

3) 위력이란 "사람의 의사의 자유를 제압하거나 혼란케 할 만한 세력을 의미하며 폭행이나 협박은 물론 사회적 지위나 권세를 이용하는 것도 해당된다." 예컨대, 음

식점이나 다방에서 고함을 지르고 난동을 하는 경우, 영업을 하지 못하도록 전기 불을 단전한 경우 등. 본죄는 경제적 활동으로서의 업무뿐만 아니라 사회적 활동의 모든 업무가 자유롭고 안전하게 행할 수 있도록 하기 위한 것이다.

(2) 주체

사람이다. 업무의 주체인 사람은 자연인인 타인이다. 법인, 법인격 없는 단체도 모두 해당된다고 보고 있다.

(3) 객체

사람의 업무이다.

(4) 보호하는 법익

업무수행을 활동함에 있어서 자유와 안전으로 보아야 한다.

(5) 사례

1. '위계'라 함은 행위자의 행위목적을 달성하기 위하여 상대방에게 오인, 착각 또는 부지를 일으키게 하여 이를 이용하는 것을 말한다고 정의내리고 상대방이 이에 따라 그릇된 행위나 처분을 한 경우이면 위계에 의한 업무방해죄가 성립된다고 판시하였다(대판 1992. 6. 9, 91도2221).
2. 비닐가공공장을 경영하는 자가 공장을 이전하는 업무는 성질상 새로운 비닐가공 업무를 준비하기 위한 일시적인 사무는 될지언정 이를 비닐가공 업무에 부수한 계속성을 지닌 업무라고 말할 수 없으므로 이전업무를 방해한 행위는 업무방해죄에 해당되지 않는다(대판 1985. 4. 9, 84도300).
3. 경비원은 상사의 명령에 의하여 주로 경비업무 등 노무를 제공하는 직분을 가지고 있는 것이므로 상사의 명에 의하여 그 직장의 업무를 수행한다면 설사 그 업무가 본조의 계속적인 직무권한에 속하지 아니한 일시적인 것이라 하더라도 이는 업무에 해당된다(대판 1971. 5. 24, 71도399).
4. 대학원 입학전형 업무를 방해한에 있어서 피고인들이 공모하여 방조한 이

상 대학원 입학전형 업무가 업무방해죄의 객체인 업무에 해당된다(대판 1995. 12. 5, 94도1520).

5. 의료인이나 의료법인이 아닌 자가 의료기관을 개설하여 운영하는 행위는 그 위법의 정도가 중하여 사회생활상 도저히 용인될 수 없는 정도로 반사회성을 띠고 있으므로 업무방해죄의 보호대상이 되는 업무에 해당하지 않는다(대판 1001. 11. 30, 2001도2015).

6. 특정 회사가 제동하는 게임사이트에서 정상적인 포커게임을 하고 있는 것처럼 가장하면서 통상적인 업무처리 과정에서 적발해 내기 어려운 사설 프로그램("한도우미 프로그램")을 이용하여 약관상 양도가 금지되는 포커머니를 약속된 상대방에게 이전해 준 경우(대판 2009. 10. 15, 2007도9344).

(6) 문제

모 합동연설회장에서 김씨는 라이벌인 상대방 이씨가 연설하고 있는 마이크를 빼앗고 피해자를 비방하였으며 회의장에 들어가려는 다른 의원들을 회의에 참석하지 못하게 하였다. 이씨의 죄책은 무엇인가?

▶ 업무방해죄란 앞에서 살펴보았듯이 허위의 사실을 유포하거나 위계 또는 위력으로 사람의 업무를 방해함으로써 성립하는 범죄를 말한다. 또한 경제적 활동으로서의 업무뿐만 아니라 사회적 활동의 모든 업무가 자유롭고 안진하게 행할 수 있도록 하기 위한 것이다. 이씨의 죄책은 업무방해죄에 해당되는 사안이다. 연설중인 이씨의 마이크를 빼앗았을 뿐만 아니라 회의장에 들어가려는 다른 의원들을 저지한 것은 염연한 업무방해죄가 성립되는 것이다

9. 업무상 비밀누설죄

업무상 비밀로 지켜야 할 타인의 신상명세서 등을 타인에게 정보를 공개함으로써 발생하는 범죄를 말한다. 업무상 비밀을 지켜야 할 신분을 가진 자들이 그 업무상 비밀로 지켜야 할 것들을 다른 사람에게 발설하는 것을 방지하기 위해서 만들어진 법이다. 이하에서는 업무상 비밀누설죄에 대한 이론을 간략히 살펴보도록 하자.

> **제317조(업무상 비밀누설)** ① 의사, 한의사, 치과의사, 약제사, 약종상, 조산사, 변호사, 변리사, 공인회계사, 공증인, 대서업자나 그 직무상 보조자 또는 차등의 직에 잇던 자가 그 업무처리중 지득한 타인의 비밀을 누설한 때에는 3년 이하의 징역이나 금고, 10년 이하의 자격정지 또는 700만원 이하의 벌금에 처한다.
> ② 종교의 직에 있는 자 또는 있던 자가 그 직무상 지득한 사람의 비밀을 누설한 때에도 전항의 형과 같다.
> ③ 본죄는 고소가 있어야 공소를 제기할 수 있다.

(1) 의의

의사·약제사·변호사·공증인 등 법문에 열거된 자가 그 업무처리 중 지득한 타인의 비밀을 누설함으로써 성립하는 범죄를 말한다.

(2) 주체

본죄의 주체는 "의사·한의사·치과의사·약제사·약종상·조산사·변호사·변리사·공인회계사·공증인·법무사나 그 직무상 보조자 또는 차등의 직에 있던 자와 종교의 직에 있는 자 또는 있었던 자로 제한"을 두고 있다.

(3) 객체

사무처리 하는 중에 지득한 타인의 비밀을 말한다.

(4) 본죄의 취지

위의 주체에서 언급한 이러한 신분을 가진 자의 경우에는 그 업무 내지 직무의 성질상 타인의 비밀을 지득할 가치가 많기 때문에 이들로부터 개인의 비밀이 누설되는 것을 방지하기 위하여 본죄를 설정한 것이다.

여기서 비밀에 대한 내용에 대해 의미를 살펴보면 다음과 같다. "특정인 또는 일정한 범위의 사람에게만 알려져 있는 사실을 말하고, 타인에게 알려져 있지 아니하는 데 본인에게는 이익이 있는 사실을 의미한다." 비밀은 개인의 비밀에 제한되기 때문에 국가 또는 공공단체의 비밀은 여기에서 말하는 비밀에 속하지 않는다. 또한 여기서의 비밀은 직무를 수행함에 있어서 취득한 비밀을 의미한다.

(5) 학설

비밀성의 기준을 어떻게 볼 것인가에 대해서는 학설이 나누어지고 있다.

① 주관설: 본인이 비밀로 할 것을 원하는 사실로 보는 설을 말한다.

② 객관설: 일반인이 비밀로 할 것을 원하는 사실로 보는 설을 말한다.

③ 절충설: 객관적으로 일반인이 비밀로 하려는 사실과 주관적으로 본인이 특히 비밀로 할 것을 원하는 사실을 포함한다는 설을 말한다.

▶ 결론적으로 '절충설'이 타당하다고 보고 있다.

(6) 사례

> 병원에서 진료기록의 일부를 분실한 자료를 당사자가 증거로 제출한 행위는 형법 제317조 제1항 소정의 업무상비밀누설죄에 해당된다고 볼 수 없다(대판 1992. 5. 22, 91다39320).

(7) 문제

> 1. 모 병원 의사 이씨는 정신과의사로써 정신과 상담을 한 환자의 신상명세서를 다른 목적에 사용하기위해서 환자의 신상명세서 정보를 보험회사 김모씨에게 제공하였다. 이씨의 죄책은 무엇인가?

▶ 업무상 비밀누설죄의 주체는 의사, 한의사, 치과의사, 약제사, 약종상, 조산사, 변호사, 변리사, 공인회계사, 공증인, 대서업자 또는 그 보조자와 종교의 직에 있는 자 또는 있었던 자에 한한다고 보는데 이 문제에서 의사인 이씨는 자기가 상담한 환자의 신상명세서 정보를 임의대로 보험회사에 넘긴 사안에 해당되므로 업무상 비밀누설을 한 죄에 해당된다고 본다.

2. 갑과 을은 친구 사이이다. 어느 날 술을 먹다가 갑이 자신이 진료한 환자 중에 대학교수가 있는데, 그 교수가 에이즈에 감염되었다는 사실을 을에게 말하였다. 갑의 죄책은 무엇인가?

▶ 업무상 비밀누설죄는 "의사·약제사·변호사·공증인 등 법문에 열거된 자가 그 업무처리 중 지득한 타인의 비밀을 누설함으로써 성립하는 범죄를 말한다." 갑은 의사인데 의사가 지득한 환자의 비밀을 친구에게 누설한 경우에 해당되기 때문에 업무상 비밀누설죄에 해당된다.

10. 절도죄

절도의 죄는 타인의 재물을 절취함으로써 성립하는 범죄를 말한다. 다른 재산죄에 비하여 절도죄는 소박하고 빈번하게 발생하는 것으로서 오랜 역사를 지니고 있다. 우리나라의 경우 이미 고조선시대의 '8조법'에서 절도죄의 규정을 두어 도둑질을 한 자는 노비로 삼되 스스로 속죄하고자 하면 오십만의 속전을 내도록 했다고 규정되어져 있다. 이하에서는 여러 절도죄의 종류 중에서 단순절도죄와 특수절도죄에 관련된 사항에 대해서 간략히 살펴보도록 한다.

(1) 단순절도죄

제329조(절도) 타인의 재물을 절취한 자는 6년 이하의 징역 또는 1,000만원 이하의 벌금에 처한다. 본죄를 범하여 유기징역에 처할 경우에는 10년 이하의 자격정지를 병과 할 수 있다(제345조). 본죄의 미수범은 처벌한다(제342조).

1) 의의

타인이 점유하는 타인소유의 재물을 타인의 의사에 반하여 절취함으로써 성립하는 범죄를 말한다. 절도죄의 기본적 유형이다.

2) 객체

타인이 점유하는 타인의 재물이다. 즉 객체인 재물의 소유권이 행위자 이외의 타인에게 속해 있어야 한다. 공유물의 경우에도 타인의 재물로 인정된다.[72]

타인이란 행위자 이외의 자연인, 법인 기타 소유의 주체가 될 수 있는 자를 의미하며 자연인은 의사능력이나 책임능력의 유무를 불문한다. 예컨대, 유아나 정신병자도 소유의 주체로서의 타인에 해당한다.

3) 행위

절취이다. 절취는 타인이 점유하고 있는 재물을 그의 의사에 반하여 폭행이나 협박이 아닌 수단을 통하여 침탈하고 이를 자기 또는 제3자의 점유로 옮김으로써 새로운 점유를 시작하는 것을 말한다. 절취는 점유의 침탈과 새로운 점유로 나누어 살펴볼 수 있다.

① 점유의 침탈

점유의 침탈이란 점유자의 자기 의사에 반하여 그 점유자가 재물에 대하여 사실상의 지배를 할 수 없도록 하는 행위를 말한다. 그러므로 점유자의 동의가 있는 경우에는 점유의 침탈이 될 수 없다. 점유침탈의 수단이나 방법은 불문한다. 다만 폭행이나 협박의 수단에 의한 경우에는 해당되지 않는다. 이외에는 예컨대, 동물을 수단으로 이용하여 절도하는 방법, 이삿짐을 운반해 주는 척하다가 물건을 영득하는 경우, 저기 큰 불 났다고 거짓말을 하여 한눈을 팔게 한 후 이 틈을 이용하여 핸드백을 날치기 한 경우, 결혼예식장에서 신부 측 축의금 접수인인 것처럼 가장 행세하여 축의금을 내어 놓자 이를 교부받아 가로챈 경우[73] 등이 해당된다. 절도를 하는 그 시점이 언제인가에 대해서는 점유침탈을 개시하는 시점이다. 예

---

72) 대판, 1979. 10. 30, 79도1995.
73) 대판, 1996. 10. 15, 96도2227.

컨대, 절도의 의사로 주거에 침입한 자가 절취한 재물에 접근하거나[74], 물색한 때,[75] 금품을 절취하기 위하여 고속버스선반에 놓인 손가방의 한쪽 걸쇠를 연 때,[76] 소매치기가 금품을 절취하려고 피해자의 상의 주머니에 손을 뻗쳐 그 겉을 더듬은 때,[77] 등의 경우가 이에 해당된다.

② 새로운 점유의 취득

새로운 점유의 취득이란 절취행위를 한 행위자가 탈취한 재물에 대한 점유를 취득하거나 이를 제3자의 점유로 옮기는 것을 말한다. 일반적으로 점유의 침탈과 동시에 이루어지지만 반드시 시간적으로 일치할 것을 요하지는 않는다. 새로운 점유가 취득되었는가는 거래계의 사회통념에 따라 결정된다. 예컨대, 자동차에 재물을 떨어뜨린 후 이를 찾아가는 경우를 예로 들 수 있다.

4) 사례

1. 피고인이 피고인과 피해자의 동업자금으로 구입하여 피해자가 관리하고 있던 다이야포크레인 1대를 그의 허락 없이 공소외인으로 하여금 운전하여 가도록 한 행위는 절도죄를 구성한다(대판 1990. 9. 11, 90도1021).

2. 피고인 갑은 피해자 을이 경영하는 주점에 잠겨 있는 셔터 문을 열고 들어가 주점 안에 있던 맥주 등을 꺼내어 맥주를 마신 죄로 구속되었다. 구속한 이유를 대법원은 다음과 같이 판시하고 있다. "피고인 갑은 타인의 재물에 대한 불법영득의 의사가 있었다고 할 것이고, 설령 이러한 갑의 행위가 주점 점원인 정의 초청에 의해 주점 안으로 들어가 술을 마시게 된 것이었다 하더라도 이는 피해자의 승낙 없이 재물을 취거하는 행위로 절도죄를 구성한다."고 판시하였다(대판 1986. 9. 9, 86도1439).

3. 창고에서 피고인 갑은 물건을 밖으로 들고 나와 운반하던 중에 방범대원

---

74) 대판 1965. 6. 22, 65도427.
75) 대판 1966. 9. 22, 66도1108; 대판 1984. 3. 13, 84도71; 대판 1987. 1. 20, 86도2199; 대판 2003. 6. 24, 2003도1985.
76) 대판 1983. 10. 25, 83도2432.
77) 대판 1984. 12. 11, 84도2524.

에게 발각이 되어 저항 끝에 체포된 경우에는 절도의 기수에 해당된다(대판 1984. 2. 14, 84도3242).

4. 피고인이 피해자 갑이 경영하는 까페에 피고인 을은 야간에 아무도 없는 그 곳 내실에 침입하여 장식장 안에 들어 있던 정기적금통장 등을 꺼내 들고 까페로 나오던 중 발각되어 돌려 준 경우 "피고인 을은 피해자 갑의 재물에 대한 점유를 침해하고, 일단 피고인 을 자신의 지배 내에 옮겼다고 볼 수 있으므로 절도의 미수에 그친 것이 아니라 야간주거침입절도의 기수라고 할 것이다(대판 1991. 4. 23, 91도476).

5) 문제

1. 갑은 집 근처에 있는 슈퍼로 가서 음료수 1캔을 사고 맥주 1캔을 몰래 품속에 감추고 계산대에서 우유값을 지불하는 과정에서 점원에게 발각이 되었다.
   이 경우 갑의 죄책은 무엇인가? (   )
   ① 절도죄의 미수 ② 절도죄의 기수 ③ 무죄
   ▶ 다수설과 판례에 의할 경우 절취한 재물을 자기 또는 제3자의 점유하에 둠으로써 절도죄는 기수에 이른다. 따라서 사안의 경우 갑의 행위는 절도죄의 기수에 도달했다고 보아야 한다.

2. 갑은 교회가 내부분열로 사실상 2개로 분열된 상태에서 자기 교파만의 체육행사를 위하여, 자신을 지지하던 청년부소속의 교인들로 하여금 천막을 가지고 오도록 하여 이를 사용하고, 갑의 집 옥상에 이를 보관하다가 반대파 교인들이 이것의 반환을 요구하자 이를 묵살하였다. 이 경우 갑의 죄책은? (   )
   ① 절도죄 ② 사기죄 ③ 무죄
   ▶ 대판 1998. 7. 10, 98도126 판례이다.

3. 보관 중인 가마니 속에 들어 있는 정부미를 빼내는 행위는?(   )(판례에 의함)
   ① 횡령죄 ② 사기죄 ③ 특수절도죄 ④ 절도죄
   ▶ 보관계약에 의하여 보관중인 정부소유의 미곡 가마니에서 미곡을 약간
     량씩을 끄집어낸 행위에 대하여 판례는 "피고인이 발취한 보관중의 정
     부 소유미의 점유는 정부에 있다 할 것이므로 이를 발취한 행위는 절도
     죄에 해당한다"고 하였다(대판 1956. 1. 27, 4288형상375).

6) 기수시기

재물에 대하여 자신이나 제3자가 점유를 취득한 때를 절취행위가 성취되는 것이
다(취득설). 통설과 판례[78]도 같은 입장이다.

(2) 특수절도죄

제331조(특수절도) ① 야간에 문호 또는 장벽 기타 건조물의 일부를 손괴하
고 전조(제330조)의 장소에 침입하여 타인의 재물을 절취한 자는 1년 이상
10년 이하의 징역에 처한다.
② 흉기를 휴대하거나 2인 이상이 합동하여 타인의 재물을 절취한 자도 전
항의 형과 같다. 본죄를 범하여 유기징역에 처할 경우에는 10년 이하의 자
격정지를 병과할 수 있다(제345조). 특별법이 적용(5인 이상의 공동절도의
가중처벌(특가법 제5조의 4 제2항), 특수절도의 누범에 대한 가중처벌(특
가법 제5조의 4 제5항), 절도목적의 단체조직행위에 대한 가중처벌(특가법
제5조의 8) 된다.

1) 의의

야간에 문호, 장벽 기타 건조물의 일부를 손괴하고 주거 등에 침입하여 타인의 재
물을 절취하거나, 흉기를 휴대하거나 2인 이상이 합동하여 타인의 재물을 절취함으
로써 성립하는 범죄를 말한다.

---

78) 대판 1964. 4. 22, 64도112.

2) 구성요건

① 제331조 제1항의 경우

문호, 장벽이란 주거 등에 대한 외부인의 침입을 방지하기 위한 시설로 문호는 주거 등에 드나드는 문을 의미하고 장벽은 담과 벽을 의미한다.[79]

손괴란 문호 등의 일부를 물리적으로 훼손하여 그 효용을 물질적으로 훼손시키는 행위로서 손괴의 범위에 대해서는 일부이든 전부이든 물문한다. 그러나 문을 열쇠로 열고 침입한 경우에는 손괴 행위가 없으므로 본죄가 성립하지 않는다.

② 제331조 제2항의 경우

흉기란 총, 칼, 창, 폭탄 등과 같이 사람을 살상하는 도구를 말한다. 그러나 본래의 용법이 살상용이 아니더라도 사용하기에 따라 생명이나 신체에 위해를 가할 수 있는 물건 예컨대, 도끼, 망치, 곤봉 등이 포함된다. 또한 청산가리, 염산, 마취제 등과 같이 액체, 기체 또는 분말로 되어 있는 물질이라 하더라도 생명·신체를 해할 위험이 있는 한 흉기에 포함된다고 보아야 한다. 그러나 객관적 성질에 비추어 살상의 위험성이 없는 물건 예컨대, 장난감 권총은 흉기로 볼 수 없다. 또한 위험성이 있더라도 사회통념상 일반인이 흉기로서의 위험을 느낄 수 있는 정도가 아닌 물건 예컨대, 면도칼, 수건, 짧은 지휘봉이나 막대기 등은 비록 위험한 물건이라고 할 수 있으나 흉기에 해당된다고 볼 수 없다.

휴대란 몸이나 몸 가까이 소지하는 것을 말한다. 반드시 흉기를 손에 쥐고 있을 필요는 없으며, 주머니나 가방에 넣고 들고 있거나 흉기를 쉽게 잡을 수 있는 상태로 준비하고 있어도 휴대에 해당된다. 또한 흉기를 미리 준비하지 아니하고 범행현장에서 습득한 경우에도 휴대에 포함된다. 흉기는 범행을 하는 행위시에 휴대하고 있어야 한다.

---

79) 대판 2003. 2. 28, 2003도120; 대판 2004. 10. 15, 2004도4505 등. "문호 또는 장벽 기타 건조물의 일부"라 함은 주거 등에 대한 침입을 방지하기 위하여 설치된 일체의 위장시설을 말한다. 그러므로 시정된 문의 자물쇠나 방문고리를 뜯고 침입하면 본죄에 해당된다(대판 1979. 9. 11, 79도1736).

3) 사례

> 1. 야간에 연탄집게와 식도로 방문고리를 파괴하고 방에 침입하여 재물을 절취하면 이는 문호의 손괴에 해당되어 특수절도죄가 성립한다(대판 1979. 9. 11, 79도1736).
> 2. 현실적으로 절취할 목적물에 접근치 못하였다 하더라도 야간에 타인의 주거에 침입하여 건조물의 일부인 방문고리를 손괴하였다면 형법 제331조의 특수절도죄에 해당된다(대판 1977. 7. 26, 77도1802).
> 3. 야간에 절도의 목적으로 출입문에 장치된 자물통 고리를 절단하고 출입문을 손괴한 뒤 집안으로 침입하려다가 발각된 것이라면 이는 특수절도죄의 실행에 착수한 것이다(대판 1986. 9. 9, 86도1273).
> 4. 피고인이 야간에 피해자들이 운영하는 식당의 창문과 방충망을 손괴하고 침입하여 현금을 절취하였다는 내용으로 형법 제331조 제1항의 특수절도로 기소된 사안에서, 피고인은 창문과 방충망을 창틀에서 분리하였을 뿐 (창문과 방충망을) 물리적으로 훼손하여 효용을 상실하게 한 것은 아니라는 이유로 무죄를 인정한 사례(대판 2015. 10.29, 2015도7559).

11. 강도죄

강도의 죄는 절도죄와 더불어 오랜 역사를 지닌 범죄로서 상대방의 의사를 억압할 만한 폭행 또는 협박을 수단으로 하여 재물을 강취하거나 기타 재산상의 이익을 취득하거나 제3자로 하여금 취득하게 함으로써 성립하는 범죄이다. 강도의 죄는 타인이 점유하는 재물을 그 타인의 의사에 반하여 탈취함으로써 소유권을 침해하는 범죄이다. 이하에서는 강도죄의 죄에 대한 여러 유형 중 강도죄(제333조)에 대해서 살펴보고 다른 유형에 대해서는 간략히 살펴보도록 하겠다. 또한 강도죄에 대해서 살펴보기로 하자.

> **조문:** 폭행 또는 협박으로 재산을 강취하거나 기타 재산상의 이익을 취득하거나 제
> 3자로 하여금 이를 취득하게 한 자는 3년 이상의 징역에 처한다(제333조). 본죄를 범
> 하여 유기징역에 처할 경우에는 10년 이하의 자격정지를 병과할 수 있다(제345조).
> **제342조(미수범)** 본죄의 미수범은 처벌한다. 특별법의 적용(강도누범의 가
> 중처벌(특가법 제5조의 4 제5항)).

(1) 의의

폭행 또는 협박으로 타인의 재물을 강취하거나 재산상의 이익을 취득하거나 제3
자로 하여금 이를 취득하게 함으로써 성립하는 범죄를 말한다.

(2) 객체

타인의 재물[80] 또는 재산상의 이익[81]이다.

(3) 행위

폭행 또는 협박(상대방의 반항을 억압 또는 불가능하게 할 정도로 강한 것)으로
타인의 재물을 강취하거나 재산상의 이익을 취득하거나 제3자로 하여금 취득하게
하는 것이다. 폭행·협박의 정도는 상대방의 반항을 억압할 정도라야 한다.

1) 폭행

타인에 대한 일체의 유형력의 행사를 말한다. 살상행위처럼 폭력을 사용하는 경우
는 물론 마취제나 수면제를 복용시키는 경우처럼 폭력에 의하지 않더라도 폭행이 될
수 있다.[82] 폭력의 방법은 절대적 폭력이든 심리적 폭력이든 상관없다. 폭행은 사람
에 대하여 행사되어야 하고 최소한도 피해자의 신체에 대하여 간접적으로 작용해야

---

80) 재물은 절도죄에서 설명한 바와 동일하다. 부동산의 경우도 본죄의 객체가 되지만 재물로서가
아니라 '재산상의 이익'이라는 관점에서 이해한다고 본다(김일수/서보학, 318면; 배종대, 378면;
백형구, 151면; 이정원, 355면 등).
81) 재산상의 이익은 재산이 증가하는 것처럼 적극적 이익을 얻는 것 뿐만 아니라 채무의 면제나
채무이행의 연기 등과 같은 소극적 이익도 포함된다.
82) 대판 1979. 9. 25, 79도1735는 "신경안정제 40알을 복용케 하여 졸음에 빠진 경우도 본죄의
폭행에 해당한다고 보았다(혼취강도).”

한다. 예컨대, 사람을 직접적으로 유형력을 행사하는 경우, 피해자가 타고가는 자동차를 전복시키는 경우처럼 직접적으로는 물건에 대하여 유형력을 행사하였을지라도 간접적으로 사람에 대한 유형력행사라고 볼 수 있는 한 본죄의 폭행에 해당된다.

2) 협박

해악을 고지하여 상대방에게 공포심을 갖게 하는 것을 말한다. 해악의 내용에는 제한이 없으며 행위자가 현실적으로 해악을 가할 의사가 있는가, 해악이 실현될 가능성이 있는가 여부는 불문한다.

폭행 또는 협박이 피해자의 반항을 억압할 정도에 이르렀는가를 판단하는 기준

1. 피해자의 주관에 따라 결정해야 한다는 설(주관설)
2. 피해자의 입장, 행위정황 등 구체적 사정을 종합적으로 검토하여 객관적으로 판단해야 한다는 설(객관설)

▶ 통설과 판례[83]도 객관설과 같은 입장이다.

---

3) 재물의 강취

폭행 또는 협박에 의해 점유자의 의사에 반하여 재물을 자기 또는 제3자의 점유로 옮기는 것을 말한다. 즉 '강제취거'를 말한다. 강취는 탈취에 국한되지 않고 예컨대, 반항이 억압된 피해자가 교부하는 재물을 수령하는 경우, 피해자의 반항이 억압되어 있는 사이에 피해자 몰래 재물을 취득하는 경우, 반항이 억압된 피해자가 도망친 후 따로 그 곳에 남겨둔 물건을 취거하는 경우 등이다.

(4) 재산상 이익의 취득

반항이 억압될 수 있는 정도의 폭행 또는 협박에 의하여 재산상의 이익을 취득하거나 제3자로 하여금 이를 취득하게 함을 말한다. 피해자의 의사에 반한 것이어야 한다.

(5) 실행의 착수시기와 기수시기

강도의 의사로 상대방의 반항을 억압할 정도의 폭행·협박을 개시하는 시점에 실

---

83) 대판 1956. 5. 8, 4389형상99; 대판 1976. 8. 24, 76도1932; 대판 1993. 3. 9, 92도2884; 대판 2001. 3. 23, 2001도359 등.

행의 착수가 있다. 폭행·협박의 종료만으로는 기수가 될 수 없고 기수시기는 재물 또는 재산상의 이익을 취득한 때이다.

(6) 사례

1. 아리반 신경(신경안정제) 4알을 탄 우유가 들어 있는 갑을 휴대하고 다니 다가 사람에게 마시게 하여 졸음에 빠지게 하고 그 틈에 그 사람의 돈이 나 물건을 빼앗은 경우에 그 수단은 강도죄에서 요구하는 남의 항거를 억 압할 정도의 폭행에 해당된다(대판 1979. 9. 25, 79도1735).

2. 갑은 대전역과 조치원역 사이를 운행하고 있는 부산발 서울행 제42 우등 열차 객실에서 을녀와 동석하게 됨을 기회로 그녀의 재물을 강취할 것을 마음먹고 미리 소지한 중독성이 있는 약품명 미상의 약을 오렌지주스에 혼입한 뒤 그녀에게 마시도록 권유하여 그녀가 이를 받아 마시고 깊은 잠 에 빠져 항거불능상태에 이르자 그곳 선반위에 놓아 둔 그녀 소유의 가방 속에서 현금 50만원을 꺼내어 달아난 사건에서 대법원은 다음과 같은 판 결을 하였다. 갑이 행한 을녀에 대한 강도행위에서 수면제 등을 먹이는 것은 강도죄의 수단인 폭행에 해당하고, 피해자가 깊은 잠에 빠진 것은 항거불능상태에 해당한다고 할 수 있다(대판 1984. 12. 11, 84도2324).
   ▶ 결론적으로 갑의 행위는 폭행에 해당되는 행위이고 이런 폭행으로 피해 자의 반항을 억압하게 하여 재물을 탈취한 행위에 해당되므로 강도죄가 성립된다.

3. 피고인 갑은 어느 오토바이 상점에서 오토바이를 절취하여 끌고 가나가 추격해온 피해자인 오토바이 상점주인 을에게 멱살을 잡히자 체포를 면탈 할 목적으로 피해자 을의 얼굴을 주먹으로 때리고 놓아주지 않으면 죽이 겠다고 협박한 사건에서 대법원은 갑의 이러한 행위에 대해서 '준강도죄' 에 해당된다고 보았다(대판 1983. 3. 8, 82도2838).

12. 사기죄

일상생활에서 다른 사람을 속여 재물을 교부받거나 재산상의 이익을 취하는 사람들이 종종 있다. 뉴스나 신문의 기사에서도 사기죄로 누구를 구속했다는 기사가 나오곤 한다. 이하에서는 사기죄가 무엇인지의 정의와 사기죄의 내용 및 종류와 사례, 문제를 통해서 사기죄에 대해서 이론을 검토해보고자 한다.

> **제347조(사기)** ① 사람을 기망하여 재물의 교부를 받거나 재산상의 이익을 취득한 자는 10년 이하의 징역 또는 2,000만원 이하의 벌금에 처한다. ② 전항의 방법으로 제3자로 하여금 재물의 교부를 받게 하거나 재산상의 이익을 취득하게 한 때에도 전항의 형과 같다.
>
> **제352조(미수범)** 본죄의 미수범은 처벌한다. 본죄를 범하여 유기징역에 처할 경우에는 10년 이하의 자격정지를 병과할 수 있다(제353조). 친족상도례의 적용(제354조). 특별법의 적용(취득한 재물 또는 재산상의 이익의 가액이 5억원 이상인 경우의 가중처벌(특정경제범죄가중처벌법 제3조)).

(1) 의의

사람을 기망하여 재물의 교부를 받거나 재산상의 이익을 취득하거나 제3자로 하여금 이를 취득하게 함으로써 성립하는 범죄를 말한다. 재물죄이자 이득죄이다.

(2) 객체

타인이 점유하는 타인소유의 재물 또는 재산상의 이익이다.

1) 재물

타인이 점유하는 타인의 재물에 한정된다. 본죄의 재물은 예컨대, 부동산, 동산, 금전, 유가증권, 장물이나 불법원인급여물의 경우도 타인이 점유한 경우에는 재물이 된다.

> ⇨ 약속어음공정증서에 증서를 무효로 하는 사유가 존재한다고 하더라도 그 증서 자체에 이를 무효로 하는 사유의 기재가 없고 외형상 권리의무를 증명함에 족한 체제를 구비하고 있는 한 그 증서는 형법상의 재물로서 사기죄의 객체가 됨에 아무런 지장이 없다(대판 1995. 12. 22, 94도3013).

2) 재산상의 이익

적극적 이익이든 소극적 이익이든, 일시적 이익이든 영구적 이익이든 불문한다. 예컨대, 소유권이나 채권취득, 채무의 변제, 채무이행의 연기 등이 포함된다. 기망행위에 의하여 취득한 이익이 '재산적 이익'이 아닌 경우에는 본죄가 성립되지 않는다. 예컨대, 공무원을 기망하여 여권을 발급받은 경우, 기망적 수단으로 부재자의 재산관리인으로 선임된 경우[84] 등이다.

> ⇨ 사기죄에 있어서 채무이행을 연기 받는 것도 재산상의 이익이 되므로, 채무자가 채권자에 대하여 소정기일까지 지급할 의사와 능력이 없음에도 종전 채무의 변제기를 늦출 목적에서 어음을 발행 교부한 경우에는 사기죄가 성립한다 (대판 1997. 7. 25, 97도1095).

(3) 기망행위

사람을 기망하여 재물의 교부를 받거나 재산상의 이익을 취득하거나 제3자로 하여금 교부 또는 취득하게 하는 것이다.

기망이란 사람을 착오에 빠지게 하는 일체의 행위를 말하는 것으로 이미 착오에 빠져 있는 상태를 이용하는 경우도 포함된다. 기망의 수단과 방법에는 제한이 없다. 일반인에게 착오를 일으키게 할 정도의 기망행위인한 문제되지 않는다. 예컨대, 문서나 언어를 통하여 허위의 주장을 내세움으로써 타인을 착오에 빠지게 하는 경우 등.

기망행위의 정도에 대해서 살펴보면 "일반인을 착오에 빠지게 할 수 있는 정도면 족하다." 이러한 정도에 이르렀는가는 행위시의 제반정황, 상대방의 지식이나 경험, 거래상의 관행과 신의칙 등을 종합적으로 고려하여 객관적으로 판단한다.

---

84) 대판 1973. 9. 25, 73도1080.

누구나 쉽게 진위를 판별할 수 있는 거짓말은 기망에 해당하지 않는다. 어느 정도 과장된 광고나 선전도 상관행상 시인되고 있는 범위 안에 들면 경우에 따라 경범죄 처벌법이나 약사법에 의해 처벌될 수 있겠으나 본죄의 기망행위는 성립하지 않는다. 그러나 거래상 일반적으로 인정되는 신의성실의 원칙에 비추어 용인될 수 없는 허위선전으로 사람을 현혹하는 행위는 사기죄를 구성한다. 예컨대, 효과 없는 식품을 암 특효약이라고 거짓 선전하여 환자에게 판매하는 행위, 농산물의 산지를 속여 고가로 판매하는 행위 등이다.

판례는 "재고 생식품의 가공일자를 고쳐서 판매하는 행위,[85] 백화점의 변칙바겐세일"[86] 등은 사술의 정도가 사회적으로 용인될 수 있는 상술의 정도를 넘는 기망행위라고 판시하였다. 기망행위의 상대방이 반드시 피기망자와 피해자가 일치될 필요 없다. 예컨대, '소송사기'의 경우.[87] 피기망자가 반드시 재물의 소유자나 점유자일 필요는 없으나 적어도 재물 또는 재산상의 이익에 대해 처분행위를 할 수 있는 권한 또는 지위가 있어야 한다. 예컨대, 등기공무원을 기망하였다고 할지라도 그 공무원이 문제되는 부동산에 대한 처분권을 가졌다고 볼 수 없는 한 사기죄는 성립되지 않는다. 기망행위의 상대방이 특정인일 필요도 없다. 예컨대, 광고사기의 경우이다.

(4) 재산적 처분행위

재산적 처분행위의 직접적인 효과로서 재산적 손해가 발생해야 한다. 예컨대, 상품을 사겠다고 고르는 척 하다가 탈취한 경우는 사기죄가 아니라 절도죄가 성립하지만 상인을 사기하여 상품을 포기하게 한 후 이를 습득한 경우는 사기죄가 성립한다.

---

85) 백화점의 식품매장에서 당일 판매되지 못하고 남은 생식품에 대하여 그 다음날 아침 포장지를 교체하면서 가공일자가 재포장일자로 기재된 바코드라벨을 부착하여 재판매하는 행위 내지 판매기법은 제품의 신선도에 대한 소비자들의 신뢰를 배신하고 그 들의 생식품 구매동기에 있어서 중요한 요소인 가공일자에 관한 착오를 이용하여 재고상품을 종점가격에 판매하고자 하는 것으로서 그 사술의 정도가 사회적으로 용인될 수 있는 상술의 정도를 넘는 기망행위가 될 수 있다(대판 1995. 7. 28, 95도1157).

86) 대판 1994. 12. 2, 93도323.

87) 소송사기란 "피기망자가 법원이고 피해자는 재판의 상대방인 경우에 소송에 있어서 법원에 대하여 허위의 사실을 주장하거나 허위의 증거를 제출하여 법원을 기망함으로써 유리한 판결을 얻어내고 이에 기초하여 재물 또는 재산상의 이익을 취득하는 경우를 말한다."

여기서 잠깐

사기죄의 성립에 재산상의 손해발생이 필요한가? 필요하다.

▶ 왜냐하면 재물편취와 불법이익의 어느 경우에도 전체 재산의 감소가 있어
야 한다고 본다.

(5) 재산상의 손해

"재산적 처분행위에 의하여 이전의 재산보다 이후의 재산적 가치가 감소한 것을
말한다." 재산의 감소에는 재산이 가능한 현실적 손실뿐만 아니라 재산감소에의 구
체적 위험도 포함될 수 있다. 또한 선행이나 자선이라는 사회적 목적을 공허하게 하
는 방법으로 타인을 기망하여 재물이나 재산상의 이익을 취득하는 경우도 있다. 예
컨대, 구걸사기·헌혈사기 등에 있어서도 재산적 손해가 발생했다고 보아야 하며,
따라서 이러한 경우에도 사기죄의 성립이 가능하다.

(6) 실행의 착수와 기수시기

실행의 착수는 재산편취 또는 불법이득의 의사로서 기망행위를 개시한 때이고,
기수시기는 재산상의 손해가 발생한 때의 경우이다.

(7) 사례

1. 비의료인이 개설한 의료기관이 마치 의료법에 의하여 적법하게 개설된 요
   양기관인 것처럼 국민건강보험공단에 요양급여비용의 지급을 청구하는
   것은 국민건강보험공단으로 하여금 요양급여비용 지급에 관한 의사결정
   에 착오를 일으키게 하는 것으로서 사기죄의 기망행위에 해당하고, 이러
   한 기망행위에 의하여 국민건강보험공단에서 요양급여비용을 지급받은
   경우에는 사기죄가 성립한다(대판 2015. 7. 9, 2014도11843).
2. 사기죄의 실행행위로서의 기망은 반드시 법률행위의 중요 부분에 허위표
   시임을 요하지 아니하고, 상대방을 착오에 빠지게 하여 행위자가 희망하
   는 재산적 처분행위를 하도록 하기 위한 판단의 기초가 되는 사실에 관한

것이면 족한 것이므로, 용도를 속이고 돈을 빌린 경우에 있어서 만일 진정한 용도를 고지하였더라면 상대방이 돈을 빌려 주지 않았을 것이라는 관계에 있는 때에는 사기죄의 실행행위인 기망은 있는 것으로 보아야 한다(대판 1996. 2. 27, 95도2828).

3. 목사 갑은 "재물을 자신에게 맡기고 충성하며 자기들이 시행하는 건축공사에 참여하면… 자신이 하나님인 사실이 알려져 세계 각국에서 금은보화가 모이면 마지막 날에 1인당 1,000억 원 씩을 나누어 주겠다는 취지의 설교"를 사실인 것처럼 계속하여 그 교회 신도들을 기망하여 현금명목으로 고액의 금원을 교부받은 사건에서 대법원은 형법상 사기죄에 해당된다고 판시하였다(대판 1995. 4. 28, 95도250).

4. 오리, 하명, 누에, 동성하초, 녹용 등 여러 가지 재료를 혼합하여 제조 또는 가공한 '녹동달 오리골드'라는 제품이 당뇨병, 관절병, 신경통 등의 성인병 치료에 특별한 효능이 있는 좋은 약이라는 허위의 강의식 선전·광고행위를 하여 이에 속은 노인들로 하여금 위 제품을 고가에 구입하도록 한 것은 그 "사술의 정도가 사회적으로 용인될 수 있는 상술의 정도를 넘는 것이기 때문"에 이는 사기죄의 기망행위에 해당한다고 대법원은 판시하였다(대판 2004. 1. 15, 2001도1429).

5. 상품의 선전, 광고에 있어 다소의 과장, 허위가 수반되는 것은 그것이 일반 상거래의 관행과 신의칙에 비추어 시인될 수 있는 한 기망행위가 될 수 없겠으나 "거래에 있어 중요한 사항에 관하여 구체적 사실을 거래상의 신의성실의 의무에 비추어 비난받을 정도의 방법으로 허위로 고지한 경우"에는 과장·허위광고의 한계를 넘어선 것이기 때문에 이는 사기죄의 기망행위에 해당된다고 보아야 한다(대판 1979.9.9, 97도1561).

(8) 문제

1. 절취한 예금통장을 이용하여 은행으로부터 예금의 반환을 받은 경우 절도
   죄 외에 다음 중 어떠한 범죄가 성립되는가?(   )
   ① 횡령죄 ② 사기죄 ③ 범죄의 불성립
   ▶ 절취한 은행예금통장을 이용하여 은행원을 기망하여 진실한 명의인이 예금
   을 찾는 것처럼 오신시켜 예금을 인출한 경우에는 ,새로운 법익의 침해로
   서 절도죄 이외에 따로 사기죄가 성립된다.

2. 공직자 갑은 을에게 3천만 원을 빌려주면, 이것을 고위공직자에게 전달하
   여 정의 토지에 대한 그린벨트지정 해제를 부탁하고 정으로부터 커미션을
   받아 빌린 돈을 갚겠다고 말하여, 을로부터 3천만 원을 빌려 생활비로 소
   비하였다. 이 경우 갑의 죄책은 무엇인가?(   )
   ① 사기죄 ② 무죄 ③ 절도죄

13. 공갈의 죄

> **제350조(공갈)** ① 사람을 공갈하여 재물의 교부를 받거나 재산상의 이익을
> 취득한 자는 10년 이하의 징역 또는 2천만원 이하의 벌금에 처한다. ② 전
> 항의 방법으로 제3자로 하여금 재물의 교부를 받게 하거나 재산상의 이익
> 을 취득하데 한 때에도 전항의 형과 같다.

(1) 의의

사람을 공갈하여 재물의 교부를 받거나 재산상의 이익을 취득하거나 제3자로 하
여금 취득하게 하는 것을 내용으로 하는 범죄를 말한다.

(2) 객체

타인의 재물 또는 재산상 이익이다.

(3) 행위

공갈이다. 공갈이란 재물 또는 재산상 이익을 취득하기 위하여 타인에게 폭행 또는 협박으로 외포심을 일으키게 하는 것을 말한다.

폭행은 사람에 대한 일체의 유형력의 행사(광의의 폭행)이고, 그 정도는 사람의 의사와 행동의 자유를 제한하는 정도로 족하다. 반드시 상대방의 반항을 억압할 정도에 이를 것을 요하지 않는다는 점에서 강도죄와 구별된다.

협박은 해악을 고지하여 상대방에게 외포심을 일으키는 것을 말한다. 고지하는 해악의 내용에는 제한이 없다. 그 내용이 진실하거나 허위인 때에도 그것이 상대방을 외포시킴에 족한 경우라면 협박이 될 수 있다(판례). 해악고지의 수단과 방법에도 제한이 없다(명시적, 묵시적, 직접 또는 제3자를 통한 간접도 가능).

(4) 외포심의 발생

공갈행위로 인하여 피공갈자에게 외포심이 야기되어야 한다.

(5) 처분행위

공갈죄가 성립하기 위해서는 피공갈자가 공포심을 느낀 상태에서 재물을 교부하거나 재산상 이익을 공여하는 재산처분행위를 하여야 한다.

처분행위자는 피공갈자와 동일인이어야 하지만, 피공갈자가 재산상 피해자와 동일인일 필요는 없다

(6) 인과관계

공갈과 피공갈자의 외포심 발생, 피공갈자의 외포심과 재산적 처분행위 사이에 인과관계가 필요하다.

(7) 재산상 손해 및 재물·재산상 이익의 취득

공갈죄가 성립하려면 재산상 손해가 발생해야 한다.

(8) 사례

1. 피해자들이 제작·투자한 영화의 소재로 삼은 폭력조직의 두목 또는 조직원이 피해자들에게 그 영화의 감독을 통해 조직폭력배의 불량한 성행, 경력 등을 이용하여 재물의 교부를 요구하고 피해자들로 하여금 그 요구에 응하지 아니할 때에는 부당한 불이익을 초래할 위험이 있을 수 있다는 위구심을 야기하게 하였고, 피해자들도 돈을 요구하는 상대방이 자신들이 영화의 소재로 삼았던 폭력조직의 두목 또는 조직원이므로 이에 응하지 않을 경우 자신들이 받을 불이익을 두려워하거나 또는 곤경에 빠진 위 영화감독을 위해서라도 돈을 지급하지 않을 수 없다고 판단하여 마지못해 돈을 준 경우, 공갈죄의 성립이 인정된다(대판 2005. 7. 15, 2004도1565).

2. 피고인이 교통사고로 2주일간의 치료를 요하는 상해를 당하여 그로 인한 손해배상청구권이 있음을 기화로 사고차량의 운전자가 바뀐 것을 알고서 그 운전사의 사용자에게 과다한 금원을 요구하면서 이에 응하지 않으면 수사기관에 신고할 듯한 태도를 보여 이에 겁을 먹은 동인으로부터 금 3,500,000원을 교부받은 것이라면 이는 손해배상을 받기 위한 수단으로서 사회통념상 허용되는 범위를 넘어서 그 권리 행사를 빙자하여 상대방을 외포하게 함으로써 재물을 교부받은 경우에 해당하므로 공갈죄가 성립한다(대판 1990. 3. 27, 89도2036).

3. 조상천도제를 지내지 아니하면 좋지 않은 일이 생긴다는 취지의 해악의 고지는 길흉회복이나 천재지변의 예고로서 행위자에 의하여 직접, 간접적으로 좌우될 수 없는 것이고 가해자가 현실적으로 특정되어 있지도 않으며 해악의 발생가능성이 합리적으로 예견될 수 있는 것이 아니므로 협박으로 평가될 수 없다고 한 사례이다(대판 2002. 2. 8, 2000도3425).

14. 횡령의죄

횡령죄는 타인의 재물을 보관하는 자가 그 재물을 영득하거나 타인으로 하여금 영득하게 하는 것을 내용으로 하는 재산범죄를 말하는데, 로마법, 중세독일법, 카롤리나 형법전, 프로이센일반국법에 절도죄에 대한 규정이 있고, 우리나라의 경우 일본개정형법가안(제442조 이하)의 영향을 받은 것으로 보고 있다. 이하에서는 횡령죄 중에서 일반적으로 말하는 횡령죄와 점유이탈물 횡령죄에 대해서 간략히 살펴보기로 한다.

(1) 횡령죄

제355조(횡령) ① 타인의 재물을 보관하는 자가 그 재물을 횡령하거나 그 반환을 거부한 때에는 5년 이하의 징역 또는 1,500만 원이하의 벌금에 처한다.

제359조(미수범) 본죄의 미수범은 처벌한다. 10년 이하의 자격정지를 병과할 수 있다(제358조). 특별법의 적용(취득한 재물의 가액이 5억 원 이상인 경우 가중처벌(특정경제범죄가중처벌법 제3조)).

1) 의의

타인의 재물을 보관하는 자가 타인의 재물을 횡령하거나 반환을 거부함으로써 성립되는 범죄를 말한다. 본죄는 재물죄에 해당된다.

2) 행위주체

위탁관계에 의하여 타인의 재물을 보관하는 자만이 본죄의 주체가 될 수 있다. 여기서 보관이란 점유(또는 소지)와 같은 의미이며 행위자의 신분요소로서 작용된다. 사실상의 보관자로서는 타인의 위탁을 받아 물건을 관리하는 점유보조자(민법 제195조)[88], 공금을 보관중인 회사원, 단독으로 화물운송을 위탁받은 화물자동차 운전자 등과 같은 사실상의 보관자뿐만 아니라 부동산 점유에 있어서 등기명의인, 창고증권의 소지인 등 법률상의 보관자도 본죄의 주체가 될 수 있다.

---

88) 민법에서 점유보조자는 사실상 점유를 갖지 못하는 자로써 형법과는 구별된다.

3) 보호법익

소유권이다.

4) 행위주체(위탁관계에 의하여 타인의 재물을 보관하는 자-진정신분범)

① 보관

자기(행위자)가 보관하는 타인의 재물이다. 보관이란 타인의 재물을 맡아서 관리하는 것으로 재물에 대한 사실상, 법률상 지배를 의미한다. 예컨대, 창고증권 등의 유가증권소지인은 임치물, 화물 등을 처분할 수 있는 지위에 있는 자이기 때문에 재물에 대한 법률적 지배를 행한다고 볼 수 있으며, 위탁을 받아 타인의 돈을 은행에 예금한 경우 등[89]이 해당된다.

본죄에 있어 보관은 위탁관계에 기초한 것이어야 한다. 위탁관계 없이 점유를 이탈한 타인의 재물을 영득하면 본죄가 성립되는 것이 아니라 '점유이탈물횡령죄(후술 참조)'가 성립된다.

- 부동산의 점유 ⇨ 부동산에 대한 보관자의 지위는 동산의 경우와 달리 부동산에 대한 점유의 여부가 아니라 부동산을 제3자에게 유효하게 처분 할 수 있는 '권능의 유무'에 따라 결정된다(통설·판례). 따라서 타인의 부동산을 임차한 '임차인'이나 '전세권자'는 법률상 유효하게 처분할 권능이 없으므로 횡령죄의 주체가 될 수 없고, 이들이 부동산을 임의로 처분한 경우에는 사기죄가 성립할 뿐이다.

- 소유권의 취득에 등록이 필요한 차량에 대한 점유 ⇨ 소유권의 취득에 등록이 필요한 타인 소유의 차량을 인도받아 보관하고 있는 사람이 이를 사실상 처분하면 횡령죄가 성립한다.

- 은행예금 또는 유가증권의 소지에 대한 점유 ⇨ 화물상환증이나 창고증권 등의 유가증권의 소지자는 비록 사실상의 지배가 없더라도 임치물을 자유롭게 처분할 수 있는 지위에 있으므로 법률상 지배가 인정되어 보관자가 되고, 타인의 돈을 위탁받아 은행에 예금한 경우에도 그 돈에 대한 법률상의

---

89) 대판 1983. 9. 13, 82도72.

지배가 인정되어 보관자가 된다(통설·판례).

- 법률상의 권한에 의한 점유 ⇨ 예컨대, 미성년자의 법정대리인이나 후견인도 그 법률상의 권한에 의하여 미성년자 소유의 부동산을 점유하고 있다고 할 수 있다.
- 점유보조자 ⇨ 점포의 점원 등의 점유보조자도 형법상으로는 위탁관계가 인정되면 보관자가 된다(통설·판례).

② 위탁

점유(보관)는 신뢰관계에 기초한 위탁관계에 의한 것임을 요한다. 위탁관계에 의하여 타인의 재물에 대한 법률상·사실상 지배를 행사하는 보관자의 신분이 부여된다. 위탁관계의 발생원인은 반드시 사용대차, 임대차, 위임 등의 계약에 의하여 설정되는 것임을 요하지 아니하고 사무관리, 관습, 조리, 신의칙에 의해서도 성립된다 (통설·판례). 한편 위탁관계는 반드시 소유자에 의해 직접 행해졌을 것을 요하지 않으며, 소유자의 의사에 반하지 않는 한 제3자에 의하여 이루어져도 무방하다 (통설·판례). 위탁관계는 '사실상 관계'면 충분하고, 법적 권한의 유무는 묻지 않는다. 따라서 절도범인·강도범인과 같은 불법점유자도 위탁자가 될 수 있다. 법률상 무효·취소된 경우에도 보관물을 반환할 때까지는 이미 인도된 보관물의 점유에 대해 거래의 신의칙에 기한 사실상 위탁관계가 인정될 수 있다.

5) 객체

자기가 보관하는 타인의 재물이다.

⇨ 타인의 재물

소유권의 귀속은 민법에 따른다. 타인은 행위자이 외의 자연인, 법인, 법인격 없는 단체, 조합 등이 모두 포함된다. 재물은 동산, 부동산도 포함되며 관리할 수 있는 동력 또한 재물로 간주된다(제361조).

6) 실행행위

횡령을 하거나 반환을 거부하는 것이다.

① 횡령

타인의 재물을 보관하는 자가 그 물건에 대한 불법영득의 의사를 실현시키기 위한 행위를 말한다. 이러한 행위는 "외부에서 객관적으로 인식을 할 수 있도록 표현"되어야 한다. 횡령행위는 소비, 착복, 은닉 등과 같은 사실행위이건 매매, 증여, 담보제공, 대여 등 법률행위이건 불문한다.

② 반환 거부

반환 거부도 횡령행위의 하나로써 형법은 횡령과 더불어 반환 거부도 규정을 두고 있다. 반환 거부란 소유자에 대하여 소유자의 권리를 배제하는 의사표시를 말한다. 일반적으로는 반환요구가 있을 시에 이에 대하여 거부의 표시로 나타나는 것이 일반적이지만 반환요구를 하지 않은 상태에서 보관자가 먼저 이러한 의사표시를 하는 것도 가능하다고 보고 있다. 예컨대, 채권자 갑이 채무자 을의 재물을 보관하고 있던 중 변제기가 도래하였음에도 불구하고 을이 채무를 변제하지 않자 그 재물의 반환을 거부한 경우이다.

단순히 반환을 거부했다는 사실만으로는 바로 횡령죄가 성립하는 것은 아니다. 반환거부의 이유, 주관적 의사 등을 종합적으로 고찰할 때 그 행위가 불법영득의사를 드러내는 것으로서 횡령행위와 같다고 볼 수 있을 정도에 이른 경우에 횡령죄가 성립된다. 따라서 불법영득의 의사가 없고 반환할 수 없는 사정이나 반환을 거부할 수 있는 정당한 이유가 있는 경우[90]에는 반환거부는 횡령죄가 되지는 않는다.

7) 미수와 기수

횡령죄의 미수범은 처벌한다(제359조). 기수는 불법영득의 의사가 행위에 의하여 객관적으로 실현된 때에 기수로 본다.[91]

---

90) 대판 1983. 12. 13, 83도2642; 대판 1990. 3. 13, 89도1952; 대판 2005. 7. 29, 2005도685; 대판 2006. 2. 10, 2003도7487 등.
91) 다수설과 판례(대판 1985. 9. 10, 85도86)의 태도이다.

8) 사례

1. 피고인 갑은 이미 소비 횡령한 금원을 보완하기 위하여 보관중에 있는 또 다른 타인의 금원을 임의 소비한 경우에는 횡령죄가 성립된다고 본다(대판 1961. 10. 19, 61도102).

2. 피고인 갑은 협회의 공금을 협회장의 승인 하에 개인구좌에 입금시킨 후 위 돈을 수시로 인출하여 개인적 용도로 소비하였다면, 피고인 갑이 위 금원을 위협회의 예금구좌로부터 피고인 개인구좌로 옮긴 것 자체는 협회장의 받은 자체는 협회장의 승인을 받았기 때문에 횡령죄가 되지 않지만 "이를 자기명의로 예금하여 보관중인 타인의 금원을 인출하여 소비한 행위"는 횡령죄에 해당된다고 할 것이다(대판 1984. 2. 14, 83도3207).

3. 주식회사의 대표이사가 회사의 금원을 인출하여 사용하였는데 그 사용처에 관한 증빙서류를 제시하지 못하고 있고 그 인출사유와 금원의 사용처에 관하여 납득할 만한 합리적인 설명을 하지 못하고 있다면, 이러한 금원은 그가 불법영득의 의사로 회사의 금원을 인출하여 개인적 용도로 사용한 것으로 추단할 수 있다(대판 2003. 8. 22, 2003조2807; 대판 2008. 3. 27, 2007도9250).

9) 문제

1. 갑은 을로부터 을의 채권자 병에게 전해 주도록 위탁받은 돈을 자기(갑)의 채무를 변제하는데 사용하였다. 갑의 죄책은 무엇인가?(   )

   ① 횡령죄 ② 배임죄 ③ 업무방해죄

   ▶ 목적이나 용도를 특정하여 교부한 금원을 소비한 경우로써 목적한 용도(을의 채권자 병에게 돈을 전달해주는 것)에 사용되기 이전까지는 위탁자인 갑의 소유권이 유보되어 있기 때문에 이를 사용한 경우 횡령죄가 성립된다.

2. 다음 중 횡령죄의 주체가 될 수 없는 자는 누구인가?(   )

① 미성년자의 법정대리인 ② 등기서류보관자 ③ 부동산의 사실상 지배자

▶ 횡령죄의 주체는 위탁관계로 인하여 타인의 재물을 보관하는 자로서 사실상 지배를 하는 자 뿐만 아니라 법률상 지배를 하는 자도 포함된다. 여기서는 ①, ③이 이에 해당되는 자이다. 그러나 ②의 경우에는 타인의 사무를 처리하는 자이기는 하나 횡령죄의 주체로는 되지 않는다.

(2) 점유이탈물횡령죄

제360조(점유이탈물횡령) ① 유실물, 표류물 또는 타인의 점유를 이탈한 재물을 횡령한 자는 1년 이하의 징역이나 300만원 이하의 벌금 또는 과료에 처한다. ② 매장물을 횡령한 자도 전항의 형과 같다. 친족상도례의 준용(제361조).

1) 의의

유실물·표류물·매장물 기타 타인의 점유를 이탈한 재물을 횡령함으로써 성립하는 범죄를 말한다.

2) 주체

제한이 없다.

3) 객체

유실물·표류물·매장물 기타 타인의 점유를 이탈한 재물이다.

① 점유이탈물

점유자의 의사에 의하지 아니하고 그 점유를 떠난 타인소유의 재물을 말한다. 아직 누구의 점유에도 속하지 않는 재물은 물론 점유자의 착오에 의하여 우연히 행위자의 점유에 속하게 된 재물을 말한다. 예컨대, 잘못 배달된 우편물, 타인이 놓고 간 물건 등.

그러나 일시 노상에 세워둔 자전거 등의 경우에는 타인의 점유를 벗어났다고 볼 수 없는 재물이므로 점유이탈물로 볼 수 없다. 소유자가 없는 무주물의 경우 타인

소유물이 아니므로 본죄의 객체가 아니다.

타인의 실력적 지배가 미치는 장소 내에 있는 물건은 그 장소의 관리자의 점유에 속하므로 점유이탈물이 아니다. 따라서 제3자가 이를 가져간 경우 절도죄가 성립할 뿐이다. 예컨대, 숙박객이 여관의 객실에 두고 온 물건은 여관주인의 점유에 속하며 점유 이탈물이 아닌 것이다.[92]

② 유실물·표류물·매장물

유실물은 잃어버린 물건 또는 분실물로서 점유자의 의사에 의하지 않고 그 점유를 벗어나 아직 누구의 점유에도 속하지 않는 재물을 말한다. 예컨대, 타인이 놓고 간 물건, 유실한 가축 등.

표류물은 점유를 이탈하여 바다 또는 하천에 떠서 흐르고 있는 물건을 말한다.

매장물은 토지, 해저 또는 건조물 등에 포장되어 그 존재를 인식하는 것이 곤란한 상태에 있는 재물을 말한다. 예컨대, 고분 안에 들어 있는 거울, 칼, 자기 등.

4) 행위

횡령이다. 이는 불법영득의 의사로 점유이탈물을 자기의 사실상의 지배하에 두는 것을 말한다.[93] 횡령에 영득의 의사가 포함되어 있으므로 횡령이란 권리자의 의사에 반하여 소유자를 배제하고 재물을 자기의 소유물처럼 사용·수익·처분하는 행위를 말한다.

5) 사례

1. 고속버스 운전사는 고속버스의 간수자로서 차 내에 있는 승객의 물건을 점유하는 것이 아니라 승객이 잊고 내린 유실물을 교부받을 권능을 가질 뿐이므로 유실물을 현실적으로 발견하지 않는 한 이에 대한 점유를 개시

---

92) 그러나 승객이 놓고 내린 지하철의 전동차 바닥이나 선반위에 있던 물건을 가지고 간 경우. 지하철 승무원은 유실물법상 전동차의 관수자로서 승객이 잊고 내린 유실물을 교부받을 권능을 가질 뿐 전동차 안에 있는 승객의 물건을 점유한다고 할 수 없고, 그 유실물을 현실적으로 발견하지 않는 한 이에 대한 점유를 개시하였다고 할 수 없으므로, 그 사이에 위와 같은 유실물을 발견하고 가져간 행위는 '점유이탈물횡령죄'에 해당한다(대판 1969. 8. 19, 69도1078).
93) 통설의 입장이기도 하다.

하였다고 볼 수 없고, 그 사이에 다른 승객이 유실물을 발견하고 이를 가져갔다면 절도에 해당하지 아니하고 점유이탈물횡령죄에 해당한다고 보았다(대판 1993. 3. 16, 92도1.3170).

2. 1인 주주회사의 주주가 회사재산을 개인적 용도를 위하여 소비한 경우에 있어 대법원은 다음과 같이 판시하였다. "1인 회사의 경우에도 회사와 주주는 별개의 인격체에 해당되기 때문"에 1인 회사의 재산이 곧바로 그 1인 주주의 소유라고 볼 수 없다는 것이다. 따라서 업무상횡령죄가 성립된다 (대판 1982. 4. 13, 80도537; 대판 1997.7. 9, 99도1040).

6) 문제

주식회사 소유의 재산을 주주인 갑과 대표이사인 을이 제3자의 자금조달을 하기 위하여 담보로 제공하는 등 사적으로 사용한 경우에 갑과 을의 죄책은 무엇인가? (   )
① 배임죄 ② 사기죄 ③ 횡령죄

▶ 이는 횡령죄에 있어서 불법영득의 의사에 해당되는데 불법영득의 의사란 "자기 또는 제3자의 이익을 꾀할 목적으로 업무상의 임무에 위배하여 보관하는 타인의 재물을 자기의 소유인 경우와 같은 처분을 하는 의사를 말한다." 설령 사후에 이를 반환하거나 변상·보전하는 의사가 있을지라도 불법영득의 의사를 인정하는데 문제될게 없다(대판 2005. 8. 9, 2005도3045).

15. 배임죄

TV나 뉴스를 보면 검찰이 '갑이라는 사람을 배임죄로 구속하였다'는 기사를 본적이 있을 것이다. 배임죄란 "타인의 사무를 처리하는 자가 그 신임관계에 위배하여 타인의 재산권을 침해하는 것"을 내용으로 하는 범죄를 뜻하는 것으로써(후에 상술) 우리의 사회생활에 있어 흔히 발생하는 사건이다.

우리나라의 전통적인 형법에는 오늘날과 같은 배임죄에 해당하는 규정을 찾아보기 어려웠다. 배임죄는 일제시대와 1953년 우리 형법이 발효되기 이전에는 일본형법(제247조)이 의용 되었고 이에는 단순배임죄의 규정은 있었으나 업무상 배임죄의 규정은 인정되지 않았다. 이하에서는 배임죄에 대한 이론 및 사례와 문제를 살펴보기로 한다.

배임죄의 본질

배임죄의 본질에 대해서 통설과 판례는 배신설을 취하고 있다. 배신설은 배임죄의 본질이 대내적으로 본인에 대한 신임관계 내지 신의성실의무에 위반하여 재산을 침해하는데 있다고 이해하는 견해이다(통설). 이에 따르면 배임죄와 횡령죄는 신임관계를 침해한다는 배신성에서 그 본질을 같이하며, 다만 행위객체를 달리할 뿐이다. 즉 횡령죄는 타인의 재물을 객체로 함에 대하여 배임죄는 재산상 이익을 객체로 하는 것이며, 횡령죄와 배임죄는 특별법과 일반법의 관계에 놓이게 된다.

> **제355조 제2항(배임)** ② 타인의 사무를 처리하는 자가 그 임무에 위배하는 행위로써 재산상의 이익을 취득하거나 제3자로 하여금 이를 취득하게 하여 본인에게 손해를 가한 때에도 전항의 형(횡령죄 5년 이하의 징역 또는 1,000만원 이하의 벌금)과 같다.
>
> **제359조(미수범)** 본죄의 미수범은 처벌한다. 10년 이하의 자격정지를 병과할 수 있다(제358조). 친족상도례의 준용(제361조). 특별법의 적용(본죄에 의하여 취득한 이득액이 5억원 이상인 경우의 가중처벌(특정경제범죄가중처벌법 제3조)).

(1) 의의

타인의 사무를 처리하는 자로써 그 임무에 위배하는 행위로써 재산상의 이익을 취득하거나 제3자로 하여금 이를 취득하게 하여 본인에게 손해를 가하는 범죄를 말한다. 순수한 이득죄이다.

(2) 주체

타인의 사무를 처리하는 자이다(진정신분범). 타인의 사무를 처리하는 자란 "타인과의 신임관계에 기하여 타인의 재산보호 내지 관리의무가 있는 자를 말한다."[94] 타인의 사무를 처리하는 자라는 신분은 행위당시(행위시)에 있으면 족하다.

① 타인

타인이란 행위자 이외의 자연인은 물론 법인, 법인격 없는 단체를 모두 포함한다.

② 타인의 사무

본죄의 주체는 앞에서도 언급했듯이 타인의 사무를 처리하는 자이다. 따라서 자기의 사무를 처리하는 것에 해당되는 것이라면, 그 사무의 처리가 타인에게 이익이 되어 타인에 대하여 이를 처리할 의무를 부담하는 경우라도 타인의 사무를 처리하는 자에 해당되지 않는다(대판 2009. 2 26, 2008도11722 등).

타인의 사무란 신임관계에 근거하여 타인을 위하여 처리해야 할 사무로서 타인(피해자인 본인)을 위한 재산의 보호·관리 등의 사무가 신임관계의 전형적이고 본질적인 내용을 주된 임무로 하는 것임을 요한다.

사법상의 의무 예컨대, 채권적 급부의무(돈을 꾼 사람이 돈을 빌려준 사람에게 갚아야 할 의무)의 경우에는 '타인의 사무'에 해당되지 않지만, 타인을 위한 사무가 전형적 본질적인 내용을 이루고 있는 한 자기의 사무로서의 성격을 동시에 갖고 있는 경우에는 타인의 사무 처리자에 해당된다.[95] 예컨대, 부동산의 이중매매에 있어서 매도인이 타인의 사무를 처리하는 자로 인정되는 경우.

---

94) 대판 1999. 9. 17, 97도3219.
95) 대판 1982. 5. 25, 81도2618.

③ 사무의 내용

사무는 공적 사무이든 사적 사무이든 불문한다. 그러나 사무가 재산상의 사무임을 요하는가에 대해서는 재산상의 사무임에 국한되는 것이 라고 본다. 다수설이자 판례의 태도이다.

사무는 계속적이든 일시적이든 사실적 사무 이(예컨대, 심부름을 하는 경우, 말을 전달해주는 경우 등)든 법률적 사무(예컨대, 계약 등)이든 불문한다.

본죄의 사무는 "단순한 개별적 사무가 아니라 일정한 범위 내에서 어느 정도 사무처리자에게 판단 내지 활동의 자유와 책임이 있다고 볼 수 있는 정도로 포괄적인 내용의 사무일 것을 요한다.

④ 사무처리의 근거와 한계

타인의 사무를 처리하게 된 근거에는 법령(예컨대, 친권자, 후견인, 파산관리자 등)·계약(예컨대, 위임, 고용, 도급 등) 뿐만 아니라 관습, 기타 사무관리에 의한 경우도 포함된다. 사무의 처리는 본인과 행위자 사이에 직접적·개인적으로 생긴 경우는 물론 객관적으로 인정되는 경우까지도 포함한다. 예컨대, 부동산매매에 있어서 매수인이 소유권이전등기를 할 수 있도록 등기에 협력해야 할 매도인의 의무, 계주가 징수한 계금을 지정된 계원들에게 지급해야 할 의무96) 등도 사무처리의 근거로서 이에 위반할 경우 배임죄가 성립된다고 보아야 한다. 또한 객관적·간접적인 신임관계로도 발생할 수 있다. 예컨대, 갑에게 위탁한 사무를 갑의 직원인 을이 처리하는 경우에도 을은 타인의 사무처리자에 해당된다(판례).

법률행위가 무효라도 사실상 신임관계가 있으면 사무처리자가 된다. 그러나 계약 등으로 인한 내부관계가 법률의 규정에 의해 당연 무효이거나, 선량한 풍속 기타 사회질서에 반하기 때문에 무효인 경우에는 처음부터 형법적 보호가치가 있는 신임관계가 발생하지 않는다 할 것이므로 사무처리자로서의 지위가 부정된다.

⑤ 사무처리의 독립성

본죄의 주체가 되기 위해서는 사무처리에 있어서 일정한 범위의 결정의 자유 내지 독립성이 인정되어야 한다(판례). 어느 정도의 재량권을 갖고 있으면 보조기관

---

96) 대판 1967. 3. 7, 67도118; 대판 1987. 2. 24, 86도1744 등.

으로서 관여하는 사무라도 무방하다.

(3) 객체
재산상의 이익이다(순수한 이득죄).

(4) 행위
임무에 위배되는 행위, 즉 배임행위로써 재산상의 이익을 취득하거나 제3자로 하여금 이를 취득하게 하여 본인에게 손해를 가하는 것이다.

① 배임행위

타인의 사무처리자로서의 임무에 위배되는 행위를 의미한다. 어떤행위를 배임행위로 볼 것인가에 대해서는 당해 사무의 성질, 내용, 행위시의 정황 등을 고려하여 신의성실의 원칙에 입각하여 판단해야 한다. 배임행위는 권한의 남용이건 법률상의 의무위반이건 불문한다. 예컨대, 은행간부가 권한을 남용하여 회수가능성이 없는 불량대출을 하는 경우, 공무원이 부당하게 국유재산을 불하가격을 낮게 결정하는 경우 등. 배임행위는 작위로도 가능하나 부작위에 의해서도 가능하다. 예컨대, 철도종사원이 고의로 무임승차를 방임하는 경우, 채권추심을 위탁받은 자가 추심을 게을리 하여 채권의 소멸시효가 완성되는 경우 등(부작위)이 해당된다.

② 재산상 이익취득과 본인의 재산적 손해

■ 재산상 이익의 취득은 적극적 이익의 취득(예컨대, 소유권의 이전)이든 소극적 이익의 취득(예컨대, 채무이행의 연기)이든 불문하며 모든 불법한 이익의 취득을 의미한다. 그리고 스스로 이러한 이익을 취득하는 경우뿐만 아니라 제3자로 하여금 이를 취득하게 하는 경우도 포함한다. 여기서 제3자는 자기와 본인 이외의 모든 자연인 법, 법인·법인격 없는 단체도 포함된다. 그러나 "본인에게 손해를 가하였어도 이익을 취득한 사실이 없는 때에는 본죄가 성립되지 않는다."[97]
본인에게 손해를 가한다는 것은 배임행위로 인하여 본인의 재산상태에 손해를 주는 것을 의미한다. 재산상의 손해라 함은 "본인의 전체재산가치의 감소"를 말

---

97) 대판 1975. 5. 14, 73도3208; 대판 1982. 2. 3, 81도2601 등.

한다.[98] 손해는 적극적 손해(예컨대, 기본재산의 감소)이든 소극적 손해(예컨대, 장래 취득할 이익의 상실)이든 불문한다.

■ 재산상 손해는 반드시 현실적인 손해뿐만 아니라 손해발생의 '구체적 위험'도 포함한다(다수설). 판례는 법률적 판단에 의해 당해 배임행위가 무효라 하더라도 경제적 관점에서 파악하여 본인에게 현실적인 손해를 가하였거나 재산상 손해발생의 위험을 초래한 경우에는 배임죄가 성립한다고 한다(대판 1999. 6. 22, 99도1095; 대판 2004. 4. 9, 2004도771).

재산상 손해가 동시에 본인에게 그에 상응하는 재산상의 이익을 준 경우에는 객관적인 재산가치의 감소가 없다 할 것이므로 배임죄가 성립되지 않는다(대판 2005. 4. 15, 2004도7053).

⇨ … 여기서 재산상의 손해를 가한다 함은 총체적으로 보아 본인의 재산상태에 손해를 가하는 경우, 즉 본인의 전체적 재산가치의 감소를 가져오는 것을 말하므로 재산상의 손실을 야기한 임무위배행위가 동시에 그 손실을 보상할 만한 재산상의 이익을 준 경우, 예컨대, 그 배임행위로 인한 급부와 반대급부가 상응하고 다른 재산상 손해(현실적인 손해 또는 재산상 실해 발생의 위험)도 없는 때에는 전체적 재산가치의 감소, 즉 재산상 손해가 있다고 할 수 없다(대판 2005. 4. 15, 2004도7053; 대판 2011. 4. 28, 2009도14268).

일단 재산적 손해가 발생한 것으로 인정되는 이상 사후에 담보를 취득하였거나 그 피해가 회복되었더라도 그 손해가 없어지는 것은 아니므로 배임죄 성립에는 영향을 미치지 않는다(통설·판례). 또한 손해액이 구체적으로 확정되지 않아도 무방하다(판례).

(5) 실행의 착수와 기수시기

실행의 착수시기는 행위자가 불법영득의 의사로 배임행위를 개시하는 시점을 말하고, 기수시기는 배임행위의 결과로 인하여 본인에게 재산상의 손해를 발생시킨 때에 기수가 된다.

---

98) 대판 1972. 5. 23, 71도2334.

(6) 사례

1. 미성년자와 친생자관계가 성립되지는 않으나 호적상 친모로 되어 있는 경우에 있는 자가 미성년자의 상속재산 처분에 관여하는 경우에 있어서는 배임죄에서 말하는 '타인의 사무'를 보는 자의 지위에 있다고 본다(대판 2002. 6. 14, 2001도3534).

2. 계가 정상적으로 운영되고 있는데도 불구하고 계주 갑은 그 동안 성실하게 계불입금을 지급하여 온 계원 을에게 계가 깨졌다고 거짓말을 하여 그 계원 이 계에 참석하여 낙찰 받아 계금을 탈 수 있는 기회를 박탈하여 손해를 끼친 것에대해서 대법원은 계주의 위와 같은 임무위배는 그 계원에 대한 관계에 있어서 배임죄를 구성한다고 보았다(대판 1995. 9. 29, 95도1176).

3. 미성년자와 친생관계가 없으나 호적상 친모로 등재되어 있는 자가 미성년자의 상속재산 처분에 관여한 경우, 배임죄에 있어서 타인의 사무를 처리하는 자의 지위에 있다고 한 사례(대판 2002. 6. 14, 2001도5534)

4. 계주는 계원들과의 약정에 따라 지정된 곗날에 계원으로부터 월불입금을 징수하여 지정된 계원에게 이를 지급할 임무가 잇고, 계주의 이러한 임무는 계주 자신의 사무임과 동시에 타인인 계원들의 사무를 처리하는 것도 되는 것이므로, 계주가 계원들로부터 월불입금을 모두 징수하였음에도 불구하고 그 임무에 위배하여 정당한 사유 없이 이를 지정된 계원에게 지급하지 않았다면 다른 특별한 사정이 없는 한 그 지정된 계원에 대한 관계에 있어서 배임되를 구성한다(대판 1994. 3. 8, 93도2221).

5. 업무상배임죄에 있어서 타인의 사무를 처리하는 자란 교유의 권한으로 서 그 처리를 하는 자에 한하지 않고 그 자의 보조기관으로서 직접 또는 간접으로 그 처리에 관한 사무를 담당하는 자도 포함한다(대판 2004. 6. 24, 2004도520).

6. 회사의 대표이사는 이사회 또는 주주총회의 결의가 설령 있다 하더라도 그 결의한 내용이 회사 채권자를 해하는 불법한 목적이 있는 경우에는 이사회 또는 주주총회의 결의에 따를 것이 아니라 회사를 위하여 성실한 직

무수행을 할 의무가 있는데 그러한 의무에 따르지 않고 행위를 함으로써 주주 또는 회사 채권자에게 손해가 될 행위를 한 경우라면 대표이사의 이러한 행위는 배임행위가 정당화 될 수 없다(대판 2005. 10. 28, 2005도4915).

7. 피고인은 이 사건 과수원에 대한 근저당권설정자로서 근저당권자인 피해자가 담보목적을 달성 할 수 있도록 담보물인 감귤나무를 보관할 의무가 있다고 할 것임에도 이 사건 과수원에 대한 폐원신청을 하고 감귤나무를 굴취함으로써 폐원보상비 상당의 재산상의 이득을 취득하고 피해자로 하여금 근저당권의 담보가치가 감소되는 손해를 입도록 하였으며 근저당권의 담보가치가 감소되는 손해를 입도록 하였으므로 배임죄의 죄책을 면할 수 없다(대판 2007. 8. 23, 2007도3082).

8. ⇨ … 재산상 손해가 발생하였다고 평가될 수 있는 재산상 실해(실제로 입은 손해) 발생의 위험이란 본인에게 손해가 발생할 막연한 위험이 있는 것만으로는 부족하고 경제적인 관점에서 보아 본인에게 손해가 발생한 것과 같은 구체적인 위험이 있는 경우를 의미한다. 따라서 재산상 실해 발생의 위험은 구체적·현실적 위험이 야기된 정도에 이르러야 하고 단지 막연한 가능성이 있다는 정도로는 부족하다(대판 2015. 9. 10, 2015도6745).

(7) 문제

계주가 계원들로부터 징수한 계금을 지정된 계원에게 지급하지 않고 자의로 소비를 함으로써 계원들에게 손해를 입힌 행위는?(   )
① 준사기죄 ② 횡령죄 ③ 배임죄

16. 도박죄와 복표에 관한 죄

도박과 복표에 관한 죄는 재물로써 도박하거 영리의 목적으로 도박을 개장하거나 법령에 의하지 아니하고 복표를 발매, 중개 또는 취득함으로써 성립하는 범죄이다. 도박과 복표는 그 방식에서만 차이점이 있을 뿐 우연에 의해서 그 승패의 결과가 발생한다는 면에서는 같다.

도박과 복표는 사행심을 조장하여 건전한 근로정신을 저해하고 가정파탄을 초래하며 여러 가지 다른 범죄를 유발할 위험성도 크다고 볼 수 있다.

도박과 복표가 보호하고자 하는 법익(보호법익)은 국민일반의 건전한 근로의식과 경제도덕이다.”현행 형법상의 도박과 복표에 관한 죄는 구형법(일본형법)의 관련 규정을 그대로 존치시키면서 용어를 정리하였다고 하며 ‘벌금의 병과(제249조)’는 현행형법이 신설한 규정이다. 이하에서는 도박과 복표에 관한 죄의 이론과 사례 및 문제에 대해서 살펴보기로 한다.

(1) 도박죄

> **제246조(도박)** ① 재물로써 도박한 자는 500만원 이하의 벌금 또는 과료에 처한다. 단, 일시 오락정도에 불과한 때에는 예외로 한다.

1) 의의

재물로써 도박을 하면 성립하는 범죄를 말한다. 본죄가 성립하기 위해서는 2인 이상의 사이에서만 범죄가 성립된다.

2) 행위

재물로써 도박하는 것이다.

① 재물

재물로써 도박을 한다는 것은 재물을 걸고 그것을 승자에게 주기로 약속하고 도박하는 것을 말한다. 여기서 말하는 재물은 재물뿐만 아니라 재산상의 이익까지도 포함되는 의미로 이해된다. 승자에게 줄 재물의 액수는 승패가 결정된 후에 확정할 수 있는 한 처음부터 액수가 확정될 필요는 없고 패자가 승자에게 재물을 직접 교부할 필요도 없다.

② 도박

도박이란 우연적 승패에 의하여 내건 재물의 득실을 결정하는 것을 말한다. 우연적 승패란 당사자가 임의로 좌우할 수 없는 사정에 의하여 승패가 결정되는 것을 말한다. 이러한 우연성은 당사자에게 주관적 관점에서 볼 때 승패가 불확정적이면 충분하고 반드시 객관적으로 불확정적일 필요는 없다. 우연한 사정은 과거, 현재, 미래의 어느 것에 속한 사실이든지 무방하다.

개인의 기능이나 기량이 승패의 결정에 상당한 영향을 미치는 경우라고 할지라도 우연성이 함께 작용하고 있는 한 승패에 재물을 걸은 경우라면 도박이라고 볼 수 있다. 예컨대, 골프내기, 금전을 건 바둑, 장기, 마작 등.

승패의 우연성이 당사자의 어느 일방에게만 있는 이른바 편면적 도박의 경우에 있어 이 또한 도박죄가 성립된다는 견해도 있지만 편면적 도박의 경우에 있어서는 도박죄에 해당되지 않는다고 보아야 한다. 이와 관련하여 거론되는 것이 사기도박의 경우이다. 사기도박의 경우에는 승패를 미리 조작하는 경우를 말하는데, 도박은 우연성에 의해 승패가 좌우되는 것이기 때문에 사기도박은 도박죄에 해당된다고 볼 수 없다. 이것이 판례[99]의 태도이기도 하다.

3) 기수시기

도박행위에 착수를 하면 기수가 된다.

4) 위법성

도박이 일시 오락의 정도에 불과한 때에는 처벌하지 않는다는 제246조 제1항의 단서는 위법성조각사유로 이해하는 것이 통설과 판례의 입장이다.

일시 오락의 정도에 불과한 경우에는 법령에 허용된 행위이기 때문에 사회상규에 위배되지 않는 한 정당행위에 해당한다고 보아야 할 것이다. 예컨대, 승마투표권(한

---

99) 대판 1960. 11. 16, 4293형상748.

국마사회법 제38조, 제41조), 주택복권 등의 경우.

5) 사례

1. 조문에도 '일시오락의 정도에 불과하다'는 말이 나오는데 이에 대해 대법원은 다음과 같이 판시를 하고 있다. 일시오락의 정도에 불과하다는 것은 "판례와 다수설은 도박에 내건 재물의 경제적 가치를 비롯하여 도박행위자들의 사회적 지위나 재산 정도, 도박의 동기와 같은 부수적 상황을 고려하여 한다는 입장이다(대판 1984. 7. 10, 84도1043; 대판 1985. 11. 12, 85도2096).

2. 피고인 갑과 을은 서로 친숙한 사이로서 이 사건 당일 우연히 다방에서 만나게 되어 약 3,000원 상당의 음식내기 화투놀이를 약 30분 동안 하였다. 이로 인한 사실이 인정되어 도박죄로 구속되었다. 대법원은 다음과 같은 판결을 하였다. "위와 같은 피고인들의 친분관계, 화투놀이가 행해지던 시간과 장소, 도박을 하게 된 경위 및 그 금액의 근소성 등을 종합적으로 살펴보면, 피고인들의 이 사건은 일시 오락의 정도에 불과하다고 판단하여 도박죄가 성립되지 않는다고 보았다.(대판 1984. 4. 10, 84도194)" 즉, 일시오락정도에 불과한 도박의 경우에는 형법상 도박죄는 성립되지 않지만 "풍속영업의 규제에 관한 법률 위반죄"에 해당하나 사회상규에 위배되지 않는 행위이기 때문에 위법성이 조각되어 죄가 성립되지 않는다.

3. 갑과 을은 여행 차 외국에 놀러갔다가 외국의 카지노에 출입하여 도박을 하였다. 외국의 카지노는 도박죄를 처벌하지 않았으나 이로 인해 갑과 을은 우리나라에서는 도박죄로 구속되었다. 이에 대해 대법원은 다음과 같이 판결하였다. "형법 제3조(속인주의)에 의하면 대한민국 영역 외에서 죄를 범한 내국인에게 적용에 의해 도박죄를 처벌한다고 판시하였다(대판 2004. 4. 23, 2002도2518)." 즉, 도박죄를 처벌하지 않는 외국 카지노에서의 도박이라는 사정만으로는 그 위법성이 조각된다고 볼 수 없다. 그러나 국가 정책적 견지에서 도바도박죄를 보호하는 법익이 보다 좀 더 높은

> 국가이익을 위하여 예외적으로 내국인의 출입을 허용하는 폐광지역개발
> 지원에 관한 특별법 등에 따라 카지노에 출입하는 것은 법령에 의한 행위
> 로서 위법성을 조각한다고 보았다.

(2) 복표발매 · 중개 · 취득죄

> **제248조(복표의 발매 등)** ① 법령에 의하지 아니한 복표를 발매한 사람은 5
> 년 이하의 징역 또는 3천만원 이하의 벌금에 처한다.
> ② 제1항의의 복표발매를 중개한 사람은 3년 이하의 징역 또는 2천만원 이
> 하의 벌금에 처한다.
> ③ 제1항의 복표를 취득한 사람은 1천만원 이하의 벌금 또는 과료에 처한
> 다. 제246조 제2항, 제247조와 제248조 제1항의 죄에 대하여는의 경우에
> 는 1천만원 이하의 벌금을 병과할 수 있다(제249조).

1) 의의

법령에 의하지 아니한 복표를 발매 또는 취득하거나 발매를 중개함으로써 성립하는 범죄를 말한다. 복표는 그 추첨이 우연에 의하여 승패가 결정되는 특징을 가지고 있어 넓은 의미에 있어서 도박의 일종으로 볼 수 있으나 우리 형법은 본죄를 도박과는 별도로 규정을 하고 있다. 형법은 각 행위유형별로 형벌의 차등을 두어 발매죄를 가장 무겁게, 취득죄는 이보다 가볍게, 그리고 중개죄는 가장 가볍게 처벌하고 있다.

2) 객체

법령에 의하지 아니한 복표이다. 복표란 "발매자가 구매자로부터 금전 기타의 재물을 받고 교부하는 표찰로서 추첨 기타의 우연적 방법으로 당첨자에게는 이익을 얻게 하는 것이고 다른 참가자에게는 손실을 받게 하는 것을 말한다."

본죄의 객체인 복표는 법령에 의하지 아니한 것에 국한된다. 즉 법령에 위배되는 것이어야 객체가 되는 것이다. 따라서 법령에 의한 복표의 발매[100), 중개, 취득은 본죄의 구성요건에 해당되지 않는다.

---

100) 예컨대, 한국마사회법 등에 근거한 복표발매.

상품구매에 첨부한 '경품권'도 재물이나 재산상의 이익의 당첨이 추첨의 방법으로 결정되지만 경제적 거래에 따른 특수한 이익의 급여이기 때문에 복표에 해당되지는 않는다. 그러나 경품의 경우에도 허가 없이 영리의 목적으로 사행심을 유발할 우려가 있는 방법에 의해서 행해진 경우에는 "사행행위등규제및처벌특례법"에 의거해서 처벌된다(제2조 제1항 제1호 및 제30조 제1항).

3) 행위

복표를 발매하거나 복표의 발매를 중개하거나 복표를 취득하는 것이다. 발매란 복표를 발행하여 구매자에게 판매하는 행위를 말한다. 중개란 복표의 발매자와 구매자의 사이에서 복표의 발매를 알선하는 일체의 행위를 말한다. 취득은 복표를 이전받는 행위를 말한다. 취득은 구입에 의한 경우는 물론 증여받는 방법에 의해서도 이루어질 수 있다.

4) 도박과 복표의 구별

구분	도박	복표
재물득실의 결정방법	추첨 이외의 우연한 방법	추첨
소유권 이전시기	승패결정시	복표구입시
재물들실의 위험부담자	당사자 전부	구매자

5) 문제

1. 다음 중 법정형의 최고형이 벌금형으로 규정되어 있는 범죄는 무엇인가?
① 모욕죄 ② 단순도박죄 ③ 점유이탈물횡령죄 ④ 상습도박죄

2. 복표에 관한 설명 중 틀린 것은?
① 상품구매에 첨부는 경품권도 추첨의 방법에 의하므로 복표에 해당된다.
② 경마법에 의한 경마의 마권발매는 위법성이 조각된다.
③ 도박과는 달리 복표에 있어서는 추첨 및 이에 준하는 방법에 의해 그 손익을 결정한다.
④ 도박은 도박에 관여한 전원이 재물손실의 위험을 부담하는 데 대하여 복표에 있어서는 발매자는 그 위험을 부담하지 않고 구매자만이 그 위험을 부담한다.
▶ 상품구매에 첨부하는 경품권도 추첨의 방법에 의하는 것이기는 하나, 이는 경제상의 거래에 부가하는 특수한 이익의 급여이기 때문에 복표에 해당되지 않는다.

17. 위증의 죄

위증의 죄는 법률에 의하여 선서한 증인이 허위의 진술을 하거나 법률에 의하여 선서한 감정인, 통역인, 번역인이 허위의 감정, 통역 또는 번역을 함으로써 성립하는 범죄이다. 본죄가 보호하는 법익은 국가의 사법기능이며 이에는 징계작용까지도 포함되는 것이다. 조선조에 의용했던 대명률에도 위증의죄에 대해서 명시하고 있다.[101] 1905년 형법대전에서도 죄수의 증좌인이 사법관에게 사실을 말하지 아니하고 무고한 증언을 고의적으로 한 자는 죄인의 형에서 2등을 감한 형에서 처벌하고

---

101) 선조에 의용했던 대명률에는 "죄수를 신문함에 있어서 증인이 사실대로 말하지 아니하고 고의로 위증을 행한 죄인의 죄에서 2등을 감경한 죄로 처벌하고 외국인의 범죄에 있어서 통역하는 자가 사실대로 하지 아니하여 죄에 가감이 있도록 영향을 미친 경우에는 범인과 동일한 죄로 처벌한다는 규정을 두었다."

외국인 재판에 있어서 부실한 통역으로 당해 외국인의 죄에 가감이 있도록 한 자는 그의 죄인과 동일한 형으로 처벌하였다라고 기록되어 있다. 현행형법상의 위증의죄는 구형법(의용된 일본형법)에 없던 '모해위증죄(제152조 제2항)'을 신설하였고 종래의 허위감정·통역죄에 '허위번역죄'를 추가하였다. 이하에서는 위증의 죄 중에서 단순위증죄에 대해서 간략히 살펴보기로 한다.

> **제152조(위증)** ① 법률에 의하여 선서한 증인이 허위의 진술을 한 때에는 5년 이하의 징역 또는 1천만 원 이하의 벌금에 처한다.

(1) 의의
법률에 의하여 선서한 증인이 허위의 진술을 함으로써 성립하는 범죄를 말한다.

(2) 주체
법률에 의하여 선서한 증인이다(진정신분범). 이는 법률에 근거하여 그 정한 형식에 따라 선서한 증인을 의미한다. 따라서 선서하지 않고 증언한 자는 본죄의 주체가 아니다.

① 법률에 의한 선서
법률에 의한 선서는 민사소송(제290조 이하), 형사소송(제156조 이하)사건의 경우뿐만 아니라 행정소송(행정소송법 제10조), 특허사건(특허법 제266조) 등에서도 행해진다. 선서는 유효해야 하고 법정절차에 의해서 행해져야 한다. 법령에 근거가 없는 경우에는 선서를 했어도 그 선서는 무효가 된다. 예컨대, 검사나 사법경찰관에게 선서한 경우, 선서의 취지를 이해 못하는 선서무능력자가 한 선서 등의 경우 등. 하지만 선서의 절차상 하자가 있는 경우에 있어서 선서 자체를 무효로 하게 할 정도가 아닌 이상은 법률에 의한 선서에 해당한다고 볼 수 있다. 예컨대, 재판장이 선서한 증인에게 위증의 처벌을 경고하지 아니한 경우 등.

② 증인
법원 또는 법관에 대하여 자기가 과거에 경험한 사실을 진술하는 제3자를 말한다. 형사피고인과 민사소송의 당사자는 제3자가 아니므로 소송의 제3자인 증인으

로 될 수 없기 때문에 위증죄의 주체가 되지 않는다. 공범자인 공동피고인은 증인 적격이 없다(판례). 증언을 거부할 수 있는 자도 증언거부권에 대한 행사를 하지 않고 선서한 후 증언한 이상 본죄의 주체가 된다(통설·판례).

(3) 행위

허위의 진술(위증)을 하는 것이다.

허위성 판단의 기준

무엇의 기준으로 하여 진술의 허위성을 판단할 것인가에 대해서는 학설상의 대립이 있다.

① 객관설: 진술이 객관적 진실에 합치되는가 여부를 허위성의 판단기준으로 삼는 설이다. 그러므로 증인이 비록 기억에 반하는 진술을 한 경우에도 그 내용이 진실에 합치되는 한 증언을 허위라고 볼 수 없게 된다. 이 설은 우리나라의 소수설이나 독일의 경우 이 설이 통설, 판례의 입장이다.

② 주관설: 증인이 기억하고 있는 사실을 기준으로 하여 이에 반하는 진술을 위증의 진술로 본다는 설이다. 우리나라의 통설, 판례[102]의 입장이다. 따라서 기억에 반하는 진술을 한 경우에는 그 진술이 객관적 사실과 합치되어도 위증죄가 성립하고 기억하고 있는 사실을 진술한 이상 비록 객관적 사실에 합치되지 않더라도 허위의 진술로 되지 않는다. 판례는 주관설을 취하면서 모르는 사실을 잘아는 것으로 진술한 경우,[103] 제대로 기억하지 못하는 사실을 확실히 기억한다고 진술한 경우,[104] 타인으로부터 전해들은 사실을 자기가 직접 행한 것처럼 진술한 경우[105] 등이 해당된다.

진술이란 증인이 경험한 사실을 그대로 서술하는 것을 말한다. 따라서 이는 경험한 사실에 기초한 주관적 평가나 단순한 의견 또는 법률적 효력에 관한 의견의 진술에 지나지 않기 때문에 또는 다소의 오류나 모순이 있더라도 본죄가 성립되는 것은 아니다. 그러나 들어서 알게 된 사실을 마치 목격한 사실인 것처럼 진술한 경우에는

---

102) 대판 1982. 9. 14, 81도105; 대판 1988. 12. 13, 88도80; 대판 1990. 5. 8, 90도448 등.
103) 대판 1986. 9. 9, 86도57.
104) 대판 1968. 2. 6, 67도1455.
105) 대판 1990. 5. 8, 90도448.

허위의 진술에 해당된다.

(4) 사례

1. 타인으로부터 전해들은 금품의 전달사실을 마치 증인 자신이 전달한 것처럼 진술한 사실에 대해서 대법원은 "증인의 기억에 반하는 허위진술이라고 할 것이기 때문에 그 진술부분에 대해서는 위증에 해당된다고 보았다(대판 1990. 5. 8, 90도448).

2. 위증죄는 법률에 의하여 선언한 증인이 자기의 기억에 반하는 사실을 진술함으로써 성립하는 것이므로, 경험을 통하여 기억하고 있는 사실을 진술한 이상 그 진술이 객관적 사실에 부합되지 아니하거나 경험함 사실에 기초한 주관적 평가나 그 법률적 효력에 관한 견해를 부연한 부분에 다소의 오류나 모순이 있다고 하여 위증죄가 성립하는 것은 아니다(대판 1984. 2. 14, 83도37).

3. 증인의 증언은 그 전부를 일체로 관찰, 판단하는 것이므로 선서한 증인이 일단 기억에 반하는 허위의 진술을 하였더라도 그 신문이 끝나기 전에 그 진술을 철회·시정한 경우 위증이 되지 아니한다(대판 1993. 12. 7, 93도2510).

제4장 형사소송과 관련된 일반상식

형사소송과 관련하여 일반적으로 재판 중 자주 나오는 법률 용어와 일반적으로 알아두면 유용한 법률용어를 살펴보기로 한다.

1. 선고유예

(1) 의의

유죄가 인정되나 죄가 가볍다고 생각되는 범죄인에 대해서는 일정 기간을 두어 형의 선고를 유예하고, 그 유예기간 동안 아무런 사고 없이 경과하게 되면 그 형의 선고를 면하게 하는 제도를 말한다. 선고유예는 형의 선고를 유예하여 피고인의 사회복귀에 도움이 되기 위한 특별예방적 목적을 달성하기 위한 제도이다. 선고유예는 1년 이하의 징역이나 금고, 자격정지 또는 벌금의 형을 선고할 경우에 개전의 정이 현저하고 자격형 이상의 형을 받은 전과가 없어야 한다(형법 제59조 1항). 선고를 받은 날로부터 2년을 경과한 때에는 면소(免訴)된 것으로 간주한다(동법 제60조). 선고유예의 판결을 할 것인가는 법원의 재량에 속한다.

(2) 특징

범행의 연령, 성행, 지능, 환경, 피해자와의 관계, 범행의 동기, 수단의 결과, 범행 후의 여러 가지 정황 등을 참작하여 개전의 정(진심으로 뉘우치는 마음)이 있는 경우 형의 선고유예를 할 수 있다.

(3) 기간

선고유예를 받은 날로부터 2년이 경과하면 면소한 것으로 간주한다. 법원은 선고유예를 하는 경우에 재범의 방지를 위해 지도 및 원호가 필요하다고 인정할 때에는 보호관찰을 명할 수 있으며 기간은 1년이다. 선고유예를 받은 자가 자격정지 이상의 형에 대한 판결이 확정되거나 자격정지 이상의 형에 대한 전과(前科)가 발견된 경우에는 유예한 형을 선고한다(동법 제61조). 유예된 형의 선고는 검사의 청구에 의해 피고인의 현재지 또는 최후의 주소지를 관할하는 법원이 한다.

2. 집행유예

(1) 의의

형의 선고를 받은 자(유죄로 징역이나 금고의 형을 선고)가 일정한 기간 그 형의 집행기간 동안 특별한 사고 없이 선고에 정한 유예기간을 경과한 경우에는 형의 선고의 효력을 잃는다는 의미를 뜻한다. 형의 선고가 효력을 잃는다는 의미는 법률적 효과가 없어진다는 것일 뿐, 형의 선고가 있었다는 사실까지 없어진다는 의미는 아니기 때문에 범죄경력조회시 나타나게 된다. 개선의 여지가 있는 범죄인에게 형의 집행을 받지 않으면서 스스로 사회에 복귀할 수 있는 길을 열어주겠다는 형사정책적 의지가 반영된 제도이다.

(2) 요건

① 3년 이하의 징역이나 금고 또는 500만원 이하의 벌금의 형을 선고할 경우.
   기존의 경우 징역형만 집행유예를 선고할 수 있었으나 2018년 1월 7일부터 개정된 형법에 의해 벌금형에 대해서도 집행유예가 적용될 수 있게 되었다.

② 정상에 참작할 만한 사유가 있을 것을 요한다.
   형법상 양형참작 사유의 내용을 살펴보면 범인의 연령, 성행, 지능과 환경, 피해자에 대한 관계, 범행의 동기, 수단과 결과, 범행 후의 정황이 있다(형법 제51조).

③ 금고 이상의 형을 선고한 판결이 확정된 때로부터 그 집행을 종료하거나 면제된 후 3년까지의 기간에 범한 죄가 아닐 것을 요한다.

(3) 특징

집행유예를 받은 자가 그 선고가 취소됨이 없이 일정 유예기간을 경과한 경우에는 형의 선고는 효력을 잃게 되기 때문에 형의 진행이 면제될 뿐 만 아니라 처음부터 형의 선고는 없었던 것과 동일한 상태로 돌아가게 된다(형법 제65조). 즉, 집행유예 기간 동안 금고 이상의 실형을 저지르지 않고 기간이 경과하면, 형의 선고 자체를 없었던 것으로 인정한다. 이는 형집행의 면제뿐만 아니라 형의 선고가 없었던 것, 즉 유죄판결이 없었던 것과 똑같은 상태로 되어 전과자가 되지 않음을 뜻한다. 그러나 그 효과는 형의 선고로 인해 이미 발생된 법률효과(예컨대, 형의 집행유예로 공무원직을 상실한 경우)에는 영향을 미치지 않는다. 그러나 집행유예의 선고를 받은 자가 유예기간 중 고의로 범한 죄로 금고 이상의 실형을 선고받아 그 판결이 확정된 때에는 집행유예의 선고는 효력을 잃으며, 즉시 새로 받은 실형 기간과 유예된 실형 기간을 합하여 형이 집행된다(형법 제63조).

3. 가석방

(1) 의의

가석방제도는 형법에 규정된 것으로서 징역 또는 금고의 형을 집행 중에 있는 자 가운데 복역성적이 양호하고 뉘우침이 있는 자의 경우에 형기만료 전에 행정처분으로 석방하는 것을 말한다(형법 제72조). 가석방은 이미 반성하고 있는 자에 대한 무용의 구금을 가급적 피함으로써 수형자에게 장래의 희망을 가지도록 하여 개선을 촉진하기 위한 형사정책적인 제도이다.

(2) 연혁

가석방의 제도는 1791년 영국의 식민지 호주에서 유형의 죄수들을 섬 안에서만 살아야 한다는 조건으로 석방한 데서 유래되었다. 이어서 1829년 및 1833년의 폴란드법률에 의한 분류제의 채용과 함께 수형자의 상급자에 대한 처우로서 취소를 조건으로 하는 가석방(Ticket of Leave During Good Conduct)이라는 것을 인정함으로써 확립된 것이라 한다.

(3) 특징

가석방의 기간은 무기형에 있어서는 10년, 유기형에 있어서는 남은 형기로 하되, 10년을 초과할 수 없고, 가석방된 자는 가석방기간 중 보호관찰을 받는다(형법 제73조의2). 가석방은 어떤 의미에서 자유형의 연장이라 하겠고, 외부적으로는 집행이라고도 할 수 있다. 설사 구금이 풀리고 자유의 사회에 해방된 것이긴 하나 그 행동에 대해서는 아주 방임하는 것이 아니고, 어느 정도의 단속이 필요한 것이다. 따라서 현행 법 하에서는 갱생보호법으로 가석방자도 보호관찰의 대상자(보호관찰 등에 관한 법률 제3조)로 하고 일정한 사항을 정하여 이를 준수케 하고 있다. 그리고 가석방은 취소할 수도 있다(형법 제75조, 형의 집행 및 수용자의 처우에 관한 법률 시행규칙 제260조, 가석방자 관리규정 제19조).

(4) 취소

가석방된 자의 경우 가석방관리규정에 의거하여 거주하는 관할경찰서장의 감호를 받아야 하며, 거주지를 이전할 경우나 여행을 10일 이상 하는 경우에는 감호 경찰서장의 허가를 받아야 한다. 만약 이러한 규칙에 따르지 않고 위반하는 경우에는 가석방처분 자체가 취소될 수 있다.

4. 형집행정지

(1) 의의

인도적인 차원에서 수형자에게 형의 집행을 계속하는 것이 가혹하다고 보이는 일정한 사유가 발생한 경우에 검사의 지휘하에 형벌의 집행을 정지하는 것을 말한다. 주로 수형자의 건강이 극도로 악화되었을 때 형집행정지를 한다. 사형 및 자유형에 관하여 인정되며, 재산형에 대한 집행정지제도는 없다. 그러나 벌금 또는 과료를 완납하지 못한 수형자에 대한 노역장 유치의 집행에 대해서는 자유형의 경우와 동일하다.

① 사형집행정지

사형의 선고를 받은 자가 심신의 장애로 말미암아 의사능력이 없는 상태에 처해 있거나, 아이를 잉태 중에 있는 여자인 경우에 법무부장관의 명령에 의해서 심신장애가 회복되는 경우나 아이를 출산 후까지 사형집행을 정지하는 것을 말한다.

② 자유형집행정지

> ① 자유형을 선고받은 사람이 심신장애로 인해 의사능력이 없는 경우.
> ② 형의 집행으로 말미암아 현저히 건강을 해하거나 생명을 보전할 수 없는 염려가 있는 경우.
> ③ 연령이 70세 이상인 경우.
> ④ 직계존속의 연령이 70세 이상 또는 중병이나 장애인으로 보호할 다른 친족이 없는 경우.
> ⑤ 직계비속이 유년으로 보호할 다른 친족이 없는 경우 등이다.
> ⑥ 기타 중대한 사유가 있는 때에는 임의적으로 그 집행을 정지할 수 있다.

(2) 형집행정지 방법

교도소장 또는 구치소장은 자유형의 선고를 받은 자에 대해서 집행정지에 관한 사유가 있는 경우에는, 의무관의 진단서와 인수인에 관한 조사한 서류를 첨부하여 이를 지체 없이 사유를 관할검찰청에 보고해야 한다.

관할 검찰청의 검사는 위와 같은 보고가 있는 경우에는 지체 없이 정지사유 유무를 확인하여야 한다. 검사는 정지사유 유무를 확인한 후 집행정지 가부에 대한 의견서를 작성하여 소속검사장의 결재를 받아야 한다.

검사는 형집행정지결정에 대한 소속검사장의 결재를 받은 후에 교도소장 등에게 형집행정지를 지휘하게 된다.

5. 형의 실효

(1) 의의

형을 받은 경우라도 일정기간 죄를 저지르지 않으면 전과를 말소하여 정상적인 사회복귀를 보장 해주는 제도를 말한다.

(2) 사례

김씨는 백수로 지내다가 30세가 되어 회사에 취직을 할려고 준비중이나 걱정되는 부분이 있어 잠을 잘 이루지 못한다. 왜냐하면 10년 전 20대 초반에 술을 마시고 옆

테이블 사람과 싸움을 하다가 징역 11개월을 선고받고 복역 받은 적이 있는데, 그 사실이 회사에 입사할 때 들통 날까 걱정되기 때문이다. 과연 김씨는 회사에 취직할 때 전과로 인해서 불이익을 받아 회사에 입사하지 못하는 것인가? 아님 다른 해결 방법이 생겨 회사에 취직할 수 있을 것인가? 이에 대해서 살펴보면 다음과 같다.

〈참고〉 이른바 전과(前科)는 국가가 어떻게 관리하는 것일까? 유죄가 확정된 경우, 그 판결의 내용이 자격 정지 이상의 형이 선고된 때에는 검찰청은 그 사실을 '수형 인명부'라는 문서에 기록, 관리한다. 한편 그 형의 선고를 받은 사람의 본적지의 시, 읍, 면사무소에 '수형 인명표'라는 문서를 송부하여 이곳에서 이 문서를 관리토록 하고 있다. 또 경찰은 피의자를 입건할 때에 지문을 채취하여 이를 기록, 관리하게 되는데 이것을 '수사 자료표'라고 한다.

이처럼 검찰은 수형 인명부를, 시·읍·면 사무소는 수형 인명표를, 수사 자료표는 경찰이 각각 관리하게 된다. 범죄 경력, 즉 전과의 유무와 그 전과의 내용을 수사상 필요하여 알고 싶을 때는 경찰청이 기록, 관리하고 있는 수사 자료표 라는 기록을 조회하면 금방 알 수 있게 된다. 그리고 경찰이 수사를 종료하여 수사 기록과 피의자를 검찰에 송치할 때에는 반드시 전과 조회, 즉 수사 자료표를 첨부하여 송치하도록 되어 있다.

그리고 위와 같은 세 종류의 전과 기록은 범죄의 수사, 재판 등의 목적에만 사용(조회 및 회보)할 수 있고, 그 밖의 다른 용도로는 사용할 수 없게 되어 있다. 그리고 이 수사 자료표를 관리하는 사람이나 이를 조회하는 사람은 수사 자료표의 내용을 누설해서는 안 되고, 누설할 경우 5년 이하의 징역이나 또는 2,000만 원 이하의 벌금형으로 처벌하도록 되어 있다.

본의 아니게 전과를 기록하게 된 경우에 이를 말소하는 것은 불가능한 일일까? 이에 대한 물음에 대해서는 2가지 방법에 의해서 가능하다고 할 수 있다.

① 형의 실효 등에 관한 법률에 의해서이다. 이 법에 의하면 전과를 기록한 사람, 즉 수형인이 유죄 판결 확정 이후 자격 정지 이상의 형을 받음이 없이 형의 집행을 종료하거나, 그 집행이 면제된 날 로부터 '일정 기간'이 경과되면 수형인 본인의 아무런 신청이 없더라도 자동적으로 형이 실효(효력의 상실)된다.

여기서 일정 기간은 선고받은 형에 따라 다른데, 3년을 초과하는 징역·금고를 선고받은 경우에는 10년, 3년 이하의 징역·금고를 선고받은 경우에는 5년, 벌금형을 선고받은 경우에는 2년이 경과되면 그 형은 실효토록 되어 있다. 형이 실효되면 본적지의 시, 읍, 면사무소가 보관하는 수형 인명표를 폐기하며, 검찰이 보관하는 수형 인명부는 해당란을 삭제하도록 되어 있다.

② 형법에 의한 형 실효의 신청 제도이다. 징역이나 금고의 형을 선고받은 경우에 그 집행을 마치거나 또는 그 집행이 집행 유예의 선고로 면제된 사람이, 첫째, 피해자가 있는 경우에 그 피해를 배상하고, 둘째, 다시 자격 정지 이상의 형을 선고받음이 없이 7년을 경과한 때에는, 판결을 한 법원에 형 실효 신청을 하여 자기가 선고받았던 형의 실효 선고를 구할 수 있다.

법원이 이 신청을 심사하여 이유 있다고 받아들인 경우에 집행하는 수형 인명표의 폐기, 수형 인명부의 해당란 삭제 조치는, 형의 실효 등에 관한 법률에 의해 일정 기간이 경과된 경우에 국가가 취하는 조치와 같다. 다만 어느 방법에 의하든 경찰이 보관하는 수사 자료표상의 전과 기록은 폐기, 삭제, 말소할 수 없다.

(3) 입법취지

형의실효의 입법취지는 과거의 순간적인 판단미스에 의해 전과자가 된 사람들을 전과의 말소를 해줌으로서 사회복귀를 용이하게 하려는데 그 취지가 있다.

6. 피의자의 무죄추정

(1) 의의

피의자는 법원의 유죄의 판결이 확정되기 전 까지는 무죄로 추정해야 한다. '의심스러울 때에는 피고인에게 유리하게(in dubio pro reo)'라는 법언과 같은 의미로 이해하고 있다. 이를 '무죄추정의 원칙'이라고 한다.

(2) 연혁

이는 프랑스 시민혁명 의 산물인 인간과 시민의 권리선언 중 제9조에서 "누구든지 범죄인으로 선고되기까지는 무죄로 추정한다."라고 명시하는 내용을 근거로 한다.

(3) 관련 법 조항

헌법 제27조 제4항은 "형사피고인은 유죄의 판결이 확정될 때까지는 무죄로 추정된다"고 규정하고 있고, 형사소송법 제275조의2(피고인의 무죄추정)에도 명시하고 있다.

(4) 결론

아무리 잔인무도한 극악한 범행을 한 피의자나 피고인도 유죄 판결이 확정될 때까지는 무죄로 추정되어야 한다. 이 원칙은 수사 기관은 물론 법원도 지켜야 한다. 수사 기관이 피의자를 고문하는 행위, 강압적으로 신문하는 행위, 검사나 판사가 법정에서 피고인에게 반말을 하거나 모욕적인 언사를 하는 행위 등은 모두 무죄 추정의 원칙에 어긋나는 행위들이다. 특히 판사의 경우는 심리를 함에 있어서 재판을 받는 사람에 대해서 아무리 극악무도한 범죄를 저지른 자라 할 지라도 선입견을 갖고 판단해서는 안 될 것이다.

7. 보석제도

(1) 의의

일정한 보증금의 납부 등을 조건으로 하여 구속의 집행을 정지하여 구속된 피고인을 석방하는 제도를 말한다.

(2) 특징

보석은 구속이 적합한가를 확인하는 것이 아니라 그 집행만을 정지하는 것이므로 구속영장의 효력을 그대로 존속시킨다. 특별한 제외사유가 없는 한 보석의 청구가 있으면 허가하는 것이 원칙이다. 즉 필요적 보석에 해당된다. 필요적 보석이라는 말은 반드시 보석을 해야 한다는 뜻입니다.

> **제95조(필요적 보석)** 보석의 청구가 있는 때에는 다음 이외의 경우에는 보석을 허가하여야 한다.
>   1. 피고인이 사형, 무기 또는 장기 10년이 넘는 징역이나 금고에 해당

하는 범죄를 범한 때.

2. 피고인이 누범에 해당하거나 상습범인 죄를 범한 때

3. 피고인이 죄증을 인멸하거나 인멸할 염려가 있다고 믿을 만한 충분한 이유가 있는 때

4. 피고인이 도망하거나 도망할 염려가 있다고 믿을 만한 충분한 이유가 있는 때

5. 피고인의 주거가 분명하지 아니한 때

6. 피고인이 피해자, 당해 사건의 재판에 필요한 사실을 알고 있다고 인정되는 자 또는 그 친족의 생명·신체나 재산에 해를 가하거나 가할 염려가 있다고 믿을 만한 충분한 이유가 있는 때

이러한 것은 헌법상 무죄추정의 원칙에서 비롯된 것이다. 헌법 제27조 제4항은 "형사피고인은 유죄의 판결이 확정된 때까지는 무죄로 추정된다"고 규정하고 있다. 이러한 불구속재판의 원칙을 실현시키기 위해서 형사소송법은 피고인이 불구속 상태에서 재판을 받을 수 있도록 보석제도를 규정하고 있는 것이다.

법원이 보석을 허가하는 경우에는 피고인의 출석을 보증할 만한 보증금을 정해야 하는데, 피고인의 자산정도로는 납부하기 불능한 보증 금액을 정할 수 없으며, 보석 허가결정은 보증금을 납입한 후가 아니면 집행할 수 없다.

제98조(보석의 조건) 법원은 보석을 허가하는 경우에는 필요하고 상당한 범위 안에서 다음 각 호의 조건 중 하나 이상의 조건을 정하여야 한다.

1. 법원이 지정하는 일시·장소에 출석하고 증거를 인멸하지 아니하겠다는 서약서를 제출할 것

2. 법원이 정하는 보증금 상당의 금액을 납입할 것을 약속하는 약정서를 제출할 것

3. 법원이 지정하는 장소로 주거를 제한하고 이를 변경할 필요가 있는 경우에는 법원의 허가를 받는 등 도주를 방지하기 위하여 행하는 조치를 수인할 것

4. 피해자, 당해 사건의 재판에 필요한 사실을 알고 있다고 인정되는 자 또는 그 친족의 생명·신체·재산에 해를 가하는 행위를 하지 아니하고 주거·직장 등 그 주변에 접근하지 아니할 것
5. 피고인 외의 자가 작성한 출석보증서를 제출할 것
6. 법원의 허가 없이 외국으로 출국하지 아니할 것을 서약할 것
7. 법원이 지정하는 방법으로 피해자의 권리회복에 필요한 금원을 공탁하거나 그에 상당한 담보를 제공할 것
8. 피고인 또는 법원이 지정하는 자가 보증금을 납입하거나 담보를 제공할 것
9. 그 밖에 피고인의 출석을 보증하기 위하여 법원이 정하는 적당한 조건을 이행할 것

제외사유로는 ① 사형·무기 또는 징역 10년 이상의 징역이나 금고에 해당하는 죄를 범한 경우, ② 누범에 해당하거나 상습범인 죄를 범한 때, ③ 피고인이 도주 또는 증거를 인멸하거나 그렇다고 믿을 만한 충분한 이유가 있는 때, ④ 피고인의 주거가 분명하지 않는 때 등 이다.

8. 불심검문과 임의 동행

(1) 불심검문

1) 의의

경찰관직무집행법(警察官職務執行法)상 경찰관은 거동이 수상하거나, 주변의 여러 사정으로 보아 저 사람이 범죄행위자로 의심되는 경우 등에 대해서는 용건, 성명, 주소, 나이 등을 물어 볼 수 있는 것을 말한다. 즉 죄를 범했거나 범하려 하는 의심을 살 만한 사람을 경찰관이 정지시켜 질문하거나 소지품을 검사하는 행위다. 이를 직무질문(職務質問)이라고도 한다.

2) 소지품 검사를 하는 경우와 자동차 검문을 하는 경우

경찰관은 불심검문을 하면서 소지품 검사를 하는 경우에는 상대방에게 자신의 소

속과 성명, 증표(경찰 신분증)를 제시해야 하고, 소지품 검사를 왜하는 가에 대한 목적과 이유를 설명해야 의무가 있다. 또한 검문을 하면서 소지품 검사를 하는 경우 그 사람이 입고 있는 복장이나 휴대폰, 가방의 바깥면 등을 가볍게 만지는 정도는 적법한 행위에 해당된다. 또한 상대방에게 그 내용물의 제시를 요구하는 행위도 강요적인 언동을 수반하지 않는 한 문제되지 않는다. 다만 제시요구에 응하지 않는다고 해서 강제적인 실력을 행사하여 내용을 조사하는 행위는 부적법한 행위라고 할 것이다. 불심검문의 변형으로서 자동차 검문이 있다. 여러 경찰관이 일정한 장소에서 길목을 차단하여 지나가는 차의 운전자를 상대로 검문을 하는 것이다. 검문의 목적이 도로교통법 위반의 단속인 경우, 범죄일반의 예방과 단속을 목적으로 하는 경우 또는 범죄가 발생한 경우에 범인의 체포를 위한 목적 등으로 한다. 이는 경찰관 직무집행법에 명시하고 있다.

3) 불심검문의 현 상황

실제 경찰실무상 불심검문은 공권력과 인권의 접점(接點)에 위치하고 있기 때문에 경찰과 국민간의 잦은 마찰이 발생하곤 한다. 즉 경찰의 입장에서 바라보면 불심검문의 편의와 효율성을 우선시하여 경우에 따라 국민의 기본권 및 인권을 침해하는 문제가 발생하고, 국민의 입장에서 바라보면 불심검문의 남용에 대한 불만과 항의가 있어 왔다.

4) 평가

오늘날 불심검문은 범죄예방을 위하여 중요한 수단의 하나로서 기능하고 있다. 또한 현대사회에서 범죄의 예방과 이미 발생한 범죄의 초기에 발견하여 이를 저지하기 위해 경찰실무상 중요한 지위를 차지하고 있다. 현재에는 불심검문에 대한 것이 이루어 잘 이루어지지 않고 있다. 사실 앞에서도 언급했지만 국민의 입장에서는 불편할 수 도 있겠지만 분명한 것은 불심검문을 함으로써 범죄예방 및 범죄 발생시 초기에 대응할 수 있는 것이기에 필요하다고 생각된다.

(2) 임의동행

1) 의의

경찰관직무집행법은 수상한 거동, 기타 주위의 상황을 합리적으로 판단하여 어떠한 죄를 범했거나 의심할 만한 상당한 이유가 있는 자, 또는 이미 행해진 범죄나 행해지려고 하는 범죄행위에 관하여 그 사실을 안다고 인정되는 자를 정지시켜 질문할 수 있다고 되어 있다. 경찰관이 불심검문을 한 경우에 불심검문의 장소에서 질문하는 것이 상대방에게 불리하게 작용하거나 다른 사람의 교통을 방해한다고 생각될 때에는 경찰관서에 동행할 것을 요구할 수 있는 것을 말한다.

이 같은 과정에서 임의동행은 실질적으로 강제성을 띠는 강제연행의 경우가 많아 그 적법성이 문제된다. 임의동행과 강제연행의 구분은 동행의 시각과 방법, 동행 후의 신문방법 등을 종합적으로 판단해야 한다.

2) 사례

사법경찰관이 피고인을 동행할 당시에 물리력을 행사한 바가 없고, 피고인이 명시적으로 거부의사를 표명한 적이 없다고 하더라도, 사법경찰관이 피고인을 수사관서까지 동행한 것은 적법요건이 갖추어지지 아니한 채 사법경찰관의 동행 요구를 거절할 수 없는 심리적 압박 아래 행하여진 사실상의 강제연행, 즉 불법 체포에 해당하며 사법경찰관이 그로부터 6시간 상당이 경과한 이후에 비로소 피고인에 대하여 긴급체포의 절차를 밟았다고 하더라도 이는 동행의 형식 아래 행해진 불법 체포에 기하여 사후적으로 취해진 것에 불과하여 위법하다 (2005도6810).

3) 요건

동행을 요구할 때에는 동행할 장소를 상대방에게 말해주어야 하며, 동행을 한 경우에는 가족이나 친지들에게 동행한 경찰관의 신분, 동행할 장소, 동행을 한 이유 등을 알리고(고지) 본인이 즉시 연락할 수 있는 기회를 주어야 한다. 경찰관서에서 6시간을 초과하여 머무르게 할 수 없다.

임의동행은 오로지 피의자의 자발적인 의사에 의하여 수사관서에 동행이 이루어졌음이 객관적인 사정에 의하여 명백하게 입증된 경우에 한하여 적법하다. 임의동행은 아직 정식의 체포, 구속된 피의자에게 부여되는 각종의 권리 보장 장치가 제공되지 않는 등 형사소송법의 원리에 반하는 결과를 초래할 가능성이 커 원칙적으로 제한되거나 매우 엄격한 요건 하에 허용될 수 있다(2012도8890).

4) 특징

임의 동행은 상대방의 동의 또는 승낙을 요건으로 하기 때문에, 임의 동행을 요구해도 거절할 수 있고, 설령 임의동행을 한 경우에도 언제든지 경찰관서에서 나올 수 있다.

5) 문제

임의동행에 관한 문제

김씨는 길을 가던 중 경찰관의 불심검문을 받았다. 경찰은 김씨에게 질문을 한 뒤에 몇 가지 더 조사해야 할 사항이 생겼으니 경찰서로 동행할 것을 요구하였다. 그러나 김씨는 중요한 사업차로 약속장소로가 관계자를 만나야 하는데 관계자와 만나기로 한 약속시간이 얼마 남지 않아 이를 거부하였다. 경찰은 이에 완력을 사용하였다. 경찰관과의 몸싸움도중 경찰관에게 경미한 상처를 입히게 되었다. 이런 경우에 김씨는 처벌받는 것이겠는가?

▶ 김씨는 경찰의 불심검문을 거절 할 수 있고, 이때에 경찰은 강제로 불심검문을 할 수 없다. 뿐만 아니라 경찰관서로 가자는 임의동행 또한 거절할 수 있다. 만약 경찰이 임의동행을 요구하며 물리적인 힘을 동원하여 강제로 경찰차에 태워 경찰관서로 동행을 하는 것에 대해서 대항하는 과정에서 경찰관에게 경미한 상처를 입혔다 하더라도 공무집행방해죄가 성립하지 않는다고 본다. 결론적으로 김씨는 무죄이다.

9. 피의자의 지위

(1) 의의

피의자란 어느 형사사건에 대하여 형사책임을 져야 할 자라는 혐의를 받고 수사기관의 수사의 대상이 되는 자를 말한다.

(2) 특징

피의자는 특정한 사건에 대해 구체적인 혐의를 받고 있는 자라는 점에서 단순한 내사단계에 있는 피내사자와는 구별되는 것이다.

피의자는 수사기관의 조사의 객체라는 지위가 두드러진다. 따라서 피의자는 수사기관에서 필요로 할 때 조사를 받게 되고, 죄를 범하였다고 의심할 만한 상당한 이유가 있고, 일정한 주거가 없거나 증거를 인멸할 염려가 있거나, 도망자 또는 도망할 염려가 있는 경우에는 판사가 발부한 영장에 의거해서 구속될 수도 있고, 필요로 할 때에는 판사가 발부한 영장에 의해서 압수·수색·검증의 대상이 된다.

그렇다면 피의자는 자기의 방할 권리가 없는 것일까? 그렇지 않다. 피의자에게도 자기를 방어할 권리를 가지고 있다. 예컨대, 변호사를 선임할 수 있는 권리, 수사기관의 신문에 대한 진술을 거부할 수 있는 권리(진술거부권), 수사기관에서 작성한 신문조서를 열람하고, 조서기재의 정확성에 대하여 이의를 진술하고, 서명날인을 거부할 수 있는 권리, 변호인 등과의 접견교통권 등이 있다.

10. 검사와 사법경찰관리의 관계

(1) 의의

현행법상으로 검사는 범죄수사에 대한 지휘와 감독권한이 있는 수사의 주체이고, 사법경찰관리는 검사의 지휘에 의해서 수사를 하고, 수사의 보조를 할 수 있는 수사기관을 말한다. 검사와 사법경찰관리[106]의 관계를 영미법계와 대륙법계로 구분하여

---

106) 사법경찰관리에는 일반사법경찰관리와 특별사법경찰관리가 있다. 일반사법경찰관리는 사법경찰관과 사법경찰리로 구분된다. 사법경찰관은 경무관, 총경, 경감, 경위, 경정 등이고, 사법경찰리는 경사, 경장, 순경이라고 할 수 있다. 특별사법경찰관리는 그 권한의 범위가 지역적으로 제한되어 있는데, 이에는 삼림, 세무, 해사, 군수사기관 기타 특별한 사항에 대하여 사법경찰관리의 직무를

살펴보면 다음과 같다.

① 영미법계: 사법경찰관리는 수사기관으로서 범죄수사의 주도권을 가지고 있다고 할 수 있고, 검사는 보충적 수사기관으로서 공소권행사를 주 임무로 하고 있다. 하지만 양자는 상호협력관계에 있다고 본다. 하지만 공공의 이익을 침해하는 특수한 범죄에 대해서는 검사에게도 수사권을 인정하는 경우가 많다.

② 대륙법계: 검사는 공소권[107]을 가지고 있는 동시에 범죄수사에 있어 사법경찰관리에 대한 수사지휘권을 가지고 있기 때문에 양자의 관계는 상명하복관계라고 할 수 있다.

(2) 현행법상 검사와 사법경찰관리에 대한 관계

검사의 사법경찰관리에 대한 지휘감독권을 규정하여, 현행법상 수사의 주체는 검사이며, 사법경찰관리는 검사의 지휘하에 수사 또는 수사의 보조를 할 수 있는 수사기관이다. 즉 현행법은 검사의 사법경찰관리에 대한 지휘감독권을 제도적으로 보장하고 있다. 예컨대 "검사장의 수사중지 명령권 및 교체임용 요구권, 압수물에 대한 검사의 지휘권, 사법경찰관의 검찰에의 사건송치 의무, 각종의 수사보고의무, 영장의 집행 등"을 규정하고 있다.

11. 긴급체포

(1) 의의

수사기관이 현행범인이 아닌 피의자를 구속영장 없이 체포하는 것을 말한다. 긴급체포는 체포의 긴급성에 대처함으로써 수사의 합목적성을 실현하기 위한 것이다. 즉 체포에는 영장주의를 원칙으로 하지만 눈 앞에 중요한 범인이 있는 경우 이러한 범인을 놓치는 우를 범함을 방지하는데 목적이 있다.

행하는 자이다. 예컨대, 검찰서기, 교도소장, 구치소장, 세관공무원 등이다.
107) 공소권이란 검사가 특정한 형사사건에 대하여 유효하게 공소를 제기하고 이를 유지하는 권한을 의미한다.

(2) 요건

체포를 하려면 사전에 검사의 신청에 의하여 법관이 발부한 영장을 제시하여야 하는 것이 원칙이다(헌법 제12조 3항, 형사소송법 제200조의2 제1항). 긴급체포의 경우 인신구속에 있어서 영장주의의 예외적인 원칙을 인정하는 것이므로 긴급체포에 있어서는 인권의 보호라는 견지에서 이를 제한적으로 규정 할 필요성이 있다.

현행법상 긴급체포를 하기 위해서는 피의자가 사형·무기 또는 장기 3년 이상의 징역이나 금고에 해당되는 죄를 범하였다고 의심할 만한 상당한 이유가 있고, 증거인멸 혹은 도망하거나 도망할 염려가 있는 경우에 긴급을 요하여 지방법원판사의 체포영장을 받을 수 없을 경우에 그 사유를 알리고 영장 없이 피의자를 체포하는 경우를 말한다(형사소송법 제200조의 3, 헌법 제12조 3항 단서).

이처럼 피의자를 체포한 경우에 피의자를 구속시키고자 하는 경우에는 지체 없이 검사는 관할지방법원판사에게 구속영장을 청구해야 하고, 사법경찰관은 검사에게 신청하여 검사의 청구로 관할지방법원판사에게 구속영장을 청구해야 한다.

(3) 사후영장(체포영장)

구속영장은 피의자를 체포한 때부터 48시간 이내에 사후영장을 발부받아야 한다. 사후영장을 발부받지 못한 경우에는 피의자를 즉시 석방해야 하며, 이에 의해 석방된 피의자의 경우 영장 없이 동일한 범죄사건으로 체포하지 못한다(형사소송법 제200조의 4). 사후영장의 청구는 검사가 해야 한다. 사후영장의 청구를 받은 판사는 피의자의 체포를 계속 할 필요성이 있다고 인정하는 경우에 한해서 사후영장을 발부해야 한다.

12. 고소

(1) 의의

범죄의 피해자와 그 법정대리인 그 밖의 일정한 자(고소권자, 형사소송법 제223조~제228조)가 범죄사실을 수사기관에 대하여 범죄사실을 신고하여 그 범죄를 기소하여 범인을 처벌해 달라는 의사를 표시하는 것을 말한다.

현재의 형사소송에서 기소할 것인가의 여부를 결정하는 것은 원칙적으로 검사뿐이다. 이를 기소독점주의라 한다. 고소가 있었다고 해서 반드시 기소되는 것은 아니고 수사를 촉구하는 것뿐이다. 이를 기소편의주의라 한다.

(2) 고소의 방식

고소를 하는 방식에는 어떠한 제한을 두지 않고 있다. 예컨대, 구두·서면 등의 경우. 고소장의 경우에도 일정한 양식이 없다. 다만 고소인과 피고소인의 인적사항, 피해내용, 상대방에 대한 처벌의사만 있으면 된다.

(3) 고소인의 권리에 대해

고소인의 경우 가해자를 고소한 후에는 수사기관에 출석하여 고소사실을 진술할 권리가 있고 수사에 협조할 의무가 있다. 예컨대, 검사가 이 사건에 대해 불기소처분을 할 경우 불기소처분 통지를 받을 권리가 있고, 왜 불기소처분을 내렸는가에 대한 이유를 알고 싶은 경우에는 그 이유에 대해 알 권리가 있다.

(4) 내용

고소인이 상대방을 고소함에 있어서는 있는 사실 그대로 고소해야 한다. 그렇지 않고 허위의 사실을 고소한 경우는 그에 따른 처벌을 받게 된다. 바로 무고죄이다.

(5) 친고죄

친고죄의 고소는 제1심 판결선고 전까지는 취소할 수 있지만, 일단 취소되면 다시 고소할 수 없다(형사소송법 제232조). 친고죄의 고소를 할 수 있는 기간은 범인을 알게 된 날로부터 6개월이다(형사소송법 제230조1항 · 제231조 참조).

친고죄의 경우에 고소가 없는데도 기소했다면 그 기소는 무효이므로 공소기각의 판결을 해야 한다. 친고죄에 대하여는 고소가 없으면 기소할 수 없고 심리를 시작하는 것도 허용되지 않는다.

13. 전과기록

(1) 의의

재판을 과정에서 마지막으로 유죄 선고 또는 형의 선고가 내려진 사실을 가리켜

'전과'라고 한다. 전과는 어느 사람이 가지고 있는 범죄의 경력을 말한다. 이러한 전과를 확인하기 위해서 만들어진 것이 바로 '전과기록'이라 한다.

(2) 형의 실효 등에 관한 법률

여기에는 수형인명부, 수형인명표, 범죄경력자료로 구분하고 있다.

---

① 수형인명부: 자격정지 이상의 형을 받은 수형인을 기재한 명부로 검찰청 및 군검찰부에서 관리하고 있다.

② 수형인명표: 자격정지 이상의 형을 받은 수형인을 기재한 명표로서 수형인의 본적지·시·구·읍·면사무소에서 관리하고 있다.

③ 수사자료표: 경찰청이 관리하는 서류 중에서 수사기관이 피의자의 지문을 취하고 피의자의 인적사항과 죄명 등을 기재한 표를 말한다.

벌금, 구류, 과료, 몰수의 형을 선고받은 경우에는 '수형인명부'나 '수형인명표'에는 전과기록이 기재되지 않기 때문에 신원조회시나 신원증명서에 그런 형을 받은 사실이 나타나지 않는다. 비록 '수사자료표'에는 이런 형을 받은 사실이 기재되어 있지만 수사나 재판과 같이 제한된 경우에만 허용되기 때문에 사회생활을 하는데 별다른 불이익을 받지 않게 된다.

(3) 전과의 효과를 살펴보면 다음과 같다.

전과자가 일단 될 경우에는 여러 가지 생활을 함에 있어 불이익이 발생할 수 있다. 예컨대 공무원의 임용자격이 제한되고 선서권 등의 제한이 따르고 범죄를 반복적으로 저지르는 경우(누범)에는 형이 가중된다.

14. 종합문제

다음 문장을 읽고 맞으면 O, 틀리면 X로 답하시오.

1. 형을 받은 경우라도 일정기간 죄를 저지르지 않으면 전과를 말소하여 정상적인 사회복귀를 보장 해주는 제도를 형의실효라 한다(   ).

---

2. 경찰관은 불심검문이나 소지품 검사를 할 때에는 상대방(불심검문을 당하는 자)에게 자신의 소속과 성명, 증표를 제시할 필요 까지는 없다( ).

3. 임의동행을 요구할 때에는 동행할 장소를 상대방에게 말해주어야 하며, 동행을 한 경우에는 가족이나 친지들에게 동행한 경찰관의 신분, 동행할 장소, 동행을 한 이유 등을 알리고(고지) 본인이 즉시 연락할 수 있는 기회를 주어야 한다( ).

4. 피의자는 법원의 유죄의 판결이 확정되기 전 까지는 무죄로 추정해야 한다. '의심스러울 때에는 피고인에게 유리하게(in dubio pro reo)'라는 법언과 같은 의미로 이해하고 있다. 이를 '무죄추정의 원칙'이라고 한다( ).

5. 법원이 보석을 허가하는 경우에는 피고인의 출석을 보증할 만한 보증금을 정해야 하는데, 피고인의 자산정도로는 납부하기 불능한 보증 금액을 정할 수 없으며, 보석허가결정은 보증금을 납입한 후가 아니라도 집행할 수 있다( ).

6. 거짓말탐지기를 함에 있어서 검사나 사법경찰관이 피검사자의 동의를 얻어야 행 할 수 있다. 일차적으로 동의를 얻은 경우라도 검사관은 검사 직전에 별도로 피검사자의 동의를 얻지 않아도 검사를 실시할 수 있다( ).

7. 검사와 사법경찰관리의 관계를 영미법계와 대륙법계로 구분되는데 대륙법계는 검사는 공소권을 가지고 있는 동시에 범죄수사에 있어 사법경찰관리에 대한 수사지휘권을 지고 있기 때문에 양자의 관계는 상명하복관계라고 할 수 있다( ).

8. 벌금, 구류, 과료, 몰수의 형을 선고받은 경우에는 '수형인명부'나 '수형인명표'에는 전과기록이 기재된다( ).

제5장 형사소송 절차

제1절 형사소송의 의의와 원칙

1. 형사소송의 의의

형법을 구체적 사건에 적용하고 실현시키기 위한 절차를 규정한 법률체계를 말한다. 이에는 협의의 형사소송절차와 광의의 형사소송절차로 나눈다. 협의의 형사소송절차는 공소제기의 시작으로부터 재판에 의해 형이 확정에 이르기까지의 공판절차를 말하며, 광의의 형사소송절차는 수사절차 및 판결이 확정된 후의 형을 집행하는 절차까지를 말한다.

2. 형사소송의 목적

명백한 사실에 대한 진상을 파악하고, 형벌법규의 적정적용을 통해 형벌법규의 신속한 적용실현을 목적으로 한다. 또한 공공의 질서유지 및 개인의 기본적 인권보장을 목적으로 한다.

3. 형사소송법의 제원칙

(1) 탄핵주의

형사소송을 함에 있어 재판기관과 소추기관을 서로 분리하여 소추기관의 소추를 전제로 하여 재판절차를 개시하는 주의를 말한다.

(2) 규문주의

형사소송절차의 개시와 심리를 소추권자의소추를 기다리지 않고 법원의 직권으로써 스스로 심리를 개시하여 재판을 행하는 원칙을 말한다.

(3) 직권주의

형사소송에서 주도적 지위권을 법원에게 인정하는 소송구조를 말한다. 즉, 형사소송절차에서 검찰이나 피고인에 대하여 구속받지 않고, 법원이 직권으로 증거를 수집·조사하여 사건을 심리하는 소송구조를 말 한다. 직권주의는 실체적 진실발견에 효과적이고, 심리의 능률과 소송진행의 신속을 도모할 수 있다. 그러나 사건의 심리가 법원의 자의·독단에 흐를 위험이 있고, 법원 자신이 소송에 깊숙이 개입 되면 공정한 판단을 하기 어렵다.

(4) 당사자주의

당사자에 의하여 소송절차가 진행되는 주의를 말한다. 즉, 검사와 피고인에게 소송의 주도적 지위를 인정하여 당사자 사이의 공격과 방어에 의하여 심리가 진행되고, 법원은 제3자의 입장에서 당사자의 주장과 입증을 판단하는 소송구조를 말하며, 변론주의(辯論主義)라고도 한다. 당사자주의는 법원이 직권으로 증거를 수집하여 직권으로서 조사하는 직권주의(職權主義)와 대립한다. 우리나라는 직권주의를 원칙으로 하고, 당사자주의를 2차적·보충적으로 채택하고 있다.

직권주의와 당사자주의 차이		
	당사자주의	직권주의
소송의 개시	검사	법원
입증책임	검사·피고인	법원
절차의 감시	검사·피고인의 이의신청	법원의 직권에 의함

(5) 실체적 진실주의

재판의 기조가 되는 사실의 인정에 대하여 객관적 진실을 추구하는 주의를 말한다. 법원이 당사자가 제출한 주장이나. 증거에 구속되지 않고 실질적으로 사안의 진상을 규명하여 객관적으로 진실한 사실을 인정하는 주의를 말한다.

실체적 진실주의를 구현하기 위해 형사소송법은 직권에 의한 증거조사(제295조), 증거재판주의(제307조), 자유심증주의(제308조)를 규정하고 있다.

(6) 형식적 진실주의

당사자의 사실상의 주장이나 제출한 증거에 법원이 구속되는 주의를 말한다. 즉, 법원이 당사자가 제출하는 증거나 주장 등에 구속되어 이를 토대로 하여 사실의 진부를 인정하는 주의를 말한다. 민사소송은 사법상의 법률관계에 관한 개인 간의 분쟁해결을 목적으로 하므로 형식적 진실주의를 채택하고 있다. 그러나 범죄에 대한 국가형벌권의 실현을 목적으로 하는 형사소송에서는 실체적 진실의 발견이 형벌의 정당성을 확보하기 위한 전제조건인 것이다.

4. 법관의 제척, 기피, 회피제도

(1) 제척

1) 의의

법관에게 불공평한 재판을 할 염려가 현저한 법정의 사유가 있는 경우에는 그 법관을 직무집행으로부터 배제시키는 원칙을 말한다(형사소송법 제24조).

2) 요인

① 법관이 피해자이거나 피해자와 밀접한 연관성이 있는 경우
⇨ 피해자인 경우
⇨ 피해자의 친족, 호주, 가족 또는 이에 관련성이 있는 자인 경우
⇨ 피해자의 법정대리인·후견감독인인 경우
↳ 당해사건에 관해 피해자의 대리인으로 된 경우

② 법관이 피고인과의 관계에 있어 밀접한 경우
⇨ 피고인의 친족, 호주, 가족 또는 이에 관련성이 있는 자인 경우
⇨ 피고인의 법정대리인·후견감독인인 경우
⇨ 당해사건에 관해 피고인의 대리인, 변호인, 보호인인 경우

③ 법관이 당해 사건의 수사, 공소제기, 심리판결에 관여한 경우
⇨ 법관이 사건에 관해 증인·감정인으로 된 경우

⇨ 법관이 사건에 관해 검사 또는 사법경찰관의 직무를 행한 경우
⇨ 법관이 사건에 관해 전심재판 또는 그 기초가 되는 조사·심리를 한 경우

(2) 기피

1) 의의

법관이 제척원인이 있는 경우 또는 재판의 공정을 기대하기 어려운 사정이 있는 경우에 검사 또는 당사자(피고인)의 신청에 의하여 당해법관을 직무집행으로부터 배제시키는 것을 말한다(형사소송법 제18조).

2) 사유

① 제척사유에 해당하는 경우
② 법관이 불공평한 재판을 할 염려가 있는 경우

3) 신청권자

당사자(피고인), 변호인은 당사자(피고인)의 명시한 의사에 반하지 않는 경우에 한하여 법관에 대한 기피를 신청할 수 있다.

4) 신청하는 방법

서면, 법정에서는 구두로 할 수 있다. 기피사유의 소명은 3일 이내에 서면으로 행해야 한다.

(3) 회피

법관이 스스로 제척사유와 그 밖의 불공평한 재판을 행할 염려가 있다고 생각하는 경우에 스스로 사건의 재판으로부터 피하는 것을 말한다(형사소송법 제24조·제25조).

법관의 회피는 소속법원의 결정이 있어야 가능하다. 회피는 소속법원에 서면으로 신청해야 한다. 신청 시기에 관해서는 어떠한 제한을 두지 않는다.

법관의 제척, 기피, 회피의 규정은 원칙적으로 법원서기관, 법원사무관, 법원주사, 법원주사보와 통역인에 준용된다.

제2절 수사와 공소

범죄가 발생한 경우에는 수사 기관이 먼저 수사를 시작하고, 수사를 해서 범죄의 혐의가 인정될 경우에는 검사가 기소를 함으로써 재판 절차가 진행된다. 재판 절차 과정에서 유죄가 선고되면 최종적으로 법원이 선고한 형을 집행하는 절차를 거치게 된다. 이처럼 국가 형벌권을 행사하는 일련의 절차를 '형사절차'라고 한다.

형사 절차는 크게 수사절차, 재판절차(공판 절차), 그리고 형 집행 절차의 세 가지 구분된다. 형사절차에서는 피의자, 피고인, 수형자 등의 권리가 침해될 소지가 있기 때문에 형사소송법 등에서는 권리보호를 위한 다양한 제도를 두고 있다. 다.

1. 수사 절차

(1) 수사의 의의

형사사건에 있어서 공소를 제기하고 또 제기한 공소를 유지하고 수행하기 위한 준비절차를 말한다. 수사권을 가지고 있는 국가기관으로는 검사나 사법경찰관리가 있는데, 현행법상 수사에 있어서 사법경찰관리는 검사의 지휘를 받도록 되어 있다.

(2) 수사의 시작

1) 수사의 개시와 고소 · 고발

① 수사의 개시

수사기관은 범죄의 혐의(단서)가 있다고 인정되는 때에는 수사를 개시할 수 있다. 이를 '범죄 인지 또는 입건'이라고 합니다.

② 단서

수사기관이 수사를 개시하는 단서로는 현행범 체포, 변사자 검시, 범죄신고 등을 들 수 있고, 이외에도 고소와 고발, 자수 등의 경우도 대표적인 수사의 단서라고 볼 수 있다. 현행법은 범죄의 실행 중에 있거나 또는 실행의 직후인 자를 말한다. 고소는 범죄사실을 신고하는 것이다. 범죄의 피해자 또는 그와 일정한 관계에 있는 고소권자가 수사기관에 범죄 사실을 신고하여 범인의 처벌을 원한다는 의사표시를 말한다. 고소권자는 범죄의 피해자, 법정대리인(피해자가 무능력자인 경우), 배우자, 직계친족, 형제자매(피해자가 사망한 경우) 등이다. 고발은 범인 또는 고소권자 이외의 자(누구든지 상관없음)가 수사기관에 범죄사실을 신고하고 이에 대한 수사와 소추를 요구하는 의사표시를 말한다.

자수는 범인 자신이 범죄사실의 발각 전에 수사기관에 대하여 자기가 저지른 범죄에 대한 것을 신고하고 수사와 소추를 요구하는 의사표시를 말한다.

③ 고소나 고발의 방법과 취소

고소나 고발은 보통 서면으로 하나, 수사기관에 직접 가서 구두로 해도 무방하다. 만약 고소를 취소할 경우에는 제1심판결 선고 전까지 취소할 수 있다. 고소 취소의 방법은 고소의 방법과 같이 서면이나 구두로 가능하다.

고소, 고발을 함에 있어서 만약 허위의 사실을 진술 하는 경우에는 '무고죄'로 엄하게 처벌을 받을 수 있다. 그러므로 고소, 고발을 할 때에는 반드시 있는 사실 그대로를 신고하여야 한다.

(3) 수사의 방법

1) 임의수사

상대방의 동의나 승낙에 의해 수사를 하는 것을 말한다. 예컨대, 임의동행, 피의자신문 등의 경우이다.

⇨ 피의자 신문과 참고인 조사

수사기관은 수사를 위해 필요하다고 생각되는 경우, 목격자 등을 참고인[108]으로 소환하여 조사하거나 피의자를 소환하여 신문할 수 있다.

참고인 조사의 경우에는 임의수사이기 때문에 소환을 받은 참고인은 이에 응하지 않아도 된다. 그러나 피의자의 경우에는 피의자가 소환요구에 불응할 시에는 수사기관은 판사로부터 체포영장을 발부받아 체포할 수 있다. 피의자를 체포한 후

---

[108] 참고인이란 범죄수사를 위하여 수사기관에서 조사를 받는 사람가운데 피의자 이외의 사람을 말한다.

수사기관은 피의자를 신문하는 경우에 먼저 진술거부권을 고지하여야 하고, 피의자의 요구가 있을시 반드시 변호인을 참석시켜야 한다.

> **범인을 부르는 명칭이 왜 다른가?**
>
> 사건이 발생했을 때, 범인으로 상당한 의심이 가지만 범인이라는 뚜렷한 혐의가 발견되지 않은 사람을 '용의자(혐의자)'라고 한다. 그리고 조사가 진행되어 범죄혐의가 인정되고 정식사건으로 입건되면 그때부터 범인은 '피의자'라고 한다. 그 후 재판이 시작되면 '피고인'이 되고, 재판결과 형이 확정되어 교도소에 복역하면 '수형자'가 된다.
>
> ▶ 사건발생(용의자=혐의자) → 경찰서, 검찰(피의자) → 재판(피고인)
>   → 교도소(수형자)

2) 강제수사

상대방의 동의나 승낙을 요하지 않고 강제에 의해 행하는 수사를 말한다. 예컨대, 구속, 체포, 긴급체포, 현행범체포, 압수, 수색, 검증 등의 경우이다.

① 구속

수사기관이 피의자를 구금하는 것을 말한다. 요건을 살펴보면 죄를 범하였다고 의심할 만한 상당한 이유가 있어야 한다. 일정한 주거가 없는 경우, 증거를 인멸할 염려가 있는 경우, 피고인이 도망 또는 도주할 우려가 있는 경우 등 구속의 필요성이 존재해야 한다. 구속의 경우 사전에 검사의 신청에 의하여 법관이 발부한 영장에 의거해서 행해야 한다. 이를 영장주의 원칙이라 한다. 이는 수사기관의부당한 인신구속을 법관의 심사에 의해 억제하려는데 그 목적이 있다(형사소송법 제201조 제1항). 구속영장의 청구는 검사가 청구하며 피의자의 성명, 피의사실요지 등을 기재한 서면으로 한다(형사소송규칙 제96조).

영장의 청구를 받은 법관은 구속할 사유가 충분히 있다고 인정되는 경우에 영장을 발부해야 한다. 구속의 사유를 판단하기 위해서는 피의자에 대한 신문을 할 수 있다(영장실질심사).

⇨ 구속영장 발부와 영장실질심사

검사가 법관에게 구속영장 발부를 청구한 경우에 법관은 피의자에게 구속영장을 발부할 필요가 있는지를 살펴보기 위하여 '영장실질심사'를 하게 된다. 과거에는 피의자가 신청을 해야 하고 법관은 단지 검사가 보낸 서류나 자료만을 검토하여 피의자의 구속여부를 결정하였으나 "현재는 신청여부와 상관없이 법관이 피의자를 직접 대면하여 심문하는 영장실질심사[109]를 거치고 난 후에 구속영장을 발부하게 된다." 취지를 살펴보면 피의자가 자신에게 유리한 사정을 법관에게 직접 말할 수 있도록 하여 수사과정에서 발생하는 불법·부당한 부분을 줄여 수사단계부터 '인권보호'에 보다 충실하게 하기 위한 것이다.

② 체포

피의자가 죄를 범했다고 의심할 만한 상당한 이유가 있고, 정당한 이유 없이 수사기관의 신문을 위한 출석요구에 응하지 않은 경우 검사가 신청하고, 법관이 발부한 체포영장에 의하여 피의자의 신체를 구속시키는 것을 말한다.

체포는 초등수사단계에서 구속의 경우보다 완화된 요건 하에 피의자의 신병을 단기간 확보하기 위한 조치를 말한다.

체포의 조건을 살펴보면 체포는 원칙적으로 법관으로부터 영장을 발부받아 수사기관은 피의자가 죄를 범했다고 의심할 만한 상당한 이유가 있고 정당한 이유 없이 출석 요구에 응하지 않거나 응하지 않을 우려가 있는 때에는 체포할 수 있다. 다만, 범죄가 무겁고 긴급한 사정이 있고, 피의자가 증거를 인멸할 염려가 있거나 도주가능성이 있어서 영장을 사전에 발부받을 시간적 여유가 없는 경우에는 영장 없이 체포할 수 있는데, 이를 '긴급체포'라고 한다(영장주의의 예외).

피의자를 체포한 경우에는 검사는 48시간 내에 법원에 구속영장을 청구하거나 피의자를 석방해야 한다(형사소송법 제200조의2). 만약 긴급체포의 경우에 구속영장을 청구하지 않고 피의자를 석방한 때에는 검사는 긴급체포와 관련된 일정한 서면을 법원에 통지하여야 한다. 피의자의 권한을 살펴보면 긴급체포 된 후 석방된 경우에는 피의자 등은 통지서 및 관련서류를 열람하거나 등사할 수 있도록 하

---

109) 구속전 피의자심문: 구속에 의해 피의자의 권리가 부당하게 침해되지 않도록 판사가 구속영장을 발부함에 있어 피의자를 직접 법원으로 불러 구속사유를 판단하는 제도를 말한다.

여 긴급체포가 적법한 것이었는지 검토해 볼 수 있도록 하고 있다.

③ 현행범체포

범죄를 실행하고 있는 중이거나 실행한 직후인자 또는 준현행범인자는 누구든지 영장 없이 체포할 수 있다.[110] 준현행범이란 현행범은 아니지만 현행범으로 간주되는 자를 말함다. 범인으로 호명되어 추적되고 있는 자, 장물이나 범죄에 사용되었다고 충분히 인정될 만한 흉기를 소지하고 있는 사람, 신분을 확인하려할 때 도망가는 사람 등이 이에 해당되는 자이다. 현행범과 마찬가지로 영장 없이 체포할 수 있다. 다만 다액이 50만원 이하의 벌금, 구류 또는 과료에 해당되는 죄의 현행범인에 대해서는 범인의 주거가 일정치 않은 경우에 한하여 체포할 수 있다(제214조).

⇨ 미란다 고지

피의자를 체포한 경우 수사기관은 피의자에게 피의사실의 요지, 체포를 한 이유와 변호인을 선임할 수 있음을 알려주고 변명의 기회를 주어야 한다. 이를 '미란다고지(법칙)[111]'라고 한다. 또한 체포 사실을 변호인이나 배우자·가족 등에게 서면으로 알려주어야 한다. 우리나라의 경우 미란다원칙 가운데 '진술을 거부할 수 있는 권리'와 유사한 진술거부권에 대해 헌법과 형사소송법에서 규정하고 있다. 헌법 제12조 제2항은 "모든 국민은 고문을 받지 아니하며, 형사상 자기에게 불리한 진술을 강요당하지 아니한다"고 하여 진술거부권을 규정하고 있다. 그리고 2007년 「형사소송법」 개정 시 제244조의3(진술거부권 등의 고지)을 신설하여 진술거부권과 변호인의 조력을 받을 권리(4호)의 고지 방법 및 절차 등에 대해 규정하고 있다.

(4) 압수와 수색 · 검증

수사가 이루어지는 과정에서 수사기관은 피의자를 심문할 수도 있고, 사람의 신

---

110) 형사소송법 제213조[현행범인의 체포] 현행범인은 누구든지 영장 없이 체포할 수 있다.
111) 미란다 고지(법칙): 1966년 미국 연방 대법원이 미란다에 대해 내린 판결에서 비롯된 것으로, 피의자를 체포 또는 신문하기에 앞서 "묵비권을 행사할 수 있으며 진술한 것이 불리한 증거로 사용될 수 있고, 변호사의 조력을 받을 수 있다"라는 등의 사실을 알려 주는 것을 말한다.

체나 물건, 일정한 장소에 대해 '수색112)'을 할 수도 있고, 발견된 증거물이나 관련 물건을 '압수113)'할 수도 있다. 그러나 이러한 압수와 수색은 범죄혐의가 있는 경우에만 할 수 있다. 또한 범죄수사에 필요한 범위 내에서만 이루어져야 하고 이를 위해서는 체포·구속과 같이 법관이 발부한 영장을 필요로 한다(영장주의 원칙). 영장주의의 예외로 긴급한 경우에는 먼저 압수·수색을 하고 사후에 법관으로부터 영장을 발부받아야 한다. 압수·수색영장의 집행의 경우에는 피의자와 책임자의 참여를 필요로 하며, 일몰 후 일출 전의 압수와 수색은 금지되어 있다. 또한 여자의 신체를 수색하는 경우에는 성년의 여자를 참여시켜야 한다.

(5) 수사의 종료

수사의 단서가 있을 때에 행하는 수사 절차는 공소제기 여부의 결정이라는 목표를 위해 이루어진다. 검사가 주체가 되어 수사한 사건 수사는 공소제기 또는 불기소의 형태에 의해 종결된다.

① 기소(공소제기)

검사는 사법경찰관으로부터 송치 받은 사건이나, 고소·고발 또는 직접인지 등으로 수사한 사건에 대하여 수사결과 범죄혐의가 인정되는 경우 검사는 법원에 사건에 대한 심판을 청구하는데 이를 기소(공소제기)라고 한다. 범죄혐의가 설령 인정 되도 연령·성행·환경·피해자와의 관계, 범행의 동기나 수단, 범행 후의 정황 등 여러 가지를 참작하여 기소를 하지 않을 수 있는데, 이를 기소유예라고 한다. 기소유예는 검사가 판단하기에 피의자를 기소하여 전과자로 만드는 것보다 기회를 다시 주는 것이 좋겠다고 생각되는 경우에 내리는 처분이다.

② 불기소처분

범죄의 혐의가 인정되지 않거나, 범죄혐의가 인정되더라도 고소가 없거나 공소시효114)가 지난 경우 등에는 기소를 하지 않고 '불기소처분'을 하게 된다. 불기소처

---

112) 수색: 주거, 물건, 사람의 신체 또는 기타 장소에서 압수할 물건이나 체포할 사람을 찾는 것을 말한다.
113) 압수: 물건을 강제로 취하는 처분을 말한다.
114) 공소시효: 확정판결 전에 일정한 시간의 경과에 의하여 형벌권이 소멸되는 것을 의미한다. 공소시효는 미확정인 형벌권을 소멸시키는 제도이다. 법정형은 1년에서 25년까지 다양한 기간으로

분이란 검사가 피의 사건에 대하여 공소를 제기하지 않는 처분을 의미한다.

불기소처분의 유형으로는 무혐의(피의사건에 대하여 공소를 제기함에 충분한 범죄의 객관적 혐의가 없는 경우), 죄가 안 됨(피의자가 형사미성년자나 심신상실자임이 판명된 경우, 정당행위, 정당방위, 긴급피난에 해당함이 판명된 경우, 범죄의 성립여부가 명백하지 않은 경우), 공소권 없음(피의사건에 대하여 소송조건이 구비되지 아니한 경우). 예컨대, 화성연쇄 살인 사건의 경우 공소시효가 만료되어 범인을 설령 잡는다 치더라도 처벌할 수 없는 경우이다.

공소를 제기하지 않은 경우 검사는 피의자, 고소인, 고발인에게 통지해야 하며, 그 취지를 7일 이내에 서면으로 고소인 또는 고발인에게 설명해야 한다(제258조, 제259조).

(6) 공소시효

검사가 일정한 기간동안 공소를 제기하지 않은 경우 국가의 형벌권이 소멸되는 제도를 말한다. 2007년에 형사소송법 개정으로 살인죄에 대한 공소시효가 15년에서 26년으로 연장되었으나, 2015년에는 국회 본회의에서 살인죄에 한해서 공소시효를 폐지하는 내용의 개정안을 통과시켜 살인죄에 대한 공소시효가 폐지되기에 이르렀다. 그러나 아직 미제사건의 경우 해결되지 못하였다. 예컨대, 화성 연쇄살인사건(1986~1991년), 개구리 소년 실종사건(1991년) 등이다.

제3절 공판 절차

1. 의의

광의의 공판절차는 공소가 제기되어 사건이 수소법원에 계속된 이후부터 공판절차가 종료될 때까지의 절차를 말하고, 협의의 공판절차는 공판기일에서의 심리절차를 말한다.

정해져 있다. 예컨대, 절도죄는 7년, 강도죄는 10년 이다.

2. 내용

(1) 공판준비절차

법원은 검사가 기소한 사건에 대하여 공판을 열어 재판을 하지만 공판을 열기 전에 재판장이 효율적이고 집중적인 심리가 필요하다고 판단된 경우에 한하여 법원의 주도하에 검사, 피고인 또는 변호인의 의견을 들어 사전에 사건의 쟁점과 증거를 정리하는 것을 공판준비절차라고 한다.

공판준비절차에서 진행하는 것은 공소 내용에 관련하여 주장할 내용을 명확하게 하는 쟁점정리, 양측이 사용할 증거를 신청하고 각각의 증거와 관련한 취지와 내용을 명확하게 하는 등의 증거조사, 관련서류 등의 열람·등사를 하는 증거개시와 공판일정을 조정하는 심리계획의 책정 등이 이루어진다.

(2) 공판 기일의 절차

공판준비절차가 완료되면 재판장은 공판기일을 정하여 이를 검사와 피고인 측에게 통지하게 된다. 공판기일에는 법원은 피고인에게 출석할 것을 요구하는데 이는 피고인의 의무이기 때문에 만약 이를 위반할 경우에는 구속영장이 발부되는 등 피고인에게 불이익이 가해지게 된다.

> **여기서 잠깐**
>
> 검사의 기소로 재판절차가 시작되면, 이때부터 피의자는 피고인이 된다. 재판은 '3심제'를 원칙으로 하고 있으나, 검사 또는 피고인이 항소나 상고를 하지 않으면 1심에서 종결되는 경우도 있다. 이를 '간이 공판절차'라고 한다. 간이공판절차는 피고인이 법정에서 공소사실에 대하여 자백을 한 경우에 일반적인 재판에서의 증거조사절차보다 간단하게 하여 재판을 신속하게 끝낼 수 있도록 하는 절차를 말한다.

(3) 공판절차의 순서를 간략히 정리하면 다음과 같다.

① 진술거부권의 고지

재판장은 일체의 진술을 하지 않거나 개개의 질문에 대한 답변을 거부 할 수 있다는 것을 알려줘야 한다. 또한 피고인에게 이익이 되는 사실을 진술할 권리도 있다는 점을 알려주어야 한다.

② 인정신문
재판장이 피고인의 성명, 연령, 등록기준지, 주거와 직업을 물어서 피고인이 틀림없는지에 대해서 확인을 하게 된다.

③ 검사의 모두진술
검사는 공소사실, 죄명 및 적용되는 법조를 낭독하는 것을 검사의 모두진술이라 한다.

④ 쟁점정리 및 증거관계의 진술
효율적인 심리를 위해서 재판장은 피고인 또는 변호인에게 쟁점의 정리를 위해 필요한 질문을 한다. 증거조사 절차에서 효율적인 심리를 하기 위해 검사 및 변호인으로 하여금 공소사실 등의 증명과 관련된 주장과 입증계획 등을 진술하게 된다.

⑤ 증거조사
법원이 범죄사실이 있는가 또는 없는가, 그 형벌은 어떤 종류로 어느 범위로 과할 것인가에 관한 심증을 얻기 위해 각종의 증거를 조사하는 증거조사의 단계를 말한다. 증거조사방법은 증인신문, 검증과 감정이 있다.
증인신문은 증언으로부터 증거자료를 얻는 증거조사를 말한다. 증인을 신청한 당사자와 그 반대당사자가 서로 반복하여 신문하는 상호신문의 방식에 의한다.
검증은 법관이 오관의 작용에 의하여 사물의 존재와 상태를 직접 실험하고 인식하는 증거조사를 말한다. 감정은 특수한 지식과 경험을 가진 제3자가 그 지식과 경험에 의하여 알 수 있는 법칙 또는 판단을 법원에 보고하는 것을 말한다. 검사, 피고인 또는 변호인은 재판에 증거로 사용할 서류나 물건을 제출할 수 있고, 증인, 감정인, 통역인 또는 번역인의 등의 신문을 신청할 수도 있다. 증거로서 제출하는 것이 증인 이외에 증거물인 경우에는 재판장이 검사·변호인 또는 피고인에게 제시해야 하고, 그것이 서류인 경우에는 그에 대한 요지를 반드시 고지해야 한다. 검사·피고인 또는 변호인은 증거조사에 관하여 이의신청(제296조)을 할 수 있고, 재판장은 피고인에게 각 증거조사의 결과에 대한 의견을 물어야 한다(제293조).

증인의 권리와 의무에 대해

1. 증인의 권리

증인은 출석을 거부할 수 없지만 자기와 가족 등의 관계에 있거나 형사상 자기에게 불리한 사항에 대해서는 증언을 거부할 수 있도록 하고 있다. 또, 법률에 따라 여비, 일당 등을 청구할 수 있다.

2. 증인의 의무

법원이 증인을 소환할 경우 증인은 출석해야 할 의무가 있다. 증인이 법원의 소환여구에 불응하고 정당한 이유 없이 출석을 하지 않은 경우에는 결정으로 불출석으로 인한 소송비용을 증인이 부담하도록 명하고, 500만원 이하의 과태료를 부과하게 된다. 또한 과태료의 재판을 받고도 정당한 이유 없이 불출석하는 경우에는 결정으로 7일 이내의 감치에 처하도록 하고 있다. 또한, 출석한 증인은 진실을 말할 것을 서약하는 선서의무가 있다. 선서를 하고나서 거짓진술을 하면 위증죄로 처벌을 받게 된다.

---

⑥ 피고인 신문

검사가 언급한 공소사실 및 사건과 관련된 일체의 사정에 대하여 신문하게 된다.

⑦ 최종변론

증거조사가 끝나면 검사·피고인과 변호인의 의견진술이 행해진다(제302조, 제303조). 피고인 신문이 끝나면 검사는 그 사건에 관한 전반적인 자신의 의견을 말하고, 형의 선고를 요구하게 된다(구형). 피고인과 변호인은 검사의 의견에 대하여 반박하고 사건에 관한 최종적 의견을 제시하게 된다.

⑧ 판결의 선고

법원은 사건을 심리하여 범죄사실에 대한 증명이 있는 경우에는 유죄를 선고하고, 범죄가 성립하지 않거나 범죄에 대한 증명이 없는 경우에는 무죄를 선고하게 된다. 이때, 법원은 범죄사실에 대해 확신을 가진 경우에만 유죄판결을 선고할 수 있다. 최종변론을 마지막으로 피고사건에 대한 심리가 종료 된다. 형을 선고하는 경우 재판장은 피고인에게 상소할 기간과 법원을 고지해야 한다.

항소와 상고

유죄가 선고된 경우 피고인은 재판결과에 불복할 수 있는데, 제1심의 판결에 불복하는 것을 '항소', 제2심 판결에 불복하는 것을 '상고'라고 한다. 그리고 항소와 상고를 합쳐서 '상소' 라고 한다. 상소는 피고인 뿐 만 아니라 검사도 할 수 있는데 무죄가 선고된 경우나 형량을 더 무겁게 받은 경우에 하게 된다.

---

3. 형 집행 절차

피고인에게 유죄가 인정된 경우에는 실형이 선고되며 형 집행 절차에 들어가게 된다. 형 집행의 종류에 대해서 살펴보면 다음과 같다.

① 사형은 법무부 장관의 명령에 의하여 교도소 또는 구치소에서 교수(絞首)하여 집행한다(실제로는 집행은 안하고 있음). 다만 군형법의 경우에 사형선고를 받은 군인은 총살형의 방법에 의해서 사형을 집행한다(실제로는 집행은 안하고 있음).

② 징역, 금고와 같은 자유형은 원칙적으로 교도소에서 집행한다. 무기형의 경우에는 20년, 유기형의 경우에는 형기의 1/3을 경과한 자 중에서 복역 성적이 양호하고 뉘우침이 있는 경우에 법무부 장관이 가석방을 할 수 있다. 가석방된 자는 일정한 기간 동안 보호관찰[115]을 받게 할 수 있는데, 만약 보호관찰 기간 동안 나쁜 짓을 할 경우에는 가석방이 취소되어 남은 형기를 모두 복역해야 한다.

---

115) 보호관찰: 범죄인을 교도소나 소년원 등 수용시설에 구금하지 않고 가정과 학교 및 직장에서 정상적인 생활을 하도록 하되, 법률에 규정된 일정한 준수사항을 지키며 보호관찰관의 지도·감독을 받게 하거나 사회봉사명령이나 수강명령을 이행하도록 하여 범죄성을 개선하는 선진 형사정책이다. 우리나라에서는 1989년 7월 1일 전국 12개 보호관찰소와 6개 지소를 개청하여 소년범에 대해 최초로 실시하여 이후 벌금미납자에 대한 사회봉사(2009) 등까지 확대 실시하고 있다.

③ 벌금 또는 과료를 선고받은 경우에는 확정된 날로부터 30일 이내에 납부하여
   야 하고, 이를 납부하지 않는 경우에는 벌금은 1일 이상 3년 이하, 과료는 1일
   이상 30일 미만의 기간 동안 노역장 유치처분을 받을 수 있다.

제3편 헌법관련 일반상식

헌법은 국가의 최고법이고 기본법이다. 헌법 제1조 제1항에서 "대한민국은 민주공화국이다"라고 규정을 하고 우리나라의 국호가 대한민국이고, 국가형태는 민주공화국임을 선언하고 있다. 또한 "대한민국의 주권은 국민에게 있고, 모든 권력은 국민으로부터 나온다."라고 규정하고 있다. 이하에서는 우리가 알아두어야 할 헌법적 상식에 대해서 살펴보고자 한다.

제1장 헌법의 일반적 이론 정립

1. 헌법전문

헌법의 본문 앞에 위치한 문장으로서 헌법전의 일부를 구성하는 헌법서문을 말한다. 내용을 살펴보면 다음과 같다.

---

① 헌법제정의 역사적 의미와 제정과정
② 헌법제정의 목적과 제정권자
③ 헌법의 지도이념과 기본적 가치질서 등이 기술

헌법전문

"유구한 역사와 전통에 빛나는 우리 대한민국은 3.1운동으로 건립된 대한민국임시정부의 법통과 항거한 4.19민주이념을 계승하고, 조국의 민주개혁과 평화적 통일의 사명에 입각하여 정의·인도와 동포애로써 민족의 단결을 공고히 하고, 모든 사회적 폐습과 불의를 타파하며, 자율과 조화를 바탕으로 자유민주적 기본질서를 더욱 확고히 하여 정치·경제·사회·문화의 모든 영역에 있어서 각인의 기회를 균등히 하고, 능력을 최고도로 발휘하게 하며, 자유와 권리에 따르는 책임과 의무를 완수하게 하여, 안으로는 국민생활의 균등한 향상을 기하고 밖으로는 항구적인 세계평화와 인류공영에 이바지함으로써 우리들과 우리들의 자손의 안전과 자유와 행복을 영원히 확보할 것을 다짐하면서 1948년 7월 12일에 제정되었다."

---

2. 헌법의 양면성에 대해

헌법은 국가공동체의 현실적 관계인 정치적 사실이라는 측면과 정치적 권력관계를 규율하는 법규범이라는 양면적 측면을 가지고 있다고 볼 수 있다.

3. 국가최고규범

헌법은 성문형태이든 관습형태이든 국가최고규범이다(헌법의 최고규범성). 왜냐하면 헌법이 국민적 합의를 내용으로 하고 있고, 주권자인 국민에 의하여 제정되었다는 데에서 유래하기 때문이다.

4. 국가긴급권에 대해

> **제76조(긴급처분·명령권)** ① 대통령은 내우·외환·천재·지변 또는 중대한 재정·경제상의 위기에 있어서 국가의 안전보장 또는 공공의 안녕질서를 유지하기 위하여 긴급한 조치가 필요하고 국회의 집회를 기다릴 여유가 없을 때에 최소한으로 필요한정·경제상의 처분을 하거나 이에 관하여 법률의 효력을 가지는 명령을 발할 수 있다.
>
> ② 대통령은 국가의 안위에 관계되는 중대한 교전상태에 있어서 국가를 보위하기 위하여 긴급한 조치가 필요하고 국회의 집회가 불가능한 때에 한하여 법률의 효력을 가지는 명령을 발할 수 있다.
>
> ③ 대통령은 제1항과 제2항의 처분 또는 명령을 한 때에는 지체 없이 국회에 보고하여 그 승인을 얻어야 한다.
>
> ④ 제3항의 승인을 얻지 못한 때에는 그 처분 또는 명령은 그때부터 효력을 상실한다. 이 경우 그 명령에 의하여 개정 또는 폐지되었던 법률은 그 명령이 승인을 얻지 못한 때부터 당연히 효력을 회복한다.
>
> ⑤ 대통령은 제3항과 제4항의 사유를 지체 없이 공포하여야 한다.

전쟁, 내란, 경제공항 등의 국가비상사태가 발생할 경우에 정상적인 방법으로는 헌법질서를 보호하기 어려운 경우, 국가의 존립과 헌법질서를 유지하기 위해 동원되는 비상적 권한을 말한다. 즉, 국가긴급권제도는 국가위기 상황에서 권력을 집중시켜 헌법을 보호하는 수단인 것이다. 국가긴급권은 기존질서를 유지하는 것을 목적으로 한다. 시간상으로도 일시적이고 잠정적으로 행사되어야 한다.

국가긴급권은 도저히 헌법질서를 보호하기 어려운 경우에 최후의 수단이어야 하고, 기본권을 제한함에 있어서는 최소한에 그쳐야 한다.

제2장 헌법의 기본원리와 제도의 정립

1. 국가와 사회의 관계

절대주의시대의 군주는 사회의 의사결정에 대한 자유를 인정하지 않고 사회의 고유영역으로 볼 수 있는 문화(예컨대, 종교, 교육, 사상 등)와 경제영역을 간섭해 왔다. 그러나 시민혁명을 통하여 어느 정도 사회영역의 자율성을 확보할 수 있었다. 그러나 이에 따른 문제점이 발생했는데 국가가 사회적 영역을 간섭할 수 없게 되자 사회적 강자에 의한 사회적 약자의 착취로 인한 갈등이 생기게 되었다. 이로 인해 사회적 불안이 가중되자 사회정의와 사회 안전을 위해 국가의 사회에 대한 규제가 부분적으로 허용되는 사회국가원리가 헌법상 원리로 인정되기에 이르렀다.

2. 주권과 국민주권의 원리

> **제1조(국호, 정체, 주권)** ① 대한민국은 민주공화국이다.
> ② 대한민국의 주권은 국민에게 있고, 모든 권력은 국민으로부터 나온다.

주권이란 국내와 국외로 나누어 살펴 볼 수 있는데 국내에서는 최고의 권력이고 국외에 대해서는 독립의 권력을 의미한다. 쉽게 설명하면 국가의 의사를 최종적으로 결정하는 최고의 권력을 말한다. 주권이라는 말은 다음과 같은 여러 가지 의미로 사용된다.

① 국가권력의 최고성 ·독립성을 뜻한다. 주권국이라고 할 때의 주권은 이 뜻이며, 국제법상으로는 특히 다른 어떠한 국가의 권력에도 복종하지 않는 것을 의미한다.
② 국가의 최고의사를 의미를 뜻한다. 국가의사의 최고원동력 또는 국가정치형태의 최고결정권을 의미하며, 국민주권 이라 할 때의 주권은 이 뜻이다.

③ 국가권력 또는 통치권 그 자체를 가리킨다. 여기서 주권은 총체적 의미로서의 국가권력을 의미한다.

국민주권의 원리라 함은 국가의 최고의사에 대해 결정할 수 있는 주권을 국민이 가진다는 것과 모든 국가권력의 정당성의 근거가 국민에게 있다는 원리를 말한다.

우리헌법은 국민에 의해 직접적으로 간접적으로 선출된 국민의 대표자(예컨대, 국회의원, 대통령 등)로 하여금 국민을 대신하여 국가적 의사를 결정하게 하는 '간접민주제'를 원칙으로 하되, 국민이 국민투표의 방식으로 국가의사를 직접 결정하게 하는 직접민주제를 같이 시행하고 있다.

3. 민주주의

국가의 주권이 국민에게 있고 국민을 위하여 정치를 행하는 제도를 말한다. 민주주의는 국민주권, 자유·평등·정의를 실현시키기 위해 창안된 통치형태이므로 이 네 가지 요소가 민주주의의 가치적인 핵심인 동시에 실질적인 내용이라고 할 수 있다. 민주주의의 필수요건은 대략 여섯 가지로 살펴볼 수 있다.

---

① 국민은 1인 1표의 보통선거권을 통하여 절대권한을 행사할 수 있어야 한다.
② 적어도 2개 이상의 정당들이 선거권에서 정치강령과 후보들을 내세울 수 있어야 한다.
③ 국가는 모든 구성원의 민권(民權)을 보장하여야 한다. 민권에는 출판·결사·언론의 자유가 포함되며 적법절차 없이 국민을 체포하고 구금할 수 없다.
④ 정부의 시책은 국민의 복리증진을 위한 것이어야 한다.
⑤ 국가는 효율적인 지도력과 책임 있는 비판을 보장하여야 한다. 정부의 관리들은 계속적으로 의회와 언론에서 반대의견을 들을 수 있어야 하고, 모든 시민은 독립된 사법제도의 보호를 받아야 한다.
⑥ 정권교체는 평화적 방법으로 이루어져야 한다.

---

4. 권력분립주의

(1) 의의

국가작용을 입법, 사법, 행정의 3개의 부분으로 나누어 각 작용을 의회, 법원, 행정 등에 배분하여 권력에 의한 권력을 상호 견제함으로써 권력의 균형과 조화를 이루고자 하는 민주주의적 통치원리를 말한다. 즉 권력분립주의는 각기 상이한 기관이 담당하게 하는 것이 합리적이라는 데에 기초를 두고 있다. 입법권은 국회에(헌법 제40조), 행정권은 대통령을 수반으로 하는 정부에(헌법 제66조 4항), 사법권은 법관으로 구성된 법원에(헌법 제101조) 각각 구성시킴으로써 권력분립의 체제를 확립하고 있는 것이다.

국가분립주의는 국가권력의 효율성을 위한 적극적인 제도가 아니라 국가권력의 남용을 방지하여 자유를 보호하기 위한 통치상 소극적인 조직 원리인 것이다.

(2) 취지

국가의 작용을 서로 분리·독립된 기관에 담당시킴으로써 기관 상호 간의 견제와 균형에 의해 권력의 남용과 집중을 방지하여 개인의 자유를 보장하고자 하는 자유주의적 정치원리인 동시에 민주정치의 기본원리에 입각한 것이다.

(3) 권력분립주의를 주장한 학자

로크는 시민정부2론에서 국가작용을 입법권과 집행권으로 이루어지는 이권분립론에 의한 권력분립주의를 주장하였다.[116]

그 후 몽테스키외는 2권 분립을 보완하여 법의 정신에서 입법·행정·사법에 의한 '3권분립'주의를 주장하였다.

---

116) 로크는 "입법권과 집행권을 통합하면 권력자는 자신이 제정한 법률에 복종하지 않게 되며 사회 및 정치의 목적을 위반하기 때문에 입법·집행의 양 권력을 동일기관에 귀속시켜서는 안 된다고 보았다."

5. 다수결의 원칙

다수결의 원칙은 민주사회의 의사결정방식으로 의사결정의 가장 이상적 방법은 전원일치 합의 이지만 이것이 현실적으로 불가능하여 다수결의 원칙을 적용하는 것이다. 다수결이란 구성원 중 다수가 찬성한 의사를 전체구성원을 구속하는 집단의 사로 간주하는 의사결정방식이다(3인 이상의 집단). 다수결 원칙의 전제조건을 살펴보면 다음과 같다.

> ① 결정참여자들 사이에 평등한 지위가 전제되어야 한다.
> ② 구성원들 사이에서 다수결원칙을 정책결정수단으로 사용하는데 합의가 성립 되어야 한다.
> ③ 상호신뢰가 있어야 한다.
> ④ 기본적 가치에 대한 합의가 있어야 한다.
> ⑤ 자유롭고 개방된 의사형성이어야 한다.

다수결 원칙이 효과적으로 이루어지기 위해서는 몇 가지 전제조건이 필요하다.

> ① 과학적인 인식이나 이데올로기(이념, 신념, 체재)의 대립의 경우는 적용될 수 없다. 왜냐하면 과학적인 지식이나 신념의 경우는 다수결에 의하여 통일 될 수 없는 것이기 때문이다.
> ② 구성원의 평등성을 전제로 한다. 모든 개인은 동등한 인격과 가치를 지니고 있다. 따라서 모든 개인의 의견도 동등한 권리를 가진다.
> ③ 구성원의 자율성을 전제로 한다. 구성원들이 자유의사에 의해서 토론을 하고, 그 결정에 참여해야 한다.
> ④ 각 의견의 상대성을 전제로 해야 한다. 즉 가치판단은 사람에 따라 다를 수 있기 때문에 어떤 가치에 대한 어느 한 개인의 판단이 절대적으로 옳을 수는 없다. 모든 사람들의 의견을 존중하여야 한다는 상대주의에 입각한다.

6. 국제평화주의

제5조(침략적 전쟁의 부인, 국군의 사명과 정치적 중립성) ① 대한민국은 국제평화의 유지에 노력하고 침략적 전쟁을 부인한다. ② 국군은 국가의 안전보장과 국토방위의 신성한 의무를 수행함을 사명으로 하며, 그 정치적 중립성은 준수한다.

2차 세계대전 이후 각국은 전쟁을 방지하고 평화를 유지하기 위해서 각고의 노력을 하고 있다. 여러 국제조약과 각국 헌법에 국제평화주의를 선언하고 침략전쟁금지를 위한 평화조항을 수용하고 있다. 우리헌법도 침략적 전쟁을 부인하고 있고, 헌법 조문 등에서 조국의 통일을 국가적 과제로 천명하고 있지만 그 방법에 있어서는 평화적인 수단에 의할 것을 선언하고 있다(제66조 제3항, 제92조 등).

7. 조약

제6조(조약과 국제법규의 효력, 외국인의 법적 지위) ① 헌법에 의하여 체결·공포된 조약과 일반적으로 승인된 국제법규는 국내법과 같은 효력을 가진다.
② 외국인은 국제법과 조약이 정하는 바에 의하여 그 지위가 보장된다.
제60조(조약·선전포고 등에 대한 동의) ① 국회는 상호원조 또는 안전보장에 관한 조약, 중요한 국제조직에 관한 조약, 우호통상항해조약, 주권의 제약에 관한 조약, 강화조약, 국가나 국민에게 중대한 재정적 부담을 지우는 조약 또는 입법사항에 관한 조약의 체결·비준에 대한 동의권을 가진다.

조약이란 협약, 협정, 의정서, 규약, 선언, 조약 등 그 명칭여하를 불문하고 국가간에 서로 문서의 형식으로 체결하고 명시된 합의를 말한다. 헌법에 의하여 체결·공포된 조약이란 헌법상의 규정과 절차에 따른 조약을 말한다. 헌법상 조약의 체결권은 대통령에게 있다(제73조). 대통령은 조약 체결·비준에 앞서 국무회의의 심의를 거쳐야 하며(제89조), 특히 국회는 중요한 조약(상호원조 또는 안전보장에 관한 조약, 국제조직에 관한 조약 등)에 대한 사전적 동의권을 가진다(제60조 제1항). 국회의 동의는 조약의 국내법적 효력을 부여하는 입법행위의 실질을 가진다.

국회동의는 조약의 효력발생의 요건이기 때문에 만약 국회의 동의를 받지 않은 체결이나 비준된 조약의 경우 국내법적 효력은 상실되나, 국제법질서의 안정성과 상대국가와의 신뢰보호의 차원에서 볼 때에는 국제법적 효력은 상실되지 않고 유지된다. 헌법 제6조 1항의 전단에서 말하는 조약은 일반적으로 승인된 국제법규와는 달리 우리나라 당사자가 체결하고 공포한 조약에 국한된다.

외국인의 법적 지위에 관해서 각국 헌법에서는 상호주의 또는 평등주의를 채택하고 있다. 헌법 제6조 제2항은 "외국인은 국제법과 조약이 정하는 바에 의하여 그 지위가 보장된다"라고 규정하여 상호주의를 채택하고 있다.

8. 국가의 구성요소

(1) 의의

전통적인 국가의 3요소에 의하면 국가가 존립기 위해서는 국민·영토 및 주권이 필수적 요소에 해당된다.

(2) 국민

국민은 국가의 항구적 소속원으로서 영토 내의 어디이든지 간에 국가의 통치권의 영향력이 미치는 인적 범위를 말한다. 국민은 국가의 주권자이다. 국민은 한 가지 목적을 가진 정치적 공동체로서 결합되고 국내법에 따라 그 지위가 부여되는 법적 개념이다. 국민이 되는 자격이 국적이다. 헌법 제2조 제1항에서 "대한민국의 국민이 되는 요건은 법률로 정한다"라고 규정하고 있다. 이에 따라 제정된 국적법은 원칙적으로 단일국적주의를 채택하고 있다. 국적의 취득에는 선천적 취득과 후천적 취득이 있다. 선천적 취득은 출생이란 사실로 국적을 취득하는 것을 말한다. 이에는 속인주의(혈통주의)와 속지주의(출생주의)가 있다. 속인주의(혈통주의)는 부모의 국적에 의하여 출생자의 국적을 결정하는 것을 망한다. 주로 유럽 각국과 일본 등 단일민족이나 소수민족국가에서 채택하고 있다.

속지주의(출생주의)는 어떤 국가의 영토 안에서 출생한 자에 대해서는 부모의 국적 여하를 묻지 않고 출생한 국가의 국적을 부여하는 것을 말한다. 주로 영국, 미국 등 복수민족국가에서 주로 채택하고 있다.

1) 남북관계와 북한국적

남북관계에 대한 여러 견해가 있는데 살펴보면 다음과 같다.

① 국내관계로 보는 견해
한반도내 유일한 합법정부는 대한민국뿐이라고 보는 견해이다.

② 국제관계로 보는 견해
북한은 국제적으로 독립된 국가로서 활동하고 있는 것으로 보는 견해이다.

③ 잠정적 특수관계로 보는 견해
통일을 지향하는 과정에서 잠정적으로 형성되는 특수관계로 보는 견해이다.

▶ 이 세 가지의 견해 중에서 헌법재판소는 "잠정적 특수관계"로 보는 견해이다. 왜냐하면 "영토조항의 규범력이 인정되는 한 남북관계는 기본적으로 국내관계이나 한편으로 북한이 주권국가로서 국제사회에서 활동하고 있기 때문에 잠정적 특수관계로 보는 것이 타당한 것이다."

2) 북한주민의 국적에 대해

남·북한주민의 국적에 대해서 살펴볼 때 과연 북한주민을 대한민국 국민으로 볼 것인가? 외국인으로 볼 것인가? 국제법상으로는 북한주민이나 국내법상으로는 대한민국국민이라고 보는 특수한 법적지위로 볼 것인가? 로 보는 입장이 있다. 이에 대법원과 헌법재판소는 "북한주민은 대한민국 국민"이라고 판시하고 있다. 왜냐하면 앞에 조문에서 살펴보았듯이 제3조의 조문에 입각해서 북한지역도 대한민국의 영토에 속하는 한반도의 일부를 이루는 것이어서 대한민국의 주권이 이에 미치고 북한주민도 대한민국 국적을 취득하고 유지하는 데 어떠한 영향이 없는 것으로 해석하고 있기 때문이다.

(3) 영역(제3조)

> **제3조**는 대한민국의 영토는 한반도와 그 부속도서로 한다.
> **제4조**는 대한민국은 통일을 지향하며, 자유민주적 기본질서에 입각한 평화적 통일정책을 수립하고 이를 추진한다.

국가는 일정한 범위의 공간을 기초로 하여 존립한다. 영역이란 일반적으로 넓은 의미의 영토와 동일어로 사용되고 있다. 국가의 영토고권이 배타적으로 행사되는 공간을 말한다. 국가의 영역은 좁은 의미로 영토, 영해, 영공으로 구성된다.

> ① 영토
> 국가영역의 기초가 되는 일정한 범위의 육지를 말한다. 헌법 제3조는 영토의 범위를 규정하고 있다. 협의의 영토는 한반도와 그 부속도서를 말한다. 따라서 헌법상 북한지역은 대한민국의 영토로서 인정된다.
>
> ② 영해
> 영토에 접속한 일정한 범위의 해역을 말한다. 범위는 나라마다 다르다. 우리나라는 한반도와 그 부속도서에 접속한 12해리까지를 영해로 규정하고 있다.
>
> ③ 영공
> 영토와 영해의 수직상공이다. 범위는 지배가능한 상공에 한정한다.

영역은 변경될 수도 있다. 영토변경의 주요 사유로는 국가간의 조약에 의한 영토의 병합, 매매, 교환, 할양 등이 있다.

(4) 주권

국가의사를 결정하는 최고의 권력이 주권이며 모든 국가권력의 원천에 해당된다. 주권은 대내적과 대외적으로 살펴볼 수 있는데, 대내적으로는 최고의 권력이며, 대외적으로는 독립된 권력이다. 헌법 제1조 제2항에서 "대한민국의 주권은 국민에게 있고, 모든 권력은 국민으로부터 나온다"라고 규정하고 있다.

9. 정부의 형태

현재, 우리나라는 대통령제라는 정부형태를 띠고 있다. 대통령제의 정부형태에 대해서 살펴보면 다음과 같다.

(1) 의의

정부형태의 개념을 넓은 의미의 정부로 보자면 입법부·행정부·사법부 등의 정부기관을 포함한 국가권력구조의 형태를 말한다.

(2) 연혁

대통령제는 미국헌법에서 처음 채택 되었다.

(3) 특징

대통령제는 엄격한 3권의 분립과 권력 상호 간의 견제와 균형을 기본원리로 하여 권력 상호 간에 독립이 보장되고 행정권은 대통령에 속하는 정부형태이다.

대통령은 대내적으로는 행정부의 수반인 동시에 대외적으로는 국가를 대표하는 국가원수의 지위를 갖고서 행정권을 독자적으로 행사한다. 대통령제는 입법부와 행정부가 상호 독립됨으로써 견제와 균형을 취하고 있다.

대통령제에서는 행정부에 대한 의회의 불신임행사는 물론 입법부의 행정부에 대한 간섭이 인정되지 않으며 내각과 의원의 겸직을 허용하지 않기 때문에 정부는 의회의 영향에 크게 구애받지 않는다.

대통령은 법률안의 제출권과 거부권을 통해 입법에 참여하며, 의회는 행정부의 예산안과 조약비준, 공무원의 임명에 대해 동의권을 갖는다.

개발도상국가의 대통령제

형식적으로는 권력분립적인 형태를 취하나 실질적으로 보면 집행부가 우월한 권위적인 대통령제로 운영되고 있다. 이를 '신대통령제'라 한다.

---

(4) 장·단점

1) 장점

① 일관성 있는 통치가 가능하기 때문에 정국이 안정될 수 있다.

② 의회에 의한 부당한 간섭을 배제하여 일관성 있는 정치가 가능하다.

2) 단점

① 의회에 대한 책임을 지지 않기 때문에 자칫하면 행정부의 독주화를 초래하기 쉽다.

② 입법부와 행정부의 충돌을 해결할 대안이 분명치 않다. 예컨대, 입법부와 행정부를 각각 다른 정당이 차지할 경우 그 대립이 심각하여 이를 조정하기 어렵다는 문제점이 있다.

> 참고〉 우리나라의 정부형태
> ① 제1 공화국: 대통령제
> ② 제2 공화국: 내각책임제
> ③ 제3 공화국: 대통령제
> ④ 제4 공화국: 유신헌법에 의한 대통령제
> ⑤ 제5 공화국: 대통령제
> ⑥ 제6 공화국: 대통령제(국가원수의 지위와 정부수반의 지위를 인정하는 대통령제를 채택, 대통령 직선제와 대통령 5년 단임제를 명문화 하여 대통령의 장기집권을 제도적으로 방지)

10. 국가적 규범원리에 대해

국가적 규범원리와 관계있는 법률조항을 살펴보고 이에 대한 이론을 간략히 정립하도록 하자.

> **제7조(공무원의 지위·외국인의 법적지위)** ① 공무원은 국민 전체에 대한 봉사자이며, 국민에 대하여 책임을 진다.

② 공무원의 신분과 정치적 중립성은 법률이 정하는 바에 의하여 보장된다.

제8조(정당) ① 정당의 설립은 자유이며, 복수정당제는 보장된다.

② 정당은 그 목적·조직과 활동이 민주적이어야 하며, 국민의 정치적 의사형성에 참여하는 데 필요한 조치를 가져야 한다.

③ 정당은 법률이 정하는 바에 의하여 국가의 보호를 받으며, 국가는 법률이 정하는 바에 의하여 정당운영에 필요한 자금을 보조할 수 있다. ④ 정당의 목적이나 활동이 민주적 기본질서에 위배될 때에는 정부는 헌법재판소에 그 해산을 재소할 수 있고, 정당은 헌법재판소의 심판에 의하여 해산된다.

제41조(국회의 구성) ① 국회는 국민의 보통·평등·직접·비밀선거에 의하여 선출한다.

② 국회의원의 수는 법률로 정하되, 200인 이상으로 한다.

③ 국회의원의 선거구와 비례대표제, 기타 선거에 관한 사항은 법률로 정한다.

제67조(대통령의 선거·피선거권) ① 대통령은 국민의 보통·평등·직접·비밀선거에 의하여 선출한다.

② 제1항의 선거에 있어서 최고득표자가 2인 이상인 때에는 국회의 재적의원 과반수가 출석한 공개회의에서 다수표를 얻은 자를 당선자로 한다.

③ 대통령후보자가 1인일 때에는 그 득표수가 선거권자 총수의 3분의 1이상이 아니면 대통령으로 당선될 수 없다.

④ 대통령으로 선거될 수 있는 자는 국회의원의 피선거권이 있고 선거일 현재 40세에 달하여야 한다.

⑤ 대통령의 선거에 관한 사항은 법률로 정한다.

제117조(지방자치단체의 자치권·종류) ① 지방자치단체는 주민의 복리에 관한 사무를 처리하고 재산을 관리하며, 법령의 범위 안에서 자치에 관한 규정을 제정할 수 있다.

② 지방자치단체의 종류는 법률로 정한다.

제118조(지방자치단체의 조직·운영) ① 지방자치단체에 의회를 둔다.

② 지방의회의 조직, 권한, 의원선거과 지방자치단체의 장의 선임방법, 기타 지방자치단체의 조직과 운영에 관한 사항은 법률로 정한다.

(1) 공무원제도(제7조)

1) 직업공무원제도

국가 또는 지방자치단체와 공법상 근무관계 및 충성관계를 맺고 있는 직업공무원으로 하여금 국가의 정책집행을 담당하게 하여 안정적이고 능률적인 정책집행을 보장하려는 공적구조에 관한 제도를 말한다. 직업공무원은 국민 전체에 대한 봉사자이다(제7조 제1항). 직업공무원제도는 "공무원이 특정당파의 이익이 아니라 국민전체의 이익을 위해 직무를 수행할 수 있도록 하기 위하여 공무원의 정치적인 중립성과 신분을 보장하는 것이므로 헌법 제7조 제2항은 헌법 제7조 제1항을 위한 수단조항으로 볼 수 있을 것이다. 직업 공무원에는 "경력직 공무원, 특수경력직 공무원, 군공무원은 물론이고 공무원의 신분은 갖고 있지 않지만 공무를 위탁받아 그 업무를 수행하는 자 또한 공무원으로 본다."

참고〉 공무원의 종류

〈경력직〉

① 일반직: 기술, 연구 또는 행정일반에 대한 업무를 담당한다. 직군·직렬별로 분류되는 공무원.

② 특정직: 법관, 검사, 경찰, 군인 등과 같이 특수분야의 업무를 담당하는 공무원.

③ 기능직: 기능적 업무를 담당한다.

〈특수경력직〉

① 정무직: 선거에 의해 취임, 임명시 국회동의를 요하는 공무원.

② 별정직: 특정업무를 담당하기 위해 별도의 자격기준에 의해 임용되는 공무원.

③ 계약직: 국가와 채용계약에 의해 전문지식, 기술이 요구되거나 임용에 있어 신축성이 요구되는 업무에 종사하는 공무원.

④ 고용직: 단순노무에 종사하는 공무원.

▶ 직군(넓은 의미: 직업의 무리−일반직, 계약직 등), 직렬별(좁은 의미: 경찰이면 경찰계통)

(2) 정당제도(제8조)

1) 정당의 의의

국민의 입장에 서서 국민의 이익을 위하여 책임 있는 정치적 주장이나 정책을 추진하고 공직선거에 입후보하는 후보자를 추천 또는 지지함으로써 국민의 정치적 의사형성에 참여함을 목적으로 하는 국민의 자발적인 조직을 말한다(정당법 제2조).

정당의 개념요소를 살펴보면 다음과 같다. ① 자유민주적 기본질서의 긍정, ② 국민의 이익의 실현, ③ 책임 있는 정치적 주장이나 정책의 추진, ④ 공직선거의 후보자 추천 또는 지지, ⑤ 국민의 정치적 의사형성에 참여, ⑥ 국민의 자발적인 계속적 조직.

2) 정당의 역할

정당은 분산된 국민의 정치적 의사를 일정한 방향으로 유도하고 결집하는 국가의 사결정에 반영하는 매개체 또는 중개자역할을 담당한다.

3) 정당의 법적지위

현실적으로 법적 성격은 사적·정치적 결사 내지 법인격없는 사단으로 볼 수 밖에 없다. 이론상으로는 사적 결사와는 달리 그 정당의 존립이 헌법에 의해서 보장되고 국가에 의한 특별한 보호를 받고 있고, 임무 또한 공적이기 때문에 헌법제도와 사적 결사의 혼합형태로 볼 수도 있을 것이다.

> 정당의 법적 지위는 "적어도 그 소유재산의 귀속관계에 있어서는 법인격 없는 사단으로 보아야 하고, 중앙당과 지구당과의 복합적 구조에 비추어 볼 때 정당의 지구당은 단순한 중앙당의 하부조직이 아니라 어느 정도는 독자성을 가진 단체로서 역시 법인격 없는 사단에 해당한다(헌재결 1993. 7. 29, 92헌마262)."

4) 정당의 권리와 의무

정당은 설립과 활동의 자유를 가지며, 헌법재판소에 의하여 해산되는 경우를 제외하고는 강제해산당하지 않는다. 정당은 공직선거에 참여하고 여론을 형성하고 주도하는 등 국민의 정치적 의사형성에 참여할 권리를 가지고, 공직선거에 후보자를 추천할 권리를 가진다. 또한 정당은 법률이 정하는 바에 의해 그 운영상 필요한 자금을 국가로부터 보조 받을 수 있다. 하지만 정당은 자유민주적 기본질서를 존중해야 할 의무, 정당을 민주적으로 운영해야 할 의무, 정치자금을 공개해야 할 의무, 중앙선거관리위원회에 정당의 정책을 보고해야 할 의무 등을 준수해야 할 의무가 있다.

5) 정당의 강제해산

정당은 목적과 활동이 민주적 기본질서에 위배되는 경우에 헌법재판소의 판결 여하에 따라 강제로 해산할 수 있다. 헌법재판소의 결정은 재판관 9인 중 6인의 찬성으로 결정된다. 헌법재판소는 결정서를 정당의 대표자, 국회, 정부 및 중앙선관위에 송달해야하며, 집행은 중안선관위가 시행한다.

이 경우 그 정당의 대표자 및 간부는 해산된 정당의 강령과 동일하거나 유사한 것으로 정당을 설립하지 못하고 해산된 정당과 같은 동일한 명칭을 사용할 수 없으며, 잔여재산은 국고에 귀속된다.

(3) 민주적 선거제도

국민 모두가 주인으로서 나라 운영에 참여할 수 있지만 현실적으로 주권자인 국민 모두가 정치에 침여하기란 어려운 일이다. 그래서 국민들은 선거를 통하여 국가를 대신 운영할 권리를 대표자에게 주고, 그들을 통해 정치에 참여시키는 것이다. 이를 위해서 우리 국민들은 소중한 투표권을 행사함으로써 대표자를 선출하게 된다.

1) 선거와 투표의 의의

선거란 국민적 합의에 의한 정치를 실현하기 위하여 주권자인 국민들이 자신들을 대표하여 정치를 실현시키기 위해 국가기관을 선출하는 행위를 말한다. 즉, 참정권의 행사로서 국민 다수의 선거에 의해서 대표자를 선출하는 것을 말한다. 선거는 총선거[117], 재선거[118], 보궐선거[119] 등이 있으며 선거일은 선거별로 차이가 있다.

투표란 선거인이 누구를 대표자로 선택할 것인가에 대한 의사표시를 말한다.

선거일

① 대통령선거: 임기 만료일 전 70일 이후 첫째 수요일.

② 국회의원선거: 임기 만료일 전 50일 이후 첫째 수요일.

③ 지방선거: 지방의회 의원 및 지방자치단체장 임기 만료 전 30일 이후 첫째 수요일

④ 재·보궐선거: 선거일시 사유가 전년도 10월 1일부터 3월 31일 사이에 확정된 경우에는 4월 중 마지막 수요일, 4월 1일부터 9월 30일 사이에 확정된 경우에는 10월 중 마지막 수요일(공직선거법 제34조, 제35조).

---

2) 선거의 기능

---

① 국가기관을 구성하는 기능을 가진다.

② 국가권력에 대해 민주적 정당성을 부여하는 기능을 가진다.

③ 국민의 참정권을 현실화하는 기능을 가진다.

④ 국가 기관을 정치적으로 통제하는 기능을 가진다.

▶ 이외에도 다양한 정치적 기능을 수행한다.

---

3) 선거의 종류(제41조 제1항, 제67조 제1항)

현재 선거제도는 보통, 평등, 직접, 비밀선거의 네 가지에 대해서 알아보자.

① 보통선거

제한선거에 반대되는 선거로서 입헌주의의 발전과정에서 자행되던 사회적 신분·재력·학위 등에 따른 여러 제한적 선거의 양태뿐 아니라, 인종·신앙·성별 등 일정한 연령이면 모든 국민에게 선거권을 인정하는 제도를 말한다. 선거권이 제한 받지 않도록 하는 선거를 말한다. 어떠한 자격 제한을 두지 않고(사회적 신분, 재산, 종교, 성별 등)

---

117) 총선거란 임기가 끝난 경우 전원을 선거하는 것을 말한다.
118) 재선거란 임기개시전의 사유로 당선이 무효로 되어 다시 선거하는 것을 말한다.
119) 보궐선거란 임기개시후의 사유로 결원이 생겨 하는 선거를 말한다.

② 평등선거

불평등선거(차등선거)에 반대되는 것으로서 1인의 원칙에 따라 모든 선거인이 평등하게 한 표를 행사하고, 1표 1가의 원칙에 따라 모든 선거인의 투표의 성과가치도 평등한 선거를 말한다.

③ 직접선거

간접선거에 반대되는 것으로서 선거인이 직접 대표자를 선출하는 선거를 말한다. 직접선거는 투표의 대리나 위임을 인정하지 않는다. 즉, 중간선거인의 개입을 배제하는 것이 원칙이다.

④ 비밀선거

공개선거 또는 공개투표에 반대되는 것으로서 선거인의 의사결정 또는 투표내용이 알려지지 아니한 선거를 말한다.

4) 대표제와 선거구제

① 대표제

대표제의 종류로 논의 되고 있는 대표제의 유형에는 다수대표제, 소수대표제, 비례대표제, 혼합대표제, 직능대표제가 있다. 이 대표제는 오늘날 대체로 다수대표제냐 비례대표제냐 혹은 양자의 절충이냐 하는 문제로 귀착되고 있다. 이하에서는 대표제의 종류에 대해서 살펴보자.

다수대표제는 다수의 후보자 중에서 선거인으로부터 다수의 득표를 얻은 후보자를 당선자로 결정하는 선거제도를 말한다. 이에 따른 유형으로는 상대적 다수대표제(일회제 다수대표제)와 절대적 다수대표제(결선투표제 또는 2회제 다수대표제)가 있다. 상대적 다수대표제는 단 한 번의 선거를 통하여 상대적으로 많은 유효득표를 한 자를 대표로 선출하는 선거제도를 말한다. 주로 영국과 미국 등에서 널리 제도를 채택하고 있다. 절대적 다수대표제는 첫 번째 선거에서 유효투표의 과반수 득표자가 없을 경우에 일정한 득표 이상을 한 후보자 중에서 두 번째 결선투표를 실시하여 유효투표의 과반수 득표자를 당선자로 결정하는 선거제도를 말한다.

이 제도가 상대적 다수대표제에 비하여 두 번 선거를 해야 한다는 불편하고 어려운 점도 있으나 적어도 유효투표의 절대 과반수 득표자를 당선자로 한다는 점에서 민주적 정당성에서 더 부합하는 선거제도라 볼 수 있다. 현재 프랑스에서 채택하고 있는 제도이다. 기술적으로 쉬운 방법을 통해서 안정적인 다수파를 확보한다는데 있어서 헌정체제의 안정을 기할 수 있다.

소수대표제는 다수대표제에 대응하는 개념으로 최다 득표자 외의 후보도 당선자가 될 수 있는 선거제도를 말한다. 소수대표제는 가장 많은 득표를 한 후보가 당선자가 될 뿐만 아니라 두 번째 또는 세 번째 이하의 득표를 한 후보의 경우도 당선자(소수대표)가 되는 제도이다.

비례대표제는 각 득표수에 비례하여 정당에 의석을 배분하는 선거제도를 말한다. 유권자인 국민의 의사를 정확하게 반영할 수 있기 때문에 다수대표제보다 더 국민적 정당성을 확보할 수 있는 선거제도이다. 오늘날 유럽각국에서 널리 채택해서 사용하고 있다. 투표의 산술적 재산가치의 평등뿐만 아니라 성과가치의 평등도 동시에 실현할 수 있기 때문에 평등선거의 원리에 가장 부합하는 제도이다. 다수파의 횡포를 방지할 수 있을 뿐만 아니라 정당정치의 활성화에도 기여할 수 있다.

혼합대표제는 비례대표제와 다수대표제의 장점과 단점을 상호보완하기 위해서 소선거구 상대적 다수대표제와 대선거구 비례대표제를 혼용하는 혼합대표제를 말한다. 독일의 선거제도와 일본의 선거제도가 이에 해당된다. 우리나라의 혼합대표제의 경우에는 국회의선거제도의 경우 상대적 다수대표제로 선출되는 지역구 국회의원과 비례대표제로 선출되는 비례대표 국회의원으로 구분된다.

직능대표제는 선거인단을 각 직능별로 분할하고 그 직능을 단위로 대표를 선출하는 제도를 말한다. 그러나 이 제도는 현실적으로 제 기능을 하지 못하기에 폐기 상태에 있다.

② 선거구제
선거인단을 지역단위로 분할하는 방식을 말한다. 여기에는 소선거구제, 중·대선거구제가 있다.

소선거구제는 1선거구에서 1명의 대표자를 선출하는 제도를 말한다. 우리나라가 지역구 국회의원을 선출할 때 채택하고 있는 제도이다. 이 제도는 안정된 정치상황, 선거인과 대표의 유대감, 대표 선택 등이 용이 한 반면 정당득표율과 의석배분의 불균형, 지방적 인물의 당선, 지방적 편견 등의 문제점을 가지고 있다.

중·대선거구제는 1선거구에서 2인 이상의 대표자를 선출하는 제도를 말하다. 이 제도는 소수대표가 가능, 부정선거효과 감소, 정당 중심의 선거쟁점 형성 등의 장점이 있지만 군소정당의 난립과 정국이 불안정, 선거비용의 과다, 후보자에 대한 정보부족 등의 문제점을 가지고 있다.

5) 현행법상 선거

선거제도의 기본인 국회의원선거제도는 소선거구 상대적 다수대표제(지역구 국회의원)와 전국선거구 비례대표(비례대표국회의원)제도를 채택하고 있다. 대통령선거는 상대적 다수대표제를 채택하고 있다. 기초 및 광역 지방자치단체의 장선거도 상대적 다수대표제를 채택하고 있다. 광역의회와 기초의회는 지역구 의원과 비례대표의원으로 구성된다.

공직선거법은 공정선거를 보장하기 위하여 정당, 후보자의 공정경쟁업무(제7조), 언론기관의 공정보도의무(제8조~제8조의7), 공무원의 중립의무(제9조), 사회단체의 공명선거 추진활동(제10조), 선거부정감시단(제10조의2·제10조의3)에 관해 규정하고 있다.

국민주권주의의 원리(제1조)에 의거 "모든 국민은 법률이 정하는 바에 의하여" 선거권(제24조)과 공무담임권에 기초하여 피선거권(제25조)을 가진다. 선거권자란 선거권이 있는 자를 말한다. 선거권자는 만 19세 이상의 대한민국 국민이어야 한다(제15조 제1항).

공직선거에 입후보할 수 있는 피선거권자는 선거권자와 마찬가지로 대한민국의 국민이어야 한다. 피선거권 연령에서 대통령선거의 경우 40세 이상이고, 그 밖에 국회의원선거와 지방자치선거 등 공직선거법의 적용을 받는 선거의 피선거권 연령의 경우 25세 이상이다.

> 단, 선거와 관련하여 범죄경력이 있거나, 공직자로서 뇌물을 받은 경우, 금치산 선고를 받은 자, 선거사범으로서 법이 정한 시한이 지나지 않은 자, 법원의 판결에 의해 선거권이 정지 또는 상실된 자 등은 피선거권이 없다.

선거구의 경우 대통령과 비례대표국회의원은 전국을 단위로 하여 선거를 한다(제20조 제1항). 비례대표시·도의원은 당해 시·도를 단위로 선거하며, 비례대표자치구·시·군의원은 당해 자치구·시·군 단위로 선거한다(제2항). 지역구국회의원, 지역구지방의회의원(지역구시·도의원 및 지역구자치구·시·군의원을 말한다)은 당해 의원의 선거구를 단위로 하여 선거한다(제3항). 지방자치단체의 장은 당해 지방자치단체의 관할구역을 단위로 하여 선거한다(제4항).

국회의 의원정수는 지역구국회의원과 비례대표국회의원을 합하여 300인으로 한다(제21조 제1항). 하나의 국회의원지역선거구에서 선출할 국회의원의 정수는 1인으로 한다(제2항).

선거기간을 특별히 법으로 정한 이유는 선거운동의 과열양상을 방지하기 위한 조치이다. 선거기간이란 대통령선거의 경우 후보자등록마감일의 다음날부터 선거일까지를 말하며, 국회의원선거와 지방자치단체의 의회의원 및 장의 선거의 경우 후보자등록마감일 후 6일부터 선거일까지를 말한다(제33조 제3항).

선거별 선거기간은 대통령선거는 23일, 국회의원선거와 지바자치단체의 의회의원 및 장의 선거는 14일이다. 선거일은 법에 정하는 바에 의하여 국민들이 언제 선거가 실시될 것인지를 충분히 예측할 수 있도록 규정짓고 있다.

임기만료에 의한 선거일의 경우에 있어 대통령선거는 그 임기만료일 전 70일 이후 첫 번째 수요일, 국회의원선거는 그 임기만료일 전 50일 이 후 첫 번째 수요일, 지방의회의원 및 지방자치단체의 장의 선거는 그 임기만료일 전 30일 이후 첫 번째 수요일로 한다(제34조 제1항).

보궐선거 등의 선거일의 경우 대통령의 궐위로 인한 선거 또는 재선거는 그 선거의 실시사유가 확정된 때부터 60일 이내에 실시하되, 늦어도 선거일 전 50일까지 대통령 또는 대통령권한대행자가 공고해야 한다(제35조 제1항).

선거인명부의 경우 수시작성주의를 채택하고 있다(제37조). 관할선거구선거관리위원회와 읍·면·동선거관리위원회는 선거인 명부작성을 감독한다(제39조). 선거권자는 누구든지 자유로이 선거인병부를 열람할 수 있다(제40조). 누락 또는 오기가 있는 경우에는 이의신청 할 수 있다(제41조).

국회의원 선거에 입후보 할 자의 경우 먼저 추천을 받아야 하는데 소속된 경우와 무소속의 경우가 다르다. 정당에 소속된 경우는 정당인의 추천이 필요하고, 무소속인 경우는 관할 선거구 안에 주민등록이 되어 있는 300인 이상~ 500인 이하 선거권자의 추천을 받으면 된다(공직선거법 제47·48조). 등록은 선거일 전 15일부터 2일 동안 후보자 등록을 마쳐야 한다(동법 제 46조).

이 외외 대통령 선거의 후보로 등록하기 위해서는 5개 이상의 시·도에 각각 주민등록이 되어 있는 선거권자 500인 이상의 총 2500인 이상~5000인 이하의 추천이 필요하다.

후보자의 등록(제49조)은 대통령선거에 있어서는 선거일 전 24일, 국회의원선거와 지방자치단체의 의회의원 및 장의 선거에 있어서는 선거일 전 20일(후보자등록신청 개시일)부터 2일간(후보자등록기간) 관할선거구선거관리위원회에 서면으로 신청해야 한다(제1항).

기탁금과 선거결과에 따른 반환(제56조·제57조)을 살펴보면 우선 기탁금제도는 무분별한 후보난립을 방지하기 위한 제재금 예납의 의미와 함께, 공직선거법 위반행위에 대한 과태료 및 불법시설물 등에 대한 대집행비용과 부분적으로 선전벽보 및 선거공보의 작성비용에 대한 예납의 의미의 성격을 가지고 있다.

기탁금을 책정하는 것 자체는 법적으로 합헌이지만 그 액수는 공영선거의 원리를 저해하지 않는 선에서 해야 한다.

---

① 대통령선거에 출마한자는 5억 원

② 국회의원선거에 출마한자는 1500만 원

③ 시·도 의회의원은 300만원

④ 시·도지사 선거는 5000만 원

⑤ 자치구 시·군의장은 1000만 원, 자치구 시·군의원은 200만 원의 기탁금을 내야한다.

기탁금에서 부담하는 비용을 뺀 나머지 금액은 선거일 후 30일 이내에 기탁자에게 반환한다(제57조 제1항). 유효투표총수의 100분의 15 이상을 득표한 경우에는 전액을 반환하고, 100분의 15 미만 100분의 10 이상이면 50%를 반환한다.

선거운10(1) 공무원제도(제7조)동은 이란 공직선거에서 특정의 후보를 당선되게 하거나 되지 못하게 하기 위한 행위를 말한다. 선거운동의 자유는 공직선거법상 금지되어 있지 않은 한 선거운동은 누구나 자유롭게 할 수 있다(제58조 제2항).

> **공직선거법 제58조(정의 등)** ① 이 법에서 '선거운동'이라 함은 당선되거나
> 되게 하거나 되지 못하기 하기 위한 행위를 말한다. 다만 다음 각호의 1에
> 해당하는 행위는 선거운동으로 보지 아니한다.
>   1. 선거에 관한 단순한 의견개진 및 의사표시
>   2. 입후보와 선거운동을 위한 준비행위
>   3. 정당의 후보자 추천에 관한 단순한 지지·반대의 의견개진 및 의사표시
>   4. 통상적인 정당활동

선거운동의 기간제한은 선거기간개시일부터 선거일 전날까지 할 수 있다(동법 제
59조). 현재 국회의원의 선거운동 기간은 14일이다.

선거운동의 방법에는 집회(3인 이상의 모임), 후보자가 함께하는 공개장소에서의
연설(거리유세 등), 대담회, 토론회 등이 있다. 인쇄물을 이용하는 방법은 53cm ×
38cm 크기의 선전벽보를 이용할 수 있다.

인터넷 홈페이지의 방법과 전화를 위한 방법(오전6시~오후11시까지 제한), 현수
막을 사용하는 방법도 있다. 방송광고는 대통령선거와 비례대표 국회의원의 선거에
만 허용된다. 선거운동의 제한에 대해서 보면 선거운동을 방해하기 위한 연설 및 대
담·토론 방해 행위. 부당한 금전의 사용으로 선거인, 후보자, 당선자를 매수하는
행위. 불공정한 행위로서 동호회·친목회 등 사조직을 이용한 선거운동 등이다.

야간 연설의 제한, 연설 장소의 제한, 확성장치의 사용제한, 후보자 비방행위, 허
위사실을 널리 퍼뜨리는 행위 등이다.

투표를 하는 방법은 기표방법에 의한다. 투표는 직접 또는 우편으로 하되, 1인 1
표로 한다.

오전 6시부터 시작하여 오후 6시까지이다(보궐선거 등에 있어서는 오후 8시). 사
정이 생겨 장기 출타를 한 자, 군인 등의 경우와 같이 선거당일에 투표소에서 직접
투표를 할 수 없는 경우에는 부재자신고를 한 뒤 선거일 전 6일부터 2일 동안 시·
군·구 선거관리 위원회가 마련한 부재자 투표소에서 투표를 하면 된다(공직선거법
제155·158조).

개표를 하면 유효표와 무효표가 생기는데 이를 분리한 후 유효표만 대상으로 하

여 후보자별 득표를 집계하고 공표하게 된다.

지역선거구는 가장 많은 표를 획득한 자가 선출되는 다수대표제(단, 득표수가 같을 때에는 연장자 순)를 채택하고 있다.

선거결과에 불복할 경우 소송을 할 수 있다. 이에는 선고소송(제222조)과 당선소송(제223조)이 있다. 선고소송은 선거의 효력에 이의가 있는 경우에 제기하는 소송을 말하고, 당선소송은 당선의 효력이 있을 때 제기하는 소송을 말한다.

대통령선거 및 국회의원선거에 있어서 선거의 효력에 관하여 이의가 발생한 경우 원고는 선거인·정당(후보자를 추천한 정당에 한한다) 또는 후보자로 하여 선거일로부터 30일 이내에 당해 선거구선거관리위원장을 피고로 하여 대법원에 소를 제기할 수 있다(제1항). 지방선거의 경우에는 10일 이내에 고등법원에 소를 제기해야 한다((공직선거법 제222조(선거소송). 당선자 결정의 효력에 관하여 이의가 발생한 경우에는 원고는 정당, 후보자로 하여 대통령선거에 있어서는 그 당선인을 결정한 중앙선거관리위원회위원장 또는 국회의장, 국회의원선거에 있어서는 당선인, 선거구선거관리위원회위원장을 피고로 하여 대법원에 소를 제기할 수 있다.

지방의회의원 및 지방자치단체의 장의 선거에 있어서 당선의 효력의 결정에 불복이 있는 경우에는 10일 이내에 비례대표시·도의선거 및 시·도지사선거에 있어서는 대법원에, 지역구시·도의원선거, 자치구·시·군위원선거 및 자치구·시·군의 장선거에 있어서는 그 선거를 관할하는 고등법원에 소를 제기할 수 있다(제223조(당선소송)).

(4) 지방자치제도(제116조~제117조)

1) 의의

일정한 지역을 바탕으로 일정한 지역의 주민이 그 지방에 관한 사무를 자신의 책임 아래 자신들이 선출한 기관을 통해 처리하는 제도를 말한다.

2) 취지

이러한 지방자치제도를 통해 지방의 균형 있는 발전과 아울러 국가의 민주적 발전을 도모할 수 있는 것이다.

3) 구성요소

일정한 지역의 주민이 그 지역 내의 행정사무를 스스로 처리한다는 주민차지의 요소와, 국가 내의 일정한 지역을 기초로 하는 공법인 지역단체가 그 지역의 행정사무를 자주적으로 처리한다는 단체자치의 요소를 구성요소로 한다.

① 주민자치

지역주민이 그 지역사회의 정치와 행정을 자신의 책임 아래 처리하는 것을 말하다.

② 단체자치

일정한 지역을 기초로 하는 지방자치단체가 국가 아래에서 독립된 인격과 자치권을 인정받아 그 지방 자체의 기관을 가지고 자주적으로 단체의 의사를 결정하며 사무를 처리하는 것을 말한다.

11. 국회의 회의운영과 의사원칙

국회의 회의운영과 의사원칙에 대해서는 헌법, 국회법, 국회규칙 등에서 자세히 규정하고 있다.

(1) 국회의 회기와 회의

국회의 회기에는 정기회·임시회가 있다. 회기란 의회기 내에서 국회가 활동할 수 있는 일정한 기간을 말한다. 의회기(입법기)는 국회의원총선거에 따라 구성된 국회의원의 임기개시 후 임기만료까지의 기간을 말한다. 국회의 정기회의 회기는 100일을, 임시회의 회기는 30일을 초과할 수 없다(제47조 제2항).

헌법상 정기회는 법률이 정하는 바에 따라 매년 1회 집회된다(제47조 제1항). 국회법은 매년 9월 1일을 집회일로 하고, 그 날이 공휴일인 경우에는 그 다음날에 집회하도록 규정하고 있다. 임시회는 대통령 또는 국회재적의원 4분의 1이상의 요구에 의하여 집회된다(제47조 제1항 후단). 대통령이 임시회의 집회를 요구할 때에는 기간과 집회요구의 이유를 명시해야 한다(제47조 제3항).

(2) 휴회·폐회·개의

휴회란 국회의 회기 중 국회의 의결로 기간을 정하여 활동을 중지하는 것을 말한다(국회법 제8조 제1항). 국회는 휴회 중이라도 대통령의 요구가 있는 경우, 의장이 긴급한 필요가 있다고 인정할 때 또는 재적의원 4분의 1이상의 요구가 있는 경우에는 회의를 개의한다(동 제2조).

폐회란 회기의 종료에 의하여 국회가 그 활동을 중지하는 것을 말한다. 본회의는 재적의원 5분의 1이상의 출석으로 개의한다(국회법 제73조 제1항).

(3) 국회의원의 임기개시·임시회·원구성

1) 임시개시 후 7일에 집회

국회의원총선거 후 최초의 임시회는 의원의 임기개시 후 7일에 집회하며, 처음 선출된 의장의 임기가 만료되는 때가 폐회중인 경우에는 늦어도 임기만료일전 5일까지 집회한다(국회법 제5조 제3항).

2) 국회의 원구성과 의장직무대행의 권한

국회법에 의하면 국회의원총선거 후 최초로 의장과 부의장을 선거할 때에는 출석의원 중 최다선의원이, 최다선의원이 2인 이상인 경우에는 그 중에서 더 연장자가 의장의 직무를 대행토록 규정하고 있다(제18조 제1호).

(4) 국회의 의사원칙

1) 의사공개의 원칙

의사공개의 원칙은 국회에서 의사진행을 공개함으로써 국민의 비판과 감시를 받게 하는 원칙을 말한다. 보도의 자유, 회의록의 배부·반포의 자유(제118조) 등을 그 내용으로 하고 있다.

2) 다수결 원칙

국회는 헌법 또는 법률에 특별한 규정이 없는 한 재적의원 과반수의 출석과 출석의원 과반수의 찬성으로 의결한다. 우리헌법의 원리이다. 가부동수인 경우에는 부결된 것으로 본다.

3) 회기계속의 원칙

국회에 제출된 법률안 기타의 의안은 회기 중에 의결되지 못한 이유로 폐기되지 아니한다(제51조).

4) 일사부재의 원칙

국회법은 한번 부결된 안건의 경우에는 같은 회기 중에 다시 발의 또는 제출하지 못한다(제92조). 이 원칙은 국회의결의 불안정을 막고, 회의의 능률성을 제고하고, 소수파의 의사방해를 차단키 위한 것이다.

(5) 정족수

1) 의의

정족수란 다수인으로 구성되는 합의체에서 회의진행과 의사결정에 필요한 인원수를 말한다. 여기에는 의사정족수와 의결정족수로 나누어 살펴볼 수 있다.

① 의사정족수

의회의 의사를 여는 데 필요한 의원의 수를 말한다. 본회의는 재적의원 5분의 1이상의 출석으로 개의한다(제73조 제1항). 회의 개의 후에는 교섭단체대표의원이 의사정족수의 충족을 요청하는 경우 외에는 효율적인 의사진행을 위하여 회의를 계속 할 수 있다(제73조 제3항 단서).

〈국회의 정족수〉

정족수	사유
10인 이상	회의의 비공개발의, 일반의안의 발의
20인 이상	국무총리, 국무위원 출석요구 발의, 긴급현안 질문, 징계요구발의, 의사일정변경발의
재적 1/5 이상	본회의·위원회 의사정족수, 기명, 호명, 무기명 투표요구
재적 1/4 이상	구속의원석방요구발의, 임시회집회, 국정조사요구, 전원위원회요구, 휴회 중 회의재개요구
재적 1/3 이상	국무총리·국무위원 해임건의 발의, 대통령 이외의 자 탄핵발의, 무제한토론 요구

재적 과반수	헌법개정안발의, 대통령탄핵소추발의, 의장과 부의장 선출, 계엄해제요구, 국무총리·국무위원해임건의의결, 대통령 이외의 자 탄핵의결
재적 과반수 출석/ 출석 3분의 2이상 찬성	대통령의 거부권행사 법률안 재의결시
재적 3분의 2 이상 찬성	의원의 제명, 대통령탄핵소추의결, 의원자격심사결정, 헌법개정안의 의결

② 의결정족수

의안을 의결하는데 필요한 의원의 수를 말한다. 일반의결정족수는 헌법상 다수결의 원리에 입각한다(제49조)

정족수	사유
재적의원 과반수 출석/ 출석의원 3분의 2 이상의 찬성	법률안의 재의(제49조)
재적의원 과반수의 찬성	국무총리·국무위원해임건의(제63조 제2항), 일반적인 탄핵소추의 의결 및 대통령에 대한 탄핵소추발의(제65조 제2항), 계엄의 해제요구(제77조 제5항)
재적의원 3분의 2 이상의 찬성	국회의원의 제명처분(제64저 제3항), 대통령에 대한 탄핵소추의결(제65조 제2항), 헌법개정안의결(제130조 제1항)

(6) 회의진행

1) 본회의

오후 2시에 개의함을 원칙으로 한다(구회법 제72조).

2) 위원회

본회의의 의결이 있거나 의장 또는 위원장이 필요하다고 인정한 경우에는 재적위원 4분의 1 이상의 요구가 있을 때 개회한다(국회법 제52조). 의사정족수는 재적위원 5분의 1 이상이다(제54조).

12. 탄핵소추

(1) 탄핵 소추기관

헌법 제65조(탄핵소추의결권과 그 결정의 효력) 제1항은 "대통령·국무총리·국무위원·행정각부의 장·헌법재판소 재판관·법관·중앙선거관리위원회 위원·감사원장·감사위원 기타 법률이 정한 공무원이 그 직무집행에 있어서 헌법이나 법률을 위배한 때에는 국회는 탄핵의 소추를 의결할 수 있다"라고 하여 국회를 탄핵소추기관으로 규정짓고 있다.

(2) 탄핵 소추대상자

헌법 제65조 제1항에서 열거한 자를 말한다. "기타 법률이 정한 공무원"에 관한 단일 법률은 따로 제정되어 있지는 않다. 법률상 탄핵소추대상자로 정하여야 할 직위로는 검찰총장 각군 참모총장, 각 처장, 정부위원(차관 포함) 등이 있다. 검찰청법에서 살펴보면 검사는 탄핵이나 금고 이상의 형을 선고받은 경우를 제외하고는 파면되지 아니하며, 징계처분 또는 적격심사에 의하지 않고서는 해임, 면직, 정직, 감봉, 견책 또는 퇴직의 처분을 받지 아니한다(제37조). 이는 법률이 정한 탄핵소추대상자의 한 예시라고 할 수 있다. 경찰청법에서 살펴보면 경찰청장이 그 직무집행에 있어서 헌법이나 법률을 위배한 때에는 국회는 탄핵의 소추를 의결할 수 있다(제11조 제6항).

(3) 탄핵소추의 사유

직무를 집행함에 있어서 헌법이나 법률을 위반한 경우이다.

(4) 탄핵소추의 절차

국회가 탄핵소추를 발의한 경우에는 피소추자의 성명·직위와 탄핵소추의 사유·증거 기타 조사상 참고가 될 만한 자료를 제시해야 한다(제180조 제3항).

대통령에 대한 탄핵소추는 국회재적의원 과반수의 발의와 재적의원 3분의 2 이상의 찬성이 있어야 한다. 그 외의 자에 대한 탄핵소주의 경우는 국회재적의원 3분의

1 이상의 발의가 있어야 하며, 그 의결은 재적의원 과반수의 찬성이 있어야 한다(제65조 제2항). 탄핵소추의 의결이 있는 경우에는 의장은 지체 없이 소추의결서의 정본을 법제사법위원장인 소추위원에게, 그 등본을 헌법재판소·피소추자와 그 소속기관의 장에게 송달해야 한다(국회법 제134조 제1항). 소추위원은 헌법재판소에 소추의결서의 정본을 제출하여 탄핵심판을 청구한다(헌재법 제49조 제2항).

(5) 탄핵소추의 효과

탄핵소추의 의결을 받은 사람은 소추의결서가 송달된 때부터 헌법재판소의 탄핵심판이 있을 때 까지 그 권한행사가 정지된다(제65조 제3항, 국회법 제134조 제2항, 헌재법 제50조). 이기간 중의 직무행위는 무효에 해당된다.

13. 특별검사제도

(1) 의의

특별검사제도는 미국에서 발달한 제도로서 고위공직자의 비리나 국정의혹사건에 대하여 수사의 정치적 중립성을 담보키 위해서 검찰청법의 검사가 아닌 독립된 수사기구에서 수사하게 함으로써 여러 의혹을 해결키 위해 만들어진 제도이다.

현재 우리나라의 경우에는 특별검사제도의 발동 경로와 수사대상, 임명절차 등을 미리 법률로 제정해 두고 문제가 된 사건이 발생되면 곧바로 특별검사를 임명하여 최대한 공정하고 효율적으로 수사를 할 수 있게 하기 위해 특별검사의 임명 등에 관한 법률을 제정하였다.

(2) 종전 제도의 문제점

여야 사이에 정치적 흥정의 대상이 되었다. 수사대상 및 수사기간이 지나치게 한정됨으로써 실체적 진실규명이 제대로 이루어지지 못하였다. 지나치게 잦은 특별검사제도의 도입은 헌법과 법률이 정한 검찰의 기소독점주의를 왜곡시킬 우려성이 있다.

(3) 특별검사의 임명 등에 관한 법률의 내용

특별검사의 수사대상은 국회가 정치적 중립성과 공정성 등을 이유로 특별섬사의 수사가 필요하다고 본회의에서 의결한 사건, 법무부장관이 이해관계의 충돌이나 공정성 등을 이유로 특별검사의 수사가 필요하다고 판단한 사건의 경우(제2조).

특별검사의 수사가 결정된 경우 대통령은 특별검사후보추천위원회에서 지체 없이 2명의 특별검사 후보자 추천을 의뢰해야 하며 특별검사후보추천위원회는 의회를 받은 날부터 5일 내에 2명의 후보자를 서면으로 대통령에게 추천하여야 한다(제3조).

특별검사 후보자의 추천을 위하여 국회에 특별검사후보추천위원회를 두며 특별검사후보추천위원회는 위원장 1명을 포함하여 7명의 위원으로 구성한다. 위원장은 위원 중에서 호선한다(제4조).

특별검사는 준비기간이 만료된 날의 다음 날부터 60일 이내에 담당사건에 대한 수사를 완료하고 공소제기 여부를 결정해야 한다. 특별검사가 법정기간 내에 수사를 완료하지 못하거나 공소제기 여부를 결정하기 어려운 경우에는 대통령에게 그 사유에 대해 보고를 하고 대통령의 승인을 받아 수사기간을 한 차례만 30일까지 연장할 수 있다(제10조). 특별검사가 공소제기한 사건의 재판은 다른 재판에 우선하여 신속히 처리해야 한다(제11조).

특별검사는 담당사건에 대하여 공소를 제기하지 않는 결정을 한 경우, 공소를 제기한 경우 및 해당 사건의 판결이 확정된 경우에는 각각 10일 이내에 대통령과 국회에 서면으로 보고를 하고 법무부장관에게 서면으로 통지를 해야 한다(제12조).

제3장 기본권

1. 인권과 기본권에 대해

(1) 우리가 생활하면서 지켜야 할 기본적 권리

① 기본권은 헌법이 보장하는 국민의 기본적인 권리를 말하고, 인권은 인간이기 때문에 인간으로서 당연히 누릴 수 있는 권리를 의미한다. 천부인권'[120]이라고도 한다. "인권은 우리가 단지 인간이라는 이유만으로 누릴 수 있는 자연적이고 양도 불가능하며 신성불가침적인 권리이다.

② 인권이라는 말과 비슷한 말로 사용되는 기본권이라는 개념이 있다. 즉 인권은 인간의 자연적 권리인데 비해, 기본권은 국민내지 시민의 헌법적 권리라는 의미로 이해된다.

③ 초기 인권의 역사는 국가의 전단적인 지배에 대항해서 개인의 기본적 자유와 권리를 보장받고자 했던 데서 비롯되었지만 오늘날 인권의 문제는 가정, 학교, 직장 등에서 일상적으로 일어나고 있다.

(2) 기본권의 연혁

기본권의 초기 발전은 북미와 프랑스혁명을 통해 최초로 구현된 근대시민국가와 밀접하게 관련되어 있다.

① 미국

1776년 6월의 버지니아 권리장전에서 생명권, 자유권, 재산권, 저항권을 규정하는 등 인권의 천부적 자연권을 선언하였다. 1776년 7월 독립선언서에서 생명권, 자유권, 행복추구권을 규정하였다.

---

120) 천부인권이란 "우리가 단지 인간이라는 이유만으로 누릴 수 있는 자연적이고, 양도 불가능하며, 신성불가침적인 권리이다."

② 프랑스

시민혁명을 계기로 '인간과 시민의 권리선언'이 선언 되었고 제1조에서 "인간은 자유롭고 평등한 권리를 가지고 태어나며 생존한다. 사회적 차별은 공공의 이익을 위해서만 가능하다"라고 규정하였다. 이 인권선언에는 자연권으로서의 인권성과 평등권, 소유권의 신성불가침성, 신체의 자유, 종교와 표현의 자유 등이 규정되었다.

▶ 미국과 프랑스를 시초로 하여 등장한 근대적 기본권은 인권이 목적이고 국가권력은 수단임을 명시하고, 이 목적으로서의 인권은 어떠한 권력도 침해할 수 없다고 선언하였다.

③ 독일

1919년 바이마르헌법에서 자유권, 참정권 이외에 사회적 기본권을 최초로 규정하였고, 1949년 본기본법에서 인간의 존엄성존중을 규정하였다. 사회국가이념의 뒷받침으로 경제활동의 자유를 적극적으로 제한하고 사회권을 도입하였다.

(3) 기본권의 주체

기본권의 주체란 헌법이 보장하는 자유와 권리를 누리는 자를 말한다.

기본권의 주체인 일반국민, 특수신분관계에 있는 국민, 재외동포, 북한주민에 대해서 살펴보면 헌법 제10조는 모든 국민은 기본권을 보장하고 있다. 그러나 대한민국의 국민이 되기 위한 요건은 법률에 의해 규정되고 있다(제2조). 대한민국 국민 중에서 일반국민은 성별, 연령, 사회적 신분에 관계없이 기본권의 주체가 된다. 태아나 사자의 경우는 기본권의 주체가 될 수 없지만 예외적인 경우에 있어서는 기본권의 주체가 될 수 있을 뿐이다. 미성년자의 경우도 기본권의 주체가 되지만 기본권을 행사함에 있어서는 일정한 제한이 따르고 있다.

특수신분관계에 있는 자는 신분의 특수성으로 말미암아 헌법과 법률에 의하여 기본권제한의 정도가 달라진다. 헌법상 공무원의 정치활동권, 군인·군무원의 재판청구권·국가배상청구권, 공무원 등의 근로3권 등이 제한되고 있다. 수형자는 형의 집행 및 수용자의 처우에 관한 법률에서 통신의 자유 등이 제한되고 있다.

재외동포는 재외국민과 외국국적동포로 구분되어져 있다. 이중 재외국민은 대한민국의 국민으로서 외국의 영주권을 취득한 자 또는 영주할 목적으로 외국에 거주하고 있는 자를 말한다(재외동포출입국과 법적지위에 관한 법률 제2조 제1호). 재외국민은 일반국인에 준해서 여러 혜택을 받는다.

북한을 국제법상 국가로서 인정하게 되면 북한주민의 법적지위는 외국인에 해당된다. 그러나 대한민국 헌법 제3조(영토) "대한민국의 영토는 한반도와 그 부속도서로 한다"라고 규정하고 있다. 이는 영토조항의 규범력에 관한 것으로서 이 조문에 의할 경우 북한주민은 대한민국 국민으로 보고 있다.

(4) 기본권의 효력

> ① 기본권은 국가권력을 구속하는 효력이 있다.
> ② 기본권은 국가나 공공단체뿐만 아니라 사인, 개인이 설립한 법인(사법인)까지도 구속한다.
> ③ 국회는 기본권을 침해하는 법을 제정해서는 안 되고, 정부는 기본권을 침해하는 집행행위를 해서는 안 되고, 사법부는 기본권을 침해하는 재판을 해서는 안 된다.

(5) 기본권의 충돌

기본권의 주체 사이에 서로 자기의 기본권을 국가에 대해서 주장함으로써 충돌하는 현상을 말한다. 예컨대, 흡연자의 흡연권과 비흡연자의 비 흡연권 등이다.

(6) 기본권 충돌해결 이론

기본권이 충돌한 경우에 다음과 같은 해석방법에 의해서 해결할 수 있다.

> ① 규범 조화적 해석의 방법: 충돌하는 양쪽의 기본권 모두가 효력을 가질 수 있도록 기본권 충돌을 해결하는 방법을 말한다.
> ② 법익형량 해석의 방법: 충돌하는 양쪽의 법률을 판단하여 법적 가치가 더 큰 기본권을 우선시하는 해결방법을 말한다.

(7) 기본권의 제한

> **제37조(국민의 자유와 권리의 존중·제한)** ② 국민의 모든 자유와 권리는 국가안전보장·질서유지 또는 공공복리를 위하여 필요한 경우에 한하여 법률로써 제한할 수 있으며, 제한하는 경우에도 자유와 권리의 본질적인 내용을 침해할 수 없다.

① 제한할 수 있는 권리

자유권. 참정권, 청구권, 사회적 기본권을 모두 제한할 수 있다. 하지만 내심(內心)의 자유는 제한을 할 수 없다. 예컨대, 신앙의 자유·학문의 자유 등이다.

② 기본권제한의 목적상의 한계

앞에서 헌법 제37조 제2항은 국민의 모든 자유와 권리는 "국가안전보장, 질서유지, 공공복리"를 위해서 법률로써 기본권을 제한할 수 있다. 제한하는 경우에도 "자유와 권리의 본질적인 내용을 침해할 수 없다."라고 함으로써 기본권제한의 일반원칙을 규정하고 있다. 이는 불가피한 경우에 한하여 최소한으로 그쳐야 한다는 것이다. 제37조 제2항에서 말하는 '자유와 권리'는 원칙적으로 모든 기본권이 포함된다.

국가안전보장이란 국가의 존립, 헌법의 기본질서의 유지 등을 포함하는 개념으로서 국가의 독립, 영토의 보전, 헌법과 법률의 기능, 헌법에 의하여 설치된 국가기관의 유지 등의 의미로 이해될 수 있다. 질서유지란 사회공공의 안녕질서의 유지를 의미한다. 여기서 질서유지는 넓은 의미의 질서유지에서 국가안전보장을 제외한 질서유지를 말한다. 공공복리란 현대 사회복지국가의 헌법이념을 적극적으로 구현하기 위해 사회구성원 전체를 위한 공공의 이익을 말한다.

③ 기본권 제한의 필요(비례의 원칙=과잉금지의 원칙)

필요한 경우에 한하여 제한된다(제37조 제2항). 비례의 원칙이란 기본권의 제한이 목적과 균형을 유지해야 한다는 의미이다. 비례의 원칙은 오늘날 공법과 사법의 영역에서 널리 사용되고 있다. 비례의 원칙은 법치국가원리와 헌법 제37조 제2항으로부터 비롯된다. 비례의 원칙(과잉금지의 원칙)의 내용으로서 목적의 정당성, 방법의 적절성, 피해의 최소성, 법익의 균형성을 둘 수 있다.

(8) 인권수호를 위한 국내·국제적 노력

인권을 보장하기 위한 노력은 국내적 차원과 국제적 차원에서 동시에 이루어지고 있다. 국내적으로는 '헌법상의 기본권 보장과 국가인권기구의 설립'을 통해 이루어지고, 국제적으로는 '국제기구의 설립' 등에 의해 이루어지고 있다.

인권을 위한 국가기관의 활동에 대해 살펴보면 다음과 같다. 헌법은 제10조에서 국가는 개인이 가지고 있는 인권을 확인하고 보장할 의무가 있다고 규정하고 있다. 이에 모든 국가기관은 개인의 인권을 확인하고 보장하기 위하여 노력할 의무가 있고, 이를 위해 다양한 업무를 수행하고 있다.

그중에서 '국가인권위원회'(www.humanrights.go.kr) 대해서 살펴보면 다음과 같다. 인권위원회 설립은 1993년 비엔나 세계인권대회에 참여한 한국 민간단체공동대책 위원회가 국가인권회기구를 설치를 제기한 이래 시민단체와 관련기관의 노력으로 2001년에 국가인권 위원법이 제정되고 현재의 국가 인권 위원회가 출범 하여 활동을 시작하였다. 국가인권 위원회의 구성은 위원장 1인, 상임위원회 3인을 통합한 11인의 위원으로 구성 되어 있다. 국가인권 위원회가 주로 하는 업무(정책적 기능)는 인권보호에 관련된 법령, 제도, 정책, 연구 및 개선권고 등을 하고 있다.

2. 인간의 존엄과 가치, 행복추구권

> 헌법 제10조(인간의 존엄성과 기본적 인권의 보장) ① 모든 국민은 인간으로서의 존엄과 가치를 가지며, 행복을 추구할 권리를 가진다. 국가는 개인이 가지는 불가침의 기본적 인권을 확인하고 이를 보장할 의무를 진다.

(1) 인간의 존엄과 가치

1) 인간의 존엄과 가치에 대한 의의

인간의 존엄과 가치는 인간을 인격적으로 대우하고, 독자적인 인격적 평가를 해야 한다는 의미를 말한다.

인간의 존엄과 가치는 헌법상 최고의 원리이다. 그러한 인간을 다른 목적달성을 위한 수단으로 사용해서는 안 된다. 인간의 존엄과 가치를 해치는 국가권력에 대해서는 국민은 저항할 수 있는 국민의 권리를 행사할 수 있다. 이를 '저항권'이라 한다.

> 헌법재판소는 인간의 존엄과 가치 및 행복추구권을 모든 기본권보장의 종국적 목적이라고 보고 있다(헌재 1990.9. 10, 89헌마82).

2) 인간의 존엄과 가치의 주체

향유주체는 자연인(인간)이다. 국내에 거주하는 내국민이나 외국인의 경우에는 인간의 존엄과 가치의 주체이다. 법인은 주체가 될 수 없다.

3) 인간의 존엄과 가치의 효력

인간의 존엄과 가치는 국가의 근본질서이기 때문에 모든 국가권력을 구속한다. 국가권력을 행사하는 자의 경우에는 인간의 존엄과 가치를 최우선으로 염두해 두고 그것이 실현되도록 노력해야 하며, 모든 국가작용은 인간의 존엄과 가치를 바탕으로 하는 국가질서의 범위 내에서만 인정된다. 인간의 존엄과 가치는 객관적인 법규범으로서 개인 상호간에서도 서로 효력이 미친다.

4) 제한

인간의 존엄과 가치에 대해서는 헌법 제37조 제2항에 따라 인간의 존엄과 가치의 본질적 내용에 대해서는 어떠한 법률로도 제한을 할 수 없다.

(2) 행복추구권(제10조 제1문 후단)

1) 의의

행복추구권은 자기 자신의 행복을 위해서 하기 싫은 행위를 하지 아니할 자유와 자기가 하고 싶은 일을 국가의 간섭을 받지 아니하고 자유롭게 할 수 있는 자유를 말한다.

2) 행복추구권의 규정

1776년 버지니아 권리장전과 미국독립선언문에 규정되어 있었다. 우리의 경우에는 1980년 헌법 이래 인간의 존엄과 가치와 함께 규정되고 있다.

3) 행복추구권의 법적성격

헌법 제10조의 규정에서 "행복을 추구할 권리를 가진다"라고 되어있으므로, 행복추구권은 독자적인 기본권으로서의 성격을 가지고 있다 할 것이다.

4) 행복추구권의 주체

행복추구권은 인간의 존엄과 가치와 밀접하고 불가분의 관계에 있는 인간의 권리이다. 그러므로 행복추구권의 주체는 자연인(사람)으로서 내국인뿐만 아니라 외국인도 포함된다. 그러나 법인의 경우는 될 수 없다.

5) 내용

행복추구권은 인간의 존엄과 가치와 불과분의 관계에 놓여 있다. 따라서 행복추구권의 경우에도 인간의 존엄과 가치의 내용이 그대로 적용된다. 행복추구권에는 일반적인 행동의 자유권, 자기결정권, 계약의 자유, 생명권, 휴식권, 일조권 등도 포함된다. 일반적 행동자유권이란 모든 국민이 행복을 추구하기 위하여 자유롭게 행동할 수 있는 자유권을 말한다. 자기결정권은 개인이 자신의 삶에 관한 중대한 사항에 대하여 스스로 남의 간섭 없이 자유롭게 결정하고 그 결정에 의해서 행동할 수 있는 권리를 말한다.

> 대법원은 행복추구권의 내용으로서 만나고 싶은 사람을 만날 권리(대판 1992. 5. 8, 91누7552), 자신이 먹고 싶은 음식이나 마시고 싶은 음료수를 자유롭게 선택할 권리(대판 1994. 3. 8, 92누1728).

6) 행복추구권의 제한

행복추구권은 타인의 권리나 헌법질서에 반해서는 안된다. 헌법 제37조 제2항의 국가안전보장, 사회질서 또는 공공복리를 위해서 필요한 경우에는 제한을 받을 수 있다.

3. 평등권

헌법 제11조(국민의 평등, 특수계급의 부인, 영전의 효력) ① 모든 국민은 법 앞에 평등하다. 누구든지 성별·종교 또는 사회적 신분에 의하여 정치적·경제적·사회적·문화적 생활의 모든 영역에 있어서 차별을 받지 아니한다.

② 사회적 특수계급의 제도는 인정되지 아니하며, 어떠한 형태로도 이를 창설할 수 없다.

③ 훈장 등의 영전은 이를 받은 자에게만 효력이 있고, 어떠한 특권도 이에 따르지 아니한다.

(1) 평등권의 의의

평등의 원리는 헌법상 최고의 원리이다. 국가로부터 부당하게 차별대우를 받지 아니함은 물론 국가에 대하여 평등한 처우를 요구할 수 있는 것을 말한다. 기본권실현의 방법적 기초이면서 방향을 제시해주고 모든 국민에게 여러 생활영역에서 균등한 기회를 보장해주는 것을 내용으로 한다. 기본권보장에 관한 헌법의 최고원리이며 기본권 중의 기본권이다.

(2) 헌법상 평등원리의 구체화

1) 일반평등원리의 규범화

헌법전문을 비롯하여 헌법 제11조(국민의 평등, 특수계급의 부인, 영전의 효력)에서도 평등권에 관한 기본적인 규정을 두고 있다. 제1항의 경우에는 법 앞의 평등, 성별, 종교, 사회적 신분에 의한 차별금지와 정치, 경제, 사회, 문화 각 생활영역에 있어서의 차별금지를, 제2항의 경우에는 사회적 특수계급의 부인을, 제3항의 경우에는 영전일대의 원칙을 규정하고 있다.

2) 개별적 평등원리의 규범화

헌법 제11조의 평등권규정에 만족하지 않고, 헌법 제31조(교육을 받을 권리와 의무 등)에서는 교육의 기회균등을, 제32조(근로의 권리와 의무 등, 여자와 연소자의 보호, 국가유공자 등에 대한 기회우선)에서는 여성근로자의 차별금지를, 제36조(혼인과 가족생활, 모성과 국민보건의 보호)에서는 양성평등을 규정하고 있다.

3) 법 앞의 평등

① '법'이란 단순한 국회에서 제정한 법률뿐만 아니고 모든 법규범을 포괄하는 것을 말한다. 따라서 법률, 명령, 조례, 규칙 등 모든 형태의 법규범은 자연법적 원리인 평등의 원리에 위반되어서는 안된다.

② '법 앞의' 평등이란 법적용 내지 법집행의 평등만을 의미하는 법적용평등만 뜻하는 것이 아니고, 행정·사법뿐만 아니라 입법자까지도 구속하는 법내용평등을 의미한다.

③ '평등'은 일체의 차별적 대우를 부정하는 절대적 평등을 의미하는 것이 아니라 입법과 법의 적용에 있어서 합리적은 근거가 없는 차별을 해서는 안된다는 상대적 평등을 의미한다.

(3) 평등권의 법적 성격

평등권은 국가로부터 불평등한 대우를 받지 않을 권리이면서 동시에 국가에 평등한 보호를 요구할 수 있는 권리이다. 평등권은 모든 기본권을 균등하게 실현하기 위한 기능 내지 방법으로서 기본권 전반에 걸려 공통으로 적용되어야 할 권리이고, 국가로부터 차별대우를 받지 아니할 권리이면서 동시에 국가에 대하여 평등한 보호를 요구할 수 있는 권리로서의 성격을 가지고 있다.

(4) 평등권의 구체적 내용

1) 차별금지 사유와 영역

헌법 제11조 제1항 차별금지 사유로서 성별·종교·사회적 신분을 예시하고 있다. 이 규정은 이렇듯 예시규정이기 때문에 이외에도 학력·출생지·보건·교육영역 등에 의해서도 차별을 해서는 안 되는 것이다.

① 성별

남녀는 평등하다. 이러한 남녀 평등이념을 구현하기 위해서 양성평등기본법, 남녀고용평등과 일·가정 양립 지원에 관한 법률 등을 지원하고 있다. 예컨대, 호주제도의 경우 양성평등이라는 헌법이념과 시대변화에 부합하지 않는다는 이유로 폐지되었다. 어느 영역의 경우에도 성에 따른 차별대우는 허용되지 않는다. 예외적으로 남녀의 사실적 차이(생리적)에 의한 차별의 경우에는 허용된다. 예컨대, 육체적 차이에 따라 여성근로자를 특별히 보호하는 경우, 조산원은 여성만으로 하는 경우 등이다.

② 종교

헌법 제20조(종교의 자유)에서 종교에 있어서 차별은 금지된다, 즉, 종교는 어느 종교를 떠나서 평등하다. 종교를 이유로 한 차별은 금지된다.

③ 사회적 신분

사회적 신분이란 사람이 사회에 있어서 일시적이 아니고 장기적으로 차지하고 있는 지위를 의미한다. 사회적 신분에 따라 차별을 하는 것은 금지된다. 예컨대, 귀화인, 전과자의 자손 등 사회적 신분 때문에 차별을 받지 않는다.

④ 차별금지 영역

차별이 금지되는 영역은 인간의 모든 생활영역이다. 따라서 정치적 생활영역(국회의원 선거구를 정할 때 인구편차가 2:1 이상이면 위헌이다. 정당에 대해서는 각종 우대조치가 가능하다), 경제적·사회적 생활영역(경제, 사회적 활동에 있어서 차별을 금지한다), 문화적 생활영역(교육, 문화, 정보 등에서의 차별은 금지된다, 그러나 능력에 따른 차별은 인정된다) 등 모든 영역에서 차별은 금지된다.

(5) 평등권의 주체

자연인뿐만 아니라 법인이나 법인격 없는 단체(종중 등)도 주체가 된다. 또한 자국의 국민뿐만 아니라 외국인도 주체가 된다. 그러나 예외적으로 외국인에게는 한국 국민이 아니고는 누릴 수 없는 정치적 기본권 등의 경우에는 평등권이 적용되지 않는다.

(6) 법률상 제한

헌법 제47조 제2항에 의하면 국민의 자유와 권리는 국가안전보장·질서유지 또는 공공복리를 위해 필요한 경우에는 법률로써 제한할 수 있다.

공무원 등 특수신분관계에 있는 자의 경우는 국가공무원법 등에서 사인과 달리 여러 제한을 적용한다. 예컨대, 공무원의 겸직금지, 정당가입금지와 정치활동제한 등이다.

(7) 평등권의 침해와 구제

평등권이 침해되는 경우에는 헌법상 구제수단에 의해 구제를 받을 수 있다. 예컨대, 청원권(제26조), 재판청구권(제27조), 행정쟁송권(제107조 제2항 및 제3항, 제27조), 국가배상청구권(제29조), 형사보상청구권(제28조) 등이다.

제4장 자유권적 기본권

---

① 자유권: 신체의 자유, 주거의 자유, 종교의 자유, 거주이전의 자유, 통신의 자유, 양심의 자유, 종교의 자유, 학문의 자유, 예술의 자유, 언론출판의 자유, 집회결사의 자유, 직업선택의 자유, 재산권
② 참정권: 선거권·피선거권(공무담임권), 국민투표권
③ 청구권: 재판청구권, 형사보상청구권, 국가배상청구권, 범죄피해자구조청구권
④ 사회적 기본권: 인간다운 생활을 할 권리, 교육을 받을 권리, 근로의 권리, 근로3권, 환경권, 보건권

---

1. 자유권적 기본권 일반론

(1) 헌법규정

우리헌법은 제12조~제23조까지에서 자유권적 기본권에 대해서 규정을 두고 있다. 모든 국민은 헌법이 보장하는 테두리 내에서 신체의 자유, 거주·이전의 자유, 직업선택의 자유, 주거의 자유, 사생활의 비밀과 자유, 통신의 비밀과 자유, 양심의 자유, 종교의 자유, 언론·출판·집회·결사의 자유, 학문과 예술의 자유, 재산권의 보장을 받고 있다.

(2) 연혁

자유권적 기본권은 1215년 영국의 대헌장 제39조 '신체의 자유'에서 처음 성문화되었다.

(3) 보호영역

자유권적 기본권은 국가의 침범에 대한 개인의 자유영역보호를 목표로 하고 있다.

(4) 법적 성격

자유권은 국가공권력에 의해 본인의 자유가 침해될 겨우, 그에 따른 침해를 하지 말아달라고 국가에 요구할 수 있는 권리를 말한다.

(5) 주체

내국인과 외국인을 불문하고 모든 자연인에게 인정된다. 법인의 경우에는 제한적으로 허용된다. 사회적·경제적 자유권 또는 언론·출판의 자유권의 경우에 한해서만 허용된다.

(6) 자유권을 분류

자유권을 분류하면 다음과 같이 분류하는 것이 일반화되어 있다.

---

① 인신의 자유권
▶ 생명권, 신체를 훼손하지 않을 권리, 신체의 자유

② 사생활의 자유권
▶ 사생활의 비밀과 자유, 주거의 자유, 거주·이전의 자유, 통신의 자유

③ 정신적 자유
▶ 양심의 자유, 종교의 자유, 언론·출판의 자유, 집회·결사의 자유, 학문과 예술의 자유

④ 경제적 자유권
▶ 재산권, 직업선택의 자유, 소비자의 권리

---

2. 생명권

(1) 생명권의 의의

헌법에는 생명권에 관한 명문의 규정이 없지만 헌법 제10조 인간의 존엄성에 비

롯될 뿐만 아니라 생명은 인간의 신체의 안전과 자유의 기초이므로 인신의 안전과 자유를 규정하고 있는 헌법 제12조(신체의 자유, 자백의 증거능력)에서 근거를 찾을 수 있을 것이다. 생명권의 의의는 인간이 가지고 있는 생명에 대한 권리를 말한다. 생명권은 모든 기본권의 전제가 된다고 할 수 있다. 생명권은 인간의 존재를 보장하는 것이고, 인간의 존엄과 가치에 있어서 가장 본질적인 것이다.

생명권의 대상이 되는 생명의 의의는 죽음과 반대되는 정신적, 육체적인 생의 존재를 말한다. 생명의 개념은 자연과학적으로 판단해야 할 문제이기 때문에 사회적 평가는 원칙적으로 불가능하다.

(2) 연혁과 헌법적인 근거

2차 세계대전 이후 전체주의국가에서 인권유린사태가 발생되자 인권경시에 대한 반성과 더불어 생명권을 실정법에 규정짓기에 이른다. 세계인권선언, 유럽인권협약 등이 생명권에 대해서 규정하고 있다.

우리 헌법은 생명권에 대하여 규정을 두고 있지 않다. 헌법재판소는 "비록 명문에는 규정이 없지만 생명권 속에 내포되어 있는 의미는 당연 생명권을 모든 기본권의 전제로서 보면서 기본권 중의 기본권이라고 보고 있다."

생명권의 헌법적 근거를 보면 헌법 제10조(인간의 존엄성과 기본적 인권의 보장), 제12조 제1항(신체의 자유, 자백의 증거능력), 제37조 제1(국민의 자유와 권리의 존중·제한) 항에서 찾아볼 수 있다.

생명권과 관련하여 사형제도의 위헌성 여부, 태아의 생명권과 낙태처벌의 위헌성 여부, 안락사와 죽을 권리 등의 문제가 제기되고 있다.

(3) 생명권의 주체

생명권의 주체는 내국인과 외국인을 막론하고 자연인에게만 인정되는 것이다. 인간의 생명에 대해서는 형성중인 생명도 생명이라고 보기 때문에 생명권의 주체가 된다. 생명권은 모든 국가권력을 구속하고, 사인 사이에도 효력이 미친다.

(4) 생명권의 한계와 제한

생명권은 절대적 기본권인데 이 생명권이 헌법 제37조 제2항에 따라 법률로써 제한을 할 수 없는 권리인지 여부가 문제시된다.

만약 생명권을 절대적 기본권이라고 볼 경우 어떠한 경우에도 생명권의 제한은 인정될 수 없는 것이다. 그러나 둘 이상의 생명이 충돌하는 경우, 정당한 이유 없이 타인의 생명을 부정하는 경우, 생명에 못지않게 중대한 공공의 이익을 보호해야 하는 경우 등에 있어서는 헌법 제37조 제2항에 따라 법률로써 제한을 할 수 있다.

낙태의 경우에 있어서는 태아의 생명권인 임산부의 자기결정권과 충돌한다. 낙태는 생명을 박탈하는 결과를 낳기에 가능한 낙태의 자유에 대해서는 좁게 인정돼야 한다.

사형제도에 있어 헌법재판소의 판결

사형제도는 위헌이라는 주장에 대해 헌법재판소는 다음과 같은 판시를 하였다. 인간의 생명을 부정하는 등의 범죄행위에 대한 불법적 효과로서 지극히 한정적인 경우에만 부과되는 사형은 "죽음에 대한 인간의 본능적인 공포심과 범죄에 대한 응보욕구가 서로 맞물려 고안된 필요악"으로써 불가피하게 선택된 것이고 지금도 여전히 기능하고 있다는 점에서 정당화 될 수 있는 것이다. 즉, 사형제도는 우리 형벌의 한 종유이기도 하고 아직은 우리 헌법질서에 반하는 것이 아니기 때문에 사형제도는 위헌이 아닌 것으로 보고 있다.

---

(5) 생명권 침해에 대한 구제

생명권의 침해행위는 사형, 낙태, 안락사, 살인 등이 있다. 이러한 생명권의 침해가 발생한 이를 구제하는 구제조치가 마련 대 있어야 하는데, 현행법상 생명권의 침해에 대한 구제제도는 오판에 의한 사형집행에 대하여 형사보상청구권제도를 두고 있고, 공무원의 생명과 불법침해에 대해서는 형사처벌과 국가배상청구권제도를 인정하고 있고, 사인이 생명권을 침해한 경우에는 형사처벌과 민사상의 손해배상책임을 지게 끔 하고 있다.

3. 신체의 자유

> **헌법 제12조(신체의 자유, 자백의 증거능력)** ① 모든 국민은 신체의 자유를 가진다. 누구든지 법률에 의하지 아니하고는 체포·구속·압수·수색 또는 심문을 받지 아니하며, 법률과 적법한 절차에 의하지 아니하고는 처벌·보안처분 또는 강제노역을 받지 아니한다.[121]
>
> ② 모든 국민은 고문을 받지 아니하며, 형사상 자기에게 불리한 진술을 강요당하지 않는다.[122]
>
> ③ 체포·구속·압수 또는 수색을 할 때에는 적법한 절차에 따라 검사의 신청에 의하여 법관이 검사의 신청에 의하여 법관이 발부한 영장을 제시해야 한다.[123] 다만, 현행범인의 경우와 장기 3년 이상의 형에 해당하는 죄를 범하고 도피 또는 증거인멸의 염려가 있을 때에는 사전에 영장을 청구할 수 있다.
>
> ④ 누구든지 체포 또는 구속을 당한 때에는 즉시 변호사의 조력을 받을 권리를 가진다. 다만, 형사피고인이 스스로 변호인을 구할 수 없을 때에는 법률이 정하는 바에 의하여 국가가 변호인을 붙인다.
>
> ⑤ 누구든지 체포 또는 구속의 이유와 변호인의 조력을 받을 권리가 있음을 고지 받지 아니하고는 체포 또는 구속을 당하지 아니한다. 체포 또는 구속을 당한 자의 친족 등 법률이 정하는 자에게도 그 이유와 일시·장소가 지체 없이 통지되어야 한다.
>
> ⑥ 누구든지 체포 또는 구속을 당한 때에는 적부의 심사를 법원에 청구할 권리를 가진다.[124]
>
> ⑦ 피고인의 자백이 고문·폭행·협박·구속의 부당한 장기화 또는 기망 기타의 방법에 의하여 자의로 진술된 것이 아니라고 인정될 때 또는 정식재판에 있어서 피고인의 자백이 그에게 불리한 유일한 증거일 때에는 이를 유죄의 증거로 삼거나 이를 이유로 처벌할 수 없다.

---

121) 적법절차의 원리란 입법•집행•사법 등 모든 국가작용은 정당한 법률을 근거로 하고 정당한 절차에 따라 발동해야 한다는 원리를 말한다.

(1) 신체의 자유의 의의

제2차 세계대전 기간 중에 인간존엄의 기초인 신체에 대하여 자행된 비인간적인 여러 실험과 고문 등에 대한 반성적 고찰로 독일의 경우에는 독일기본법에 신체를 훼손당하지 않을 권리에 대해서 규정을 하고 있다(제2조 제2항). 우리 헌법의 경우에는 신체를 훼손당하지 않을 권리에 대한 규정이 없기 때문에 헌법적 근거에 의해서 찾고 있다. 헌법 제10조, 헌법 제12조 등이다.

신체적 구속을 받지 않고 자유롭게 행동하는 것을 말한다. 신체의 자유는 모든 자유의 기본이다. 신체의 자유는 정신적 자유와 더불어 인간의 존엄과 가치를 구현하기 위한 가장 중요한 기본적 자유로서 기본권보장의 전제조건이 된다 할 수 있다.

(2) 신체의 자유의 주체

신체를 훼손당하지 않을 권리는 자연권적 성격을 가지므로 인간의 권리에 해당된다. 따라서 국내인 뿐만 아니라 외국인도 포함된다. 태아의 경우도 신체를 훼손당하지 않을 권리를 가진다. 그러나 사자의 경우는 생명을 가진 신체가 아니므로 신체를 훼손당하지 않을 권리의 주체가 될 수 없다.

(3) 신체의 자유의 실체적 보장

1) 죄형법정주의

① 의의

헌법 제12조 제1항 후문에서 "모든 국민은 신체의 자유를 가진다. 누구든지 법률에 의하지 아니하고는 체포·구속·압수·수색 또는 심문을 받지 아니하며, 법률과 적법한 절차에 의하지 아니하고는 처벌·보안처분 또는 강제노역을 받지 아니한다"라고 규정하여 죄형법정주의를 규정하고 있다. 죄형법정주의는 이미 제정된

---

122) 진술거부권이란 "피고인 또는 피의자가 공판절차 또는 수사절차에서 법원 또는 수사기관의 신문에 대하여 진술을 거부할 수 있는 권리를 말한다.
123) 영장주의란 "수사기관이 형사절차에 있어서 강제처분을 하는 경우에 법관이 발부한 영장에 의하도록 하는 제도를 말한다. 법관이 발부한 영장에 의하지 아니하고는 수사에 필요한 강제처분을 하지 못한다는 원칙이다.
124) 체포구속적부심사제도란 "수사기관에 의하여 체포 또는 구속된 피의자에 대하여 법원이 체포 또는 구속의 적법여부와 그 필요성을 심사하여 체포 또는 구속이 부적법하거나 부당한 경우에 피의자를 석방시키는 제도를 말한다.

법률에 의하지 않고는 처벌되지 않는다는 원칙을 말한다. 이는 무엇이 법률규정에 위반하여 처벌될 행위인가를 국민이 예측 가능하도록 하여 개인의 법적 안정성을 보호하고, 국가형벌권의 자의적 행사로부터 개인의 자유와 권리를 보장하려는 법치국가형법의 기본원리이다. 그 파생원칙으로는 형벌불소급의 원칙(형법법규의 소급효금지), 관습형법의 금지, 절대적 부정기형의 금지, 유추해석의 금지가 있다.

⇨ **형벌불소급의 원칙**

범죄의 성립과 처벌을 행위시의 법률에 의하게 함으로써 사후법률에 의한 처벌을 금지하여 국민의 법적안전성을 도모하기 위함에 목적이 있다. 헌법 제13조(형벌불소급, 일사부재리 원칙, 소급입법의 금지, 연좌제 금지) 제1항은 "모든 국민은 행위시의 법률에 의하여 범죄를 구성하지 아니하는 행위로 소추되지 아니한다"라고 규정하고 있다. 제 2항은 "모든 국민은 소급입법에 의하여 참정권의 제한을 받거나 재산권을 박탈당하지 아니한다"라고 규정하고 있다.

⇨ **관습형법금지의 원칙(형벌법규법률주의)**

범죄와 형벌은 성문의 법률에의해서 규정되어야 한다는 원칙을 말한다.

⇨ **절대적 부정기형금지의 원칙**

형의 기간을 재판에서 확정되어야 한다는 원칙을 말한다. 그러나 소년범과 같은 경우에는 상대적 부정기형을 허용하고 있다.

⇨ **유추해석 금지의 원칙**

유사한 사안을 적용함에 있어서 법규를 유추해석하여 적용해서는 안 된다는 원칙을 말한다.

---

2) 일사부재리의 원칙(거듭처벌금지의 원칙)

헌법 제13조 제1항 " 동일한 범죄에 대하여 거듭 처벌받지 아니한다"라고 규정하여 일사부재리의 원칙을 규정하고 있다. 이는 형사재판에서 실질적 판결이 확정되어 효력이 발생한 경우 이후 이와 동일한 사건에 대해서 거듭 신판받지 않는다는 원칙을 말하는 것이다.

3) 보안처분과 강제노역

헌법 제12조 1항 후문에서 " 모든 국민은 법률과 적법한 절차에 의하지 아니하고는 처벌·보안처분 또는 강제노역을 받지 아니한다"라고 규정하고 있다. 이는 그 적용대상 규정한 것처럼 보이지만 실제 적용대상을 한정적으로 열거한 것에 불과하다. 즉 적용대상을 예시한 것에 불과하다.

보안처분이란 범인이 재범하는 것을 막기 위한 개선 교육이나 보호 그 밖의 처분을 말한다. 범죄에 대한 사회 방위의 방법으로 형벌 이외에 형벌을 보충 또는 대체하는 의미로 국가가 시행하는 각종의 강제적 조치를 말한다. 자유의 박탈이나 제한을 수반하는 격리 또는 개선 처분을 총칭하는 것이다. 자유 박탈을 수반하는 보안처분에는 감호 치료 시설 수용 처분, 교정소 수용 처분, 노동 시설 수용 처분, 보안 감치 시설 수용 처분, 사회 치료 처분 등이 있다. 자유 박탈을 수반하지 않는 보안처분에는 보호 관찰, 거주 제한 등이 있다.

현행법상 소년법의 보안처분, 보호관찰 등에 관한 법률의 보호관찰,, 보호관찰법의 보안관찰처분, 치료감호법의 치료감호·보호관찰 등이 있다.

강제노역이란 본인의 의사에 반하여 노역을 강제적으로 하는 것을 말한다. 다만 대역이나 금전대납이 가능한 부역, 헌법상 의무로서의 병역의 경우 이는 강제노역에 해당되지 않는다.

(4) 제한

신체를 훼손당하지 않을 권리는 헌법 제37조 제2항의 일반원리에 의해서 제한 받을 수 있다. 그러나 신체를 훼손당하지 않을 권리의 본질적 내용은 침해될 수 없다.

4. 거주 · 이전의 자유

> **헌법 제14조(거주 · 이전의 자유)** 모든 국민은 거주 · 이전의 자유를 가진다.

(1) 의의

국가권력으로부터 어떠한 간섭도 받지 않고 자신이 원하는 장소에 주소 또는 거소를 정하거나 그 장소로부터 자유로이 이전하거나 또는 자신의 의사에 반하여 거주지와 체류지를 변경하지 아니할 자유를 말한다.

(2) 연혁

중세봉건사회에서 일반인은 영주의 허가 없이 그 영지를 벗어날 수 없었다. 중세 말 봉건제도의 붕괴로 인해 거주 · 이전의 자유가 인정되었다.

(3) 법적성격

거주 · 이전의 자유는 개인의 주관적인 공권에 해당되기에 국가는 개인의 거주 · 이전의 자유를 침해해서는 안된다.

(4) 주체

대한민국 국적을 가진 모든 내국인이다. 내국인에는 자연인뿐만 아니라 법인이나 단체도 포함된다. 거주 · 이전의 자유의 사회 · 경제적 기본권으로서의 성격에 비추어 법인이나 단체도 포함된다. 외국인에 대해서는 원칙적으로 거주 · 이전의 자유가 보장되지 않으므로 외국인의 경우 그에 관하여 허가를 받아야 한다.

(5) 보호영역

1) 국내에서의 거주 · 이전의 자유

헌법 제3조의 규정을 근거로 본 경우 북한지역도 대한민국의 주권이 미치는 지역이라고 한다. 그러나 현실적으로 북한지역의 경우에는 대한민국헌법의 효력이 미치지 않으므로 북한지역으로의 거주와 이전의 자유는 보장되지 않는다. 실질적으로 대한민국의 영역 내에서 체류지와 거주지에 대해서 자유롭게 정하고 변경할 수 있는 자유를 말한다. 국내에서의 거주·이전은 직업 또는 영업상의 이유로 인한 것, 휴양, 관광 등의 목적도 포함된다.

2) 국외이주와 해외여행의 자유

① 국외이주의 자유

대한민국의 통치권이 미치지 아니하는 곳으로 이주할 수 있는 자유를 말하며 거주·이전의 자유 중에 포함된다. 국외이주는 자발적 의사에 의한 것이어야 하고, 이에는 국외에 영주하는 것과 장기간에 걸친 해외거주까지 포함된다.

② 해외여행의 자유

출국의 자유와 입국의 자유를 내용으로 한다. 출국의 자유에 대한 제한의 예로는 출입국관리법이 누구든지 여권이나 선원수첩을 소지하지 않고는 출국할 수 없다고 규정하고 있어 여권발급의 제한이 간접적으로 해외여행의 자유를 제한하는 것을 들 수 있다. 입국은 대한민국의 영역 내로 들어오는 것을 말한다. 북한지역에서 대한민국 통치지역으로 들어오는 것도 포함된다. 외국인은 입국의 자유를 누릴 수는 없으나 출국의 자유를 누릴 수 있다.

③ 국적이탈의 자유

국적이탈의 자유 내지 국적변경의 자유는 대한민국의 국적을 가진 사람이 대한민국 국적을 포기하고 외국에 귀화하여 그 나라 국적을 취득하는 것을 말한다. 세계인권선언은 국적이탈의 자유를 규정하고 있다.
헌법 제14조의 거주·이전의 자유 중에 국적이탈 내지 국적변경의 자유가 포함되는 가가 문제되는데 헌법은 국제평화주의와 국제협조주의를 기본원리로 하고 있기 때문에 이 문제에 대해서는 적극적으로 해석하는 것이 타당하다고 본다.

3) 제한과 한계

거주·이전의 자유도 국가안전보장·질서유지 또는 공공복리를 위하여 필요 한 경우에는 제한할 수 있다. 국가안전보장을 제한하는 예로는 공군기지 및 해군의 군사시설에의 출입제한 등이 있다. 질서유지를 위한 제한으로는 형사피고인의 주거제한, 경찰관직무집행법과 소년법에 의거한 보호조치·보호처분 등이 있다.

공공복리를 위한 제한으로는 전염병예방법과 마약류관리에관한법률에 의한 환자·중독자의 강제수용 및 치료, 결핵예방법에 의거한 결핵환자나 그 보균자의 입원 등이 있다. 그러나 거주·이전의 자유를 제한하는 경우에도 본질적 내용은 제한 할 수 없다.

5. 직업선택의 자유

> **헌법 제15조(직업선택의 자유)** 모든 국민은 직업선택의 자유를 가진다.

(1) 의의
자기 자신이 선택한 직업에 종사하여 일을 하고 언제든지 임의로 다른 직업으로 전환할 수 있는 자유를 말한다.

(2) 법적성격
직업의 자유는 각자의 생활의 기본적 수요를 충족시키게 하고 발전시키는 바탕이 되고, 국민 개개인이 선택한 직업의 수행에 의하여 국가의 사회질서와 경제질서가 형성된다는 점에 있다.

(3) 직업의 자유의 주체 및 효력
내국인(자연인)이 주체에 해당된다. 외국인의 경우도 원칙적으로 직업선택의 자유를 누려야 하나 국가정책적으로 일정한 부분에 있어서는 제한이 따른다.

(4) 직업선택의 자유의 내용
1) 직업의 결정, 종사, 전직(겸직)의 자유
직업이란 생활의 기본적 수요를 충족시키기 위해서 계속적으로 하는 활동을 말한다. 종류나 성질은 불문한다. 직업선택의 자유에는 직업결정의 자유, 직업종사(직업

수행)의 자유, 전직의 자유 등이 포함된다.

2) 영업의 자유와 경쟁의 자유

직업의 자유는 영업의 자유와 기업의 자유를 포함하고, 이러한 영업 및 기업의 자유를 근거로 하여 누구든지 자유롭게 이러한 경쟁에 참여할 수 있다.

3) 무직업의 자유

헌법 제32조(근로의 권리와 의무 등, 여자와 연소자의 보호, 국가유공자 등에 대한 기회우선) 특히 제2항 "모든 국민은 근로의 의무를 진다. 국가는 근로의 의무의 내용과 조건을 민주주의 원칙에 따라 법률로 정한다"라고 규정하고 있다. 이는 법적의무에 해당되는 것으로서 이에 의할 경우 무직업의 자유는 부인된다. 그러나 근로의 의무를 법적의무로 보지 않고 윤리적의무로 볼 경우에는 직업의 자유에 무직업의 자유도 인정된다.

(5) 직업선택의 자유의 제한

법률로써 제한할 경우에도 그 제한의 방법이 합리적이어야 하고, 과잉금지의 원칙에 위반되거나 직업의 자유의 본질적인 내용을 침해해서는 안된다.

6. 주거의 자유

> **헌법 제16조(주기의 자유)** 모든 국민은 주거의 자유를 침해 받지 아니한다. 주거에 대한 압수나 수색을 할 때에는 검사의 신청에 의하여 법관이 발부한 영장을 제시하여야 한다.

(1) 주거의 자유의 의의

모든 국민은 주거의 자유를 침해받지 않는다. 자신의 주거를 공권력이나 제3자로부터 침해당하지 아니할 권리를 말한다. 즉 주거의 자유는 사생활의 공간과 자유를 침해 받지 아니할 권리인 것이다.

(2) 주거의 자유의 주체

일정한 주거에 거주함으로써 그 장소로부터 사생활의 편익을 얻는 사람은 주거의 주체가 될 수 있다. 예컨대, 주택이나 호텔객실의 경우에는 소유자가 아니라 입주자와 투숙객이 주체이다. 그러나 법인은 사생활의 비밀을 가질 수 없으므로 주거의 자유의 주체가 될 수 없다(다수의 입장).

(3) 주거의 자유와 내용

① 주거

주거는 사람이 거주하는 설비로서 사생활을 영위하는 장소를 말한다. 주거는 주택에 한하지 않으며, 호텔의 객실이나 기숙사의 방도 이에 해당된다. 또한 가옥내의 부분 장소도 주거일 수 있다. 공공에게 출입이 허용된 장소인 음식점, 상점 등에 관리자의 명시적인 출입금지의사에 반하여 무리하게 입장하면 주거침입죄가 성립된다.

② 주거의 불가침

주거란 개인의 공간적인 사생활영역에 해당된다. 주거란 주택에 한정되지 않고, 현재 거주 여부를 불문하고 사람이 거주하기 위하여 점유하고 있는 일체의 건조물을 포괄하는 개념이다. 예컨대, 학교, 회사, 사무실 등도 해당된다.
침해란 거주자가 지내는 곳에 동의나 승낙을 얻지 않고 그 의사에 반하여 주거에 들어가는 것을 말한다. 거주자의 의사는 명시적이던 묵시적이든 다 포함된다. 복수의 주거권자가 있는 경우에 한 사람의 승낙이 다른 거주자의 의사에 직접적, 간접적으로 반하는 경우에 그 주거에의 침입은 반대의사를 가진 사람의 주거의 평온을 해하는 때에는 주거침입에 해당된다.
예컨대, 주거 내에 설치된 도청기를 사용하여 내부의 대화를 도청하거나 녹음하는 경우 주거의 자유의 침해에 해당된다.

③ 영장주의

주거를 압수하거나 수색하는 데 있어서는 정당한 이유가 있어야 하고 검사의 신청에 의해서 범관이 발부한 영장을 필요로 한다(제16조). 그렇다면 '정당한 이유'는 일정한 범죄에 대한 혐의가 존재하거나 그것을 수사하기 위한 증거물건의 발견이나 보전의 필요성이 객관적으로 인정되는 경우를 말한다.

영장에는 압수할 물건과 수색할 장소가 명시되어 있어야 한다. 예컨대, 소지품, 우편물, 서류 등 그 자의 점유에 속하는 물건을 말한다. 예외적으로 범인을 체포하거나 긴급구속을 요 할 때에는 영장 없이 주거에 대한 압수나 수색을 하는 것이 허용되고 있다. 수색이란 물건이나 사람을 발견할 목적으로 사람의 신체나 물건 또는 일정한 장소에서 그 대상을 찾는 처분을 말한다. 압수란 강제적으로 물건의 점유를 취득하는 것을 말한다. 원칙적으로 법관이 발부한 수색장소와 압수물건을 명시한 영장을 제시해야 한다.

④ 영장주의의 예외

현행범인을 체포하거나 긴급체포를 하는 경우에는 예외적으로 영장없이 주거에 대한 압수나 수색을 할 수 있다(형사소송법 제216조).

(4) 주거의 자유의 제한

주거의 자유는 헌법 제37조 제2항에 의해 국가안전보장·질서유지 또는 공공복리를 위하여 필요한 경우에 한하여 법률로써 제한될 수 있다. 예컨대, 전염병예방을 위한 경우, 형사소송법상 현장검증의 경우 등에는 주거의 자유가 제한될 수 있다. 그리고 헌법 제76조(긴급처분·명령권)의 긴급명령 및 제 77조(계엄선포 등)의 비상계엄에 의하여도 예외적으로 제한될 수 있다.

7. 사생활의 비밀과 자유

> **헌법 제17조(사생활의 비밀과 자유)** 모든 국민은 사생활의 비밀과 자유를 침해받지 아니한다.

(1) 의의

현대사회를 정보화 사회라고 하는데 이로 인하여 좋은 장점도 있지만 개인의 사생활 보장에 대해서는 문제점이 대두되고 있다. 정보의 수집, 관리가 대량적, 집단적으로 이루어짐으로써 국민의 사생활보호가 헌법적 차원에서 중대한 문제로 대두되었다.

헌법 제17조를 근거로 하여 공공기관의 개인정보보호에 관한 법률이 제정되어 공공기관의 컴퓨터에 의하여 처리되는 개인의 정보가 보호받게 되었다 사생활의 비밀과 자유의 불가침은 사생활의 내용을 공개당하지 않을 권리, 사생활의 자유로운 형성과 전개를 방해받지 않을 권리, 자신에 대한 정보를 스스로 관리하고 통제할 수 있는 권리 등을 내용으로 하는 복합적 성질의 기본권이다.

(2) 사생활의 비밀과 자유의 보호법익

헌법상 사생활의 비밀과 자유라는 표현이 있음에도 불구하고, 프라이버시라는 표현이 일반화되어 사용하고 있다. 프라이버시권은 사생활의 평온을 침해받지 아니하고 사생활의 비밀을 함부로 공개당하지 아니할 권리, 자신에 관한 정보를 관리하고 통제할 수 있는 권리(자신에 관한 정보가 언제 누구에게 어느 범위까지 알려지고 또 이용되도록 할 것인지를 그 정보주체가 스스로 통제하고 결정할 수 있는 권리)이다. 사생활의 비밀과 자유의 불가침(감시, 도청, 도촬 등의 방법으로써 사생활을 소극적, 적극적으로 침범하는 행위의 금지)은 인간의 존엄성 존중의 구체적인 내용이 되는 인격의 자유로운 발현과 법적 안정성을 그 보호법익으로 보고 있다.

(3) 사생활의 비밀과 자유의 주체

내국인과 외국인 모두 주체이다. 사자와 법인의 경우 주체에서 제외된다. 다만 법인의 경우에는 명예의 주체는 될 수 있기 때문에 명예가 훼손되거나 명칭·상호 등이 타인에 의해서 영리목적으로 이용당하는 경우에는 기본권이 침해된 것으로 본다.

(4) 사생활의 비밀과 자유의 효력

사생활의 비밀과 자유는 모든 국가권력을 구속하는 효력을 가지고 있다. 따라서 이 기본권을 침해하는 입법부, 행정부, 사법부의 입법행위, 행정행위, 재판행위는 제한을 받는다.

(5) 사생활의 비밀과 자유의 한계와 제한

사생활의 비밀과 자유도 무제한으로 보장되는 것은 아니다. 타인의 권리를 침해하는 것이 아니어야 하며, 사회윤리나 헌법질서에 위반되어서는 안된다.

또한 헌법 제37조 제2항에 따라 국가안전보장, 질서유지 또는 공공복리를 위하여 필요한 경우에는 법률로써 제한할 수 있다. 그러나 어떠한 경우에도 사생활의 비밀과 자유의 본질적 내용을 침해할 수는 없다.

(6) 침해와 구제

공권력에 의한 침해의 경우와 사인에 의한 침해의 경우로 나누어 살펴볼 수 있다.

1) 공권력에 의한 침해의 경우

① 입법기관에 의한 침해와 구제

청원을 통하여 그 법률의 개정 또는 폐지를 요구할 수 있고 헌법재판소에 그 위헌심사를 요구할 수 있다. 국회의 국정감사·조사와 관련하여 이 권리가 침해되는 경우에도 침해행위의 배체청구와 그로 인한 손해배상을 청구할 수 있다.

② 행정기관에 의한 침해와 구제

행정기관이 사생활에 대한 간섭이나 행정조사 또는 범죄수사와 관련하여 불법적인 가택침입·압수·수색을 하거나 도청·감시·촬영 등으로써 사생활의 비밀과 자유를 침해하는 경우에는 청원의 방법으로 시정을 구하거나 관계공무원의 파면을 요구할 있고, 또 권리행사방해·직권남용·불법주거침입 등을 이유로 형사처벌을 요구할 수 있으며, 기본권침해를 이유로 행정상 손해배상을 청구하거나 헌법소원을 청구할 수 있다.

③ 사법기관에 의한 침해와 구제

판결에 의하여 권리가 침해될 경우에는 상소·재심청구를 할 수 있고, 사법부공무원의 불법행위에 의한 경우에는 징계청원이나 손해배상 청구, 헌법소원 등으로 구제받을 수 있다.

2) 사인에 의한 침해의 경우

오늘날은 사인에 의해서 운영되는 여러 기간으로 말미암아 사생활의 비밀과 자유가 침해당하는 사례가 더욱 증가될 것이다. 예컨대, 사설보조기간·사설탐정사 등.

사생활의 비밀과 자유가 사인에 의하여 침해되는 경우에는 원인배제청구를 통하여 침해행위를 배제할 수 있고, 이를 이유로 차후에 손해배상청구 등을 할 수 있다.

사생활의 비밀과 자유가 사인간의 합의나 협정에 의하여 침해되는 경우에도 그 무효를 주장할 수 있다. 언론기관에 의하여 침해를 받은 경우에는 피해보상, 원인배제, 형사처벌 요구를 할 수 있다. 정기간행물 또는 방송이 사실보도로 인하여 사생활의 비밀과 자유가 침해된 경우에는 반론보도문의 게재 및 반론보도방송을 청구할 수 있다.

8. 통신의 자유

헌법 제18조(통신의 비밀) 모든 국민은 통신의 비밀을 침해받지 아니한다.

(1) 의의

개인이 그 의사나 정보를 전달 또는 교환하는 경우(편지, 전화, 전신 등)에 있어 그러한 내용 등이 본인의 의사에 반하여 공개되지 아니할 자유를 말한다. 헌법 제18조에 규정하고 있다.

(2) 주체

자연인뿐만 아니라 법인과 법인격 없는 단체도 주체가 되며, 자국민뿐만 아니라 외국인도 향유할 수 있다.

(3) 법적 성격

오늘날처럼 인터넷이나 전자우편이 보편화 되어 가고 있는 시점에서는 통신행위와 표현행위를 포괄하는 것으로 보는 것이 타당하다고 본다. 따라서 통신의 자유에서 보호하는 법익은 사생활의 비밀과 표현행위의 자유라고 할 수 있다.

(4) 통신의 자유의 내용에 대해

① 통신의 비밀

우선 통신이 무엇인가에 대해서 의의를 알 필요가 있다. 격지자간(거리가 떨어져 있는 사람들 사이)의 의사전달을 말한다.

서신을 비롯한 전화·전신·텔렉스·팩스·전자우편·인터넷과 그 밖의 모든 방법에 의한 격지자간의 의사전달과 물품수수의 내용, 형태, 당사자, 조달방법 등의 비밀이 침해되는 것이 금지되어야 한다. 또한 통신사무에 종사하는 공무원이 서신을 개봉하거나 발·수신자 및 내용을 탐지하는 것이 금지된다. 통신사무에 종사하는 직원은 직무상 알게 된 비밀을 타인에게 누설해서는 안되며, 통신직원 이외의 사람이 비밀을 탐지하기 위하여 통신사무에 관여하는 것도 금지된다.

② 비밀의 불가침

불가침은 침해받지 않는다는 의미인데 여기서는 봉함한 서신에 대해서는 통신사무에 종사하는 공무원이 그것을 개피(비밀장치를 제거하여 내용을 알아보게 하는 것)하거나 내용을 인지하는 것을 금한다는 의미이다. 발신인, 수신인의 성명, 거소, 발신횟수 등을 직무상 지득한 공무원이 제3자에게 누설하는 것을 금한다는 말이다. 그리고 통신업무의 내용을 정보활동의 목적에 제공하거나 제공받으려는 해위도 금지된다. 즉, 통신의 불가침은 열람의 금지, 청취와 녹음 등의 금지, 누설의 금지, 정보의 금지 등을 그 내용으로 한다.

(5) 통신의 자유의 효력

통신의 자유는 수사기관 같은 국가기관에 의한 통신의 비밀을 보장하는 것이 주목적 이지만 사신이 통신의 자유를 침해하는 행위도 금지되고 있다. 사인이 위법하게 타인의 통신의 비밀을 침해한 경우에는 비밀침해죄(형법 제316조)로 처벌되거나 민법상 불법행위의 책임을 진다.

(6) 통신의 자유의 한계와 제한

헌법상 정당한 통신의 자유는 합법적이고 정당한 방법에 의해 행해지는 통신망을 대상으로 한다. 헌법 질서를 침해하거나 범죄를 목적으로 하려는 행위, 타인의 권리행사를 방해하기 위한 행위 등은 보호대상이 아니다.

① 통신의 자유도 헌법 제37조 제2항에 의해 제한을 받는다. 통신의 자유는 국가안전보장, 질서유지 또는 공공복리를 위항 필요한 경우에는 법률에 의해 제한할 수 있다.

② 통신비밀보호법(제2조, 제5조, 제6조, 제7조, 제8조)에 의해서 범죄수사를 위하여 우편물의 검열과 감청[125]이 허용된다.

③ 국가보안법에 의하여 반국가단체의 구성원 또는 그 지령을 받은 자와의 통신을 금지하고 있다.

④ 형사소송법은 피고인에 관련된 우편물의 제출명령과 압수처분 등을 규정하고 있다.

⑤ 형의 집행 및 수용자의 처우에 관한 법률에 의하여 수용자의 서신을 검열할 수 있고 교도관 참여 하에 서신수발을 하게 한다.

⑥ 채무자 회생 및 파산에 관한 법률에 의하여 파산관재인이 파산자의 우편물을 개피할 수 있다.

⑦ 전파법에 의하여 헌법이나 정부를 전복하려고 하는 통신자에 대해 형사처벌을 할 수 있다.

감청과 도청은 원칙적으로는 금지된다. 그러나 통신이 범죄목적에 이용되는 것이 확실한 경우, 범죄를 계획 또는 실행하고 있거나 실행하였다고 의심할 만한 충분한 이유가 있는 경우, 다른 방법으로는 범죄의 저지나 범인의 체포 또는 증거의 수집이 어려운 경우, 감청에 필요한 내용을 작성하여 검사가 법원에 청구한 경우 등에 있어 법원이 허가서를 발부한 경우에는 예외적으로 인정된다.

9. 양심의 자유

헌법 제19조(양심의 자유) 모든 국민은 양심의 자유를 가진다.

---

125) 통신비밀보호법(제2조 7호) 감청이란 "전기통신에 대하여 당사자의 동의 없이 전자장치•기계장치 등을 사용하여 통신의 음향·문언·부호·영상을 청취공독하여 그 내용을 지득 또는 채록하거나 전기통신의 송·수신을 방해하는 것을 말한다."

(1) 양심의 자유의 의의

인간의 존엄과 가치의 내면적 기초가 되는 개인 각자의 윤리의식과 사상을 자유로이 형성하고 그것을 외부에 표명하도록 강제당하지 아니할 자유를 말한다.

양심의 자유에서의 양심은 인간의 내심의 자유 중 윤리적 성격만이 아니라 널리 사회적 양심으로서 사상의 자유를 포괄하는 내심의 자류를 의미한다.

제19조 이외에도 제46조 제2(의원의 의무)항에서 국회의원의 양심에 따른 직무수행을, 제103조(법관의 독립)에서 법관의 양심에 따른 심판을 각각 규정하고 있다.

> **판례**
>
> 헌법재판소에 의하면 헌법 제19조의 양심은 "세계관·인생관·신조 등은 물론 널리 개인의 인격형성에 관계되는 내심에 있어서의 윤리적·가치적 판단까지도 포함되는 것으로 보고 있다(헌재 1998. 7. 16, 96헌바35).

양심의 자유는 개인의 고유한 양심세계를 보장하고, 사물의 옳고 그름에 대한 판단을 국가가 아닌 자기 자신이 판단할 수 있게 함으로써 개인의 고유한 개성과 윤리적 가치관이 존중되도록 한다. 또한 거짓 진리를 내세워 참된 진리를 확신하는 사람을 억압하지 못하게 함으로써 합법을 가장한 불법이나 불법적인 통치권력의 출현을 막는 기능을 한다.

(2) 연혁

근대 초기 인문주의에 의해 양심의 자유는 종교의 자유와 함께 정신적 자유 중에서 근원적인 것으로 강조되었다. 양심의 자유가 19세기 중엽에는 종교의 자유의 한 일부로 규정되기도 하였으나, 바이마르 헌법(독일)에서 양심의 자유와 종교의 자유를 별도로 규정하였다. 오늘날의 경우에는 나라마다 조금씩 다르다. 양자를 통합하여 규정하는 경우도 있고, 양자를 구별하여 규정하는 나라도 있다.

우리나라의 경우 1948년 헌법의 경우 신앙과 양심의 자유를 동일조항에서 규정하고 있었으나, 제5차 개정헌법부터 양자를 분리해서 규정하고 있다.

현행헌법은 양심의 자유조항이외에 국회의원의 양심에 따른 직무수행과 법관의 양심에 따른 심판을 규정하고 있다.

(3) 법적 성격

양심의 자유는 다음과 같은 법적 성격을 가지고 있다. 양심의 자유는 모든 자유권 중에서도 가장 최상위의 기본권에 속한다. 양심의 자유가 보장되지 않을 경우에는 종교, 학문, 예술의 자유는 물론 정치적 활동의 자유까지도 실질적으로 보장될 수 없기 때문에 양심의 자유는 모든 자유의 기초라고 볼 수 있다. 양심의 자유에서의 양심은 국회의원(제46조 제2항)이나 법관(제103조) 또는 헌법재판관(헌재법 제4조)이 갖는 직업적 양심과는 구별되어야 한다.

(4) 양심의 자유의 주체

자연인만이 주체고 법인은 제외된다. 외국인도 양심의 자유의 주체가 될 수 있다. 양심의 자유는 사인 상호간에도 적용된다.

(5) 양심의 자유의 내용

양심결정 내지 양심형성의 자유란 자신의 도덕적·논리적 판단에 따라 무엇이 옳고 그르다는 확신에 도달하는 것을 말한다. 양심상 결정은 내심의 작용이기 때문에 어떠한 경우에 있어서도 제한될 수 없는 절대적인 자유이다.

> **판례**
> "헌법상 보호되는 양심은 어떤 일의 옳고 그름을 판단함에 있어서 그렇게 행동하지 않고서는 자신의 인격적인 존재가치가 허물어지고 말 것이라는 강력하고 진지한 마음의 소리로서 절박하고 구체적인 양심을 말하는 것이다(헌재 2004. 8 26, 2002헌가1)."

양심결정의 자유가 실질적으로 보장되기 위해서는 양심결정과정에 국가권력이 관여하거나 타인이 관여 또는 방해하거나 일정한 양심결정을 하도록 강제해서는 안 된다. 현실적으로 양심의 자유가 보장되기 위해서는 불안·공포·빈곤 등이 제거되어야 한다.

(6) 양심적 병역거부

양심적 병역거부란 종교적 신앙이나 윤리적, 철학적 신념에 의해서 전쟁참가나 병역의무를 수행하는 것을 거부하는 것을 말한다. 양심적인 병역거부가 양심의 자유에서 인정되는 가에 대해서 "우리 대법원과 헌법재판소는 양심의 자유에서 보호되어진다고 보았다. 평화사상에 따른 병역거부는 제19조 양심의 자유에서 보호된다고 보았다." 헌법재판소는 병역법 제88조 제1항[126)에 관한 위헌법률심판에서 양심적 병역거부자의 양심의 자유나 종교의 자유를 침해하는 것이라 할 수 없다고 판시하였고, 대법원 또한 양심적 병역거부자의 양심의 자유가 또 다른 헌법적 법익인 국방의 의무보다 우월한 가치라고 할 수 없으므로, 헌법 제37조 제2항에 따라 양심의 자유를 제한한다 하더라도 이는 헌법상 허용된 정당한 제한이라고 할 수 있다.

★ 양심적 병역거부의 찬·반대론

양심적 병역거부 찬성론	양심적 병역거부 반대론
① 대체복무제도의 도입문제는 정치이념이 아닌 사회적 소수계층의 인권문제이다. ② 종교적 양심에 따라 병역을 거부하는 자를 형벌로 처벌하는 행위는 소수자의 인권을 침해하는 것이다. ③ 대체복무제도의 이행이 행하지 않는다면 인권국가로서의 평가를 후퇴시키는 결과를 초래할 것이다. ④ 대체복무제도는 대만, 독일, 덴마크 등 징병제 국가 대다수가 도입하고 있다.	① 대체복무제도는 남·북한이 서로 대치하고 있는 현실에는 맞지 않는 제도에 해당된다. ② 유사시 목숨을 걸고 싸워야 하는 군복무와 대체복무는 본질적으로 다르다. ③ 군대를 가지 않으려는 젊은이들이 특정 종교에 모여들 가능성이 있다. ④ 병역 의무가 제대로 이행되지 않아 국가의 안전 보장이 이루어지지 않는 다면 국민의 인간으로서의 존엄과 가치도 보장될 수 없게 된다.

(7) 양심의 자유의 제한

양심이 외부에 표명되는 경우에는 일정한 제한을 받지만, 내심의 작용으로 머물러 있는 경우에는 제한을 받지 않는다.

---

126) 병역법 제88조 제1항[입영의 기피] ① 현역입영 또는 소집통지서를 받은 사람이 정당한 사유 없이 입영 또는 소집기일부터 다음 각호의 기간이 경과하여도 입영하지 아니하거나 소집에 불응한 때에는 3년 이하의 징역에 처한다. 1. 현역입영은 3일, 2. 공익근무요원소집은 3일, 3. 교육소집은 3일, 4. 병력동원소집·전시근로소집은 2일.

10. 종교의 자유

헌법 제20조(종교의 자유) ① 모든 국민은 종교의 자유를 가진다.
② 국교는 인정되지 아니하며, 종교와 정치는 분리된다.

(1) 의의

　인간의 내면세계에서 인격의 자유로운 발현을 위해 종교의 자유는 어떠한 제한도 받지 아니한다. 종교의 자유란 자기 자신이 선호하고 있는 종교를 자기 자신이 원하는 방법에 의해서 신봉하는 자유를 말한다. 선교활동 등을 강제 받지 아니할 자유도 포함된다.

(2) 주체

　종교의 자유는 인간의 권리에 해당하므로 내국인은 물론 외국인의 경우에도 주체성이 인정된다(자연인). 외국의 선교사도 종교의 자유의 주체가 될 수 있다. 다만 신앙의 자유와 같은 내심의 자유의 본질상 법인의 경우에는 종교의 자유의 주체가 될 수 없다. 종교의 자유는 사인 상호간에도 적용된다. 따라서 원칙적으로 특정 신앙을 이유로 직장인을 해고 할 수 없다.

(3) 종교의 자유의 내용

　종교의 자유에는 신앙의 자유, 종교적 행위의 자유, 종교적 집회의 자유, 종교적 결사의 자유가 있다.

① 신앙의 자유

▶ 어떠한 종교를 믿거나 믿지 않을 자유, 종교를 선택하거나 변경할 자유, 신앙고백의 자유, 신앙선전의 자유, 종교적 교육의 자유 등을 포함한다.

② 종교적 행위의 자유

▶ 종교상의 행위로서 예배, 기도, 종교상의 의식, 축전을 행하고 거기에 참가하거나 참가하지 않는 자유를 말한다. 선교의 자유, 종교 교육의 자유가 이에 포함된다.

③ 종교적 집회의 자유

▶ 종교적 목적으로 동일한 종교를 가진 신자들이 집회하는 자유를 말한다.

④ 종교적 결사의 자유

▶ 종교단체결성의 자유를 말한다. 종교단체란 동일한 신앙을 가진 신도의 집합을 말한다.

(4) 종교의 자유의 제한

이 자유는 외부적으로 나타나는 행위이기 때문에 헌법유보나 법률유보에 의하여 제한 할 수 있다. 사교나 종교적 단체가 국가의 존립을 위태롭게 하거나 종교적 의식·축전·형식 등이 공서양속 또는 안녕질서를 침해할 경우에는 법률로써 금지 또는 제한할 수 있다.

(5) 판례(사립대학교에서의 종교교육)

대학교가 종교교육에 대해 의무적으로 듣게 하는 것이 학생들의 신앙의 자유를 침해하는 가에 대해서 대법원은 다음과 같이 판결하였다. 사립대학은 종교교육내지 종교선전을 위하여 학생들의 신앙을 가지지 않을 자유를 침해하지 않는 범위 내에서 학생들로 하여금 일정한 내용의 종교교육을 받을 것을 졸업

요건으로 하는 학칙을 제정할 수 있다. "사립대학이 학칙으로 대학예배의 6학기 참석을 졸업요건으로 정한 경우, 그 대학예배는 목사에 의한 예배뿐만 아니라 강연이나 드라마 등 다양한 형식을 취하고 있고 학생들에 대하여도 예배시간의 참석만을 졸업의 요건으로 할 뿐 그 태도나 성과 등을 평가하지는 않는 사실 등에 비추어 볼 때, 복음전도나 종교인 양성에 직접적인 목표가 있는 것이 아니고 신앙을 가지지 않을 자유를 침해하지 않는 범위 내에서 학생들에게 종교교육을 함으로써 진리·사랑에 기초한 보편적 교양인을 양성하는데 목표를 두고 있다고 할 것이므로, 당해 대학교의 학칙은 헌법상 종교의 자유에 반한다고 볼 수 없기 때문에 위헌·무효의 학칙이 아니라고 보았다(대판 1998. 11. 10, 96다37268).

11. 언론·출판·집회·결사의 자유(제21조 제1항)

헌법 제21조(언론·출판의 자유와 집해·결사의 자유, 언론·출판에 의한 피해배상) ① 모든 국민은 언론·출판의 자유와 집해·결사의 자유를 가진다.
② 언론·출판에 대한 허가나 검열과 집회·결사에 대한 허가는 인정되지 아니한다.
③ 통신·방송의 시설기준과 신문의 기능을 보장하기 위하여 필요한 사항은 법률로 정한다.
④ 언론·출판은 타인의 명예나 권리 또는 공중도덕이나 사회윤리를 침해하여서는 아니 된다. 언론·출판이 타인의 명예나 권리를 침해한 때에는 피해자는 이에 대한 피해의 배상을 청구할 수 있다.

(1) 언론·출판의 자유

1) 언론·출판의 자유의 의의

표현의 자유는 언론·출판의 자유와 집해·결사의 자유를 총괄하여 통칭하는 개념이다. 헌법 제21조에서 규정하고 있다. 또한 헌법 제17조, 헌법 제19조, 헌법 제

20조, 헌법 제22조와 밀접한 관련을 가진다.

언론·출판의 자유에서 언론이란 구두에 의한 표현을 말하는 것이고, 출판이란 문자 및 상형에 의한 표현을 말하는 것인데 구별의 실익을 굳이 할 필요성은 없다.

① 좁은 의미의 언론·출판의 자유란 사상 또는 의견을 언어·문자 등으로 불특정다수인에게 발표하는 자유를 말한다.

② 넓은 의미의 언론·출판의 자유란 사상이나 의견을 발표하는 자유 이외에 알 권리, 엑세스권, 반론권, 언론기관의 설립권 등은 물론 언론기관의 취재의 자유와 편집·편성권 및 그 내부적 자유까지 포괄하는 것을 말한다.

2) 연혁

언론·출판의 자유가 영국에서는 1649년의 인민협약에서 선언되고, 1695년에 검열법의 폐지로 확정되었다. 그 후 1776년의 버지니아 권리장전, 1791년 미연방헌법, 1789년의 프랑스 인권선언 등에서 이 자유가 규정된 이래 오늘날 각국 헌법이 이를 널리 규정하고 있다.

3) 법적 성격

언론·출판의 자유는 국가권력의 방해를 받지 않고 자유로이 사상·의견을 발표할 수 있어야 한다는 '대국가적 방어권으로서의 성격'을 가지고 있고, 개인의 인격발현과 정치적 의사형성을 위하여 널리 정보를 수집·청구할 수 있어야 한다는 '청구권으로서의 성격'을 가지고 있으며, 민주적·법치국가적 질서를 형성하고 유지하기 위해서는 사유로운 여론형성과 여론존중이 보장되어야 한다는 의미에서 '제도적 보장으로서의 성격'도 지니고 있다.

4) 언론·출판의 자유의 주체

언론·출판의 자유는 개인의 자유뿐만 아니라 언론기관의 자유까지 포함하므로 신문사, 방송사와 같은 법인이나 권리능력 없는 사단도 주체성이 인정된다. 또한 언론·출판의 자유는 인간으로서의 권리에 해당되므로, 외국인도 주체가 될 수 있다. 그러나 외국인의 정치적 표현의 자유는 제한을 받을 수 있다. 법인에 대해서도 의견표시와 정보수집과 같이 적용이 가능한 경우에는 주체성이 인정된다.

5) 언론·출판의 자유의 내용

언론·출판의 자유는 불특정 다수인을 상대로 한 정보유통에 관한 표현을 보호하는 것이므로, 자기에 관한 정보의 표현은 다른 법의 적용을 받는다. 예컨대, 사생활의 비밀·자유(제17조)

---

① 알권리
  ▶ 모든 정보원으로부터 일반적 정보를 수집하고 처리할 수 있는 권리를 말한다.
② 엑세스권
  ▶ 일반대중이 언론에 접근, 그것을 이용하여 의견이나 주장을 표명하고, 언론의 보도내용에 대하여 반론이나 항의를 개진할 수 있는 권리를 말한다.
③ 반론권
  ▶ 정기간행물이나 방송 등에서 공표된 사실적 주장에 의하여 피해를 입은 자가 발행인이나 방송사업자에게 서면으로 반론보도문을 게재해 주거나 반론보도를 방송해 줄 것을 청구할 수 있는 권리를 말한다.
④ 언론기관의 설립권
  ▶ 언론의 자유에서 보장되는 권리이다. 이 밖에도 언론기관의 취재의 자유와 편집 등의 자유도 포괄한다.

---

6) 언론·출판의 자유의 제한과 한계

언론·출판의 자유는 헌법 제37조 제2항에 의하여 국가안전보장, 질서유지 또는 공공복리를 위하여 필요한 경우에 한하여 법률로써 제한할 수 있다. 또한 언론기관 시설기준 법정주의를 규정하고 있는 헌법 제21조 제3항에 의하여 보도의 자유 내지는 언론기관설립의 자유를 제한할 수 있다. 비상계엄이 선포된 경우에는 헌법 제77조 제3항에 따라 언론·출판의 자유도 특별조치로써 검열 등을 받을 수 있다.

이외에도 다음과 같은 경우는 제한을 할 수 있다. 자유민주적 기본질서에 위배되어서는 안 되고, 국가의 존립을 위태롭게 하거나 타인의 명예를 훼손하고 도덕률에 위반해서는 안 된다. 정기간행물 및 인터넷 신문은 인간의 존엄과 가치 및 민주적 기본질서를 존중해야 한다. 정기간행물 및 인터넷신문은 국민의 화합과 조화로운 국가의 발전 및 민주적 여론형성에 이바지해야 하며, 사회 각계각층의 다양한 의견을 균형 있게 수렴해야 하고, 지역간·세대간·계층간·성별간의 갈등을 조장해서는 안 된다. 타인의 명예를 훼손하거나 권리를 침해해서는 안 되며, 범죄 및 부도덕한 행위나 사행심을 조장해서도 안 된다. 또한 건전한 가정생활과 아동 및 청소년의 서도에 나쁜 영향을 미치는 음란, 퇴폐, 폭력을 조장해서는 안 된다.

7) 언론·출판의 자유의 침해와 구제

국가기관에 의한 침해의 경우에는 손실보상, 국가배상, 헌법소원 청구, 국가인권위원회에의 진정 등의 방법에 따라 구제 받을 수 있고, 언론기관이나 사인에 의하여 침해된 경우에는 언론고충처리인제도 등에 의해서 구제를 받을 수 있다.

(2) 집회·결사의 자유

1) 집회·결사의 자유의 의의

다수인이 공동의 목적을 가지고 회합하거나 결합하는 자유를 말한다. 집회·결사의 자유는 집단적 권리의 성질을 가진 것으로서, 단체적 표현의 자유라고 할 수 있다. 집회의 자유란 집회에 참가할 자유, 참가하지 아니할 자유를 보호하는 것을 말한다. 집회의 자유는 일시적·집단적 표현의 자유이다.

집회의 자유는 개인의 인격발현의 요소이자 민주주의를 구성하고 있는 이중적 헌법적 기능을 가지고 있다. 집회를 사전에 허가를 받도록 하는 허가제는 헌법 제21조 제2항에 위반된다. 결사의 자유란 다수인의 자유인 또는 법인이 공동의 목적을 위해 단체를 구성할 자유를 말한다. 결사의 자유는 계속적 표현의 자유이다.

집회와 결사의 자유가 헌법상 보장되는 이유는 다수인이 공동의 목적 하에 의견을 교환하고 공동의견을 형성하고 확인하며, 그를 통하여 민주정치를 실현하고, 소수의 권익보호를 위하여 필요하기 때문이다.

2) 법적 성격

집회의 자유는 인간의 고립화를 방지하기 위한 법적 권리이고, 타인과의 교섭을 통하여 인격발전을 이룩할 수 있는 수단으로서의 성격을 지닌다. 결사의 자유는 타인과 자유로이 교통할 수 있는 권리로서의 성격 등을 가지고 있다.

3) 집회 · 결사의 자유의 주체

집회의 자유의 주체는 자연인과 법인이다. 외국인도 주체가 되나 국민에 비해 제한이 가중될 수 있다. 결사의 자유의 주체는 자연인과 법인이 될 수 있다. 그러나 공적책무의 수행을 목적으로 하는 공법상의 단체에 있어서는 결사의 자유의 주체가 될 수 없다.

4) 집회 · 결사의 자유의 내용

① 집회의 자유에는 적극적으로 집회를 개최하는 자유, 집회에서 사회 또는 진행하는 자유, 집회에 참가하는 자유가 적극적인 자유이고, 소극적 자유는 집회를 개최하지 않을 자유, 집회에 참가하지 않을 자유가 이에 해당된다.
집회의 종류는 옥내집회, 옥회집회, 공개집회, 비공개집회, 주간집회, 야간집회, 정치적 집회, 비정치적 집회 등이 해당된다.

② 결사의 자유에는 적극적 자유에는 단체결성의 자유, 단체존속의 자유, 단체활동의 자유, 결사에의 가입 · 잔류의 자유 등이 있고, 소극적 자유는 단체로부터 탈퇴할 자유, 결사에 가입하지 아니할 자유가 있다.
다만 의사회, 변호사회, 상공회의소 등 공법상의 결사에는 관계자의 가입이 강제된다.

5) 집회 · 결사의 자유의 제한

① 집회의 자유의 제한

집회는 집단적 행위라야 하고 공공질서에 미치는 영향력이 크기 때문에 언론 · 출판의 자유보다 많은 제한을 받는다. 예컨대, 도로나 공원 등 공공장소에서 행하는 집회 및 시위는 일반인의 도로나 공원의 이용에 제한을 가져온다. 동일한 장소에서 집회가 열리는 경우 혼란이 야기될 수 있기 때문에 집회 및 시위의 자유는 공익이나 타인의 기본권과 조화를 이루어야 한다. 집회나 시위는 비폭력적 비무장이라야 한다. "집회 및 시위에 관한 법률(집시법)"에 의하여 절대로 금지되는 경우에 해당되는 내용을 살펴보면 헌법재판소의 결정에 의해 해산된 정당, 집단적 폭행 · 협박 · 손괴 · 방화 등으로 공공의 안녕질서를 위협하는 경우, 화염병 투척 등의 폭력시위 등이 해당된다. 집회 또는 시위에 대한 허가제는 금지되지만 신고제는 인정된다. 신고제의 경우 집회 또는 시위의 중복에 따른 혼란을 예방하고 일반인의 도로·공원 등 공물이용과의 충돌을 조정하며 관리를 위해서는 필요하다. 국가안전보장, 질서유지 또는 공공복리를 위하여 필요한 경우에 법률로써 제한할 수 있다. 국가긴급사태시 비상계엄이 선포된 경우 포고령에 의하여 집회의 자유가 제한 될 수 있다.

② 결사의 자유

국가의 존립을 위태롭게 하거나 헌법을 적대시하고 자유민주적 기본질서를 위반해서는 안 된다. 불법단체 또는 헌법을 파괴하는 단체는 금지된다.

합법적으로 결성된 단체라도 법령에 위반되는 활동을 한 경우에는 국가의 감독을 받아야 하고 해산될 수 있다. 비상계엄이 선포된 경우와 긴급명령이 발령된 경우에 결사의 자유가 제한될 수 있다.

관련판례

집회의 자유는 개인의 인격을 밖으로 구체적으로 들어내는(발현)요소이자 민주주의를 구성하는 요소라는 '이중적 헌법적 기능'을 가지고 있다. 인간의 존엄성과 자유로운 인격발현을 최고의 가치로 삼는 우리 헌법질서 내에서 집회의 자유도 다른 모든 기본권과 마찬가지로 "일차적으로는 개인의 자기결정과 인격발현에 기여하는 기본권인 것이다." 뿐만 아니라, 집회를 통하여 국민들이 자신의 의견과 주장을 집단적으로 표명함으로써 여론의 형성에 영향을 미친다는 점에서, 집회의 자유는 표현의 자유와 더불어 민주적 공동체가 기능하기 위하여 불가결한 근본적 요소에 속하는 것이다. "집회의 자유는 집회의 시간, 장소, 방법과 목적을 스스로 결정할 권리를 보장하는 것이다. 집회의 자유에 의하여 구체적으로 보호되는 주요행위는 집회의 준비 및 조직, 지휘, 참가, 집회장소·시간의 선택이다." 따라서 집회의 자유는 개인이 집회에 참가하는 것을 방해하거나 또는 집회에 참가할 것을 강요하는 국가행위를 금지할 뿐만 아니라, 예컨대, 집회장소로의 여행을 방해하거나, 집회장소로부터 귀가하는 것을 방해하거나, 집회참가자에 대한 검문의 방법으로 시간을 지연시킴으로써 집회 장소에 접근하는 것을 방해하는 등 집회의 자유행사에 영향을 미치는 모든 조치를 금지한다(2000헌바67).

12 재산권

(1) 재산권의 의의

경제적 가치가 있는 모든 공·사법상의 권리를 말한다. 그 재산의 많고 적음을 묻지 않는다. 재산권의 보장은 자기 자신이 재산권을 자유롭게 처분하는 처분권까지 보장하는 것이다.

(2) 헌법 23조 2항과 3항의 해석

19세기의 재산권은 절대적 권리로 인정되어 왔지만 20세기에 와서는 재산권도 절대적으로 보장되는 것이 아니라 상대적으로 보장되기에 이르렀다. 헌법 제23조 제2항은 이러한 면을 잘 보여주는 조항이다.

개인의 재산을 국가가 인수하는 경우에는 그에 따른 정당한 보상을 해주어야 한다. 헌법 제23조 제3항은 이러한 면을 잘 보여주는 조항이다.

(3) 재산권 규정의 근본 취지

사유재산제도의 보장이라는 전제하에 모든 국민이 가지고 있는 재산권을 자유로이 이용, 수익 또는 처분을 원칙적으로 보장하고, 공공에 필요에 따라 재산권의 수용, 사용 또는 제한을 예외적으로 가능하도록 하는 게 본 규정의 취지이다.

(4) 재산권의 법적 성격

재산권은 국가에 의하여 보장되는 법제도인가 하는 점이 문제시 된다. 이에 다수설과 판례는 사유재산제도가 보장되지 않은 경우에는 재산권도 보장될 수 없는 것이며, 개인의 재산권이 보장되지 않는 곳에서 사유재산제도가 법제로서 존재할 수 없는 것이다(권리·제도 보장설). 헌법상 재산권보장은 권리와 제도를 동시에 보장하는 것으로 이해해야 한다.

(5) 재산권의 주체와 객체

1) 주체

자연인과 법인 모두 주체이다. 그러나 외국인의 경우에는 국제법과 국제조약이 정하는 바에 의해서 주체가 된다.

2) 객체

재산권은 공법성, 사법상 경제적 가치가 있는 모든 권리를 말한다. 예컨대, 민법 상의 소유권, 물권, 채권, 상속권 및 특별법상의 광업권, 어업권, 특허권, 저작권과 공법적 성격을 갖는 수리권, 하천점유권을 포괄한다.

그러나 단순한 기대이익, 단순한 경제적 이익, 우연히 발생한 법적 지위 등은 재산권에 해당되지 않는다.

(6) 재산권의 내용

재산권이 보장된다는 것은 "재산권은 개인이 현재 누리고 있는 재산권을 기본권으로 보장한다는 의미와 개인이 재산권을 향유할 수 있는 법제도로서의 사유재산제도를 보장한다"는 이중적 의미를 가지고 있다. 재산권의 내용으로서는 사유재산제도의 보상, 사유새산권의 보징 등을 내용으로 한다. 사유재산제도 보장에 대해서 살펴보면 제1항에서 "내용과 한계는 법률로 정한다"라고 되어 있는데 이는 국가법질서체계 내에서의 재산권보장을 의미하기 때문에 법률로써 사유재산재도를 부인할 수 없다는 것이다. 따라서 생산수단의 전면적인 국·공유화는 인정될 수 없다. 사유재산권의 보장에 대해서 살펴보면 개인의 경우 재산을 사용, 수익, 처분할 수 있는 권리와 자유를 누릴 수 있다. 재산권을 제한하기 위해서는 법률에 의거해서 해야 한다.

(7) 재산권의 내용과 한계

헌법이 재산권을 보장하는 동시에 그 사회적 구속성을 강조하는 결과, 재산권의 구체적인 내용과 한계는 법률에 의해서 정해진다(제23조 제1항 제2문). 재산권의 구체적 내용과 한계에 관한 입법도 제37조 제2항의 한계를 준수해야 한다.

13. 청원권

> **헌법 제26조(청원권)** ① 모든 국민은 법률이 정하는 바에 의하여 국가기관에 문서로 청원할 권리를 가진다.
> ② 국가는 청원에 대하여 심사할 의무를 진다.

(1) 청원권의 의의

국민이 국가기관에 대하여 일정한 사항과 고충에 관한 의견이나 희망을 전달할 수 있는 권리를 말한다. 즉 청원권은 공권력과의 관계에서 일어나는 이해관계, 의견, 희망 등에 관하여 적법한 청원을 한 모든 국민에게 국가기관이 청원을 수리할 뿐만 아니라 이를 심사하여 청원자에게 그 처리결과를 통지할 것을 요구하는 권리이다. 다만 '청원'이라는 것은 '어떠한 무엇'을 요청한다는 개념이 내재 되어 있는 것이므로 구체적으로 무엇인가를 요구하지 않는 단순한 의견표명에 불과한 것은 청원에 포함될 수 없다.

(2) 청원권의 연혁

봉건주의사회에서 군주의 자의적 권력에 의한 국민의 이익침범을 구제하고자 발전되었으며, 1215년 영국의 대헌장이 청원권을 최초로 용인한 사례로 볼 수 있으며, 1689년 영국의 권리장전에 의해 최초로 성문화 되었다.

(3) 청원권의 법적 성격

청원은 국가기관에 대하여 문서로 의견이나 희망을 표시하는 것이다. 청원권은 자신의 의견을 자유로이 국가기관에 진술할 수 있는 권리라는 측면에서 자유권으로서의 성격을 가지고 있으며, 국가가 청원을 수리 심사 할 것을 청구할 수 있는 권리라는 의미에서 청구권으로서의 성격을 가지고 있다.

(4) 청원권의 주체

헌법상 국민이라고 표현되어 있지만, 청원권의 주체는 자연인으로서의 일반국민 및 특수신분관계(예컨대, 공무원, 군인 등)에 있는 국민뿐만 아니라 외국인도 청원권의 주체가 될 수 있다. 공무원, 군인 등의 경우 청원은 가능하나 이들의 청원은 직무와 관련된 청원이나 집단적 청원은 제한 될 수 있다.

(5) 청원권의 요건

청원은 국민의 권리 또는 이익이 침범되었을 때에만 할 수 있는 것이 아니고, 침범될 우려가 있는 경우에도 가능하다. 즉 청원은 사전, 사후를 불문하는 것이다.

(6) 청원권의 효력

헌법상 국가의 청원심사의무(제26조)만 규정하고 있지만, 청원법에서는 국가의 청원 심사·처리의무와 결과를 원칙적으로 90일 이내에 통지할 의무(제9조), 청원을 이유로 하는 불이익처우금지(제12조)를 규정하고 있다.

(7) 청원사항

헌법 제26조 제1항은 청원사항을 입법사항으로 규정하고 있다. 청원법 제4조의 청원사항을 살펴보면 다음과 같다. 피해의 구제, 공무원의 위법·부당한 행위에 대한 시정이나 징계의 요구, 법률·명령·조례·규칙 등의 제정·개정 또는 폐지, 고 공공의 제도 또는 시설의 운영, 그 밖에 국가기관 등의 권한에 속하는 사항 등이다. 이는 예시적 열거에 지나지 않으므로 실제적으로는 국가기관 등의 권한에 속하는 사항의 경우는 원칙적으로 모두 청원의 대상이 되는 것이다.

(8) 행사 방법

청원은 반드시 문서로 해야 하며(제6조 제1항), 본인이 청원 했다는 것을 확인할 수 있도록 청원인의 성명이나 주소를 명시해야 한다. 청원서에서는 청원의 이유와 취지를 명시하고, 필요한 경우에는 서류 기타 참고자료를 첨부해야 한다.

국회나 지방의회에 청원을 원하는 경우에는 의원의 소개를 받아 청원서를 체출 해야 한다(국회법 제123조 제1항). 청원서는 청원사항을 주관하는 관서에 제출하면 된다.

(9) 청원의 대상

청원의 대상에는 제한이 없다. 그러나 청원법에서 중요한 청원사항으로는 피해의 구제, 공무원의 비위의 시정 또는 공무원에 대한 징계나 처벌의 요구, 법률·명령·규칙의 제정·개정·폐지, 공공의 제도 또는 시설의 운영, 기타 공공기관의 권한에 속하는 사항 등(제4조)을 들고 있다. 이 규정의 경우에는 예시 규정에 지나지 않기 때문에 반드시 그 예에 따른 거에 한정되는 것은 아니다.

(10) 청원의 금지사항

국가기관의 권한에 속하는 사항인 경우에는 모두가 청원의 대상에 해당되지만 다음과 같은 경우에는 예외적으로 청원이 금지된다. 예컨대, 재판에 간섭하는 것, 국가의 원수를 모독하는 경우, 타인을 해할 목적으로 허위의 사실을 적시하여 제출하는 것 등은 금지된다.

또한 동일내용의 청원서를 동일기관에 2개 이상 또는 2개 기관 이상에 제출할 수 없다. 이러한 사실을 발견한 내용의 청원서의 경우 이를 취급하지 않는다.

(11) 청원의 효과

국가기관은 청원을 접수, 심사, 처리하고 그 결과를 청원인에게 통지해야 한다. 청원을 했다는 이유로 인해서 청원을 한 청원인은 어떠한 차별대우를 받거나 불이익을 받아서는 안된다. 만약 이를 이유로 하여 공무원이 청원을 한 청원인을 차별대우하거나 불이익을 주는 경우에는 처벌을 받게 된다.

(12) 제한

청원권은 헌법 제37조 제2항에 따라 제한될 수 있다. 그러나 본질적인 내용은 침해해서는 안된다.

14. 재판청구권

> **제27조(재판을 받을 권리, 형사피고인의 무죄추정 등)** ① 모든 국민은 헌법과 법률이 정한 법관에 의하여 법률에 의한 재판을 받을 권리를 가진다.
> ② 군인 또는 군무원이 아닌 국민은 대한민국의 영역 안에서는 중대한 군사상 기밀, 초병·초소 유해음식물 공급, 포로·군용물에 관한 죄 중 법률이 정한 경우와 비상계엄이 선포된 경우를 제외하고는 군사법원의 재판을 받지 아니한다.
> ③ 모든 국민은 신속한 재판을 받을 권리를 가진다. 형사피고인은 상당한 이유가 없는 한 지체 없이 공개재판을 받을 권리를 가진다.
> ④ 형사피고인은 유죄의 판결이 확정될 때까지는 무죄로 추정된다.
> ⑤ 형사피해자는 법률이 정하는 바에 의하여 당해 사건의 재판절차에서 진술할 수 있다.

(1) 재판청구권의 의의

국가에 재판을 청구할 수 있는 권리로서 독립된 법원에서 신분이 보장된 법관에 의해 적법한 절차에 따라 공정한 재판을 받을 권리를 말한다.

(2) 재판청구권의 연혁

1215년 영국의 대헌장에서 배심제도를 최초로 규정하여 헌법적으로 보장받게 되었다. 1791년 프랑스 헌법과 1791년 미연방헌법 수정 제6조에서도 재판청구권을 성문화하였다.

(3) 법적 성격

재판청구권은 재판을 국가기관에 청구할 수 있는 성격과 헌법과 법률이 정한 법관이 아닌 자로부터 재판을 받지 않고, 헌법과 법률에 의하지 아니한 재판을 받지 않는다는 성격의 두 가지 측면을 가지고 있다. 즉 재판청구권은 청구권과 자유권의 성격을 가지고 있는 것이다.

(4) 재판청구권의 주체

기본권의 주체가 될 수 있는 자는 누구나 재판청구권의 주체가 된다. 자연인(국민)과 법인(내·외국)도 주체가 된다. 외국인의 경우에도 재판청구권이 보장된다. 재판청구권은 모든 국가권력을 기속한다. 사인 상호간에 간접 적용된다.

(5) 재판청구권의 내용

재판청구권의 내용은 다음과 같다. ① 헌법과 법률이 정한 법관에 의한 재판을 받을 권리, ② 법률에 의한 재판을 받을 권리 ③ 재판을 받을 권리, ④ 공정하고 신속한 공개재판을 받을 권리, ⑤ 형사피해자의 진술권에 대해서 간략히 살펴보면 다음과 같다.

① 헌법과 법률이 정한 법관이라 함은 법이 정한 자격을 갖추고 적법절차에 따라 적법하게 임명되어, 신분보장과 직무상 독립이 보장된 법관을 말한다. 국민은 이와 같은 자격과 신분이 보장되지 아니한 자에 의한 재판을 원칙적으로 거부할 권리를 가진다. 예컨대, 헌법 제101조 제3항의 경우이다(법관의 자격은 법률로 정함), 제척 기타의 사유에 의하여 법률상 그 재판에 관여하는 것이 금지되지 아니한 법관 등의 경우.

② 법률에 의한 재판을 받을 권리
헌법 제27조 제1항 후단의 '법률에 의한 재판'을 받을 권리라 함은 절차법이 정한 절차에 의거해서 실체법이 정한 내용대로 재판을 받을 권리를 보장한다는 취지로써 이는 법관이 법에 의거해서 판단하는 것이 아닌 자의와 전단에 의하는 것을 배제하기 위한 것이다.

③ 재판을 받을 권리란
법률적 분쟁의 당사자가 독립된 국가기관인 법원의 판단을 청구할 수 있는 권리를 말한다. 재판의 종류에는 민사재판, 형사재판, 행정재판, 헌법재판 등이 있는데, 이러한 재판에 대한 청구권을 말한다.

④ 공정하고 신속한 공개재판을 받을 권리

모든 국민은 재판을 함에 있어서 신속한 재판을 받을 권리를 가진다. 형사피고인은 상당한 이유가 없는 한 지체 없이 공개재판을 받을 권리를 가진다(제27조 제3항). 공정한 재판이란 법원에 의한 재판이 공정해야 하는 것을 말한다. 신속한 재판이란 판결절차뿐만 아니라 집행절차의 경우에도 적용된다. 공개재판이란 헌법상 공개재판청구권은 형사피고인이라고 규정지어 있지만, 일반국민이 누리는 권리로 보는 것이 타당하다. 헌법 제109조(재판공개의 원칙)는 "재판의 심리와 판결은 공개한다"라는 규정에도 합치된다. 다만, 심리는 국가의 안정보장 또는 안녕질서를 방해하거나 선량한 풍속을 해할 염려가 있을 때에는 법원의 결정으로 공개하지 아니할 수 있다.

⑤ 형사피해자의 진술권

헌법 제27조 제5항은 "형사피해자는 법률이 정하는 바에 의하여 당해 사건의 재판절차에서 진술 할 수 있다"라고 규정하여 형사피해자의 진술권을 보장하고 있다. 형사피해자는 범죄사건의 재판절차에 증인으로 출석하여, 자신이 입은 피해의 내용과 사건에 대하여 의견을 진술할 수 있다. 이는 피해자가 적극적으로 자신의 권리에 대해 방어, 주장하기 위한 권리이다.

(6) 재판청구권의 제한

재판청구권은 헌법 제37조 제2항에 따라 제한될 수 있다. 예컨대, 군인·군무원의 군형사 사건에 대한 군사법원에서의 재판, 비상계엄이 선포된 경우 등이다.

비상사태 하에서는 국민의 재판청구권이 제한된다. 비상사태 하에서도 일반국민도 군사법원에서 재판을 받아야 하며 상소까지 제한되는 경우가 있다. 그러나 제한을 하는 경우에도 본질적 내용을 침해해서는 안 되는 것이다.

15. 국민의 형사재판 참여(국민 참여재판)에 관한 법률

우리나라는 형사재판에서 일반 국민들의 재판참여가 허용되지 않았다. 그러나 국민의 형사재판 참여에 관한 법률은 2007. 6. 1일 공포되어 2008. 1. 1일부터 시행됨으로써, 국민이 재판에 참여하는 제도가 본격적으로 도입되기에 이르렀다. 이로써

'국민의 형사재판 참여에 관한 법률'이 제정됨에 따라 살인 등의 일정한 범죄에 있어서 일반 국민들이 배심원으로 참여하여 사건의 심리에서 피고인에 대한 유·무죄의 판단을 할 수 있게 되었다. 이하에서는 국민의 형사재판 참여에 관한 법률에 대한 순서에 입각하여 내용을 살펴보기로 한다.

(1) 국민참여재판의 준비

국민참여재판은 모든 범죄에 적용되는 것이 아니다. '살인, 상해치사, 폭행치사, 강도살인, 치사 등'의 흉악한 범죄의 경우에 한해서만 가능하다. 그러나 이러한 흉악한 사건의 경우에도 흉악한 사건를 저지른 피고인이 국민참여재판에 참여를 원할 경우에 한 해서만 가능하다.

국민참여재판의 경우에도 일반재판의 경우와 마찬가지로 재판의 효율적이고 집중적인 심리를 하기 위하여 사전에 재판부가 검사와 변호인이 만나 재판을 준비하는 '공판준비절차'를 필수적으로 거치게 된다. 왜냐하면 배심원들이 사용할 수 없는 증거를 접하는 것을 사전에 방지함으로써 효율적인 재판을 하기 위한 것이다.

(2) 배심원 선정 준비

각 지방법원은 주민등록정보를 활용하여 매년 만 20세 이상의 대한민국 국민 중에서 성별, 연령 등을 고려하여 일정한 수의 배심원 후보예정자를 무작위로 추출한다. 이렇게 선정된 명단을 '배심원후보예정자명단'이라 한다. 이는 법원이 관리하고 있다. 그러나 재판과 관계된 공무원이나 변호사 등은 배심원 선정에서 제외시킨다.

(3) 배심원의 선정

선정기일의 모든 과정은 배심원 후보자의 사생활 보호를 위해서 비공개로 진행되고, 배심원 후보자들은 이름이 아닌 몇 번 후보자로 불린다. 선정기일에서 먼저 재판장이 배심원으로 적합한가에 대해 기본적인 질문을 하게 되고, 이후에 검사와 변호인은 배신심원후보자들에게 결격사유나 기피사유[127] 등이 있는지, 불공평한 판단을 할 우려가 있는지에 대해 질문을 한 후에 합당하지 않은 배심원 후보자를 기피하

---

127) 기피: 재판의 공정을 방해할 만한 사정이 있는 경우에 당사자의 신청에 의해 재판함으로써 그 법관을 직무집행으로부터 배제하는 것을 말한다.

여 배제하게 된다.

이러한 과정을 거친 후에야 배심원과 예비배심원[128]을 선정한다. 배심원은 사건에 따라 5~9명의 배심원을 선정하고 5인 이내의 예비 배심원을 선정한다.[129]

(4) 공판절차

배심원과 예비배심원은 재판시작에 앞서 배심원 선서를 한다. 이후에 재판장은 국민참여재판의 의의와 절차, 판사·검사·변호인의 역할, 피고인의 권리 등에 대하여 간략하게 설명을 한다. 또한 재판장은 피고인에 대해 진술을 거부할 수 있다는 진술거부권을 알려주고 성명, 연령, 직업 등을 확인하게 된다. 재판장의 설명 후에 검사부터 해당 사건의 공소사실, 죄명 및 적용 법조를 낭독하게 된다. 이후에는 피고인 및 변호인이 자신에게 이익이 되는 사실을 진술하게 됩니다. 또한 증인을 불러 범죄와 관련된 내용에 대해 질문을 하기도 한다. 이러한 증거조사가 모두 끝나고 나서 피고인을 증인석으로 불러 검사와 변호인이 질문을 하게 된다.

(5) 평의·평결 및 판결선고

피고인 신문이 끝나고 검사와 피고인·변호인의 최후진술을 듣고 재판장의 최종 설명을 들으면 모든 사실심리 절차를 마치게 된다.

그 후 배심원들은 별도로 마련된 평의실로 이동한 후에 평의[130]에 들어가게 된다. 배심원들은 만장일치로 피고인의 유무죄를 정하게 된다.

만약 만장일치가 안 되는 경우에는 판사의 의견을 들은 후 다수결에 의해 평결할 수 있다. 만약 유죄라는 결정을 내린 경우에는 배심원들은 판사와 함께 양형[131]에 대해서도 토의하게 된다. 하지만 배심원의 평의 결과의 효력[132]은 재판부에게 권고

---

128) 예비배심원: 국민참여재판에서 배심원이 해임되거나 사임하여 결원이 생기는 경우에 대비하여 재판장의 재량에 따라 5인 이내의 범위에서 예비배심원을 두게 된다. 예비배심원들은 평의·평결 및 양형에 관한 토의에 참여할 수 없을 뿐 배심원들과 같이 사실심리에 참여하게 된다. 또한 예비배심원은 재판이 끝나기 전까지 혹시 있을지 모르는 배심원 결원에 대비하여 기다리게 할 수도 있다.

129) ① 사형 무기징역 또는 무기금고에 해당하는 대상사건: 9명, ② 그 외의 대상사건: 7인의 배심원, ③ 피고인 또는 변호인이 공판준비절차에서 공소사실의 주요내용을 인정할 때: 5인의 배심원.

130) 평의: 배심원들이 피고인의 유·무죄를 논의 하는 것을 말한다.

131) 형법 제51조[양형의 조건] 형을 정함에 있어서는 다음 사항을 참작하여야 한다. 1. 범인의 연령, 성행, 지능과 환경 2. 피해자에 대한 관계 3. 범행의 동기, 수단의 결과 4. 범행후의 정황

132) 배심원 평의결과의 효력: 배심원 평의결과가 권고적 효력이 있지만 판사는 배심원의 의견을

의 효력만 있을 뿐 실제적으로 형의 선고는 재판장의 판결에 의한다. 검사와 피고인 및 변호인은 대등하게 마주 보고 위치한다. 또 배심원과 예비 배심원은 재판장과 검사·피고인 및 변호인 사이 왼쪽에 위치하게 되고 배심원과 예비 배심원이 증인의 증언 태도 및 답변을 정확히 알 수 있도록 증인석에 위치하게 된다.

16. 국가배상청구권

> **제29조(공무원의 불법행위하 배상책임)** ① 공무원의 직무상 불법행위로 손해를 받은 국민은 법률이 정하는 바에 의하여 국가 또는 공공단체에 정당한 배상을 청구할 수 있다. 이 경우 공무원 자신의 책임은 면제되지 아니한다.
> ② 군인·군무원·경찰공무원, 기타 법률이 정하는 자가 전투·훈련 등 직무집행과 관련하여 받은 손해에 대하여는 법률이 정하는 보상 외에 국가 또는 공공단체에 공무원의 직무상 불법행위로 인한 배상은 청구할 수 없다.

(1) 국가배상청구권의 의의

공무원의 직무상 불법행위(고의 또는 과실)로 인해서 손해를 입은 국민이 법률이 정하는 바에 의하여 국가 또는 공공단체에 정당한 손해배상을 청구할 수 있는 권리를 말한다. 즉 국가배상청구권은 공무원의 직무상 불법행위로 인하여 손래를 입은 국민이 국가나 공공단체를 상대로 배상책임을 청구하는 권리를 말한다. 국가배상청구권은 공무원이 국민에 대한 책임을 담보하고 법치국가의 원리를 구현하기 위하여 인정된 기본권이다.

(2) 연혁

1919년 독일의 바이마르헌법이 최초로 규정하였다. 제2차 세계대전 이후 각국의 헌법들은 국가배상청구권을 규정하고 있으며, 우리 헌법의 경우에도 건국헌법 이래 계속적으로 규정하고 있다.

최대한 존중하고 참고하여 판결을 한다. 만약 배심원 의견과 다른 판결을 하는 경우 재판부는 판결서에 이유를 기재하도록 되어 있다.

(3) 법적 성격

국가배상청구권의 법적 성격에 대해서는 견해가 일치하지 않고 있다. 대법원의 경우에는 국가배상법을 사법으로 보고 국가 배상에 관한 소송을 민사소송의 절차에 따르도록 규정하고 있다는 견해로 보는 반면 헌법재판소의 경우 국가배상법 제8조가 "국가배상청구권에도 소멸시효제도를 적용하도록 한 것은 헌법에 합치한다. 즉, 헌법상 국가배상청구권에 대한 규정은 단순한 재산권보장규정만을 의미하는 것이 아니라 국가배상청구권을 청구권적 기본권으로 보장하고 있는 것이다." 라는 견해의 입장이다.

(4) 국가배상청구권의 주체

헌법 제29조의 국민에는 대한민국 국민과 내국법인을 포함한다. 대한민국 국민일 경우에는 자연인이든 법인이든 문제되지 않는다. 다만 외국인에 대해서는 국가배상법 제7조에 의해 상호주의가 적용된다. 그러나 헌법 제29조 제2항은 "군인·군무원·경찰공무원, 기타 법률이 정하는 자가 전투·훈련 등 직무집행과 관련하여 받은 손해에 대하여는 법률이 정하는 보상 외에 국가 또는 공공단체에 공무원의 직무상 불법행위로 인한 배상은 청구할 수 없다."라고 하여 국가배상청구권에 대해서는 인정을 하지 않고 있다. 즉, 2중 배상을 금지하고 있기 때문에 기본권주체성이 제한되고 있다(후술).

(5) 국가배상청구권의 성립요건

1) 공무원의 직무상 불법행위로 인해 손해가 발생되어야 한다.

> ① 공무원 또는 공무를 위탁받은 사인
> ▶ 국가공무원, 지방공무원법상의 공무원, 공무를 위탁받아 이에 종사하는 모든 자를 다 포함한다. 판례에서는 "의용소방대원, 자원봉사자"의 경우는 공무원에서 제외된다고 본다.
> ② 불법행위
> ▶ 고의나 과실로 법령에 위반한 행위를 말한다. 불법행위의 입증책임은 피해자 자신이 해야 한다.
> ③ 타인에 대한 손해의 발생

> ▶ 가해자인 공무원과 그 위법한 직무집행에 가담한 자이외의 모든 사람을 말한다. 군인, 군무원, 향토예비군 대원 등의 경우 타인의 범위에서 제외된다. 손해란 가해행위로 말미암아 모든 물질적 또는 정신적 불이익을 말한다.

2) 공공시설의 하자로 손해가 발생해야 한다(국가배상법 제5조 제1항).

국가배상청구권은 공공시설의 설치나 관리에 의해 문제가 발생한 경우에 있어 타인에게 손해를 해한 경우에도 인정된다. 예컨대, 영조물의 경우. 영조물은 "도로, 수도, 제방, 하천, 호수 등 공공기관이 설치하였거나 관리해야 될 시설물을 의미한다. 영조물에 의한 손해 배상이 인정되기 위해서는 영조물 관리상의 하자가 있어야 하고, 영조물과 손해 사이의 인과관계가 성립 되어야 한다.

국가배상의 면책사유

인력으로는 도저히 막을 수 없는 불가항력적인 경우에는 책임을 면할 수 있다. 예컨대, 천재지변(폭우) 등의 경우처럼 인간에 의해서 예견할 수 없거나 예견할 수 있는 경우에도 도저히 회피하기 어려운 외부의 힘에 의해 손해가 발생된 경우.

---

(6) 청구절차

1) 국가배상법 제2조와 제5조가 경합할 경우 두 조항 중 선택적으로 청구권이 인정된다.
2) 배상청구권의 소멸시효는 5년이다.

(7) 국가배상청구권의 제한

1) 군인·공무원 등에 대한 제한

헌법은 제29조 제2항에서 "군인·군무원·경찰공무원, 기타 법률이 정하는 자가 전투·훈련 등 직무집행과 관련하여 받은 손해에 대하여는 법률이 정하는 보상 외에 국가 또는 공공단체에 공무원의 직무상 불법행위로 인한 배상은 청구할 수 없다고 규정하고 있다." 이 규정을 근거로 이와 동일한 규정을 국가배상법 제2조 제1항 단서 의 규정을 두고 있다.

국가배상법 제2조 1항 단서는 "군인·군무원·경찰공무원·향토예비군 대원 등은 전투·훈련 등 직무집행과 관련하여 본인 또는 그 유족이 다른 법령의 규정에 의하여 재해보상금·유족연금·상이연금 등의 보상금을 지급받을 수 있을 때에는 이 법 및 민법의 규정에 의한 손해배상을 청구할 수 없다"라고 규정하고 있다.

국가는 군인 등에 대해서 국가배상청구권을 배제하는 이유로 들고 있는 이중보상 금지라는 것을 들고 있다. 이중보상 금지의 경우 헌법재판소는 다음과 같이 판시하고 있다.

군인·경찰관 등에 대한 사회보장적 보상제도를 전제로 이중보상으로 인한 일반인들과의 불균형을 제거하고 국가재정을 지출을 절감하기 위한 것이기 때문에 이들의 국가배상 청구권을 금지하고 있는 것은 과잉금지원칙에 반하는 것이 아니고, 평등원리에 위반되는 것도 아니며, 재산권의 본질적 내용을 침해하는 것도 아니라고 본고 있다.(헌재결 1996. 6. 13, 94헌바20)

2) 법률에 의한 제한

국가배상청구권은 헌법 제37조 제2항에 의해 법률로써 제한될 수 있다. 즉, 국가안전보장, 질서유지 또는 공공복리를 위하여 필요한 경우에 법률로써 제한할 수 있다. 본질적 내용에 대해서는 침해할 수 없다.

17. 교육을 받을 권리

제31조(교육을 받을 권리와 의무 등) ① 모든 국민은 능력에 따라 균등하게 교육을 받을 권리를 가진다.

② 모든 국민은 그 보호하는 자녀에게 적어도 초등교육과 법률이 정하는 교육을 받게 할 의무를 진다.

③ 의무교육은 무상으로 한다.

④ 교육의 자주성·전문성·정치적 중립성 및 대학의 자율성은 법률이 정하는 바에 의하여 보장된다.

⑤ 국가는 평생교육을 진흥하여야 한다.

⑥ 학교교육 및 평생교육을 포함한 교육제도와 그 운영, 교육재정 및 교원의 지위에 관한 기본적인 사항은 법률로 정한다.

(1) 교육을 받을 권리의 의의

의의에 대해서는 넓은 의미의 의의와 좁은 의미의 의의가 나누어져 있다.

1) 넓은 의미

교육을 받을 권리는 개개인이 그 능력에 따라 균등하게 교육을 받을 수 있는 권리뿐만 아니라 학부모가 국가 또는 공공단체에 대하여 그 보호 아래에 있는 자녀에게 적절한 교육의 기회를 제공하여 주도록 요구할 수 있는 교육기회제공청구권을 포함하는 개념을 말한다.

2) 좁은 의미

개개인이 능력에 따라 균등하게 교육을 받을 수 있도록 국가의 배려를 요구할 수 있는 수학권을 말한다.

(2) 교육을 받을 권리의 헌법적 보장

헌법이 교육을 받을 권리를 보장하는 이유는 국민의 정치적 자각과 식견을 배양하고 경제생활에서의 최소한의 교양과 경제적 지식을 습득하며, 인간의 능력을 개발하기 위한 것이다. 즉, 헌법이 지향하는 민주국가, 문화국가, 사회복지국가의 이념을 실현하고, 모든 국민이 인간으로서의 존엄과 가치를 가지며, 인간다운 생활을 영위할 수 있도록 하는데 그 목적이 있다.

(3) 교육을 받을 권리의 주체

자연인으로서 국민이 주체이다. 수학권의 주체는 개개 국민이고, 교육기회제공청구권의 주체는 학령아동의 부모이다. 외국인은 교육을 받을 권리의 주체가 아니다.

(4) 교육을 받을 권리의 내용

교육을 받을 권리의 내용은 두 가지로 나누어 살펴볼 수 있다. ① 능력에 따라 교육을 요구할 수 있는 권리, ② 균등한 기회로 교육을 받을 권리이다. 이는 법 앞에서의 평등의 이념을 교육의 영역에서 실현하기 위한 것이다.

① 능력에 따라 교육을 요구할 수 있는 권리

헌법 제31조 제1항에서의 능력이란 일신전속적인 재능을 말한다. 재력이나 가정환경 등 비전속적인 조건을 말하는 것이 아니다. 능력에 따른 교육이란 정신적·육체적 능력에 상응하는 적절한 교육을 말한다. 예컨대, 입학시험 등 공개경쟁시험제도는 위헌이다. 그렇다고 해서 능력이 부족한 자의 교육을 경시하거나 무시하여도 된다는 것은 아니다.

② 균등한 기회로 교육을 받을 권리

헌법 제31조 제1항에서 균등한 교육이란 능력 이외의 성별, 종교, 사회적 신분에 의하여 교육받을 기회를 차별하지 않을 것을 말할 뿐만 아니라 모든 국민이 균등하게 교육을 받을 수 있도록 교육시설을 설치·운용하고 장학정책을 시행하는 등 교육의 외적 조건의 정비를 요구할 수 있음을 말한다. 예컨대, 중·고등학교에서 남녀학교를 구별하고, 합리적인 범위 내에서 교과목의 차이를 두는 것은 균등한 교육에 위배되지 않는다. 교육의 형태는 학교교육, 평생교육, 가정교육 등이 있는데, 헌법에서 보장하는 일반적 교육의 형태는 학교교육이다.

(5) 무상의 의무교육을 받을 권리

교육을 받을 권리는 교육제도에 의해 실현된다고 할 수 있다. 헌법 제31조 제2항은 "모든 국민은 그 보호하는 자녀에게 적어도 초등교육과 법률이 정하는 교육을 받게 할 의무를 진다."라고 규정하고 있다. 이 규정에 따라 적어도 "초등교육과 법률이 정하는 교육"의 경우에는 의무적으로 교육을 받는 것이므로, 모든 국민은 현행법상 초등학교 교육 6년과 중등교육 3년을 받을 권리를 보장받고 있는 것이다. 교육을 받을 권리의 주체는 미성년의 학생이기 때문에, 보호자가 취학시킬의무를 다함으로써 교육을 받을 권리의 실효성을 기하기 위해 교육의 의무를 부과하고 있다. 이러한 의무교육을 받을 권리를 보장하기 위해서는 국가나 지방자치단체는 필요한 학교의 설립과 운용은 물론 교재와 경비를 부담할 의무를 지고, 어린이의 보호자(부모 등)는 어린이를 취학시킬 의무가 있다. 이때 의무교육을 받을 권리의 주체는 취학연령의 미성년자(6세~15세)이고, 교육을 받게 할 의무의 주체는 학령아동의 친권자 내지 후견인을 말한다. 무상으로 받는 범위는 수업료, 교재, 학용품의 지급과 급식의 무상까지 포함한다. 그러나 사립학교의 경우에 있어서 수업료를 징수하는 것은 의무교육의 무상조항에 위반되지 않는다.

(6) 판례

> 1. 대학입학지원자가 모집정원에 미달한 경우라도 대학이 정한 수학능력이 없는 자에 대하여 불합격처분을 한 것은 교육법 제111조 제1항에 위반되는 것이 아니기 때문에 무효라고 할 수 없고, 또 위 학교에서 정한 수학능력에 미달되는 지원자를 불합격 시킨 처분은 재량권 남용이라고 볼 수는 없다(대판 1983. 6. 28, 83누193).
>
> 2. 약학대학 입학시험에서 지원자가 지체부자유라는 이유만으로 불합격을 시킨 행위는 사립대학의 자주성과 자율성(사립학교법 제1조)에 근거한 학사행정의 자율성을 존중할 필요가 있는 점을 고려할지라도, 헌법이 지향하는 균등한 교육을 받을 권리의 측면에서 볼 경우에 현저하게 균형과 공평을 잃은 행위로 사회통념상 합리성이 없다 할 것이고, 이는 재량권을 크게 이탈한 행위이기 때문에 그 효력을 인정할 수 없는 것이다. 결론적으로 위 대학의 불합격처분은 무효이다(대구지법 1981. 1. 29, 80가합295).

18. 근로의 권리

> **제32조(근로의 권리와 의무 등, 여자와 연소자의 보호, 국가유공자 등에 대한 기회우선)** ① 모든 국민은 근로의 권리를 가진다. 국가는 사회적·경제적 방법으로 근로자의 고용의 증진과 적정임금의 보장에 노력하여야 하며, 법률이 정하는 바에 의하여 최저임금제를 시행하여야 한다.
> ② 모근 국민의 근로의 의무를 진다. 국가는 근로의 의무의 내용과 조건을 민주주의원칙에 따라 법률로 정한다.
> ③ 근로조건의 기준은 인간의 존엄성을 보장하도록 법률로 정한다.
> ④ 여자의 근로는 특별한 보호를 받으며, 고용·임금 및 근로조건에 있어서 부당한 차별을 받지 아니한다.
> ⑤ 연소자의 근로는 특별한 보호를 받는다.
> ⑥ 국가유공자·상이군경 및 전몰군경의 유가족은 법률이 정하는 바에 의하여 우선적으로 근로의 기회를 부여받는다.

(1) 근로의 권리의 의의

근로의 권리는 근로자가 자신의 의사와 능력에 따라 자유로이 일을 할 수 있는 권리인 동시에 근로능력을 가진 자가 일을 하고 싶어도 일할 기회를 가질 수 없는 경우에 일할 수 있는 기회가 제동되도록 국가의 적극적인 개입과 뒷받침이 요구되는 권리를 말한다.

(2) 근로의 권리

① 국민으로 하여금 노동을 통하여 생활의 기본적 수요를 충족하게 한다.
② 노동을 통하여 개성과 자주적 인간성을 함양하게 만든다.
③ 근로기회를 제공하여 생활무능력자에 대한 국가적 보호의무를 경감시키는 역할을 한다.
④ 노동의 상품화를 허용함으로써 자본주의 경제의 이념적 기초를 제공하는 기능을 한다.

(3) 근로의 권리의 주체

근로의 권리는 국민의 권리이며, 외국인은 보장되지 않는다. 특히 제1차적 주체는 생산수단을 소유하지 못한 근로자 즉, 실업상태에 있는 미취업근로자이다.

(4) 근로의 권리의 내용

근로의 권리는 근로기회제공 청구권이다. 즉 근로의 권리는 근로의 의사와 능력이 있음에도 취업의 기회를 얻지 못하고 있는 자가 국가에 대하여 근로의 기회를 제공하여 주도록 요구할 수 있음을 내용으로 한다.

헌법 제32조(근로의 권리와 의무 등, 여자와 연소자의 보호, 국가유공자 등에 대한 기회우선) 제1항 제2문 이하에서는 근로의 권리가 실효성을 가질 수 있도록 하기 위해서 국가의 고용증진의무, 해고의 자유의 제한, 적정임금과 최저임금의 보장, 근로기준(노동조건 기준)의 법정주의, 여자와 연소자의 근로의 특별보호, 국가유공자 등의 근로기회우선보장 등이 규정되어 있다.

(5) 근로의 권리의 제한

근로의 권리도 헌법 제37조 제2항에 의하여 제한 할 수 있다. 자유권적 기본권[133]의 경우에는 국가안전보장, 질서유지 또는 공공복리를 위해 필요한 경우에 법률로써 제한할 수 있고, 사회적 기본권[134]의 경우에는 국가안전보장, 질서유지를 위해서 필요한 경우에 법률로써 제한할 수 있다.

19. 근로 3권

> **제33조(근로자의 단결권 등)** ① 근로자는 근로조건의 향상을 위하여 자주적인 단결권·단체교섭권 및 단체행동권을 가진다.
>
> ② 공무원인 근로자는 법률이 정하는 자에 한하여 단결권·단체교섭권 및 단체행동권을 가진다.
>
> ③ 법률이 정하는 주요 방위산업체에 종사하는 근로자의 단체교섭권은 법률이 정하는 바에 의하여 이를 제한하거나 인정하지 아니할 수 있다.

(1) 근로 3권의 의의

자본주의 사회에서 생산수단을 소유하지 못한 경제적 약자인 근로자들의 인간다운 생활과 근로조건의 향상을 위하여 단결권·단체교섭권 및 단체행동권을 말한다.

(2) 근로 3권의 연혁

근로 3권을 헌법의 차원에서 최초로 보장한 것은 1919년 독일의 바이마르헌법이며, 제2차 세계대전 이후 프랑스 제4 공화국헌법, 이탈리아헌법, 일본헌법 등이 규정하기에 이르렀다. 우리 헌법은 1948년 건국헌법 이래로 계속적으로 근로 3권에 대한 규정을 하고 있다.

---

133) 자유권적 기본권: 헌법 제12조~제23조까지 규정되어 있다. 국가의 침범에 대한 개인의 자유영역 보호를 목표로 하는 기본권을 말한다. 자유권은 국가공권력에 의해 침해될 경우, 그 침해배제를 국가에 요구할 수 있는 권리를 말한다.

134) 사회적 기본권: 단체주의적 사회정의의 실현을 국가목적으로 하는 사회국가(복지국가)에서 국민이 인간다운 생활을 확보하기 위하여 일정한 국가적 급부와 배려를 국가에 대해 요구할 수 있는 권리를 말한다.

(3) 법적 성격

근로3권은 근로자가 근로3권을 행사할 경우 국가가 부당한 간섭 또는 제재를 해서는 안되고(자유권적 측면), 자본주의 사회에서 생산수간을 소유하지 못한 경제적 약자인 근로자가 인간다운 생활을 확보하기 위해 국가적 배려와 보호를 요구할 수 있는 측면을 말한다(사회권적 측면).

근로3권은 국가는 물론 자본가에 대해서도 직접 적용되는 현실적·구체적 권리이다.

(4) 근로 3권의 주체

근로자 개개인이 주체이다. 근로자라 함은 직업의 종류를 불문하고 임금·급료 기타 이에 준하는 수입에 의하여 생활하는 자를 말한다(노조조정법 제2조 제1호). 다만 단체교섭권의 경우 근로자가 개별적으로 행사할 수 있는 권리가 아니다. 단체교섭권의 주체는 노동조합이다. 근로자는 육체적, 정신적 근로자를 불문한다. 해고된 근로자의 경우 중앙노동위원회의 재심판정이 있기 전까지는 근로자로 본다.

사용자의 경우는 근로3권의 주체가 아니다. 법률이 정한 개념으로서의 사용자는 "사업주, 사업의 경영담당자 또는 그 사업의 근로관계에 관한 사항에 대하여 사업주를 위하여 행동을 하는 자"를 말한다(노동조합 및 노동관계조정법 제2조 제2호).

(5) 근로 3권의 내용

근로 3권에는 단결권, 단체교섭권, 단체행동권이 이에 해당된다.

---

① 단결권
▶ 근로사들이 사용자와의 관계에 있어 대능한 교섭권을 가질 목적으로 단체를 자주적으로 결성하고 가입하는 권리를 말한다(노동조정법 제2조 제4호). 즉, 단결권은 노동조합을 조직하고 이에 가입하는 권리를 말한다. 근로자는 자유로이 노동조합을 조직하거나 이에 가입할 수 있다. 다만, 공무원과 교원에 대하여는 따로 법률로 정한다(제5조)

② 단체교섭권
▶ 근로자가 단결권에 기초하여 결성한 단체가 사용자 또는 사용자 단체와 자주적으로 교섭하는 권리를 말한다. 근로자가 단체교섭을 할 경우 근로

기준법, 노동조합 및 노동관계조정법 등의 노동법이 적용된다. 단체교섭은 근로조권의 유지 또는 개선을 위한 것이기 때문에 근로조건과 전혀 상관이 없는 사항의 경우 교섭대상에서 제외된다. 예컨대, 사용자가 독점적으로 보유하는 경영권, 인사권 및 이윤취득권에 속하는 사항의 경우에는 원칙적으로 단체교섭권의 대상이 되지 않는다.

③ 단체행동권

▶ 노동쟁의가 발생한 경우에 쟁의행위를 할 수 있는 권리를 말한다. 노동쟁쟁의란 노동조합과 사용자 또는 사용자단체간에 임금, 근로시간, 복지, 해고 기타 대우 등 근로조건의 결정에 관한 주장의 불일치로 인해서 발생하는 분쟁상태를 말한다. 쟁의행위이란 근로자가 그들의 주장을 사용자에게 관철시키기 위하여 업무의 정상적인 운영을 방해하는 행위를 하는 권리를 말한다. 구체적인 행위로는 동맹파업(파업), 태업, 보이코트(불매운동) 등이 있다.

⊙ 동맹파업(파업): 집단적으로 노동력의 제공을 거부하는 행위를 말한다.
⊙ 태업: 노동력은 그대로 제공하되 의도적으로 작업능력을 떨어뜨리는 행위를 말한다.
⊙ 보이콧(불매운동): 사용자 및 그의 거래자의 상품을 사지 않거나 그들과의 근로계약체결을 거절할 것을 호소하는 행위를 말한다.

그러나 정치적 목적으로 파업하는 경우나 사용자의 의사에 반하여 생산수단을 자기의 지배하에 두는 행위 등의 경우에는 인정되지 않는다.

(6) 근로 3권의 제한

근로 3권의 제한에 대해서는 공무원노동자에 대한 제한, 주요 방위산업체에 종사하는 근로자에 대한 제한, 헌법 제37조 제2항에 의한 제한의 경우로 나누어 살펴볼 필요성이 있다.

1) 공무원인 근로자의 근로3권 제한(제33조 제2항)

헌법 제33조의 규정에 의거 공무원에 대해서는 근로 3권(단체권, 단체교섭권, 단체행동권)을 제한을 두고 있다. 공무원도 근로의 대가로서 그에 따른 보수를 받는 자이기 때문에 근로자에 해당된다. 그러나 공무원의 경우 헌법상 국민전체에 대한 봉사자인 점, 보수의 성격이 근로의 대가이면서 직무의 효율적 수행을 위하는 점, 근로조건이 단체협약대상이 아니라 법령에 의한 규율 대상이라는 점, 공무이기 때문에 그에 따른 특수성이 인정 된다는 점에 비추어 일반 근로자와 달리 취급한다.

공무원인 근로자는 법률로 정한 자에 한해서는 근로 3권을 인정한다. 예컨대, 법률로 정한 자의 경우는 국회규칙, 대법원규칙, 대통령령 등으로 범위를 정하는 경우가 이에 해당되는 경우로써 노동운동이 허용된다. 이때의 노동운동이란 헌법 제33조 2항의 취지에 비추어 근로자의 근로조건 향상을 위한 근로3권을 기초로 하여 이와 직접적 관련이 있는 행위로 해석해야 한다.

2) 주요 방위산업체에 종사하는 근로자에 대한 제한(제33조 제3항)

법률이 정하는 주요 방위산업체[135]에 종사하는 근로자의 단체행동권의 경우에는 법률이 정하는 바에 따라 이를 제한을 두거나 인정하지 않을 수 있다.

국제노동기구는 다음과 같이 파업권에 대해 다음과 같은 정의를 내리고 있다. "파업에 의해 중단될 경우에 주민 전체 또는 일부의 생명이나 신체의 안전이나 보건을 위태롭게 하는 서비스에 대해서만 제한 또는 근지를 할 수 있다."고 정의를 내리고 있다.

3) 헌법 제37조 제2항에 의한 제한

근로 3권의 경우 헌법 제37조 제2항에 의해 법률로써 제한을 할 수 있다. 국가안전보장, 질서유지 또는 공공복리를 위하여 필요한 경우에 법률로써 제한될 수 있으나 비례(과잉금지)의 원칙에 적합해야 한다. 제한을 하는 경우에도 근로 3권의 본질적 내용에 대해서는 침해할 수 없다.

---

135) 방위산업체란 방위산업물자를 생산하는 업체로서 정부의 지정에 의해 방위산업물자를 생산하는 업체를 말한다.

(7) 관련판례

> 1. 운송사업장에서 차주이면서 운전업무에 종사하는 자는 근로의 대상으로 그에 따른 대가를 받을 목적으로 근로를 제공하는 근로자가 아니기 때문에 근로기준법의 적용을 받는 자라고 볼 수 없다(대판 1972. 3 .28, 72도334).
> 2. "사용자가 인사처분을 함에 있어 노동조합의 사전동의를 얻어야 한다거나 또는 노동조합의 승낙을 얻거나 노동조합과 인사처분에 대한 논의를 하여 의견의 합치를 보아 인사처분을 하도록 단체협약에 규정된 경우"에는 그에 따른 절차를 거치지 아니한 인사처분의 경우는 무효에 해당한다고 보아야 한다(대판, 1993. 9. 28, 91다30620).

20. 환경권

> **제35조(환경권 등)** ① 모든 국민은 건강하고 쾌적한 환경에서 생활할 권리를 가지며, 국가와 국민은 환경보전을 위하여 노력하여야 한다.
> ② 환경권의 내용과 행사에 관하여는 법률로 정한다.
> ③ 국가는 주택개발정책 등을 통하여 모든 국민이 쾌적한 주거생활을 할 수 있도록 노력하여야 한다.

(1) 환경권의 의의

1980년 헌법에서 헌법상 기본권으로서 환경권을 명시한 이래 현행헌법 제35조에서도 환경권을 규정하고 있다. 환경권의 의의에 대해서는 좁은 의미의 환경권과 넓은 의미의 환경권으로 나누어져 있다.

1) 좁은 의미의 환경권의 의의

공기 등 여러 가지 원인으로 인해 오염되거나 불결한 환경으로 인해 건강을 해하지 않을 권리를 말한다. 예컨대, 대자연의 심각한 환경오염으로부터 국민을 보호하기 위한 것이다.

2) 넓은 의미의 환경권의 의의

좁은 의미의 성격에 더하여 적극적으로 쾌적한 환경을 보전하고 조성하여 줄 것을 국가에 대해 요구할 수 있는 권리를 말한다.

3) 결론

> 헌법 제35조의 환경권은 넓은 의미의 환경권으로 이해된다. 즉, 각종 공해로 인한 환경에 대한 파괴의 위험에 대항하여 깨끗한 환경 속에서 살고자 하는 권리를 말하는 것이다.

(2) 환경권의 연혁

인간이 쾌적한 환경에서 살 권리가 있다는 이야기가 처음 나온 것은 1972년 '스톡홀름 선언(인간환경선언)[136]에서이다.

그 후 20년이 지나 세계 각국은 환경의 중요성에 대해 깨닫게 되고, 환경보전을 위해 전 지구적인 노력을 기울이기로 합의 하였는데, 그것이 바로 1992년 '리우 선언'[137]이다. 그렇다면 환경보전에 왜 나라간의 협력이 필요 한 것인가? 예컨대, 중금속을 바다에 방류했다면 그 중금속은 해류를 따라 이웃 나라의 해안으로 퍼져 나가 피해를 주게 될 것이다. 또 다른 예로, 우리나라의 황사피해를 들 수 있다. 중국의 산업화가 가속화 될수록 사막화가 심해져 우리나라의 황사피해는 더욱더 심해진다. 이런 예를 생각해보면 환경보전을 위해서는 이웃나라 사이의 협력이 중요하다고 할 수 있다.

(3) 환경권의 법적성격

환경권은 개인이 누려야 할 건강하고 쾌적한 환경에 대한 침해배제를 청구할 수

---

136) 스톡홀름 선언은 세계 모든 사람들에게 환경문제의 본질을 알리고, 그 해결을 위해서는 공통의 사상과 원칙이 필요하다는 전제에서 만들어진 환경에 관한 기본권이다. 스톡홀름 선언에서는 인간환경이 인류의 복지, 기본적 인권, 생존권의 향유를 위해 필요 불가결한 것이며, 인간 환경의 보호와 개선은 인류의 복지와 경제적 발전에 영향을 미치는 중요한 과제로서, 이를 추구하는 것이 인류의 지상 목표인 동시에 모든 정부의 의무라는 점을 지적하고 있다.
137) 리우선언은 1972년에 인간환경회의(스톡홀름)에서 채택된 '인간환경선언'의 정신을 확대 강화시킨 것이다. 리우선언의 주요원칙으로는 환경파괴에 대한 책임 부여, 지구생태계의 보존, 환경훼손 방지에 대한 연구, 환경분쟁의 평화적 해결 등이다.

있는 자유권적 측면과 건강하고 쾌적한 환경에서 생활할 수 있도록 배려하는 보호
·보장적 측면을 가지고 있다.

(4) 환경권의 주체

환경권은 건강하고 쾌적한 환경에서 생활할 자연인인 국민의 권리이다. 법인에게
는 인정되지 않는다. 사회권으로서의 환경권의 경우 원칙적으로는 우리 국민에게만
한정되는 것이나 외국인에게도 제한적으로 인정되어야 한다. 국가와 국민은 환경보
전을 위해 노력해야 한다. 따라서 환경권은 국가권력을 기속하는 것이고, 사인 상호
간에도 효력이 미치는 것이다.

(5) 환경권의 보호대상

환경권은 쾌적한 환경에서 생활할 수 있게 하고, 환경의 보전과 공해를 배제하는
것을 보장하는 법을 말하는 것으로써 여기서 공해란 사람의 육체적 건강을 해치는
유해물질 예컨대, 배출·폐기·방치 등 과 정신적 건강을 해치는 예컨대, 소음·진
동·악취·색채 등을 말한다.

환경권의 대상인 환경은 지하·지표와 지상의 모든 생물과 이를 둘러싸고 있는
미생물적인 것을 포함하는 자연의 생태를 의미하는 자연환경과 대기·물·악취 등
사람의 일상생활과 관련되는 환경 즉, 생활환경을 말한다. 기본적인 인권으로서의
환경권의 대상은 이 둘(자연환경과 생활환경)을 모두 포함하는 것이다.

(6) 환경권이 침해당한 경우

쾌적한 환경을 방해하는 것에는 환경오염 이외에 다른 어떤 것이 있는가? 시끄러
운 소음이나 자동차 매연, 공장에서 나오는 유해한 독성 물질, 이 모두가 환경권을
침해하는 것이라고 할 수 있다. 그 밖에 꼭 필요한 것이 제한된 경우에는 환경권이
침해 되었다고 할 수 있는데, 대표적인 것이 사인간의 환경권 분쟁인 '일조권[138]'이
다. 식물만이 햇볕을 쬐고 광합성을 하는 것이 아니다. 인간도 신체건강뿐만 아니라
정신건강을 위해 일정량 이상의 햇볕을 쬐어야 한다.

환경피해에 따른 분쟁을해결하기 위해서는 소송(행정)을 해야 하는데 소송자체가

---

138) 일조권이란 햇볕을 받을 수 있도록 법률상 보호된 권리를 말한다.

복잡하고 시간이 많이 걸리기 때문에 이를 보완한 법이 바로 '환경분쟁조정법'이다.[139) 환경분쟁조정을 위해서 그 내부에는 환경분쟁조정위원회를 설치하고 이로 하여금 분쟁조정을 하고 있다. 분쟁조정위원회는 특별시, 광역시, 도에 지방위원회를 둔다. 분쟁조정위원회는 개인뿐만 아니라 다수인이 관련된 분쟁도 조정하여 원상회복이나 손해배상을 명할 수 있다. 공무원의 고의나 실수로 인하여 환경피해가 발생한 경우에는 국가 등을 상대로 손해배상을 청구할 수 있다.

21. 국민의 기본의무

국민의 기본적 의무는 국민이 국가의 한 구성원으로서 부담을 지는 의무 중에서 헌법에서 규정하는 의무를 말한다. 근대국가에서 국민의 의무가 입법사항이 된 것은 영국에서 찾아 볼 수 있다. 국왕의 자의적인 조세징수나 강제적인 징병을 억제하기 위하여 의회의 승인에 의한 과세와 징병의 원칙이 확립됨으로써 비롯된 것이며, 1789년 프랑스 인권선언으로 이어지기에 이르렀다. 그 후 20세기에 들어오면서 사회권에 대응하는 의무로서 교육과 노동의 의무가 헌법에 추가규정 되었다. 1919년 바이마르 헌법에는 이상의 두 가지 의무 외에도 인간다운 생활을 보장하기 위한 생존권과 함께 재산권행사에 있어서도 공공복리에 적합해야 할 의무를 규정하였다. 그리하여 현대국가에서는 18~19세기의 법치국가에서 인정된 납세·국방의 의무와 20세기 복지국가에서 인정된 교육·근로의 의무 등을 동시에 규정하게 되었다. 이하에서는 국민의 의무인 교육을 받게 할 의무(제31조 제2항), 근로의 의무(제32조 제2항), 납세의 의무(제38조), 국방의 의무(제39조)에 대해 살펴보기로 한다.

---

139) 환경분쟁조정법: 환경오염 피해로 인한 민사상의 분쟁을 신속, 공정하게 해결하도록 도와주는 제도이다.

(1) 교육을 받게 할 의무(제31조 제2항)

> **헌법 제31조(교육을 받을 권리와 의무 등)** ① 모든 국민은 능력에 따라 균등하게 교육을 받을 권리를 가진다.
>
> ② 모든 국민은 그 보호하는 자녀에게 적어도 초등학교육과 법률이 정하는 교육을 받게 할 의무를 진다.
>
> ③ 의무교육은 무상으로 한다.
>
> ④ 교육의 자주성 · 전문성 · 정치적 중립성 및 대학의 자율성은 법률이 정하는 바에 의하여 보장된다.

"모든 국민은 그 보호하는 자녀에게 적어도 초등학교육과 법률이 정하는 교육을 받게 할 의무를 진다(제31조 제2항)." 교육을 받게 할 의무는 친권자나 그 후견인이 그 보호하는 어린이에게 초등교육과 법률이 정하는 바에 의하여 교육을 받게 할 의무이다. 교육을 받게 할 의무는 모든 국민이 인간다운 생황을 영위할 수 있도록 하는 의무로서 법적인 의무에 해당된다. 헌법상 교육을 받게 할 의무의 주체는 친권자나 후견인 등과 같은 보호자이다. 제31조 제3항에 의한 의무교육의 무상제의 책임주체는 국가나 지방자치단체이다.

교육을 받게 할 의무의 대상이 되는 교육은 초등교육과 법률이 정하는 교육이다.

(2) 근로의 의무(제32조 제2항)

> **헌법 제32조(근로의 권리와 의무 등, 여자와 연소자의 보호, 국가유공자 등에 대한 기회우선)** ② 모든 국민은 근로의 의무를 진다. 국가는 근로의 의무의 내용과 조건을 민주주의 원칙에 따라 법률로 정한다.

"모든 국민은 근로의 의무를 진다. 국가는 근로의 의무의 내용과 조건을 민주주의 원칙에 따라 법률로 정한다(제32조 제2항)."

근로의 의무의 주체는 모든 국민이다. 여기서 국민은 자연인에 한한다. 국가는 근로의 의무의 내용과 조건을 민주주의원칙에 따라 법률로 정한다(제33조 제2항). 이러한 의무의 내용과 조건을 정함에 있어서는 민주주의 원칙에 의해서 정해야 한다.

(3) 납세의 의무(제38조)

> **헌법 제38조(납세의 의무)** 모든 국민은 법률이 정하는 바에 의하여 납세의
> 의무를 진다.

1) 의의

"모든 국민은 법률이 정하는 바에 의하여 납세의 의무를 진다(제38조)." 납세의
의무는 국방의 의무와 같이 고전적 의무이며, 동시에 근대헌법 이래 국민의 2대 의
무로 간주되고 있다. 납세란 조세의 납부를 의미한다. 조세는 국가재정수입의 중요
한 원천으로서 국가 또는 지방자치단체 등 공권력의 주체가 제정조달의 목적을 위
하여 일반국민으로부터 강제적으로 부과하고 징수하는 것을 말한다.

2) 주체

국민이다. 국민 중에서 자연인뿐만 아니라 법인(내·외국)도 포함된다. 외국인의
경우에도 국내에 재산을 보유하고 있거나 과세의 대상이 되는 행위를 한 경우에는
과세의 대상이 된다. 그러나 외교적 특권을 누리는 자의 경우에는 조약에 따라 납세
의무가 면제된 자는 과세대상이 아니다. 과세에 있어서는 조세법률주의, 공평과세
의 원칙이 적용된다.

(4) 국방의 의무(제39조)

> **헌법 제39조(국방의 의무)** ① 모든 국민은 법률이 정하는 바에 의하여 국방
> 의 의무를 진다.
> ② 누구든지 병역의무의 이행으로 인하여 불이익한 처우를 받지 아니한다.

1) 국방의 의무의 의의

국방의 의무는 외국의 침입으로부터 국가의 독립을 유지하고 영토를 보호하기 위
한 국토방위의 신성한 의무를 말한다. 헌법 제5조 2항[140]은 국방의 의무를 신성한

---

140) 헌법 제5조[침략적 전쟁의 부인, 국군의 사명과 정치적 중립성] ① 대한민국은 국제평화의
유지에 노력하고 침략적 전쟁을 부인한다. ② 국군은 국가의 안전보장과 국토방위의 신성한 의무를
수행함을 사명으로 하며, 그 정치적 중립성은 준수된다.

것으로 규정하고 있다. 국방의 의무는 납세의 의무와는 달리 타인에 의한 대체적 이행이 불가능하다.

2) 주체

대한민국 국민이다. 직접적인 병역의무는 병역법상 징집대상자인 대한민국 남성에 한한다. 다만, 방공의 의무는 외국인도 부담한다.

3) 국방의무의 내용

① 국방형성의 의무

국방은 국가방위를 위한 직접적이고 간접적인 병력형성을 의미한다. 이 중에서 직접적인 병력형성의 의무에 대해서는 '병역법'에 의해서 대한민국 남성만이 징집대상자가 된다.

직접적인 병력형성의 의무에 있어서는 병역법에 의하여 남자만이 가능한 것이고 간접적인 병력형성의 의무에 있어서는 남녀를 가리지 않고 모든 국민이 부담할 수 있다.

② 불이익처우의 금지

헌법 제39조 제2항에서 "누구든지 병역의무의 이행으로 인하여 불이익한 처우를 받지 아니한다."고 하여 군복무를 이유로 불이익한 처우의 금지를 명문화하고 있다. 헌법재판소는 헌법 제39조 제2항은 병역의무를 이행한 사람에게 보상조치를 취하거나 부여할 의무를 국가에게 지우는 것이 아니라, 법문 그대로 병역의무의 이행을 이유로 불이익한 처우를 하는 것을 금지하고 있을 뿐이라고 보고 있다. 그리고 이 조항에서 금지하는 불이익한 처우란 단순한 사실상·경제상의 불이익을 포함하는 것이 아니라 법적인 불이익을 의미하는 것으로 보아야 한다."라고 판시하였다.

22. 대법원

(1) 법원

법원은 대법원, 고등법원, 특허법원, 지방법원, 가정법원, 행정법원의 6종으로 한다. 지방법원과 가정법원의 사무의 일부에 대한 처리를 하기 위해 그 관할 구역 안에 지원, 소년부지원, 시군법원, 등기소를 둘 수 있다.

(2) 조직과 구성

> **제102조(대법원)** ① 대법원에 부를 둘 수 있다.
>
> ② 대법원에 대법관을 둔다. 다만, 법률이 정하는 바에 의하여 대법관이 아닌 법관을 둘 수 있다.
>
> ③ 대법원과 각급법원의 조직은 법률로 정한다.
>
> **제104조(대법원장·대법관의 임명)** ① 대법원장은 국회의 동의를 얻어 대통령이 임명한다.
>
> ② 대법관은 대법원장의 제청으로 국회의 동의를 얻어 대통령이 임명한다.
>
> ③ 대법원장과 대법관이 아닌 법관은 대법관회의의 동의를 얻어 대법원장이 임명한다.

1) 조직의 원칙

대법원은 대법관을 둔다. 그러나 법률이 정하는 바에 따라 대법관이 아닌 법관을 둘 수 있다. 대법관의 수는 대법원장을 포함한 14인이다(법원조직법 제14조 제2항).

2) 대법원장

대법원장은 법원을 대표하는 자이다. 대법원장은 만 40세 이상, 15년 이상의 법조경력을 가진 자 중에 국회의 동의를 얻어 대통령이 임명한다. 정년은 70세이고 6년 단임이다. 대법원장의 권한은 법원을 대표하여 법원행정을 총괄하고 대법관 임명 제청권을 가지며, 각급판사 임면·보직권을 갖고 헌법재판관과 중앙선관위 위원을 선임할 수 있다.

3) 대법관

대법관은 40세 이상 15년 이상의 법조경력을 가진 자 중에서 대법원장 제청, 국회의 동의를 거쳐 대통령이 임명한다. 임기는 6년이나 연임이 가능하고, 정년은 65세이다. 대법관은 어떠한 합의에 관여 한 경우에 자기의 의견을 자유로이 표시할 수 있다.

4) 대법관회의

대법관회의는 대법관 전원으로 구성하는 합의체로 대법원장이 의장이 된다. 대법관회의에서 주로 하는 사항은 판사임명의 동의, 대법원 규칙의 제정 및 개정, 판례의 수집, 간행, 예산의 요구 등을 할 수 있다. 대법관회의는 대법관 3분의 2출석과 출석 과반수 찬선으로 의결한다.

제4편 민사 관련 일반상식

제1장 민법의 기본이론

제1절 민법의 의의

1. 사법

민법은 사인 상호간의 사회 생활관계를 규율하는 사법에 해당된다. 인간의 사회 생활 관계는 재산관계와 가족관계가 있으며 이에는 재산법(물권법, 채권법)과 가족법이 있다.

2. 일반법

민법은 사람, 장소, 사항 등에 어떠한 제약 없이 개인의 일상과 사적 생활관계에 적용되는 일반법이다. 다른 특별법이 있는 경우에는 특별법 우선의 원칙에 의해 특별법이 우선 적용된다. 이를 특별법 우선의 원칙이라 한다.

> 일반법은 사람, 장소, 사항 등에 특별한 제한 없이 일반적으로 적용되는 법을 말하고, 특별법은 일정한 제한된 사람, 장소 또는 사항에 대해서만 적용되는 법을 말한다.

3. 실체법

직접적으로 권리와 의무의 귀속·변동 등에 대하여 규정하는 법을 말한다.

제2절 민법전의 구성에 대해

민법은 총 전문이 1,000조가 넘는 많은 법률로 구성되어 있다. 대분류인 편별구성은 민법 전체에 관한 통칙을 규정하는 총칙편, 재산관계에 대하여 규정하는 물권편과 채권편, 가족관계에 관하여 규정하는 친족편과 상속편으로 구성되어 있다.

제3절 민법의 기본원리

1. 사상적 배경

과거의 봉건사회의 경우에는 신분이나 계급 또는 그에 따르는 각종 특권들에 의해 그 사람의 힘이 좌지우지 되던 시대였다. 즉 '사람 중에도 힘 있는 사람에 의한 지배'라 할 수 있다. 이에 반해 봉건제도를 무너뜨리고 성립된 근대의 경우에는 이런 지배는 더 이상 인정되지 않게 되었다. 근대 시민법은 개인주의, 자유주의라는 당시의 사상을 배경으로 하여 개인을 봉건적인 구속으로부터 해방하고 모든 사람을 평등하게 대우하며, 그 자유로운 활동을 보장하는 것을 지도원리로 하여 출발하게 되었다. 따라서 근대 사법은 인격절대주의를 배경으로 하는 개인주의적 법원리에 입각하여 그 체계가 세워졌다고 할 수 있다. 이러한 인격절대주의를 배경으로 하는 개인주의적 법원리를 실현시키기 위해서 근대 민법은 다음 세 가지의 구체적인 원칙(근대 민법의 3대 원칙)을 인정하고 있다.

2. 근대 민법의 3대 원칙

(1) 사유재산 존중의 원칙

개인이 소유하고 있는 사유재산에 대해서 절대적으로 이를 인정해야 하고, 국가나 다른 개인은 개인이 소유하고 있는 사유재산에 대해 간섭하거나 제한을 가하지 못하는 원칙을 말한다.

사유재산 중에 가장 중요한 것이 소유권인데 이 때문에 이 원칙을 '소유권 절대의 원칙'이라고도 한다.

(2) 사적자치의 원칙

근대사회는 개인의 자유를 최대한 보장하고, 개인에 대한 국가의 후견인적 보호를 배제한다는 자유의 관념을 출발점으로 하고 있다. 이를 실현하기 위해서 각자 개인은 자신의 법률관계를 개인의 자유로운 의사에 의하여 형성할 수 있다는 원칙을 말한다. 개인의 권리와 의무는 각 개인의 자유로운 의사에 의하여 취득하거나 상실되므로 '개인인 의사 자치의 원칙'이라고도 한다.

(3) 과실 책임의 원칙

개인이 타인에게 끼친 손해에 대해서는 고의[141]와 과실[142]이 있는 경우에만 책임을 지며, 그러한 고의나 과실이 없는 경우에는 책임을 지지 않는 다는 원칙을 말한다. 또한 개인은 자기 자신이 행한 행위에 대해서만 책임을 지고, 다른 사람이 한 행위에 대해서는 책임을 지지 않는다는 의미에서 '자기 책임의 원칙'이라고도 한다.

3. 근대민법원칙의 제약

근대민법은 다음과 같은 경우에는 제약이 이루어지고 있는데 그 내용을 살펴보면 다음과 같다.

(1) 법률행위나 계약의 경우

강행법규나 선량한 풍속, 그 밖에 사회질서에 반하면 무효이다.

(2) 채무

신의성실의 원칙에 의해서 행해져야 한다.

---

141) 고의란 가해자가 자기의 행위를 인식하고 그러한 결과가 발생하리라는 것을 알고 행하는 것을 말한다.
142) 과실이란 일정한 결과를 인식해야 함에도 불구하고 부주의로 인해 이를 인식하지 못하는 것을 말한다.

(3) 소유권

법률의 제한에 따라야 하고 타인에게 해를 끼칠 목적으로 행사할 때에는 권리남용으로 금지해야 된다.

제4절 민법의 해석

1. 의의

민법법규가 가지고 있는 의미와 내용에 대해서 명확히 하는 것을 말한다. 어떠한 사건이 발생한 경우에 있어 그 사건에 민법을 적용하기 위해서는 민법의 해석이 반드시 필요하다.

2. 민법해석의 다양한 기술

민법을 해석하는 데에는 여러 가지 기술이 있다. 통상 법의 해석이라고 하는 유권해석과 학리해석이 있다. 보통 법원이 재판을 통해서 하는 해석 또는 학자들이 학설에 의해서 논쟁하는 해석은 학리해석을 말한다.

(1) 문리해석

법규에 사용된 문장이나 단어의 일반적 의미에 대해 하나하나 밝힌 후에 다시 조문 전체의 문자구성을 검토하여 그 의미내용을 명확히 하는 해석을 말한다.

① 반대해석
어떤 사항이 법문에 규정되어 있지 않을 때에 이미 규정되어 있는 법문을 토대로 그와 반대의 원칙이 적용되는 해석을 말한다.

② 유추해석
법률에 규정이 없는 사항에 대해 그것과 유사한 성질을 가지는 사항에 관한 법률을 적용하는 것을 금지하는 형법상의 법리를 말한다. 예컨대, 법인격 없는 사단에

대하여 민법의 법인에 관한 규정을 적용할 수 있다고 해석하는 경우이다.

③ 확장해석

법규에 포함되는 개념을 문자 그 자체보다 넓게 해석하는 것을 말한다. 예컨대, 마차통행금지를 우차도 통행 금지한다고 해석하는 경우이다.

④ 축소해석

법규의 자구나 문장의 뜻을 엄격히 제한하여 보통의 해석보다 더 축소해서 하는 해석을 말한다. 예컨대, 형법 제329조 절도죄에 부동산을 포함시키지 않는 경우이다.

(2) 목적론적 해석

법은 그 제정의 취지, 목적이 있는데, 이러한 법의 목적을 고려하여 해석하는 것을 말한다. 여기에는 법규의 문자를 가능한 범위에서 최대한 넓혀서 해석하는 확장해석과 좁혀서 해석하는 제한해석이 있다.

제5절 민법의 효력

1. 때(時)에 관한 효력

현행 민법은 1960년 1월 1일부터 시행되고 있다. 구법에 의하여 효력이 발생한 경우에는 현행 민법이 적용되지 않는다.

2. 사람(人)에 관한 효력

민법은 성별, 종교, 사회적 신분에 관계없이 모든 대한민국 국민에게 평등하게 적용된다. 국내에 있는 국민은 물론이고 외국에 있는 한국인에게도 적용된다. 이를 속인주의의 원칙이라 한다. 민법은 원칙적으로 대한민국 영토 안에 있는 외국인에게도 적용된다. 이를 속지주의 원칙이라 한다.

3. 곳(場所)에 관한 효력

민법은 우리나라 모든 지역에 효력을 미친다.

제2장 권리와 의무

제1절 법률관계

1. 의의

 법에 의하여 규율되는 생활관계를 법률관계라고 한다. 법률관계는 법에 의하여 구속되는 사람과 법에 의하여 옹호 내지 비호되는 사람과의 관계로 나타나는데, 전자를 의무라고 하고, 후자의 지위를 권리라고 한다. 결국 법률관계를 당사자의 입장에서 살펴보면 권리와 의무의 관계로서 나타나는 것이 보통이다.

(1) 권리

 권리의 본질에 대해서는 보편타당한 견해가 아직 없다고 할 수 있다. 이에 관련된 주요한 학설로는 의사설, 이익설, 권리법력설이 있다. 이설 중 권리법력설이 유력설에 해당된다.

 ① 의사설
 권리를 법에 의하여 주어진 의사의 힘 또는 의사의 지배라고 보는 설이다.

 ② 이익설
 권리를 법에 의하여 보호되는 이익이라고 보는 설을 말한다.

 ③ 권리법력설
 권리를 일정한 이익을 향수하기 이하여 법이 인정하는 힘이라고 보는 설을 말한다.

(2) 의무
 의무자의 의사와는 관계없이 반드시 따라야 하는 것으로 법에 의해서 강제되는 것을 말한다. 그러나 권리에 대해서는 의무가, 의무에 대해서는 권리가 언제나 반드시 따르는 것은 아니며, 그렇게 따라야 할 필요도 없는 것이다. 의무만 있고 권리는 없는 경우가 있다. 예컨대, 제85조의 등기의무 등. 권리만 있고 그에 대응하는 의무가 없는 경우도 있다. 예컨대, 취소권, 추인권, 해제권 등이다.

제2절 권리의 종류

1. 내용에 의한 분류

(1) 재산권

경제적 이익을 주 내용으로 하고, 금전으로 평가될 수 있는 권리이고, 양도성을 갖는 것이 원칙이다.

1) 물권

물건(동산과 부동산)을 직접 지배하여 이익을 얻을 수 있는 권리를 말한다. 기본적 물권으로서 소유권과 점유권이 있다. 용익물권에는 지상권, 지역권, 전세권이 있으며, 담보물권에는 유치권, 질권 저당권이 있다. 이에 대한 자세한 내용은 물권편에서 다루기로 한다.

2) 채권

채권자가 채무자에게 일정한 행위(급부)를 청구할 수 있는 권리를 말한다. 이러한 채권은 계약, 사무관리, 부당이득 및 불법행위의 네 가지 사유에 의해서 발생된다.

3) 무체재산권

저작·발명 등의 정신적·지능적 창조물을 독점적으로 이용하는 것을 내용으로 하는 권리를 말한다. 특허권·저작권·의장권·상표권 등이 이에 해당된다. 이들에 관해서는 모두 특별법이 적용된다.

(2) 인격권

권리의 주체가 되는 사람과 분리할 수 없는 사회생활상의 이익 즉, 신체 · 자유 · 명예 등을 목적으로 하는 사권이다. 민법은 이것을 침해한 때에는 불법행위가 성립한다고 규정하고 있다. 이 밖에도 생명 · 정조 · 신용 · 성명 · 초상 등에 인격권이 성립한다고 한다

(3) 가족권

친족권과 상속권으로 살펴볼 수 있다. 친족권은 친족관계에 있어서 일정한 이익관계를 다룬 것이고, 상속권은 사망한자의 재산법상의 지위(권리 · 지위)를 친족관계례 있는 상속인이 승계하는 것을 말한다.

2. 작용에 따른 분류

(1) 지배권

타인의 행위를 개입시키지 않고 일정한 객체에 대해서 본인이 직접 지배력을 발휘할 수 있는 권리를 말한다. 따라서 권리의 실현을 하는데 있어서 타인의 조력이 필요치 않다. 예컨대, 물권 등의 재산권 등이다.

(2) 청구권

타인에 대해서 일정한 행위를 요구할 수 있는 권리를 말한다. 금전의 지급을 내용으로 하는 청구권은 금전지급이라는 행위를 요구하는 권리이고, 의무자가 가지고 있는 금전을 직접 지배하는 권리는 아니다. 청구권의 내용을 실현하려면 의무자의 행위를 청구하고, 의무자가 임으로 이를 이행하지 않은 경우에는 국가의 조력을 기다려야 한다.

(3) 형성권

권리자의 일방적인 의사표시에 의하여 법률관계의 발생, 변경, 소멸을 일어나게 하는 권리를 말한다. 권리자가 일방적으로 법률관계를 변동시킬 수 있는 가능성을 가진다는 의미에서 가능권(可能權)이라고도 한다. 권리자의 의사표시만으로 효과가

생기는 것(예컨대, 민법 제140조 이하 법률행위의 취소권, 민법 제143조의 추인권), 법원의 판결에 의하여 비로소 효과를 발생하는 것(예컨대, 민법 제406조의 채권자 취소권, 제840조의 재판상 이혼권의 경우)이다.

(4) 항변권

청구권의 행사에 대해 그 작용을 일시적으로 저지할 수 있는 효력을 가지는 권리를 말한다. 이는 동시이행의 항변권과 같이 매매의 경우 대금을 지급치 않고 물건의 인도만을 요구할 경우에 매도인이 대금의 지급을 요구하면서 물건의 인도를 거절하는 것이다. 제536조의 동시이행의 항변권을 연기적 항변권이라고도 한다. 또한 영구적 항변권이라 하여 피상속인의 채권자가 상속인에게 청구권을 행사할 때 이를 영구적으로 저지하는 것과 같은 권리도 있는데 제 1028조의 상속인의 한정승인의 항변권이 이에 해당된다.

3. 기타의 분류

(1) 절대권 · 상대권

절대권은 특정의 상대방이라는 것이 없고, 일반인을 의무자로 하여 모든 사람에게 주장할 수 있는 권리를 말한다. 대세권이라고도 한다. 예컨대, 물권, 무체재산권, 친족, 인격권의 지배권의 경우. 상대권은 특정인만을 의무자로 하여 그 자에 대해서만 주장할 수 있는 권리를 말한다. 대인권 이라한다. 예컨대 채권 등의 청구권의 경우

(2) 일신전속권 · 비전속권

일신전속권은 권리가운데 그 주체(主體)와의 긴밀 정도가 강하여 그 권리의 성질상 다른 사람에게 귀속될 수 없는 권리나 그 주체만이 행사 할 수 있는 권리를 말한다. 예컨대, 가족권, 인격권의 경우. 비전속권은 양도성과 상속성이 있는 권리이다. 예컨대, 재산권

(3) 주된권리 · 종된권리

독립성을 가진 권리 권리를 주된 권리라 하고, 다른 권리와 종속관계에 있는 권리를 종된권리라 한다. 종된권리는 주된 권리의 존재를 전제로 해서 발생되는 것이다. 예컨대, 이자채권은 원본채권의 종된권리이다.

(4) 기대권

장래 일정한 사실이 발생하면 일정한 법률상의 이익을 얻을 수 있을 것이라는 기대를 내용으로 하는 권리를 말한다. 조건부, 기한부 권리가 이에 속한다.

제3장 권리의 주체

제1절 권리주체와 권리능력

1. 권리주체

권리를 향유할 수 있는 자를 말한다. 자연인과 법인의 두 가지가 있다.

2. 권리능력 및 권리능력자

권리 또는 의무의 주체가 될 수 있는 추상적, 잠재적인 법률상의 지위를 권리능력 또는 의무능력이라 한다. 살아있는 사람(자연인)과 일정한 사람의 집단(사단법인) 및 일정한 목적을 가진 재산의 집단(재단법인)에 대하여 권리능력을 인정하고 있다.

제2절 자연인

1. 권리능력의 시기

사람은 생존하는 기간 동안 권리와 의무의 주체가 된다(제3조). 즉 출생하는 때부터 권리능력을 취득하게 된다. 출생하는 때부터 인종, 성별, 기형 여부 등과 상관없이 모두 권리능력을 가지게 된다. 그러나 아직 태어나지 않은 태아의 경우는 권리능력이 없다.

출생의 판단기준에 대해서는 진통설, 일부노출설, 전부노출설, 독립호흡설 등이 있다. 민법의 경우 태아가 살아서 모체로부터 완전히 분리된 경우를 출생으로 본다(전부노출설).

2. 태아의 권리능력

자연인이 권리능력을 갖게 되는 것은 출생시부터이므로 출생하기 전의 태아는 권리능력을 갖지 못한다. 그리고 출생한 때부터 권리능력을 가지는 원칙을 획일적으로 적용할 경우에는 태아에게 있어서 불이익하게 될 수 있다. 예컨대, 부모가 출생 직후에 사망하면 태아는 상속권을 가지게 되나, 출생 직전에 사망할 경우 상속권이 없게 된다. 그래서 우리 민법은 중요한 법률관계의 경우에는 예외적으로 태아에 대한 권리능력을 인정하고 있다. 불법행위에 기한 손해배상청구권, 상속, 유증, 사인증여의 경우에 한하여 태아는 이미 출생한 것으로 보기 때문에 예외적으로 권리능력을 인정하고 있다.

3. 권리능력의 종기

(1) 사망

자연인의 권리능력은 생존하는 동안만 법에 의해서 인정되는 것이므로 사망하면 소멸된다. 사망의 시기는 상속, 유언의 효력발생 등 여러 법률관계와 관련되어 있기 때문에 중요하다. 사망의 시기에 대해서는 호흡과 혈액순환이 영구적으로 종지되는 시점이라고 보는 맥박종지설(심장정지설)이 있다. 식물인간의 경우는 사망에 해당되지 않는다. 현대과학의 발달로 장기이식이 가능해짐에 따라 뇌기능의 종지시점을 사망으로 보자는 견해가 있다(뇌사설).

(2) 사망의 입증곤란을 구제하기 위한 제도

사망의 유무, 사망의 시기에 대한 확정이 매우 곤란한 경우가 발생할 수 있다. 민법은 이러한 경우를 대비하여 동시사망의 추정, 인정사망, 실종선고제도를 두고 있다.

1) 동시사망의 추정

2인 이상이 동일한 위난에 의해 사망한 경우에 누가 먼저 사망했는가에 따라 상속분에 많은 영향을 미치지만 누가 먼저 사망했는지를 입증하는 것은 대단히 어려운 일이다. 그래서 민법은 2인 이상이 동일한 위난에 의해 사망한 경우에는 동시에 사망한 것으로 추정한다는 규정을 두고 있다(제30조).

2) 인정사망

사망의 확증(시신의 발견, 확인 등)은 없지만, 사망한 것이 거의 확실하다고 인정되는 경우(화재 등) 그것을 조사한 관공서의 사망보고에 기하여 사망한 것으로 취급하여 호적에 기재하는 제도를 말한다(호적법 제90조). 인정사망의 경우에는 사망의 실체적인 효력이 발생치 않기 때문에 사망의 효력을 발생하게 하기 위해서는 실종선고가 반드시 필요하다.

3) 실종선고

실종선고는 부재자의 생사를 오랫동안 알 수 없는 경우를 말한다. 생사불명의 상태가 일정기간(이를 실종기간)동안 계속된 후에 이해관계인이나 검사가 가정법원에 청구를 하면 된다.

보통의 경우 최후의 시점에서 5년(보통실종)이고, 사망의 원인이 될 위난을 당한 사람의 생사가 위난이 종료한 후 1년간 분명하지 아니한 경우(위난실종) 예컨대, 전지(전쟁터)에 임한 자, 침몰한 선박 중에 있던 자, 추락한 항공기 중에 있던 자, 기타 사망의 원인이 될 위난을 당한 자의 4가지를 들고 있다. 위의 경우 위난이 종료한 때로부터 1년의 기간을 기산한다.

가정법원에 신고하면 되는데, 가정법원은 6개월의 기간을 정하여 그 기간 내에 신고를 하도록 공고하고, 그 기간 내에 신고가 없는 경우에는 실종을 선고한다.

실종선고를 받은 자는 실종기간이 만료하는 경우에 사망한 것으로 간주한다. 따라서 사망한 것으로 간주한 시점부터 상속을 개시할 수 있고, 유언이 효력을 발휘하며, 혼인을 해소할 수 있다. 사망한 것으로 간주했던 사람이 생존하고 있는 경우이거나, 선고에 의하여 사망 간주된 시기와 다른 시기에 사망한 것으로 밝혀진 경우에는 본인 또는 이해관계인의 청구로 가정법원은 선고를 취소해야 한다.

4. 행위능력

(1) 의사능력 · 책임능력 · 행위능력

1) 의사능력

사적자치의 원칙이 지배하는 근대 민법의 경우에 있어서 개인은 스스로의 의사표시에 의하여 권리를 취득하고 의무를 부담하게 된다. 그러나 의사표시를 통하여 권리변동의 효과를 발생시키려면 의사표시를 하는 자가 합리적인 판단을 할 수 있는 정신적 능력 내지 지능이 있어야 한다. 이러한 능력을 의사능력이라고 한다. 그러므로 의사능력이 없는 자가 행위를 한 경우 이러한 행위는 무효에 해당된다. 예컨대, 10세 미만의 유아와 그와 유사한 지능을 가지고 있는 자 등의 경우이다.

2) 책임능력(불법행위능력)

의사능력이 법률행위를 할 수 있는 능력이라면 책임능력의 경우 불법한 행위에 대한 판단능력을 말한다. 즉, 자기가 한 행위의 결과가 위법한 것이기에 법률상 비난받는 것임을 인식할 수 있는 능력을 말하다. 민법은 불법행위에 대해서 과실책임주의의 원칙을 취하고 있다. 즉 자기가 저지른 행위에 대한 결과를 판단할 수 있는 능력이 있어야한다. 이러한 판단능력이 없는 자가 불법행위를 저지른 경우에는 불법행위책임을 부담하지 않는다.

3) 행위능력

자기 자신의 단독행위에 의해서 유효한 법률행위를 할 수 있는 지위나 자격을 말한다. 민법은 행위능력에 대해서는 규정을 두고 있지 않고, 단지 미성년자, 한정치산자, 금치산자를 행위무능력자로 규정짓고 있다.

그러므로 행위무능력자가 아닌 이외의 자는 행위능력자이고, 이러한 상태를 행위능력이라고 할 수 있다.

(2) 행위무능력자

1) 행위무능력자 제도의 법적 의의

행위자가 법적인 보호를 받으려면 법률행위 당시에 상대방이 의사무능력자임을 밝혀야 하는데, 그러한 입증은 여간 어려운 게 아니다. 반대로 행위자가 의사무능력자임이 밝혀질 경우에는 거래상대방이 많은 손해를 입을 수도 있게 된다. 그래서 민법은 거래의 안전을 보호하기 위해서 의사무능력의 상태에 있다고 볼만한 여러 사정을 객관화 하여 정해 놓고 있는데, 이것이 행위무능력자제도이다.

2) 미성년자

만 19세인 자는 성년이 되며(제4조), 성년에 달하지 않은 자를 미성년자라고 한다. 연령은 출생일을 산입하여 역에 따라 계산한다(제158조). 민법에서 미성년자는 혼인에 의하여 성년으로 의제되므로(제826조의 2), 혼인의 성립과 동시에 미성년자는 성년자와 같은 능력을 가지게 된다. 성년의제는 법률혼에 한정된다. 그러나 공직선거법, 청소년보호법(19세 미만), 근로기준법 등의 적용의 경우 미성년자에 해당된다.

3) 한정치산자

본인의 심신이 박약(심신상실의 상태에 이르지 않은, 판단력이 불완전한 상태)하거나 재산의 낭비로 자기나 가족의 생활을 궁박하게 할 염려가 있는 자로서 한정치산선고의 청구권자(본인, 배우자, 4촌 이내의 친족, 후견인 또는 검사)의 청구에 의하여 가정법원에서 한정치산성고를 받은 자를 말한다. 한정치산선고는 공고되고, 가호적부상에 공시된다. 한정치산자의 능력은 원칙적으로 미성년자와 동일하다. 한정치산자는 법정대리인으로 1인의 후견인을 두어야 한다. 한정치산의 원인이 소명한 경우에는 한정치산선고 청구권자의 청구에 의하여 가정법원이 그 선고를 취소해야 한다. 한정치산선고 취소의 효과는 장래를 향하여 효력이 있을 뿐 소급하지 않는다.

4) 금치산자

심신상실의 상태에 있는 자로서 금치산선고의 청구권자(본인, 배우자, 4촌 이내의 친족, 후견인 또는 검사)의 청구에 의하여 가정법원에서 금치산선고를 받은 자를 말한다. 금치산자 또한 한정치산자와 마찬가지로 법정대리인으로 1인의 후견인을 두어야 한다. 금치산자의 행위는 후견인이 언제나 취소할 수 있다(제13조). 즉, 법정대리인의 동의를 얻은 경우일지라도 금치산자가 한 행위는 취소할 수 있다. 따라서 금치산자의 법정대리인은 대리권과 취소권만 있을 뿐 동의권은 없다. 그러나 금치산자라 하더라도 약혼, 혼인, 협의이혼, 인지, 입양, 파양 등은 법정대리인이 동의하면 할 수 있다. 금치산의 원인이 소멸한 경우에는 금치산선고 청구권자의 청구에 의하여 가정법원이 그 선고를 취소해야 한다. 금치산선고 취소의 효과도 한정치산선고의 효과와 마찬가지로 장래를 향하여 효력이 있을 뿐 소급하지 않는다.

(3) 무능력자의 상대방의 보호

법정대리인의 동의가 없는 무능력자의 행위는 취소할 수 있고, 그 취소권은 무능력자측의 사정에 달려 있기 때문에 거래의 상대방은 매우 불안한 상태에 놓이게 된다. 민법은 취소할 수 있는 행위에 대한 보완책을 두고 있으나(예컨대, 제146조의 취소권의 단기소멸제도: 취소권은 추인할 수 있는 날부터 3년, 법률행위를 한 날로부터 10년 내에 행사하지 않으면 소멸함) 실효성이 적다.

그래서 민법은 행위무능력자와 거래한 제3자를 보호하기 위해서 상대방의 최고권, 철회권, 거절권, 취소권의 배제 규정을 두고 있다.

5. 주소

(1) 주소란

생활의 근거가 되는 장소를 말한다. 즉, 생활관계의 중심이 되는 곳을 주소라고 규정하고 있다(제18조 제1항). 생활의 근거되는 곳은 사람의 생활관계의 중심적 장소를 말한다. 본적지나 주민등록지의 경우가 해당된다.

1) 주소를 정하는 표준

이에는 형식적 표준(예컨대, 본적지)에 따라 획일적으로 주소를 정하는 형식주의와 실질적 생활관계에 따라 주소를 정하는 실질주의가 있다. 우리 민법은 실질주의에 입각하여 채택을 하고 있다.

2) 주소의 개수

주소의 개수에 대해서는 단일주의와 복수주의가 있다. 우리나라 민법은 주소는 동시에 두 곳 이상이 가능하다고 규정함으로써 복수주의에 입각하고 있다.

(2) 거소 · 가주소

1) 거소

사람이 다소의 기간 동안 계속하여 거주하는 장소로서 주소에는 이르지 않는 장소를 말한다. 주소를 알 수 없을 때와 국내에 주소가 없는 자에 대해서는 각각 거소를 주소로 본다(제19조, 제20조).

2) 가주소

당사자의 의사에 기하여 거래의 편의상 설정된 주소를 말한다. 당사자의 경우 어떤 거래에 관하여 일정한 장소를 선정하여 가주소로 할 수 있다. 이러한 경우 그 가주소는 거래관계에 있어서 주소로서의 효과를 가지게 된다(제21조).

6. 부재자의 재산관리

(1) 의의

부재자가 있을 경우에는 그의 잔여재산이나 그 배우자 등의 이익을 보호하기 위해서는 조치를 강구할 필요성이 있다. 민법은 이를 위한 조치로서 부재자가 생존하고 있는 것으로 추측하여 그의 재산을 관리해 주면서 돌아오기를 기다리는 부재자의 재산관리제도를 두고 있고, 또 다른 조치는 부재자의 생사불명상태가 오랫동안 계속되어 사망의 가능성이 높은 경우에는 그 자를 사망한 것으로 보고 법률관계를 확정하고 종결시키는 실종선고제도를 두고 있다.

(2) 부재자의 재산관리

부재자란 종래의 주소나 거소를 떠나 용이하게 돌아올 가능성이 없는 자를 뜻한다. 부재자에게 재산관리인이 없을 경우에는 가정법원은 이해관계인이나 검사의 청구에 의하여 재산관리인의 선임, 부재자재산의 매각 등 재산관리에 필요한 처분을 명해야 한다(제22조 제1항). 그러나 부재자에게 재산관리인, 법정대리인이 있는 경우에는 가정법원 그 재산관리에 대해서 간섭하지 않는다. 예외적으로 부재자의 생사가 불문명한 경우에는 재산관리인, 이해관계인 또는 검사의 청구에 의하여 재산관리인을 개임하거나 감독할 수는 있다.

제4장 물권

1. 물권의 의의 및 종류

(1) 의의

물건(동산과 부동산)을 직접 지배하여 이익을 얻을 수 있는 권리를 말한다. 물권의 종류와 내용은 법률이나 관습법에 의하여 정해져 있으며 임의로 창설할 수는 없다. 다시 말하면 물권은 채권과 달리 그 종류가 이미 정해져 있어 임의대로 창설할 수 없는데 이를 '물권 법정주의'라고 한다.

(2) 물권의 종류(총 8종류)

물권은 본권과 점유권이 있는데, 본권은 물건을 사실상 지배하고 있는가와 관계 없이 '물건을 지배할 수 있는 권리'를 말한다. 점유권은 실질적으로 자기 자신이 물건을 점유하는 경우에 제한적으로 권리를 인정하는 것을 말한다.

본권은 다시 소유권과 제한물권으로 나누어지고, 제한물권은 용익물권과 담보 물권으로 나누어진다.

본권 ⇨ 소유권
제한물권 ⇨　용익물권: 지상권, 지역권, 전세권
　　　　　　　담보물권: 유치권, 질권, 저당권

1) 용익물권이란 타인의 물건을 일정한 범위 내에서 사용, 수익만 할 수 있고 처분행위는 할 수 없는 권리이다.

2) 종류

① 지상권

타인의 토지에서 건물 기타 공작물이나 수목을 소유하기 위하여 그 토지를 사용할 수 있는 권리를 말한다. 지상권의 존속기간은 당사자가 자유로이 정할 수 있으나 최단기간의 제한이 있어, 견고한 건물(석조)이나 수목의 소유를 목적으로 한 지상권의 경우에는 30년, 그 외의 건물의 경우 에는 15년, 건물 외의 공작물의 경우에는 5년 이하로 지상권을 설정할 수 없다(민법 제280조). 당사자가 기간을 정하지 아니한 경우에는 위의 최단 존속 기간으로 한다. 지상권자가 약속한 지료를 2년 이상 지급하지 않을 때에는 지주는 지상권의 소멸을 청구할 수 있다(민법 제287조).

② 지역권

일정한 목적을 위해서 타인의 토지를 자기의 토지의 편익해서 사 용하는 권리를 말한다. 민법상 지역권은 설정행위에서 정한 일정한 목적을 위하여 타인의 토지를 자기의 토지의 편익에 이용하는 부동산용익물권(不動産用益物權)의 일종이다(제291조). 예컨대, 요역지를 위하여 물을 끌어가는 경우 등. 원칙적으로는 계약에 의하여 설정되지만 묵인에 의해 이루어지고 있다.

③ 전세권

타인에게 전세금을 지급하고 타인의 부동산을 그의 용도에 쫓아 사용하는 것을 말한다. 전세권은 그 목적물이 부동산이나 주로 건물을 사용하는 방법으로 성행되어 온 것인데, 건물소유자(전세권설정자)가 타인(전세권자)으로부터 전세금을 받고서 타인이 그 건물을 사용하게 하고, 전세기간이 경과하면 건물과 전세금을 서로 반환하기로 하는 것이다.

전세권은 당사자들 사이의 설정계약과 등기에 의하여 발생하며, 등기를 갖추지 않으면 임대차의 일종인 채권적 전세에 지나지 않는다. 전세권의 존속기간은 10년을 넘지 못하고 갱신한 경우도 같고, 존속기간이 약정되지 않은 경우에는 각 당사자가 소멸통고를 할 수 있는데 상대방이 이를 받은 때로부터

6월이 경과하면 소멸한다. 또한, 목적물을 용법에 반하여 사용·수익한 경우에 전세권설정자는 전세권의 소멸을 청구할 수 있다. 전세권이 소멸하면 전세권자는 목적물을 원상회복하여야 하나, 일정한 경우에 각 당사자는 부속물의 매수를 청구할 수 있다.

3) 담보물권이란 타인의 물건을 사용하거나 수익하지는 못하고 조건부로 처분만 할 수 있는 권리를 말한다.

4) 종류

① 유치권(민법 제320조)

타인의 물건을 점유한 자가 그 물건에 대해서 생긴 채권을 변제될 때까지 그 물권을 유치할 수 있는 권리를 말한다. 예컨대, 갑(甲)이 을(乙)에게 물건의 수선을 맡겼으나 그 수선비를 지급하지 않았는데 을(乙)이 그 물건에 대해서 반환을 거절할 수 있는 권리의 경우. 유치권은 공평의 원칙에 기해서 인정되는 것이다. 즉 타인의 물건을 점유하는 자가 그 물건에 관한 채권을 가지는 경우에는 그 점유자로 하여금 그 채권을 변제받을 때까지 물건의 반환을 거절할 수 있도록 하는 것이 '공평의 원칙'에 적합하기 때문에 인정된 것이다. 유치권은 물건 등을 유치함으로써 간접적으로 채무의 변제를 촉구하는 작용을 하지만, 나아가 채권의 변제를 받기 위하여 목적물을 환가(換價, 경매)할 수 있다(민법 제322조 제1항).

유치권자는 정당한 이유가 있는 때에는 경매와 같은 번잡한 절차를 거치지 않고 유치물(留置物)로써 직접 변제에 충당할 수 있는데(민법 제322조 제2항). 이를 간이변제충당(簡易辨濟充當)이라고 한다. 다만 이를 위해서는 법원의 허가를 받아야 하고, 목적물의 가치에 대해서는 감정인의 평가에 의해서 결정된다.

② 질권(민법 제329조, 345조)

채권자가 그의 채권의 담보로서 채무자의 물건을 수취하여 채무의 변제가 있을 때까지 채무자 또는 제3자(물상보증인)로부터 받은 물건(또는 재산권)을 점유하고, 유치함으로써 한편으로는 채무의 변제를 간접적으로 강제하는 동시에, 채무의 변제가 없는 경우에는 그 목적물로부터 다른 채권자에 우선하여 변제를 받는 권리를 말한다. 질권이 가장 많이 이용되는 곳인 전당포에 대해서는 전당포영업법이 적용된다. 예컨대, 물건(동산)을 전당포에 맡기고 돈을 빌려간 사람이 약정된 기간 내에 갚지 않은 경우에 전당포업자는 그 물건을 처분하여 채권을 변제받을 수 있는 권리를 말한다. 전당포는 고객으로부터 물품을 질물로 받고 금융한다. 고객이 일정기간까지 원리금을 지급하지 않을 경우 전당포는 질물의 소유권을 취득하고 이것을 처분할 수 있다(전당 1조, 21조). 민법은 일반적으로는 채무자 보호를 위하여 유질[流質: 채무자가 변제기에 채무를 이행하지 않는 경우에 채권자가 질물(질권의 대상이 되는 물건)의 소유권을 취득하든가 혹은 채권자가 질물을 마음대로 팔아서 그 매매대금을 우선하여 채권변제에 충당하는 것을 말한다]을 금지하고 있다. 전당포 영업법(典當鋪 營業法)은 대통령령의 정하는 바에 의해서 영업소마다 그 소재지를 관할하는 경찰서장의 허가를 받은 자만이 전당포 영업을 할 수 있으며(전당 2조) 그 단속을 엄중히 함과 동시에 유질을 인정한다. 그 대신 예를 들면 유질기간은 6개월 이상이라야 된다(전당 19조 2항)거나 유질기간 전에 고객이 권리금을 변제한 때에는 언제든지 전당물을 반환해야 된다(전당 20조)거나 유질 기간 경과 후에도 질물 처분 전에 고객이 원리금을 변제했을 때에는 질물을 반환할 의무가 있다(진당 21조 1항 후단)고 하는 섯처럼 고객(질권 설정자)의 이익을 보호하도록 배려하고 있다.

③ 저당권(민법 제356조)
물건(부동산)을 담보로 해서 돈을 빌린 사람이 약정된 기간 내에 갚지 않은 경우에 그 부동산을 경매 처분하여 채권을 변제받을 수 있는 권리를 말한다. 저당권은 약정담보물권으로서 금융을 얻는 수단이 되고, 투자의 매개수단이 된다. 저당권은 채권자(저당권자)와 채무자(저당권 설정자)와의 계약에 의하

여 설정되고 그 설정·변경·소멸은 등기하지 않으면 제3자에 대항할 수 없다. 저당권의 목적물은 원칙적으로 부동산에 한하지만 자동차저당법·항공기저당법·중기저당법 등의 특별법에 의하여 자동차·항공기·중기 등에 대해서 등록 또는 등기제도가 마련되어 그러한 동산도 저당할 수 있게 되었다. 저당권의 효력은 저당부동산에 부합된 물건과 종물에 미친다(제358조 본문). ① 부합물(附合物)은 저당권의 목적물에 부합하여 이것과 일체를 이루고 있는 물건을 말한다. 예컨대. 산림의 수목, 주택의 정원수·정원석 등이다. 저당권설정 당시 이미 부합된 것은 말할 것도 없으며 설정 후에 부합된 물건에도 저당권이 미친다(358조). ② 종물(從物)은 종속된 물건이라는 민법상 개념으로 주물에 종속된다. 즉, 어떠한 물건의 계속적인사용을 돕기 위하여 그것에 딸린 물건을 말한다. 예컨대, 자물쇠에 대한 열쇠나 배에 대한 노 따위 등이다.

저당권의 순위는 두 개의 채권을 담보하기 위하여 동일한 부동산 위에 수개의 저당권을 설정하는 경우가 있다. 이러한 경우에 1번 저당·2번 저당이라는 식으로 순위가 정해지며(370조, 333조), 이 순위에 따라서 각 저당권이 실행된다. 각 저당권간의 순위는 등기의 전후(前後)에 의한다.

저당권의 실행방법으로서 가장 흔히 행하여지는 방법으로 경매법이 정하는 절차에 의해서 목적물을 경매하여 그 대금으로부터 우선변제를 받는 경매절차(競賣節次)가 있다. 적법한 경매의 신청이 있는 때에는 법원은 경매개시결정을 하여 이것을 저당목적물의 소유자에게 송달함과 동시에 경매신청의 촉탁등기를 한다(경매 26조, 27조).

경매개시 결정을 한 때에는 법원은 경매기일과 경락기일을 정해서 공고함과 동시에 이해관계인에게 통지한다(경매 30조). 이 경우 저당권자·저당권설정자는 물론 제3자도 경매인이 될 수 있다(363조 2항). 경락허가 결정이 확정되면 경락인은 일정한 기일 안에 대금을 법원에 완납하여야 한다(경매 34조 1항). 그리하여 법원은 그 대금에서 경매비용을 공제하고 제3자가 저당부동산에 관해서 필요비(점유물을 보존하는 데 지출한 금액) 또는 유익비(물건을 개량하여 가치를 증가시키는 데 도움이 되는 비용을 말함)를 지출한 때에는 그 상환을 하고 잔액을 순위에 의거하여 담보권자와 전세권자에게 지급한다

(경매 34조2 · 3항 참조). 만약에 경락인(경매에서, 매도인으로부터 동산 또는 부동산의 소유권을 취득한 사람)이 대금지급기일에 완납하지 않을 때에는 직권으로써 '재경매'에 붙이게 된다(민소 648조 이하 참조).

5) 물권의 변동

① 의의

물권의 발생, 소멸, 변동을 물권의 변동이라고 한다.

② 공시

물권에 변동이 있는 경우에는 거래의 안전을 위하여 당사자는 물론, 제3자도 쉽게 변동된 사항을 알 수 있도록 해야 할 필요가 있는데 이를 '공시'라고 한다.

③ 부동산과 동산

우리는 평소에 물권이라는 말에 대해서 주위의 사람들로부터 많이 들어 본 적이 있을 것이다. 부동산은 토지와 토지에 붙어 있는 정착물을 의미한다. 예컨대, 일정한 크기의 땅 위에 빌딩이 세워져 있다면 그 땅과 빌딩은 부동산이 되는 것이다. 부동산을 제외한 모든 것을 동산이라고 한다. 예컨대, 우리가 쓰는 휴대 전화 등은 모두 동산이 된다.

④ 부동산과 동산의 차이점

동산은 내가 가지고 있고 소유하고 있다는 것을 남에게 알릴 수 있기 때문에 공시의 방법이 필요 없어 상대방과 거래를 할 경우에 그 물건을 넘겨주기만 하면 된다. 부동산의 경우 움직일 수 없는 물건이기 때문에 동산처럼 가지고만 있는 것만으로는 내가 소유한 것이라고 할 수 없다. 따라서, 부동산에 대한 권리를 다른 사람에게 넘겨줄 경우에는 특별한 형식이 요구되는데, 이를 등기라고 한다. 부동산 물권의 변동은 등기 시에 이루어지고, 동산 물권의 변동은 인도(점유의 이전)시에 이루어진다.

제5장 채권

1. 채권

채권자가 채무자에게 일정한 행위(급부)를 청구할 수 있는 권리를 말한다. 채권관계의 형성은 원칙적으로 당사자의 자율에 맡겨져 있다.

2. 급부

① 의의
채무자의 행위를 '급부'라고 하는데 급부의 예를 들면 매매계약을 체결한 경우에 매도인은 소유권 등을 이전해 주고 물건을 인도해야 할 채무와 동시에 매매대금을 청구할 수 있는 권리를 가지게 되는 것이고, 매수인은 매매대금을 지급할 의무를 지는 동시에 계약한 물건의 소유권 이전 등과 인도를 요구할 수 있는 권리를 행사할 수 있게 되는 것이다.

② 급부의 성립요건
실현가능한 것이어야 하고, 법과 선량한 풍속 등의 사회질서에 위반되지 않아야 한다.

3. 채권의 발생원인

채권의 발생원인은 두 가지 경우가 있는데, 당사자의 합의에 의한 경우와 법률의 규정에 의한 경우를 들 수 있다.

(1) 당사자의 합의에 의한 경우에는 약정채권[143] 발생 원인으로서 계약을 들 수

---

143) 약정채권이란 사법(私法)에 의한 서로의 약속으로 발생하는 채권을 말한다(민법, 상법 등에 따른 대부분의

있다.

(2) 법률의 규정에 의한 경우에는 법정채권[144] 발생 원인으로서 사무관리, 부당이득, 불법행위가 있다.

> 약정채권 발생원인————————————계약
> 법정채권 발생원인————————————사무관리, 부당이득, 불법행위

① 계약

당사자의 의사표시의 합치를 말한다. 즉 청약(일정한 계약을 성립시킬 것을 목적으로 하는 의사표시)과 승낙(청약의 상대방이 계약을 성립시킬 목적으로 청약자에 대하여 하는 의사표시)의 합의에 의하여 성립하는 것을 말한다.

> **계약의 성립요건**
> 당사자가 능력을 가지고 있어야 하고, 계약의 목적이 적법성, 사회적 타당성, 가능성 등이 있어야 하며, 의사표시에 있어서 의사와 표시가 일치 되어야 하고, 의사표시에 하자(사기나 강박)가 없어야 한다.

② 사무관리

의무 없이 타인을 위하여 그의 사무를 관리하는 행위이다. 예컨대, 이웃집 사람이 외출 중에 수금하러 온 우유 배달원에게 우유 값을 대신 지급한 경우.

> **사무관리의 성립요건**
> 타인의 사무를 관리해야 하고, 그 관리는 타인을 위하여 해야 하며, 그 관리에 관한 법률상 또는 계약상 의무가 없어야 한다.

③ 부당이득

법률상 타인의 재산 또는 노무로 인해서 재산적 이익을 얻고, 이로 인하여 타인에게 손해를 준 경우를 말한다. 부당이득으로 얻은 이득은 반환을 해야 한다.

거래, 계약 등에 따른 채권을 말한다).

144) 법정채권이란 공법(公法), 즉 행정법, 형법, 헌법 등 공공의 이익을 위한 법에서 정하는 채권채무를 말한다, 예컨대 세금이나, 과태료 등 계약서 등은 없었지만 부담해야 하는 것들을 말한다.

> **부당이득의 성립요건**
>
> 타인의 재산 또는 노무로 인하여 이익을 얻어야 하고, 그러한 이익으로 인해서 타인에게는 손해를 주어야 하며, 이익에 법률상 원인이 없어야 한다.

④ 불법원인급여

불법의 원인(선량한 풍속 기타 사회질서의 위반)으로 인하여 재산을 급여하거나 노무를 제공한 때에는 그 이익의 반환을 청구하지 못함을 말한다. 예컨대, 성매매나 인신매매, 도박판에서 금전을 주고받는 경우 등이다.

4. 채권의 종류

채권의 목적에 따라서 특정물채권, 종류채권, 금전채권, 이자채권, 선택채권으로 나누어진다.

(1) 특정물채권

특정물의 인도를 목적으로 하는 채권으로, 여기서 '특정물'이란 물건의 개성에 착안하여 동종의 다른 물건으로 바꿀 수 없게 한 물건을 말한다. 계약 체결시에는 개성이 없는 물건을 지정하였다고 해도 '특정'이란 행위에 의하여 계약의 목적물이 특정물채권으로 변화한다. 특히 종류채권이나 선택채권처럼 인도할 물건이 아직도 특정되지 않은 경우에는 특정의 문제가 발생한다. 종류채권에서 목적물을 특정하는 것은 당사자의 계약으로 결정되는 경우가 많지만, 이러한 결정이 없을 때에는 채무자가 급부에 필요한 행위를 완료하였을 때이다. 즉 채무자가 채권자의 주소로 지참하였을 때, 추심채무일 때에는 채무자가 언제라도 인도할 수 있도록 채권자에게 그 취지를 통지하였을 때에 특정된다(민법 제460조).

(2) 종류채권

일정한 종류에 속하는 일정량의 물건을 인도할 것을 목적으로 하는 채권을 말한다. 급부목적물의 종류와 수량만이 결정되어 있을 뿐 구체적으로 인도하여야 할 목적물이 특정되어 있지 않기 때문에 종류채권을 불특정물 채권이라고도 한다.

예컨대, 쌀 2가마니라든가 비누 1박스, 카스맥스 20박스라는 것처럼, 종류와 분량만이 정하여져 있고 어디에 있는 쌀이라고 특정되지 않은 '불특정물'의 인도를 목적으로 하는 채권. 종류채권은 미리 당사자가 특약을 하여 합의를 보거나 혹은 채무자나 제3자가 지정하여 '이 물건'이라고 결정하는 경우도 있지만, 이런 결정이 없을 때에는 채무자가 인도에 필요한 행위를 완료하였을 때 특정된다(종류채권의 특정).

(3) 금전채권

일정액의 금전을 지급할 것을 목적으로 하는 채권을 말한다. 금전채권은 화폐가치에 중점을 두는 데 그 특색이 있다. 예컨대. 대금이나 임금 등의 채권처럼 대부분의 채권은 금전채권이다.

(4) 이자채권

이자의 지급을 목적으로 하는 채권을 말한다. 이자청구권이라고도 한다. '이자'란 법정과실의 일종이다(민법 제101조2항). 즉, 유동자본인 원본채권액과 존속기간에 비례하여(일정한 이율에 의하여) 지급하여야 할 금전 또는 금전이외의 대체물이다. 이자채권에서는 '기본채권인 이자채권'과, '지분채권인 이자채권'의 구별에 주의하여야 한다. '기본채권인 이자채권'이란, 일정한 시기에 일정률의 이자를 발생시키는 것을 목적으로 하는 채권이다. 그리고 이 기본채권인 이자채권에 의거해서 일정한 시기에 일정액의 이자청구권이 구체적으로 발생한다. 이것이 '지분채권인 이자채권'이다.

(5) 선택채권

채권의 목적이 여러 개의 다른 급부 가운데서 선택에 의해서 정해지는 채권을 말한다. 선택채권은 계약이나 법률의 규정으로 발생한다. 이 선택채권을 변제하려면 우선 어느 것을 급부할 것인지 선택할 필요가 있다. 선택권자는 보통 계약으로 정하여져 있지만(예컨대, 요트나 자동차 중 당신이 좋아하는 것을 선택 하라), 이러한 약정이 없으면 민법은 채무자에게 선택권이 있다고 규정하고 있다(민법 제380조). 채무자가 선택을 하지 않으면 선택권은 상대방에게 이전한다(민법 제381조). 선택권의 행사에 따라 채권은 처음부터 선택된 급부를 목적으로 한 것으로 된다(민법 제386조).

5. 채무불이행

채권자와 채무자 사이에는 일정한 행위에 대해서 청구할 권리와 의무가 있는데, 이런 경우에 채무의 내용을 실현하는 채무자의 행위를 '이행 혹은 변제'라고 하고, 채무를 이행하지 않는 경우를 '채무불이행'이라고 한다.

채무자가 채무를 이행하지 않은 경우에는 채권자는 법원의 판결을 받아 강제로 이행을 하거나 계약을 해제 할 수 있으며, 손해 배상의 청구도 가능하다.

채무불이행의 공통적인 요건

채무불이행에 관해 채무자에게 고의나 과실의 귀책사유가 있어야 하고(주관적인 요건), 채무불이행이 위법한 것이어야 한다(주관적인 요건).

제6장 가족법

1. 출생·입양과 파양

(1) 출생

1) 출생 후 이름에 대해

출산은 개인적으로 뿐만 아니라 사회적으로도 매우 기쁜 일이다. 출산을 통해서 아기가 태어난 경우에 맨 처음 하는 일은 어떤 일일까요? 아마도 태어난 아이의 이름을 짓는 일이 아닐까 싶네요. 남자아이의 경우 남자에 맞는 이름으로 짓고, 여자아이의 경우 여자에 맞는 이름을 지어야 하는 게 맞은 일인데, 간혹 주위를 살펴보면 남자아이인데도 남자에 맞는 이름이 아닌 여자의 이름으로 부르고 있는 경우가 있다. 문제는 어렸을 때에는 그러한 이름에 대해서 본인 자신도 그리 신경 쓰지 않다가 점점 더 성장함에 따라서 자신의 이름이 여자 이름으로 불리는 것에 대해서 많이 신경이 쓰일 것이다. 결국 어른이 되면 이름을 바꾸려고 하는 경우가 있다. 그러므로 이름을 지을 때 에는 신중하게 결정해서 지어야 할 것이다. 한마디로 개명이라는 것은 자기가 원래 가지고 있던 이름을 바꾸는 것을 말한다. 이러한 일들은 주로 가정법원에서 결정을 내리게 된다. 그리고 법적으로 출생자의 이름은 한글이나, 대법원 규칙으로 정해져 있는 한자를 사용해야 한다.

2) 출생 신고에 대해

출생신고란 아이가 태어나면 사회의 한 구성원으로서 등록시키는 절차를 말한다. 아기는 출생신고를 통해 가족관계등록부[145] 및 주민등록[146]에 등록되어 법적으로 가족의 구성원이 되는 동시에 우리 사회의 구성원으로서의 권리와 의무를 가지게 된다. 출생신고는 아기가 출생한 후 1개월 이내에 출생지 관할 구청, 읍사무소, 면사무소 또는 동주민센터에 하면 된다(가족관계의 등록 등에 관한 법률 제3조, 제21

---

145) 가족관계등록부: "등록기준지를 기본으로 그 집에 속하는 사람들의 신분관계를 기록해 놓은 문서로, 민법개정으로 2008부터 호적부를 대체해서 사용한다."
146) 주민등록: 주민등록법에 의하여 모든 주민이 그 주소지의 시·군 또는 구에 등록하는 제도입니다.

조, 제44조 제1항 및 제45조 제1항). 출생신고를 하지 않은 경우에는 과태료[147]가 부과된다.

출생신고는 부모나 함께 사는 친족이나 분만에 관여한 사람이 할 수 있으나 병원이나 분만에 관여한 사람이 증명하는 출생증명서가 있어야 한다. 인터넷에서 전자출생신고를 할 수도 있다.

3) 태아의 권리에 대해

앞에서 살펴본 바와 같이 아기는 태어나면서 사회의 구성원으로 인정받고, 죽을 때까지 권리와 의무[148]를 가지게 된다. 그러나 출생신고 등의 법적절차를 거치기 전이라도 일정한 권리는 인정받는다. 문제는 언제 태어났는가? 어느 시기를 기준으로 판단할 것인가 하는 점이다. 이런 문제를 따져야 하는 이유는 상속, 처벌 등 여러 법 관계에서 이 판단은 매우 중요한 역할을 하기 때문이다. 민법상으로는 태아가 살아 있는 상태로 완전히 노출되어 나온 상태[149]를 '출생'이라고 한다. 그런데 이 원칙을 일률적으로 적용하면 태아에게 불리한 경우가 생길 수 있으므로 상속이나 유증 등 몇 명 예외 상황[150]에서는 태아도 권리 능력을 가지는 것으로 본다(이에 대해서는 후술에서 자세히 논의함).

4) 혼인 외의 관계에서 태어난 아이

① 혼인 외의 출생자

결혼하지 않은(혼인하지 않은) 남녀 사이에서 임신되거나 태어난 아이의 경우, 아버지와의 관계는 부(父)가 자신의 자식임을 '인지'[151]할 때 발생하는데 인지하지 않을 경우에는 부의 자식으로 인정되지 않는다. 모(母)와의 관계는 출산하면 당연히 생긴다.

---

147) 과태료: 벌금이나 과료와는 달리, 형벌의 성질을 가지지 않는 법령 위반에 대하여 부과되는 금전상의 제재를 말한다.
148) 민법 제3조[권리능력의 존속기간] "사람은 생존하는 동안 권리와 의무의 주체가 된다."
149) 민법상 전부노출설이라고 부른다(판례·통설).
150) 불법행위에 의한 손해배상의 청구(민법 제762조), 상속(민법 제1000조③, 대습상속(민법 제1001조), 유류분(민법 제1118조), 유증(민법 제1064조).
151) 인지란 자기의 자임을 확인하는 행위로서 혼인 외의 출생자는 생부나 생모가 스스로 인지할 수 있다(임의 인지).

② 혼인 중에 태어난 아이

아내가 혼인 중에 임신한 아이는 남편의 자식, 즉 '친생자'로 추정된다. 혼인 후 200일 후, 또는 이혼한 지 300일 이내에 아내가 아이를 낳은 경우에도 혼인 중에 아이를 가진 것으로 보아 역시 친생자로 추정한다(민법 제844조[부의 親生子의 추정]).

③ 자녀로 인정받을 수 있는 방법

아이는 부 또는 모가 가족관계등록 등에 관한 법률에 따라 자신의 자녀로 신고하면 그들의 자녀가 된다[152]. 이를 '임의 인지'라고 한다.

만약 부 또는 모가 임의로 인지하지 않을 때에는 자신을 자녀로 인정해줄 것을 요구하는 소송을 제기할 수 있는데 이를 '인지 청구의 소(認知 請求의 訴)'라고 한다. 부 또는 모가 모두 사망한 경우에는 사망을 안날로부터 2년 내에 검사를 상대로 소송을 제기할 수 있다(민법 제864조[부모의 사망과 인지청구의 소].

5) 자녀로 인정을 받게 되면

혼인 외의 관계에서 태어난 아이라도 부 또는 모로부터 자신의 자녀임을 인정 을 받은 아이의 경우에는 태어났을 때부터 그들의 자녀였던 것으로 취급된다. 즉 아이는 친권·부양·상속 등에서 혼인 중에 태어난 아이와 똑 같은 대우를 받게 된다.

혼인 중에 태어난 아이라도 자신의 아이가 아니라고 생각되는 경우에는 '친생 부인의 소'를 제기하면 된다. 과거에는 남편만이 친생 부인의 소를 제기 할 수 있었으나, 새로 개정된 민법은 부부 모두 친생 부인의 소를 제기할 수 있도록 하고 있다(민법 제846조[153])

---

152) 민법 제859조(인지의 효력 발생) "① 인지는 [가족관계의 등록 등에 관한 법률]의 정하는 바에 의하여 신고함으로써 그 효력이 생긴다. ② 인지는 유언으로도 이를 할 수 있다. 이 경우에는 유언 집행자가 이를 신고하여야 한다."
153) 민법 제846조(자의 친생부인(親生否認)) "부부의 일방은 제844조[부의 친생자의 추정]의 경우에 그 자가 친생자임을 부인하는 소를 제기할 수 있다."

(2) 입양

1) 의의

입양이란 자연혈연적인 친자관계가 없는 자 사이에 법적으로 친자 관계를 창설하는 행위를 말한다. 이는 양친이 될 자와 양자가 될 자 사이의 합의에 의하여 성립된다. 입양의 경우도 적법한 절차를 거치면 출생과 똑같이 부모와 자식의 관계가 인정된다.

2) 입양에 필요한 조건

입양은 양부모와 양자 사이에 입양을 한다는 합의가 있을 때, '가족 관계의 등록 등에 관한 법률'에 따라 입양신고를 하면 된다. 그러나 양자가 15세 미만일 때에는 법정대리인의 동의를 얻어야 한다. 다음의 다섯 가지 경우에 법적으로 인정되고 있다.

① 전에는 양부모는 만20세 이상이어야 한다에서 이렇게 개정되었다. 성년이 된 사람은 입양 할 수 있다[민법 제866조 입양을 할 능력(2012.2.10.)].

② 자신의 보호를 받는 자를 양자로 하고자 하는 일정한 경우(예컨대 삼촌이 돌보던 조카를 양자로 하고자 하는 경우, 이모가 돌보던 조카를 양자로 하고자 하는 경우 등)에는 가정법원의 허가가 필요하다(민법 제872조 후견인과 피후견인간의 입양]

③ 혼인을 한 사람은 부부가 공동으로 입양을 해야 한다(민법 제874조 ①항 부부의 공동 입양]

④ 배우자 있는 자가 양자가 될 때에는 다른 일방의 동의를 얻어야 한다(민법 제874조 ②항).

⑤ 양자는 존속보다 나이가 많아서는 안 된다(민법 제877조 양자의 금지).

3) 입양의 법적 효과

입양이 법적으로 이루어지면 양자는 양부모의 가족관계등록부에 자녀로 기재되고 또한 양부모의 친족들과도 친족관계가 성립된다. 그리고 낳아 준 부모와의 친족관계도 그대로 유지된다. 법원은 다른 사람의 자녀를 자신들이 낳은 자녀인 것처럼 출생 신고한 경우에도 입양의 효력이 인정되어 양부모와 양자의 관계가 된다고 한다. 이 경우에 부모와 자녀 사이의 관계를 끝내려고 하면, 친생 부인의 소를 제기하는 것이 아니라 '파양절차'를 밟으면 된다.

입양 신고는 없었으나 양부모와 양자사이에 입양한다는 합의가 되어 함께 생활하고 있는 경우를 '사실상의 양자 관계'라고 한다. 하지만 사실상의 양자 관계는 친족 관계가 발생하지 않고, 사실상의 양부모에게 친권도 없으며, 상속도 받을 수 없다. 다만 사실상의 양자 관계를 깨뜨리는 쪽에 대해서 손해배상을 청구 할 수는 있다.

(3) 파양은 어떻게 해야 하나?

입양관계를 완전히 소멸시키는 것을 '파양'이라고 말한다. 파양은 양부모와 양자의 합으로 가능하고, 가족관계의 등록 등에 관한 법률에 따라 신고하면 된다. 파양에 대한 합의가 이루어지지 않을 경우에는 재판을 받을 수 있고, 파양의 경우 잘못이 있는 쪽에 손해배상을 청구할 수 있다.

2. 약혼과 파혼

(1) 약혼

장래에 혼인을 체결하려는 당사자 사이의 의사표시를 말한다. 즉 두 남녀가 혼인할 것을 약속하는 것을 말한다. 따라서 약혼은 사실상 결혼생활을 하면서 혼인신고만을 하지 않고 있는 사실혼과는 다른 개념이다. 약혼의 방식에는 특별한 방식이 있는 것은 아니지만, 약혼도 일종의 서로간의 중요한 약속이기 때문에 지켜져야 하는 것이 당연하지만 한쪽이 다른 한쪽에 대해 강제적으로 혼인을 요구할 수 있는 사항은 아니다. 따라서 약혼한 후에 결혼을 원하지 않는 사람은 상대방 에게 결혼하지 않겠다는 뜻을 표현함으로써 파혼 할 수 있다.

1) 약혼의 조건

약혼을 하는 경우에도 나이 제한이 따른다. 남녀가 약혼할 수 있는 나이는 모두 18세이다. "18세가 된 사람은 부모나 미성년후견인의 동의를 받아 약혼 할 수 있다.(민법 제801조[약혼연령])." 반대로 성년에 달한 자일 경우에는 자유로이 약혼할 수 있다(민법 제800조[약혼의 자유])."

2) 약혼하면 변화되는 것들

약혼은 서로에 대해 교제를 하면서 알아간 후 장래 부부관계를 성립시킬 것을 전제로 하는 것이다. 만약 어느 한쪽이 이러한 의무에 위반 행위를 한 경우가 발생해도 법적으로 강제할 수는 없다. 다만 이럴 경우 상대방에 대해 손해배상을 청구할 수는 있을 뿐이다.[154] 혼인과는 달리 약혼의 경우 약혼자 사이 및 약혼자와 상대방의 가족 사이에는 어떠한 친족관계도 성립하지 않는다. 즉, 약혼기간 동안에는 법률상 어떠한 법적인 관계가 성립되지 않는다는 것이다.

(2) 파혼

1) 파혼은 아무 때나 가능한가?

파혼은 두 사람이 합의한 경우에는 어떠한 이유가 존재하지 않아도 언제든 가능하다. 약혼이 혼인을 강제할 수 있는 것은 아니지만 약혼도 일종의 약속이기 때문에 서로 간에 합의가 없는 경우에는 무조건적으로 파기할 수 없는 것이다. 그러나 다음과 같은 상황의 경우에는 파혼을 할 수 있다.

① 상대방이 약혼 후 자격정지 이상의 형의 선고를 받은 경우, ② 한정치산·금치산선고를 받은 경우, ③ 성병이나 불치의 정신병 등이 있는 경우, ④ 다른 사람과 약혼 또는 혼인 한 경우, ⑤ 바람을 피운 경우, ⑥ 1년 이상 죽었는지 살았는지 모른 경우(생사가 불분명한 경우), ⑦ 정당한 이유 없이 혼인을 거절하거나 미루는 경우, ⑧ 기타 중대한 사유가 있는 경우(예컨대, 약혼 후 파산선고를 받은 경우) 등일 때에는 파혼이 가능하다.

2) 파혼의 방법

파혼의 방법은 결혼을 하지 않겠다는 의사를 직접 말하거나 아니면 전화나 편지를 통하여 알려도 좋다.

---

154) 민법 제806조[약혼해제와 손해배상청구권] ① 약혼을 해제한 때에는 당사자 일방은 과실 있는 상대방에 대하여 이로 인한 손해의 배상을 청구할 수 있다. ② 전항의 경우에는 재산상 손해 외에 정신상 고통에 대하여도 손해배상의 책임이 있다. ③ 정신상 고통에 대한 배상청구권은 양도 또는 승계하지 못한다. 그러나 당사자 간에 이미 그 배상에 관한 계약이 성립되거나 소를 제기한 후에는 그러하지 아니하다.

3) 파혼 후

상대방 합의하에 파혼이 성립된 경우에는 각자가 상대방으로 부터 받은 예물 등을 반환하면 모든 것이 끝난다. 그러나 한쪽이 잘못하여 파혼을 한 경우에는 잘못이 없는 상대방에게 예물반환, 약혼비용, 손해배상[155]을 청구할 수 있다.

4) 사실혼과 동거

① 사실혼이란?

혼인신고 없이 남녀가 부부로서 함께 생활하겠다는 당사자 간의 합의를 말한다. 즉, 결혼관계의 실체를 갖추기는 했지만 형식적인 혼인신고만 하지 않은 상태를 의미하므로 단순한 동거와는 구별된다. 혼인의사가 있느냐 없느냐의 차이이인데 실제적으로 구분하기가 쉽지는 않다. 사실혼이 되기 위한 요건은 다음과 같다. 사실상의 혼인관계를 계속하려는 의사가 있어야 한다(혼인의사의 합치가 있을 것). 상식적으로 부부생활이라고 인정할 만한 사실이 존재하여야 하며(혼인의 실체가 있을 것), 사회적 정당성의 요건을 갖출 것을 요한다.

② 사실혼의 보호 범위

사실혼은 혼인 신고가 없다는 점에서 법률혼[156]과 차이가 있을 뿐 일정한 범위 내에서는 법률혼과 마찬가지로 보호해주고 있다.

사실혼의 부부도 법률혼과 마찬가지로 동거하여 협조하고 부양해야 할 의무가 있다. 예컨대, 보험이나 연금관계 법령에서는 법률상의 배우자와 동등하게 취급한다. 만일 사실혼 관계에 있는 한쪽 배우자가 이를 부당히 파기한 경우에는 다른 배우자에 대하여 손해배상의 책임을 진다. 하지만 사실혼의 문제는 다음과 같다. 가족관계 등록 등에 관한 법률에 따라 가족관계등록부에 기록되지 않기 때문에 친족관계가 발생하지 않으므로, 사실혼의 배우자가 사망하더라도 다른 배우자는 사망한 배우자의 재산을 상속받지 못한다. 이러한 사실혼의 경우에는 법적인 보호를 받지 못한다. 이렇듯 사실혼이 혼인신고를 한 법률혼과 비슷한 수준의 법적

---

155) 파혼 시 잘못과 손해배상: 잘못이 있는 상대방에게 손해배상을 청구할 때, 손해배상 청구를 하는 사람에게도 일정한 잘못이 있다면 서로의 잘못의 비율을 따져서 손해 배상액을 계산한다.
156) 법률혼은 부부공동의 생활, 서로 혼인할 의사가 있고, 법적으로 혼인 신고를 하였다는 점이 사실혼과 다르다.

보호를 받는다 해도, 사실혼과 법률혼이 같을 수는 없다. 법적인 대우와 권리, 의무 및 책임이 다르다. 그렇다면 혼인신고를 하면 무엇이 달라지는지에 대해 살펴보도록 하자.

㉠ 사실혼의 경우에는 법적으로 남남인 것이다. 상대방에게 상속인이 있다면 사실혼의 상대자는 상속권이 없으나 혼인신고를 하면 상속권이 발생한다.

㉡ 혼인신고를 하면 아이를 당당하게 가족관계등록부에 올릴 수 있다.

3. 법이 인정하는 혼인

법에 의해 보호되는 결혼의 경우 다음 몇 가지 조건을 갖추어야 한다.

① 혼인할 의사가 있어야 한다.

당사자 간의 결혼할 의사와 결혼하겠다는 합의가 있어야 한다. 따라서, 당사자 사이에 결혼할 의사가 전혀 없는 가장혼인이나 혼인 시부터 1년 동안만 부부로서 함께 지내자고 기간을 정한 계약혼인 등은 무효이다. 사기결혼157)의 경우, 협박으로 이루어진 결혼의 경우에는 취소가 가능하다.

② 혼인할 수 있는 나이가 되어야 한다.

약혼과 마찬가지로 남자, 여자 모두 만 18세가 된 경우에는 혼인을 할 수 있다(제807조)

③ 혼인할 수 없는 관계가 아니어야 한다.

근친혼 관계의 경우에는 혼인할 수 없다. 예컨대, 형수, 제수, 백모, 숙모, 시동생, 형부, 제부, 고숙, 처제, 처형, 시누이의 남편 등과는 혼인하지 못한다(6촌 이내).

④ 법적으로 다른 사람의 남편이나 아내가 아니어야 한다.

민법 제810조에 배우자 있는 자는 다시 혼인하지 못한다고 중혼금지규정을 두고 있다. 법률상 혼인은 혼인신고를 함으로써 성립하므로, 여기서 중혼이라 함은 혼인신고를 거듭하는 것을 의미한다. 즉 배우자 있는 자가 거듭 혼인을 하는 것을 말한다.

---

157) 사기결혼: 상대방 또는 중매인이 고의적으로 상대방의 재산, 신분, 건강, 환경 등에 관하여 사실을 감추거나, 덧붙이거나, 거짓말을 했기 때문에 그것에 속아서 결혼하게 된 경우를 말한다.

(1) 혼인 무효의 경우

혼인을 하였으나 일정한 요건을 갖추지 못한 경우에는 이를 무효로 하거나 취소할 수 있다.

결혼이 무효가 되는 경우는 다음과 같은 경우가 된다.

> ① 당사자는 처음부터 부부가 아니었던 것이 된다(민법 제824조).
> ② 자녀는 결혼하지 않는 상태에서 태어난 아이(혼인 이외의 자)가 된다.
> ③ 재산분할 청구도 할 수 없으며, 잘못이 없는 당사자는 잘못한 당사자에 대하여 손해배상을 청구할 수 있다(민법 제825조).

(2) 혼인 취소의 경우

혼인이 취소된 경우 양육권에 관해서는 원칙적으로 부모가 협의하여 정하면 된다. 그러나 협의가 안 될 경우에는 가정법원이 직권 또는 당사자의 청구에 의해서 결정하게 된다(민법 제837). 이 결과 양육권을 가지지 못한 부모는 자녀와의 관계에서 면접 교섭권(후에 상술)[158]을 가지게 된다(민법 제824조의2).

(3) 혼인하게 되면 발생하는 권리 · 의무

> ① 새로운 가족관계가 발생한다.
> 자기 가족이나 친족 이외에 배우자 측의 친족이 되는 경우(법률상 가족관계).
> ② 부부 쌍방 간에 동거할 의무가 생긴다.
> 부부는 혼인을 하면 한집에서 같이 살아야 할 의무가 있다.
> ③ 부부는 서로 부양하고 협조해야 할 의무가 생긴다.
> 부부는 정신적, 육체적, 경제적 각 방면에서 서로 협조하여 생활해야 할 의무를 지고 있다. 부부의 공동생활 비용은 사전에 정하지 않은 경우에는 부부가 함께 공동으로 부담하는 것이 원칙이다(민법 제833조).

보통의 전업주부[159]의 경우에는 생활비를 벌지는 않지만 가사노동이나 육아, 가

---

158) 면접 교섭권: 부부가 이혼한 뒤 자녀를 양육하지 않는 부모와 그들의 자녀가 서로 만나거나 전화 또는 편지 등을 할 수 있는 권리를 말한다.
159) 전업주부는 가사노동이나, 육아 등을 통하여 가정 경제에서의 기여도를 법적으로 인정받고 있다.

정관리 등을 담당하므로 결국 생활비를 공동으로 부담하는 것으로 인정된다.

(4) 미성년자의 성년의제 제도

미성년자라도 성년의제[160)를 한 경우에는 자기 자식에 대한 친권행사가 가능하고, 금전적인 거래를 할 때에도 부모(법정 대리인)의 동의 없이 혼자서 행사할 수 있다. 그러나 민법 이외의 법률에서는 여전히 미성년자로 취급된다.

(5) 혼인관계증명서 양식

등록기준지	서울특별시 서초구 반포동 65-1번지				

구분	성명	출생년월일	주민등록번호	성별	본
본인	이을원(李乙元)	1977년 6월1일	770601-1xxx	남	全州

혼인사항

배우자	김요원(金要原)	19778년 5월15일	780515-2xxx	여	釜山

구분	상세내용
혼인	[혼인신고일] 2017년 06월 01일 [신고관서] 부산시 [기록일] 2017년 06월 01일 [배우자] 김요원 [주민등록번호] 760515-2xxx
정정	[직권정정서작성일] 2018년 01월 15일 [정정일] 2018년 01월 15일 [처리관서] 서초구 [정정내용] 배우자의 이름 "김요원"을 "김요원"으로 직권 정정

위 혼인관계 증명서는 가족관계등록부의 기록사항과 틀림없음을 증명합니다.

2018년 03월 02일

서초구청장 (직인)

견본

---

160) 성년의제: 미성년자가 혼인을 한 때에는 성년자로 본다(민법 제826조의2). 이는 민법상 그렇게 보는 것이다.

(6) 입양관계증명서 양식

등록기준지	서울특별시 서초구 반포동 65-1번지

구분	성명	출생년월일	주민등록번호	성별	본
본인	이을원(李乙元)	1977년 6월1일	720601-1xxx	남	全州

입양사항

구분	성명	출생년월일	주민등록번호	성별	본
양부	해당사항 없음				
양모	해당사항 없음				
양자	해당사항 없음				

구분	상세내용
입양	해당사항 없음

위 입양관계 증명서는 가족관계등록부의 기록사항과 틀림없음을 증명합니다.

2018년 06월 01일

서초구청장 (직인)

견본

4. 부부별산제 · 일상가사 대리권과 부양의무

부모와 자식, 형제자매, 부부 등 혈연과 혼인관계에 의해 한 집안을 형성한 사람들의 집단을 '가족'이라고 하며, 그러한 가족들이 같이 모여 사는 곳이 바로 '가정'인 것이다. 우리나라의 경우 전에는 아버지가 중심이 되어 가정을 이끌었다. 즉, 부계 중심의 가부장적 가족제도였다. 이로 인해 아버지의 권위는 강한반면 개인의 존엄과 양성평등(남자와 여자가 평등)의 원칙에도 합치되지 않는 불공평한 규정들이 많았다. 그러나 현대에 와서 가족제도는 아버지가 중심이 되는 가족관계가 아닌 아버지와 어머니(부부중심)의 평등한 가족관계를 정립하려고 노력하였다.

2005년3월 31일 민법을 개정하였으며, 특히 호주제도에 대한 헌법재판소의 위헌결정에 따라 호주와 관련된 조문은 전면 개정하여 2008년 1월 1일부터 시행하게 되었다. 이하에서는 양성평등 이념의 실현에 기여할 수 있는 부부별산제와 일상가사 대리에 대해서 살펴보기로 하자.

(1) 부부별산제
1) 부부별산제 의의

부부의 일방이 혼인 전부터 가진 고유 재산과 혼인 중 자기의 명의로 취득한 재산을 그 사람의 특유 재산으로 하여 각자가 관리, 사용, 수익하게 하는 부부 별산제를 규정하여 부부 각자의 재산을 인정(부부별산제)하고 이에 따라 부부 재산을 산정하도록 하고 있다.

① 고유재산
혼인 전에 자신이 사용하던 냉장고와 텔레비전을 혼인하면서 가져왔다면 이 물건은 그 사람의 고유재산이 된다.

② 특유재산
혼인 후에 자신의 이름으로 구입한 승용차가 있다면, 그 사람의 특유재산은 냉장고와 텔레비전 즉, 고유재산과 승용차를 합한 것을 말한다.

2) 조문

> **제830조(특유재산과 귀속불명재산)** ① 부부의 일방이 혼인 전부터 가진 고유재산과 혼인 중 자기의 명의로 취득한 재산은 그 특유재산으로 한다. ② 부부의 누구에게 속한 것인지 분명하지 아니한 재산은 부부의 공유로 추정한다.

3) 취지

개인주의적 법리를 바탕으로 처의 재산에 대한 독립성을 인정하고 부부평등을 실현하려는 제도이다.

4) 부부 별산제에서 특유재산을 인정한 사례

① 특유재산은 부부가 각자 관리·사용·수익하고 귀속불명재산(부부 중 누구에게 속한 것인지 분명하지 아니한 재산)의 경우 부부의 공유재산으로 추정한다.

② 혼인 중에 부부가 공동으로 협력하여 취득한 재산은 비록 그 명의가 부부 한 사람(특히 남편)의 이름으로 되어 있어도 실질적으로 부부의 공유에 속하는 재산으로 보아 이혼을 하는 경우에는 재산분할의 대상이 된다. 단, 재산 증식에 적극적으로 기여하였다는 점이 증명되어야 한다.
예컨대, 부동산이 남편 명의로 되어 있다고 하더라도 부인이 가사노동을 분담하는 등으로 내조를 함으로써 남편의 재산 유지 또는 증가에 기여하였다면 그와 같이 쌍방의 협력으로 이룩된 재산은 재산분할의 대상이 된다.

5) 부부재산계약서 양식

부 부 재 산 계 약 서

부(夫) ○ ○ ○

주소

처(妻) ○ ○ ○

주소

상기 당사자는 혼인을 함께 함에 있어 혼인신고를 하기 전에 아래와 같은 계약을 체결한다.

1. 아래의 재산에 대하여는 혼인한 후에도 각자의 재산으로 하고 각자가 사용·수익·관리하기로 한다.

    (1) 부의 재산
    ○ ○시 ○ ○구 ○ ○동 340 11 대지 120㎡
    동 지상 목조기와지붕 2층 2동 건평 70㎡
    (2) 처의 재산
    ○ ○시 ○ ○구 ○○동 252의 5대지 600㎡

2. 이외의 재산에 대하여는 모두 부부의 공유재산으로 한다.
    위 계약을 체결한 것을 증명하기 위해 본 부부재산계약서 2통을 작성하고 각각 서명날인한 후 각자가 1통씩을 소지하기로 한다.

○ ○년 ○월 ○일

부　○ ○ ○ (인)

처　○ ○ ○ (인)

견본

(2) 일상가사 대리

부부의 재산의 개념을 따로 생각하면 평상시에 물건을 사거나 세금을 내는 등의 다양한 지출을 하는 경우에도 그러한 것들에 대해서 일일이 부부가 동의해야 하는 불편함이 생길 것이다. 예컨대, 어떤 물건을 사는 데에 있어서 남편이 일하는 회사에 전화를 걸어 무엇을 살까요? 이렇게 물건을 살려고 할 때마다 일일이 물어보는 불편을 막기 위해 생겨난 개념이 바로 일상 가사 대리인 것이다. 이하에서는 일상가사 대리에 대해서 간략하게 살펴보기로 하자.

1) 일상가사대리 의의

부부가 가정공동생활을 위해 필요한 통상적인 거래나 일을 말한다. 이러한 일상 가사에 대해 부부가 서로 대리권을 가지는 것을 말한다. 예컨대, 식료품이나 생활용품의 구입, 전화나 수도요금, 자녀의 교육비 등을 지출하는 것이다.

2) 일상가사로 인한 부부의 책임

일상 가사로 인하여 돈을 은행에서 빌리거나 물건을 구입한 경우에는 이러한 행위는 부부 공동생활을 위해 사용된 것이므로 이러한 행위를 한 자 이외의 상대방도 공동으로 갚아야 할 책임이 있는 것이다.

3) 예외적인 경우 책임

일상적인 가사를 위해 사용한 목적으로 볼 수 있는 범위를 초과한 행위에 대해서는 그 행위를 한 사람의 개인 책임일 뿐이다. 따라서 부부가 공동으로 이에 대한 책임을 질 필요는 없다. 예컨대, 사치품을 구입한 경우, 노름을 한 경우, 과도한 금전의 차용을 한 경우 등이다.

(3) 부양
1) 부양의무

우리 사회에서도 가족 등 일정한 관계에 있는 사람은 자신의 생활을 스스로 할 수 없는 사람을 도와주어야 한다는 '부양의무'를 법으로 규정하고 있다. 부양의무를 해야 할 대상자의 관계는 어디까지인가에 대해서는 원칙적으로 직계혈족과 배우자에게 부양 의무가 있고, 친족을 부양하는 경우에는 같이 한 집에서 생활하는 경우로 한정되어 있다. 부양의무가 있는 사람이 서로 부양하겠다거나, 반대로 서로 부양하지 않겠다고 다툴 경우에는 우선은 부양을 받을 사람과 부양의무를 가진 사람들이 합의를 통해 결정을 하고 만약 합의가 안 된 경우에는 가정법원에 청구하여 결정을 받을 수 있다.

2) 부양의 방법

부양의무를 함에 있어서 어느 선까지 어떠한 방법에 의해서 도움을 줘야 부양 의무를 했다고 볼 수 있는가? 그 수준은 어디까지인지를 결정하는 것은 어려운 일일 것이다. 일반적으로 살펴보면 부양의 정도는 다음과 같다.

---

① 의식주에 필요한 생활비
② 의료비
③ 최소한도의 문화비와 오락비
④ 보통의 교육비 등

위의 ①, ②, ③, ④ 등의 경우 이외에도 더 구체적이고 특수한 부양의 수준이나 방법은 부양 당사자 간의 합의에 의해 결정하면 될 것이다. 하지만 합의가 안 될 경우에는 가정법원에 결정을 청구하면 될 것이다. 가정법원에서는 생활수준이나 현재의 상황 등 여러 조건을 종합적으로 고려하여 부양의 정도와 방법을 정한다.

또한 부양을 취소하거나 변경할 경우에도 우선 합의가 이루어져야 하나 그렇지 못할 때에는 가정법원에 결정을 청구할 수 있다.

5. 이혼

우리나라의 경우나 외국의 외국의 경우에도 마찬가지로 '가정'은 가장 기본적이고 중요한 구성단위라고 볼 수 있다. 이혼은 이런 가장 기본적이고 중요한 구성단위를 해체하는 결과를 가져오는 것이므로, 이러한 결과는 개인적으로나 사회적으로 심각한 결과가 아닐 수 없다. 그러므로 이혼을 하기에 앞서 다시한번 신중하게 생각 한 후에 결정을 내리는 것이 바람직 할 거 같다. 그러나 결혼이 서로 사랑하여 두 사람의 자유로운 의사에 의해 이루어졌듯이, 서로 함께 살기 어렵다고 느끼고 있는데, 억지로 결혼생활을 유지시키도록 법이 강제한다면 두 사람은 아마 불행한 삶이 계속 될 것이다. 그러므로 오늘날 대부분의 법제는 이혼제도를 인정하고 있다.

혼인신고는 두 사람이 이러한 권리와 책임, 의무를 동반한 법률적 관계를 맺는 것을 말하는 것이고, 이혼신고는 이와는 반대로 이러한 법률적 관계를 끝내겠다는 뜻이다. 여기서는 이혼에 관한 것을 다루기 때문에 이혼에 대해서 살펴보기로 한다. 이혼은 '협의 이혼'과 '재판상 이혼'의 두 가지 방법이 있다.

(1) 협의 이혼

1) 의의

배우자 쌍방이 서로 합의하여 부부관계를 끝내는 것을 말한다. 하지만 실제로는 이혼의사가 없으면서 어떤 필요에 의해 부부가 형식적으로만 협의 이혼을 하는 것 (예컨대, 사업이 잘 되지 않아 늘어난 남편의 빚 때문에 하는 이혼)은 무효이다.

2) 협의 이혼에 필요한 서류

① 협의 이혼 의사확인 신청 시
▶ 협의 이혼 의사확인 신청서 1통
▶ 가족관계증명서(남편, 아내) 각자 1통
▶ 혼인관계증명서(남편, 아내) 각자 1통
▶ 주민등록등본 1통
▶ 미성년 자녀가 있는 부부는 자녀의 양육과 친권자 결정에 관한 협의서 1통과 사본 2통, 또는 가정법원의 심판 정본 및 확정 증명서 3통

② 협의 이혼 신고 시
▶ 협의 이혼 의사확인서 1통
▶ 이혼 신고서 1통
▶ 신고인의 주민등록증과 도장

3) 협의 이혼 절차

① 협의 이혼을 하고자 할 경우 두 사람이 먼저 이혼에 대한 합의를 해야 한다.

② 협의이혼에 대한 합의를 한 후 가정법원에 가서 접수를 한다.

③ 미성년자인 자녀, 임신 중인 자의 경우는 3개월, 미성년인 자녀가 없는 경우는 1개월이 경과한 후 가정법원의 판사로부터 이혼의사 확인을 받아야만 이혼이 가능하다. 이 기간을 '이혼숙려기간'이라고 한다. 이 기간을 거쳐 이혼의사를 확인하고 법원에서 확인서를 각각 한통씩 교부해주는데, 그렇다고 해서 이혼이 완료된 것은 아니다.

④ 이혼숙려기간 이 지난 후 판사가 이혼을 할 것인가에 대해서 재차 확인한다.

⑤ 법원으로부터 받은 확인서를 가지고 3개월 이내에 당사자 일방 또는 쌍방이 등록기준(본적)지 또는 주소지에 신고하면 된다(민법 제836조의2[이혼의 절차]). 3개월 이내에 이혼신고를 하지 않을 경우에는 협의 이혼 자체가 무효가 된다(가족관계의 등록 등에 관한 법률 제75조).

협의 이혼 절차 과정

이혼합의→ 법원에 접수→ 이혼숙려기간→ 판사확인→ 3개월 내 신고

---

(2) 재판상 이혼

1) 의의

부부의 합의에 의한 이혼이 불가능한 경우 이혼하고자 원하는 사람이 다른 상대방을 상대로 법원에 이혼소송을 제기하면 법원의 판결을 받아 강제로 이혼을 하는 제도를 말한다.

2) 재판상 이혼이 가능한 경우

재판상 이혼의 정당한 사유가 있어야 한다(민법 제840조).

① 배우자가 부정한 행위[161]를 한 경우

배우자가 자기 자신 이외의 다른 이성과 성관계를 가지는 행위뿐만 아니

라, 다른 이성과 껴안거나 한 방에서 함께 밤을 지내는 경우 등도 이에 해당된다. 재판상 이혼의 원인이 되는 부정행위는 혼인 후에 일어난 행위를 말하는 것이지, 혼인하기 전 다른 이성과의 관계는 혼인 후까지 지속되지 않는 한 부정행위에 포함되지 않는다. 약혼단계의 부정행위도 이혼 사유가 되지 못한다.

② 배우자를 악의로 유기[162]한 경우

악의의 유기는 정당한 이유 없이 부부로서의 동거·부양·협조의무를 지키지 않는 행위를 말한다. 예컨대, 가족들을 잘 보살피지 않는 경우.

③ 배우자 또는 직계존속에 의한 부당한 대우를 받은 경우

예컨대, 남편이 아내를 폭행하는 경우, 시부모의 정신적인 학대 등이 이에 해당된다.

④ 자신의 직계존속이 배우자로부터 심히 부당하게 대우를 받았을 때

예컨대, 자신의 부모 또는 형제가 자신의 배우자로부터 신체적·정신적으로 학대, 폭행을 당하거나 모욕을 당해 부부로서의 공동생활을 계속하는 것이 고통스러울 정도가 된 경우를 말한다.

⑤ 배우자의 생사가 3년 이상 분명하지 않은 때

배우자가 살았는지 죽었는지 알 수 없게 된지 3년 이상 된 경우에는 이혼할 수 있다.

⑥ 혼인을 계속하기 어려운 중대한 사유가 발생한 경우(위의 ①~⑤ 경우 외에 기타 사유)

3) 재판상 이혼의 절차

① 재판상 이혼을 하려면 가정법원에 '이혼 조정 신청'을 해야만 한다. 조정에 회부되지 않는 사건의 경우. 예컨대, 공시송달[163]에 의하여 당사자를 소환하여

---

161) 부정한 행위란 정조의무에 위배되는 일체의 탈선행위를 의미한다. 이는 단순히 다른 이성과 잠자리를 같이 한 간통보다 넓은 의미이다. 즉, 부부간 정조의 믿음을 저버릴 수 있는 모든 행위가 이에 당된다.

162) 유기란 어떤 사람이 종래의 보호를 그만둠으로써 보호받아야 할 사람을 보호받지 못하는 상태에 두는 것을 의미한다.

163) 공시송달이란 "당사자의 주소 불명 등으로 소송에 관련된 서류를 전달하기 어려운 경우에 그

야 할 사건 등.

② 조정에 따라 이혼하려면 일단 조정 전에 조사관으로부터 사건에 관한 사실조사를 받고, 정해진 조정기일에 당사자들이 직접법원에 출석하면 조정이 비공개로 진행된다.

③ 재판상 이혼 승소 판결이 확정되면 확정일로부터 1개월 이내에 판결등본과 확정증명서를 첨부하여 등록기준지 또는 주소지에 이혼신고를 하면 된다(가족관계의 등록 등에 관한 법률 제78조).

4) 관련 문제

---

1. 한국인 이씨는 아내와 성격차이로 서로 이혼하기로 합의를 한 후 판사 앞에서 그에 따른 확인을 받았다. 그런데 이혼신고를 미루던 아내는 3개월이 지나자 생각이 바뀌어 처음 합의한 사항대로 이혼해 줄 수 없다고 한다. 이 경우 이혼이 가능 한가?

▶ 당사자 간에 이혼하기로 합의하여 법원에 가서 이혼의사 확인을 받아 확인서 등본까지 교부받아도 이혼신고를 하지 않으면 협의 이혼은 무효가 된다(3개월 이내에 당사자 일방 또는 쌍방이 등록기준(본적)지 또는 주소지에 신고해야하고, 신고하지 않을 경우 무효가 된다). 만약 이로 인해 이혼에 대한 합의에 실패한 경우에는 소송을 통해 재판상 이혼을 해야 한다.

2. 김씨는 평소 도박벽이 심한 아내가 도박으로 전 재산을 날리자 고심 끝에 이혼을 결심하고 아내인 이씨에게 그러한 뜻을 전달하였다. 그러나 아내는 절대로 이혼을 해 줄 수 없다고 강경하게 말하였다. 과연 김씨는 재판을 통해 아내인 이씨와 이혼을 할 수 있는가?

▶ 김씨의 아내는 상습적인 도벽을 가지고 있어 재판상 이혼사유 중 "기타 혼인을 계속하기 어려운 중대한 사유"에 해당되므로 김씨는 아내의 의사와 상관없이 법원에 재판상 이혼을 청구할 수 있다.

서류를 법원 게시판이나 신문에 일정 기간 동안 게시하는 것을 말한다. 이 경우 소송에 관련된 서류를 전달한 것과 같은 효과가 있다."

(3) 이혼하면 변하는 것들

이혼을 하는 부부 중에는 자녀가 있는 경우도 있고 없는 경우도 있을 것이다. 자녀가 없는 경우라면 둘 만의 문제만 해결하면 되겠지만 자녀가 있는 경우에는 자녀의 앞으로의 문제도 같이 해결해야 하는 어려움이 따른다. 문제는 이러한 이혼으로 말미암아 가장 큰 고통을 받는 사람은 자녀일 것이다. 자녀가 있는 경우 특히 성년이 아닌 미성년자인 경우에는 여러 가지가 문제가 발생할 수 있을 것이다. 예컨대, 친권 행사자와 양육권자는 누구로 결정할 것인가? 결정한 경우에는 다른 한 쪽은 아이를 어떻게 만나야 되는가? 등의 경우가 발생할 것이다. 친권의 문제를 당사자 간에 합의를 할 경우에는 상관이 없지만 그렇지 못한 경우에는 가정법원이 직권으로 정한다.

1) 양육사항

> **양육사항에 관한 사항(민법 제837조)**
> 부모가 이혼한 경우 미성년인 자녀의 양육에 관한 사항을 협의한다(2항[(양육자의 지정, 양육비의 지급문제, 면접교섭권의 행사 여부 및 그 방법 등]). 양육자는 부모만이 아니라 시부모, 친정부모, 일정기관 등 제3자가 될 수 있다. 만일 당사자 간 협의를 할 수 없거나 협의가 이루어지지 않은 경우에는 당사자의 청구나 법원의 직권에 의하여 가정법원이 결정하게 된다(4항).
> 법원은 자녀의 나이, 부모의 재산상황, 기타 여러 사정을 참작하여 양육에 필요한 사항을 정한다(3항).

① 양육자 결정 기준
자녀의 연령과 성별, 부와 모 각자의 재산상황, 양육자에 대한 자녀 자신의 희망, 자녀의 이익에 영향을 끼칠 수 있는 사람들(즉, 부모 또는 제3자)과 자녀와의 상호 관계, 관계있는 당사자들의 정신적, 육체적 건강상태, 부 또는 모의 양육희망 등에 의해 결정할 수 있다.

② 양육비의 청구
어떤 사정으로 인하여 부모 중 어느 한쪽만이 자녀를 양육하게 된 경우에는 양육

하는 일방은 상대방에 대하여 현재 및 장래에 있어서 양육비 중 적정 금액의 분담을 청구 할 수 있다. 하지만 자녀의 이익을 위하여 도움이 되지 않는 경우 등에는 양육비를 부담하지 않아도 된다.

③ 면접교섭권 의의(제837조의 2)
이혼 후 자녀를 직접 양육하지 않는 부모가 자녀와 만나거나 교류할 수 있는 권리를 말한다.

④ 면접교섭권의 행사와 방법
면접교섭권의 행사방법과 범위에 관해서는 부 또는 모가 자녀와 협의하여 정하고, 만일 협의가 되지 않는 경우에는 가정법원에 청구하거나 가정법원이 직권으로 결정할 수 있다.

⑤ 면접교섭권의 제한[164]
면접교섭권이 보장된다고 하더라도 자녀를 만나는 것은 양육자의 양육권을 침해하지 않는 범위 내에서 허용되어야 한다. 따라서 일주일에 한 번 등 주기적으로 만날 수 있도록 당사자가 정하는 것은 허용된다.

2) 재산상의 변화
① 이혼과 위자료
이혼에 관한 책임이 있는 배우자는 상대방에게 위자료를 지급할 책임이 있다. 위자료의 액수는 혼인 파타의 원인, 잘못의 정도, 재산 상태, 생활 정도, 혼인 기간, 혼인생활 내력, 학력, 경력, 직업, 자녀 부양관계 등의 여러 가지 사정을 종합적으로 고려하여 산정한다.

② 위자료
위자료[165]에 대해서는 부부가 협의하면 그에 따르고, 협의가 되지 않으면 법원에

---

164) 가정법원은 자의 복리를 위하여 필요한 때에는 당사자의 청구 또는 직권에 의하여 면접교섭권을 제한하거나 배제할 수 있다(제837조의2 ②항.) 그 이유로는 여러 방탕한 생활로 인해 자녀에게 안좋은 영향을 미칠 경우.

위자료 청구소송을 제기하면 된다.

3) 이혼과 재산분할청구권[166]

① 재산분할 청구권(민법 제839조의 2)

결혼생활 중 부부가 함께 노력하여 만든 재산에 대해서 이혼할 때에 분할을 청구할 수 있는 권리를 말한다. 협의를 통해서 이루어지는 것이 가장 바람직한 결과겠지만 그렇지 못한 경우가 있을 것이다. 이러한 경우 결국 재판을 할 수 밖에 없다. 가정법원에 재산 분할을 청구하면 된다(제839조의 2 제2항).

법원은 재산의 형태나 상태, 재산에 대한 기여도, 혼인기간, 연령 및 건강상태, 취업 여부 및 재취업 가능성 등 여러 가지를 고려해서 결정한다.

② 재산분할의 방법

재산분할의 방법은 금전지급, 현물분할 등의 형태로 할 수 있는데, 당사자의 청구와 재산의 형태 등을 고려하여 판단한다. 대부분은 금전지급으로 재산분할을 명하는 경우가 많다.

③ 재산분할 대상

재산분할의 대상은 원칙적으로 부부가 혼인 중에 함께 노력하여 형성한 재산에 한정된다. 이 경우에는 부동산, 예금 등도 모두 포함되고, 그 밖에 아내의 내조에 의해서 변호사, 의사 등 전문직의 자격증을 취득하였다면 이러한 경우 또한 재산분할에 있어서 고려의 대상이 될 수 있다. 이밖에도 퇴직금, 연금 등도 분할의 대상이 된다. 그러나 한 사람이 결혼하기 전부터 가지고 있거나 결혼한 다음에 상속 또는 증여로 개인적으로 받은 '특유재산의 경우'는 분할의 대상이 되지 않는다. 예컨대, 남편이 결혼 전에 미리 집을 구입했다면 이 집은 남편의 특유재산으로 재산분할의 대상이 되지 않는다. 그러나 결혼한 다음에 남편 명의로 구입한 집의 경

---

165) 위자료란 이혼의 책임이 있는 당사자에게 청구하는 정신적 고통에 대한 손해배상을 의미한다.

166) 민법 제839조의2(재산분할청구권) ① 협의상 이혼한 자의 일방은 다른 일방에 대하여 재산분할을 청구할 수 있다. ② 제1항의 재산분할에 관하여 협의가 되지 아니하거나 협의할 수 없는 때에는 가정법원은 당사자의 청구에 의하여 당사자 쌍방의 협력으로 이룩한 재산의 액수 기타 사정을 참작하여 분할의 액수와 방법을 정한다. ③ 제1항의 재산분할청구권은 이혼한 날로부터 2년을 경과한 때에는 소멸한다.

우는 아내도 집을 살 때 기여한 부분이 있기 때문에 이를 입증하고 재산을 나눠 달라고 청구할 수 있다.

④ 문제

> 남편 김씨는 사업에 실패하여 많은 빚에 쪼들리자 이를 해결하기 위해 임시방편으로 부부로서의 관계를 끝낼 의도 없이 아내인 이씨에게 형식적으로 이혼을 하자고 하였다. 과연 이 경우도 이혼에 해당될 수 있는가?
> ▶ 해당된다. 왜냐하면 협의이혼에 있어서는 이혼의 의사는 법률상의 부부관계를 해소하려는 의사를 말한다. 일시적으로 부부관계를 해소하려는 당사자 사이의 합의가 있었고 이에 기초하여 이혼신고를 한 경우라면 설령 협의이혼에 다른 목적이 있는 경우일지라도 법적으로는 유효하다. 결론적으로 위장이혼의 경우도 이혼을 하겠다는 의사는 분명히 있는 것이므로 유효하다고 하겠다.

6. 상속과 유언

사람들은 살아 있는 동안 경제적 활동을 하게 되며, 대부분 사람들은 자기가 죽기 전에 많은 재산을 유가족들에게 상속을 해준다. 이렇듯 사람이 사망한 후에 그 남겨진 경제생활의 결과로 형성된 재산을 어떻게 처리하는가는 매우 중요한 일인 것이다. 우리 법은 이 경우 사망한 사람의 의사를 존중해야 한다고 규정하고 있으며, 사망한 사람의 유족에게도 일정한 몫을 남겨 줄 수 있도록 하고 있다. 이와 관련된 문제들이 바로 상속과 유언제도이다.

(1) 상속
1) 상속의 의의

상속은 피상속인이 사망함으로써 그가 가지고 있던 재산에 관한 권리·의무를 일정범위의 혈족과 배우자에게 포괄적으로 승계해 주는 재산이전을 말한다. 상속제도는 사유재산제도의 반영인 동시에 유산에 의한 가족의 생활보장이라는 사회적 의의를 갖는다.

2) 상속인과 상속순위

상속인[167]의 범위와 순위는 법률에 의해 정해진다.

① 상속인

상속인은 상속개시의 때에 생존하고 있어야 한다. 상속은 사망한 때 효력이 개시된다. 상속인은 자연인만이 가능하며 법인[168]은 상속인이 될 수 없다. 배우자는 법률상 배우자(혼인신고가 되어 있는 배우자)에 한한다.

② 상속순위

〈피상속인의 경우〉

⇨ 1순위(직계비속): 아들, 딸, 즉 죽은 이의 자식들이 이에 해당(양자와 혼인 외의 자의 경우도 상속인 범위에 포함)

⇨ 2순위(직계존속): 죽은 이의 부모님. 부모님이 없는 경우는 조부모님

⇨ 3순위(형제자매): 죽은 이의 형제자매(배다른 형제자매라고해도 상속인의 범위에 포함).

⇨ 4순위(4촌 이내의 방계혈족): 죽은 이의 삼촌, 이모와 같은 4촌 형제자매

〈배우자의 경우〉

1순위 상속인이 있을 경우 1순위와 공동상속인이 된다. 1순위자(직계비속)가 없어 2순위(직계존속)가 상속인이 될 경우에는 배우자는 2순위와 공동상속인이 된다. 하지만 1순위(직계비속)자와 2순위(직계존속) 상속인이 모두 없는 경우에는 단독으로 상속인이 된다. 결론적으로 1순위와 2순위 상속인이 있을 경우 단독이 아닌 공동상속인이 되는 것이며 그 후의 경우는 단독상속인이 된다.

---

167) 상속인: 피상속인의 상속재산을 상속받는 사람을 말한다. 상속인이 되기 위해서는 상속능력이 있어야 하고, 최우선순위에 있어야 하며, 상속결격자가 아니어야 한다.

168) 법인: 사람 또는 재산의 결합체로서 권리·의무의 주체가 될 수 있는 것을 말한다. 일정한 목적을 가지고 모인 사람의 결합인 단체(사단)나 일정한 목적을 위하여 바쳐진 재산(재단)도 법인격을 취득하여 법률관계의 주체가 될 수 있다. 각종회사, 노동조합, 학교 등 대부분은 법인이다.

3) 기여분제도

기여분 제도란 공동상속인 중에 상당한 기간 동안 동거·간호 그 밖의 방법으로 피상속인을 특별히 부양하거나 피상속인의 재산의 유지 또는 증가에 특별히 기여한 자가 있는 경우에는 다른 상속인들과 합의로 그 기여에 대해 일정한 보상액을 정할 수 있다. 이를 '기여분제도'라 한다.

다른 상속인들이 기여자의 노력을 인정하지 않거나 얼마를 보상할지 합의되지 않을 때에는, 기여자가 가정법원에 청구하여 이를 인정받을 수 있다(민법 제1008조의 2 제2항).

4) 특별수익자의 상속분

공동상속인 중에 사망한 자로부터 생전에 증여를 받았거나 또는 사망한 자가 특히 특정상속인에게 얼마를 준다는 유언을 남긴 경우, 이로 인해 상속재산을 받은 사람을 말한다. 만약 특별수익자가 생전에 받은 재산이 상속분을 초과한 경우에는 그 초과부분에 대해서는 반환을 해야 한다.

(2) 상속의 승인과 포기

상속은 사망으로 인하여 개시되며(민법 제997[상속개시의 원인]), 법률상 당연히 피상속인의 권리와 의무가 상속인에게 이전되는 것이다. 예컨대, 피상속인의 살아 생전에 많은 빚을 지고 죽은 경우 이런 빚까지도 상속인이 상속을 받기 때문에 손해를 보는 경우가 발생한다.

이러한 경우를 대비해서 법은 상속인을 보호하기 위하여 '상속의 승인과 포기제도'를 두고 있는 것이다. 상속의 승인에는 단순승인과 한정승인으로 나누어진다.

1) 단순승인과 한정승인

① 단순승인이란 피상속인의 권리·의무를 무조건적으로 승계하는 것을 승인하는 상속인의 의사표시를 말한다. 이 경우에는 빚을 갚고 나머지 재산을 상속하면 된다(민법 제1025조[단순승인의 효과]).

② 한정승인이란 상속인이 상속으로 인하여 얻은 재산(상속받을 재산의 범위

내)의 한도에서 피상속인의 채무와 유증을 갚는 다는 조건으로 상속을 승인하는 의사표시이다(민법 제1028조[한정승인의 효과]).

2) 상속의 포기

피상속인의 권리와 의무를 승계할 것을 거부하는 의사표시를 말한다(민법 제1030[한정승인의 방식]). 즉 상속받을 재산보다 빚이 많은 것이 확실한 경우에는 재산을 상속받는 것을 포기함과 동시에 빚도 갚지 않겠다는 형식의 상속포기를 하면 된다. 상속이 포기되면 포기하는 자는 처음부터 상속인이 아니었던 것으로 된다. 이는 사망을 안 날로부터 3개월 내에 가정법원에 상속포기 신고를 하면 된다.

7. 유언

(1) 유언

1) 유언의 의의

통상 유언이라는 용어는 사람이 사망하기 직전에 남기는 '최후의 진술'을 말하는 것이고, 법률적 유언은 유언자가 자기를 둘러싼 재산관계에 대해 사망 후에 법률관계를 정하려는 살아생전의 최종적인 의사표시를 말한다.

2) 유언의 특징

① 유언은 사망과 동시에 법적 효력이 발생한다.
② 유언의 방법과 내용에 대해 법률에 의해 제한을 받는다(제1060조~1070조).
③ 유언의 경우에도 일정한 조건을 필요로 한다.
▶ 미성년자인 경우 만 17세 이상이어야 한다(제1061조: 유언적령).
▶ 금치산자는 그 의사능력이 회복된 때에 한하여 유언이 가능하며, 담당의사가 심신회복의 상태를 유언서에 부기하고 서명날인을 해야 효력이 생긴다.(제1063조: 금치산자의 유언능력)

3) 기존에 정한 유언의 경우 변경이 가능한가?

유언자는 살아있는 동안에는 언제든지 특별한 이유가 없어도 자유롭게 내용의 전부 또는 일부를 철회하거나 변경할 수 있다(민법 제1108조).

여러 개의 유언이 내용상 서로 맞지 않는 경우에는 보다 최근에 한 유언의 내용에 따른다(민법 제1109조).

미성년자, 한정치산자, 금치산자라고 하더라고 의사능력이 있는 한 유언의 효력이 인정된다. 다만 미성년자는 만 17세에 달해야만 유언능력[169]이 인정된다. 만 17세에 달하지 않은 유언은 무효이며, 만 17세 이상이라도 의사능력이 없는 한 유언은 무효이다.

4) 유언의 5가지 방법에 대해

민법의 의사표시를 명확히 하기 위해 유언의 방식을 제한하는 요식주의(要式主義)[170]를 취하고 있다. 법으로 규정된 유언 방법은 크게 5가지로 되어 있다. 내용은 다음과 같다.

① 자필증서에 의한 유언(민법 제106조)

⇨ 자신이 유언의 내용과 이름, 연월일 등을 직접 적은 후 도장을 찍은 경우를 말한다.

⇨ 타자기 또는 컴퓨터 등을 이용하여 다른 사람이 대신 써주는 행위 등은 안 된다.

⇨ 유언한 내용, 작성한 날짜, 주소, 성명을 직접 본인이 쓰고 도장을 찍는다.

② 녹음에 의한 유언(민법 제1067조)

⇨ 유언하는 사람이 자신의 육성을 직접 녹음기에 녹음하는 경우를 말한다.

⇨ 유언하는 사람이 유언의 내용과 성명, 연월일 등을 말한다.

⇨ 녹음에 참여한 증인이 유언의 정확함과 자신의 성명을 녹음해야 한다.

③ 공정증서에 의한 유언(민법 제1068조)

증인 2인이 참여한 상태에서 공증인[171] 앞에서 유언하고 공증인이 이를 필기, 낭

---

169) 유언능력: 유언도 의사표시이므로 의사능력은 있어야 한다. 만 17세에 달한 미성년자는 법정대리인의 동의 없이 유언을 할 수 있다. 한정치산자도 완전한 유언능력을 갖는다. 다만 금치산자는 의사능력이 회복한 때에 한해 유언을 할 수 있다.

170) 요식주의: 유언자로 하여금 유언에 신중을 가하고, 타인에 의한 위조·변조를 방지하는 역할을 한다.

독하여 유언하는 사람과 증인이 그 정확함을 확인한 후 각자 서명을 하거나 도장을 찍은 경우를 말한다. 증인 2명이 반드시 함께 공증사무소에 가야 한다.

④ 비밀증서에 의한 유언(민법 제1069조)
▷ 유언장을 작성한다.
▷ 유언의 내용을 기입한 증서를 봉투에 넣는다.
▷ 봉투를 봉한다.
▷ 도장을 찍는다.
▷ 2명 이상의 증인에게 제출하여 유언과 자신의 유언서임을 표시한 후 그 봉투 표면에 제출 연월일을 기재하고, 유언하는 사람과 증인이 각자 서명하거나 도 장을 찍는다.
▷ 공증사무실 또는 법원으로 간다.
▷ 법원이나 공증인에게 확정일자를 받는다.

⑤ 구수증서에 의한 유언(민법 제1070조) 유언자가 질병 기타 급박한 사유로 인하여 자필증서에 의한 녹음, 녹음에 의한 유언, 공정증서에 의한 유언, 비밀증서에 의한 유언 등을 하지 못하는 경우에 2인 이상의 증인을 참석시키고, 그 중 1인에게 유언을 받아 적게 한 후 각자 서명하거나 도장을 찍은 다음 7일 안에 가정법원에 검인을 신청하는 경우를 말한다.

참고		
유언방식	장점	단점
자필증서	방식이 간단하다	글을 잘 모르는 자는 사용이 곤란하다.
녹음	필기에 곤란을 갖고 있는 자에게 특히 유효하다.	녹음내용을 잘못할 경우에 소멸하기 쉽다
공정증서	유언존재의 명확성, 내용확보가 쉽다.	비용이 많이 든다.
비밀증서	유언의 내용을 생전에 비밀로 할 수 있다.	비밀증서 성립의 다툼 및 분실, 훼손의 위험이 있다.

---

171) 공증인이란 판사, 검사, 변호사 자격을 가진 사람 중에서 법무부 장관이 임명한 사람을 말한다.

5) 유언장 양식

유 언 장

본인 이을동은 아래와 같이 유언합니다.

가족관계
부인- 김말자(1945년 0월 0일)
아들- 이을식(1983년 0월 0일)
딸- 이예랑(1986년 0월 0일)

내 가족에게 아래와 같이 재산을 분배한다.

김말자- 서울시 서초구 반포동 동전아파트
이을식- 서울시 강남구 청담동 소재의 토지 700㎡
이예랑- 행복은행의 본인 명의의 예금 채권 전액
　　　(계좌번호: 000-00-000000)

위 유언에 대한 집행은 다른 사람에게 맡긴다.
집행 대리인- 더잘난 변호사(500811-000000)

유언자- 이을동(430711-0000000)
본적- 전라남도 광주시 백운동 000
주소- 서울특별시 서초구 반포동 000 무지개 아파트

2018년 00월 00일
유언자 이 을 동 (인)

견본

6) 관련문제

얼마 전에 아버지가 돌아가셨는데, 집안에 상속 재산을 놓고 크나큰 분쟁이 벌어 졌다. 아들인 이씨의 말인즉 편찮으신 아버지를 다른 형제들은 안 모셨는데 나는 끝까지 모셨으니 재산을 더 많이 받아야 하지 않는가라고 생각했다. 그런데 다른 형제들은 재산에 대해 모두 똑같이 분배해야 한다고 주장을 하고 있다. 과연 똑같이 재산을 분배하는 것이 맞는 일인가?

▶ 이씨가 더 많은 재산을 상속받을 자격이 있다고 본다. 왜냐하면 상속에는 '기여분'이라는 것이 있다. 기여분은 공동상속인 가운에 사망한 사람의 재산의 유지 또는 증가에 특별히 기여한 경우, 사망한 자를 특별히 부양한 경우에 기여 정도에 따라 더 많은 재산을 상속받을 수 있도록 하는 제도이다. 따라서 이씨의 경우에는 다른 형제보다 기여도가 더 크기 때문에 재산분배에 있어서도 다른 형제에 비해 더 많은 재산을 상속받을 수 있는 것이다.

(2) 유류분(遺留分)

자본주의 제도 하에서 자기 재산을 자기가 자유로이 처분할 수 있는 것이 원칙이다. 자기의 재산에 대해서 살아생전에 재산을 처분하건 죽은 후에 재산을 처분하건 아무런 문제가 되지 않는다. 그러나 여기서 문제시되는 것은 재산처분 자유의 원칙을 철저히 관철하는 경우, 피상속인이 유산을 전적으로 자기 가족이 아닌 타인에게나, 사회의 공공단체 등에 자기 재산을 기증한다면 자기 가족의 생계가 위협받는 등의 문제가 발생할 수 있게 된다.

이런 경우에 대비하여 민법은 상속인이 아닌 자연인 또는 법인이나 특정 상속인에게 모든 재산이 몰려서 상속인들의 기본 생활이 곤란하거나 어렵게 될 것을 방지하기 위해서 기본적으로 일부 상속재산을 보호해주는 것을 말한다. 이를 '유류분'라고 한다.

(3) 유류분권자

유류분의 권리를 가지는 자를 유류분권자라 한다. 유류분권은 법에서 정한 상속 재산을 일부 되찾아 올 수 있는 권리를 말한다. 피상속인의 직계비속, 배우자, 직계존속, 형제자매로서 법률의 상속순위에 따라 상속권을 갖는 자이다.

> ⇨ 1순위(직계비속): 아들, 딸, 즉 죽은 이의 자식들이 이에 해당(양자와 혼인 외의 자의 경우도 상속인 범위에 포함)
> ⇨ 2순위(직계존속): 죽은 이의 부모님. 부모님이 없는 경우는 조부모님
> ⇨ 3순위(형제자매): 죽은 이의 형제자매(배다른 형제자매라고해도 상속인의 범위에 포함).
> ⇨ 4순위(4촌 이내의 방계혈족): 죽은 이의 삼촌, 이모와 같은 4촌 형제자매
>
> 1순위 상속인(직계비속)은 법정상속분의 2분의 1, 2순위(직계존속)와 3순위(형제자매) 상속인은 법정 상속분의 3분의 1을 상속, 배우자는 법정상속분의 2분의 1을 상속받을 수 있다(민법 제1112조[유류분의 권리자와 유류분]).

(4) 유류분이 부족한 경우

유류분 제도에 의해 보호받는 사람들이 사망자가 남긴 재산만으로는 자신들의 비율대로 보장받을 수 없을 경우에는 사망한 자의 유언에 따라 무상으로 재산을 준 자가 있는 경우에는 재산을 받은 자에게 자신들의 액수에 부족한 만큼 받은 재산을 돌려줄 것을 요구할 수 있다. 돌려받은 후에도 부족할 경우에는 사망자가 살아 있을 때 무상으로 재산을 받은 자에게 다시 반환을 요구할 수 있다(민법 제1115조 및 제1116조). 위의 요구는 사망한 자가 유언에 의해 재산을 다른 자에게 무상으로 주거나, 생전에 재산을 다른 자에게 무상으로 준 사실을 안 때부터 '1년 내'에 해야 한다(민법 제1117조).

제7장 일상 속에서 사용되는 여러 기본상식

우리는 일상생활에서 살아가면서 수많은 계약을 접하곤 한다. 예컨대, 자기가 살 집을 마련하는 경우에도 계약을 하는 등의 경우이다.

계약이란 정의는 두 사람 이상 사이에 체결되는 일종의 법률적인 약속을 말한다. 이렇게 우리는 일상생활에서 다양한 계약을 하는데 간혹 계약을 한 계약서를 어디에 두었는지 몰라서 어려움을 겪거나, 계약서를 제대로 작성하지 못하여 손해를 입기도 한다. 또한 계약을 제대로 맺은 경우라도 계약 내용을 제대로 이행하지 않아 여러 어려운 문제가 발생하기도 한다. 이하에서는 우리 생활에서 자주 문제가 되는 금전거래를 할 시 유의할 점과 연대 보증 등에 대해서 살펴보기로 한다.

1. 계약서

알면 유익한 정보(인터넷 상에서 법률정보 알기)

인터넷이 발달되기 전에는 법률정보를 얻기 위해 우리는 매일 도서관에서 책을 보면서 찾았다. 하지만 인터넷이 발달된 지금에는 굳이 도서관에서 책을 보서 찾을 필요 없이 인터넷을 통해 법류정보를 손쉽게 찾아 볼 수 있게 되었다. 이하에서는 몇 개의 유익한 법률 사이트에 대해서 소개하고자 한다.

1. 국가법령정보센터(www. 1aw.go.kr)
법제처에서 운영하고 있는 국가법령정보센터는 법령, 판례 등 우리나라의 모든 법령정보에 대해서 통합 서비스하고 있는 법령정보 사이트이다. 여기에는 대한민국 현행법령과 법령 연혁, 행정규칙, 조례·규칙 등이 있다.

2. 대법원(glaw. scoyrt.go.kr)
대법원의 종합법류정보 서비스에서 '법령'을 클릭해보면 법령과 관련된 정보를 찾을 수 있다. 대법원의 법령 정보 서비스를 보면 법령의 공포일, 시행일,

법령 명, 검색어 중 한 가지를 입력하여 해당 법령을 찾아내는 방식으로 운영되고 있다. 대법원 종합법률정보 서비스에서는 대법원, 헌법재판소, 하급심 판례에 대한 정보를 제공한다. 또한 최신 법령정보, 최신 판례정보 및 화제의 판결도 별도로제공하고 있다. 그리고 분야별 판례검색도 가능하다.

3. 헌법재판소(www. court.go.kr)
헌법재판소는 홈페이지 상단에 있는 '찾기 쉬운 주요정보'를 클릭하면 헌법재판소의 판례정보를 이용할 수 있다. 이용자가 선택하기에 따라 결정요지만을 볼 수 있고 전문을 모두 볼 수 있다. 검색 방식은 대법원의 종합법률정보 서비스와 같다.

(1) 우리는 계약을 할 때 계약서를 작성하는데 왜 계약서를 작성하는 것일까에 대해서 살펴보아야 한다.

① 계약서가 없는 경우 계약이 있었다는 사실이 인정되지 않는 계약이 있기 때문이다.
② 계약의 내용이 중요하고 복잡해서 문서로 정확히 기록해 두어야 할 필요성이 있기 때문이다.
③ 계약서를 써 두면 재판을 할 경우가 생기면 증거로 활용되어 재판에서 유리하게 적용되기 때문이다.

(2) 계약을 할 때 주의할 점

① 사전 조사를 철저히 해야 한다.
회사와 계약을 체결하기 전의 경우에는 계약의 대상 또는 그 내용에 관한 충분한 사전 조사가 필요하다. 예컨대, 근로계약을 하는 경우에는 그 회사의 급료, 근무시간 등을 사전에 알아보는 경우.

② 전문가 등의 자문을 받아야 한다.

큰 회사와의 계약을 할 경우 큰 회사는 이미 인쇄된 계약서(거래약관)를 가지고 거래를 하는데 그 계약서의 내용이 어렵고 복잡하여 이해 못하는 경우가 생길 수 있다. 이때에는 전문가와 상담하는 것이 바람직하다고 생각된다.

③ 정당한 상대방인지 확인을 해야 한다.
계약을 체결할 시 계약을 하는 상대방이 정말 본 계약의 상대방인지(예컨대, 주민 등록증, 신분증 등)를 확인해야 하고, 대리인의 경우에는 대리권이 있는지를 확인할 필요가 있다. 또한 계약의 상대방이 미성년자인지 아닌지도 확인해야 한다.

④ 계약을 한 내용이 사회질서에 위반 되서는 안된다.
사회질서에 위반되는 계약의 경우에는 법의 보호를 받을 수 없다. 예컨대, 토지 거래 허가 지역인데도 불구하고 허가를 받지 않고 사업을 진행하는 경우.

(3) 계약서에 들어가야 할 내용

① 계약의 당사자. 예컨대, 매매 계약의 경우에는 매도인과 매수인.
② 계약의 목적물, 일정한 금액의 지급을 내용으로 하는 계약이라면 그 금액의 지급방법과 시기 등을 기재해야 하고, 당사자 사이에 특별히 약속한 사항이나 조건이 있다면 이를 계약서에 반드시 기재해야 후일 발생할 수 있는 분쟁을 방지할 수 있다.
③ 계약을 체결할 장소와 시기
④ 당사자의 서명 날인의 표시

2. 차용증

차용증이란 돈이나 물건을 빌려 쓴다는 증거로 작성되는 문서를 말한다.

(1) 차용증에 기재해야 할 내용

1) 차용증은 일반적으로 돈을 빌리는 사람(채무자)이 작성을 해서 돈을 빌려 주는 사람(채권자)에게 주는 것을 말한다. 차용증의 기본적인 내용은 다음과 같다.

> ① 거래 당사자들의 정확한 인적사항을 기재해야 한다. 가능하면 차용증을 작성한 후에는 빈 곳이나 뒷면에 당사자들의 신분증을 복사해 둔다.
> ② 차용증 작성 날짜를 정확히 기재해야 한다. 차용증의 내용은 명확하고 구체적이어야 한다.
> ③ 인감도장과 인감증명서를 이용해야 한다. 막도장이나 서명은 불가한데 위조 가능성이 다분 이 있기 때문이다.
> ④ 차용증을 작성할 때에는 쉽고 구체적이며 명확한 내용으로 작성해야 한다. 꼭 기재해야 할 내용이외에는 적어놓지 않는 것이 좋다.

(2) 차용증은 어떻게 활용되어 사용되는가?

차용증이 있을 경우에는 돈을 빌린 사람이 만약 돈을 갚지 않을 시에 그를 상대로 하여 민사 소송을 제기하거나, 지급 명령을 신청하거나, 파산절차에 참가하는 등 여러 가지 법적 대응을 할 수 있다. 또한 법원의 결정으로 채무자가 재산을 처분하지 못하도록 하는 가압류 신청의 소명 자료로도 사용할 수 있기 때문에 채권자는 빌려준 돈을 받아 내는 데 유리한 입장에 설 수 있게 된다. 또한 재판을 하게 될 경우에는 차용금의 유력한 증거로 사용할 수 있다.

> **차용증을 분실한 경우 대처방안**
>
> 차용증이 없으면 돈을 빌려 주었다는 서류상의 증거가 없기 때문에 난처해질 수도 있으나 당황하지 말고 다른 방법을 찾아야 하는데 그 방법이 바로 '증인'을 확보해야 하는 것이다. 돈을 빌려 준 사실을 아는 증인을 확보하고 있는

경우에는 민사소송에서 이길 가능성이 높다. 다시 설명하면 차용증이 아니라도 돈을 빌려 주었다는 증거(증인 등)만 확보할 수 있는 경우에는 돈을 빌려준 채권자가 재판에서 상당히 유리해진다. 그리고 고의적으로 돈을 빌려가서 이를 갚지 않은 경우가 발생하면 민사상뿐만 아니라 형사상 '사기죄'로도 고소가 가능하다.

(3) 차용증서 양식

차 용 증

귀하로부터 일금 ○ ○ ○ 원정을 월 ○ 의 이자로 차용하고 20○○ 년 ○ 월 ○ 일 까지 반환하겠습니다. 단 이자는 매월 말일에 지급하겠습니다.

○○년 ○월 ○일

○○시 ○○구 ○○동 ○○번지
차용인 ○ ○ ○ (인)

○○시 ○○구 ○○동 ○○번지
연대보증인 ○ ○ ○ (인)

견본

3. 영수증

돈을 빌린 사람이 돈을 빌려준 사람(채권자)에게 써 주는 것이 차용증이라면, 이와는 반대로 돈을 갚는 사람(채무자)이 돈을 빌려준 사람에게 돈을 갚았으니 이에 대한 내역을 써 달라고 요구할 수 있는 것이 영수증인 것이다.

(1) 영수증에 기재해야 할 내용

① 목적물
② 영수 문언
③ 영수인의 서명
④ 상대방의 표시
⑤ 일자의 기재 등

(2) 영수증을 받을 권리

돈을 갚은 사람은 돈을 받은 사람에게 영수증을 써달라고 청구할 수 있는 권리를 가지고 있다(민법 제474조). 영수증의 경우 채권자가 작성하고 교부하는 것이기 때문에 그에 따른 발급 비용은 채권자가 부담해야 한다.

(3) 영수증을 왜 가지고 있어야 하는가?

물품을 구입하고 나면 산 곳에서 영수증을 교부한다. 교부한 영수증을 우리는 받는 것이다. 즉 영수증은 그 물건을 산 것에 대한 확인증인 것이다. 사람들은 영수증을 분실하거나 영수증을 버리는 경우가 발생할 수 있다.

문제는 일부 업체에서 물품을 구입한 소비자들에게 물품 값을 다시 청구하는 사례가 발생하고 있다는 것이다(이중청구). 이로 인해서 소비자의 경우 물품 값을 이중으로 지급하는 문제가 발생하게 된다. 그런데 이러한 경우에 있어 입증은 소비자가 가지고 있는 영수증으로 해야 하는데, 영수증을 가지고 있지 않아 결국 이중으로 대금을 지급하는 경우가 발생할 수 있다. 이러한 피해를 줄이기 위해서는 반드시 산 물건에 대한 영수증을 보관하고 있어야 하는 것이다. 그래야만 이러한 이중청구의 피해로부터 벗어날 수 있는 것이다. 예컨대, 3개월 할부이면 그 기간 동안에는 반드시 보관해야 한다.

(4) 현금영수증 제도

현금영수증 제도를 정부의 입장과 소비자의 입장에서 살펴보면 다음과 같다. 정부의 입장에서는 발급된 영수증을 통하여 시장에서의 거래를 투명하게 확인할 수 있는 것이고, 이를 바탕으로 물건 값에 포함된 부가 가치세를 징수할 수 있는 세원을 용이하게 파악할 수 있는 점이 있는 것이다. 이로 인해서 정부는 정부의 재정에 많은 도움이 되는 것이고, 소비자에게는 연말에 세금 공제 혜택을 마련해 줄 수 있는 것이다. 즉 현금영수증제도를 통해서 소비자는 연말에 소득 공제나 세액 공제의 혜택을 받을 수 있는 것이다.

소멸시효기간에 따른 영수증 보관기간
① 1년: 음식비, 숙박비, 학원비
② 3년: 치료비, 약 조제비, 물품대금
③ 5년: 공과금, 과태료
④ 10년: 차용증, 부동산매매대금

---

3. 공증

(1) 공증이란

국민들의 재산관계나 가족관계 등에 대한 어떠한 사실을 공적으로 증명하는 제도를 말한다. 공증은 문서에 대한 증명을 말한다. 다만 일반 증인이나 보증인과는 달리 나라에서 정한 사람들만이 공증인이 될 수 있기 때문에 일종의 행정적인 처리인 것이다. 공증은 문서 작성의 권한이 있는 국가나 공공단체의 기관이 작성한 공증 문서를 통하여 이루어진다. 예컨대. 부동산 등기, 각종 증명서 발행 등의 경우이다.

2001년에는 개정 공증인법(2009년 2월 6일 공포됨)에 따라 전자 공증제도가 새로 도입되어 시행되고 있다.

(2) 공증의 효력

우리 일상생활에서 일어나는 거래나 법률관계에 대해서 미리 분쟁을 막을 수 있고, 설령 분쟁이 발생하는 경우에 있어서도 유력한 증거자료로 사용할 수 있는 등의 효력이 있다.

(3) 공증을 하는 기관

공증은 공증인 사무소에서 이루어지는데, 주로 법원, 검찰청 앞에 있다. 공증인에는 임명공증인(개인)과 인가공증인(법인)이 있다.

(4) 공증의 종류

① 공정증서

공증인이 당사자의 의사를 대신 확인하여 문서로 작성해주는 것을 말한다. 예컨대, 공정증서에 의한 유언장, 계약서 등의 작성이다.

② 사서증서의 인증

당사자가 작성한 서류상의 서명이나 날인이 본인의 의사에 의한 것이 확실하다는 것에 대하여, 공증인이 확인해주고 확인한 사실을 문서로 적어주는 것을 말한다.

③ 정관 및 의사록의 인증

주식회사와 같은 법인은 정관, 의사록을 인증 받도록 법에 정해져 있는데, 공증인은 정관이나 의사록이 올바른 절차로 작성되고 내용도 사실과 같다는 점을 확인해준다.

④ 확정일자의 압날[172]

당사자가 작성한 문서에 공증인이 일자인(날짜 도장)을 찍는 것으로 그날에 해당 문서가 존재한 사실에 대한 증명을 해주는 것을 말한다. 예컨대, 주택 임대차 계약의 경우 입주한 사람이 주민등록을 마치고 공증인으로부터 임대 계약서에 확정일자를 받으면 등기한 것과 유사한 효력을 인정받아 문제가 발생한 경우에 임차보증금에 대해 우선 변제를 받을 수 있게 된다.

(5) 공증의 필요성에 대해

① 일상생활에서 생기는 계약과 같은 거래에 대한 증거를 보전한다.

---

172) 압날이란 '도장을 찍는다는 뜻의 법률 용어를 의미한다.'

② 여러 거래의 분쟁을 사전에 예방한다.

③ 재판 절차 없이 강제집행이 가능하다

④ 재판(민사, 형사)시 강력한 증거로 활용이 가능하다.

(6) 공증에 필요한 준비물

공증을 받으려는 사람의 신분증과 도장이 필요하고, 대리인이 갈 경우에는 본인의 인감증명서와 위임장뿐만 아니라 대리인의 신분증명서와 도장까지 필요로 한다 (공증인법 제31조).

(7) 공증비용

확정일자를 받으면 1천원 정도이고, 사서증서의 경우는 50만 원, 공정증서는 300만 원을 넘지 않는다.

4. 연대보증

> **민법 제437조(보증인의 최고 검색의 항변)** 채권자가 보증인에게 채무의 이행을 청구한 때에는 보증인은 주채무자의 변제자력이 있는 사실 및 그 집행이 용이할 것을 증명하여 먼저 주채무자에게 청구할 것과 그 재산에 대하여 집행할 것을 항변할 수 있다.

(1) 의의

금전거래 등에서 돈을 빌린 사람(주채무자)이 돈을 갚지 않을 경우를 대비하여 제3자의 재산으로 채권자의 채권을 담보하는 제도를 말한다. 쉽게 설명하면 돈을 빌린 사람이 돈을 갚지 않을 경우 보증을 선 제3자가 대신하여 돈을 갚는 것을 말한다.

(2) 연대보증에서 주채무자, 보증인과 채권자와의 관계

연대보증에서 보증인은 주채무자의 채무를 보증하는 사람이므로 주채무자와의 관계에서는 채무는 없는 것이다. 다만, 채권자와의 관계에서 볼 경우에는 보증인은 주채무자와 연대하여 채무를 부담한다. 채권자는 주채무자와 보증인에게 모두 채무 이행을 요구할 수 있는 권리가 있다. 연대보증은 채권의 담보를 목적으로 하는 점에 있어서는 보통의 보증과 같으나 연대보증의 경우에는 '최고·검색의 항변권'이 인정되지 않는다. 즉 당신은 채무자와 함께 채무의 전액을 부담하면서 채권자가 당신에게 채무의 변제를 요구할 경우 최고나 검색의 항변을 하지 못하고 갚아야 한다는 의미이다. 왜냐하면 일반적인 보증과 달리 보증인을 또 다른 채무자로 보기 때문이다. 최고·검색의 항변권[173]을 포기한다는 약속이 포함되어 있다.

다만 어떠한 항변도 하지 못하는 것은 아니고 민법 제433조에 따라 주채무자의 항변으로 채권자에게 대항할 수는 있다. 예를 들어 주채무가 소멸시효 경과로 소멸되었다면 연대보증인도 채권자에게 소멸시효 항변을 주장할 수 있다.

(3) 연대보증 당사자 및 자격

1) 연대보증 당사자

보증인이 주채무자와 연대하여 채무를 보증할 것을 내용으로 채권자와 연대보증 계약을 체결함으로써 연대보증 계약은 성립한다. 이때 보증인은 연대 채무를 부담한다는 의사표시를 묵시적으로 할 수도 있다. 보증계약은 특별한 방식을 요하지 않기 때문에 보증에 관한 당사자(보증인과 채권자)의 합의만 있으면 성립은 되나 만약의 다툼을 피하기 위해서 사전에 서면으로 명확히 해 둘 필요가 있다. 예컨대, 보증인이 채무자의 재력이나 담보에 대해 잘못 알고 채권자와 보증계약을 하는 경우에도 착오의 효력에 관한 합의를 계약의 내용으로 하지 않는 한 보증 계약에 대해 취소를 할 수 없다.

2) 연대보증인의 자격

채권자는 보증 계약을 함에 있어 보증인이 거래를 할 수 없는 사람이거나 미성년자인지에 대해서 살펴보아야하고 보증인의 경우 채무를 갚을 수 있는 능력이 있어야 한다. 만약 보증인이 계약 체결 이후에 돈을 갚을 능력이 없게 된 경우에는 채권

---

173) 최고·검색의 항변권에 대해서 다음과 같이 설명하고 있다. 최고·검색의 항변권이란 "채권자가 보증인에게 채무이행을 청구할 경우에 보증인이 돈 빌린 사람한테 돈을 받을 수 있으니 먼저 돈을 빌린 사람(주채무자)에게 청구하고 강제집행을 하고도 안 된 경우에 다시 오라고 주장할 수 있는 권리를 말한다."

자는 보증인의 변경을 요구할 수 있다. 그러나 채권자 자신이 보증인을 채무자에게 지명한 경우에 있어서는 보증인을 변경을 요구할 수 없다.

> **보증을 서는 경우 주의해야 할 점**
> ① 공동보증의 경우에는 서로 분담해야 할 보증 금액을 정해서 보증계약서에 명확하게 기재를 해야 한다.
> ② '공동', '함께', '연대' 등과 같은 단어를 사용하지 않는다. 이런 단어가 있는 경우 잘못할 경우 연대보증이 될 수도 있다.
> ③ 보증계약서를 처음부터 끝가지 자세히 읽어보고, 작은 글자 하나도 빠짐이 정확하게 확인해야 한다. 만약 그 내용이 애매한 부분이 있는 경우에는 그 내용에 대해 명확하게 수정하거나 보충내용을 추가해야 한다. 왜냐하면 그 내용이 보는 이에 따라서는 해석하는 경우가 다르기 때문이다.
> ④ 장사를 하는 사람의 채무를 보증할 경우에는 자동적으로 연대보증이 된다. 연대보증이라는 문구가 없어도 연대보증이 되니 조심해야 한다.

(4) 증인의 채무 이행을 피해갈 수 있는 방법

반사회적인 법률행위[174]의 경우 무효가 될 수 있다. 예컨대, 도박 빚의 경우처럼 선량한 풍속 기타 사회질서에 위반한 행위의 계약은 무효이며 해당 계약의 보증 역시 무효이다. 또한 자칫 하면 형법 제246조[175] 제1항 '도박죄'의 법률조항이 적용되어 처벌대상이 된다. 그리고 부득이 보증을 섰을 경우에 채권자가 원래 채무자가 갚아야 할 빚보다 더 많은 돈을 내놓으라고 할 경우에는 그 말에 대해 신경 쓰지 않아도 된다. 원래 채무보다 더 무거운 채무의 경우를 보증인에게 요구할 수 없기 때문이다. 예컨대, 보증계약서에 적힌 대로 20만큼 해 주기로 했으면 그만큼만 해주면 된다.

결론적으로 상대방에게 보증을 서지 않는 방법이 가장 좋은 방법이 될 것이다. 자칫 잘못할 경우에는 자기가 가지고 있는 전 재산을 말아먹는 상황에 처할 수 있는 것이다. 그게 바로 연대 보증이다.

---

174) 민법 제103조(반사회질서의 법률행위)를 살펴보면 "선량한 풍속이나 기타 사회 질서에 위반한 행위로 인한 계약은 무효"라고 되어 있다.
175) 제246조(도박) ① 재물로써 도박한 자는 500만원 이하의 벌금 또는 과료에 처한다. 단, 일시 오락 정도에 불과한 때에는 예외로 한다.

5. 신용카드를 분실한 경우

(1) 의의

우리는 사회생활을 하면서 신용카드를 몇 개씩 가지고 다니면서 사용하는 경우가 많을 것이다. 그런데 문제는 신용카드를 분실했을 경우 그 카드에 대해서 바로 신고를 해야 큰 문제가 발생치 않는다. 분실한 것을 모르고 있다가 나중에 보니 내가 아닌 다른 누군가가 그 카드를 사용하여 금전적으로 손해를 입은 경우도 발생하기도 한다. 이하에서는 신용카드에 대한 여러 가지 이론들을 살펴보도록 하자.

신용카드란 상품이나 서비스대금의 지급을 은행이 보증하여 일정기간이 지난 뒤에 그 대금을 결제하는, 신용판매에 이용되는 카드를 말한다.

정부는 1987년 신용카드업법을 새로 만들어 신용카드업의 건전한 육성과 소비자 금융의 활성화를 뒷받침해 주고 있다. 신용카드의 업무영역을 대폭 확대하고 법제화시켜 카드회원에 대한 지급 보증 및 자금의 융통, 물품 및 용역의 할부 등을 하도록 함으로써 회원들의 일상생활 전반에 걸친 신용생활의 편의가 극대화 되었다. 오늘날은 많은 사람들이 2~3개씩 신용카드를 이용하고 있을 정도로 일상생활에서 많이 사용되고 있다.

(2) 연혁

신용카드의 역사는 1950년 미국의 사업가 프랭크 맨나마라라는 사람으로부터 시작되었다고 한다. 그는 지갑을 사무실에 나두고 뉴욕 맨해튼의 유명 음식점에 갔다가 곤욕을 치른 것이 계기가 되었다고 한다.

(3) 신용카드, 제대로 알고 제대로 사용하자

> ① 분실사실을 안 즉시 카드사에 분실 신고를 하도록 한다. 분실신고가 접수된 신용카드는 바로 이용이 정지되므로 부정사용을 막을 수 있다.
> ② 카드를 사용하기 전에 뒷면에 서명을 하고 사용해야 한다. 서명하지 않은 카드는 분실한 다음 부정사용 피해가 있어도 보상을 받지 못할 수 있다.

(4) 신고를 해도 카드 주인이 책임을 지는 경우

카드사에서는 분실신고를 하면 신고한 날을 기준으로 60일 전부터 총 60일 동안 사용한 금액을 보상해 준다고 한다. 그러나 다음의 경우에는 신고를 해도 카드 주인이 책임을 지는 경우가 있다.

---

① 비밀번호 유출로 인해 생기는 부정사용의 경우.

② 카드 뒷면 서명란에 서명을 하지 않고 분실을 한 경우.

③ 카드 분실을 알고 나서 합당한 이유 없이 분실 신고를 하지 않은 경우.

④ 본인의 고의 혹은 관리 소홀로 인해 생기는 부정사용인 경우.

⑤ 다른 사람에게 카드를 담보로 잡히거나 양도 혹은 대여한 경우.

⑥ 불법대출에 카드를 사용한 경우.

⑦ 본인의 가족이나 동거인이 부정 사용한 경우.

⑧ 카드사에 분실로 인해 발생한 부정사용에 대한 조사를 할 때 협조를 하지 않는 경우.

---

(5) 신용카드의 문제점

국내외에 있어서의 이와 같은 신용카드의 활용은 대금결제수단의 간편화와 생활의 편리화와 더불어 한편으로는 사치·낭비를 유혹하고, 더욱 가맹점과 짠 전문카드 위조단이 빼낸 고객정보로 카드를 위조해 물건을 사거나 현금서비스를 받는 사례가 날이 갈수록 증가하고 있다. 특히 신용카드 복사로 인해 많은 사람들이 막심한 피해를 입는데 이런 신용카드 복사로 생기는 피해의 경우에는 빨리 눈치를 채지 못하는 경우기 많다. 누가 내 지갑 속에 있는 신용카드를 몰래 복사해서 사용할 거라 생각이나 하겠는가? 신용카드 복사는 그렇다 하더라도 신용카드 비밀번호는 어떻게 알아 낸 것일까? 우리가 사용하는 신용카드 뒷면에는 마그네틱 선이 는데, 그 마그네틱 정보만 복사하게 되면 쉽게 카드를 복사할 수 있다. 카드를 위조, 복사하는 일당의 경우 카드 정보를 쉽게 복사할 수 있는 휴대용 기기를 가지고 다니는 경우가 많은데, 카드로 결제하는 척하며 카드를 복제기에 긁어 정보를 몰래 빼내는 것이다. 이때는 실제로 결제가 되는 것이 아니고 카드 복사만 되기 때문에 다른 카드를 요구하거나 현금결제를 요청하게 된다. 반드시 이러한 경우에는 한번쯤 의심을 해보아야 할 것이다. 이 밖에도 이를 악용하여 신용·유통의 질서를 교란하고, 사치 향락의 풍조가 만연할 수 있다.

> **카드복사 피해 예방법**
>
> ① 카드 사용 내역 문자서비스 신청하기
>
> 카드사에서 제공하는 서비스로, 카드를 사용하면 즉시 본인의 핸드폰을 통하여 사용 내역이 전송된다.
>
> ② 현금서비스, 할부 이용한도 축소하기
>
> 평소 본인이 이용하는 수준으로 한도를 축소하는 것이 좋다.
>
> ③ 쓰지 않는 신용카드는 해지하기
>
> 카드가 많아지게 되면 그만큼 관리하는 것도 어려워지고 카드 중에서 자주 사용하지 않는 카드에서 문제가 발생하는 경우 그만큼 대처 능력이 떨어져서 피해를 보게 된다.

(6) 카드복사 피해가 발생한 경우 대처방법

> ① 카드사에 카드복사 피해를 신속히 연락한다.
> ② 액수, 해당서비스 등 피해를 입은 정도를 정확히 파악한다.
> ③ 경찰에 신고하여 도움을 받는다.

이렇게 신고만 제대로 하면 카드를 소유한 개인의 피해를 최소화 할 수 있다. 신용카드 개인회원 약관을 살펴보면, 카드의 부정사용에 대한 내용이 들어 있다. 카드를 복사해서 불법으로 사용하는 것 역시 부정사용에 해당되므로 본인이 고의로 카드를 복사해 사용하거나 비밀번호를 유출한 것처럼 큰 잘못이 없는 경우에는 카드사에서 이에 대한 책임을 지게 되어 있다.

> **참고〉 신용카드 부정 사용자에게 내려지는 처벌**
>
> "여신전문금융업법" 제70조에 의하면 "신용카드 부정 사용죄는 7년 이하의 징역 또는 5천만 원 이하의 벌금형에 처해진다."

6. 불법추심

(1) 의의

드라마나 영화를 보다보면 가끔씩은 이런 대목을 들어 본 적이 있을 것이다. 카드를 사용했으면 돈을 갚아야 하는 것 아니냐? 카드를 그렇게 써 놓고 이제 와서 돈이 없다고 발뺌만 하면 되는 것이냐? 이 사람이 진짜 매운 맛을 봐야 정신을 차릴까? 너 근무하는 곳이 어디야? 하는 대사를 들어본 기억이 있을 것이다. 불법추심을 쉽게 설명하면 돈을 빌려간 사람이 돈을 갚지 못하게 될 때 고리대금업자가 폭력배를 동원하여 폭력과 협박으로 생명을 위협하고 고금리와 원금을 강제로 회수해 가는 것을 말한다.

(2) 불법추심에 해당되는 경우

① 가족이나 지인의 재산을 경매에 넘긴다고 협박하는 경우.

② 반복적으로 계속 욕설이나 폭언, 협박하는 경우.

③ 추심 직원이 동의 없이 사무실이나 집안으로 들어오는 경우.

④ 집 밖(문과 같은 곳)에 방문 안내문, 독촉장 등을 붙이고 가는 경우.

⑤ 전화나 문자의 경우도 하루에 두 번 이상 하는 독촉행위인 경우.

⑥ 채권자가 본인의 신분을 밝히지 않고 추심하는 행위의 경우.

⑦ 제3자에게 채무변제를 요구하는 행위의 경우. 예컨대, 배우자나 부모 등에게 빌려서라도 갚으라 하는 경우

⑧ 추심 직원이 저녁 9시 이후 방문하는 경우.

⑨ 3인 이상의 추심 직원이 방문한 경우.

⑩ 타인의 물건을 압류한 경우.

⑪ 강제 수색, 압류, 기소 중지 등과 같은 용어를 사용하며 공포감을 조성하는 경우.

(3) 불법추심에 대처하는 방법

1) 자기 스스로 대처하는 방법

불법추심을 하는 자에게 불법추심을 하지 말라고 강력하게 말한다. 그럼에도 불구하고 말을 듣지 않으면 고소도 불사한다. 하지만 고소를 하기 위해서는 증거가 있어야 하기 때문에 그 동안 자신에게 한 행위 등을 증거로 제출해야 한다. 예컨대, 전화 녹음, 사진, 동영상을 찍어 두면 좋다.

2) 기관의 도움을 받는 방법

소비자 보호원, 금융감독위원회, 검찰, 법률구조공단 등에 도움을 요청을 하면 된다. 보통 은행이나 카드사의 경우에는 불법추심이 거의 없지만 개인대출이나 사채와 같은 경우에 대개 불법추심이 많이 이루어진다. 불법추심을 당하는 경우라면 정상적인 경제활동이 불가능해지고 결국 깊은 채무의 늪에서 벗어나지 못하게 된다.

제8장 개인채무자 회생 및 파산제도

채권자들의 이해를 조정하여 채무자의 남은 재산을 공평하게 나누고, 채무자는 이행을 할 수 있도록 하여 경제적 빈곤으로부터 벗어나게 하는 국가정책적 필요성이 대두되면서 나타나게 된 것이 파산제도이다.

우리나라의 경우도 현재 '채무자 회생 및 파산에 관한 법률(이하에서는 통합도산법이라 한다)'이 2005년 재정되어 통합 시행되고 있다. 총 5개의 편으로 총칙, 회생절차, 파산절차, 개인회생절차, 국제도산절차로 구성되어져 있다. 이 중 파산절차와 개인회생절차는 개인채무자의 구제로서 이용되는 제도라고 할 수 있다. 이하에서 살펴보고자 하는 것은 개인파산절차와 개인회생절차이다.

1. 개인파산절차

(1) 의의

통상적으로 개인파산(소비자파산)이라고 불리지만 실제로는 두 가지 절차가 있다. 파산신청을 해서 파산자로 인정을 받는 파산선고, 다시 그렇게 확정된 파산채권에 대해서 면책신청을 해서 면책을 허가 받는 면책결정이 있다.

여기서 파산선고는 사실 신청자한테 불이익한 처분이지만 면책을 받기 위해서 어쩔 수 없이 거치는 과정이다.

면책의 사전적 의미는 어떤 사람이 경제적으로 파탄하여 그의 재산으로서 총채무를 완제할 수 없는 상태에 이르렀을 때에 법률적 수단으로서 강제적으로 그의 모든 재산을 관리·환가하여 총채권자에게 공평하게 나누도록 하는 재판상의 절차를 정한 법률을 말한다.

파산절차가 종료되고 나면 채무자의 총재산으로 잔여채무가 남게 된다. 따라서 파산이라고 하더라도 이러한 채무에 대한 변제의무가 사라지는 것은 아니므로 채무자는 후에 재산을 취득하게 되어도 그 채무를 변제하지 않으면 안 된다. 그러나 파산자는 공·사법상 여러 가지 제약(각종 공·사직에 취업할 수 없으며 그 취업제한 직업에 종사하는 자는 당연 퇴직하며, 사실상 재취업도 어려움)을 받게 되는데, 이는 파산자를 더욱더 생활고에 시달리게 하여 파산자가 재산을 취득할 기회를 가지는 것을 어렵게 만들고(파산선고사실이 신원증명서에 신원증명사항의 하나로 기재되어 각종 금융거래와 취직 등 불이익일 받을 수 있음) 결과적으로 이후에 채무의 변제를 사실상 불가능하게 한다.

결국 이는 파산자뿐만 아니라 채권자들에게도 이익이 되지 못하므로 법원은 채무자가 일정한 조건을 만족하는 경우에는 잔여채무에 대해서 면제를 해주어 갱생을 도모하는 방법을 강구하게 되었다. 바로 이것이 면책이다.

(2) 면책

면책은 부차적으로 채무자가 파산을 두려워하여 자신의 재산상황을 악화시키는 것을 피하고, 파산채권자가 파산신청을 협박의 수단으로 악용하는 것을 막는 효과도 노릴 수 있다. 면책신청의 시기에 대해서는 통합도산법에서는 원칙적으로 파산신청일로부터 파산선고가 확정된 후 1월 이내에 하도록 하고 있으나 채무자의 반대 의사가 없으면 2006년 4월 1일 통합도산법 시행부터는 파산 및 면책 절차를 동시에 신청할 수 있도록 제도가 개선되었다.

면책조건에 의하여 제566조가 규정하는 비면책채권의 8개 항목에 제외되는 채권은 모두 면책된다.

> **제566조(면책의 효력)**
> 면책을 받은 채무자는 파산절차에 의한 배당을 제외하고는 파산채권자에 대한 채무의 전부에 관하여 그 책임이 면제된다. 다만, 다음 각호의 청구권에 대하여는 책임이 면제되지 아니한다.
>   1. 조세
>   2. 벌금·과료·형사소송비용·추징금 및 과태료
>   3. 채무자가 고의로 가한 불법행위로 인한 손해배상
>   4. 채무자가 중대한 과실로 타인의 생명 또는 신체를 침해한 불법행위로 인하여 발생한 손해배상
>   5. 채무자의 근로자의 임금·퇴직금 및 재해보상금
>   6. 채무자의 근로자의 임치금 및 신원보증금

> 7. 채무자가 악의로 채권자목록에 기재하지 아니한 청구권. 다만, 채권자
>   가 파산선고가 있음을 안 때에는 그러하지 아니하다.
> 8. 채무자가 양육자 또는 부양의무자로서 부담하여야 하는 비용
> 9. 취업 후 학자금 상환 특별법에 따른 취업 후 상환 학자금대출 원리금

면책결정에는 '전부면책'과 '일부면책'이 있는데, 전부면책의 경우 말 그대로 채무 전부를 탕감 받는 것이다. 이에 반해 일부면책의 경우 70%, 80% 등 빚의 일부만 탕감 받는 것인데, 이는 사유가 다소 있더라도 파산에 이르게 된 경위, 그 밖의 사정을 고려하여 법관들이 약자인 채무자를 최대한 도와주려고 재량으로 하는 것이다.

전부면책이 되면 채무탕감과 함께 파산자 불이익이 없어지는 복권도 같이 된다. 복권이 되면 법률적인 모든 제한이 사라지게 된다. 일부 면책의 경우는 해당 채무만 탕감되고 일단 복권은 되지 않는다. 이 경우에는 시간을 두고 나머지를 갚거나 협상 등을 통해 해결한 후 법원에 신청하여 복권을 받는다. 복권이 되면 파산선고를 받기 전과 같은 상태로 돌아가며, 파산선고로 인한 공사법상의 불이익이 없어진다. 다만, 개별기업이나 금융기관과의 관계에 있어서는 취직 및 금융거래에 있어서 어느 정도의 제약을 받을 수는 있다.

개인파산의 경우에는 사실상 채무자의 실익 있는 재산이 거의 없으므로 배당(빚잔치) 절차 없이 파산선고와 동시에 파산절차가 종결되는 '동시폐지결정'이 내려진다. 그렇게 해서 파산절차는 끝이 나고, 이어서 면책절차로 넘어가게 된다.

(3) 소요시간 및 파산선고

소요시간은 지역마다 차이가 있는데, 서울은 신청일로부터 파산선고까지 보통 3개월, 면책결정까지가 다시 3개월이 걸려 대략 6개월 정도가 소요된다고 보면 된다.

물론 신청자의 남아있는 재산상황과 사건별 구체적 사정에 따라 시간이 어느 정도는 단축되기도 늘어나기도 한다. 법원은 신청서류만을 검토한 후 파산선고를 하기도 하고, 따로 파산심문기일을 지정하여 신청인을 법원에 출석하게 하여 간단한 심문을 하기도 한다. 심문기일에 본인이 출석해서 법관의 심문을 받아 자신의 사정을 호소한다. 지급불능, 채무초과로 파산원인인 사실이 존재하는 등 요건에 타당하면 파산선고를 받게 된다.

파산선고(동시폐지 결정)를 받은 때부터 면책신청으로 인한 면책여부 확정시까지 파산채권에 기한 강제집행·가압류 또는 가처분을 할 수 없고, 채무자의 재산에 대하여 파산선고 전에 이미 행하여지고 있던 강제집행·가압류 또는 가처분도 중지된다. 면책결정을 받게 되면 중지되었던 강제집행 등이 효력이 없게 됨은 물론이다.

그러나 면책결정이 아닌 파산선고만을 받게 될 경우에는 채권자의 추심, 채권 및 유체동산 가압류, 경매, 민사소송 등 집행은 저지할 수 없으며 채권자들의 변제 독촉도 막을 수 없으며, 이자 등도 계속적으로 발생하게 된다. 면책절차 진행 중 법원에서 면책심문기일을 지정하는데, 신청자는 그날 출석하여 역시 법관의 심문에 간단히 답변을 하게 된다. 그런 다음 한 달 가량의 이의신청기간이 있게 되며, 그 직후 별 문제없으면 최종적으로 면책결정이 내려지게 된다.

파산선고가 내려지면 다음과 같은 불이익이 발생하게 된다. 이러한 불이익은 채무자 본인에게만 해당되고, 가족 등 다른 사람은 아무 상관없다. 그리고 면책으로 복권이 되면 모두 없어지게 된다.

> ① 사법상 후견인, 친족회원, 유언집행자, 수탁자가 될 수 없다. 그러나 권리능력, 행위능력 및 소송능력은 제한이 없다.
> ② 공법상 공무원, 변호사, 공인회계사, 변리사, 공증인, 부동산 중개업자, 교사, 교수, 의사, 한의사, 간호사, 약사, 건축사 등이 될 수 없다. 선거법상 선거권 및 피선거권은 제한 받지 않는다.
> ③ 상법상 합명회사와 합자회사 사원의 퇴사 원인이 되고, 주식회사 및 유한회사와 위임관계에 있는 이사의 경우 그 위임관계가 종료되어 당연 퇴임하게 된다.
> ④ 파산자는 신원증명업무를 관장하는 본적지 구청에 파산선고 사실이 통지되어 신원증명서에 신원조회 사항의 하나로 기재된다.

면책은 경제적 어려움에 직면한 성실한 채무자를 구제해주기 위해 둔 절차이므로 제564조(면책허가)가 규정하는 면책불허가 사유가 없는 한 원칙적으로 허가를 해주어야 하지만 다음과 같은 불허가 사유가 있는 때에는 면책허가를 할 수 없다. 면책 여부결정에 대해 채무자는 이에 대하여 즉시 항고를 할 수 있다(제564조 제4항).

① 파산자가 자기 재산을 숨기거나 다른 사람 명의로 바꾸거나 헐값에 팔아 버린 행위

② 파산자가 채무를 허위로 증가시키는 행위

③ 파산자가 낭비 또는 도박 등을 하여 현저히 재산을 감소시키거나 과대한 채무를 부담하는 행위

④ 파산자가 현저히 불리한 조건으로 채무를 부담하거나 신용거래로 구입한 상품을 현저히 불리한 조건으로 처분하는 행위

⑤ 파산자가 파산원인인 사실이 있음을 알면서 어느 채권자에게 특별한 이익을 줄 목적으로 파산자의 의무에 속하지 않거나 그 방법 또는 시기가 파산자의 의무에 속하지 않는데도 일부 채권자에게만 변제하거나 담보를 제공하는 행위(아직 변제기가 도래하지도 않은 일부 채권자에게만 변제하거나 원래 대물변제 약정이 없는데도 일부 채권자에게 대물변제하는 행위를 포함한다).

⑥ 파산자가 허위의 채권자 명부를 제출하거나 법원에 대하여 그 재산상태에 관하여 허위의 진술을 하는 행위

다만, 면책불허가 사유가 존재하더라도 파산에 이르기 된 경위와 그 밖의 사정을 고려하여 법원이 상당하다고 인정하는 경우에는 면책을 허가할 수 있다(제563조 제2항) 고 하여 재량면책을 인정하고 있다.

(4) 개인파산 절차의 순서

면책의 허가 결정이 나면 파산자는 물론 이해관계인들에게 효력이 미치며 파산자는 비면책 채권을 제외한 모든 채권에 대한 책임을 면하게 된다. 이와 관련하여 그 절차에 대해서 살펴보면 다음과 같다.

① 파산신청서를 법원에 제출하면 1달 정도 후에 심문일자가 정해져서 신청인(채무자)에게 심문기일을, 채권자들에게 의견청취서를 보낸다(심리를 하지 않고 신청서류만으로도 파산여부를 결정할 수도 있다).

② 심문(재판) 종결 후 3주 정도 지나면 파산여부에 대한 결정정본과 면책절차에 대한 안내문을 받게 된다.

③ 소정의 기간(일반적으로 동시폐지결정 확정 후 1개월 이내) 내에 면책신청서를 제출해야 한다.

④ 면책신청서 접수 후 1, 2개월 후에 면책에 대한 심문기일이 지정된다.

⑤ 심문 종결 후 1월 이상의 채권자 이의기간, 의견청취기일 등을 거쳐 면책신청 일로부터 약 4, 5 개월이 지나면 면책여부에 대한 결정을 받게 된다.

⇨ 다만, 위 기간들은 재판부의 사정에 따라 늘어나거나 줄어들 수 있으며, 파산 신청부터 면책여부의 결정까지는 약 6, 7개월 이상이 통상 소요된다.

2. 개인회생절차

(1) 의의

경제적 파탄에 직면한 개인채무자 가운데 정기적이고 확실한 수입이 있고 변제의 욕도 있는 채무자에 대하여는 위와 같은 파산적 청산을 피하면서 절차개시 뒤 일정 기간 내에 자신의 수입 등을 변제자원으로 제공하여 채무의 일부를 변제하고 계획된 변제를 무사히 마치면 그 변제 뒤에 남은 나머지 채무는 면책시켜 용이하게 경제적 재출발을 도모할 수 있도록 하는 회생형 절차의 마련이 절실히 필요하였다. 이러한 필요성에서 회생형 절차인 2004년 9월에 개인채무자회생법이 제정되었던 것이다.

개인회생제도란 총채무액(채무의 발생원인에는 제한이 없다)이 무담보 채무의 경우에는 5억원, 담보부채무의 경우에는 10억원 이하인 개인채무자로서 장래 계속적으로 또는 반복하여 수입을 얻을 가능성이 있는 '급여소득자(매월 급여나 연금 또는 이와 유사한 정기적인 수입을 얻을 가능성이 있는 자로 아르바이트, 파트타임, 일용직 등 그 고용형태와 소득신고의 유무를 불문)'와 '영업소득자(부동산 임대소득, 사업소득, 그 밖에 이와 유사한 수입을 장래에 계속적 또는 반복하여 얻을 가능성이 있는 자)'가 현재 과다한 채무로 인하여 지급불능의 상태에 빠져 있거나 지급불능의 상태가 발생할 염려가 있는 개인 채무자가 원칙적으로 5년간 일정한 금액을 변제하면 나머지 채무의 면제를 받을 수 있는 절차이다. 즉 개인회생제도는 재정적 어려움으로 인하여 파탄에 직면하고 있는 개인채무로서 장래 계속적 또는 반복하여 수입을 얻을 가능성이 있는 자에 대하여 채권자의 이익을 도모하기 위한 제도이다.

가용소득이란 개인회생신청을 하려면 월수입에서 일정하게 조정된 최저생계비(통상최저생계비의 1.5배)를 빼고도 남은 금액, 즉 '가용소득'이 있어야 한다. 예컨대, 순수한 월수입이 200만원, 부양가족이 3명(본인 포함 4인 가구)인 경우, 2005년 4인 가구 최저생계비 약 113만원 X 1.5= 169만원

월수입 200만원−조정된 최저생계비 169만원=31만원(가용소득[176])

매월 31만원 씩 60개월(5년) 총 1,860만원을 변제하면, 나머지 채무는 면제받는다.

개인회생 최저생계비

	1인가구	2인가구	3인가구	4인가구	5인가구	6인가구
보건복지부	668,842	1,138,839	1,473,260	1,807,681	2,142,101	2,476,523
기준 중위소득	1,672,105	2,847,097	3,683,150	4,519,202	5,355,254	6,191,307
법정 개인회생 최저생계비 (기준 중위소득 60%)	1,003,263	1,708,258	2,209,890	2,711,521	3,213,152	3,714,785

이러한 개인회생제도는 채무자의 효율적 회생과 채권자의 이익을 도모함을 목적으로 하며, 국민의 최저한의 사회복지적 삶을 영위하는 것으로 헌법이 보장하고 잇는 중요한 기본권의 하나이고 나아가 헌법상 행복추구권의 실현과도 관계가 있으며, 채무자 개인의 문제를 법적 제도로 끌어내어 해결을 모색하려 한 점에 그 의의가 있다.

(2) 변제계획 수행과 면책

변제계획 인가결정이 있게 되면 개인회생재단에(통합도산법 제383조 제2항) 속하는 모든 재산은 채무자에게 귀속되며, 개인회생채권에 기한 강제집행, 가압류, 가처분은 그 효력을 잃는다. 정해진 기간 동안 정해진 변제일에 담당 회생위원 계좌로 송금하는 방식으로 변제계획을 수행한다. 수익이 줄거나 부양가족이 늘어나는 등

---

176) 가용소득이란 채무자가 수령하는 소득의 총액에서 소득세, 주민세, 건강보험료 등 그 밖에 이에 준하는 금액과 채무자 및 그 피부양자의 생활에 필요한 생계비를 공제한 나머지 처분 가능한 소득을 말한다. 다만 가용소득은 장래에도 계속적, 정기적으로 발생할 가능성이 있는 수입이어야만 한다.

의미 있는 변화가 있을 때는 변제계획변경안을 제출한다.

　법원은 채무자가 변제계획에 따른 변제를 완료한 때에는 당사자의 신청에 의하거나 직권으로 면책의 결정을 내린다(제624조 제1항).

제624조(면책결정)

① 법원은 채무자가 변제계획에 따른 변제를 완료한 때에는 당사자의 신청에 의하거나 직권으로 면책의 결정을 하여야 한다.

② 법원은 채무자가 변제계획에 따른 변제를 완료하지 못한 경우에도 다음 각호의 요건이 모두 충족되는 때에는 이해관계인의 의견을 들은 후 면책의 결정을 할 수 있다.

　　1. 채무자가 책임질 수 없는 사유로 인하여 변제를 완료하지 못하였을 것

　　2. 개인회생채권자가 면책결정일까지 변제받은 금액이 채무자가 파산절차를 신청한 경우 파산절차에서 배당받을 금액보다 적지 아니할 것

　　3. 변제계획의 변경이 불가능할 것

③ 제1항 및 제2항의 규정에 불구하고 법원은 다음 각호의 어느 하나에 해당하는 경우에는 면책을 불허하는 결정을 할 수 있다.

　　1. 면책결정 당시까지 채무자에 의하여 악의로 개인회생채권자목록에 기재되지 아니한 개인회생채권이 있는 경우

　　2. 채무자가 이 법에 정한 채무자의 의무를 이행하지 아니한 경우

④ 법원은 면책의 결정을 한 때에는 그 주문과 이유의 요지를 공고하여야 한다. 이 경우 송달은 하지 아니할 수 있다.

　면책(일반면책)을 받은 채무자는 변제계획에 따라 변제한 것을 제외하고 개인회생채권자에 대한 채무에 관하여 그 책임이 면제된다. 즉 변제율이 40%라면 나머지 60%가 탕감된다는 뜻이다. 면책이라는 것은 변제계획기간동안 채무자가 성실히 그 의무를 다한 것에 대하여 채권자와 법원이 주는 일종의 상이라는 의미가 있다. 따라서 성실한 채무자에게는 면책을 허용하고 그렇지 않은 채무자에게는 면책을 불허가 하는 것이 마땅하다.

(3) 면책의 취소

법원은 채무자가 기망 그 밖의 부정한 방법으로 면책을 받은 때에는 이해관계인이 면책결정의 확정일로부터 1년 이내에 제기한 신청에 의하거나 직원으로 면책을 취소할 수 있다. 이 경우 법원은 이해관계인을 심문하여야 한다(제626조).

> ### 제 626조(면책의 취소)
> ① 법원은 채무자가 기망 그 밖의 부정한 방법으로 면책을 받은 때에는 이해관계인의 신청에 의하거나 직권으로 면책을 취소할 수 있다. 이 경우 법원은 이해관계인을 심문하여야 한다.
> ② 제1항의 규정에 의한 신청은 면책결정의 확정일로부터 1년 이내에 제기하여야 한다.

(4) 면책의 효과

면책의 효력은 면책결정이 확정되면 생겨 채무자는 변제계획에 따라 변제한 것을 제외하고 개인회생채권자에 대한 채무에 관하여 그 책임이 면제된다.

그러나 파산절차와 마찬가지로 개인회생절차의 면책에서도 비면책규정을 두고 있다. 그러나 그 내용은 제566조의 개인파산절차상의 규정과 같다.

> ### 제566조(면책의 효력)
> 면책을 받은 채무자는 파산절차에 의한 배당을 제외하고는 파산채권자에 대한 채무의 전부에 관하여 그 책임이 면제된다. 다만, 다음 각호의 청구권에 대하여 는 책임이 면제되지 아니한다.
> 1. 조세
> 2. 벌금·과료·형사소송비용·추징금 및 과태료
> 3. 채무자가 고의로 가한 불법행위로 인한 손해배상
> 4. 채무자가 중대한 과실로 타인의 생명 또는 신체를 침해한 불법행위로 인하여 발생한 손해배상
> 5. 채무자의 근로자의 임금·퇴직금 및 재해보상금
> 6. 채무자의 근로자의 임치금 및 신원보증금
> 7. 채무자가 악의로 채권자목록에 기재하지 아니한 청구권. 다만, 채권

자가 파산선고가 있음을 안 때에는 그러하지 아니하다.
8. 채무자가 양육자 또는 부양의무자로서 부담하여야 하는 비용
9. 취업 후 학자금 상환 특별법에 따른 취업 후 상환 학자금대출 원리금

(5) 개인회생절차의 순서

① 신청서, 변제계획안 제출

채무자는 주소지를 관할하는 회생법원 또는 지방법원 본원 등에 다음의 첨부서류들을 갖추어 신청서와 함께 제출한다. 변제계획안은 신청일로부터 14일 이내라고 되어 있지만 실무적으로는 대개 같이 제출한다. 또한 면제재산이 있을 경우 그 신청서도 같이 제출한다.

개인회생 채권자 목록, 재산목록, 채무자의 수입 및 지출에 관한 목록, 급여소득자 또는 영업소득자임을 증명하는 자료, 진술서, 신청일 전 10년 이내에 회생사건·화의사건·파산사건 또는 개인회생사건을 신청한 사실이 있는 때에는 그 관련서류, 그 밖에 대법원 규칙이 정하는 서류

② 중지·금지명령 신청

신청일로부터 1월 이내에 개시 여부를 결정하도록 되어 있지만, 현실에서는 관련서류 등의 미비점이나 오류가 있을 경우 수차례 보정 명령이 있다는 등 여러 이유로 인해서 각 법원과 사안마다 몇 개월이 소요되곤 한다. 따라서 그 기간 동안 채권자에게 방해를 받지 않기 위해 개인회생 개시 전까지 채무자에 대한 금지 또는 중지를 명할 수 있다. 이 신청을 받은 법원은 특별한 사정이 없는 한 지체 없이 결정하여야 한다.

③ 회생위원과의 면담

통상적으로 신청서 제출 후 수일 내(법원에 따라 1개월 정도)에 담당 회생위원과의 면담이 한 차례 있다.

④ 개인회생절차 개시결정

법원이 어디에 있느냐(서울인가 지방의 어딘가)와 제출한 서류의 완성도(전문지식과 경험에 따른) 별로 그 소요시간의 편차가 있기는 하나 서울의 경우 사안의 특이점이 없다면 신청서 제출 후 개시 결정까지 2~4개월 정도 걸리며, 지방의 경우 이보다 조금 더 걸린다. 개시결정이 내려지면 강제집행, 가압류 또는 가처분이나 채무독촉 등이 포괄적으로 중지·금지된다.

⑤ 인가 전 변제의 개시

변제계획안을 제출하면서 그날로부터 60일 후 90일 내의 일정한 날을 제1회로 하여 해당하는 매월 변제액을 회생위원에게 임치할 뜻을 기재함으로써, 그 변제계획안이 수행 가능함을 소명할 수 있다. 최종적인 변제계획의 인가 여부에 영향을 미치므로 가능한 한 개시결정이 내려진 후 예정된 날 잊지 않고 입금을 하는 것이 좋다.

⑥ 이의기간과 채권자 집회

개인회생절차 개시 결정일로부터 2주 이상 2월 이하의 채권자 이의기간이 주어진다. 통상 1~2개월 사이이다. 송달된 변제계획안을 보고 이의가 있을 시 법원에 문제를 제기할 기회를 채권자에게 주는 것이다.

⑦ 변제계획 인가 결정

채권자의 이의가 없을 경우에는 채권자 집회 후 1~2개월 정도에서 변제계획 인가 결정이 난다.

〈양 제도 간략비교〉

구분	개인파산절차	개인회생절차
규율법률	파산법(1962년 제정) → 채무자 회생 및 파산에 관한 법률(제2005년 제정)	개인채무자회생법(2004년 제정) → 채무자 회생 및 파산에 관한 법률(2005년 제정)
운영주체	법원	법원
시행시기	1998년 이후 활성화	2004년 9월 23일
신청대상 채무자	제한 없음	급여소득자, 영업소득자
신청원인	파산원인(지급불능)	파산원인 및 생길염려
대상채권자	사채포함 제한 무	사채포함 제한 무
채무범위	제한 무	담보채무(10억), 무담보채무(5억)
채무조정수준	변제 불필요	변제기간 5년 이내 청산시보다 면제액이 많을 것
채무변제	면책불허가 사유가 없는 경우 면책	변제계획에 따른 변제 완료시 면책

제9장 민사소송 절차

　민사소송제도는 사적 법률관계에서 발생되는 분쟁을 해결하여 권리를 보호하는 가장 전형적인 수단이다. 사적분쟁해결 방법으로는 민사소송 이외에 다른 절차가 있음에도 그러한 방법으로 분쟁해결이 되지 않은 경우에는 결국 민사소송에 입각해서 소송을 분쟁을 해결할 수밖에 없다. 민사소송법이란 개인 사이의 분쟁이나 이해의 대립을 국가의 재판권에 따라 법률적으로 해결, 조정하기 위한 법을 말한다. 즉, 양 당사자(가해자와 피고인)사이에 다툼이 생겼을 경우 그 다툼을 사법기관인 법원에서 재판을 통해 문제를 해결하려는 것을 말한다. 민사재판은 어떠한 절차에 의해서 진행되어 지는지, 그 진행과정에서의 내 주장은 어떠한 방식으로 펼쳐지고 증거들은 어떻게 사용되어지는지 대해 간략하게 살펴볼 필요가 있다. 이하에서는 이런 민사소송의 절차에 관해서 살펴보도록 하자.

　민사소송절차를 쉽게 설명하기 위해 다음과 같은 예시를 들어 살펴보기로 한다.

> 　A가 B에게 7천만 원을 빌려주었는데 갚기로 한 날짜가 지났는데도 B는 돈을 갚지 않았다. 이에 A는 B를 상대하여 소송을 제기하였다.

　위에서 제시한 예시의 경우 다음과 같은 순서에 의해 소송을 제기할 수 있다.

1. 소의 제기와 보전처분

　재판은 원고가 법원에 소장을 제출함으로써 시작되는데, 소장에는 다음과 같은 이유를 써야 한다. 소송을 통해 얻고자 하는 결론과 그에 대한 이유를 쓰고 이를 증명해줄 수 있는 증거들을 제출해야 한다.

　소장을 제출할 때에는 소송으로 청구하는 금액의 차이에 따라 인지를 붙이거나 현금을 납부해야 하고, 송달료도 미리 납부해야 한다.

　소장은 원본이외에도 피고인의 수만큼 더 만들어서 법원에 내야 한다. 이를 '소장부본'이라고 한다. 앞의 사례에서 피고는 B 혼자이기 때문에 소장은 2통(원본 1통과 부본 1통)을 작성해서 제출해야 한다.

만약에 피고가 4명이라면 소장은 원본 1통과 부본 4통으로 모두 5통을 작성하여 제출하면 된다. 소장이 이렇게 작성되어 이를 법원에 접수하면 그 소장이 격식에 맞게 필요한 사항들을 빠짐없이 잘 기재했는지를 심사하게 된다.

소장 내용 중 틀리거나 빠뜨린 부분이 있을 경우 O월 O일까지 소장의 어느 부분을 더 보정하라고 명령을 내린다. 만약 보정하라는 명령에 대해서 따르지 않을 경우 각하[177]를 당할 수도 있다. 법원이 소장을 접수받으면 사건번호를 부여한 후, 원본은 법원이 가지고 있고, 부본은 피고인에게 보내진다. 이때 피고인의 주소가 정확하지 않아 송달이 안 되면 법원이 원고에게 피고인의 주소를 바로잡으라는 명령을 내린다.

이때 원고는 '주민등록초본'을 떼어 확인한 후에 피고의 주소를 바로잡아주어야 한다. 그런데 피고가 낮에 일하고 밤에 집에 있는 경우라면 일방적인 방법에 의해서는 송달이 불가능할 수 있기 때문에 이런 경우에는 '야간특별송달'을 신청해서 송달하면 된다.

2. 피고의 답변서 제출

법원으로부터 소장을 받은 피고는 원칙적으로 30일 이내에 답변서를 제출해야 한다. 답변서도 소장과 마찬가지로 원본과 피고인 수만큼의 부본을 함께 제출해야 한다. 법원은 원본과 부본을 받은 경우에 원본은 앞서 받은 원고인의 소장 뒤에 철을 하고, 부본은 원고에게 보내줘야 한다.

3. 준비서면 제출

피고인이 답변서를 제출한 것에 대한 원고의 재반박 서류를 '준비서면'이라고 한다. 재판이 열리는 날 법정에 출석하여 재판장에게 하고 싶은 말을 미리 글로써 제출하는 것이기 때문이다. 원고는 답변서를 받은 후 적절한 기간 내에 피고의 답변서를 반박하는 내용의 준비서면을 제출해야 한다. 원고의 준비서면을 송달받은 피고는 다시 원고의 준비서면을 반박하는 준비서면을 제출해야 한다.

---

177) 각하란 법원이 당사자의 주장내용을 살펴보기도 전에 소송의 형식이 잘못되었다는 이유로 소송을 받아들이지 않는 것을 말한다.

서로 서면으로 공격하고 방어하게 하는 이유는 다음과 같다. 원고와 피고가 서로 주장하고자 하는 내용을 글로 표현함으로써 주장의 핵심을 명료하게 정리할 수 있고, 재판 당일에 법정에서 증언을 부인하는 것을 사전에 배제하여 소송을 빨리 진행을 하기 위한 이유인 것이다.

4. 증거제출

소송과 관련된 서면들이 원고와 피고 간에 서로 왕래하는 동안, 당사자는 서면의 주장 내용을 뒷받침해줄 수 있는 증거들을 적절한 시기에 맞춰 재판부에 제출해야 한다. 증인이 있는 경우에는 증인신청을 함과 동시에 증인에게 물을 내용을 정리한 문서를 미리 제출해야 하고, 문서인 경우(영수증, 계약서 등)에는 사본을 소장이나 답변서 또는 준비서면에 첨부하여 제출하면 된다. 증거는 가능한 신속하게 법원에 제출해야 한다.

5. 쟁점정리절차

원고와 피고인 쌍방이 서면을 통하여 몇 회에 걸쳐(2~3회 정도) 팽팽하게 공방을 주고받은 경우이면 재판부는 이 공방의 쟁점을 정리하기 위한 날을 잡는데, 이때에는 쌍방 간에 다툼이 있는 쟁점과 그렇지 않은 쟁점을 구별해서 정리하는 작업들을 한다. 이 기일에는 증거가 확실치 않는 부분에 대해서는 명확히 하도록 해야 하고, 불필요한 주장이나 증거에 대해서는 철회를 권고하거나 각하를 함으로써 이 기일에 모든 증거조사를 끝내는 것이 원칙이라 할 수 있다.

6. 변론기일

쟁점이 정리되고 나 면 변론기일(재판기일)이 잡히고, 양 당사자가 출석하여 공격과 방어를 함과 동시에 증인이 있는 경우에는 증인을 불러 신문을 한다. 법원으로부터 증언하라는 통지를 받았는데도 어떠한 이유 없이 출석하지 않은 경우에는 증인은 과태료나 감치에 처해질 수 있다.

증인신문을 하는 경우에는 증인에게 증인선서를 하게 한 후 원고가 제출한 증인

신문사항을 중심으로 여러 가지 질문을 한다.

변론기일에 원고나 피고 중 한쪽이 재판날짜에 출석하지 않은 경우에는 상대방의 주장을 인정한다는 뜻으로 받아들이기 때문에 판결에 절대적으로 불리한 판결을 받을 수 있다.

7. 조정절차

조정에는 임의조정과 강제조정의 두 가지가 있다.

> ① 임의조정은 당사자가 조정기일에 판사 앞에서 원만하게 합의하고 조정조서가 작성된 경우(판결과 같은 효과가 있으므로 나중에 이의 제기를 못함)를 말한다.
> ② 강제조정은 당사자 간에 조정을 시도했으나 실패한 경우 판사가 강제적으로 조정안을 마련하여 상대방에게 합의를 하라고 권고하는 경우를 말한다.

강제조정안에 불만이 있는 경우에는 2주일 이내에 이의신청을 할 수 있고, 이의신청을 하게 되면 다시 재판절차가 진행된다.

8. 판결 선고와 상소

변론기일을 거치고 사실관계가 명확해지는 등 사건이 무르익으면 재판장은 변론을 종결하고 판결을 선고하게 된다. 만약 판결에 불복할 때에는 2주일 이내에 항소장을 판결 받은 법원에 제출해야 한다.

2심 법원의 판결에 대해서도 불만이 있으면 대법원에 상고를 할 수 있다. 대법원은 1심과 2심을 통해 제출한 자료를 가지고 법률적인 판단 만을 할 뿐, 사실관계에 대한 판단이나 새로운 주장과 증거는 받지 않는다.

9. 판결확정과 강제집행

판결이 선고되고 당사자가 판결에 불복하여 상소를 하지 않거나 상소기간이 경과된 경우에는 판결은 확정된다. 판결이 확정되었는데도 피고가 판결에 따른 의무를 이행하지 않은 경우인 때에는 강제집행절차를 밟게 된다.

제5편 부동산 관련 일반상식

제1장 부동산 등기부 구성

부동산을 계약할 때에 가장 중요한 것이 바로 등기부 등본을 확인하는 작업일 것이다. 등기부 등본을 보면서 건물이나 땅 주인이 본인이 맞는지, 주소가 정확한지를 확인해야 한다. 이하에서는 부동산등기부에 대해 살펴보고 부동산을 사고 팔 때 주의할 점에 대해 살펴보도록 한다.

등기부는 부동산의 권리관계에 대한 여러 내용이 적혀있는 중요한 문서로, 대법원 산하의 '등기소'에서 관리하고 있다. 그래서 부동산의 위치, 면적, 소유주, 권리변동사항 등과 같은 중요한 정보들이 적혀 있다. 등기부는 다음과 같이 세 부분으로 구성되어져 있다. 표제부, 갑구, 을구에 대해서 간략하게 살펴보도록 하자.

① 물건이 있는 장소와 면적, 용도, 구조 등이 명시된 표제부.
② 소유권 변동 사항을 기록한 갑구.
③ 전세권이나 저당권 등 소유권 이외의 권리 사항이 기재된 을구.

(1) 표제부는 해당 부동산의 주소, 면적, 용도, 구조 등의 여러 정보가 적혀 있는 것을 말한다. 토지와 건물의 소재(예컨대, 서울특별시 서초구 서초동), 면적(예컨대, 100m²), 용도(예컨대, 임야·주택), 구조(예컨대, 2층 목조 건물) 등이 순서대로 적혀있다.

(2) 갑구는 표제부에 적힌 토지나 소유권에 관한 사항이 접수된 날짜순으로 적혀있다. 맨 처음 기재되어 있는 것이 소유권 보존 등기(최초의 소유자)이고, 소유권 이전 등기가 계속해서 표시되어 있다. 가장 마지막 순위에 기록된 소유권 이전 등기에 의한 권리자가 현재의 소유자이다.

(3) 을구는 해당 부동산에 담보가 얼마나 잡혀 있는가에 대해서 알 수 있게 해주는 것이다. 소유권 이외의 권리 저당권, 지상권 등과 같은 사항이 적혀 있다. 특히 근저당권 설정 등기[178]가 문제인데, 소유자가 소유했을 때의 위험성이 높은 것이다. 따라서, 실제 채무액이 얼마인지를 면밀히 파악해야 한다.

결론적으로, 부동산을 매수·계약할 때에는 등기부 등본을 다시 한 번 확인을 하고 잔금을 치르기 전에도 다시 한 번 확인을 하는 것이 좋다. 왜냐하면 그 사이에 집 주인이 저당권 설정 등기를 할 수도 있을 것이고, 가압류에 걸릴 수도 있기 때문이다.

---

178) 근저당권 설정이란 저당, 근저당 모두 물건을 담보로 돈을 빌린다는 의미이다. 저당권이란 채무와 담보에 대한 권리를 말하는 것인데, 쉽게 설명하면 빚을 안 갚을 경우 담보로 해결하겠다는 것이다. 일반저당권의 경우에는 빚이 늘거나 줄게 되면 계속 다시 설정해 주면 되지만, 근저당권의 경우에는 빚이 얼마든 상관없이 정해진 한도 내에서 저당을 잡는다. 즉, 돈을 빌려준 사람은 이 담보에 대해서 얼마까지 나한테 권리가 있다는 말인 것이다.

제2장 부동산 매매계약

제1절 부동산 매매계약

(1) 부동산 계약

부동산을 계약하는 경우에는 많은 돈이 오가기 때문에 계약을 할 때에는 꼼꼼히 확인을 한 후 계약을 하는 것이 좋다. 계약을 할 때에는 등기부상의 실소유자와 직접 계약을 해야 한다. 만약 대리인과 계약을 할 경우에는 대리인의 위임장[179]을 확인해야 한다. 소유자와 직접 계약하는 경우에는 그 소유자가 미성년자, 금치산자, 한정치산자가 아닌지를 확인해야 한다.

> ① 본인이 나온 경우: 주민등록증으로 대조 확인
>
> ② 대리인이 나온 경우: 대리인의 주민 등록증, 위임장, 인감 증명서 확인
>
> ③ 미성년자는 법정대리인의 동의서 확인

(2) 부동산 계약서 작성 시 확인해야 할 내용

> ① 거래 당사자의 인적사항이 정확한지 확인하기 예컨대, 파는 사람과 사는 사람의 이름, 주소, 주민등록번호
>
> ② 대금의 액수와 지불 시기
>
> ③ 거래하려는 부동산의 표시가 정확한지 확인하기 예컨대, 토지일 경우에는 그 위치나 주소, 지목, 면적을 표시. 건물일 경우에는 주소, 구조, 용도, 층수, 면적 등을 표시.
>
> ④ 거래 대금에 대해 정확한 내용을 확인하기 예컨대, 계약금, 중도금, 잔금의 형식으로 3회에 걸쳐 지급, 계약금액 등 지급에 관한 사항을 명확하게 기입 등.

---

179) 대리인의 위임장에 명시된 내용은 "부동산의 소재지, 계약의 목적, 본인이 계약에 대한 제반 사항을 대리인에게 위임한다는 취지, 본인 인감 날인, 대리인의 주소, 성명, 주민등록 번호, 연월일."

(3) 계약금을 지급할 때 유의할 점

계약금만 주고받은 단계의 경우에는 매매 당사자 중 어느 쪽이든지 해약이 가능하다. 대개는 산 사람(매수인)이 해약할 경우에는 판 사람이 교부된 계약금을 가지고, 판사람(매도인)이 해약을 하는 경우에는 산 사람에게 계약금의 두 배를 돌려주어야 한다는 취지의 약정을 한다.

(4) 잔금 지급 시 주의할 점

잔금을 지급할 때에는 중개업자 및 법무사의 도움을 받는 것이 일을 처리함에 있어 수월하기 때문에 도움을 받는 것이 좋다.

잔금의 기일이 장기인 경우에는 중도금과 잔금 지급전에 등기부 등본을 재확인하여 계약 후 중요한 권리 변동이 있었는지 확인을 한다.

등기부 등본을 이용한 사기가 발생하는데 이를 위해서는 돈을 지불할 때마다 등기부 등본을 확인해야 하는 것이 좋을 듯하며, 문제가 발생할 경우에는 손해배상을 해야 한다는 내용을 계약서에 써 두고 공증을 받는 것이 좋을 듯하다.

등기 신청에 꼭 필요한 서면

1. 매도인(판 사람)
① 검인 계약서(부동산 거래 계약 신고필증)
② 등기 권리증
③ 매도용 인감 증명서
④ 주민등록 등·초본

2. 매수인(산 사람)
① 검인 계약서
② 주민등록 등·초본
③ 등록세 영수필 확인서
④ 통지서, 토지대장
⑤ 건축물 관리대장

제2절 부동산 거래 신고 제도

2006년 1월 1일부터 이중 계약 등 잘못된 관행을 없애고 부동산 거래에 대한 투명도를 높이기 위해 '부동산 실거래 가격 신고 의무제도'를 시행하고 있다(공인중개사의 업무 및 부동산 거래신고에 관한 법률).

신고의무자의 경우 다음과 같이 신고를 하면 된다. ① 중개업자가 거래 계약서를 작성하거나 교부한 경우에는 중개업자 본인이 신고를 하면 된다. ② 거래 당사자 간 직거래인 경우에는 매도인 및 매수인이 공동으로 신고하면 된다(단. 매도인 또는 매수인 일방이 신고를 거부할 때에는 사유서를 첨부하여 단독으로 신고할 수 있다).

부동산 거래 신고 제도를 위반한 경우 법률적인 규제

① 신고의무위반(신고를 늦게 한다거나 허위신고를 한 경우)

⇨ 매도인, 매수자, 중개업자에게 취득세의 3배 이하의 과태료를 부과한다.

② 중개업자의 거짓 기재 또는 이중 계약서 작성의 경우

⇨ 중개업 등록 취소시킨다.

③ 중개업자로 하여금 부동산 거래 신고를 하지 않거나, 거짓된 내용을 신고하도록 요구한 경우

⇨ 500만 원이하의 과태료를 부과한다.

참고〉 부동산 거래신고 절차

인터넷을 통한 신고 절차에 대해서 간략히 살펴보면 다음과 같다.

① 부동산 거래 관리 시스템 접속(해당 시・군・구청 홈페이지 접속)

② 로그인(성명, 주민 등록 번호, 공인 인증서)

③ 부동산 거래 계약 신고서 작성, 전자서명(개인 간 거래는 매수・매도자 공동서명, 중개업자 중개는 중개인만 서명)

④ 부동산 거래 계약 신고서 확인 및 인터넷 신고필증 발급(담당 공무원)

⑤ 부동산 거래 계약 신고필증 인터넷 출력(거래 당사자, 중개업자)

⑥ 부동산 등기신청

제3절 부동산 매매절차에 대해

많은 사람들이 적정연령이 지나면 사회에 나가 직장을 구하고 돈을 벌게 될 것이다. 그리고 내 집 마련을 위해 열심히 저축도 할 것이다. 일정액의 돈이 모아져 집을 장만하려고 할 때 이에 대해 많은 신경이 쓰일 것이다. 이하에서는 우리가 부동산의 매매절차를 통해 내 집을 마련할 때 순서와 주의사항에 대해서 간략히 살펴보도록 하자.

1. 탐색을 하는 과정

탐색을 함에 있어서 집의 가격, 주위의 교통의 편리성, 장래의 산 집의 가치 상승 등을 고려해서 살 집을 정한다. 또한 집을 봄에 있어 집의 내부도 철저히 살펴본 후에 집주인과 집의 가격에 대해서 이야기하고, 집을 살 경우에 인도 날짜, 집을 삼에 있어 대금 지급 방법과 언제 대금을 지급 할 것인가에 대한 날짜 등에 관해 교섭을 해야 한다.

2. 등기부 열람

계약을 하기 전에 먼저 그 집의 등기부에 대해 열람을 해봐야 한다. 왜냐하면 등기부는 개개의 부동산에 관한 등기 용지를 모아 둔 장부이기 때문이다. 등기부를 열람하고 확인하는 것은 부동산 거래에 있어서 매우 중요한 과정이므로 신경을 많이 써야 한다.

3. 토지대장 열람

등기부를 열람하고 확인한 후에는 토지대장 또한 열람을 해야 한다. 등기부와 혹 다른 점이 있는 경우가 있는지 확인하기 위해서 이다. 토지 대장의 열람은 관할구청이나 인터넷을 이용하여 열람하고 온라인으로 신청하거나 등본을 교부받을 수 있다.

4. 매매 계약을 체결

계약을 체결함에 있어서 매도인(파는 사람)이 정말 파는 사람 본인이(실소유자) 맞는지 확인하는 것도 잊지 말아야 한다. 그리고 난 후 매매 계약을 체결한다.

5. 계약금 지급

계약서를 작성한 다음에는 계약금을 지급해야 한다. 계약금은 계약 당시에 지불해야한다. 물론 계약금 전부를 지급하는 것이 아니라 통상 매매가의 10% 정도를 지급하면 된다.

6. 중도금 지급

초기 계약금을 지불 한 후 일정 기간이 지난 후에 즉, 계약일과 잔금일의 중간쯤에 중도금을 지급해야 한다. 중도금은 계약금을 포함하여 매매가의 50% 이상 지불한다.

7. 잔금 지급

중도금을 지급한 후 일정 기간이 지난 후에 즉, 매매 목적물을 인도하는 날 잔금을 지급하면 된다.

8. 등기 서류 및 부동산을 인수

이러한 계약금, 중도금, 잔금을 지불 한 후에 부동산과 관련된 등기서류와 실제 부동산을 인수받는다.

9. 등록세 · 취득세 납부

등기 신청을 하려면 여러 가지 서류를 제출하고 집을 얻는데 대한 등록세와 취득세를 납부해야 한다.

10. 등기

부동산을 인수 받은 후에는 산 집을 등기해야 한다. 등기는 일반적으로 법무사에게 의뢰하지만, 각 지방 법원 관할 등기소에서 직접 신청할 수 도 있다.

11. 등기필증 교부

등기 신청을 한 후 2~3일이 지나면 새로운 등기필증이 교부된다. 이러한 절차에 의해서 내 집이 되는 것이다.

탐색 → 등기부열람 → 토지 대장 열람 → 매매 계약 체결 → 계약금 지급 → 중도금 지급 → 잔금 지급 → 등기서류 및 부동산 인수 → 등록세·취득세 납부 → 등기 → 등기필증 교부

제6편 주택·상가건물 임대차보호법 관련 일반상식

1. 주택임대차 보호법

우리가 일상생활을 하면서 여러 다양한 직업을 가지고 그에 따른 일을 하면서 살아간다. 일을 한 후 편안하게 휴식할 수 있는 공간이 필요한데 바로 집인 것이다. 그러나 대부분은 자기 소유의 집을 가지고 있는 사람보다는 대부분은 남의 집을 빌려 월세나 전세로 살아가는 경우가 대부분이다. 하지만 이에 따른 여러 문제점이 있는데 주택은 다른 부동산에 비해 소유자의 변경이 빈번하고 집 소유자와 집을 빌리는 주택 임차인과의 관계에 있어서 부당한 관계(대등하거나 공평하지 않은 경우)가 될 수 있는 문제점이 있다. 이에 정부는 사회적으로 경제적으로 약자의 위치에 있는 주택 임차인을 보호하기 위해 1981년에 민법의 특별법[180]으로 '주택임대차보호법'이 제정 된 후 여러 차례 개정과정을 거쳐 오늘에 이르고 있다.

대부분의 사람들이 집을 빌리는 입장에 주로 있기 때문에 이 '주택임대차보호법'[181]에 대해 알아두면 도움이 될 것이다. 이하에서는 '주택임대차보호법'에 대해서 이론적으로 알아보도록 하겠다.

(1) 임대차보호법의 적용범위

주거용으로 사용하는 건물인 주택을 임대차 하는 경우에는 '주택임대차보호법'의

---

180) 주택임대차보호법은 민법보다 우선시 적용되는데 왜냐하면 국민의 주거생활의 안정을 도모한다는 목적과 임차인은 임대인에 비해 약자이기 때문이라는 점을 인정하는 전제하에 그들의 권리를 보장을 한층 강화시키기 위한 법률이기 때문에 민법보다 우선하여 적용된다고 보고 있다.

181) 주택임대차보호법의 제정취지에 대해 다음과 같이 설명하고 있다. "이 법은 경제적으로 약자인 무주택자들의 주거 생활을 안정시키고, 집주인의 부당한 요구나 횡포로부터 보호하기 위해 제정된 법이다."

법률이 적용된다. 주택임대차보호법에서 주택은 원칙적으로는 실제 일상생활을 위한 주거용으로 이용하는 것을 말한다. 예외적으로 등기부에 적혀 있는 용도가 주거용이 아니라고 해도 주택으로 인정되는 경우도 있다. 예컨대, 공장용 건물이나 창고용 건물에서 주거용으로 이용하기 위해 내부 구조를 변경한 경우는 주거용 공간으로 인정[182]하고, 옥탑방의 경우도 다른 사람에게 세를 주고 그곳에 살 경우에는 주택으로 인정받게 된다. 그러나 원래용도가 주거용이 아닌 건물을 임차하여 임차인이 주거용으로 개조한 경우에는 주택임대차보호법이 적용되지 않는다. 예컨대, 슈퍼마켓을 하기 위해 얻은 건물의 한쪽 부분을 작은 방으로 고쳐 생활하는 경우. '주택임대차보호법'은 특별법이라고 설명하였다. 즉 특별법의 경우는 일반법인 민법에 우선하여 적용되는 법이다.

(2) 주택을 임대차하려 할 때

1) 임대차 계약

우선 임대차 계약을 하기에 앞서 우리가 반드시 알아두어야 할 사항들이 몇 가지 있다. 등기소나 대법원 인터넷 등기소에서 토지·건물 등기부 등본을 발급받거나 열람하여 다음의 사항을 확인해야 한다.

> ① 등기부 등본상의 소유자가 실소유자이고 계약 체결 당사자인지에 대해서 주민등록증을 통해 확인해야 하고, 그 부동산이 가압류된 것은 아닌지도 살펴보아야 한다.
> ② 전세·월세 계약 체결 상대방이 등기부 등본상의 소유자가 아닌 경우에는 상대방에게 대리권이 있는지, 없는지에 대한 여부를 주민등록증, 위임장, 인감 증명서를 통해서 확인해야 한다.
> ③ 미성년자인 경우에는 법정대리인의 동의서가 있는지 확인해야 한다.

---

182) 어떤 곳이든 사람이 살 수 있도록 만들어 놓고 실제로 거기에 살고 있는 경우라면 '주택임대차보호법'에서 말하는 주택에 해당된다.

2) 임대차 계약서에 들어가야 하는 내용

> ① 임대차 · 임차인 · 중개업자의 이름, 주소, 연락처, 날인
> ② 차임의 액수, 지불시기
> ③ 목적물의 표시, 명도시기

3) 임대차 기간

임대기간이란 남의 집을 빌리는 기간을 말하는 것이다. 보통 1년 단위로 계약을 하나, 1년 계약을 맺었다 하더라도 계약기간이 끝나자마자 집에서 나가야 하는 것은 아니다. '주택임대차보호법' 제4조 제1항에서는 "임차인을 위한 최소 보장 기간을 2년으로 정해 놓고 있다." 이 말의 의미는 임대차 기간의 정함이 없거나 기간을 2년 미만으로 정한 임대차는 그 기간을 2년으로 본다. 또한 임대인이 아무런 말이 없으면 임대차 계약은 계속되는 것이다. 이를 '묵시적 갱신'이라한다. 즉, 임대인이 임대차 기간 만료 6개월에서 1개월 전에 임차인에 대하여 재계약을 하거나 계약을 그만두자고 말하지 않은 경우에는, 그 기간이 끝났을 경우에는 이전 임대차와 동일한 조건으로 다시 임대차 계약을 한 것으로 본다.

묵시적 갱신[183]의 경우에 있어서는 임대인은 계약 기간이 2년으로 절대적으로 구속된다. 따라서 임대인은 아무런 경우에나 계약을 해지할 수 없다. 반면에 임차인은 언제라도 계약을 해지할 수 있고, 이 경우 해지는 임대인이 그 해지 의사를 받은 날부터 3개월이 지나면 효력이 발생한다.

4) 임대료

임대인이 아무 때나 임차인에게 세를 올려달라고 할 수는 없다. 세를 올려달라고 하는 경우에 있어서도 반드시 지켜야 할 사항이 있다.

> ① 임대료를 올리려면 계약 후 1년이 지나야 올릴 수 있다.
> ② 올리려는 금액은 약정 보증금 또는 차임의 20분의 1을 초과할 수 없다,.
> ③ 임대료를 올릴 날을 기준으로 하여 1년 이내에 다시 임대료를 올려달라고 할 수 없다.

---

183) 갱신: 법률에서 계약 기간이 만료되었을 때에 그 기간을 연장하는 일.

하지만 계약 기간이 모두 끝나고 재계약을 하는 경우에는 ②의 조건에 대해서는 여기에 해당되지 않는다. 제일 좋은 방법은 집주인과 가족처럼 잘 지내서 이러한 경우가 발생할 경우 금액을 잘 합의 하면 좋을 듯 하다.

5) 대항력

대항력이란 임차인이 법이 원하는 일정한 요건을 갖춘 경우에 임대인의 횡포로부터 지켜주겠다는 의미이다. 즉, 누군가(임대인)에게 대항할 수 있는 권리를 말한다. 이는 부동산의 소유주가 바뀔 때 임차인(세입자)이 아무 보상도 없이 쫓아낼 수 있는 가에 대한 문제로 임차인이 가장 신경 써야 할 문제임과 동시에 부동산 경매에서도 가장 많이 쓰이는 것 중 하나에 해당된다.

예컨대, 임차인이 살고 있는데 집주인이 와서 이 집이 경매에 넘어갔기 때문에 이제 나는 돈이 없어 어찌할 방도가 없다고 할 경우 임차인의 보증금을 누가 돌려 줄 것인가를 들 수 있다.

이에 대한 예에 대한 내용을 간략히 살펴보면 "주택임대차보호법"의 경우는 보증금에 대한 부분에 있어서는 많은 보장을 못해주고 있는 실정이다. 상호간의 금전적인 이해관계가 많이 얽혀 있기 때문에 딱히 임차인의 손을 들어 줄 수도 없는 것이다. 하지만 임차인에게 최소한의 보장은 해줄 필요는 있기 때문에 다음과 같은 조건에 해당되면 보증금을 보장 받을 수 있다. 소액의 임차인에 해당되고, 주민등록을 마친 상태의 경우에는 대항력이 발생되어 일정액에 해당되는 보증금을 보장 받을 수 있다.

6) 문제

집주인 김씨와 임차인 이씨가 3년에 전세금 5,000만 원으로 전세계약을 하였다. 그런데 계약을 하고 6개월이 지났을 무렵 집 근처에 지하철역이 생기면서 주변 집값이 많이 오르게 되었다. 5,000만 원쯤 하던 전세비용도 7,000만원 이상 뛰게 되었다. 김씨는 다음날 이씨를 불러 전세금을 2,000만 원을 더 올려달라고 말했다. 이에 이씨는 억울한 심정이 들어 그런 법이 어디 있느냐며

강하게 반발했지만 김씨는 이에 개의치하고 막무가내로 고집을 부리면서 자기의 의견만 되풀이하였다. 만약 전세금을 올려주지 않을 경우에는 당장 이 집에서 나가라는 말만 계속해서 되풀이하였다. 과연 이러한 경우에 있어 이씨는 김씨의 말대로 전세금을 올려주어야 하는가? 아님 안 올려줘야 하는가?

▶ 올려줄 필요가 없다. 왜냐하면 한번 계약을 하면 최소 1년 동안은 전세금을 올릴 수 없고, 계약 기간 내에는 전세금을 한번 올릴 때 20분의 1만 올릴 수 있다는 것을 알게 되었다. 따라서 김씨는 계약한 지 6개월 만에 전세금을 2,000만 원이나 올려 달라고 했기 때문에 이는 법률적으로 무효인 것이다. 만약 6개월이 더 지나 최초 계약으로부터 1년이 지나 전세금을 올린다고 해도 5,000만 원의 20분의 1의 금액인 250만 원만 올려주면 되는 것이다.

7) 우선변제권

주택의 임차인은 주택의 인도(입주)와 주민등록(전입신고)을 마치고 임대차계약 증서상의 확정일자를 받아놓으면 '경매[184] 또는 공매[185]'시 일반 채무자보다 우선적으로 돈을 받을 수 있는 권리를 가지게 되는데 이를 '우선변제권'이라고 한다.

8) 임차권등기명령제도

임대계약이 종료되면 계약기간 동안 맡겨 놓은 보증금을 돌려받아야 다른 곳에서 이사를 갈 수 있고, 필요한 곳에 사용을 할 수 있는데 문제되는 사항은 어떠한 집주인은 다른 임차인이 나타날 때 까지 기다렸다 그때 돈을 주겠다는 집주인들이 있어 문제시 되고 있다. 이는 법적으로도 상식적으로도 불합리한 일인 것이다.

그래서 효율적으로 임차인들을 보호하기 위한 제도가 바로 '임차권등기 명령제도' 인 것이다. 임차권등기 명령제도는 계약기간이 끝났어도 집주인과 임차인 사이에 실질적으로 모든 관계가 깨끗이 정리되지 않은 경우에는 '주택임대차보호법'상의 권리들이 계속 유지되게 하는 제도이다. 즉 "보증금을 아직 못 받은 상태로 부득이하게 그 집에서 계속 지내거나 다른 곳으로 이사를 하고 주소 이전까지 했어도 기존에

---

184) 경매란 물건을 팔려는 자가 여러 사람을 모아놓고 말로 매수의 신청을 하고 최고가액의 청약인에게 승낙을 함으로써 매매를 성립시키는 것을 말한다.
185) 공매란 경매를 국가기관에서 행하는 경우를 말한다.

가지고 있던 '대항력'과 '우선변제권'을 그대로 인정해주는 것이다.

임대차가 종료된 후 보증금을 반환받지 못한 임차인은 임차주택의 소재지를 관할하는 지방법원·지방법원지원 또는 시·군법원에 임차권등기명령을 신청할 수 있다. 이때 신청 및 임차권 등기와 관련하여 든 비용을 임대인에게 청구할 수 있다.

9) 임대한 집의 수리비용 부담

① 임대인의 수리의무

집주인(임대인)은 계약이 계속되는 동안에는 세입자(임차인)가 임대 목적물을 제대로 사용할 수 있게 해야 할 법적의무가 발생하므로 세입자가 필요에 의해서 수리비를 청구할 경우에는 당연히 수리할 곳을 수리해 주어야 한다. 예컨대, 비가 새는 경우, 유리창이 깨진 경우 등의 경우이다.

만약 세입자가 직접비용을 들여 수리한 경우에는 집주인에게 그 비용을 청구할 수 있다.

② 꼭 필요한 수리비용

집주인이 꼭 필요한 부분을 수리해 주지 않은 경우 임차인이 비용을 들여(필요비[186])먼저 수리를 한 후 이때든 비용(필요비)에 대해서는 집주인에게 언제든지 청구할 수 있으며, 계약이 끝나서 집을 돌려준 경우에 있어서도 6개월 이내에 청구하는 경우에는 집주인은 수리비를 임차인에게 지급해야 한다.

③ 건물의 가치를 높이는 수리비용

전에 사용하던 화장실이 너무 오래되어 지저분해서 이를 수세식으로 수리를 한 경우와 같이 임대한 건물의 가치를 높이는 데 든 비용을 유익비[187]라고 한다. 이에 대해서는 임차인은 비용을 집주인에게 청구할 수 있다.

---

186) 필요비란 임대 목적물의 원상태를 유지·보수하거나 임차 목적물을 관리하기 위해 지출한 비용을 필요비라고 한다. 예컨대, 지붕, 마루, 벽, 창문 등에 생긴 손상 등. 임차인이 목적물을 제대로 사용할 수 없으므로 임대인에게 수선 의무가 있고, 여기에 들어간 비용은 필요비가 되는 것이다.
187) 유익비란 목적물의 객관적 가치를 증가시키는 비용으로서, 그 청구 기간은 목적물 반환일로부터 6개월이나 법원이 허락하는 한도 내에서는 연장할 수 있다.

④ 임차인의 실수로 집이 파손된 경우

임차인이 실수로 집을 파손한 경우에 임대인이 그에 따른 집수리를 해주어야 하는가에 대해서 집수리를 해 주어야 한다. 설령 임차인의 책임으로 집이 손상된 경우에도 임대인(집주인)은 그에 따른 손해배상을 임차인에게 청구할 수 있다. 또한 다음 계약시에 이런 사유로 인해 계약을 해지할 수도 있다. 당장의 경우에는 집수리 자체에 대해서는 거절할 수 없다.

⑤ 자기 집에 난 불이 옆집에 옮겨 붙어 피해가 발생한 경우

임대인은 평상시에 자기 집에 불이 나서 옆집에 옮겨 붙어 피해를 입힌 경우 뿐만 아니라 천재지변과 같은 자연재해로 인하여 자기 집에 붙은 불이 옆집에 옮겨 붙어 피해를 입은 경우가 발생하는 등 어쩔 수 없는 사정으로 인한 경우에도 이를 정상적으로 사용, 수익할 수 있도록 해주어야 한다. 따라서 옆집에 불이 옮겨 붙은 것과 같은 불가항력적인 사유로 인한 파손의 경우에도 임차인은 임대인에게 수리를 요구할 수 있다.

10) 사례

> 임대차 계약에 있어서 임대인은 목적물을 계약 존속 중 그 사용·수익에 필요한 상태를 유지하게 할 의무를 부담하는 것이므로, 목적물에 파손 또는 장해가 생긴 경우 그것이 임차인이 별 비용을 들이지 아니하고도 손쉽게 고칠 수 있을 정도의 사소한 것이어서 임차인의 사용·수익을 방해할 정도의 것이 아니라면 임대인은 수선의무를 부담하지 않지만, 그것을 수선하지 아니하면 임차인이 계약에 의하여 정해진 목적에 따라 사용, 수익할 수 없는 상대로 될 정도의 것이라면 임대인은 그 수선 의무를 부담한다(대판 1994. 12. 9, 94다34692).

11) 문제

■■ 이씨는 집을 임대하여 쓰던 중 집의 여기저기 파손된 부분을 수선하기 위해 집주인 김씨에게 수리비를 요구하였지만 집주인 김씨는 집을 사용하는 사람이 수리하는 것이라고 말하며 수리비 전부를 정씨가 부담해야 한다고 주장하였다. 과연 김씨의 말대로 그러한 것인가?

▶ 정씨는 주택을 제대로 사용하기 위해 필요한 수리를 하려고 하는 것이므로 집주인 김씨는 그 집을 직접 수리 해주거나 정씨가 먼저 수리하고 나서 그 수리비에 대해 집주인 김씨에게 청구하는 경우에 집주인 김씨는 정씨에게 수리비용을 지급해야 한다.

Q 저는 임차주택을 임차보증금 5,000만원에 계약기간 2년으로 정한 임대차계약을 체결하고 거주하였습니다. 그런데 집주인은 위 임대차기간이 만료할 당시에는 아무런 의사표시를 하지 않고 있다가, 약정된 임대차기간이 만료한 후 6개월이 경과한 지금에서야, 저에게 위 주택을 자기가 사용하여야 한다고 하면서 위 주택의 명도를 요구합니다. 이 경우 저는 위 주택을 집주인에게 명도해야 하는지요?

A 계약의 갱신에 관하여 「주택임대차보호법」 제6조 제1항 및 제2항은 "① 임대인이 임대차기간이 끝나기 6개월 전부터 1개월 전까지의 기간에 임차인에게 갱신거절(更新拒絶)의 통지를 하지 아니하거나 계약조건을 변경하지 아니하면 갱신하지 아니한다는 뜻의 통지를 하지 아니한 경우에는 그 기간이 끝난 때에 전 임대차와 동일한 조건으로 다시 임대차한 것으로 본다. 임차인이 임대차기간이 끝나기 1개월 전까지 통지하지 아니한 경우에도 또한 같다. ②제1항의 경우 임대차의 존속기간은 2년으로 본다."라고 규정하고 있고, 같은 법 제4조 제1항은 "기간의 정함이 없거나 기간을 2년 미만으로 정한 임대차는 그 기간을 2년으로 본다. 다만, 임차인은 2년 미만으로 정한 기간이 유효함을 주장할 수 있다."

라고 규정하고 있습니다.

그러므로 「주택임대차보호법」상 묵시적으로 갱신된 주택임대차의 존속기간은 2년이므로, 묵시적으로 갱신된 주택임대차의 존속기간은 2년으로 보아야 할 것입니다.

판례도 "주택임대차보호법 제6조 제1항에 따라 임대차계약이 묵시적으로 갱신되면 그 임대차기간은 같은 법 제6조 제2항, 제4조 제1항에 따라 2년으로 된다."라고 하였습니다(대법원 2002. 9. 24. 선고 2002다41633 판결, 1992. 1. 17. 선고 91다25017 판결).

따라서 귀하는 1년 6개월은 더 거주할 수 있을 것으로 보입니다.

참고로 같은 법 제6조의2 제1항 및 제2항은 "제6조제1항에 따라 계약이 갱신된 경우 같은 조 제2항에도 불구하고 임차인은 언제든지 임대인에게 계약해지(契約解止)를 통지할 수 있다.제1항에 따른 해지는 임대인이 그 통지를 받은 날부터 3개월이 지나면 그 효력이 발생한다."라고 규정하여 묵시적으로 갱신된 주택임대차에서 임대인이 해지를 원할 경우와 임차인이 해지를 원할 경우를 다르게 규정하고 있습니다.

2. 상가임대차보호법

상가임대차보호법은 영세상인들이 점포운영을 함에 있어 알아두면 조금이나마 도움이 될 법률에 해당된다. 상가임대차 보호법은 특히 상대적으로 약자인 임차인을 보호하기 위한 규정인 것이다. 앞으로 어떠한 사업을 하기 위해서는 상가를 임차할 사람이나 개인가게를 할 사람에게는 이 법의 이론적 지식을 알고 있으면 조금이나마 도움이 될 것이라고 본다. 이하에서는 상가임대차보호법에 대한 이론을 간략히 살펴보기로 한다.

(1) 상가임대차보호법의 의의

상가임대차에 대하여 민법에 대한 특례를 규정함으로써 국민경제생활의 안정을 보장하고 사회적, 경제적 약자인 임차인들을 보호함으로써 임차인들의 경제생활의 안정을 도모하기 위한 법을 말한다. 민법보다 우선하여 상가임대차보호법이 적용되며 임차인에게 불리한 약정인 경우에는 효력이 발생하지 않는다.

(2) 연혁

상가임대차보호법은 2001년 12월에 만들어졌다. 주택임대차보호법에 비해 늦은 시기에 만들어졌지만 영세 상인들을 보호하기 위한 법적장치가 마련된 것이다.

(3) 특징

상가임대차보호법은 주택임대차보호법에서 주택을 빌리는 임차인과 마찬가지로 상가를 빌리는 임차인을 위한 법이다. 상가임대차보호법은 단지 주택임대차보호법에서 다루었던 내용의 주체를 주택에서 상가로 바꾸었다고 보면 조금 더 이해하기 쉬울 것이다. 그러나 주택임대차보호법과 가장 큰 차이점은 바로 적용하는 대상이 다르다는 점이다. 차이점은 살펴보면 다음과 같다

> ① 주택임대차보호법: 주거용도로 사용하는 모든 곳을 주택으로 인정.
> ② 상가임대차보호법: 사업자 등록의 대상으로 한정

상가임대차보호법에서의 상가는 다음과 같다. 예를 들어 설명하면 사무실 공장 등의 경우에는 사업자 등록의 대상이 되기 때문에 상가임대차보호법의 상가에 해당되는 것이다. 그러나 동창회나 종친회의 사무실, 교회건물과 같은 종교 건물 등은 상가임대차보호법에서 말하는 보호대상에 해당되지 않는다. 영업용 건물일지라도 보증금이 일정액 이상인 경우에는 상가임대차보호법의 보호대상이 될 수 없다. 상가임대차보호법에서 정한 보증금의 총액이 금액 이하인 경우와 사업자등록의 대상인 경우에만 상가임대차보호법의 보호를 받을 수 있다. 상가건물임대차보호법의 보호를 받을 수 있는 적용범위는 다음과 같다.

대상지역	상가임대차보호법의 보호를 받을 수 있는 보증금 총액
서울특별시	4억 원 이하
서울특별시를 제외한 과밀억제권역(대부분의 경기도 지역)	3억 원 이하
광역시(안산시, 용인시, 김포시, 광주시 등)	2억 4천 만 원 이하
그 밖의 지역	1억 8천만 원 이하

(4) 상가건물임대차보호법의 임대차 보호제도

1) 임차인의 대항력으로 상가건물 임차인이 임대차계약 사실을 법원에 등기하지 않은 경우에도 건물의 인도를 받고 세무서에 사업자등록을 신청한 경우에는 그 다음 날로부터 제3자에 대하여 대항할 수 있는 권리가 인정된다. 대항력은 전 주인과 계약을 맺고 상가에서 장사를 계속 한 경우에 상가의 실제 주인이 다른 사람으로 바뀐 경우라도 전 주인과 체결한 임대조건에 의해 장사를 계속할 수 있는 권리를 말한다.

2) 임차인의 계약 갱신 요구권으로 5년을 초과하지 않는 범위 내에서 계약의 갱신을 요구할 수 있는 권리에 대해 규정하고 있다. 즉 임대인은 임차인의 계약갱신 요구에 정당한 사유 없이는 이에 대해 거절을 하지 못한다.

3) 임차인이 대항력을 갖추고 임대차계약서에 확정일자를 받을 경우 보증금을 우선 변제 받을 수 있는 권리를 가지게 된다. 우선변제권이란 임차인은 보증금 중 일정액을 다른 담보물권자보다 우선하여 변제받을 권리를 말한다. 즉, 건물이 경매나 공매로 넘어간 경우 후순위 권리자, 일반 채권자(다른 빚쟁이)보다 우선 보증금을 받을 수 있는 권리를 말한다.

4) 법 적용 대상 임차인 중에서도 소액임차인은 요건만 갖추어질 경우에는 확정 일자를 받지 않은 경우라도 모든 권리자보다 우선하여 경매가액의 3분의1의 범위 내에서 보증금 중 일정액에 대해서 변제 받을 수 있는 권리를 가지게 된다. 최우선

변제권이란 소액주택 임차인과 마찬가지로 우선변제권을 가지고 있고 보증금이 일정액 이하인 경우에 주어진다. 소액상가 임차인에게 주어지는 가장 먼저 보증금을 돌려받을 수 있는 권리이다. 즉, 일정한 금액 한도 내에서 다른 빚쟁이들보다 가장 먼저 보증을 받을 수 있는 권리를 가지고 있다.

5) 임대료가 현실과 비교해서 차이가 많을 경우에 계약 당사자는 임대료에 대한 증감을 청구할 수 있다. 증액은 9% 이내에서만 할 수 있고, 증액 청구 후 1년 이내에는 다시 증액에 대한 청구를 할 수 없다. 보증금의 전부 또는 일부에 대해서 월세로 전환하는 경우에 적용시키는 산정률은 연 15% 이내로 제한하여 임차인을 보호할 수 있게 하였다.

상가건물 임대차보호법 시행령 :시행 2016년 12월 1일(법률 제14242호)

제6조(우선변제를 받을 임차인의 범위)

① 서울특별시: 6천 500만 원

② 서울특별시 제외한 수도권정비계획법에 따른 과밀억제권역: 5천 500만 원

③ 광역시(안산시, 용인시, 김포시, 광주시 등): 3천 800백만 원

④ 그 밖의 지역: 3천만 원 이하

제7조(우선변제을 받을 보증금의 범위)

① 서울특별시: 2천 200만 원

② 서울특별시를 제외한 수도권정비계획법에 따른 과밀억제권역: 1찬 900만원

③ 광역시([수도권정비계획법]에 따른 과밀억제권역에 포함된 지역과 군사지역은 제외한다), 안산시, 용인시, 김포시 및 광주시: 1천 300만원

④ 그 밖의 지역: 1천만 원

> **참고〉권리금**
>
> 특정 점포가 가진 영업상의 이점에 대한 대가로 지불하는 돈을 말한다. 이 권리금은 건물 주인이 아니라 일반적으로 "장사하는 사람들 사이에 거래되는 관행적인 돈을 말한다." 따라서 계약기간이 끝났을 때 건물 주인에게 권리금을 돌려 달라고 할 수 없다. 임대차 계약서에 권리금에 대한 내용이 없는 경우에는 현재의 건물 주인에게 권리금을 돌려달라고 요구할 수 없다.

(5) 존속기간

기간을 정하지 않은 경우나 기간을 1년 미만으로 정한 임대차의 경우에는 그 기간을 1년으로 본다.

임대차가 종료한 경우에도 임차인이 보증금을 반환 받을 때까지는 임대차 관계는 계속된다.

제7편 소비자기본법 관련 일반상식

1. 소비자기본법의 의의

소비자란 상품 및 서비스의 구입과 소비의 주체로서의 국민모두를 포함한다. 국민은 국민경제에 있어 최대의 집단인 셈이다. 진정한 의미에서의 소비자는 상품의 생산주체인 기업과 소비주체인 소비자 그리고 조정자라 할 수 있는 정부가 상호협력으로 노력함으로써 이룰 수 있는 것이다. 이러한 소비자 보호를 위한 주요한 법으로는 소비자기본법(2006년 개정시 소비자보호법에서 명칭 변경), 할부거래에 관한 법률, 방문판매 등에 관한 법률, 전자상거래 등에서의 소비자보호에 관한 법률 등이 있다. 특히 소비자보호법이 소비자기본법으로 명칭 변경 및 대폭 개정되면서 한국소비자보호원의 명칭이 한국소비자원으로 변경되고, 소비자의 기본적 책무, 소비자 개인정보의 보호에 관한 사항 등이 규정되었다.

2. 소비자의 기본권

(1) 소비자의 기본적 권리

소비자는 스스로의 안전과 권익을 위하여 다음과 같은 다양한 권리를 향유한다 (소비자기본법 제4조).

① 안전할 권리

모든 물품 및 용역으로 인한 생명, 신체 및 재산상의 위해로부터 보호받을 권리를 가진다.

② 알 권리

물품 및 용역을 선택함에 있어서 필요한 지식 및 정보를 제공받을 권리를 가진다.

③ 선택할 권리

물품 및 용역을 사용 또는 이용함에 있어서 거래의 상대방, 구입장소, 가격, 거래조건 등을 자유로이 선택할 권리를 가진다.

④ 의견을 반영시킬 권리

소비생활에 영향을 주는 국가 및 지방자치단체의 정책과 사업자의 사업활동 등과 관련하여 자신들의 의견을 반영시킬 수 있는 권리를 가진다.

⑤ 피해보상을 받을 권리

물품 및 용역의 사용 또는 이용으로 인해서 발생한 피해에 대하여 신속하고 공정한 절차에 따라 적절한 보상을 받을 권리를 가진다.

⑥ 교육을 받을 권리

합리적인 소비생활을 영위하기 위하여 필요한 교육을 받을 권리를 가진다.

⑦ 단결권 및 단체행동권

소비자 스스로의 권익을 수호하기 위하여 단체를 조직하고 이를 통하여 활동할 수 있는 권리를 가진다.

⑧ 쾌적한 환경에서 살 권리

안전하고 쾌적한 소비생활환경에서 소비할 권리를 가진다.

(2) 소비자의 의무

소비자는 자신이 행사하는 권리 못지않게 자신의 행동에 대해서도 그에 따른 책임을 질 줄 알아야 한다. 소비자가 책임이 따르는 의사결정을 할 때 가계의 소비생활은 물론, 생산자와 한 나라의 경제에 좋은 영향 또는 나쁜 영향을 을 미칠 수 있다. 다음 몇 가지는 소비자가 유의해야 할 사항이다.

① 소비자는 사업자 등과 더불어 자유시장경제를 구성하는 주체임을 인식하여 물

품 등 구입할 경우 올바르게 선택하고, 소비자의 기본적 권리를 남발하지 말고 정당하게 행사해야 한다.

② 소비자는 스스로의 권익을 증진하기 위하여 필요한 지식과 정보를 습득하도록 노력해야 한다.

③ 소비자는 자주적이고 합리적인 행동과 자원을 절약하고 환경 친화적인 소비생활을 함으로써 소비생활의 향상과 국민경제의 발전에 적극적인 역할을 다해야 한다.

(3) 국가 및 지방자치단체의 의무

소비자의 기본적 권리가 실현되도록 하기 위해서는 국가 및 지방자치단체는 다음과 같은 의무를 져야한다. 관계 법령 및 조례의 제정, 개정 및 폐기, 필요한 행정조직의 정비 및 운영개선, 필요한 시책의 수립 및 실시, 소비자의 건전하고 자주적인 조직활동의 지원·육성(소비자 기본법 제6조).

3. 소비자 피해보상 규정

보상이란 품질 보증기간 또는 유효기간 이내의 제조, 유통과정이나 용역의 이용과정에서 발생한 소비자의 피해에 관하여 사업자가 행하는 수리, 교환, 환불, 배상, 해약 등을 말한다. 소비자피해보상규정이란 소비자와 사업자간의 소비자 불만을 원활히 해결할 목적으로 품목별로 피해유형에 따라 유사한 피해유형별로 해결기준을 정한 재정경제부 고시를 말한다.

현행 소비자기본법의 전신인 '소비자보호법'에서 국가는 소비자와 사업자간의 분쟁의 원활한 해결을 위하여 품목별로 소비자피해보상규정을 제정할 수 있다고 규정하고 있었으며, 이에 따라 소비자피해보상규정이 마련되었다. 이 피해보상규정은 재정경제부장관이 품목별로 소관 중앙 행정기관의 장과 협의하고, 소비자단체·사업자단체 및 대학교수 등 관계 전문가들의 의견을 들어 작성한 것이다.

소비자피해보상규정의 적용범위는 물품을 구입하거나 용역을 제공받은 소비자가 그 물품이나 용역의 품질, 가격, 거래조건 또는 표시상의 불일치 등으로 정당한 불만을 제기할 때에는 제조업자, 판매업자, 수입업자 및 용역을 제공하는 자는 원칙적으로 이 기준에 따라 보상해야 한다. 따라서 사업자는 적어도 소비자피해보상규정

이상의 피해보상을 하여야 할 것이다. 그러나 소비자는 소비자피해보상규정에 의한 피해보상이 만족하지 못할 경우에는 손해배상을 청구 할 수 있다.

〈소비자 피해구제 절차〉

(1) 소비자 ⇒ 피해보상 청구 ⇒ 사업자

⇐ 7일 이내에 보상여부 통보

⇨ 〈 당사자 간 상호교섭 1차〉

⇩

(2) 한국소비자원, 국가 및 지방 자치단체, 소비자단체 ⇒ 단체를 통한 구제(2차)

⇩

(3) 한국소비자원(실험·검사, 자문 → 진상규명) ⇒ 합의권고안 제시(3차)

⇩

(4) 소비자분쟁조정위원회(30일 이내 조정) ⇨ 분쟁의 조정(4차) ⇨ 조정실패시 ⇨ 민사소송(만족치 못할 경우)

4. 소비자 피해구제 유형

(1) 신용카드 할부거래

신용카드를 사용하여 물건을 사면서 할부거래를 했는데, 기간이 됐음에도 불구하고 물건이 오지 않은 경우 어떠한 조치를 취해야 할 것인가? 이하에서는 할부거래의 정의, 할부거래법에서 규정하고 있는 판매자의 의무와 권리, 소비자의 권리 등에 관해서 간략히 살펴보기로 하자.

1) 할부거래란?

물건의 대금 또는 용역의 대가를 2월 이상의 기간에 걸쳐 3회 이상 나누어 지급하는 거래를 말한다. 할부거래를 할 때에는 매도인, 매수인의 성명, 주소, 목적물의 내용 및 인도시기, 현금 가격 및 할부가격, 할부금의 금액 등을 기재하여 서면으로 체결해야 한다.

최근에는 신용카드를 이용한 할부거래가 대부분이라 별도의 할부거래 계약서를 작성하지 않고 현금 가격 및 할부 기간이 표기된 신용카드 전표로 대체되는 경우가 많다. 그리고 카드를 이용해서 결제한 경우에는 반드시 결제 전표를 보고 액수와 물품이 맞는지 확인해야 한다.

2) 판매자의 의무와 권리

① 계약서를 작성해서 교부할 의무

판매자는 계약서를 문서로 작성하고(할부거래에 관한 법률 제6조 1항), 계약을 체결할 때에는 지체 없이 계약서[188] 1통을 소비자에게 교부해야 한다.(동법 제6조 제2항).

② 계약을 해제할 수 있는 권리

소비자가 할부금을 지급하지 않으면 판매자는 계약을 해제할 수 있다. 이때 판매자는 계약을 해제하기 전에 14일 이상의 기한을 두고 소비자에게 할부금을 지급하라고 서면으로 최고해야 한다(동법 제8조 제1항).

③ 나머지 할부금을 한꺼번에 받을 권리

판매자는 할부금을 받기 어려워질 위험을 방지하기 위해 다음과 같은 경우에는 소비자에 대해 나머지 할부금을 한꺼번에 달라고 청구할 수 있게 된다(동법 제13조).

---

① 할부금을 연속해서 2회 이상 지급하지 않고, 그 금액이 전체 대금의 10분의1을 초과한 경우.

② 국내에서 할부금 채무이행 보증이 어려운 경우로서 대통령령으로 정하는 경우.

---

3) 소비자의 권리

① 소비자의 철회권

소비자는 계약서를 교부받는 날, 또는 계약서를 교부받지 아니한 때에는 목적물

---

188) 계약서에는 목적물의 소유권 유보에 관한 사항, 소비자의 철회권과 그 행사방법, 판매자의 해제권 등에 관한 사항 등을 소비자가 쉽게 알아볼 수 있도록 붉은색으로 적은 다음 테두리를 둘러야 한다. 또 소비자의 철회권 행사를 위한 서식을 계약서에 첨부해야 한다.

을 인도받은 날로부터 7일 이내에 할부 계약에 관한 청약을 철회할 수 있다. 소비자가 철회권을 행사하려면 철회의 내용을 담은 서면(내용증명)을 매도인에게 발송하여야 하며, 발송하는 날로부터 철회의 효력이 발생한다. 철회했다는 내용을 증명하기 위해서는 이를 내용 증명 우편으로 보내는 것이 바람직하다. 철회권을 행사한 소비자는 이미 인도받은 물건이나 용역을 반환하여야 하고, 판매자는 이미 받은 할부금을 반환하여야 한다. 목적물의 반환에 필요한 비용은 판매자가 부담하고, 판매자는 소비자에게 위약금 또는 손해배상을 청구할 수 없다.

신용카드로 할부 거래를 한 경우에는 7일 이내에 신용카드 회사에도 서면을 통해 철회 사실을 꼭 알려야 한다. 이를 알리지 않은 경우 신용카드 회사의 대금 지급 청구에 대항할 수 없기 때문에 대금을 지급해야 한다.

그러나 사용으로 인하여 그 가치가 현저히 감소하는 제품(예컨대, 자동차, 냉장고, 세탁기, 비디오물 및 소프트웨어 등)을 소비자가 실제로 사용한 경우, 설치에 전문 인력 및 부속자재 등이 요구되는 경우(냉동기, 전기 냉·난방기, 보일러 등), 할부 가격이 10만 원 이하인 때(신용카드 거래는 20만 원 이하)및 소비자에게 책임 있는 사유로 목적물이 멸실 또는 훼손된 때에는 소비자는 철회권을 행사할 수 없다.

② 소비자의 항변권
소비자는 아래와 같은 사유에 한해 판매자 또는 신용제공자(신용카드 회사 또는 할부 금융사)에게 할부금 지급을 거절할 수 있다(동법 제16조).

---

① 할부계약이 불성립·무효인 경우
② 할부계약이 취소·해제 또는 해지된 경우
③ 재화 등의 전부 또는 일부가 재화 등의 공급 시기까지 소비자에게 공급되지 아니한 경우.
④ 할부거래업자의 채무불이행에 따른 할부계약의 목적을 달성할 수 없는 경우 등이 있다.

이때, 신용카드 등을 이용한 할부거래의 경우라면 판매자 외에 신용카드 회사에도 할부금의 지급 거절 의사를 통지해야 한다.

4) 문제

▨▨▨ 이씨는 자녀의 공부를 위해 50만원 상당의 영어 학습지를 신용카드로 6개월 할부 구입을 했다. 판매원은 외국 본사에 주문을 해야 하기 때문에 약 2주일 정도의 배송 기간이 걸린다면서 2주 후에나 학습지와 계약서를 같이 보내주겠다고 말하였다. 그러나 한 달이 지났음에도 불구하고 학습지는 배송되지 않았다. 설상가상 신용카드 회사로부터 6개월분에 대한 첫 달의 할부금이 청구되었다.

학습지도 받지 못하고 할부금만 나오자 이에 화가 난 이씨는 학습지 구입을 취소하려고 한다. 이 경우 구입을 취소하고 신용카드 회사의 대금 지급 청구를 거절할 수 있는지 알아보도록 하자.

▶ 이씨는 판매자에게 할부거래 취소의 의사표시를 통지하고, 신용카드 회사에 대하여는 서면으로(내용 증명 우편이 좋다)이를 알리고 할부금 지급 거절 의사를 통지해야 한다. 이렇게 할 경우 취소할 수 있다.

신용카드를 분실하거나 도난당한 경우에 대처 방법
① 신용카드를 분실하거나 도난당한 경우, 즉시 카드사에 전화하거나 직접 방문하여 신고해야 한다.
② 카드사에 신고를 할 때에는 카드번호(또는 주민등록번호), 카드종류, 성명 등을 정확하게 알려 줘야 한다. 이때, 신고 받은 직원의 성명, 접수 번호 등을 기록해두면 향후에 신고와 관련된 문제가 발생하더라도 보호받을 수 있다.

---

(2) 점포에서 구입

점포에서 구입하는 유형은 소비자가 직접 방문해서 상점에서 물건을 고른 후에 물건을 구입하는 것을 말한다. 요즘은 인터넷에서 전자 상거래를 통해 구입하는 일이 증가하고 있는 추세지만, 점포 구입이 일상에서 가장 빈번하게 볼 수 있는 구매 방식이다.

점포에서 물건의 구입은 소비자가 직접 상품을 만져보고 입어 보는 등의 절차를 거칠 수 있다는 점, 전자 상거래처럼 개인정보를 알려 주어야 할 필요도 없고, 물건을 산후에 갑자기 물건을 산 회사가 사라지는 경우도 없는 장점을 지니고 있지만, 물건을 직접 사러나가야 하는 번거로운 점이 단점이라면 단점의 경우이겠다.

(3) 전자 상거래

전자상거래는 넓은 의미의 전자상거래와 좁은 의미의 전자상거래로 나누어 살펴볼 수 있다. ① 넓은 의미의 전자상거래는 기업이나 소비자가 컴퓨터 통신망을 통하여 기업 대 기업이나 개인 대 기업이 제품이나 상품을 구입하는 것, 상품을 사고파는 모든 경제활동을 의미한다. ② 좁은 의미의 전자상거래는 인터넷상의 '사이버 쇼핑 몰'에서 물건을 사거나 파는 것을 말한다.

전자 상거래의 장점은 가상공간에서 물건을 사고팔기 때문에 시간의 제약을 받지 않아서 좋고, 인터넷을 통해 손쉽게 물건을 살 수 있고, 집에 앉아 인터넷을 통해 물건을 사고팔기 때문에 직접 사러나가야 하는 번거로움이 없다. 또한 이용하기 편리하고, 365일 24시간 아무 때나 물건을 살 수 있다는 것이다. 온라인상에서 손쉽게 가격을 비교할 수 있게 됨에 따라, 소비자에게는 상품 구매를 위한 돈과 시간을 절약할 수 있는 이점이 있다.

그러나 물건을 컴퓨터 화면상으로만 볼 수밖에 없어 화면상의 옷이나 물건의 색상과 실제 받아 보았을 때의 색상이 다른 경우가 있어 상품을 수령한 뒤 물건에 대한 실망을 할 수 있고, 돈을 보냈는데도 물건이 제때에 오지 않은 경우도 발생하고, 배달시 물건이 파손될 우려도 있는 등의 단점도 있다.

(4) 홈쇼핑

홈 쇼핑은 컴퓨터 통신이나 비디오텍스, 또는 쌍방향 유선 텔레비전을 이용하여 집에서 물건을 살 수 있도록 한 시스템을 말한다. 방송이나 인터넷을 보고 집에서 맘에 드는 물건을 신청하면 배달해준다. 물건의 대금은 온라인 입금이나 신용카드, 홈뱅킹 등의 방법을 이용하면 된다.

홈쇼핑의 장점은 직접 가지 않아도 인터넷 또는 전화기 하나만으로도 쉽게 물건을 구입할 수 있다는 점이다.

그러나 홈쇼핑의 단점은 직접 만져볼 수도 없기 때문에 무조건 믿기는 어렵다고 본다.

(5) 통신판매

우편, 신문, 잡지, 케이블 텔레비전 등에 상품 광고를 싣거나 전화 등의 방법으로 구매 신청을 받아 판매하는 방법이다. 통신판매는 물품 구입 등에 시간과 경비를 절약할 수 있고, 시간과 경비를 절약할 수 있다는 장점도 있지만. 홈 쇼핑과 마찬가지로 직접 물건을 보고 살 수 없고, 일방적인 광고나 판매조건에 현혹될 수 있다는 문제가 발생할 가능성이 크다. 통신판매자는 광고를 보고 물건을 사는 소비자를 위해 완전한 거래 정보를 포함시켜 광고를 해야 한다. 그래서 우리 법은 통신판매로 인해 발생할 수 있는 피해를 최소화하기 위해 '전자상거래 등에서의 소비자보호에 관한 법률'을 제정하여 소비자를 보호하고 있다. 전자상거래 또는 통신판매로 물품을 구입한 소비자는 물품이나 용역을 받은 날로부터 7일 이내에 물품 구입 의사를 철회할 수 있다. 만약 물품이나 용역의 내용이 표시·광고와 다른 경우에는 물품이나 용역을 받은 날로부터 3월 이내, 그러한 사실을 안 날 또는 알 수 있었던 날로부터 30일 이내에 청약을 철회할 수 있다.

하지만 이러한 경우에도 물품이나 용역을 철회할 수 없는 경우가 있는데 다음과 같다.

① 소비자에게 책임 있는 사유로 재화 등이 멸실 또는 훼손된 경우이다. 다만, 재화 등의 내용을 확인하기 위하여 포장 등을 훼손한 경우는 제외한다.

② 소비자의 사용 또는 일부 소비에 의하여 재화 등의 가치가 현저히 감소하는 경우이다.

③ 시간의 경과에 의하여 재판매가 곤란할 정도로 재화 등의 가치가 현저히 감소하는 경우

④ 소비자의 주문에 의해 개별적으로 생산되는 재화 등을 철회하는 경우로서 사전에 통신판매업자에게 회복할 수 없는 중대한 피해가 예상되는 경우로서 사전에 거래에 대해서 별도로 그 사실을 고지하고 소비자의 서면(전자문서 포함)에 의한 동의를 얻은 경우이다.

청약을 철회하는 경우에는 소비자는 지금 가지고 있는 물품을 판매자에게 돌려주어야 하며, 판매자는 소비자에게 물품 구입 가격을 물품을 반환(돌려)받은 날로부터 3일 이내에 돌려주어야한다. 만약 물품 구입을 한 후 물품에 문제가 없는데도 청약을 철회하려고 한다면, 물품을 판매자에게 돌려 줄때의 비용을 소비자가 부담해야 한다. 하지만, 판매자의 잘못으로 청약을 철회하는 것이라면 판매자가 비용을 부담하게 된다.

(6) 방문 판매

방문판매의 형태

① 홈 파티: 업체가 소비자 집에서 홈 파티를 열고, 홈 파티에 참여한 사람에게 상품을 설명하고 어떠한 물건에 대한 계약을 성사 시키려고 하는 것을 말한다.

② 직장방문판매: 직장에 직접 방문해서 판매하는 방법을 말한다. 주로 식당이나 복도에 진열해서 판매하는 경우와 개개인에게 권유하여 판매하는 경우이다.

③ 노상판매: 노점이나 자동차에 싣고 다니면서 판매하는 경우를 말한다.

④ 주문판매: 판매업자가 전화나 우편으로 상대방의 동의를 얻은 후 방문하여 판매하는 경우이다.

물건을 파는 장소(상점이나 가게 등)가 아닌, 집이나 직장 등으로 직접 방문하여 물건을 팔거나, 광고 전단지나 호객행위를 통하여 소비자를 자신의 가게로 유인하여 계약을 하는 것을 방문판매라 한다(방문판매 등에 관한 법률 제2조).

이러한 방문판매와 관련된 소비자의 권리를 보호하기 위해 '방문판매 등에 관한 법률'이 제정되어 있다.

방문판매 등에 관한 법률(2017년 4월 11일⇨ 일부개정 2018년 6월 12일)

제1조(목적) 이 법은 팡문판매, 전화권유판매, 다단계판매, 후원방문판매, 계속거래 및 사업권유거래 등에 의한 재화 또는 용역의 공정한 거래에 관한 사항을 규정함으로써 소비자의 권익을 보호하고 시장의 신뢰도를 높여 국민경제의 건전한 발전에 이바지함을 목적으로 한다.

방문 판매원이 집이나 그 외의 곳에 방문 판매를 위해 방문하고자 할 경우에는 소비자에게 사전에 자신의 이름, 상품의 종류 등을 밝혀야 할 의무가 있다. 그리고 소비자가 방문 판매원의 물건을 사려고 하는 경우에는 방문 판매원은 소비자가 계약 내용을 이해할 수 있도록 잘 설명을 해 주어야 한다. 또 계약을 하는 경우에는 법에서 정한 내용을 적은 계약서 1통을 지체 없이 소비자에게 주어야 할 법적인 의무가 있다. 계약서를 받아두는 이유는 방문 판매원의 거짓말이나 물건의 하자 등으로 피해를 입을 경우 증거로 사용할 수 있어 소비자에게 유리하기 때문이다.

소비자가 방문판매로 물품을 구입한 경우 여러 이유로 인해 맘에 안들 경우로 인해서 물품을 철회하고자 할 때에는 물품을 받은 날로부터 14일 이내에는 별다른 조건 없이 계약을 철회할 권리가 소비자에게는 있다. 그러나 받은 물품 등의 내용이 표시·광고내용과 다르거나 계약내용과 다르게 이행된 경우에는 물품 등을 받은 날로부터 3월 이내, 그 사실을 안 날 또는 알 수 있었던 날로부터 30일 이내에 청약을 철회할 수 있다. 또한 청약의 철회를 서면으로 하는 경우에는 그 의사를 내용 증명 우편으로 회사 측에 발송하면 된다.

(7) 문제

한국인 이모씨는 텔레비전 홈 쇼핑을 우연히 보다가 눈에 확 들어오는 제품이 있었다. 내용을 살펴보니 가루를 물에 잘 섞어서 분무기로 뿌리기만 하면 과즙, 기름때, 찌든 때 등 의류 등의 얼룩을 깔끔히 제거해주는 국내 최고의 가루 세제라는 광고를 보았다. 이모씨는 이거다 하고 망설임 없이 가루세제를 구입하고 며칠이 지난 후 세제가 배송되어 곧바로 세제를 사용해 보았다. 세제를 사용 방법에 따라 옷의 오염된 부분에 뿌려보았더니 때는 빠지지 않고 오히려 주변 색상이 누렇게 변하는 것이었다. 이모씨는 맘에 안들어 가루세제를 반품하려고 하는데 이러한 경우에 이모씨는 세제를 반품할 수 있는가? 또한 가루세제로 인해 옷에 문제가 생겼는데 이에 대해서도 손해배상을 받을 수 있는가?

▶ 김씨는 홈쇼핑의 허위광고만 믿고 물건을 구입하였기 때문에 그로 인해서 손해를 입은 경우에는 사업자를 상대로 손해배상을 청구 할 수 있다. 또한 세제의 성능이 광고와 다르기 때문에 배송된 날부터 3월 이내 또는 광고와 다르다는 사실을 안 날로부터 30일 이내에 청약을 철회할 수 있고, 그 반품 비용 또한 판매자가 부담해야 한다.

〈참고〉 공인인증서

공인인증서는 금융거래나 쇼핑 등을 할 때 필요하고, 더 나아가 민원서류 발급 등 다양한 분야에서 활용 되고 있다. 이로 인해서 일반인들도 공인 인증서를 모르는 사람도 별로 없을 뿐더러 공인인증서 한 두 개 정도는 기본적으로 가지고 있다. 문제는 이러한 공인 인증서 관리에 소홀 하다는 것이다. 공인인증서의 편리함 속에 숨겨진 위험을 예방하기 위해서는 몇 가지 방법을 지킬 필요성이 있다. 공인 인증서를 안전하게 관리하기 위해서는 다음을 확인할 필요가 있다.

① 안전한 비밀 번호를 만들어야 한다.
② PC에 저장하지 않아야 한다.
③ 보안 프로그램은 필수적으로 설치해야 한다.
④ PC방 공용장소에서 이용을 삼가 해야 한다.

(8) 다단계판매

1) 의의

다단계판매란 전통적인 유통망인 도·소매단계를 거치지 않고 소비자들이 판매원이 되어 연쇄적인 소개로 시장을 넓혀가는 판매방식을 말한다.

2) 특징

판매업자가 재화 등을 판매하며 ① 판매업자에 속한 판매원이 특정인을 해당 판매원의 하위 판매원으로 가입하도록 권유하는 모집방식을 취하고, ② 이와 같은 판매원의 가입이 3단계 이상 단계적으로 이루어지며, ③ 판매원이 다른 판매원의 거래실적이나 조직관리 및 교육훈련 등과 관련한 후원수당을 지급받는 방식을 취한다는 점이 있다(방문판매 등에 관한 법률 제2조5호).

3) 등록

다단계판매는 국내에 도입된 이래 피라미드판매와 같은 방식으로 악용되어 피해자를 양산하기도 하였다. 이와 같은 이유로「방문판매 등에 관한 법률」은 다단계판매에 대하여 엄격한 규정을 두고 있다. 다단계판매자는 소정의 서류를 갖추어 공정거래위원회 또는 시·도지사에게 등록하여야 하며, 자본금이 5억 원 이상 이어야 하고, 소비자피해보상보험계약 등을 체결하여야 한다(같은 법 제13조, 같은 법 시행령 제21조). 다단계판매원은 언제든지 다단계판매업자에게 탈퇴의사를 표시하고 탈퇴할 수 있으며, 다단계판매업자는 다단계판매원의 탈퇴에 조건을 부과해서는 안된다.

4) 청약의 철회권

다단계판매의 방법으로 재화 등의 구매에 관한 계약을 체결한 소비자가 청약의 철회를 하는 경우에도 위의 방문판매 및 전화권유판매의 청약의 철회에 관한 내용이 준용된다. 다만, 소비자가 다단계판매원과 재화 등의 구매에 관한 계약을 체결한 경우에는 다단계판매원에게 우선적으로 청약의 철회를 하고, 다단계판매원의 소재불명 등 대통령령이 정하는 사유로 인하여 다단계판매원에 대하여 청약의 철회를 하는 것이 곤란한 경우에 한하여 다단계판매업자에게 청약의 철회를 할 수 있다.

(9) 리콜제도

우리는 여러 매체에서 간혹 여러 물건에 대해서 리콜한다 라는 보도를 접한 적이 있을 것이다. 모 자동차 회사 등에서 생산된 제품을 전량 회수하여 무상 수리를 해준다거나 교환을 해준다는 기사를 보았을 것이다. 이것을 '리콜(recall)'이라고 한다. 즉 "제조업자가 자신이 만든 제품의 흠을 발견 하였을 때 그것을 숨기지 않고 일반 모든 사람이 알 수 있게(공개적으로) 제품의 결함을 인정하고 점검 후에 수리, 교환, 환급 등의 조치를 하는 것을 말한다."

우리나라에서는 1991년 2월 「대기환경 보전법」에 자동차 배출 가스가 허용 기준을 초과하면 해당 사업자에게 결함을 바로잡도록 하는 리콜 제도가 처음 도입된 이래, 품목별로 개별법에 관련 내용을 규정하였다. 1996년에는 「소비자 보호법(現 「소비자 기본법」)」에 개별법의 적용을 받지 않는 모든 소비재 및 용역을 대상으로 한 리콜 제도가 도입되었으며, 이 법을 근거로 하여 세부 리콜 절차를 담은 위해 물품 및 용역의 회수 절차 등에 관한 규정이 1999년 4월에 마련되었다.

결론적으로 회사가 자기 제품에 대해서 결함 이 발생한 경우 그 제품의 결함을 인정하고 조치를 취하는 것은 소비자 보호와 더불어 구입 후에 있는 서비스의 하나라는 것을 알아야 할 것이다. 또 그렇게 하는 것이 당연한 것이고, 제조업체가 리콜로 인하여 회사의 이미지가 추락될 것을 걱정한다면 그 피해는 결국 소비자가 고스란히 피해를 입게 될 것이다.

제8편 경제와 노동법(근로기준법 중심) 관련 일반상식

제1장 노동법의 기초이론

1. 노동법의 생성배경

　자본주의 경제체제를 근간으로 하고 있는 근대 시민사회는 자본주의 경제가 그 발전을 거듭할수록 빈익빈 부익부, 계약관계의 불평등 등 여러 모순점이 나타나게 되었다. 이에 근대시민법질서를 수정·변경하여 이것의 모순을 해결하고, 실질적 평등을 실현하기 위하여 국가권력으로 하여금 근로자를 보호하고 근로관계를 규율할 필요가 생기게 되었다. 이에 따라 생성·발전한 것이 노동법이다. 따라서 근로관계를 총괄하는 법은 일반적으로 노동법으로 표현되는데, 우리 법률에 노동법이라는 이름을 가진 구체적인 단일 법률이 존재하는 것이 아니고 근로관계법을 통칭하여 부른다.

2. 노동법의 의의 및 제정

　자본주의 경제조직하의 노동관계에 대해 규정한 법률을 말한다. 개개 근로자의 근로조건의 최저기준을 국가의 행정감독에 의하여 보호하는 노동보호입법(근로기준법), 근로자의 단결·단체행동의 권리를 용인하는 단결입법이며 쟁의조정과 쟁의행위 행사요건을 정하는 쟁의조정입법(노동조합 및 노동관계조정법), 노동관계에 개입하여 노동관계의 조정을 임무로 하는 기관입법(노동위원회법), 근로자와 사용자가 단체협약의 해결, 근로조건에 관한 사항 등을 협의하는 기관입법(근로자참여 및 협력증진에 관한 법률) 등의 법률들은 사용자의 사회적·경제적 우위와 근로자의 종속관계를 전제로 하여 근로자의 권리를 용인·보호하고 그들의 지위 향상과 노사의 실질적 평등을 도모하기 위한 것으로 이것들을 총칭하여 노동법(1997년 3월 13일 「노동조합법」과 「노동쟁의조정법」을 폐지하고 「노동조합 및 노동관계조정법」을 제정하였고, 「노사협의회법」을 폐지하고 「근로자참여 및 협력증진에 관한 법률」을 제정)이라고 부른다.

제2장 노동기본권

1. 의의

근로자의 생존권을 확보하기 위한 필수적으로 필요한 기본적 권리를 말한다.

이것은 헌법에 보장된 근로권(헌법 제32조 1항)을 비롯한 단결권, 단체교섭권, 단체행동권(헌법 제33조)의 노동3권 또는 근로3권을 말한다.

2. 근로권

헌법에 보장된 근로에 관한 기본적 권리로서 근로의 의사와 능력을 가진 국민이 국가에 대하여 근로의 기회를 보장할 것을 요구하는 권리이다. 이 근로권에서 노동3법 중 노동3법과 근로조건법이 형성되고 있다. 우리 헌법 제32조 1항 전단에서 "모든 국민은 근로의 권리를 가진다"라고 규정하고 있고 하여 헌법적으로 보장하고 있다. 일반적으로 근로권의 내용에는 취업권과 생활비청구권이 있다. 먼저 취업권이란 국민은 누구든지 노동의사와 능력이 있는 한 국가에 대하여 노동의 기회를 요구할 수 있는 권리를 말한다. 생활비청구권이란 노동의 기회를 가질 수 없는 경우에 국민은 국가에 대하여 상당한 생활비의 지급을 요구할 수 있는 권리를 말한다.

3. 노동3권

헌법 제33조 제1항 "근로자는 근로조건의 향상을 위하여 자주적인 단결권, 단체교섭권, 단체행동권을 가진다"고 규정하고 있다. 근로자에게 '단결권, 단체교섭권, 단체 행동권.을 헌법상으로 보장하는 뜻은 근로자가 사용자와 대등한 지위에서 노조를 설립하여 노조를 통한 대등한 단체교섭을 통하여 자율적으로 임금 등 근로조건에 관한 단체협약을 체결할 수 있도록 하기 위한 것이다. 노동3권은 국가공권력에 대하여 근로자의 단결권의 방어를 일차적인 목표로 하지만, 노동3권의 보다 큰 헌법적 보장의미는 근로자단체(노조)라는 사회적 반대세력의 창출을 가능하게 함으로써 노사관계의 형성에 있어서 사회적 균형을 이루어 근로조건에 관한 노사간의 실질적인 자치를 보장하려는데 있다.

노동3권은 국가뿐만 아니라 사용자와의 관계에서도 직접 적용되어 구체적인 보장을 받는 권리이므로 노동3권을 제한하는 근로계약은 직접적인 헌법위반으로 무효가 된다. 그러나 헌법상 보장된 노동3권은 절대적인 권리는 아니고 그 본질적인 면에서는 국가안전보장, 질서유지, 공공복리를 위하여 필요한 경우에는 제한(헌법 제37조)이 가능한 권리이다. 노동3권을 보호하기 위한 법으로 노동조합 및 노동관계조정법, 노동위원회법, 근로자 참여 및 협력증진에 관한 법률 등의 노동단체법이 있다.

제3장 근로계약

1. 근로계약서 양식

근로계약서

고용자(갑)   주식회사 유원전자

서울 강남구 대치동 ○ ○ 대영빌딩 10층

대표이사 한 유 원

근로자(을)   김 원 형(800811-10684XX)

서울 서초구 반포동 ○ ○

전화번호 010-2281-45XX

갑과 을은 근로기준법과 회사의 취업 규칙, 기타 규정들을 성실하게 준수할 것을 서약 하면서 다음과 같이 근로계약을 체결합니다.

1. 근로기간: 20*8년 9월1일부터 20*9년 9월1일까지
2. 근로장소: 갑의 소재지 및 지방의 각 영업 지점
3. 업무내용: 전자에 관련된 AS 및 이와 관련된 업무 일체
4. 근로시간: 09:00부터 18:00까지(12:00부터 13:00까지는 점심식사 및 휴식)
5. 근무일: 매주 월요일부터 금요일까지(토, 일요일은 휴무)

근로계약 양식은 고용노동부 홈페이지⇨ 정보마당⇨ 지주 찾는 자료실⇨ 표준근로계약서

2. 근로계약의 의의

근로계약이란 근로자가 사용자를 위해 근로를 제공하고, 사용자는 근로자의 근로의 대가로 임금을 지급할 목적으로 계약을 맺는 것을 말한다(근로기준법 제2조).

3. 근로계약의 체결

대화를 통해서도 가능하지만 이러한 경우 확실하지 않기 때문에 서면으로 계약서를 작성하는 것이 좋다. 계약서에 근로 계약을 하였으나 이 계약서가 법에서 정한 기준에 미치지 못한 계약서인 경우에는 무효가 되며 그 부분에 대해서는 근로기준법이 정한 내용에 의해 대체된다(근로기준법 제15조).

최저임금제

고용노동부에서는 근로자의 최소 생계를 보호하기 위하여 매년 일정한 임금의 최저 수준을 정하여 사업자로 하여금 최저임금액 이상의 임금을 지급하도록 법으로 강제하는 제도를 시행하고 있다. 사업자는 근로자에 대하여 최저임금이상의 임금을 지급해야 하는데 이를 위반할 시 벌칙을 받는다. 사용자는 3년 이하의 징역 또는 2천만 원 이하의 벌금이 부과된다. 고용노동부는 다음 연도 최저임금에 대한 고시를 매년 8월 5일 까지 결정해서 해야 한다. 2017년 최저임듬액은 6,470원이고 2018년 최저임금액은 1시간에 7,530원(2017년에 비해 16.4% 상승)이다. 2019년의 최저임금액은 시간당 8,350원이고 월급은 1,745,150원으로 결정되었다. 나만 인턴사원과 같이 수습에 있는 자인 경우, 근무 기간이 3개월 이내인 자에 대해서는 시간급 최저임금액의 10%를 감액한 금액을 최저임금액으로 한다(최저임금법 시행령 제3조).

---

(1) 최저취업연령

> **근로기준법 제64(최저 연령과 취직인허증)**는 ① 15세 미만인 자(초·중등교육법에 따른 중학교에 재학 중인 18세 미만인 자를 포함한다)는 근로자를 사용하지 못한다. 다만, 대통령령으로 정하는 기준에 따라 노동부장관이 발급한 취직인허증을 지닌 자는 근로자를 사용할 수 있다.
> **근로기준법 제66조(연소자 증명서)**는 사용자는 18세 미만인 자에 대하여는 그 연령을 증명하는 가족관계기록사항에 관한 증명서와 친권자 또는 후견인의 동의서를 사업장에 갖추어 두어야 한다.

미성년자 역시 사회적으로 약자에 해당되며, 특히 직업 관계에서는 여러 가지 불이익을 받을 가능성이 있으므로 특별히 보호의 대상이 된다.

근로기준법상 미성년자는 만 18세 미만의 사람을 말한다. 만 13세 미만의 자는 일을 할 수 없으며, 만 13세 이상 15세 미만의 자는 고용노동부장관이 발급한 취직인허증이 있어야 한다.

(2) 미성년인 때 계약 당사자와 임금 수령권자

> **근로기준법 제67조(근로계약)**는 ① 친권자나 후견인은 미성년자의 근로계약을 대리할 수 없다. ② 친권자, 후견인 또는 노동부장관은 근로계약이 미성년자에게 불리하다고 인정하는 경우에는 이를 해지 할 수 있다.
> **근로기준법 제68조(임금의 청구)**는 미성년자는 독자적으로 임금을 청구할 수 있다.

미성년자가 일을 하려면 보호자의 동의를 필요로 하고 있다. 그러나 부모가 근로계약을 임의대로 맺을 수는 없다. 왜냐하면 부모가 자녀를 억지로 일을 시키는 경우를 막기 위한 것이다. 따라서 월급도 부모가 대신 받을 수 없고, 본인에게 지급되어야 한다. 반대로, 직장을 그만둘 경우에는 연소근로자를 보호하기 위해 보호자가 본인 대신 계약을 해지 할 수 있다.

4. 근로시간

(1) 만 18세 이상인 경우

> **근로기준법 제50조(근로시간)**는 "① 1주간의 근로시간은 휴게시간을 제외하고는 40시간을 초과할 수 없다. ② 1일의 근로시간은 휴게시간을 제외하고 8시간을 초과할 수 없다."는 규정을 두고 있다.

1일 8시간, 1주 40시간을 초과하지 못한다. 다만 당사자가 합의한 경우에는 1주 12시간 근무시간을 연장할 수가 있다. 이러한 경우에는 임금을 계산함에 있어 통상임금의 50%를 더 지급한다.

(2) 만 15세 이상 만 18세 미만의 경우

> **근로기준법 제59조(근로시간)**는 15세 이상 18세 미만인 자의 근로시간은 1일에 7시간, 1주일에 40시간을 초과하지 못한다. 다만 당사자 사이의 합의에 따라 1일에 1시간, 1주일에 6시간을 한도로 연장할 수 있다.
> **근로기준법 제70(야근근로와 휴일근로의 제한)**은 ① 사용자는 18세 이상의 여성을 오후 10시부터 오전 6시까지의 시간 및 휴일에 근로시키려면 그 근로자의 동의를 받아야 한다.

만 15세 이상 18세 미만의 미성년자는 만 18세 이상에 비해 근로 시간도 적어야 하므로 1일 7시간, 주 40시간을 넘지 못하며, 야간 노동, 휴일 노동도 하지 못한다.

다만, 당사자의 합의가 있는 경우에는 1일 1시간, 1주 6시간 한도 내에서 연장 근무 할 수 있으며, 야간·휴일 노동의 경우에도 연소근로자의 동의와 고용노동부장관의 인가를 얻은 경우에는 연장 근무가 가능하다. 미성년자는 도덕상 또는 보건 상 미성년 근로자에게 해롭거나 위험한 직종에서 일할 수 없다. 그리고 만 18세 미만 근로자를 고용한 사업주는 사업장에 미성년 근로자의 연령을 증명하는 가족관계증명서와 보호자의 동의서를 비치해야 한다.

(3) 임산부

사업주의 입장이 되어 생각해 보면 사업주가 운영하는 공장의 원활한 가동을 위해서는 근로자의 업무능력이 떨어져서는 안 되는 것이다. 그러나 임산부의 경우에는 업무능력이 아무래도 떨어지는 것이 당연할 것이다. 따라서 사업주가 임산부를 바라보는 시선이 곱지는 않을 것이다. 물론 전보다는 좋아졌다 할지라도 임산부를 바라보는 시선은 좋지 않을 것이다. 왜냐하면 임산부는 업무 능력이 떨어지거나 업무에 공백이 생기게 할 수 있는 사람으로 여기기 때문이다. 그러나 우리 사회 전체의 입장에서 바라 볼 경우에는 임산부들이 임신을 하고 출산을 하는 것은 우리 사회 유지를 위해서는 매우 중요하고 가장 기본적인 것이다. 이러한 입장에 근거하여 법으로 규정하여 임신한 임산부들을 보호하고자 노력하는 것이다.

또한 직장의 경우에도 가장 중요한 부분 중의 하나는 임산부를 보호하는 것이다. 근로기준법에서는 "임산부에게 야간·휴일노동, 장시간 노동, 시간 외 노동을 시킬 수 없도록 규정하고 있다. 또한 임산부가 쉬운 근무로 전환해 줄 것을 요구하면 특별한 사정이 없는 이상 전환해 주어야 한다."

이러한 것들이 법률적으로 규정되어 있더라도 사업주가 이러한 법 규정을 제대로 지키지 않을 경우에는 의미 없는 제도가 될 것이다.

(4) 탄력적 근로시간제

업무량이 많고 바쁜 시기의 경우에는 집중적으로 근로시간을 배치하고, 업무량이 별로 없고 한가한 경우에는 근로시간의 배치를 줄이는 것과 같이 근로시간을 탄력적으로 배치함으로써 근로시간을 효율적으로 관리 할 수 있도록 하는 것이 이 제도의 입법취지인 것이다(근로기준법 제51조). 즉, 일정기간을 평균하여 1일간 또는 1주간 근로시간이 법정근로시간을 초과하지 않는 범위 내에서 특정일의 근로시간을 탄력적으로 운용하는 제도를 말한다. 1일 8시간 1주 40시간의 법정근로시간을 변형한 근로시간의 형태이다. 종전의 경우에는 탄력적 근로시간제가 근로자들의 생활리듬에 안 좋은 영향을 주고 근로를 함에 있어 일의 능률이 저하될 것을 우려해 이를 금지했다가 근로시간 유연화를 위해 1997. 3. 13. 근로기준법 제정으로 법제화하였다.

5. 휴가에 대해서

우리가 열심히 직장에서 일을 하고 그에 따른 보상을 받으면서 생활하지만 휴식을 하지 않고, 1년 365일을 계속 일을 하다보면 본인의 일의 능률이 떨어질 뿐만 아니라 일을 하기 싫어 질 수도 있을 것이다. 즉 사람은 일을 하는 것도 중요하지만 때론 쉬어야 일의 능률도 더 올라가는 것이다. 그러나 사업주의 입장에서 보면 근로자가 하루를 쉬면 그만큼 손해라고 생각할 수도 있어서 쉬는 시간을 줄이고 싶어 할수도 있을 것이다. 그래서 근로기준법에서는 근로자의 쉬는 시간을 법으로 보장해주고 있는 것이다.

(1) 휴게 시간

근로기준법 제53조(휴게) ① 사용자는 근로시간이 4시간인 경우에는 30분 이상, 8시간인 경우에는 1시간 이산 휴게시간을 근로시간 도중에 주어야 한다.
② 휴게시간은 근로자가 자유롭게 이용할 수 있다.

위의 조문에서 살펴보았듯이 "4시간 일한 경우 30분 이상, 8시간 일할 경우 1시간 이상을 일하는 도중에 쉬는 시간으로 해야 한다." 그리고 쉬는 시간은 나누어 활용할 수 있으나 너무 잘게 쪼개어 주거나, 일이 다 끝나 갈 즈음에 한꺼번에 주거나 해서는 안 된다. 그러나 가게에서 일하면서 손님이 올 때까지 기다리는 시간의 경우에는 자유로이 쉴 수 있는 휴식시간에 포함되지 않는다. 점심시간의 경우에는 쉬는 시간에 해당된다.

(2) 유급 주휴일

> **근로기준법 제55조(휴일)**는 사용자는 근로자에게 1주일에 평균 1회 이상의 유급휴일을 주어야 한다.

사용자가 근로자에게 1주일에 평균 1회 이상 주어야 하는 임금이 지불되는 휴일을 말한다. 유급주휴일은 소정의 근로일수를 개근한 자에 대해서만 주어야 하는 것이기 때문에, 병고 기타사유로 인해서 소정 근로일수를 채우지 못한 자의 경우에는 유급휴일의 혜택을 받지 못한다. 예컨대, 월요일부터 금요일까지 일을 하고 주말에 쉬러가는 경우에도 일요일 하루 금액을 받는 경우이다.

사업장의 사정에 따라 일요일에 못 쉴 경우에는 다른 요일에 쉬게 할 수 있다. 다만, 4주간 평균 1주의 근무 시간이 15시간 미만이거나, 1주일 중 하루라도 결근한 경우에는 유급 주 휴일을 주지 않을 수 있다.

(3) 월차 · 연차 유급휴가

> **근로기준법 60조(연차 유급휴가)**는 ① 사용자는 1년간 8할 이상 출근한 근로자에게 15일의 유급휴가를 주어야 한다.

유급 주휴일처럼 한 달 동안 약속한 날짜에 모두 일한 경우, 1일의 유급휴가가 주어지는데 이를 월차 유급휴가라고 한다. 즉, 한 달 동안 열심히 일한 경우에는 다음 달 중 하루를 선택하여 쉴 수 있는 것이다. 마찬가지로, 1년 동안 약속한 날짜의 80%이상 일을 한 경우, 그 다음 해에 15일의 연차 유급휴가가 주어진다.

만약 월차나 연차 휴가를 사용하지 못했거나 그 다음 해에 회사를 그만 두는 경우에는 휴가 일수만큼 돈으로 돌려받을 수 있다.

(4) 생리휴가

> **근로기준법 제73조(생리휴가)**는 사용자는 여성 근로자가 청구하면 월 1일의 생리휴가를 주어야 한다.

생리중인 여성 근로자의 경우 연령이나 직종, 결근 여부에 상관없이 월 하루의 생리 휴가를 사용하여 쉴 수 있다. 생리휴가는 미리 휴가를 신청한 경우에는 누구든지 인정받을 수 있는 권리이다.

6. 근로기간

근로기간을 처음부터 서로 간에 정해놓지 않은 경우에는 원칙적으로 1년을 초과하지 않는 범위에서 정해야 한다. 왜냐하면 부당하게 장기간에 걸쳐 근로기간을 정할 경우에는 본인이 일을 그만두고 싶은 경우에도 정해놓은 기간 때문에 근로자가 노동을 계속 강요당할 수 있는 부당한 경우가 생기기 때문에 이를 방지하기 위한 것이다. 그러나 개정된 법의 경우에는 근무기간의 제한 규정을 삭제하였다. 따라서 근무기간의 설정은 회사와 근로자의 합의하에 일정한 기간을 정할 수 있다.

근로조건 명시 방법

근로조건은 말로 설명해도 되지만, 분쟁을 미연에 방지하기 위해서는 서면으로 해두는 것이 좋다(근로계약의 체결에서 설명). 일반적으로 미리 작성되어 있는 회사의 취업규칙에 대해서 제시하고, 특별한 사항에 대해서는 계약서에 따로 명시해둔다. 이때, 임금, 근로시간, 휴일, 휴가에 대한 사항은 서면으로 명시해야 한다.

---

7. 사용자의 의무

근로관계에 있어서 사용자의 의무에 대해서 근로조건을 명확하게 하는 것과 금지사항을 지키는 것으로 나누어 살펴볼 수 있다.

(1) 근로조건을 명확하게 한다.

사용자는 근로자와 근로계약을 맺을 시에 다음과 같은 사항을 명시해야 한다. 임금, 근로시간, 주휴일, 연차 유급휴가, 기타 근로조건(예컨대, 장소와 업무, 취업규칙 중에 꼭 필요한 기재사항 등).

(2) 금지사항을 지킨다.

1) 위약금 또는 손해배상액의 예정을 금지한다.

사용자는 근로자와 근로계약 불이행에 대한 위약금 또는 손해배상액을 미리 정해 두어서는 안 된다. 이러한 것들을 예정할 경우 근로자를 심리적으로 구속하는 결과가 되기 때문에 이러한 것을 막기 위한 것이다(근로기준법 제20조).

2) 빌려간 돈 등과 상계 금지한다.

사용자는 계속 일하는 것을 조건으로 임금을 미리 주거나 돈을 빌려 주고 이를 나중에 받게 될 임금과 상계하기로 할 수 없다(근로기준법 제21조).

3) 강제적인 저축을 금지한다.

사용자는 근로자에게 임금 중 일부를 저축하도록 강요하거나 사용자가 근로자의 저축금을 관리하는 규정들을 둘 수 없다(근로기준법 제22조).

8. 사용자가 근로계약을 위반한 경우

사용자가 근로계약을 체결한 것과 실제 근로조건이 다른 경우에 근로자는 사용자의 근로계약 위반을 이유로 근로계약을 해제할 수 있고, 사용자가 근로조건을 위반하여 근로자가 손해를 입은 경우에는 노동위원회[189]에 신청하여 사용자에게 손해배상을 청구할 수 있다(근로기준법 제19조 제1항).

참고〉 기간제 근로자, 단시간 근로자, 파견근로자의 의의

1. 기간제 근로자

근로계약 시 기간이 설정된 근로자를 말한다. 기간을 정한 사유나 기간의 장단, 계약의 명칭과 관계없이 근로계약에 기간을 정하고 고용되면 모두 기간제 근로자에 해당한다.

---

189) 각 지역별 노동위원회의 주소와 연락처에 대해서는 고용노동부 홈페이지(www.moel.go.kr)에서 검색하면 알 수 있다.

「기간제 및 단시간근로자 보호 등에 관한 법률」(기간제법) 제4조 제1항에 따라 사업주는 2년을 초과하지 않는 범위에서 기간제 근로자를 사용할 수 있다. 만일 기간제 근로계약을 반복해 갱신할 경우에는 계속 근로한 총 기간이 2년을 초과하지 않는 범위에서 가능하다. 기간제 근로자가 2년 이상 근로계약 할 경우 사업주는 기간제 근로자와 무기계약을 체결해야 하지만 다음에 해당하는 경우에는 2년을 초과하여 기간제근로자로 사용할 수 있다.

1. 사업의 완료 또는 특정한 업무의 완성에 필요한 기간을 정한 경우
2. 휴직·파견 등으로 결원이 발생하여 당해 근로자가 복귀할 때까지 그 업무를 대신할 필요가 있는 경우
3. 근로자가 학업, 직업훈련 등을 이수함에 따라 그 이수에 필요한 기간을 정한 경우
4. 「고령자고용촉진법」 제2조제1호의 고령자와 근로계약을 체결하는 경우
5. 전문적 지식·기술의 활용이 필요한 경우와 정부의 복지정책·실업대책 등에 따라 일자리를 제공하는 경우로서 대통령령이 정하는 경우
6. 그 밖에 제1호 내지 제5호에 준하는 합리적인 사유가 있는 경우로서 대통령령이 정하는 경우

2. 단시간 근로자

1주 동안의 소정근로시간이 그 사업장에서 같은 종류의 업무에 종사하는 통상 근로자의 1주 동안의 소정근로시간에 비하여 짧은 근로자를 말한다. 근로기준법에서, 일주일에 15시간 미만으로 일하는 사람을 말한다. 단시간 근로자의 근로조건은 당해 사업장의 동종업무에 종사하는 통상근로자의 근로시간을 기준으로 산정한 비율에 따라 결정함을 원칙으로 한다.

3. 파견근로자

임금을 지급하고 고용관계가 유지되는 고용주와 업무지시를 하는 사용자가 일치하지 않는 경우로 파견사업주가 근로자를 고용한 후 그 고용관계를 유지하면서 근로자 파견계약에 따라 사용 사업주의 사업장에서 지휘와 명령을 받아

사용 사업주를 위해 근로하는 자를 말한다. 근로자 파견의 기간은 원칙적으로 1년을 넘지 못하지만 파견 사업주와 사용 사업주, 파견 근로자 간의 합의가 있는 경우에는 파견 기간을 연장할 수 있다.

제1조(목적)

이 법은 근로자파견사업의 적정한 운영을 기하고 파견근로자의 근로조건등에 관한 기준을 확립함으로써 파견근로자의 고용안정과 복지증진에 이바지하고 인력수급을 원활하게 함을 목적으로 한다.

제2조(정의)

이 법에서 사용하는 용어의 정의는 다음과 같다. [개정 2006.12.21, 2013.3.22] [[시행일 2013.9.23.]]

1. "근로자파견"이라 함은 파견사업주가 근로자를 고용한 후 그 고용관계를 유지하면서 근로자파견계약의 내용에 따라 사용사업주의 지휘·명령을 받아 사용사업주를 위한 근로에 종사하게 하는 것을 말한다.
2. "근로자파견사업"이라 함은 근로자파견을 업으로 행하는 것을 말한다.
3. "파견사업주"라 함은 근로자파견사업을 행하는 자를 말한다.
4. "사용사업주"라 함은 근로자파견계약에 의하여 파견근로자를 사용하는 자를 말한다.
5. "파견근로자"라 함은 파견사업주가 고용한 근로자로서 근로자파견의 대상이 되는 자를 말한다.
6. "근로자파견계약"이라 함은 파견사업주와 사용사업주간에 근로자파견을 약정하는 계약을 말한다.
7. "차별적 처우"라 함은 다음 각 목의 사항에 있어서 합리적인 이유 없이 불리하게 처우하는 것을 말한다.
   가. 근로기준법 제2조 제1항 제5호에 따른 지급
   나. 정기상여금, 명절상여금 등 정기적으로 지급되는 상여금
   다. 경영성과에 따른 성과금

라. 그 밖에 근로조건 및 복리후생 등에 관한 사항

1, 2, 3의 특징은 일하는 시간, 업무방식, 일하기로 한 기간 등에서 일반적인 정규직 근로자와는 다른 고용형태를 지니고 있으며, 불규칙하고 짧은 근로시간, 일반적이지 않은 노무제공의 형태, 언제 해고될지 모르는 지위 등을 특징으로 한다.

9. 임금에 대해

(1) 임금의 의의

근로자는 사용자에게 노동을 지급하고 사용자는 근로자에게 노동의 대가로 지급하는 임금을 말한다. 그러나 일시적 또는 복지 후생 차원에서 지급하는 금품의 경우는 임금에 해당되지 않는다. 예컨대, 경조금, 경영성과금, 생산격려금 등의 경우이다.

임금은 원칙적으로 근로자에게 약속한 날(매월 1회 이상)에 직접 지급해야 하며, 친권자나 대리인에게 지급해서는 안 된다. 그리고 임금을 지급하는 경우에 정해진 날짜에 임금을 지급해야지 그렇지 못하고 제 날짜에서 하루라도 늦은 경우에는 안 되고, 이 경우에 근로자는 사업주에게 자신의 임금을 달라고 할 수 있는 권리를 가진다. 이를 임금채권이라고 한다. 근로자가 사망 또는 퇴직한 경우에 그 날로부터 14일 이내에 임금이나 보상금을 지급해야 한다(근로기준법 제36조).

그렇지 않은 경우에는 그 다음날로부터 20%에 해당되는 지연이자를 추가로 근로자에게 지급해야 한다. 그러나 예외적인 경우도 있다. 예컨대, 천재지변이 발생하거나 임금채권의 존재에 대하여 다툼이 생긴 경우 등 특별한 사유가 있는 경우 기업이 도산을 한 바람에 근로자에게 임금을 지급할 능력이 없는 경우에는 가장먼저 사업주는 임금채권 등 근로관계로 인한 돈에 대해서 근로자에게 먼저 변제를 해 주어야 한다. 이를 임금채권의 우선 변제라고 한다. 그 중에서 최종 3개월의 임금과 최종 3년분의 퇴직금 및 재해보상금 등을 먼저 근로자에게 변제를 해주어야 한다.

(2) 밀린 임금 구제 받을 수 없나?

정규직, 비정규직 및 파트타임 근로자(아르바이트생)들은 힘들게 일을 하고서도 월급을 제 때 받지 못하거나 월급을 떼이는 등 억울한 일을 당하는 경우가 종종 발생한다. 물론 악덕기업주가 고의적으로 이런 행위를 하는 경우도 있을 수도 있고 실제 경기가 안 좋아 월급을 못 받는 경우도 있을 수 있다. 이처럼 부당하게 월급이나 퇴직금을 못 받는 경우에 과연 어떠한 방법에 의해서 월급이나 퇴직금을 받을 수 있는 제도적으로 보장할 수 있는 장치가 있는가?

1) 사업주에게 내용증명을 보낸다.

사업주가 밀린 임금에 대해 지급할 맘이 전혀 없는 경우에는 사업자에게 내용증명에 관한 것들을 우선 보내어 밀린 임금을 지급하지 않을 경우에는 법적대응을 하겠다는 의사를 내 비친다.

2) 고용노동부에 진정서 제출(근로기준법 제104조)

위의 내용증명을 보내서 밀린 임금을 지급하라고 했는데도 불구하고 밀린 임금을 지급하지 않는 경우에는 고용노동부에 신고(진정)한다.

① 진정서 접수
회사의 주소지를 관할하고 있는 지방노동관서의 근로감독관에게 진정을 한다. 진정하는 방법은 "이러한 사유로 인해 밀린 월급을 제때 못 받았으니 도와 달라"는 내용을 적어 제출하면 된다.

② 출석 요구 및 조사
근로감독관은 근로자와 사업주를 상대로 하여 사실 조사를 한다. 이때에 자신의 주장을 입증할 수 있는 자료를 준비해 두면 매우 유리하다.

③ 금품 지급 지시
신고나 진정을 받은 근로감독감은 사실 여부를 확인하고 조사한 후에 사업주의 임금체불 사실이 확인된 경우에는 사업주에게 기간을 정해 밀린 임금을 지불하라고 지시를 한다.

④ 종결 또는 입건 송치

금품 지급 지시에 따라 밀린 임금을 지급하면 별 문제 없이 사건이 종결되지만, 만약 그렇지 않는 경우에는 근로감독관은 해당 사건을 검찰로 송치한다. 근로기준법에 의거해서 임금을 지급하지 않는 사업주는 3년 이하의 징역이나 2천만 원 이하의 벌금형에 처할 수 있다. 다만, 해당 근로자가 사업주의 처벌을 원치 않을 경우에는 공소를 제기할 수 없다. 이러한 과정을 거치고도 밀린 임금과 퇴직금을 받지 못할 경우에는 최종적으로 소송을 통해 구제를 받을 수밖에 없다.

〈순서〉

진정서 접수 → 출석 요구 및 조사 → 금품지급지시 → (금품지급지시 이행): 종결 → (불이행): 입건 송치

---

(3) 법원에 소송제기하기

① 지급명령 신청

청구하는 금액이 적은 경우에는 법원에 '지급명령신청'을 하는 것이 더 유리하다. 지급명령[190]을 신청하면 법원은 근로자가 제출한 서류를 검토한 후에 2주 이내에 사업주가 어떠한 이의를 제기하지 않는 경우에는 명령이 확정되어 판결과 같은 효과가 발생한다. 그러나 사업주가 2주 이내에 이의를 제기할 경우에는 소송절차에 의해서 해결할 수밖에 없다. 소송에 의할 경우에는 별도로 변호사 비를 추가로 지급해야 하는 비용적인 면과 시간적인 문제점이 발생한다.

② 소송절차

소송절차에 앞서 사업주가 재산을 다른 데로 빼돌리지 않게 하기 위해서 재산을 가압류한 후에 소송을 제기하는 것이 바람직하다. 밀린 월급과 퇴직금의 액수가 크면 일반 민사소송을 제기해야 한다. 이럴 경우 미리 가압류를 해두면 나중에 집행을 할 때 곤란을 겪지 않도록 예방을 할 수 있다. 예컨대, 법원에 임금 청구소송을 제기할 때는 노동부에서 발급해주는 '체불금품확인원'을 증거로 많이 제출한다.[191]

---

190) 지급명령은 서류심리만으로 이루어지기 때문에 절차가 신속하고 비용도 적게 든다. 그러나 사업자가 이의를 제기하는 경우에는 정식소송절차로 전환될 수 있어 확정판결보다 효력이 약하다.

소송절차는 일반적인 민사소송 절차에 의해 임금 청구 소송을 진행하면 된다. 사업주가 법원의 판결에 대해 2주 이내에 이의를 제기하지 않으면 판결은 확정된다. 근로자가 임금 청구 소송에서 승소하면 법원의 판결문을 받게 된다. 사업주의 재산 중에서 강제 집행의 대상을 선택하여 법원에 강제 집행 신청을 하면 된다.

현행 근로기준법에서는 근로자의 최종 3개월분의 임금과 최종 3년간의 퇴직금 그리고 재해보상금을 사용자의 다른 저당권자나 채권보다 우선하여 보호받도록 하고 있다. 한편, 임금 또는 퇴직금 채권은 3년 이내에 청구를 해야 받을 수 있으면 그 기간이 지난 경우에는 소멸되어 받을 수 없다.

(4) 도산한 근로자를 보호하기 위한 국가의 체당금 제도

1) 사유

기업이 도산한 경우 근로자를 충분히 보호할 수 는 없기 때문에 '임금채권보장법'이 제정되었다. 임금채권보장법은 퇴직한 근로자가 기업의 도산으로 인하여 임금과 퇴직금을 제대로 받지 못한 경우에 국가가 사업주를 대신해서 근로자에게 최종 3개월분의 임금, 휴업수당과 3년분의 퇴직금을 먼저 지급해주고 있는데, 이를 '체당금'이라고 한다. 체당금을 지급하는 사유는 다음과 같다.

---

① 기업이 법원으로부터 파산선고를 받았거나 회생절차개시 결정을 받은 경우
② 중소기업이 경영악화로 사업이 폐지되거나 폐지과정에 있어 임금과 퇴직금을 지급할 능력이 없거나 지급이 현저히 곤란한 경우.

---

2) 지급 금액

체당금은 위에서 언급했듯이 최종 3개월분의 임금, 휴업수당과 최종 3년분의 퇴직금 중 그때까지 지급하지 않은 금액을 보장한다. 하지만 임금전부에 대해서 국가가 대신 지급하는 것은 아니다. 단지 근로자의 생계유지에 필요한 최소한의 비용을 보장하는 것이다.

---

191) 체불금품확인원이란 "임금이나 퇴직금이 아직까지 지급되지 않고 있다는 사실을 확인해주는 서류를 말한다." 근로자가 주거지 인근 지방노동관서에서 발급 받을 수 있다.

3) 체당금 청구

지급 사유가 발생한 날(파산 선고일 등)로부터 2년 이내에 퇴직할 당시 사업장 관할 지방 노동 행정 기관에 청구하면 받을 수 있다.

> 확인 신청서 기재 사항
>
> 확인 신청서에는 회사의 도산 날짜, 근로자의 퇴직 날짜와 퇴직 당시의 연령, 최종 3개월분의 임금, 또는 휴업수당과 최종 3년 동안의 퇴직금 중에서 사업주로부터 받지 못한 금액, 근로자가 지급받아야 할 체당금 등을 적도록 되어 있다.

10. 업무상 재해에 대한 보상

(1) 산업재해 보상보험 제도(산재보상)의 의의

근로자가 일을 하다가 업무와 관련하여 부상, 질병, 사망한 경우의 피해를 입은 경우 그 손실에 대해 보상을 해주기 위해 마련된 보험을 말한다. 모든 사업장에서 직종이나 고용 형태를 막론하고 단 하루만 근로한 사람, 사업주와 근로자 모두에게 잘못이 없는 상황에서 사고가 발생한 경우, 사업주가 보험에 가입하지 않은 경우[192] 등에도 산재보상을 받을 수 있다.

(2) 업무상 재해가 인정되기 위한 요건

근로자가 산재보상을 청구하여 받기 위해서는 그 재해의 발생 원인이 업무와 연관 되어있는 것이어야 하며 근로자 자신의 중대한 실수인 것이거나 악의적인 목적에 의한 행위는 보상을 받을 수 없다. 그렇다면 업무상 사유에 해당되는 것에 대해서 살펴보면 다음과 같다(시행규칙). 위의 경우는 시행규칙 안에 포함된 내용들인데 이는 산업재해에 해당되는가의 여부를 판단하는 하나의 기준일 뿐이다.

① 업무와 재해 사이에 인과관계가 있을 것

---

192) 상시 근로자 수 1인 이상의 사업장에서 일하는 근로자의 경우 사업주의 보험 가입 여부와 상관없이 산재보상제도의 적용을 받을 수 있다.

② 작업 준비나 마무리 행위 등 필요한 부수적 행위를 하다가 발생한 경우
③ 사업주가 제공한 시설물의 결함 또는 관리소홀로 인해 사고가 발생한 경우
④ 사업주가 제공한 교통수단인 버스를 타고 출퇴근 하던 중 발생한 사고의 경우
⑤ 근로자가 사업주의 지시에 의해서 각종 행사에 참가하던 중 사고를 당한 경우.

중요한 것은 대법원이 어디까지를 업무로 인한 산업재해로 인정하고 있는지 여부이다.

(3) 산재 보험 급여의 종류

① 요양 급여
▶ 업무상 부상 또는 질병으로 인해서 요양이 필요한 경우에 지급한다. 공단이 설치한 보험 시설 또는 산재보험 지정 의료기관에서 요양하게 된다.

② 휴업 급여
▶ 요양으로 인하여 취업하지 못한 기간에 대하여 지급하는 것이다. 1일당 지급액은 평균임금의 70%로 한다.

③ 장해 급여
▶ 치료 종결 후 잔존하는 신체장애에 대하여 장해등급에 따라 지급하는 것을 말한다.

④ 간병 급여
▶ 치료 종결 후에도 간병이 필요하여 실제로 간병을 받는 경우에 지급하는 것을 말한다.

⑤ 유족 급여
▶ 업무상 재해로 인하여 사망한 근로자의 유족에게 지급하는 것을 말한다.

⑥ 상병 보상 연금

▶ 2년 이상 요양 중인 재해자 중에서 폐질 등급[193])이 제1급~제3급에 해당되는 경우에 지급하는 것을 말한다.

⑦ 장의비

▶ 업무상 사망으로 인하여 지급되는 비용을 말한다.

⑧ 재활 급여

▶ 업무상 재해를 입은 사람의 직업훈련 및 직장복귀지원 비용 등을 지급하는 것을 말한다.

(4) 산재보상 신청

산재보상은 재해가 발생한 날 또는 질병이 생겼다는 사실을 안 날로부터 3년 이내에 관할 근로복지공단에 산업재해보상청구서를 제출하여 청구해야 한다. 그런데 문제는 가끔 사업주가 여러 가지 이유로 인해 업무상의 사고로 재해를 입었다는 사실을 확인해주지 않거나 미루는 경우가 발생한다. 이런 경우에는 내용을 적은 진정서를 작성하여 근로복지공단에 제출하면 보험 급여의 지급 여부 및 지급내용을 결정하여 청구인에게 업무상 재해여부를 판단해준다. 청구서를 제출받은 근로복지공단에서는 보험급여를 지급해야 하는 지를 심사하고 결정하게 되는데, 만약 이때 보험금 부지급 결정이 내려지거나 보험금이 너무 적게 결정될 시에는 그러한 결정이 있는 날로부터 90일 이내에 1차로 근로복지공담에 심사를 청구할 수 있다.

1차 심사결정이 나온 결과에 불복한 경우에는 심사결정을 안날로부터 90일 이내에 고용노동부 산업재해보상보험심사위원회에 재심사 청구를 할 수 있다.

재심사 결정에 이의가 있는 경우에는 결정 내용을 안날로부터 90일 이내에 법원에 행정소송을 제기하여 권리를 구제받을 수 있다.

---

193) 폐질등급이란 "신체의 기능적 또는 기질적 장해로 말미암아 노무에 종사하는 것이 금지된 경우와 생명유지를 위하여 필요한 일상생활의 처리 동작(식사, 용변)은 자력으로 할 수 있어도 노무에 종사할 수 없는 상태를 등급으로 설정한 것을 말한다."

Q 저는 2년 11개월 전 아파트 건축공사현장에서 일을 하던 중 잘못 설치된 공작물로 인하여 3층에서 떨어져 허리부상을 당하고 입원치료를 받았습니다. 그리고 며칠 전 퇴원하면서 산재보상금을 받았으나 너무 적다고 생각되는데, 지금이라도 회사에 대하여 추가로 손해배상청구권을 행사할 수는 없는지요?

A 소멸시효제도는 권리자가 자신의 권리를 행사할 수 있음에도 불구하고 장기간 권리를 행사하지 않는 경우 그 권리를 소멸시키는 제도로서, 그 권리의 보호이익이 감소되었고 증거보전이 곤란함과 장기간 계속된 사실적 평온(平穩)보호의 필요성이 있는 등 소송의 적정과 소송경제면에 비추어 인정되고 있으며, 민법은 채권의 종류별로 그 소멸시효기간을 각기 달리 규정하고 있습니다(민법 제162조 내지 제165조 등).

그런데 귀하가 산업재해보상보험법에 의한 보상을 받은 후 사용자의 고의 또는 과실에 대한 책임을 물어 배상을 청구하는 것은 민사상 불법행위로 인한 손해배상청구를 하는 것인데, 불법행위로 인한 손해배상청구권은 '손해 및 가해자를 안 날로부터 3년'과 '불법행위를 한 날로부터 10년'의 기간 중 먼저 만료되는 것에 의하여 권리가 시효소멸 되어 손해배상청구권을 행사할 수 없게 됩니다(민법 제766조). 그리고 판례는 '불법행위를 한 날로부터 10년의 기간을 소멸시효기간에 해당한다고 판시한 바 있습니다(대법원 1996. 12. 19. 선고 94다22927 판결).

위 사안에서 위 사고로 인하여 귀하에게 발생된 손해에 대하여 과실상계 후 산재보상금 중 손익상계가 가능한 부분을 상계한 후 추가로 청구할 부분이 있는지는 별론으로 하고 귀하의 손해배상청구권은 손해 및 가해자를 안 날로부터 3년의 시효기간 만료일이 임박하였으므로 귀하가 손해배상을 청구하려면 일단 소멸시효를 중단시키는 행위가 필요합니다.

소멸시효중단사유로는 재판상청구나 압류, 가압류, 가처분 등의 절차가 있으며, 귀하의 경우는 3년의 시효기간이 만료하기 전에 소장 접수를 하는 방법으로 손해배상청구권을 행사하여 소멸시효를 중단시킬 수 있을 것으로 보입니다. 다만, 즉시 그러한 법적 절차를 거칠 수 없다면 먼저 내용증명우편으로 손해배상을 청구하는 내용의 최고를 할 수 있으며, 이 경우 내용증명우편이 상대방에게 도달된 날로부터 6개월 내에 소송을 제기하는 등의 조치를 취한다면 귀하의 손해배상청구권을 행사할 수 있을 것입니다(민법 제174조).

참고로 소멸시효완성효과에 관하여 판례를 보면, 소멸시효에서 그 시효기간이 만료되면 권리는 당연히 소멸하지만 그 시효이익을 받는 자가 소송에서 소멸시효주장을 하지 아니하면 그 의사에 반하여 재판할 수 없고, 그 시효이익을 받는 자는 시효기간만료로 인하여 소멸하는 권리의 의무자를 말한다고 하였습니다(대법원 1991. 7. 26. 선고 91다5631 판결).

11. 부당노동행위

(1) 부당노동행위의 의의

부당노동행위는 "사업주가 근로자 및 노동조합이 하는 활동을 방해하거나 억압하는 행위를 말한다." 예컨대, 사업주가 노동조합의 단체교섭 요구에 응하지 않거나, 노동조합 결성을 방해하고 근로자들에게 조합을 탈퇴하도록 강요하는 행위, 사업주가 지정한 노동조합 교섭위원과 교섭하겠다고 한 경우 등. 이런 행위는 '노동 3권'을 침해하는 것이므로 법을 통해 규제를 받을 수 있다(노동조합 및 노동관계조정법 제81조).[194]

---

194) 단결권(근로자가 근로조건을 유지, 개선하기 위하여 단결할 수 있는 권리), 단체교섭권(근로자의 단체(노동조합)가 사업주와 근로 조건의 유지와 개선에 대하여 교섭할 수 있는 권리, 단체행동권(근로자가 근로 조건의 유지와 개선을 위하여 사업주에 대항하여 단체적인 행동을 할 수 있는 권리)이 있다.

노동조합 및 노동관계조정법 제81조(부당노동행위)는 사용자는 다음 각 호의 어느 하나에 해당하는 행위(이하 "부당노동행위"라 한다)를 할 수 없다.

1. 근로자가 노동조합에 가입 또는 가입하려고 하였거나 노동조합을 조직하려고 하였거나 기타 노동조합의 업무를 위한 정당한 행위를 한 것을 이유로 그 근로자를 해고하거나 그 근로자에게 불이익을 주는 행위.

2. 근로자가 어느 노동조합에 가입하지 아니할 것 또는 탈퇴할 것을 고용조건으로 하거나 특정한 노동조합의 조합원이 될 것을 고용조건으로 하는 행위. 다만, 노동조합이 당해 사업장에 종사하는 근로자의 3분의 2이상을 대표하고 있을 때에는 근로자가 그 노동조합의 조합원이 될 것을 고용조건으로 하는 단체협약의 체결은 예외로 하며, 이 경우 사용자는 근로자가 그 노동조합에 제명된 것 또는 그 노동조합을 탈퇴하여 새로 노동조합을 조직하거나 다른 노동조합에 가입한 것을 이유로 근로자에게 신분상 불이익한 행위를 할 수 없다.

3. 노동조합의 대표자 또는 노동조합으로부터 위임을 받은 자와의 단체협약 체결 기타의 단체교섭을 정당한 이유 없이 거부하거나 해태하는 행위.

4. 근로자가 노동조합을 조직 또는 운영하는 것을 지배하거나 이에 개입하는 행위와 노동조합의 전임자에게 급여를 지원하거나 노동조합의 운영비를 원조하는 행위. 다만, 근로자가 근로시간 중에 제24조 제4항에 따른 활동을 하는 것을 사용자가 허용함은 무방하며, 또한 근로자의 후생자금 또는 경제상의 불행 기타 재액의 방지와 구제 등을 위한 기금의 기부와 최소한의 규모의 노동조합사무소의 제공은 예외로 한다.

5. 근로자가 정당한 단체행위에 참가한 것을 이유로 하거나 또는 노동위원회에 대하여 사용자가 이 조의 규정에 위반한 것을 신고하거나 그에 관한 증언을 하거나 기타 행정관청에 증거를 제출한 것을 이유로 그 근로자를 해고하거나 그 근로자에게 불이익을 주는 행위의 규정을 두고 있다.

(2) 부당노동행위의 유형

불이익의 취급, 불공정 고용계약, 정당한 이유 없는 단체교섭의 거부 등이 이에 해당된다.

1) 불이익의 취급

근로자가 노동조합에 가입하는 경우, 노동조합의 업무를 위한 정당한 행위를 한 경우, 단체 행동에 참여한 경우, 사업주의 부당노동행위에 대해서 노동위원회에 신고한 경우에 사업주가 이를 빌미로 삼아 그러한 행위를 한 근로자를 해고하거나 감봉 등 여러 가지 인사상·경제상으로 불이익을 주는 행위를 말한다.

> ### 정당한 이유에 의한 해고의 경우
>
> 정당한 이유에 의한 해고는 개별 사안에 따라 판단해야 할 문제이지만, 적어도 근로자와 사용자 간의 근로관계를 계속적으로 유지할 수 없을 지경에 이르러야 한다. 예컨대, 회사에 없어서는 안 될 중요한 전기장치를 조작하는 일을 담당하고 있는 직원이 알코올 중독에 빠져 있는 경우로써 어떠한 일을 하는데 있어서 정신적으로나 육체적으로 적합성이 결여 되거나 직무능력이 현저하게 부족한 경우라면 해고의 정당한 사유가 된다.
> 근로자가 근로계약상의 의무 위반 행위를 했거나 다른 동료들과의 관계 및 기타 경영 내외적인 제도나 환경에 적응하지 못한 경우도 해고의 정당한 이유가 된다. 예컨대, 사용자가 경고했음에도 불구하고 무단결근이나 지각, 조퇴를 계속적으로 반복하는 경우, 근무시간에 잠을 자거나 사적인 전화를 자주 해서 업무에 지장을 주는 경우 등이 이에 해당된다.

2) 불공정 고용계약

근로사가 특정 노동조합에 가입하지 않을 것, 노동조합에서 탈퇴할 것을 고용조건으로 내세우거나 특정 노동조합의 조합원이 될 것을 고용조건으로 내세우는 고용계약을 말한다.

3) 정당한 이유 없는 단체교섭의 거부

사업주가 노동조합과 단체협약을 맺거나 단체교섭하기를 정당한 이유 없이 거부하거나 이를 해태한 경우에는 부당노동행위에 해당된다. 부당노동행위에 해당되는 경우와 부당노동행위에 해당되지 않은 경우에 대해서 몇 가지를 살펴보면 다음과 같다.

① 부당노동행위에 해당되는 경우

▶ 사업주가 단체교섭에 응하지 않은 경우

▶ 노동조합의 교섭 요구를 무시하고 근로자 각자와 개별적으로 근로계약을 갱신하는 경우

▶ 정당한 이유 없이 고의로 교섭을 중지시키는 경우

② 부당노동행위에 해당되지 않는 경우

▶ 교섭권한이 없는 자, 교섭권한이 명확하지 않은 자가 사업주에게 교섭을 요구하는 경우

▶ 노동조합의 교섭 담당자가 1명이 아닌 많은 수여서 정상적인 교섭이 힘든 경우

(3) 부당노동행위를 어떻게 구제 하는가?

사업자가 정당한 이유 없이 근로자를 해고할 경우에는 그 해고는 무효에 해당되고 사업자는 법에 따라 처벌을 받게 된다. 이 경우 근로자는 계속 근로했을 경우 받을 수 있는 임금을 사업자에게 청구할 수 있고, 나아가 사업자가 행한 불법행위에 대해서도 책임을 물을 수 있다는 것이 판례의 태도이다.

부당하게 해고당한 근로자는 사업주의 소재지를 관할하는 지방 노동위원회에 구제를 신청(노동조합 및 노동관계조정법 제82조)하거나, 고용노동부에 진정을 할 수 있다. 지방 노동위원회에 구제를 신청하는 방법과 고용노동부에 진정을 통해 신청하는 방법에 대해서 알아보기로 한다.

1) 지방 노동위원회에 구제를 신청하는 방법

부당노동행위가 있은 날부터 3개월 이내에 지방노동위원회에 구제신청을 하고, 지방노동위원회는 부당노동행위에 대해 지체 없이 조사를 해야 한다. 조사를 한 후 사업주의 부당노동행위가 인정되면 사업주에게 구제 명령을 하고, 사업주의 부당노동행위가 인정되지 않으면 기각을 한다.

근로자가 이에 불복한 경우에는 명령서 혹은 결정서를 송달받은 날로부터 10일 이내에 중앙노동위원회에 재심을 청구할 수 있다. 만약 청구한 재심에 불복할 경우에는 재심판정서를 송달받은 날로부터 15일 이내에 행정소송을 제기할 수 있다.

2) 고용노동부에 진정을 통해 신청하는 방법

고용노동부에 진정서를 접수한 후 조사과정을 거치면 된다. 조사한 결과, 근로 감독관이 사업주가 한 행위가 부당노동행위라고 인정하면 사업주에게 시정명령을 한다. 사업주가 이러한 시정명령을 요구했는데도 불구하고 명령에 따르지 않은 경우에는 형사처벌을 받게 된다.

> **Q** 회사의 사업장 내에 복수노동조합이 존재는 까닭에, 저희 노동조합은 사용자에 대하여 교섭창구단일화 절차의 일부로서 교섭요구사실 공고를 요구하였는데 사용자가 이에 응하지 않은 경우 어떻게 해야 하나요?
>
> **A** 노조법 제81조 제3호에 규정하는 부당노동행위의 의미
>
> 노조법 제81조 제3호는 사용자가 노동조합의 대표자 또는 노동조합으로부터 위임을 받은 자와의 단체협약체결 기타의 단체교섭을 정당한 이유없이 거부하거나 해태하는 행위를 부당노동행위로 규정하고 있는데, 여기서 말하는 '기타의 단체교섭'이란 단체협약의 체결 이외에 단체협약 체결을 위한 일련의 단체교섭 절차를 의미하는 것입니다.
>
> ☞ 사업장 내에 복수노동조합이 존재하는 경우 교섭대표노동조합을 정하는 교섭창구 단일화 절차는 단체교섭에 나아가기 위한 필수적인 절차에 해당하고, 교섭창구 단일화 절차는 노동조합의 사용자에 대한 단체교섭 요구로부터 시작하게 되므로 복수노동조합이 존재하는 사업 또는 사업장의 사용자가 교섭대표노동조합과의 단체협약체결 또는 단체교섭을 거부하거나 해태하는 행위뿐 아니라 교섭대표노동조합을 정하기 위한 교섭창구 단일화 절차를 거부하거나 해태하는 행위 역시 노조법 제81조 제3호의 기타의 단체교섭을 거부하거나 해태하는 것으로서 부당노동행위에 해당합니다.
>
> ☞ 따라서, 복수노동조합 중 하나가 사용자단체에게 임금 및 단체협약 체결을 위한 교섭을 요구하였으나, 사용자들이 위 각 교섭요구에 대하여 어떤 이유로든 교섭을 거부하면서 위 교섭요구사실을 공고하지 아니한 행위 역

시 노조법 제81조 제3항에서 정한 '기타의 단체교섭을 정당한 이유 없이 거부하거나 해태하는 행위'로서 부당노동행위에 해당합니다.

12. 합법적인 파업이란?

'파업'[195]에 대해서 생각해보면 대부분의 사람들은 무질서, 불법, 혼란을 먼저 떠올릴 것이다. 그러나 파업은 '단체행동권'에 포함되어 있는 것이므로 법에 의해서 보장되어 있는 근로자의 권리에 해당된다. 그러므로 단체행동으로 인해 사업주에게 피해를 준 경우라도 민사상, 형사상 책임이 면책된다.

노사 교섭 과정에서의 갈등으로 인해서 발생하는 행위를 '쟁의행위'라 한다. 그러나 쟁의행위를 함에 있어서 모든 행위가 인정되고 존중되는 것은 아니다. 예컨대, 순수한 파업의 경우에는 합법적인 테두리 안에서 행하여 져야 쟁의행위가 인정되고 존중되는 것이다. 쟁의행위를 하기 전에 노사 간에 서로 최선을 다해 협의를 하고, 타협함으로써 이루어지는 것이 최선이지만 도저히 합의에 도달하기 어려워진 경우 외에 다른 방법이 없는 경우에 최후의 수단으로써 쟁의행위를 선택해야 한다.

그렇다고 하더라도 무조건적으로 쟁의행위에 들어가는 것은 인정되지 않고, 노동위원회 등 공공기관이나 제3자에 의한 조정을 먼저 받아 보고, 그래도 안 될 경우에 쟁의행위 찬반투표를 거쳐 할 수 있다.

근로자들은 노무를 제공하지 않은 파업이나, 일부러 일의 능률을 떨어뜨리는 불매운동, 태업, 피켓을 들고 평화적으로 다른 근로자들의 파업 동참을 설득하는 피케팅 등을 할 수 있으며, 사용자측은 이에 대항하여 직장폐쇄[196] 등의 쟁의행위를 할 수 있다.

그러나 쟁의행위를 함에 있어서 물리적 폭력에 의한 행위는 정당성을 인정받을

---

195) 파업: 하던 일을 그만두는 것으로, 쟁의행위에서 가장 기본적인 방법이며, 보통 경제적인 손실을 입히는 방식으로 사업주에 대항하기 위하여 생산 라인을 중단시켜 업무를 일제히 그만두는 행위를 말한다.

196) 직장폐쇄: 노동쟁의가 일어났을 때 사용자가 자신의 주장을 관철시키기 위해 공장이나 작업장을 폐쇄하여 근로자들이 사업장에 들어오는 것을 막고 임금을 지급하지 않는 것을 말하며, 쟁의행위가 종료되면 근로관계가 정상적으로 회복된다는 점에서 해고와 다르다.

수 없다. 즉, 법적 절차에 따라 평화적으로 벌이는 쟁의행위는 의견 주장의 한 방법으로 인정되고 법적으로 보호받을 수 있지만, 절차와 원칙을 무시한 쟁의행위는 불법적인 행위로 제재를 받는다.

이러한 불법적인 쟁의행위는 당사자들 사이나 사회적으로나 피해와 손실을 초래하게 되므로 대화와 타협을 통한 평화적 해결이 언제나 최선의 방법임을 잊지 말아야 할 것이다.

제9편 은행거래 관련 일반상식

1. 은행의 의의

은행법상 금융기관(은행)이란, 은행업을 규칙적·조직적으로 영위하는 한국은행 외의 법인으로서 동법 제8조에 따라 금융위원회의 인가를 받은 자를 말한다(은행법 제2조 제1항 2호). 여기서의 은행업이란 예금을 받거나 유가증권 또는 그 밖의 채무증서의 발행에 의하여 불특정 다수인으로부터 채무를 부담함으로써 조달한 자금을 대출하는 것을 업으로 행하는 것을 말한다(같은 법 제2조 제1항 1호).

은행이 되려면 여신업무(조달한 자금을 대출하는 것 즉 불특정 다수인으로부터 조달한 자금을 빌려주는 업무를 해야 한다는 것)와 수신업무(예금의 수입)병행하여 금융중개 기능을 수행해아 한다. 이러한 은행업을 규칙적이고 조직적으로 영위해야 은행이 될 수 있다. 즉 계획성·계속성을 가지고 반복적으로 해야 하며, 경영자 및 종업원 등 인적 설비와 자본금·영업소·상업장부 등 물적설비를 갖추어 은행업을 영위해야 한다. 그리고 한국은행의 경우 통화당국으로서 통화신용정책을 수립, 집행하는 주체이므로 정책수행의 대상이 되는 은행법상의 금융기관에 해당되지 않는다. 또한 개인이나 조합, 법인격 없는 단체 등은 은행이 될 수 없다.

2. 은행의 기능

은행은 예금을 수입하여 고객의 자금을 안전하게 보관하는 서비스를 제공함과 동시에, 그 자금을 운용하여 얻은 수익을 이자의 형태로 제공함으로서 모든 국민들에게 저축수단을 제공하는 기능을 한다. 그리고 대부 등의 업무를 통하여 자금을 제공함으로써 경제주체로 하여금 원활한 경제활동을 할 수 있도록 보장한다.

은행이 이와 같은 기능을 충분히 발휘하여 국민경제의 발전에 기여하도록 하기 위해서는 그 경영이 건전해야 하며, 은행에 의한 자금배분이 안정적이며 효율적이어야 한다. 또한 은행이 제공하는 서비스가 양질이어야 할 필요성이 있다.

3. 은행에 대한 규제

은행은 주식회사 등 사기업의 형태를 취하고 있기 때문에, 자기책임의 원칙 아래 자유로이 운영될 수 있는 것이나, 다음과 같은 업무의 성격으로 인해 은행법 등에 의해 특별한 규제가 이루어지고 있다.

(1) 은행은 예금자로부터 예금을 수입하여 이를 안전하게 보관해야 하며 또한 저축 수단을 제공해야 하므로, 예금자를 보호한다는 것은 국가경제라는 관점에서 매우 중요하다. 즉 일부의 자산계급 내지 기업가뿐만 아니고 각계각층의 모든 국민으로부터 예금을 수입하는 것이 은행의 가장 기본적인 업무인 만큼 예금의 원금 및 이자 지급을 확실히 이행하여 예금자를 보호해야 한다는 것은 은행제도의 근간을 이루는 것이다.

(2) 은행은 자금의 중개기관으로서 예금자로부터 받아들인 자금을 타인에게 빌려줌으로써 다수의 관계자에게 금융기능을 제공하고 있다. 만일 이러한 기능이 정체되어 버린다면 직접적인 거래처에 손해를 입히게 되는 것은 말할 것도 없고, 신용기구 전체에 중대한 영향을 미치게 된다. 따라서 신용질서를 유지하게 하기 위해서는 은행에 특별한 규제를 가할 필요성은 매우 크다.

(3) 은행은 자금을 필요로 하는 기업, 공공부문 및 개인에게 자금을 공급해 줌으로써 이들이 원활한 경제활동을 할 수 있는 것이다. 그러므로 이러한 자금공급이 공정하고 안정적으로 이루어지지 않는다면 국가경제에 지대한 영향을 미치게 된다.

⇨ 은행법은 이러한 은행규제의 필요성은 은행법 제1조 목적규정에서 다음과 같이 정하고 있다. 즉 "이 법은 금융기관의 건전한 운영을 도모하고 자금중개기능의 효율성을 제고하여 예금자를 보호하고 신용질서를 유지함으로써 금융시장의 안정과 국민경제의 발전에 이바지함으로 목적으로 한다."

이와 같이 은행은 그 업무의 성격으로 말미암아 강력한 공공성을 가짐으로 특별히 법적 규제를 가할 필요성이 있다. 동시에 그 기능을 발휘하여 사회의 요청에 부응하기 위해서는 적정한 경쟁원리에 입각하여 활동할 수 있는 환경적인 부분이 확보되어야 한다.

4. 은행의 업무

은행은 고도의 공공성과 사회성이 요구되는 기업이므로 은행법 및 관계법령이 정한 업무만을 영위할 수 있다. 업무의 범위를 살펴보면 ① 예금·적금의 수입 또는 유가증권 기타 채무증서의 발생, ② 자금의 대출 또는 어음의 할인, ③ 내·외국환, ④ 이들 업무에 부수되는 업무로서 기획재정부장관이 정하여 고시하는 업무에 한정된다(은행법 시행령 제18조의2, 재정부 고시 제2003-13호). ①, ②, ③을 고유업무, ④를 부수업무라 한다. 부수업무로서는 채무의 보증 또는 어음의 인수, 유가증권 투자 및 대여 등 24가지의 종류가 있다. 이밖에 위 업무에는 해당되지 않으나, 대통령령에서 정하는 업무로서 금융위원회의 인가를 받아 은행이 직접 겸영할 수 있는 것으로 신탁업무와 신용카드업무 등, 겸영업무가 있다(은행법 시행령 제18조의3).

(1) 고유업무
1) 예금·적금의 수입 또는 유가증권 기타 채무증서의 발생
① 당좌예금

은행과 당좌계약을 체결한 거래처가 발생한 당좌수표, 약속어음 또는 당좌(수표나 어음 지불을 위하여 넣어 두는 은행 예금) 거래처가 지급인(인수인)인 환어음(발행인이 기명날인 또는 서명을 하여 지급인이 일정한 금액을 수취인에게 지급할 것을 위탁하는 형식의 어음(지급위탁증권)을 말한다) 의 지급을 은행에 위임하고자 개설하는 예금을 말한다(수표법 제3조 참조). 당좌예금은 기업의 결제수단으로 널리 이용되고 있다.

② 보통예금

1원 이상의 단위로 예입 및 인출을 할 수 있는 요구불예금의 전형으로서 거래대상, 예치기간, 입출금 회수 등에 아무런 제한이 없는, 모든 국민이 사용할 수 있는 예금이다. 보통예금의 법적성질에 대해서는 기간을 정하지 않는 금전의 소비임치계약이라 풀이하고 있으며 또한 예입 및 인출이 반복 계속되는 포괄적·계속적 예금거래이다. 구좌개설은 고객본인확인 절차 외에 특별한 조사 없이 은행은 이에 응해야 하며, 고객은 은행의 영업시간 내에는 언제든지 예입과 인출을 할 수 있다.

③ 정기예금

예금자가 이자 수취를 목적으로 예치기간을 사전에 약정하여 일정금액을 예입하는 기한부예금으로서 저축성 예금 중 대표적인 것이다. 정기예금도 고객의 수요에 부응하기 위해 다양한 종유가 개발되어 있다. 그 중 주택청약정기예금과 같이 특정한 목적을 위한 목적부 정기예금의 경우에는 예금주는 예금목적을 중도에 변경할 수 없다. 정기예금은 원칙적으로 예치한도 및 가입대상에 대한 제한은 없으며, 또한 예치기간은 1개월 이상이며 금리는 자유화되어 있다.

이 예금은 예금자의 입장에서는 예치기간 중 인출에 대해 일정한 구속을 받는 대신에, 각종 예금 중에서 이자율이 가장 높아 자금증식 수단으로서 유용하며, 은행의 입장에서도 예입기간 중 별도의 지급준비를 할 필요가 없으므로 안정성 있게 자금을 운용할 수 있는 장점이 있다.

④ 정기적금

계약금액과 계약기간을 정하고 예금자가 일정금액을 정기적으로 압입하면 은행이 만기일에 계약금액을 지급하는 적립식 예금이다. 일반정기적금은 가입대상 및 예치한도에 제한이 없으며 계약기간은 6개월 이상이다.

2) 자금의 대출 또는 어음의 할인

자금의 대출 또는 어음할인은 은행이 일반 공중으로부터 예금 등의 형태로 조달한 자금을 자기의 책임과 재산으로 기업 등에게 공급하는 형태로 중요한 여신업무에 해당한다. 일반적으로 은행대출이란 은행이 이자를 받을 목적으로 고객에게 금전을 대여하는 행위로서, 대체로 고객으로부터 차용증서 또는 어음을 수취하는 방식을 취한다. 법적성질은 소비대차계약이다.

① 증서대출

차주(돈이나 물건을 빌려 쓴 사람)로부터 어음 대신에 차용증서(보통 여신거래약정서를 말함)를 받고 대출하는 것을 말한다. 차용증서는 계약의 성립이나 효력 자체에 영향을 미치는 것은 아니며 계약의 성립과 그 내용을 확인하는 증거서류에 불과하다. 증서대출은 장기대출이 대부분인 관계로 은행은 채권회수를 용이하게 하기 위해서 부동산 등 담보를 요구하는 것이 일반적이다.

② 어음대출

대출채권을 확보하기 위해 차주로부터 약속어음을 수취(남에게서 거두어들임)하고 자금을 공급하는 방식으로 이루어진다. 어음대출은 증서대출에 비해 별도의 어음채권을 가지게 됨으로써 채권회수가 보다 신속하고 정확하게 이루어진다. 약정기간은 2개월 또는 3개월 등 단기대출에 이용된다. 약정기간은 2개월 또는 3개월 등 단기대출에 이용된다.

> 어음: 일정한 금액을 일정한 날짜에 치르기를 약속하는 유가증권

③ 당좌대출

(당좌예금)거래자가 은행과의 사전 약정에 따라 일정 한도 내에서 예금잔액을 초과하여 발생한 수표 및 어음을 은행이 지급함으로써 이루어지는 대출을 말한다. 이 당좌대출은 은행대출 중에서 가장 신속하고 간편하기 때문에 자금의 입출금이 빈번한 기업에게는 매우 편리한 제도이다. 그러나 은행의 입장에서 보면 대출의 규모, 시기 등을 예측할 수가 없어 거래관계가 긴밀하고 신용상태가 양호한 기업에 대해서만 이를 허용하고 있다.

④ 어음할인

만기가 도래하지 않은 어음을 그 소지인이 은행에 양도하고 은행이 만기까지의 이자 및 기타 비용(할인용)을 공제한 금액을 어음소지인에게 지급하는 거래를 말한다. 어음할인은 어음을 보통의 상품과 동일하게 취급한다는 점에서 어음이 소비대차의 차용증서 대신에 사용되는 어음대출과는 구별된다. 어음할인의 법적 성질은 매매로 보는 것이 통설 및 판례의 입장에 해당된다.

3) 내·외국환업무

환(換)이란 채권·채무의 결제 또는 자금수수를 당사자 간의 직접적인 현금수수 없이 은행을 매개로 결제하는 금융거래를 말한다. 이러한 환 수단으로 어음이나 수표가 주로 이용되었으나, 최근에는 컴퓨터의 도입으로 인해 같은 은행의 본점·지점간은 물론, 타 은행 간에도 온라인화가 되어있어 그 이용실적은 현저하게 줄어들고 있다. 특히 계좌이체는 보통예금구과를 가진 일반인에게도 개방되어 있어 오늘날 지급결제에 있어 가장 유력한 수단으로 자리 잡게 되었다.

환거래는 당사자 쌍방이 국내에 있는가, 또는 당사자 일방이 국내에 있는 가에 따라 내국환과 외국환으로 구분된다. 내국환이든 외국환이든 양자의 법률관계는 동일하다. 다만 외국환의 경우에는 통화가 다른 나라 사이에서 이루어지는 자금이동이므로 환율, 즉, 통화간의 교환비율인 환시세가 형성되어 있다는 점에서 차이가 있다. 따라서 외국환의 경우는 외국화폐의 관리, 통제를 위해 부분적으로 외국환 거래법의 통제를 받으며 또한 지정통화에 한하여 환거래가 가능하다. 외국환업무를 하기 위해서는 기회재정부 장관에게 등록하여야 한다(외국환관리법 제8조).

그리고 환업무는 송금환과 추심환으로 구분된다. 송금환에는 금융기관을 통해 채무자가 채권자에게 자금을 송부하고 채권·채무를 결제하는 방식인 송금과, 수취인의 예금구좌에 일정 금액을 입금하는 방식인 계좌이체가 있으나, 전산제도의 발달에 따라 내국환에서는 계좌이체만이 사용되고 있다. 추심환은 채권자가 어음 등의 증권류를 금융기관을 통하여 채무자로부터 추심(어음이나 수표를 가진 사람이 채무자에게 변제를 촉구하는 행위를 회사나 은행 등에 위임하고 위임받은 주체가 이를 행하는 것)하는 방식이다.

① 계좌이체

수취인의 예금구좌에서 일정금액을 입금할 것을 내용으로 하는 환업무로서 이체의뢰인과 송금은행과의 법률관계는 일반적으로 위임계약이라 보고 있다. 이 계약에 따라 의뢰인은 위임사무의 전제로서 이체자금과 수수료를 지급할 의무를 부담하게 되고, 송금은행은 지급은행에 계좌이체통지를 하고 지급은행의 예금계좌에 입금시킬 의무를 부담하게 된다.

② 송금

은행을 중개로 하는 자금의 수수를 말한다. 오늘날 송금은 주로 외국환 분야에서 이용되는 제도인데, 그 이용수단에 따라 수표(송금수표)를 사용하는 보통송금과 우편을 이용하는 우편송금 및 전산송금이 있다. 송금이 계좌이체와 다른 점은 은행이 개입은 하지만 예금계좌가 개입되지 않고 거래가 이루어진다는 점이다. 또한 송금의 경우에는 송금의뢰인이 지정한 수취인과 실제 수취인과의 동일인인가의 여부를 확인해야 하는 등 신속성·안정성 및 간편성에서 계좌이체에 비해 떨어진다는 점이다.

③ 대금추심

은행이 고객, 거래은행 또는 자신의 지점 등의 의뢰에 의하여 각종 유가증권에 입각한 금전채권의 지급을 청구하는 것을 말한다. 대금추심의 대상이 되는 유가증권에는 은행이 지급인 또는 지급장소로 되어 있는 어음·수표 외에 예금증서, 채권 등이 포함된다. 대금추심은 송금·계좌이체와는 달리 자금의 흐름이 지급인으로부터 의뢰인으로 이동하는 것이며, 채권자 측의 행위이며 그 법률상 의미는 채권추심이다. 추심의뢰인과 추심은행, 추심은행과 수탁은행의 관계는 각각 위임관계로 보고 있다.

(2) 부수업무

고유업무에 수반하여 발생하는 것으로 그 범위는 법령상, 기획재정부 고시에 명시되어 있으나, 원칙적으로 적어도 다음과 같은 세 가지 요건을 갖추어야 한다.

① 질적으로 고유업무와의 관련성 내지 유사성이 있어야 한다. 어느 정도 관련성 내지 유사성이 요구되는가라는 점에 대해서는 각 시대적 요청에 따라 은행이 갖는 사회적, 경제적 기능에 비추어 일반통념성 은행이 당연히 할 수 있는 것으로 인정되는 것이면 충분하다고 보고 있다.
② 양적으로 고유업무를 능가할 수 없다는 것이다. 즉 관련성내지 유사성이 인정된다 하더라도 업무량에 있어서 고유업무를 초과할 수 없다.
③ 부수업무는 영업성이 있어야 한다는 것이다. 즉 영리를 목적으로 동종행위를 반복해야 한다.

현재 기획재정부 고시에 의하면 24가지 업무가 정해져 있으나, 반드시 이에 국한되는 것은 아니다. 기획재정부에 대해 각 은행이 개별적인 판단을 의뢰하여 그 결정에 따라 부수업무로서 수용할 수 있도록 하고 있다. 부수업무 중 중요한 것은 다음과 같다.

1) 채무의 보증 또는 어음의 인수

은행의 여신업무 중의 하나로서 양자를 합하여 지급보증이라 한다. 지급보증이란 은행이 고객의 의뢰에 의하여 동 고객이 제3자에게 부담하는 채무(확정채무)의 지급을 약정하거나 보증채무 등 장래에 부담하게 될 가능성이 있는 채무(우발채무)를 인수하는 것을 말한다.

2) 유가증권 투자 및 대여

① 유가증권투자업무

일반은행은 조달한 자금을 대출에 운영하는 외에 유가증권 투자를 통하여 보유자산의 다양화와 수익성 제고를 꾀하고 있다. 일반은행이 보유하고 있는 유가증권으로는 국고채, 통화안정증권, 주식, 사채, 금융채, 지방채 등이 있다.

그러나 유가증권의 경우 시장가치가 수시로 변동되는 위험한 자산이므로 은행법 등에서는 일반은행의 과도한 유가증권투자를 규제하고 있으며, 일반은행이 주식 보유를 통해서 다른 회사를 지배할 수 없도록 하기 위해 한 회사에 일정 한도 이상의 주식 투자를 금지하고 있다. 뿐만 아니라 은행법 및 증권관계 법률에 따라 일반은행이 증권업무 및 증권투자신탁업무를 제한적인 범위 내에서 할 수 있도록 허용하고 있다.

② 유가증권의 대여

대여할 수 있는 유가증권은 국채에 한한다. 대여는 차용자가 차용유가증권을 정부, 공공단체 또는 이에 준하는 기관에 대해 연납담보 또는 보증금의 대용으로 제공하고자 할 때에 한하여 할 수 있다.

제10편 회사 관련 일반상식

1. 회사의 의의

회사란 상행위 기타 영리를 목적으로 설립하는 법인을 말한다. 회사의 영리는 회사 자체의 경제적 이익만 해당되는 것이 아니라 회사의 구성원인 사원 또한 경제적 이익을 배분하는 것이다.

이러한 점에서 사원에게 이익분배가 되지 않는 협동조합, 익명조합[197] 또는 합자조합[198]과는 구별된다.

2. 회사의 종류

상법이 인정한 회사에는 합명회사, 합자회사, 유한책임회사, 주식회사, 유한회사 등 5종이 있다(제170조)[199]

(1) 합명회사

합명회사는 중세 이탈리아와 독일의 상업도시에 있어서의 공동 상속에서 시작되었다. 즉 여러 명의 상속인이 선친의 영업을 공동 상속한 가족적 결합이 오늘날의 합명회사의 기원이다. 합명회사에 관한 최초의 입법은 1673년 프랑스의 상사조례이며, 1807년 프랑스 상법 및 1871년 독일 구상법이 이것을 따른 후 여러 나라의 입법

---

197) 익명조합은 상대방의 영업을 위해 출자하고 그 영업이익을 분배하는 약정계약으로서 회사에 포함되어 있지 않는다(제78조). 내부적으로는 자본가와 경영인이 공동 출자한 기업의 공동형태이고 외부적으로는 영업자의 단독기업으로서 조합의 성격을 가지는 상법상 특수한 계약이다. 익명조합원이 출자한 재산은 영업자의 재산으로 귀속하며 익명조합원은 지분권을 갖지 않는다.
198) 합자조합은 조합의 업무 집행자로서 조합의 채무와 경영에 무한책임을 지는 조합원과 출자액의 한도 내에서 유한책임을 지는 조합원이 상호 출자한 새로운 형식의 조합을 말한다. 합자조합은 이사나 감사 없이 조합원이 공동사업의 경영을 약정하는 상법상 특수한 계약의 성질을 갖는 회사가 아닌 기업형태로서(제86조의 2), 합자회사와 구별되는 것이다.
199) 개정상법의 경우 위의 5종 이외에 '유한책임회사'를 새로 추가하였다. 이는 2011년 11월24일부터 시행한다.

에 영향을 주었다. 2인 이상의 무한책임사원으로 조직되는 회사를 말하며 회사에 대해서 출자의무를 부담할 뿐만 아니라 대외적으로 모든 사원이 회사 채무에 대하여 직접·연대 무한책임을 지는 회사를 말한다. 그러나 1차적인 책임재산은 회사의 재산이므로 사원의 책임은 회사의 재산으로 회사 채무를 완전히 갚을 수 없을 때 지는 보충적 책임이다. 이와 같이 합명회사의 사원은 무거운 책임을 지므로 각 사원은 원칙적으로 당연히 회사의 업무집행기관이 되고 회사를 대표할 권리와 의무를 갖는다. 합명회사는 사원이 회사의 업무를 집행하고, 회사를 대표하며(제207조), 조합의 성향을 갖고 있다. 따라서 회사의 내부관계에 관하여는 정관 또는 상법에 다른 규정이 없으면 조합에 관한 민법의 규정을 준용한다.

합명회사는 상호신뢰관계에 의해 맺어진 소수인으로 구성되고 사원이 무한책임을 지기 때문에 설립절차가 용이하다. 합명회사는 정관의 작성과 설립등기를 함으로써 성립된다. 합명회사를 설립함에 있어서는 먼저 회사설립이라는 공동 사업을 하기 위해 재산·노무·신용의 출자를 하는 것을 내용으로 하는 회사설립을 위한 당사자간의 계약이 있어야 한다. 다음의 절차는 사원이 되고자 하는 2명 이상이 정관을 작성해한다. 사원은 자연인에 한한다. 정관에 기재할 절대적 기재사항은 목적, 상호, 사원의 서명과 주소, 사원의 출자 목적과 그 가격 또는 평가의 표준, 본점과 지점의 주재지, 정관의 작성 연월일, 각 사원의 기명날인 등이다.

(2) 합자회사

합자회사는 10세기경 이탈리아 해상무역에서 유행한 기업가와 자본가의 조합인 코멘다 계약에서 유래되었다. 합자회사는 무한책임사원과 유한책임사원의 이원적 구조로 조직된 회사이다(제268조). 무한책임사원이 경영하는 사업에 유한책임사원이 자본을 제공하여 사업에서 생기는 이익을 분배받는 형태이다. 무한책임사원과 유한책임사원이 각각 1명 이상 있어야 하며, 무한책임사원의 경우는 합명회사의 사원과 동일한 책임을 지고, 유한책임사원의 경우는 회사 채무에 있어서 회사채권자에 대해서 연대책임을 진다. 사업의 경영은 무한책임사원이 하고, 유한책임사원의 경우에는 자본을 제공하여 사업에서 생기는 이익분배에 참여한다. 무한책임사원의 경우 회사의 대표기관이 되는 것이고, 유한책임사원의 경우 감시권만 가질 뿐이다.

합자회사의 경우에도 사단법인에 속하지만 사원간의 개인적 신뢰를 기초로 하기 때문에 실질적으로는 조합적인 성격이 강하며 인적회사에 속한다고 할 수 있다.

(3) 주식회사

① 의의 · 성립 · 해산 등

주식회사는 주주(총사원)의 출자로써 형성되는 자본을 주식으로 균일하게 분할을 하고, 주주는 주식의 인수가액을 한도로 회사에 대하여 출자의무와 회사채권자에 책임을 지는 전형적인 물적 회사를 말한다. 주식회사의 자본금은 원칙적으로 발행주식의 액면총액으로 한다. 주주의 회사에 대한 권리의무는 각자가 가지는 주식의 수에 비례하여 평등한 대우를 받는다. 상법은 주식회사의 최저자본액을 5,000만 원 이상으로 제한하고 있고(제329조 제1항), 회사의 설립시에는 회사가 발행할 예정주식총수(수권주식)의 4분의1 이상을 주식으로 발행해야 하며 그 주식의 인수와 납입이 회사설립의 요건으로 되어 있다(제289조, 제293조, 제295조 참조).

주식회사의 설립에는 7명 이상의 발기인이 회사의 조직, 운영 등에 관한 근본규칙인 정관을 작성하여 기명날인하고(제289조 제1항), 회사의 자본과 기관을 형성하는 절차를 밟게 된다. 자본의 형성과정의 차이에 따라 발기설립과 모집설립의 방법이 있다. 한국의 경우에는 모집설립의 방법을 취하고 있다.

정관에 반드시 기재해야 할 사항이 있는데 상호, 회사가 발행할 주식의 총수, 1주의 금액(5,000원 이상), 회사설립시에 발행하는 주식의 총수, 본점의 소재지, 회사가 공고를 하는 방법(공고는 관보나 시사일간지에 해야 됨), 발기인의 성명과 주소 등 총 8가지에 해당된다. 공증인의 인증을 받음으로써 효력이 발생된다(제292조). 주식회사의 설립은 설립등기에 의해서 비로써 완성된다. 설립행위에 관하여 연대책임을 지며 설립비용을 부담한다(제326조).

상법은 이사의 자격에 대해서 어떠한 제한을 두지 않음으로써 주식회사의 소유와 경영을 분리시키고 있다. 주식회사에 필요한 기관으로는 주주총회, 이사회, 대표이사, 감사가 있다. 주식회사는 다수의 이해관계인이 관여하는 영리단체이고 자본단체이기에 회사의 재산관계에 대해서 명확하게 처리하기 위해 상법은 회사의 회계에 관해 엄격한 규정을 두고 있다(제447조 이하). 주주나 소수 주주의 재무제표 등의 열람권, 회계장부열람권 등에 대해서 인정하고 있다.

주식회사는 존립기간의 만료, 기타 정관으로 정한 사유의 발생, 합병, 파산, 법원의 해상명령 또는 해상판결, 주주총회의 특별결의 등에 의해 해산된다. 재정난에 빠진 회사이나 갱생의 가능성이 보이는 회사의 경우에는 회사정리법에 의해 파산절차가 개시되지 않고 회사정리절차가 개시된다.

② 주식의 종류

⇨ 보통주
▸ 주식의 일반적인 보통의 주식을 말하며, 주주평등의 원칙하에 발생되는 주식의 대부분은 보통주를 말한다. 우선순위는 우선주보다 후순위이다. 주식은 배당 투자보다 시세 차의 투자를 기대하는 투자가 많기 때문에 우선주보다 보통주가 가격이 높다.

⇨ 우선주
▸ 이익배당이나 잔여재산 청산에서 보통주보다 우선적으로 배분받을 수 있는 주식을 말한다. 우선주는 의결권이나 경영권에는 직·간접적으로 참여 없이 안정적인 배당수익을 기대하는 투자자를 위해 발행하는 주식이기 때문에 보통주보다 배당률의 면에서는 높으나 가격에 있어서는 낮게 측정된다.

⇨ 전환주
▸ 주주의 희망의사에 의해서 또는 회사가 일정한 조건에서 다른 주식으로 바꿀 수 있는 전환권을 인정해주는 주식이다. 즉, 전환권이 주주에게 있는 전환주식과 전환권이 회사에 있는 전환주식으로 나눌 수 있다. 진환주식은 회사설립에 자본조달이 용이하다.

⇨ 상환주
▸ 주식 발행시에 일정한 조건하에서 주식의 매입·소각(消却)에 대한 상환조건을 미리 붙여서 일반사채와 같이 상환을 약속받는 주식이다. 상환주는 회사에게 자본 조달방법이 간편하고 투자자에게는 우선배당을 약속받은 후 권면액(券面額) 또는 그 이상의 상환을 받을 수 있어 유리하다.

⇨ 무액면주식(no-par stock)

▸ 액면가액이 정해지지 않은 주식을 말한다. 정관의 규정에 의해 발생이 가능하다. 무액면주식은 신주발행을 하는 경우 발행가격을 자유롭게 정할 수 있어 주가가 하락하는 경우에도 자금조달이 용이하다는 장점이 있다. 그러나 주식의 발행가액 등에 대해서는 투명성과 공정성을 기하기 어려운 단점이 있다.

③ 주식회사의 기관

⇨ 주주총회

주주총회는 주주의 총의에 의해서 회사의 의사를 결정하는 필요적 기관을 말한다. 기업의 소유자인 주주로서 구성한다. 주주총회는 회사의 기본적 사업경영에 대한 결정권을 가지고 있으며, 매년 1회 정기총회를 갖고 필요에 의해 임시총회를 소집할 수 있다.

⇨ 이사

이사는 주주총회에서 선임되며 이사회의 구성원으로서 회사의 업무집행에 대한 의사결정을 하고, 대표이사 등의 직무집행을 감독하는 권한을 갖는다. 이사는 기업비밀유지의무(제382조의 4), 이사회 또는 감사에 대한 보고의무 등이 있다.

⇨ 이사회

이사회는 회사의 업무집행에 대해서 의사결정을 하고 직무집행을 감독하는 기관을 말한다(제387조).

⇨ 대표이사

대표이사는 대내적으로 업무집행을 담당하고 대외적으로는 회사를 대표하는 기관을 말한다(제389조).

⇨ 집행임원

회사는 대표이사에 갈음하여 집행임원을 들 수 있다(제408조의 2 제1항). 집행임원은 회사의 업무집행과 정관이나 이사회의 결의에 의해 위임받은 업무집행에 대한 의사결정을 할 권한을 갖는다.

⇨ 감사・감사위원회

감사는 주주총회에서 선임하며(제409조 제1항), 회사 및 자회사의 이사 또는 지배인 기타의 사용인의 직무를 겸직하지 못한다(제411조). 감사의 권한으로 업무 및 회계 감사권과 조사권(제412조의 2), 총회소집 청구권(제412조의 3) 등이 있다. 또한 회사의 정관에 의하여 감사에 갈음하여 감사위원회를 설치할 수 있다(제415조의 2).

(4) 유한회사

유한회사는 사원 전원이 출자액을 한도로 하여 유한책임을 지는 회사이다. 유한회사는 자본의 단체성과 폐쇄성을 지기고 있기 때문에 소규모회사에 적합한 회사형태이다. 휴한회사의 필요적 상설기관이 있는데 이는 주식회사의 주주총회와 같은 역하는 사원총회와 회사의 업무를 집행하고 회사를 대표하는 이사가 있다(제561조, 제562조).

(5) 유한책임회사

유한책임회사는 회사설립이 용이할 뿐만 아니라 급변하는 기업환경에 적응할 수 있도록 상법이 새로 도입을 한 회사의 형태이다(제287조의 2). 유한책임회사의 사원은 출자액의 한도 내에서 책임을 지는 형태에 있어서는 유한회사와 동일하나, 유한회사와는 달리 이사나 감사 등의 필수기관은 설치하지 않는다.

주식회사의 단점을 보완하여 파트너십(partnership)을 강조하고 주주는 투자한도 내에서만 책임을 지면된다. 유한책임회사는 회사의 기동성과 대표의 책임성을 강화한 회사이다. 주로 미국의 벤처기업에서 이를 채택을 하고 있다. 유한책임회사의 장점을 살펴보면 세금이 가벼워 건설팅, 회계나 법무법인 등 신생 소기업에 유리한 점이 있고, 단점의 경우에는 대규모의 자금을 모으는데 있어서 취약하다.

3. 합작회사와 다국적기업

(1) 합작회사

국내 기업이 외국 기업과 공동으로 자본으로 출자하여 새로운 회사를 설립한 경우, 이 회사를 합작회사라고 한다. 그리고 두 개의 기업이 각각 절반씩 출자하여 설립한 합자회사를 공동자회사라고 한다. 왜냐하면 출자의 규모가 동일하기 때문에 어느 한편에 종속되지 않는다는 점에서 이와 같이 부르고 있다.

합작회사는 통상 주식회사 형태를 취하는 경우가 많다. 따라서 대외적으로는 한국 기업과 외국 기업이라는 2인 주주로서 성립된 주식회사로서 인식되지만, 대내적으로는 조합적인 색채가 강한 폐쇄적 회사라고 할 수 있다. 즉 2인의 주주간에 있어서는 양 당사자 간의 관계에 관한 기본적 사항을 정하는 합작계약이 체결되고 이에 합작회사의 설립 및 운영이 이루어지기 때문이다.

(2) 다국적 기업

일반적으로 특정국에 본사를 두고, 해외의 여러 나라에 그 나라의 법률에 따라 설립된 자회사 또는 계열회사를 두고 국제적인 회사그룹을 형성하여 그룹 내의 재무관리 등은 주로 본사에서 담당하면서 국제적인 규모로 다양한 경영전략을 실현시키는 국제적 거래기업을 말한다고 한다.

다국적 기업은 경영지배를 수반하는 주식투자, 즉 직접투자의 형태로 진출방식을 채택하기 때문에 국경을 초월한 지배 내지 산업에 대한 악영향(발전도상국에 대한 추자가 공업화에 도움을 주는 방향으로 추진되지 않고 역으로 착취하는 방향으로 추진되는 경우)을 끼치는 결과를 초래하거나, 나아가서는 발전도상국의 민족주의를 자극하는 문제 등이 발생하였다. 그래서 1960년대 후반 경부터 발전도상국의 요청에 의해 각종국제기구(예컨대, 경제협력개발기구, OECD 국제노동기구 등) 가 그 실태를 조사하여 행동기준을 작성하는 등 합리적인 방안을 제시한 바 있다.

4. 합병과 영업양도

(1) 합병

둘 이사의 회사가 법정 절차에 따라 하나의 회사가 되는 것을 말한다. 법인격이 하나가 된다는 의미에서 기업결합 형태 중에서 가장 결속력이 강한 것이며, 경제적으로는 기업의 확장, 경영의 합리화, 시장지배 등의 목적을 위해 이루어지는 것이다. 현행 상법상 합병에는 신설합병과 당 이상의 회사가 전부해산하고 별도의 새로운 회사를 설립하여 그 사원과 재산을 그 신회사가 전부 수용하는 것이다. 흡수합병이란 당사자인 몇몇 회사 중에서 한 회사가 존속하고 다른 회사는 모두 해산하여 그 해산한 회사의 사원과 재산이 존속회사에 수용되는 것이다.

우리나라의 경우 합병의 대부분은 흡수합병에 의해 이루어진다. 그 이유는 신설합병에 의해 신설회사가 설립되면, 이에 따라 상장절차, 영업의 인허가절차를 다시 밟아야 하며 신주권 교부 등을 위하여 많은 비용이 들기 때문이다.

상법에서는 합병절차에 관해 합병계약서의 작성 ⇨ 주주총회의 특별결의에 의한 승인 결의⇨ 채권자보호절차 ⇨ 고총회(창립총회) ⇨ 합병 등기라는 복잡한 과정을 거치도록 정하고 있다.

(2) 영업양도 등

영리목적을 추구하기 위하여 영업의 동일성을 유지하면서 영업의 전부 또는 일부를 이전하여 소유와 경영의 법적관계에 변동이 생기게 하는 채권계약을 말한다. 이를 통해서 양도회사가 그 재산에 의해서 영위해왔던 영업직 활동을 양수인에게 승계하고 양도회사는 경업금지의무를 부담하게 된다.

합병과 비교하여 다음과 같은 차이를 지적할 수 있다. 합병은 합병계약의 직접적인 효과로서 회사의 합일이라는 효과를 물권적으로 발생시킨다. 즉 신설회사 또는 존속회사는 소멸회사의 권리와 의무를 승계하지만, 이 경우 일체의 재산이 일괄적으로 당연히 이전하며(포괄승계), 개별적인 권리와 의무에 대해서 특별히 이전행위를 할 필요가 없다. 이에 대해서 영업양도는 당사자회사간의 채권계약으로 이루어지는 것으로, 영업은 하나의 권리로 인정되지 않기 때문에 합병과 같이 포괄적으로 승계할 수는 없으며 영업을 구성하는 각 권리와 의무가 개별적으로 승계됨에 지나지 않는다.

합병은 소멸회사의 영업이 존속회사 또는 신설회사에 포괄적으로 승계되기 때문에 회사 재산상태의 좋고 나쁨이 회사채권자의 입장에서는 중대한 관심사가 되는데에 반하여 영업양도에서는 권리, 의무는 개별적으로 승계되기 때문에 영업상의 채무는 양수인이 채무인수를 하지 않은 이상, 당연히 이전되지 않으므로 채권자의 입장에서 보면 그리 중대한 관심사가 되지 않는다. 이 밖에도 합병의 경우는 재산과 더불어 출자자인 사원도 당연히 수용되나, 영업양도에서는 양도회사가 사원이 양수 회사의 사원이 되는 일은 없다는 점에서 차이가 있다.

그 밖에도 개인법상의 특정승계이므로 단체법상의 포괄승계인 회사합병과 다르다. 소유와 경영의 법적관계에 변동이 생기므로 영업의 경영관계에만 변동이 생기는 영업의 임대차나 경영위임과 다르다는 점 등이다.

> **Q** 저는 중소기업을 운영하고 있는데, 평소 저희 회사의 품질과 신용을 좋게 평가해온 동일업종의 사업가가 저희 회사의 상호(商號)를 사겠다고 합니다. 상호를 팔 수 있는지요?
>
> **A** 상호라 함은 상인이 영업상 자기를 표시하기 위하여 사용하는 명칭을 말합니다. 인간에게 있어 이름이 사회생활상 커다란 역할을 하는 것과 같이 상거래에서의 상호도 마찬가지입니다. 우리가 어느 백화점에 대하여 이야기할 경우 그 백화점의 이름이 없다면 어느 곳에 있는, 무엇을 파는, 어떻게 생긴 백화점이라고 복잡하게 설명해야 될 것이나 甲백화점 또는 乙백화점 등으로 부를 경우 사람들은 곧바로 그 백화점을 식별하게 될 것입니다.
> 원칙적으로, 이렇게 상인의 영업활동에 중요한 역할을 하는 상호는 그 자체에 무형적인 재산으로서 가치가 인정되어 당사자간의 계약에 의해 양도할 수 있는 것입니다. 즉, 상인의 영업이 개인경영형태이거나 주식회사형태이거나 또는 소규모이거나 대규모이거나 간에 그 상호를 양도할 수 있습니다. 그리고 그 상호를 매수한 상인이 제3자에 대하여 자기가 상호를 매수했다는 것을 주장할 수 있기 위해서는 그것을 등기해둘

필요가 있습니다(상법 제25조 제2항).

그런데, 이와 같은 상호의 양도에는 일정한 제한이 있습니다. 즉, 「상법」제25조 제1항에 의하면 상호는 영업을 폐지하거나 영업과 함께 하는 경우에 한하여 양도할 수 있는 것이며, 만일 영업을 폐지하지 않았거나 영업과 분리하여 상호만을 양도하려는 경우에는 양도할 수가 없습니다. 여기에서 영업의 폐지와 관련하여, 위 제한은 양도인의 영업과 양수인의 영업 사이에 혼동을 일으키지 않고 또 폐업하는 상인이 상호를 재산적 가치물로써 처분할 수 있도록 하기 위한 것인 점에 비추어 위 법 조항에 규정된 영업의 폐지라 함은 정식으로 영업폐지에 필요한 행정절차를 밟아 폐업하는 경우에 한하지 않고 사실상 폐업한 경우도 이에 해당한다고 할 것입니다(대법원 1988. 1. 19. 선고 87다카1295 판결).

따라서 위 사안의 경우에도 영업과 상호를 함께 양도하거나, 귀하의 영업을 사실상 폐업한 경우에 제한적으로 상호를 양도할 수 있을 것입니다.

5. 보험

(1) 보험

보험을 나누어 살펴보면 손해보험과 인보험으로 나누어진다.

① 손해보험
▶ 당사자의 일방(보험자)이 우발적인 사고로 인하여 발생하게 되는 재산상의 손해를 보상할 것을 정하고, 상대방(보험계약자)은 이에 대하여 보험료를 지급할 것을 약정하는 계약을 말한다(제638조, 제665조). 예컨대, 화재보험, 운송보험, 해상보험, 자동차보험 등이 있다.

② 인보험
▶ 보험자가 피보험자의 생명이나 신체의 사고가 발생하는 경우 약정한 보험

금액을 지급할 것을 정하고, 상대방(보험계약자)은 이에 대하여 보험료를 지급할 것을 약정하는 계약을 말한다(제638조, 제727조). 예컨대, 생명보험, 상해보험 등이다.

보험자는 보험계약을 체결할 때에는 보험계약자에게 보험약관을 교부하고 그 약관의 중요한 내용을 고지해주어야 하고 약간교부 및 설명의무가 있다. 보호계약자는 보험계약에 대한 내용 중 중요한 사항에 대해 보험자에게 알려줘야 할 고지의무가 있다.

(2) 문제

서면의 동의 없이 생명보험에 들었을 경우 어떻게 되는가?

▶ 상법에는 타인의 사망을 보험사고로 하는 보험계약을 할 때에는 타인의 서면에 반드시 동의를 얻어야 한다. 만약 이러한 동의 없이 계약을 체결할 경우에는 그 계약은 무효가 된다.

제11편 의료분쟁 관련 일반상식

1. 의료분쟁

(1) 의료분쟁의 의의 및 특성

1) 의의

의료사고란 의료에 관계되는 장소(병원)에서 주로 환자를 피해자로 하여 생기는 모든 사고를 포함하는 개념으로서 의료행위가 개시되어 그 종료에 이르기까지의 과정에서 예상치 못한 결과가 발생한 경우를 말한다. 예컨대, 수술기구의 문제로 인해 환자가 수술 도중 문제가 생긴 경우 등이다.

현대사회에서 의료기술과 의학지식의 급속한 발달에도 불구하고 해마다 의료사고에 의한 의료분쟁은 끊이지 않고 있다. 또한 의료사고의 형태는 의사가 전문적 의학지식과 최신의 의료기술을 바탕으로 최선을 다했으나 환자에게 기대된 치료효과가 발생치 않은 경우와 의사의 의료행위 도중에 과실로 인해서 환자의 상태가 이전 상태보다 악화된 결과가 나타나는 경우 등 다양하다.

2) 특징

의료행위는 의사에게는 전문적 판단에 따른 일정 정도의 재량권이 있다는 점, 수술실과 같은 공개되지 않은 공간에서 실시되고 있다는 점으로 인해 분쟁이 일어나는 경우에 환자는 의료행위의 내용을 쉽게 파악하지 못한다는 특징이 있다. 요즘의 경우에는 수술하는 과정을 영상으로 찍기 때문에 예전보다는 그러한 법적 분쟁이 덜 한 편이다. 의료사고 혹은 의료과실에 의한 의료 분쟁은 의사의 진단 단계에서부터 모든 과정에 이르기까지 다양하게 야기된다. 따라서 의료행위를 둘러싼 의사와 환자간의 분쟁이 어떠한 과정에서 어떠한 원인에 의해 발생하였는가 하는 문제에 대한 해결은 고도의 전문적 지식을 필요로 한다.

(2) 의료계약

1) 의료계약의 의의

환자가 의사 또는 병원 등의 의료기관에 진료를 부탁하면, 의사나 병원은 그 요청에 응하여 진료행위를 시작하는데 이때 의사와 환자 사이에는 일정한 법률관계가 발생한다. 이를 의료계약이라고 한다. 의료계약이 체결되면 의사와 환자사이에는 권리와 의무를 서로 부담하게 된다.

의료계약도 일종의 계약에 해당되므로 환자는 맘에 드는 의사를 선택하거나, 계약방식을 함에 있어서 자유롭다. 또한 환자는 위급한 사항이 아닌 경우에 있어 강제진료를 받아야 할 특별한 사정이 없는 경우에는 의료계약에 대해서 언제나 임의에 의해 해지할 수 있다. 반면에 마찬가지로 의사도 환자를 선택할 권리를 가지고 있으나 정당한 이유가 없이는 의료행위를 자체를 거부할 수는 없다. 또한 질병이 완치될 때까지는 정당한 이유가 없는 경우에는 환자에게 불리한 시기에 의료계약을 해지할 수 없다. 의료계약은 다음과 같은 경우에 종료할 수 있다. 예컨대, 의료행위의 종료, 일정한 기간의 만료, 의료계약의 목적이 달성되거나 환자가 사망한 경우 등이다.

2) 의료계약의 당사자

의료계약의 당사자는 의사가 소속한 기관의 종류와 병원의 규모에 따라 달라진다. 단독으로 운영하는 개인병원과 환자가 계약을 맺은 경우에는 의료계약의 당사자는 환자와 개인병원의(진료의사)사이 에 맺은 계약임에 하등의 논란의 여지가 없다. 그러나 담당의사가 종합병원에 소속되어 근무하는 의사라고 하면 계약의 당사자의 관계는 환자와 종합병원에 소속되어 근무하는 의사가 아니고 환자와 병원인 것이다. 이 경우에 담당의사의 경우에는 단지 병원의 단순한 이행보조자에 불과한 것이다. 이런 경우에 해당되는 것은 일반적인의료인 경우에 해당되는 것이고 특진에 의한 의료의 경우에는 환자와 병원계약 이외에도 환자와 담당특진을 하는 의사 사이에 별도의 독립된 의료계약이 체결되는 것이다. 따라서 특진의료에서는 환자와 병원과 담당의사 양자가 계약당사자가 된다.

〈참고〉

가끔 교통사고나 자살기도 등으로 인하여 의식불명의 환자가 병원으로 실려
오는 경우가 있다. 이런 경우에는 의료계약체결의 당사자는 의식불명환자의
가족이 있는 경우에는 그 가족이 의료계약을 하면 되지만, 가족이 없는 경우
에는 의사와 환자간의 의료계약적 법률관계는 성립할 수 없다. 그러나 의사
는 환자나 그 가족의 진료 부탁이 없는 경우라도 우선적으로는 응급조치를
하여 환자를 살려야할 의무가 있는 것이다.

(3) 의료계약의 내용

1) 의사의 의무에 대해서 살펴보면 다음과 같다.

진료의무	의료인은 진료나 조산(助産) 요청을 받으면 정당한 사유 없이 거부하지 못한다(의료법 제15조). 정당한 이유 없이 의사가 진료를 거부한 때에는 민・형사상책임을 지게 된다.
설명의무	의료인은 의료행위를 함에 있어서 환자에게 설명을 해야 할 법적인 의무가 있다. ① 진료상의 설명의무 ② 환자가 치료를 받는 것에 대해서 자기 스스로 결정을 위한 자기 결정 설명의무
진단서 등 교부의무	의료인은 자신이 진찰하거나 검안한 자에 대한 진단서・검안서 또는 증명서 교부를 요구받은 경우에는 정당한 사유 없이 거부하지 못한다(제17조③).
비밀준수의무	의료인은 의료행위를 통해서 알게 된 다른 사람의 비밀을 누설하거나 발표하지 못한다(의료법 제19조). 정당한 이유 없이 비밀을 누설하게 되는 경우에는 형법 제317조 업무상 비밀누설죄가 성립되어 처벌을 받게 된다.
태아성감별 행위 금지	의료인은 태아가 남자아이인지 여자아이인지에 대한 성 감별을 목적으로 임부를 진찰하거나 검사하여서는 안 된다(제20조).
기록열람 등 의무	의료인이나 의료기관 종사자는 환자가 아닌 다른 사람에게 환자에 관한 기록을 열람하게 하거나 그 사본을 내주는 등 내용을 확인할 수 있게 하여서는 안된다(제21조①).
기록열람 등 의무	의료인이나 의료기관 종사자는 환자가 아닌 다른 사람에게 환자에 관한 기록을 열람하게 하거나 그 사본을 내주는 등 내용을 확인할 수 있게 하여서는 안된다(제21조①).

2) 환자의 의무에 대해서 살펴보면 다음과 같다.

진료협력의무	의사가 환자를 위해 치료하기 위해서 요구하는 행위의 경우에 대해서는 환자는 의사에게 협력해야 한다.
고지의무	환자는 평소에 본인이 가지고 있는 질병의 증상·특이체질 등 치료행위를 하는데 요구되어지거나 도움이 되는 사항을 의사에게 숨김없이 고지해야 한다. 환자의 진료협력의무 및 환자의 고지의무는 의료계약상의 법적 의무로서 이를 위반하는 경우에는 의사는 환자에 대한 의료계약을 해지할 수 있다.
의료비지급의무	환자는 병원에서 진료한 부분에 대해서 의료비를 지급할 의무가 있다. 그러나 약정한 의료보수가 최고상한액을 초과하여 과다하게 요구되어진 경우에는 환자가 이에 대해서 신청을 하면 병원은 이에 대해서 검토한 후에 적절한 금액의 의료비를 결정하여 지급을 요구할 수 있다.

3) 판례

의사의 설명의무 위반 관련 판례

① 볼 지방 성형수술과 관련하여 환자에게 수술부위의 함몰가능성에 관하여 설명하지 않는 경우에는 이는 환자가 성형수술을 할 것인가에 대한 수술여부에 대한 선택의 기회를 잃게 하는 것이 되므로 이로 인해 발생된 행위에 대해서 의사의 위자료 지급의무가 발생한다(수원지방법원 판결 2009. 8. 19).

② 의사가 환자에게 실제 시행하는 수술방법에 대해서 자세히 설명해야 할 고지가 있음에도 불구하고 다른 가능한 치료방법에 대해서는 설명해주지 않았다면 이는 설명의무 위반이 될 수 있다(서울고등법원 판결 2004. 2 .9).

(4) 의료분쟁의 법률문제

1) 의료과실의 의의

의료행위가 개시되어 종료될 때까지의 과정에서 환자에게 예상치 못한 문제가 발생하게 되면 이는 의료사고가 된다. 의료사고는 의사의 과실에 의해 발생하는 경우도 있고, 의사의 과실과는 관계없이 예측할 수 없는 상황에서 발생하는 경우가 있다. 의료과실은 이러한 의료사고 가운데 의료행위에 대한 의사의 과실이 있는 경우에 한하여 인정되는 것이다.

2) 의료과실 책임의 요건

환자 측에서 의료과실을 이유로 불법행위에 의한 손해배상을 청구하기 위해서는 의사의 과실로 인한 손해가 발생되는 경우일 때 만 가능하다.

① 의사의 과실

'과실'이란 일반적으로 사회통념상 요구되는 주의의무를 다하지 아니한 것을 말한다. 의사의 과실 역시 위법한 결과의 발생을 예견해야 할 주의의무를 위반한 경우를 의미하는데, 의사의 주의의무를 어떠한 기준에 입각해서 결정하는 것은 쉬운 문제가 아니다. 일반적으로 사회통념상 요구되는 주의의무를 다하지 아니하는 것과는 달리, 사람의 생명을 취급하는 의료행위에 있어서는 고도의 주의의무가 요구된다. 다만, 의료행위 자체도 의학의 발전과 더불어 부단히 변화하는 것이기 때문에 주의의무의 기준의 경우에도[200] 시대와 상황에 따라서 구체적으로 판단해야 할 문제인 것이다. 실무상으로는 의료행위 당시의 '평균적인 의료수준'이 의사의 과실의 판정기준이 되고 있다.

소송상 문제되는 의사의 과실로는 진료상의 과실, 설명의무 위반, 불성실한 진료 등이 있다.

3) 의료사고에 있어 원인과 결과 발생간 인과관계[201]

소송을 함에 있어 의사의 과실에 대한 책임을 묻기 위해서는 문제된 의료사고(원인)와 결과 발생 사이에 인과관계가 존재하여야 한다. 의료사고는 법적 책임을 추궁하기에 충분할 정도의 전제사실이 인정되는 경우가 있어야 증명이 되는 것이다. 즉 합리적 사고를 가진 일반인의 경험적 판단에 비추어 인과관계(원인과 결과사이)존재한다는 사실을 증명할 수 있는 과학적 근거가 존재하면 법적으로 인과관계의 존재가 긍정된다.

---

200) 주의의무의 기준 ① 의료행위 당시의 평균적인 의료수준 ② 진료환경, 조건 ③ 의료행위의 특수성
201) 인과관계: 어떤 행위라도 죄의 요소 되는 위험발생에 연결되지 아니한 때에는 그 결과로 인하여 벌하지 아니한다. 즉, 행위와 결과 사이의 연관성.

4) 입증책임

의료과실의 입증책임은 손해배상청구권을 주장하는 환자가 의료과실의 존재, 손해의 발생, 그 의료과실과 발생한 손해 사이의 인과관계 등을 입증해야 한다. 의료행위는 그 전문성·밀실성·폐쇄성 등으로 인해 비전문가인 환자 측에서 의사의 과실 및 인과관계를 명확히 입증한다는 것은 어려운 일이다. 암수범죄(숨은범죄)라고도 흔히 말하기도 한다. 특히 의사의 과실 여부에 대해서 감정을 하는 감정인의 경우에도 의사가 감정하기 때문에 그에 따른 감정결과에 있어 공정한 결과를 기대하기는 쉽지 않다는 점을 고려한다면 피해자인 환자의 입장에서는 매우 불리한 일이다.

의료사고가 발생한 경우 그 책임이 의사에게 없다는 것을 의사 측에서 입증하지 못하는 경우에는 환자에게 손해배상책임을 진다고 해석할 수 있다.

5) 판례

환자에게 의료행위 이전에 그러한 결과의 원인이 될 만한 결함이 없었다는 사정을 증명한 경우에 있어서는, 의료행위를 한 측(의사)이 그 결과가 의료상의 과실로 말미암은 것이 아니라 환자의 특이체질 등 전혀 다른 원인으로 말미암은 것이라는 입증을 하지 아니하는 이상, 의료상 과실과 결과 사이의 인과관계를 추정하여 손해배상책임을 지울 수 있도록 입증책임을 완화하는 것이 손해의 공평·타당한 부담을 그 지도 원리로 하는 손해배상제도의 이상에 맞는다고 할 것이다(대판 1995.2.10, 선고93다25302).

(5) 의료과실 책임의 법적 근거

1) 손해배상의 원인

의료사고에서 의사의 책임을 물을 수 있는 것은 두 가지 측면에서 간략하게 살펴볼 수 있다.

① 의료계약에 따른 채무불이행 책임을 물을 수 있다.(민법 제390조[202]) 이는 의

---

[202] 제390조(채무불이행과 손해배상) 채무자가 채무의 내용에 좇은 이행을 하지 아니한 때에는 채무자는 손해배상을 청구할 수 있다. 그러나 채무자의 고의나 과실 없이 이행할 수 없게 된 때에는 그러하지 아니하다.

사와 환자사이에 의료계약이 존재하는 경우에 한하여 발생한다.

② 의료상의 과실로 환자에게 손해를 주었다는 점에서 불법행위에 기한 손해배상 책임을 물을 수 있다(제750조[203]). 실무상 보았을 때에는 불법행위에 의한 손해배상책임을 청구하는 것이 일반적이다.

2) 손해배상의 범위

의료분쟁의 경우 분쟁의 주요한 목적은 의료과실로 인해 생긴 손해배상을 청구하여 그에 따른 배상을 받는 것이 궁극적 목적이다. 의료과실로 인해 생긴 손해배상의 청구는 형사상 범위에 해당되는 것 보다는 민법상 손해배상의 범위에 속한다. 손해는 재산적 손해와 정신적 손해(위자료)를 포함하며, 재산적 손해의 경우에는 적극적 손해[204]와 소극적 손해[205]를 포함한다.

(6) 의료분쟁의 해결

의료과실로 인하여 손해가 발생한 환자와 그 상대방인 의사 사이에 손해배상의 문제를 둘러싸고 분쟁이 제기되는 경우 그 해결방법은 크게 두 가지로 요약될 수 있다. 하나는 조정을 통한 해결방법이며, 다른 하나는 민사소송을 통한 해결방법이다.

1) 의료심사조정 위원회에 의한 조정

의료법은 의료행위로 인한 분쟁을 조정하기 위해 의료심사조정위원회를 두고 있다. 현행 의료법은 보건복지부가족부장관 소속의 "중앙의료심사조정위원회"와 시·

---

203) 제750조[불법행위의 내용] 고의 또는 과실로 인한 위법행위로 타인에게 손해를 가한 자는 그 손해를 배상할 책임이 있다.

204) 적극적 손해의 판례: 불법행위로 입은 상해의 후유장애로 인하여 장래에 계속적으로 치료비나 개호비(옆에서 돌보아 줄때 사용되는 비용)등을 지출하여야 할 손해를 입은 피해자가 그 손해의 배상을 정기금에 의한 지급과 일시금에 이한 지급 중 어느 방식에 의하여 청구할 것인지는 원칙적으로 손해배상청구권자와 그 자신이 임으로 선택할 수 있는 것이나, 다만 향후 치료비와 개호비 손해를 산정함에 있어서 피해자의 여명(남아있는 생명)예측이 불확실한 경우에는 피해자가 확실히 생존하고 있으리라고 인정되는 기간 동안의 손해는 일시금의 지급을 명하고 그 이후의 기간은 피해자의 생존을 조건으로 정기금의 지급을 명할 수밖에 없으므로 그와 같은 산정방식을 두고 법원의 재량의 범위를 넘어섰다고 할 수는 없다(대판 2007.7.28, 2000다11317).

205) 소극적 손해의 판례: 불법행위로 입은 정신적 고통에 대한 위자료 액수에 관하여서는 법원이 제반사정을 참작하여 그 직권에 속하는 재량에 의하여 이를 확정할 수 있다(대판 2006.1.26, 2005다47014, 47021,47038).

도지사 소속으로 "지방의료심사조정위원회"를 두고 있다(제70조).

시·도지사는 조정신청을 받은 때에는 분쟁을 조정하기 위하여 이를 "지방의료심사조정위원회"에 분쟁조정을 맡겨야 한다. 중앙의료심사조정위원회 및 지방의료심사조정위원회는 분쟁조정신청이 회부된 날로부터 90일 이내에 조정안을 작성하여 당사자에게 제시하여야 한다.

2) 민사조정제도에 의한 조정

민사조정은 민사와 관련된 분쟁을 법관 또는 법원에 설치되어 있는 조정위원회가 간단한 절차의 방법에 따라 분쟁의 당사자들로부터 각자의 주장을 들은 후에 관계자료를 검토하고, 여러 사정들을 참작하여 당사자들이 서로 양보하고 타협하여 합의를 하도록 주선하고 권고함으로써 쌍방 간 화해에 이르게 하는 법적 절차이다.

민사조정제도는 다른 민사분쟁 해결방법에 비하여 비용이 적게 들고, 간이·신속한 절차에 의하여 진행되므로 누구나 쉽게 이용할 수 있는 장점이 있다.

3) 민사소송

의료분쟁의 당사자 끼리 서로 대화를 통해서 분쟁의 자주적 해결방법에 의해 해결을 하면 좋겠지만 그렇지 못한 경우에는 민사소송을 통해서 그 권리를 구제받을 수 있다. 민사소송은 소의 제기에 의해 개시되고, 법원의 종국판결에 의하여 종결된다.

4) 문제

갑의 딸인 김양은 집으로 귀가하는 도중 교통사고를 당하여 큰 부상을 입었다. 김양이 교통사고를 당한 현장에 있던 증인의 말을 들어보면 큰 부상을 입었지만 김양의 생명에는 지장이 없는 듯 보였다고 진술하였다. 김양은 치료를 받기 위해 을 병원에 갔으나 일요일이라 전문의가 외출 중이라는 이유로 진료를 거부당하여 다른 병원으로 찾아 갔으나 모두 당직의사가 없다는 이유로 인해서 진료를 받지 못하였다. 결국 시간이 많이 지체되어 김양은 결국 사망하고 말았다. 이에 갑은 병원 측에서 딸인 김양을 제 때 치료를 했더라면 딸인 김양은 살 수 도 있었다고 생각하고, 이들 병원을 상대로 하여 김양의 사망에 대한 손해배상책임을 묻고자 하는데 과연 손해배상이 가능한 것인가?

▶ 의사는 급한 환자가 병원 응급실에 오는 경우에는 우선 진료를 해야 할 의무가 있는 것이다. 특히 응급을 요하는 환자에 있어서는 응급의료에 관한 법률에서 정하는 바에 의해서 최선의 처치를 해야 할 의무가 있는 것이다. 이러한 진료의무 위반의 여부, 즉 진료거부를 한 정당한 이유가 존재하는가의 여부는 의사의 책임 성립에 중대한 결과를 초래한다. 진료를 거부할 수 있는 정당한 이유는 정확히 정할 수는 없지만 대체적으로 "의사의 부재 등과 같은 것이 이에 해당 된다". 그러나 단지 의료비가 없다든가, 진료시간 외라는 이유로 진료를 거부하는 것은 정당한 사유에 해당되지 않는다.206) 결론적으로 볼 경우 갑은 의사를 상대로 손해배상책임을 묻기에는 힘들 듯하다. 왜냐하면 진료를 거부할 수 있는 정당한 이유인 의사의 부재에 해당되기 때문이다.

고　소　장

고 소 인 　○ ○ ○ (주민등록번호 : 111111 – 1111111)
　　　　　　○○시 ○○구 ○○길 ○○

피고소인 　김 △ △ (주민등록번호 : 111111 – 1111111)
　　　　　　○○시 ○○구 ○○길 ○○번지 ○○병원
　　　　　　이 △ △ (주민등록번호 : 111111 – 1111111)
　　　　　　○○시 ○○구 ○○길 ○○번지 ○○병원

---

206) 정당한 이유 없이 진료를 개시하지 않아 환자가 사망한 경우: ① 의사의 형사책임으로는, 업무상 과실 또는 중대한 과실로 인하여 환자를 사상에 이르게 한 때에는 5년 이하의 금고 또는 2천만 원 이하의 벌금에 처한다(형법 제268조). ② 환자의 진료나 치료에 대한 요구를 정당한 이유 없이 거부한 경우 1년 이하의 징역 또는 500백만 원 이하의 벌금에 처한다(의료법 제89조).

고 소 취 지

피고소인은 고소인에게 고혈압 및 편두통 치료를 하다가 업무상 과실로 뇌동맥 파열로 인한 지주막하출혈로 사지부전마비 상태에 이르게 한 사실이 있으므로 피고소인을 철저히 수사하여 엄벌에 처해 주시기 바랍니다.

고 소 사 실

1. 고소인은 20○○. ○.경 구토를 동반한 심한 두통으로 피고소인을 사용하고 있는 ○○병원에 내원하여 소화기 내과 전문의인 김△△로부터 진찰을 받았는데, 고혈압으로 의심한 위 의사는 순환기 내과 의사인 A에게 협의진료를 요청하였고, 위 김△△는 검사를 시행한 다음 혈압강하제인 ○○○을 복용토록 하였습니다.

2. 고소인은 위 약물을 계속 복용하였으나 한달 후인 20○○. ○. 중순경 계속된 통증으로 다시 위 병원에 내원 하였는데, 당시 김△△는 고혈압, 일과성 뇌허혈, 뇌막염 의심 하에 정밀진단을 위하여 고소인을 입원토록 하였고 당시 고소인은 두통 및 구토와 함께 목이 뻣뻣하고 목 뒤에서 맥박이 뛰는 듯하며, 말이 어둔하고 전신이 쇠약한 상태였습니다. 한편 피고 김△△는 신경학과 의사인 이△△에게 협진 의뢰를 한 바 별다른 이상 없다는 통보를 받고 편두통 진단을 하여 최종적으로 만성위염, 지방간, 고혈압 진단을 내리고 이에 대한 약물치료를 한 다음 혈압이 다소 안정되자 같은 달 말경 고소인을 퇴원토록 하였습니다.

3. 고소인은 위 병원에 다녀온 뒤 조금 증상이 호전되는 듯하다가 퇴원후 ○개월이 지난 20○○. ○. ○경 새벽 무렵 수면 도중 갑작스럽게 비명을 지르면서 의식을 잃고 쓰러져 즉시 응급실에 내원하게 되었고 이△△는 뇌 CT 촬영을 하였던바, 좌측 뇌실 내 출혈과 함께 좌측 측두엽 끝과 좌우

내실내 출혈 소견을 보여 일단 동정맥기형 파열과 뇌실내 출혈, 종양 출혈과 뇌실 내 출혈, 모야모야병과 뇌실내 출혈, 고혈압성 뇌출혈과 뇌실내 출혈로 진단하였습니다. 그러나 이△△는 고소인의 상태가 좋지 않아 수술예정만 잡아놓고 합병증 발생 예방 치료만을 하였습니다.

4. 이에 고소인은 수술날짜를 기다릴 수 없어서 다른 병원으로 전원하였던 바, 위 병원 의료진은 동맥류파열에 의한 지주막하출혈로 진단하고 재출혈 방지를 위한 외동맥류 경부 결찰술을 시행하였습니다. 그러나 고소인은 수술전 이미 심한 뇌부종에 의한 뇌세포 괴사와 뇌혈관연축에 의한 뇌경색, 뇌수두증 등으로 뇌손상을 입어 위 병원에서 치료를 받다가 다음 해 ○월경 퇴원하였습니다.

5. 한편 위 병원의 진단 결과 현재의 증상(뇌동맥류 파열에 의한 지주막하출혈)은 이미 위 피고소인이 고소인을 진찰하고 치료할 당시인 20○○. ○. ○. 및 같은 해 ○경에 이미 나타났던 것으로 드러났습니다. 뇌동맥류 파열에 희한 지주막하출혈은 갑작스러운 두통 및 구토이외에는 뇌신경학적 증상이 없는 경우가 있으므로 이 경우 신경외과 의사인 이△△와 주치의인 김△△로서는 환자나 발병과정을 지켜본 사람에게서 자세한 병력을 들어 지주막하출혈 가능성을 추정하고 소량의 출혈시에는 반드시 뇌 CT 촬영, 뇌척수액검사 및 뇌혈관 촬영 등을 신속히 시행하여 뇌동맥류 파열로 인한 지주막하 출혈을 확인하였어야 하는 업무상 주의 의무를 위반하여 만연히 즉시 위와 같은 조치를 하지 않고 혈압강하제 만을 투약케 한 업무상 과실로 피고소인을 사지부전마비 상태에 빠뜨렸으니, 조사하여 엄히 처벌하여 주시기 바랍니다.

첨 부 서 류

1. 진단서(A병원 피고소인 작성)

1. 진단서(B병원 의사 작성)

1. 진료기록부(A병원)

1. 진료기록부(B병원)

기타 추후 제출하겠습니다.

20○○년 ○년 ○월

고 소 인 ○ ○ ○ (인)

○○경 찰 서 장(또는 ○○지 방 검 찰 청 검 사 장) 귀 중

제12편 국가 행정 관련 일반상식

제1장 행정법

1. 의의

행정법이란 행정권의 조직과 작용, 행정구제에 관한 공법을 말한다. 즉, 국가기관과 그 상호간의 관계 및 국가기관과 국민과의 관계를 규율하는 법을 말한다. 행정법은 다른 법들과는 달리 통일된 법전의 형식을 가지고 있지 않고 다양한 법의 집합으로 이루어져 있다. 즉, 헌법, 민법, 민소법 등의 여러 법의 영향을 받았다. 행정법을 법학의 꽃이라고도 할 수 있다.

2. 특징

(1) 형식상의 특수성

행정법은 성문법주의를 원칙으로 하고 있고, 통일적인 법전의 미비로 인해 여타 다른 법에 비해서 형식이 다양하다.

(2) 성질상의 특수성

행정법은 획일성과 강행성이다. 개인의 이익과 공인 간의 공정한 조절을 도모하는 합목적성과 합리성을 중심으로 한다. 행정법상 강행법규는 효력규정보다는 단속규정이 많다.

(3) 내용상의 특수성

1) 행정주체의 우월성

행정주체가 우월한 지위에서 국민에게 명령하고 강제하는 법률관계를 규율함을 원칙으로 한다. 그러나 행정주체의 우월적인 지위는 행정주체의 고유한 본질은 아니고 행정목적의 원활한 수행을 위해서 특별히 인정한 것이다.

2) 공익우선성

공익목적을 효율적으로 달성하기 위해서 개인의 이익보다는 공공의 이익에 우선적 가치를 두고 있다.

3) 집단성 · 평등성

행정법은 일반적으로 다수인을 대상으로 규율하고 있기 때문에 그들 상호간에 법적 획일성과 평등성이 보장되도록 해야 한다.

3. 기본원리

행정법의 내용과 역사적 발달과정을 살펴보면 나라마다 차이점이 있겠지만 각국의 행정법에는 공통적인 기본원리가 지배하고 있다. 우리나라의 경우 실질적인 법치주의, 지방분권주의, 복지행정주의 등을 들 수 있다.

4. 행정법관계

(1) 행정상 법률관계의 종류

행정상 법률관계란 국가 등 행정주체가 공권력의 주체로서 우월한 지위에서 행하는 것을 말한다. 따라서 권력관계는 행정주체가 공권력을 행사하기 때문에, 국민에 대하여 일방적으로 명령·강제하거나 일방적으로 법률관계를 형성·변경·소멸시키는 행정작용으로 이루어진다. 예컨대, 경찰행정, 조세행정 등이다.

권력관계에 있어서 행정주체의 행위는 원칙적으로 사법규정의 적용이 배제되고 공법규정 및 공법원리가 적용된다. 이러한 효력상의 특징을 살펴보면 ① 구속력 ② 공정력 ③ 확정력 ④ 강제력 등이 있다.

권력관계에서 분쟁이 발생한 경우에의 소송은 항고소송이나 당사자 소송이 있다. 항고소송은 권력행위 자체의 효력을 다투고자 하는 경우 ② 당사자소송은 권력행위에 따라 형성된 법률관계를 다투고자 하는 경우 여기에는 행정조직법관계와 행정작용법관계로 나누어진다.

1) 행정조직법관계

행정조직이란 국가및 공공단체의 행정기관의 조직 및 권한에 관한체계를 말한다. 여기에는 행정주체 상호간의 관계와 행정조직 내부관계로 나누어 설명할 수 있다. 행정주체 상호관계의 관계는 국가와 지방자치 단체 사이의 감독이나 원조관계, 지방자치단체 상호간의 업무협의나 사무의 위탁 등이 이에 해당되고, 행정조직 내부관계는 상급행정관청과 하급행정관청의 관계 또는 대등한 행정관청 간의 관계, 기관위임사무에 있어 중앙행정기관의 장과 지방자치단체의 장과의 관계를 말한다.

2) 행정작용법적 관계

행정작용법적 관계는 협의의 행정상 법률관계라 한다. 즉, 행정주체와 국민 간의 관계로서 행정작용법적 관계를 말한다. 내용을 살펴보면 공법관계와 사법관계로 나누어진다. 공법관계는 권력관계, 관리관계로 구분되고, 사법관계는 국고관계와 행정상의 사법관계로 구분된다.

① 공법관계
⇨ 권력관계
국가 또는 공공단체 등 행정주체가 공권력의 주체(본래적 공법관계)로서 국민에 대하여 일방적으로 명령, 강제하거나 일방적으로 법률관계를 발생, 변경, 소멸시키는 법률관계를 말한다. 효력상 특질은 우월적 지위, 구속력, 공정력, 확정력, 강제력이다. 소송은 항고소송과 당사자소송을 통해서 할 수 있다.

⇨ 관리관계
국가나 공공단체 등 행정주체가 공권력의 주체가 아니라 재산관리권의 주체로서 공공의 복지사무를 관리하고 경영하는 법률관계를 말한다. 효력상의 특질은 우월적 지위가 인정되지 않는다. 소송은 민사소송을 통해서 할 수 있다.

② 사법관계
⇨ 국고관계
국고관계란 행정주체가 공권력의 주체로서가 아니라 국고, 즉 사법상 재산권의 주체로서 활동하는 관계를 말한다. 이러한 국고관계는 행정주체의 우월적 지위가 인정되지 않을 뿐만 아니라, "같은 성질의 관계에 해당되는 것은 같은 성질의 법률에 의해 규율되어야 한다"는 의미에서 사법이 적용된다. 분쟁을 해결하는 방법은 민사소송을 통해서 할 수 있다. 예컨대, 행정주체와 사인간의 물품매매계약·공사도급계약·건물임대계약 등의 체결, 국공유잡종재산의 매각, 국채·지방채의 모집, 수표발행, 주식회사의 주주가 되는 관계 등의 경우이다.

⇨ 행정상의 사법관계

행정사법이란 행정주체가 '공행정작용'을 '사법의 형식'으로 수행하면서 일정한 '공법적 규율'을 받는 것을 말한다. 행정주체가 공행정작용을 수행함에 있어서 사법의 형식을 선호하는 이유는 사법상의 주체로서 보다 많은 자유를 원하기 때문이다. 왜냐하면 사법상 주체로서의 행정주체는 기본권에 구속되는 공권력 주체로서의 행정주체보다 더 많은 자유를 갖게 되기 때문이다 따라서 행정사법은 행정주체가 헌법과 행정법의 엄격한 기속을 벗어나기 위하여 이른바 사법으로의 도피를 차단하기 위하여 볼프 교수 등에 의하여 발전된 이론이다.

행정사법이 적용되는 전형적인 분야의 예를 들면 다음과 같다. 철도, 주택건설, 폐수나 오물처리, 전기, 수도, 가스, 전화 등의 생활의 배려를 내용으로 하는 급부행정과 보조금지급, 융자, 지불보증 등 경제유도행정의 경우가 된다.

행정사법관계에서는 헌법상 평등권을 비롯한 기본권 보장규정이 적용되며, 비례의 원칙, 신뢰보호의 원칙, 부당결부금지의 원칙, 신의성실의 원칙 등 행정법의 일반원칙이 적용된다. 또한 사법의 원리가 수정되어 적용될 수 있다. 이 점에서 사법의 적용만을 받는 국고관계와 구별된다는 것이 통설적 견해이다. 행정사법은 사법이라는 형식을 취하고 있으므로 특별한 규정이 없는 경우에는 민사소송에 의해서 분쟁을 해결 한다는 것이 통설적 견해이다. 판례의 입장도 같다.

(2) 행정법관계의 당사자

행정법상의 권리능력을 가지는 자로서 권리와 의무의 주체가 되는 것을 말한다. 이에는 행정주체와 행정객체로 구분될 수 있다. 행정주체에는 국가, 공공단체, 국가로부터 어떠한 권한을 부여받은 사인의 경우 등이 있으며, 행정객체에는 보통사인과 공공단체 등의 경우가 있다.

(3) 행정법관계의 특성

행정법관계란 공법인 행정법에 의해서 규율되는 관계를 말한다. 공권·공무원관계 또는 행정주체·국민 간의 법률관계를 말한다. 이러한 관계에 있어서의 행정법관계는 국가가 우월한 지위에 있게 되므로 서로 대등한 당사자간의 법률관계를 규율하는 사법관계와는 다르다.

(4) 행정법관계의 내용

행정법관계의 내용은 행정법관계에서 당사자 간에 발생하는 권리와 의무를 말한다. 행정법관계와 사법관계의 내용과는 본질적 차이가 없다. 왜냐하면 행정법관계의 경우도 권리와 의무 같은 법률관계라 관점에서는 차이가 없기 때문이다.

그러나 엄밀히 구분하여 보면 사법관계의 경우에는 개인간의 사적자치의 원칙에 의해서 권리와 의무의 발생, 소멸이 결정되는 것이고, 행정법관계의 경우에는 행정주체의 일방적인 의사에 따라 결정되는 것이 서로 다른 점이다.

(5) 특별권력관계

국민은 국가 또는 지방공공단체의 일반적 통치권에 복종하는 경우를 일반권력관계라 하고, 일반통치권에 복종하는 모든 자에 대해서 성립되는 것이다. 공법상의 특정목적을 위하여 인정되는 특별권력에 복종해야 하는 경우를 특별권력관계 라하고, 특별한 법률원인에 의해서 공법상의 특별목적에 필요한 한도 내에서 일방이 타방을 포괄적으로 지배할 수 있고 다른 상대방이 이에 복종해야 할 것을 내용으로 하는 관계를 말한다. 예컨대, 공무원의 복무관계, 수형자의 복역관계 등의 경우이다.

제2장 행정작용법

1. 행정입법

행정입법이란 행정주체가 법조의 형식으로 일반적·추상적인 규정을 정립하는 작용을 말한다. 근대법치국가의 경우에 있어서는 국민의 권리·의무에 관한 사항에 대해서 국회에서의 다양한 의결에 의한 입법의 형식으로 정하는 것이 원칙이었으나, 사회적·경제적·기술적 발전에 의해서 국회의원의 전문적 능력의 부족, 충분한 심의를 할 수 있는 시간적 여유의 부족, 또 시대 변천 속도와 법률 개정 속도의 차이라고 하는 점에서 행정권에 어느 정도의 입법권을 인정하여 시시각각 유동적으로 움직이는 사회상태의 변화에 대응하는 것이 필요하게 되었다. 행정입법으로서는 위임명령[207](헌법 제75조, 제95조, 제114조6항)과 집행명령[208]이 인정되고 있다. 또한 긴급조치권(헌법 제76조)에 의한 명령이 법규명령으로서 인정되고 있다.

행정입법에는 법률종속명령은 위임명령과 집행명령(이를 총칭하여 법규명령이라고 한다) 이외에도 법규의 성질을 갖지 않는 행정명령[209]이 있다. 법규명령은 다시 제정기관이 발하는 명령에 따라서 대통령령(대통령이 발하는 명령), 총리령(국무총리가 발하는 명령), 부령(행정 각부의 장이 발하는 명령), 선거관리, 국민투표관리 또는 정당사무관리규칙(중앙선거관리위원회가 제정하는 규칙)으로 나누어진다.

2. 행정행위

(1) 행정행위의 개념과 특수성에 대해

1) 행정행위의 의의

행정권력이 행정법규를 구체적으로 적용하고 집행하는 행위를 말한다. 실정법상의 용어가 아니고 실정법의 이론구성을 위해 발달한 학문상의 개념이므로 그 내용은 학자에 따라 여러 가지 차이가 있으나 일반적으로는 "행정주체가 법 아래에서 구

---

[207] 법률에서 구체적으로 범위를 정하여 위임을 받은 사항에 관하여 발하는 법규명령을 말한다.
[208] 법률을 집행하기 위하여 필요한 사항에 관하여 발하는 법규명령을 말한다.
[209] 행정규칙의 의미로도 쓰인다. 예컨대. 훈령·지시·예규·명령(특허명령 등)

체적 사실에 관한 법집행으로서 행하는 권력적 단독행위인 공법행위(행정주체가 행하는 행위 중 사실행위·사법행위·통치행위·입법행위·관리행위를 제외)의 뜻으로 쓰인다(통설과 판례의 정의이기도 함)." 실정법상의 '행정처분'이라는 용어가 대체로 이에 해당한다.

2) 행정행위의 관념정립의 실익

행정행위 관념정립의 실익은 일반적인 행정청이 일반적으로 국민의 권리나 의무에 변동을 시키거나 확정하기 때문에 타 행정활동에서 찾아 볼 수 없는 공정력, 강제력, 확정력 등의 우월적 지위가 인정된다.

3) 행정행위의 특수성

행정행위는 공권력 내지는 법률상 승인된 우월한 행정의사의 발동이기 때문에 행정주체의 다른 행위나 민법상의 법률행위에 대해서 법률적합성, 공정력, 실효성 등 행정행위에 대한 구제제도의 특수성을 인정하고 있다.

(2) 행정행위의 종류

① 법률효과를 기준으로 수익적 행정행위, 침해적 행정행위, 복효적 행정행위로 나눌 수 있다.
② 행정행위의 내용이 의사표시를 요소로 하느냐 또는 의사표시 이외의 정신작용의 발현을 요소로 하느냐에 따라 법률행위적 행정행위와 준법률행위적 행정행위로 나누어진다.
③ 행정행위의 성립에 상대방의 협력을 요하느냐의 여부에 따라 상대방의 협력을 요하는 행정행위와 협력을 요하지 않는 행정행위로 나누어진다.
④ 법의 구속의 정도에 따라 기속행위·재량행위로 나누어진다.

(3) 행정행위의 내용

행정행위의 내용은 크게 법률행정행위와 준법률행위적 행정행위로 구별되며, 법률행위적 행정행위는 다시 명령적 행정행위와 형성적 행정행위로 구분되고, 준법률행위적 행정행위는 확인, 공증, 수리, 통지로 구분된다.

1) 명령적 행위

국민에 대하여 일정한 의무를 부과하거나 그 의무를 해제하는 것을 내용으로 하는 행정행위를 말한다. 여기에는 하명과 허가가 있다.

① 하명

행정객체로 하여금 작위, 부작위, 수인, 급부 등의 의무를 명하게 하는 행정행위를 말한다. 하명 중에서 특히 부작위를 명하는 행정행위를 금지라고 한다.

② 허가

법규에 의한 일반적 금지(의무)를 특정한 경우에 해제하여 적법하게 사실상 또는 법률상 일정한 행위를 할 수 있도록 자유의 상태를 회복시켜주는 행정행위를 말한다.

2) 형성적 행위

행정객체에게 특정한 권리나 능력 또는 포괄적 법률관계, 기타의 법률상의 힘을 형성, 발생, 변경, 소멸시키는 행정행위를 말한다. 이를 다시 직접 상대방을 위한 행위인 특허가 있고, 타인을 위한 행위인 인가와 공법상 대리가 있다.

① 특허

특정인의 이익을 위하여 일정한 권리·능력을 설정(새로운 법률상의 힘)하는 행정행위를 말한다.

② 인가

당사자의 법률적 행위를 국가가 동의하여 그 행위의 법률상 효력을 완성시켜주는 행정행위를 말한다. 보충행위라고도 한다. 즉 법률행위 중 공익에 밀접한 관계가 있는 행위는 효력발생을 위해서는 행정청의 동의를 요건으로 하고 있는 경우가 있는데, 이러한 경우 행정청이 국민이 행하는 법률행위에 동의를 함으로써 그 효력을 완성시켜주는 행위를 말한다.

③ 공법상 대리

행정주체의 공권력에 의거한 행위로서, 제3자가 해야 할 일을 행정주체가 행함으로써 제3자가 행한 것과 동일한 효과를 발생케 하는 행정행위를 말한다.

3) 준법률행위적 행정행위

준법률행위적 행정행위에는 확인, 공증, 통지, 수리행위 등이 있다.

① 확인

특정한 법률사실 또는 법률관계에 관하여 의문이 생기거나 다툼이 발생된 경우, 행정청이 공적 권위를 가지고 판단하고 확정하는 행정행위를 말한다.

② 공증

특정한 사실 또는 법률관계의 존부를 증명하는 행정행위를 말한다. 예컨대, 면허증의 교부나 각종 증명서의 교부 등의 경우이다.

따라서 공증은 의문의 여지 또는 다툼의 여지가 없는 사항이나 이미 확인된 사항에 대하여 공적권위로서 형식적으로 이를 증명하는 행정행위인 것이다.

③ 통지

특정인 또는 불특정 다수인에 대하여 특정한 사실을 알리는 행정행위를 말한다. 예컨대, 공고나 독촉 등의 경우이다.

④ 수리

행정주체(행정청)가 행정객체의 행위를 유요한 것으로 받아들이는 행위를 말한다.

(4) 행정행위의 부관

1) 의의

행정행위의 효과를 제한하기 위하여 주된 의사표시에 부가된 종된 의사표시를 말한다. 원칙적으로 부관만이 독립하여 강제집행의 대상이 될 수는 없는 것이다. 의사표시에 부가되는 것이므로 법에 직접 정해져 있는 조건이나 기한은 여기서 말하는 부관이 아니다. 이것을 법정부관(法定附款)이라고 말한다. 법정부관이란 법령이 직접 특정한 행정행위의 효력을 제한하기 위해 붙인 것을 말한다. 예컨대, 광업허가의 조건인 광업권의 설정이 등록을 조건으로 하고 있는 것(광업법 제28조)을 말한다.

2) 종류

행정행위 부관의 종류에는 조건, 기한, 부담, 취소권의 유보, 법률효과의 일부배제가 있다.

① 조건

조합성립을 조건으로 하여 하천의 사용을 허가하고(정지조건), 일정기간 내에 공사에 착수하는 것을 조건으로 하여 건축사업을 면허하는 것과 같이(해제조건) 행정행위 효과의 발생 · 소멸을 장래의 불확정한 사실의 성부에 관련시키는 의사표시의 행위를 말한다.

② 기한

행정행위의 효력발생 또는 소멸을 장래 도래할 확실한 사실의 발생에 관련시키는 의사표시를 말한다. 예컨대, ○년 ○월 ○일부터 하천의 사용을 허가한다는 것과 같은(시기) 경우이다.

③ 부담

이익을 부여하는 것에 관한 내용을 주된 의사표시에 부수하여 수익자에게 특정한 의무를 부과하는 행정행위를 말한다. 예컨대 도로나 하천의 사용을 허가한 경우에 그 부관으로서 점용료나 사용료의 납부를 명하고 또는 그 사용방법에 대해서 특별한 제한을 두는 경우이다.

④ 취소권의 유보

주된 의사표시에 부가하여 특정한 경우에 행정행위의 효과를 소멸시키는 경우를 말한다.

(5) 행정행위의 성립요건과 효력요건

행정행위가 유효하게 성립되고 소기의 법률효과를 발생시키기 위해서는 성립요건과 효력요건을 갖추어야 한다. 행정행위가 성립요건을 갖추게 될 경우에는 그 행정행위의 각각의 내용에 따라서 일정한 효력(구속력, 공정력, 확정력, 강제력 등)이 발생한다.

(6) 행정행위의 하자

행정행위는 주체, 절차, 내용, 형식에 있어서 법이 정하는 적법한 요건을 갖추어야만 성립된다. 효력이 발생하려면 상대방에게 통지해야 한다.

위의 요건을 구비하지 못한 행위를 하자 있는 행정행위라고 한다. 하자있는 행정행위는 처음부터 효력이 부인되는 무효의 행정행위, 행정청이나 법원에 의해서 취소할 수 있는 행정행위, 행정행위라고 볼 수 있는 외형조차 존재하지 않는 행정행위의 부존재가 있다.

3. 행정절차

(1) 의의

행정권 행사의 법적절차를 말한다. 즉 행정활동이 시작되어 끝날 대까지의 일련의 과정을 말한다.

(2) 행정행위의 필요성

행정의사의 형성과정에 있어서 이해관계인을 참여시킴으로써 행정운영의 공정화와 민주화를 기할 수 있다. 예방적 권리구제를 통하여 사법적 구제제도의 결점을 보충할 수 있다. 예컨대, 청문·공청회 등의 경우. 행정절차를 표준화시킴으로써 행정의 원활화를 도모시키는데 있는 것이다.

(3) 행정절차의 주요내용

① 규칙제정절차

행정입법의 절차로서 규칙안을 공표하여 국민이 규칙제정절차에 참여하는 기회를 보장하고자 하는 것을 말한다.

② 사전고지(통지)

일정한 행정작용을 하기 전에 이해관계인에게 청문의 일시, 장소, 사유 등을 알려주는 것을 말한다.

③ 청문

행정기관이 규칙의 제정, 쟁송의 재결, 결정처분 등의 행위를 행할 대에 미리 이해관계인의 의견을 듣는 일련의 절차를 말한다. 이때에 이해관계인에게 자신의 의견을 진술하거나 자기에게 유리한 증거를 제출할 수 있는 기회를 제공한다.

④ 결정이유의 명시

확인적 행위 또는 부담적 행정행위를 하는 경우 행정청이 그 결정의 이유를 명시하도록 요구하는 문서로써 행정행위를 하도록 의무화하고 있는 것을 말한다.

⑤ 입법예고

행정절차법은 행정에 대한 예측가능성의 확보 및 국민의 행정의 참여와 행정시책에 대한 이해를 도모시키고자 국민생활에서 매우 중요한 의미를 가지는 일정한 행정시책에 대해서는 미리 예고토록 하고 있다.

4. 행정법상의 의무이행 확보수단에 대해

(1) 개관

행정법상의 의무이행 확보수단에는 행정강제와 행정상의 제재로 나누어 살펴 볼수 있다. 행정법상의 행정강제는 행정상 강제집행과 행정상 즉시강제로 나누어 살펴 볼 수 있다. 행정상의 제재는 행정벌과 그 밖의 수단으로 나누어 살펴 볼 수 있다. 행정강제는 행정 목적을 달성하기 위하여 개인의 신체나 재산에 대하여, 그 의사에 반하여 실력을 가하는 행정 작용을 말한다. 즉, 직접적으로 의무의 이행을 실현하기 위한 것을 말한다. 행정상의 제재는 행정상의 제재는 과거의 의무위반에 대한 제재를 직접 목적으로 하는 것을 말한다.

(2) 행정상의 강제집행

1) 행정상 강제집행의 의의

행정법상의 국민의 의무불이행에 관해서 의무불이행한 국민의 신체와 재산에 실력을 행사하여 그 의무를 이행케 하거나, 이행된 것과 똑같은 상태를 실현하는 행정작용을 행정상 강제집행이라고 한다. 예컨대, 불법건축을 할 경우에 그 건축물에 대한 강제철거행위를 하는 경우 등이다.

2) 행정상 강제집행의 수단

① 대집행

대체적 작위의무에 대한 이행을 그 의무자가 이행치 않을 경우 행정청이 의무자가 행할 작위의무를 직접 행하거나, 제3자로 하여금 행하게 하고 그 비용을 의무자에게 징수하여 행정의 목적을 실현시키는 강제집행의 수단을 말한다(행정대집행법 제2조). 대집행은 행정상의 강제집행 수단의 일종으로 이에 관한 일반법으로 행정대집행법이 있으며, 그 외에도 몇몇의 단행법들이 대집행에 관한 규정을 두고 있다(토지수용법 제64조, 건축법 제33조의3). 대집행을 행 할 수 있는 자는 당해 행정청이다(대집행법 제2조). 당해 행정청이란 당초에 의무를 명하는 행정행위를 한 행정청을 일컫는다. 대집행의 대상이 되는 것은 행정처분에 의해 명해진 의무를 말한다. 예컨대, 법률이나 법률의 위임에 의한 명령, 지방자치단체의 조례에 의하여 직접 명령되거나 이를 법령에 의거한 행정청의 명령 등이 이에 해당된다(행정대집행법 제2조). 대집행을 하기 위한 요건으로는 의무의 불이행이라는 사실이 있고, 다른 수단으로써 그 이행을 확보하기 곤란하며, 그 불이행을 방치함이 심히 공익을 해치는 것이라는 점이 인정되어야 한다(행정대집행법 제2조).

② 직접강제

행정상의 강제집행의 한 수단으로서 행정상의 의무의 불이행의 경우에 직접적으로 의무자의 신체 또는 재산에 실력을 가함으로써 행정상 필요한 상태를 실현하는 작용을 말한다. 의무불이행을 전제로 하는 점에서 그것을 전제로 하지 아니하는 즉시강제와 구별된다. 직접강제는 대집행과 집행벌보다 의무내용에 대한 부분을 실현시키는 점에서는 가장 효과적인 것에 해당되지만, 신체의 자유 또는 재산에 대한 중대한 제한을 가하는 문제점이 발생되기 때문에 인권존중의 헌법 이념에 비추어 일반적 방법으로서는 타당치 않기에 우리나라의 경우에는 직접강제는 인정되지 않는다. 다만, 출입국관리법, 도로교통법, 전염병예방법 등 특별법에서 개별적으로 인정하고 있다. 예컨대, 무허가 룸살롱 강제폐쇄사건 등의 경우이다.

③ 집행벌
행정상의 강제집행의 일종으로서 행정상의 부작위의무 또는 비대체적 작위의무의 이행을 강제하기 위하여 과하는 벌을 말한다. 부작위의무 또는 비대체적 작위의무의 불이행이 있는 경우(예컨대, 성병환자가 강제검진을 받지 않는 경우)에 심리적으로 그 이행을 강제하기 위하여 일정한 금전의무를 부과한다는 뜻을 미리 계고함으로써 의무자에게 심리적 압박을 가하는 강제집행의 수단을 말한다. 강제벌, 강제금이라고도 한다.

(3) 행정상의 즉시강제

목적에 급박한 장애를 제거해야 할 필요가 있는 경우에 미리 의무를 명할 시간적인 여유가 없는 경우나 또는 그 성립상 의무를 명함에 의해서는 목적을 달성하기 곤란 한 경우에 직접 국민의 신체 또는 재산에 실력을 가하여 행정상 필요한 상태를 실현하는 작용을 말한다.

(4) 행정조사

행정기관이 행정작용을 위하여 필요한 정보나 자료 등을 얻기 위하여 행하는 일체의 행정활동을 말한다. 즉, 행정청이 행정작용에 필요한 자료를 얻기 위하여 하는 권력적 조사작용을 말한다. 예컨대, 시판중인 나물 등을 수거하여 유해물질 함양 여부를 조사하는 경우 등이다.

(5) 행정벌

행정법상의 의무위반 즉 행정법규에 의한 명령이나 금지의 위반에 대한 제재로서 일반통치권에 의거하여 부과하여 처벌하는 것을 말한다. 행정벌은 제재에 해당되나 집행벌은 직접적으로 집행의 목적에 의해 과해지는 것이다. 행정주체의 대외적인 제재라는 점에서 행정주체의 내부적 제재에 해당되는 징계벌과 차이를 가진다.

5. 행정구제법

(1) 개관

1) 의의

행정기관의 행정작용에 의해서 권리나 이익을 침해당한 국민이 행정기관이나 법원을 상대로 하여금 행정작용의 취소·변경 또는 손해의 전보를 요구하는 모든 제도를 총칭하여 일컫는 것이다.

2) 행정구제법의 개관

사전적 구제제도에는 청문과 고지를 포함한 행정절차가 있고, 사후적 구제재도에는 손해전보제도와 행정쟁송제도가 있다. 손해전보제도는 손실보상과 손해보상이 있고, 행정쟁송제도에는 행정심판과 행정소송이 있다.

(2) 행정상 손실보상

국가나 지방자치단체가 공공의 필요에 따라 적법한 행위로 인하여 손실이 발생한 경우에 그 피해에 대하여 국가 또는 공공단체가 보상해주는 제도를 말한다. 재산상의 손실만이 손실보상의 대상에 해당된다. 예컨대, 시골에 도로확장 건설을 하기 위해서 그 토지를 수용하는 경우 즉, 개인의 재산에 손해를 준 경우에는 국가가 그 토지 소유권자의 손실을 보상해 주어야 한다는 것이다.

1) 행정상 손실보상의 범위

헌법의 조문에도 명시했듯이 "공공필요에 의한 재산권의 수용·사용 또는 제한 및 그에 대한 보상은 법률로써 하되, 재산권에 부과된 특별한 손실에 대해서는 그에 따른 정당한 보상을 지급해야 한다."고 규정되어 있다(헌법 제23조 제3항). 여기서 정당한 보상이란 침해된 재산 그 자체만의 보상뿐만 아니라 토지수용에 대한 이사 비용 등 부수적인 손실도 포함된 완전한 보상을 의미한다. 대법원과 헌법재판소도 같은 입장을 취하고 있다(완전보장설[210]). 헌법 제23조 3항과 제34조 제1항[211]에 근거에 따른 보상은 생활보상을 말한다.

(2) 행정상 손실보상 절차

토지 수용의 경우를 예로 들어 '행정상 손실보상의 절차'에 대해서 알아보도록 하자. 보상액에 대하여 협의가 성립되지 않을 경우에는 토지수용위원회에서 수용액을 결정하게 된다. 이러한 결과에 이의를 제기하고자 하는 자는 이의재결 또는 행정소송절차를 진행하면 된다.

(3) 행정상 손해배상

1) 행정상 손해배상의 의의

행정추체에 의해 행해진 위법한 행정작용에 발생한 손해에 대해서 국가 또는 공공단체가 배상하는 제도를 말한다.

근대초기의 경우 공무원이 잘못 한 경우에 국가가 책임을 지지 않고, 잘못한 공무원 자신이 책임을 지는 것으로 인식되어 왔으나 20세기에 들어오면서 복지국가의 이념이 확대됨에 따라 공무원이 잘못을 저지른 경우에 이와 더불어 국가도 책임을 져야 한다는 원칙이 정립되기에 이르렀다. 헌법 제 29조[212]에 명시되어 있다.

2) 공무원의 위법한 행위에 의해 손해가 발생한 경우

우리 헌법과 국가배상법은 국가의 손해배상에 대해 규정을 두고 있으며 배상요건과 절차에 대한 것은 '국가배상법'에서 별도의 규정을 두고 있다.

---

210) 완전보장설이란 손실보상이 재산권보장, 부담의 공평, 상실된 가치의 보전이라는 관점에 의해서 인정된다고 보아 보상은 완전보상이어야 한다는 설이다.

211) 헌법 34조 ① 모든 국민은 인간다운 생활을 할 권리를 가진다.

212) 헌법 제29조(공무원의 불법행위와 배상책임) ① 공무원의 직무상 불법행위로 손해를 받은 국민은 법률이 정하는 바에 의하여 국가 또는 공공단체에 정당한 배상을 청구할 수 있다. 이 경우 공무원 자신의 책임은 면제되지 않는다.

국가배상법 제2조 제1항에는 다음과 같이 정의를 내리고 있다. "국가나 지방자치단체는 공무원 또는 공무를 위탁받은 사인이 직무를 집행하면서 고의 또는 과실로 법령에 위반하여 타인에게 손해를 입힌 경우에는 그 손해를 배상할 책임이 있다."고 정의하고 있다. 즉, 공무원이 직무를 집행함에 있어 법에 위반하는 행위를 한 경우에는 국가나 지방자치단체는 설령 그 공무원을 선임하고 감독하는데 상당한 주의를 했더라도 손해를 입은 국민에게 배상을 해야 한다는 것이다.

이러한 행정상 손해배상이 인정되기 위해서는 다음 세 가지 요건에 해당되어야 한다.

① 공무원의 행위여야 한다.
▶ 공무원이란 널리 공무를 위임받아 그 업무에 종사하는 모든 자를 말하는데 국가공무원이든 지방공무원이든 관계없다.

② 직무행위가 법에 위반 되어야 한다.
▶ 직무행위 자체는 물론이고 외관상 보면 직무행위처럼 보이지만 실제에 있어서는 이러한 직무행위가 법령에 위반되는 경우[213]도 포함된다.

③ 손해가 발생해야 한다.
▶ 직무상의 위법한 행위로 인하여 물질적 또는 정신적인 손해가 발생되야 한다.

3) 공공의 영조물 설치와 이에 따른 관리상 하자로 인해 생긴 손해

국가배상법은 도로, 하천, 기타의 공공의 영조물[214]의 설치 또는 관리의 하자[215]로 인해 타인에게 손해를 입힌 경우에는, 국가 또는 지방자치단체는 그에 따른 손해

---

[213] 법령에 위반되는 경우의 의미는 법령 자체뿐만 아니라 권력남용금지, 인권존중 등의 위반도 여기에 포함된다.
[214] 공공의 영조물이란 "국가나 지방자치단체의 공공의 목적에 사용되는 물건을 말한다." 예컨대, 도로, 하수도, 제방, 하천 등.
[215] 설치 또는 관리상의 하자란 "공공의 목적으로 사용되는 물건에 일반적으로 갖추고 있어야 할 안전성이 없는 경우를 말한다."

를 배상해야 할 책임이 있다. 즉 공공시설에 의하여 손해를 발생하게 한 경우에도 이를 배상하도록 하고 있다.

6. 관련문제

김씨는 도로변에서 다양한 물건을 파는 가게를 운영하고 있는데, 최근 1년 가까이 지하철 공사로 인해서 도로가 파헤쳐진 상태가 지속됨으로써 시민들이 그 도로를 이용하지 않게 되어 손해를 계속적으로 보게 되었다. 공사기간이 1년 정도로 예상했는데, 여러 가지 사정이 발생함에 따라 공사기간이 연장되는 문제가 발생하였다. 이로 인해 결국 김씨는 손해를 입게 되었다. 과연 김씨는 지하철 공사로 인해 발생된 손해에 대해서 보상을 받을 수 있겠는가?

▶ 김씨의 경우는 수용이 이루어진 것이 아니고 지하철 공사로 인해 손님이 줄어들게 되어 영업상 손해가 발생한 경우이다. 보통의 경우에는 특별한 사정이 없는 이상은 다소의 영업상 손실이 발생할 경우에는 그에 따른 손실 보상을 받을 수 없다. 왜냐하면 1년의 기간정도는 사회적으로 어느 정도 인정되는 기간이라 보기 때문에 손해배상을 받을 수 없지만, 1년이 아닌 그 이상의 경우에는 사업을 망칠 정도로 손해발생이 크다고 보기 때문에 이러한 경우에는 손실보상(행정청의 적법행위에 따른 행위)을 국가에 청구 할 수 있다고 본다.

Q 甲은 8년 전 군대에서 교육을 받던 중 상급자로부터 구타당하여 척추분리증, 추간판탈출증 등을 입고 의병제대한 후에도 계속 치료를 받았으나, 척추를 제대로 사용할 수 없는 장해가 남아 있어 6년 전에 공상군경으로서 보상받기 위하여 상이등급구분을 위한 신체검사를 받았지만 등외판정을 받아 보훈수혜대상이 아닌 것으로 확정되었는바, 이러한 경우 국가배상청구를 할 수는 없는지요?

A 「국가배상법」 제2조 제1항에서 국가나 지방자치단체는 공무원 또는 공무를 위탁받은 사인이 직무를 집행하면서 고의 또는 과실로 법령을 위반하여 타인에게 손해를 입히거나, 「자동차손해배상 보장법」에 따라 손해배상의 책임이 있을 때에는 이 법에 따라 그 손해를 배상하여야 한다고 하고, 다만 군인·군무원·경찰공무원 또는 향토예비군대원이 전투·훈련 등 직무집행과 관련하여 전사·순직하거나 공상을 입은 경우에 본인이나 그 유족이 다른 법령에 따라 재해보상금·유족연금·상이연금 등의 보상을 지급받을 수 있을 때에는 이 법 및 「민법」에 따른 손해배상을 청구할 수 없다고 규정하고, 「국가배상법」 제8조에서 국가 또는 지방자치단체의 손해배상책임에 관하여는 이 법에 규정된 사항 외에는 민법에 따르고, 다만 민법 외의 법률에 다른 규정이 있을 때에는 그 규정에 따른다고 규정하고 있으며, 「민법」 제766조에서 ①불법행위로 인한 손해배상의 청구권은 피해자나 그 법정대리인이 그 손해 및 가해자를 안 날로부터 3년간 이를 행사하지 아니하면 시효로 인하여 소멸하고, ②불법행위를 한 날로부터 10년을 경과한 때에도 전항과 같다고 규정하고, 「국가재정법」 제96조 제1항, 제2항에서 금전의 급부를 목적으로 하는 국가의 권리로서 시효에 관하여 다른 법률에 규정이 없는 것은 5년 동안 행사하지 아니하면 시효로 인하여 소멸하고, 국가에 대한 권리로서 금전의 급부를 목적으로 하는 것도 또한 위와 같다고 규정하고 있습니다.

그러므로 위 규정에 비추어 「국가배상법」 제2조 제1항 본문에 따라서 발생된 국가배상청구권의 소멸시효에 관하여 살펴보면, ①국가배상법 제8조, 민법 제766조 제1항에 의한 단기소멸시효제도가 적용되어 피해자나 그 법정대리인이 그 손해 및 가해자를 안 날로부터 3년간 이를 행사하지 아니하면 시효로 인하여 소멸하게 되며(대법원 2008. 5. 29. 선고 2004다33469 판결), ②국가재정법 제96조 제2항, 제1항에 정한 5년의 기간 동안 이를 행사하지 아니하면 역시 시효로 인하여 소멸하는 것이고(민법 제766조 제2항은 국가재정법 제96조 제2항, 제1항의 다른 법률에 해당되지 않음, 대법원 2001. 4. 24. 선고 2000다57856 판결), 이 경우 그 소멸시효는 피해자가 손해의 결과발생을 알았거나 예상할 수 있는가에 관계없이 '가해행위로 인한 손해가 현실적인 것으로 되었다고 볼 수 있는 때'로부터 진행하게 되고(대법원 2008. 11. 27. 선고 2008다60223 판결), 위 두 가지 중 어느 규정에 의한 소멸시효라도 하나만 완성되면 그 국가배상청구권은 시효로 소멸하게 됩니다.

그런데 ①국가배상법 제8조, 민법 제766조 제1항에 따른 '피해자나 그 법정대리인이 손해와 가해자를 안 날로부터 3년간'의 소멸시효의 기산점은 민법 제166조 제1항에 따라 권리를 행사할 수 있는 때로부터 진행하며, '권리를 행사할 수 있는 때'란 권리행사에 법률상의 장애사유가 없는 경우를 말하고, 판례는 군인 등이 공상을 입은 경우 등 다른 법령에 의하여 보상을 받을 수 없음이 판명되지 않아 국가배상법 제2조 제1항 단서규정의 적용배제가 확정되지 않고 있다는 사정은 국가배상법 제2조 제1항 본문의 국가배상청구권행사에 대한 법률상의 장애라고 하였으므로(대법원 1998. 7. 10. 선고 98다7001 판결), 위 사안에서 甲은 상이등급구분을 위한 신체검사에서 등외판정을 받아 보훈수혜대상이 아닌 것으로 확정된 때 법률상 장애가 없어졌으므로 그 때부터 3년 이내에 국가배상청구를 하였어야 하지만, 이미 6년이 지났으므로 위 규정에 의한 소멸시효가 완성되었다고 할 것이고, 다음으로 ②국가재정법 제96조 제2항, 제1항에 정한 5년의 소멸시효에 관해서도 사고로 인하여 제4, 5요추 추간판탈출증의 상해를 입고 수술 등의 치료를 받은 후 그 상해가 재발한 경우, 피해자가 그 사고로 입은 상해의 부위 및 정도, 그 상해에 대한 치료방법과 경과 및 요추추간판탈출증의 경우는 후유증이 생기는 것이 대부분이라는 점 등에 비추어 그 상해로 인하여 생긴 후유장해는 그 사고일에 현실적인 것으로 되었다고 본 판례(대법원 1993. 7. 27. 선고 93다357 판결)에 비추어 위 사안에서 甲의 위 사고로 인한 국가배상청구는 사고발생시로부터 5년 이내에 제기하였어야 함에도 이미 5년의 소멸시효기간이 훨씬 경과된 경우이므로 역시 이 경우에도 소멸시효도 완성되었다고 할 수 있을 것입니다.

그렇다면 甲의 위 사고로 인한 국가배상청구권은 시효완성으로 소멸되었으므로 국가배상을 청구하더라도 소멸시효 항변이 있다면 인용되기 어려울 것으로 보입니다.

제3장 권리침해와 권리구제절차에 대해

1. 국가기관의 권리침해

행정부가 법률에 정해진 행위에 의하지 아니하고 권리를 제한하거나 국민의 행위를 규제하는 경우에는 국민의 권리가 침해받게 된다.

2. 행정부의 침해에 따른 권리구제 유형

행정부의 침해를 구제하기 위한 유형 중에는 '옴부즈맨 제도'가 있는데, 이 제도에 대해서 간략히 살펴보도록 하자.

> 행정 옴부즈맨은 스웨덴(1809) 의회에서 처음 창설하였다. 법의 지배원칙에 따라 민주주의 사회에서는 모든 국민이 정부나 기타 행정부문으로부터 완전히 독립된 권한 있는 기관으로 하여금 행정기관 등의 활동을 법률적 견지에서 감시하도록 하는 권리를 가져야 한다는 것이다. 세계최초의 옴부즈맨은 1809년 스웨덴 의회 옴부즈맨 제도이다.
>
> 우리나라는 행정기관의 위법·부당하거나 소극적인 처분 및 불합리한 행정제도에 대한 불만을 덜어주기 위해 외국의 행정 옴부즈맨(ombudsman)의 역할과 같은 '국민신문고(www.rpeople.go.kr)제도[216]'를 운영하고 있다.

3. 행정심판제도

국가기관의 행위로 말미암아 권리를 침해당한 경우, 상급행정기관에 의해서 권리구제를 구하는 제도를 말한다.

---

[216] 국민 신문고는 정부에 대한 민원, 국민 제안 등을 신청할 수 있는 인터넷 국민 소통 창구를 말한다. 행정기관의 부당하거나 불공정한 정책으로 인해 권리나 이익의 침해당한 경우에 국민 신문고에 온라인으로 민원을 제기할 수 있는 것으로, 불합리한 제도나 관행 등에 대한 내용을 듣고 고치는 역할을 하고 있고, 국민권익위원회에서 관리하고 있다.

(1) 특징

행정소송이 법원에 제기하는 제도인 데 반해서 행정심판은 상급행정기관에 제기하는 것이다. 행정심판[217]을 거치지 않더라도 행정소송[218]을 바로 제기할 수 있다. 행정소송 절차 즉, 사법적 절차보다는 비용이나 시간을 줄일 수 있는 간편한 제도이다.

(2) 요건

청구인은 행정청의 처분으로 인해서 법률상 이익을 침해당한 자가 행정심판을 청구할 수 있다. 피청구인은 처분을 한 행정기관이다. 재결청(행정심판을 심의하여 결정하는 기관)은 행정심판을 하는 행정기관으로서 직급상급행정기관이다.

(3) 재결의 종류

각하재결(행정심판청구가 요건을 충족하지 못한 경우), 기각재결(청구의 내용이 이유 없을 때), 인용재결(청구의 내용이 이유가 있을 경우), 사정재결(청구인의 심판청구가 이유 있는 경우라도 이를 인용하는 것이 현저히 공공복리에 적합하지 아니하다고 인정된 때에 위원회의 의결에 의하여 심판청구를 기각하는 재결의 경우)이 있다.

4. 행정소송

행정소송은 행정기관이 아닌 법원이 분쟁을 해결하려는 제도를 말한다.

(1) 소송의 종류

① 항고소송

행정청이 우월한 지위에서 한 처분에 대한 소송을 말하는데, 권리를 침해당한 사람이 제기할 수 있는 소송을 말한다. 예컨대, 운전면허취소 처분취소 소송 등이다.

② 당사자소송

행정청과 원고가 대등한 관계에서 발생한 문제에 대한 소송을 말한다. 예컨대, 손

---

217) 행정심판: 행정기관이 스스로 잘못을 시정할 수 있는 절차를 말한다.
218) 행정소송: 행정기관이 아닌 법원이 객관적인 입장에서 분쟁을 해결하는 제도를 말한다.

실보상청구소송, 납부한 세금반환 청구소송 등이다.

③ 민중소송

국가 또는 공공단체가 법률에 위반되는 행위를 한 때 자기의 권리와는 직접적인 관련성이 없으나 그 시정을 구하기 위해 제기하는 소송을 말한다. 예컨대, 선고소송, 국민투표 무효 소송 등이다.

④ 기관소송

국가 도는 공공단체의 기관 상호간의 권한의 존부나 다툼이 생긴 경우 제기하는 소송을 말한다. 예컨대, 지방의회재결에 대한 지자체 장이 제기한 소송 등이다.

(2) 당사자

원고는 자연인과 법인이 가지나, 법인격 없는 사단이나 재단도 관리인이 있는 경우에는 단체의 이름으로 당사자가 될 수 있다. 피고는 행정소송법 제13조 제1항은 "취소소송은 다른 법률에 특별한 규정이 없는 한 그 처분 등을 행한 행정청을 피고로 한다."고 규정하고 있다.

(3) 판결의 종류

① 각하판결

소송의 요건이 충족되지 않은 경우의 판결유형을 말한다. 즉 당사자의 소송 신청에 대하여 법원에서 부적법을 이유로 배척하는 재판을 말한다(소송 요건의 흠결이나 부적법 따위를 이유로 본안 심리를 거절하는 재판).

② 기각판결

소송을 수리한 법원이 소장을 검토한 후 소나 상소가 형식적인 요건은 갖추었으나, 그 내용이 실체적으로 이유가 없다고 판단을 하여 소송을 종료시키는 판결을 말한다.

③ 인용판결

원고의 청구나 주장이 정당하다고 인정 되는 경우 전부 또는 일부를 받아들이는 것을 말한다.

④ 사정판결

원고의 청구가 이유 있다고 인정하는 경우에도 처분 등을 취소하는 것이 현저히 공공복리에 적합하지 아니하다고 인정한 때에는 법원은 원고의 청구를 기각 할 수 있는 판결유형을 말한다.

제4장 행정절차를 통한 세금문제 구제방법

우리는 살아오면서 국가에 세금을 내는데 어느 날 내가 생각했던 것보다도 더 많은 세금이 나온 경우에 어떻게 해야 할지 몰라 당황했던 경험이 있을 것이다. 이하에서는 세금이 많이 나온 경우에 어떻게 해야 하는지에 대해서 살펴보도록 하자.

세금이 많이 나온 경우에 행정절차를 통해서 하는 이의제기와 법원을 통한 이의제기로 나누어 볼 수 있는데 이 장에서는 행정절차를 통해서 하는 이의제기에 대해서 살펴보기로 한다.

1. 행정절차를 통해서 하는 이의제기

(1) 세금이 부과되기 전에 이의 제기

국세청에서는 세금을 고지하기에 앞서 납세자에게 고지할 내용을 미리 알려주는 통지를 하는데, 이를 "세무조사결과통지" 또는 "과세예고통지"라고 한다.

납세자가 이 통지서를 받고 본 후에 받은 통지서의 내용에 대해 부당하다고 생각하는 경우에 과세예고 내용이 타당한가를 심사해 줄 것을 요청할 수 있다. 이를 "과세전 적부심사청구"라고 한다.[219] 과세전 적부심사청구는 행정적으로 시행하는 고지 전의 납세자 권익을 보호하기 위한 장치이다. 이러한 납세자가 심사해 줄 것을 요청한 통지서를 통지관서는 심사를 한 후 그 결과가 납세자가 주장하는 부분이 옳은 경우에는 그 부분에 대해서는 이를 차감한 후 세금부과가 정당한 금액에 대하여 고지서를 발송한다.

(2) 세금과 관련한 고충 해결하기

행정적 구제제도를 통해 억울한 세금을 구제받게 되면 많은 시간과 경비를 절약할 수 있다. 행정적 권리구제 제도로 세금고충처리 제도가 있는데 이 제도는 세금과 관련된 고충이나 자체 시정이 가능한 세금에 관한 불편사항에 대해 일선 세무서의

---

219) 과세전 적부심사청구는 통지를 한 세무서장이나 지방 국세청장에게 세무조사결과 통지서 또는 과세예고통지서를 받은 날로부터 30일 이내에 해야 한다.

납세자보호 담당관이 해결해 주는 제도로 전국의 모든 세무서(납세자 보호담당관)에 설치돼 있다. 세금고충처리 제도를 통해 해결할 수 있는 문제를 간략히 살펴보면 다음과 같다.

① 세무행정으로 인한 불편·애로사항
② 세금구제절차를 알지 못하여 불복청구기간이 지났거나, 입증 자료를 내지 못하여 세금을 물게 된 경우
③ 자신의 명의가 도용되어 사업자로 등록된 후 세금이 부관된 경우
④ 실제로 국내에 한 채의 집을 가지고 3년 이상 소유한 후 팔았으나 여러 가지 사유로 문서상 기재내용과 일치하지 않아 1세대 1주택 양도에 따른 비과세해택을 못 받은 경우 등.

(3) 국세기본법에 따른 불복절차

1) 이의신청

세무서 또는 지방 국세청으로부터 위법·부당한 처분을 받거나 필요한 처분을 받지 못함으로써 권리 또는 이익의 침해를 당한 경우에 심사청구나 심판청구를 하기 전에 세무서장 또는 지방 국세청장에게 청구하는 것을 말한다. 그러나 이의신청을 생략하고 곧바로 심사청구나 심판청구 중 선택해 청구할 수 있다. 납세고지서 등을 받은 날로부터 90일 이내에 고지한 세무서 또는 지방국세청에 직접 또는 우편으로 제출하면 신청하는 방법은 납세고지서 등을 받은 날로부터 90일 이내에 세무서장 또는 지방 국세청장에게 직접 또는 우편으로 제출할 수 있다.

2) 심사청구

위법 또는 부당한 처분을 받거나 필요한 처분을 받지 못하여 권리 또는 이익이 침해를 당한 경우에 국세청장에게 제기하는 불복절차이다.

청구방법은 당해 처분이 있은 것을 안 날로부터 90일 이내 해당 처분을 했거나 했었어야 할 세무서장을 거쳐 국세정창에게 청구해야 하고(우편 또는 직접제출 가능), 이의신청을 거친 후에 심사청구를 하려면 이의신청에 대한 결정의 통지를 받은 날로부터 90일 이내에 제기해야 한다.

3) 심판청구

심판청구는 이의신청, 심사청구와 같이 위법 또는 부당한 처분을 받거나 필요한 처분을 받지 못함으로써 권리 또는 이익의 침해를 당한 경우에 국세청장에게는 국세청 심사청구, 감사원장에게는 감사원 심사청구, 조세심판원장에게는 조세심판원 심판청구를 할 수 있다. 청구방법은 당해 처분이 있은 것을 안 날로부터 90일 이내에 제기해야 하며, 이의신청을 거친 경우에는 이의신청결정서를 받은 날로부터 90일 이내에 청구해야 하고, 이 세 가지 중 하나를 선택해 청구할 수 있으며 중복해서 청구할 수 없다.

4) 행정소송

마지막 단계로 상기 1), 2), 3)의 세 가지 중 택일해 청구했으나 결과에 대해 이의가 발생한 경우에는 심의결과통지를 받은 날로부터 90일 이내 행정법원에 소송을 제기할 수 있다. 하지만 문제라고 보면 소송이 고등법원, 대법원까지 갈 수 있어 시간과 비용이 많이 소요되고 국세청 승소율이 매우 높아 사전에 신중한 선택이 필요하다.

(4) 감사원 심사청구

모든 국민은 행정기관 등의 행위가 법에 위반되거나 타당하지 않은 행위에 의해 권리나 이익을 침해당한 경우에는 감사원에 심사청구를 제기할 수 있다. 심사청구를 제기하고자 할 경우에는 그 원인이 되는 행위가 있은 것을 안 날로부터 90일 이내, 그 행위가 있은 날로부터 180일 이내에 심사 청구서 양식에 청구 취지와 청구 이유를 기재하고, 청구 이유를 증명할 수 있는 증거서류를 첨부하여 관계기관(해당 처분이나 기타 행위를 행한 처분청)에 제출해야 한다.

청구인이 심사청구, 심판청구, 감사원심사청구의 결정에 대해 이의가 있는 경우에는 결정통지를 받은 날로부터 90일 이내에 '세무서장'을 상대로 법원에 행정소송을 제기할 수 있다.

법원을 통해 이의 제기를 할 경우(법원에 의한 절차)

조세소송이란 세무서 등과 세금 문제에 대한 분쟁이 발생한 경우에 이를 구제하기 위한 절차를 말한다. 행정소송, 민사소송, 헌법소송 등 조세와 관련된 모든 소송을 말한다. 따라서 조세소송은 크게 "조세행정소송, 조세민사소송, 조세헌법소송으로 분류 할 수 있다."

① 조세행정소송- 부과처분 취소소송[220], 무효 등 확인청구소송[221], 부작위 위법확인 소송[222]

② 조세민사소송- 조세환급청구소송[223], 국가배상청구소송

③ 조세헌법소송- 위헌법률심판, 헌법소원

▶ 이 중에서 가장 많이 사용되는 방법은 세금부과가 잘못되었는지를 가리는 부과처분 취소소송이다.

Q 행정소송을 제기하기 위하여는 반드시 행정심판을 거쳐야 하는지요?

A 종전에는 행정소송을 제기하려면 반드시 먼저 행정심판을 거치도록 되어 있었으나(필요적 전치주의) 1998년 3월 1일부터(개정 1994.7.27.)는 개정된 행정소송법에 따라 원칙적으로 당해 법률에 다른 규정이 있는 경우를 제외하고는 행정심판제기의 유·무 및 그 전·후에 관계없이 행정소송을 제기할 수 있습니다(행정소송법 세18조 제1항 : 임의직 진치주

---

220) 부과처분 취소소송이란 "세무서 등 과세관청의 과세표준과 세액에 관한 결정 및 경정에 대하여 직접 그 처분의 취소를 구하는 소송을 말한다. 부과취소소송은 국세청이나 감사원의 심사청구에 대한 결정이나 조세심판원의 심판청구에 대한 결정의 통지를 받은 날로부터 90일 이내에 해야 한다.
221) 무효 등 확인청구소송이란 세무서 등 과세관청이 내린 처분의 효력에 대한 유무 또는 존재여부의 확인을 구하는 소송을 말한다.
222) 부작위 위법확인소송이란 행정기관이 처분을 해 주어야 하는데 하지 않은 경우, 어떠한 행위도 하지 않은 것에 대해 위법의 확인을 구하는 소송을 말한다.
223) 조세환급청구소송이란 납세자가 납부한 세금이 법류상의 근거를 갖추지 못했을 때, 납세자가 과세관청에 대하여 납부한 세금을 반환받으려고 제기하는 소송을 말한다.

의).

그러므로 당사자의 선택에 따라 행정심판을 청구한 후에 그 결과를 보고 행정소송을 제기하거나 또는 행정심판과 행정소송을 동시에 청구할 수 있으며, 아니면 처음부터 아예 행정심판을 거치지 않고 바로 행정소송을 제기할 수도 있습니다.

또한, 필요적으로 행정심판을 거치도록 되어 있는 종류의 소송이라도 변론종결 시까지 전치의 요건을 충족하면 그 하자는 치유됩니다.

여기서 말하는 행정심판은 실정법상 행정심판, 이의신청, 심사청구, 심판청구 등으로 불리는 모든 경우를 포괄하는 개념입니다.

임의적 전치주의 하에서 굳이 행정심판을 거칠 실익이 있는지 의문을 가질 수도 있으나, 행정심판에서는 행정처분의 위법뿐만 아니라 부당을 주장할 수도 있고, 그 절차가 비교적 간편하며 설사 행정심판으로 권리의 구제를 받지 못하더라도 이후 소송에서 행정심판기록 제출명령제도를 이용하여 간편하게 소송자료를 얻을 수 있는 장점이 있습니다.

현행법상 반드시 선행적으로 행정심판을 거쳐야 하는 대표적인 경우로는 크게 네 가지 경우가 있습니다. 다만 이 경우에도 취소소송 및 부작위위법확인소송이 아닌 무효확인소송이나 당사자소송의 경우에는 애당초 전치절차를 거칠 필요가 없습니다.

첫째, 「국세기본법」, 「관세법」은 '행정소송법' 제18조 제1항 본문의 적용을 배제하고 행정소송의 제기에 앞서 필요적으로 각 해당 법률이 정한 특별행정심판절차를 거칠 것을 요구하고 있습니다(국세기본법 제56조 제2항, 관세법 제120조 제2항).

이에는 세가지 방법이 있는바, 임의적 이의신청절차를 거쳐 세무서장(세관장)을 거쳐 국세청장(관세청장)에게 심사청구를 하거나, 국세심판원장에게 심판청구를 하여 결정을 받거나, 또는 별도로 「감사원법」 제3장에 규정된 심사청구절차를 이용할 수 있습니다. 다만, 이와 같은 행정심판 절차는 중복적으로 진행할 수는 없습니다.

둘째, 공무원에 대한 징계 기타 불이익처분의 경우가 있는바, 일반 공무원의 경우 30일 이내에 소청심사위원회에 심사청구를 하여 이를 거친 후 90일 이내에 행정소송을 제기할 수 있고(국가공무원법 제16조 제1항, 지방공무원법 제20조의2), 교원인 공무원의 경우는 30일 이내에 교원징계재심위원회에 재심청구를 하여 이를 거친 후 90일 이내에 행정소송을 제기할 수 있습니다(교육공무원법 제53조 제1항, 제57조 제1항).

셋째, 노동위원회의 결정에 대한 불복의 경우가 있는바, 이 경우는 10일 이내에 중앙노동위원회에 재심신청을 거친 후 15일 이내에 행정소송을 제기할 수 있습니다(노동위원회법 제26조, 제27조, 노동조합및노동관계조정법 제85조).

넷째, 도로교통법상의 처분(운전면허정지, 운전면허의 취소 등)에 대한 불복으로서 행정소송을 제기하기 위해서는 행정심판재결을 거치지 아니하면 이를 제기할 수 없습니다(도로교통법 제142조).

제5장 행정소송에 대한 이모저모

1. 행정소송과 민사소송의 다른 면

행정소송에 들어가기에 앞서 민사소송과 행정소송의 다른 점은 무엇인가에 대해서 살펴보기로 하자. 다른 점은 공법상의 권리관계에 관한 사건을 대상으로 하는 점이 민사사건을 대상으로 하는 민사소송과 다르다는 점이다. 예를 들자면, 건물을 이 땅에 짓고 싶으니 허가해달라는 소송, 음주운전을 하다가 운전면허가 취소된 경우에 이를 구제해달라는 소송, 세금이 부당하게 많이 나왔으니 세금을 감면해달라는 소송 등의 경우는 국가를 상대로 하여 소송을 제기한 것이다.

(1) 행정소송의 의의

법원이 공법상의 법률관계에 대한 분쟁이 발생한 경우에 이를 해결하기 위해 행하는 재판절차를 행정소송이라고 한다. 재판기관인 법원에 의한 재판이라는 점에서 행정기관이 하는 행정심판과 구별된다.[224]

(2) 행정소송의 목적은 다음과 같다.

> ① 행정목적의 신속한 달성
> ② 행정법관계의 안정
> ③ 행정행위의 상대방이나 제3자의 신뢰보호
> ④ 행정의 원활한 운영 등의 공익적 성격

행정소송은 국가형벌권의 발동에 관한 소송인 형사소송과 다르고, 사법상의 법률관계에 관한 다툼을 심판하는 민사소송과도 다르다.

---

224) 행정심판이란 행정기관이 행정상 법률관계의 분쟁을 해결하는 절차를 말한다.

(3) 소송제기의 기간

행정소송은 위법한 행정청의 처분으로부터 국민의 권리를 구제하기 위한 것과 더불어 행정의 적법성과 합목적성을 보장하는 기능도 가지고 있는 것이다. 그리고 행정청이 집행하는 여러 가지 행위의 경우 대부분이 공공의 이익을 위한 것이기 때문에 장기간 불안정한 상태로 두는 것은 바람직하지 않다. 따라서, 행정청의 처분에 다소 문제점이 발견된다 하더라도 이를 다툴 수 있는 기간을 제한시킴으로써 행정 관계를 신속하게 확정시킬 필요성이 있다. 소송제기의 기간은 다음과 같다.

행정청의 위법한 처분을 취소하기 위한 소송은 행정청의 처분이 있었다는 사실을 현실적으로 안 날로부터 90일, 처분이 있었던 날로부터 1년 이내 라는 기간을 준수해서 해야 한다. 이 기간이 경과되면 설령 소송을 제기한다 해도 각하된다.

2. 행정소송에는 어떠한 유형의 소송들이 있나?

(1) 행정소송에는 다음과 같은 소송 등이 있다.

① 취소소송

▶ 행정청의 위법한 처분에 대해 재결의 취소 또는 변경을 해달라고 요구할 수 있는 소송을 말한다. 취소소송은 행정청의 처분 전부 또는 일부의 취소 또는 변경을 구하는 내용을 원칙으로 한다. 최소소송은 행정청의 위법한 처분 등에 대하여 그 취소나 변경을 구할 법률상 이익이 있는 자가 처분 등을 행한 행정청을 피고로 하여 소 제기기간[225) 내에 소장을 작성하여 관할법원에 제기해야 한다.

② 무효 등 확인 소송

▶ 행정청의 처분의 존재 여부나 효력유무 여부를 확인하는 소송을 말한다. 이 소송은 제소기간의 제한도 적용되지 않고, 소송의 심리 및 판단에 대해서는 취소소송에 관한 규정이 적용된다.

---

225) 취소소송 제기기간은 행정심판청구를 거친 경우와 행정심판청구를 거칠 필요가 없는 경우로 살펴볼 수 있는데, 행정심판청구를 거친 경우에는 재결서 정본을 송달받은 날로부터 90일 이내, 재결이 있은 날로부터 1년 이내에 해야 한다. 행정심판청구를 거칠 필요가 없는 경우에는 행정처분 등이 있음을 안 날로부터 90일 이내, 행정처분이 있은 날로부터 1년 이내에 해야 한다.

③ 부작위 위법확인 소송

▶ 행정청이 국민의 어떠한 신청에 대해서도 아무런 처분을 하지 않는 경우에 그와 같은 부작위가 위법하다는 것을 확인하는 소송을 말한다. 나아가 당해 판결의 구속력에 의하여 행정청에게 처분 등을 하게하고 다시 당해 처분 등에 대하여 불복이 있는 때에는 그 처분 등을 다투게 함으로써 최종적으로는 국민의 권리이익을 보호하려는 제도이다. 여기서 '부작위'는 행정청이 당사자의 신청에 대하여 상당한 기간 내에 일정한 처분을 해야 할 법률상 의무가 있음에도 불구하고 이를 하지 않는 것을 의미한다.

④ 당사자소송

▶ 행정청의 처분 등을 원인으로 하는 법률관계에 관한 소송, 그 밖에 공법상의 법률관계에 관한 소송으로서 그 법률관계의 한쪽 당사자를 피고로 하는 소송이다. 예컨대, 토지수용 보상금과 관련된 소송의 경우, 공무원이 비위사실로 면직처분을 당한 경우, 면직이 무효라고 주장하면서 국가를 상대로 공무원으로서 권리와 의무를 지니고 있다는 공무원의 지위 확인을 구하는 소송 등이다.

⑤ 민중소송

▶ 국가 또는 공공단체의 기관이 법률에 위반되는 행위를 한 때에 직접 자기의 법률상 이익과 관계없이 그 시정을 구하기 위해 제기할 수 있는 특수한 소송을 말한다. 예컨대, 국민투표무효소송, 선거무효소송, 당선무효소송 등의 경우이다.

⑥ 기관소송

국가 또는 공공단체의 기관 상호간의 권한의 존부 또는 그 행사에 관한 다툼이 있는 경우 이에 대하여 제기하는 소송을 말한다.

3. 처분

처분이란 국민의 권리나 의무에 직접적인 효과를 발생시키는 행정청의 행위를 말한다. 예컨대, 음식점의 영업허가를 취소하는 경우, 과도한 세금을 과하는 등의 경우, 행정소송법의 경우 처분에 대한 정의는 다음과 같이 내리고 있다 행정청이 행하는 구체적 사실에 대한 법집행으로 공권력을 행사하거나 그 밖에 이에 준하는 행정작용을 말한다.

4. 집행정지에 대해

행정소송을 할 때 한 가지 유의할 점은 행정소송을 제기하여도 행정처분에 따른 집행행위가 당연히 정지되지 않는다는 사실이다. 왜냐하면 행정청의 처분은 공익적 성격에 의해 집행하는 것이기 때문에 개인이 소송을 제기하더라도 이와 상관없이 처분에 따른 집행은 계속된다. 예컨대, 법규 위반으로 인하여 구청이나 시청으로부터 그에 따른 영업정지를 받은 경우에 이에 대해서 행정소송을 하더라도 영업정지 처분의 효과는 계속되는 것이기 때문에 영업을 할 수 없다.

그렇다면 소송이 진행되는 동안에는 영업을 할 수 없는가? 에 대해서는 행정소송과는 별개로 법원에 신청을 하여 집행정지결정을 받아내면 영업을 할 수 있다.

5. 행정소송의 절차

(1) 소장 접수 및 답변서 제출 단계

1) 소장 접수 및 배당

당사자나 소송대리인이 소장을 종합접수실에 접수하게 되면, 재판부별로 배당되어 각 재판부에 소송기록이 인계된다.

2) 소장심사

접수담당 사무관 및 참여사무관은 소장을 심사하고, 꼭 필요한 서증 제출 등을 권고한다.

3) 송달

소장사본 및 서증 부본을 피고인에게 송달하고, 필요한 서증의 제출 및 기일전 증거신청을 하도록 한다.

4) 답변서 제출

피고에 대한 답변서 제출을 독촉하고, 쌍방에 대한 필요한 서증을 제출할 것을 촉구한다.

(2) 변론 준비기일 또는 제1회 변론기일(단독사건의 경우)

1) 재판장

재판장은 사건을 분류하여, 기일을 지정한다. 필요한 서증이 제출되지 아니한 경우 석명 또는 서증의 제출을 명한다.

2) 참여사무관

참여사무관은 당사자 쌍방에게 기일통지서를 송달하고, 재판장의 석명준비명령에 대한 답변을 확인·독촉한다. 또한 기일 전 증거신청 및 증거조사에 관한 확인·통지·독촉기일 등을 한다.

3) 당사자

증거자료를 제출하고 증거신청을 완료한다.

4) 변론기일

변론기일에는 재판장이 쌍방의 쟁점을 확인하고, 증거를 집중적으로 조사한다. 변론기일에는 가급적 한 번의 심리로 종결된다.

5) 변론종결, 판결선고

재판장이 변론을 종결하고 판결을 선고한다.

〈참고〉

당사자가 제1심 행정법원의 판결에 불복할 경우 판결문 송달일로부터 14일 이내에 고등법원에 항소를 할 수 있고, 항소심인 고등법원의 판결에 불복을 할 경우에 판결문 송달일로부터 14일 이내에 대법원에 상고할 수 있다. 항소기간 내에 항소를 포기하거나, 상고기간 내에 상고를 포기하면, 판결이 확정된다.

---

6. 문제

위법한 행정처분에 대한 행정소송 제기기간에 대해

평소에는 어떠한 지병도 없어 건강하게 생활하던 국립대학교수인 A는 학기가 개강되어 학생들을 가르치고 집으로 돌아왔다. 집에서 학생들을 위해 공부에 도움이 될 여러 자료를 찾고 만들던 중 갑자기 쓰러져서 사망하고 말았다. 사망원인은 심장병에 의한 사망이었다. A씨의 유족들은 이는 공무상 사망으로 판단하고 유족보상금 지급을 청구하였으나 부결처분이 되었다. 이에 갑의 유족들은 유족보상금 지급 부결처분에 대한 행정소송을 제기하려고 한다. 이때 제소기간은 언제까지인가?

▶ 행정소송법은 행정소송을 제기할 수 있는 제소기간을 규정하고 있다. 취소소송은 처분이 있음을 안날로[226]부터 90일 이내에 제기해야 한다. 또는 처분 등이 있은 날[227]로부터 1년(재결이 있은 날로부터 1년)이 지나면 이를 제기하지 못한다. 문제의 경우 갑의 유족들은 위 제소기간 내에 유족보상금지급 부결처분에 대한 소송을 제기할 수 있다.

Q 저는 얼마 전 행정처분을 받았으나 부당하다고 생각하므로 이에 불복하여 행정심판을 청구하고자 합니다. 그 청구기간 및 청구방법은 어떻게 되는지요?

A 행정심판의 청구는 처분이 있음을 알게 된 날부터 90일 이내에, 처분이 있었던 날부터 180일 이내에 제기하여야 하며 두 기간 중 어느 하나라

---

226) 처분이 있음을 안 날이란 당해 행정처분이 존재함을 현실적으로 안 날을 말하는 것이지 그 처분의 위법 여부를 판단한 날을 말하는 것이 아니다.
227) 처분 등이 있은 날이란 당해 행정처분이 효력을 발생한 날을 의미한다.

도 경과하면 심판청구를 제기하지 못함이 원칙입니다(행정심판법 제27조 제1항 및 제3항).

위 규정상 '처분이 있음을 알게 된 날'이라 함은 통지·고지 기타의 방법에 의하여 당해 행정처분이 있은 것을 현실적으로 안 날을 말하며, '처분이 있었던 날'이라 함은 당해 처분이 처분으로서 효력이 발생한 날을 가리킵니다.

이와 관련하여 판례는 "행정심판법 제18조 제1항 소정의 심판청구기간 기산점인 '처분이 있음을 안 날'이라 함은 당사자가 통지·공고 기타의 방법에 의하여 당해 처분이 있었다는 사실을 현실적으로 안 날을 의미하고 추상적으로 알 수 있었던 날을 의미하는 것은 아니라 할 것이며, 다만 처분을 기재한 서류가 당사자의 주소에 송달되는 등으로 사회통념상 처분이 있음을 당사자가 알 수 있는 상태에 놓여진 때에는 반증이 없는 한 그 처분이 있음을 알았다고 추정할 수는 있다."라고 하였습니다(대법원 2002. 8. 27. 선고 2002두3850 판결).

다만, 위 제기기간에 대한 예외로서 청구인이 천재지변·전쟁·사변 그 밖에 불가항력으로 90일의 제기기간 내에 심판청구를 할 수 없을 때에는 그 사유가 소멸한 날로부터 14일(국외에서는 30일) 이내에 심판청구를 제기할 수 있고, 처분이 있은 날부터 180일 이내에 심판청구를 하지 못할 정당한 사유가 있는 경우에는 180일이 경과하게 되더라도 심판청구를 제기할 수 있습니다(행정심판법 제27조 제2항, 제3항 단서).

여기서 '정당한 사유'에 관하여 판례는 "행정소송법 제20조 제2항 소정의 '정당한 사유'란 불확정 개념으로서 그 존부는 사안에 따라 개별적·구체적으로 판단하여야 하나 민사소송법 제160조(현행 민사소송법 제173조)의 '당사자가 그 책임을 질 수 없는 사유'나 행정심판법 제27조 제2항 소정의 '천재지변, 전쟁, 사변 그밖에 불가항력적인 사유'보다는 넓은 개념이라고 풀이되므로, 제소기간도과의 원인 등 여러 사정을 종합하여 지연된 제소를 허용하는 것이 사회통념상 상당하다고 할 수 있는가에 의하여 판단하여야 한다."라고 하였습니다(대법원 1991. 6. 28.

선고 90누6521 판결).

그리고 「행정심판법」 제27조 제7항에 의하면 위 행정심판 제기기간의 제한규정은 무효 등 확인심판청구와 부작위에 대한 의무이행심판청구에는 적용되지 않고, 취소심판 즉, 행정청의 위법 또는 부당한 처분의 취소 또는 변경을 하는 심판에는 적용됩니다.

또한, 행정심판의 청구는 행정심판청구서 및 행정처분의 위법, 부당성을 설명하는 자료를 작성하여 위원회와 피청구인인 행정청 중 하나를 선택하여 서면으로 제출하여야 합니다(같은 법 제28조 제1항, 제23조 1항 1문).

피청구인이 제23조제1항·제2항 또는 제26조제1항에 따라 심판청구서를 접수하거나 송부받으면 10일 이내에 심판청구서(제23조제1항·제2항의 경우만 해당된다)와 답변서를 위원회에 보내야 합니다(같은 법 24조 1항 본문). 그러나 제23조제1항·제2항 또는 제26조제1항에 따라 심판청구서를 받은 피청구인은 그 심판청구가 이유 있다고 인정하면 심판청구의 취지에 따라 직권으로 처분을 취소·변경하거나 확인을 하거나 신청에 따른 처분(이하 이 조에서 "직권취소등"이라 한다)을 할 수 있으며. 이 경우 서면으로 청구인에게 알려야 합니다(같은 법 25조 1항).

위원회는 제23조제1항에 따라 심판청구서를 받으면 지체 없이 피청구인에게 심판청구서 부본을 보내야 한다합니다(같은 법 26조 1항). 그리고 위원회는 제24조제1항 본문에 따라 피청구인으로부터 답변서가 제출되면 답변서 부본을 청구인에게 송달하여야 한다(같은 법 26조 2항). 만약 제3자 심판청구의 경우에는 지체 없이 처분의 상대방에게 통지를 하여야 합니다(같은 법 24조 2항).

한편, 행정심판의 남용을 막고, 행정목적의 원활한 수행을 저해하지 않으려는 입법 정책적 고려에서 행정심판의 청구는 처분의 효력, 집행 또는 절차의 속행에 영향을 주지 않음이 원칙입니다(같은 법 제30조 제1항).

그러나 예외적으로 집행정지의 대상인 처분이 존재하고, 심판청구가 계속됨을 전제로 회복하기 어려운 손해예방에 필요하고, 집행정지의 필요성이 절박하여 재결을 기다릴 여유가 없는 경우에는 집행정지를 인정하고 있습니다(같은 법 제30조 제2항 본문). 다만, 집행정지로 인하여 공공복리에 중대한 영향을 미칠 우려가 있는 경우에는 집행정지를 할 수 없습니다(같은 법 제30조 제3항).

청구인 또는 참가인은 재결이 있을 때까지 서면으로 각각 심판청구 또는 참가신청을 취하할 수 있습니다.

제13편 기타 일반적인 법률 상식

1. 청소년 범죄와 관련된 법규

청소년기에는 주변의 다양한 환경의 유혹으로 말미암아 범죄에 빠지기 쉬운 위험한 시기에 해당된다. 이하에서는 청소년 범죄와 관련된 법규에 대해서 살펴보기로 한다.

청소년보호법 목적과 정의에 대한 규정

제1조(목적) 이 법은 "청소년에게 유해한 매체물과 약물 등이 청소년에게 유통되는 것과 청소년이 유해한 업소에 출입하는 것 등을 규제하고 청소년을 유해한 환경으로부터 보호·규제함으로써 청소년이 건전한 인격체로 성장할 수 있도록 함을 목적으로 한다."

제2조(정의) 이 법에서 사용하는 용어의 뜻은 다음과 같다.
1. '청소년'이란 만 19세 미만인 사람을 말한다. 다만 19세가 되는 해의 1월 1일을 맞이한 사람은 제외한다.
2. '매체물'이란 다음 각 목의 어느 하나에 해당하는 것을 말한다.
   ① '영화 및 비디오물의 진흥에 관한 법률'에 따른 영화 및 비디오물
   ② '게임산업진흥에 관한 법률'에 따른 게임물
   ③ '음악산업진흥에 관한 법률'에 따른 음반, 음반파일, 음악영상물 및 음악영상파일
   ④ '공연법'에 따른 공연(국악공연은 제외한다).
   ⑤ '전기통신사업법'에 따른 전기통신을 통한 부호, 문언, 음향 또는 영상정보

---

⑥ '방송법'에 따른 방송프로그램(보도 방송프로그램은 제외한다).

⑦ '신문 등의 진흥에 관한 법률'에 따른 일반일간신문(주로 정치, 경제, 사회에 관한 보도나 논평 및 여론을 전파하는 신문은 제외한다. 특수일간신문(경제, 산업, 과학, 종교 분야는 제외한다). 일반주간신문(정치, 경제 분야는 제외한다). 특수주간신문(경제, 산업, 과학, 시사, 종교 분야는 제외한다). 인터넷신문(주로 정치, 경제, 사회에 관한 보도와 논평 및 여론을 전파하는 신문은 제외한다) 및 인터넷 뉴스서비스.

⑧ '잡지 등 정기간행물의 진흥에 관한 법률'에 따른 잡지(정치, 경제, 사회, 시사, 산업, 과학, 종교 분야는 제외한다). 정보간행물, 전자간행물 및 그 밖의 간행물.

⑨ '출판문화산업 진흥법'에 따른 간행물, 전자출판물 및 외국간행물 ('신문 등의 진흥에 관한 법률' 및 '잡지 등 정기간행물의 진흥에 관한 법률'은 제외한다).

⑩ '옥외광고 등 관리법'에 따른 옥외광고물과 ①번부터 ⑨번까지의 매체물에 수록, 게재, 전시되거나 그 밖의 방법으로 포함된 상업적 광고 선전물.

⑪ 그 밖에 청소년의 정신적·신체적 건강을 해칠 우려가 있어 대통령령으로 정하는 매체물.

3. '청소년유해매체물이란' 다음 각 목의 어느 하나에 해당하는 것을 말한다. 주로 청소년보호위원회가 청소년에게 유해한 것으로 결정하거나 확인하여 여성가족부장관이 고시한 매체물과 각 심의기관이 청소년에게 유해한 것으로 심의하거나 확인하여 여성가족부장관이 고시한 매체물.

4. '청소년유해약물등'이란 청소년에게 유해한 것으로 인정되는 다음 1)의 약물(이하 '청소년유해약물'이라고 한다)과 청소년에게 유해한 것으로 인정되는 다음 2)의 물건(이하 '청소년유해물건'이라 한다)을 말한다.

1) 청소년 유해 약물

　① "주세법"에 따른 분류

　② "담배사업법"에 따른 담배

　③ "마약류 관리에 관한 법률"에 따른 마약류

　④ "유해화학물질 관리법"에 따른 환각물질

　⑤ 그 밖에 중추신경에 작용하여 습관성, 중독성, 내성 등을 유발하여 인체에 유해하게 작용할 수 있는 약물 등 청소년의 사용을 제한하지 아니하면 청소년의 정신을 심각하게 손상시킬 우료가 있는 약물로서 대통령령으로 정하는 기준에 따라 관계 기관의 의견을 들어 제36조에 따른 청소년보호위원회(이하 "청소년보호위원회"라 한다)가 결정하고 여성가족부장관이 고사한 것.

2) 청소년유해물건

　① 청소년에게 음란한 행위를 조장하는 성기구 등 청소년의 사용을 제한하지 아니하면 청소년의 심신을 심각하게 손상시킬 우려가 있는 성 관련 물건으로서 대통령령으로 정하는 기준에 따라 청소년보호위원회가 결정하고 여성가족부장관이 고사한 것.

　② 청소년에게 음란성, 포악성, 잔인성, 사행성 등을 조장하는 완구류 등 청소년의 사용을 제한하지 아니하면 청소년의 심신을 심각하게 손상시킬 우려가 있는 물건으로서 대통령령으로 정하는 기준에 따라 청소년보호위원회가 결정하고 가족부장관이 고시한 것.

5. "청소년유해업소"란 청소년의 출입과 고용이 청소년에게 유해한 것으로 인정되는 다음 1)의 업소(이하 "청소년 출입·고용금지업소"라 한다)와 청소년의 출입은 가능하나 고용이 청소년에게 유해한 것으로 인정되는 다음 2)의 업소(이하 "청소년고용금지업소"라 한다)를 말한다. 이 경우 업소의 구분은 그 업소가 영업을 할 때 다른 법령에 따라 요구되는 허가, 인가,

등록, 신고 등의 여부와 관계없이 실제로 이루어지고 있는 영업행위를 기준으로 한다.

1) 청소년 출입·고용업소

　① "게임산업진흥법에 관한 법률"에 따른 일반게임제공업 및 복합유통게임제공업 중 대통령령으로 정하는 것.

　② "사행행위 등 규제 및 처벌 특례법"에 따른 사행행위영업.

　③ "식품위생법"에 따른 식품접객업 중 대통령령으로 정하는 것.

　④ "영화 및 비디오물의 진흥에 관한 법률" 제2조 제16호에 따른 비디오물 감상실업·제한관람가비디오물소극장업 및 복합영상물제공업.

　⑤ "음악산업진흥에 관한 법률"에 따른 노래연습장 중 대통령령으로 정하는 것.

　⑥ "체육시설의 설치·이용에 관한 법률'에 따른 무도학원 및 무도장업".

　⑦ 전기통신설비를 갖추고 불특정한 사람들 사이의 음성대화 또는 화상대화를 매개하는 것을 주된 목적으로 하는 영업. 다만 "전기통신사업법" 등 다른 법률에 따라 통신을 매개하는 영업은 제외한다.

　⑧ "불특정한 사람 사이의 신체적인 접촉 또는 은밀한 부분의 노출 등 성적 행위가 이루어지거나 이와 유사한 행위가 이루어질 우려가 있는 서비스를 제공하는 영업으로 청소년보호위원회가 결정하고 여성가족부장관이 고시한 것."

　⑨ "청소년유해매체물 및 청소년유해약물등을 제작, 생산, 유통하는 영업 등 청소년의 출입과 고용이 청소년에게 유해하다고 인정되는 영업으로서 대통령령으로 정하는 기준에 따라 청소년보호위원회가 결정하고 여성가족부장관이 고시한 것

2) 청소년고용금지업소

　① "게임산업진흥에 관한 법률"에 따른 청소년게임제공업 및 인터넷컴

퓨터게 임시설제공업.

② "공중위생관리법"에 따른 숙박업, 목욕장업, 이용업 중 대통령령으로 정하는 것.

③ "식품위생법"에 따른 식품접객업 중 대통령령으로 정하는 것.

④ "영화 및 비디오물의 진흥에 관한 법률"에 따른 비디오물 소극장업.

⑤ "유해화학물질 관리법"에 따른 유독물영업. 다만, 유독물 사용과 직접 관련이 없는 영업으로서 대통령령으로 정하는 영업은 제외한다.

⑥ "회비 등을 받거나 유로로 만화를 빌려 주는 만화대여업."

⑦ "청소년유해매체물 및 청소년 유해약물 등을 제작, 생산, 유통하는 영업 등 청소년의 고용이 청소년에게 유해하다고 인정되는 영업으로서 대통령령으로 정하는 기준에 따라 청소년보호위원회가 결정하고 여성가족부장관이 고사한 것."

6. "유통"이란 매체물 또는 약물 등을 판매, 대여, 배포, 방송, 공연, 상영, 전시, 진열, 광고하거나 시청 또는 이용하도록 제공하는 행위와 이러한 목적으로 매체물 또는 약물 등을 인쇄, 복제 또는 수입하는 행위를 말한다.

7. "청소년폭력·학대"란 폭력이나 학대를 통하여 청소년에게 신체적·정신적 피해를 발생하게 하는 행위를 말하다.

8. "청소년유해환경"이란 청소년유해매체물, 청소년유해약물등, 청소년유해업소 및 청소년폭력·학대를 말한다.

(1) 정의

소년법상의 소년은 19세 미만의 자를 일컫는데, 심리적, 생리적 그리고 법적으로 중요한 시기이다. 청소년기는 주로 중·고등학교 학령기인 12세 내지 19세까지의 기간이라고 볼 수 있다. 사춘기이기도 한 이시기는 급격한 신체적, 심리적 변화를 겪는 시기로서 이 시기를 질풍노도의 시기라고도 한다.

> 독일의 범죄학자 '엑스너(Exner)'가 주장하는 말에 의하면, 이 시기는 "내적 불안으로 인하여 감정이 쉽게 변하고, 과대한 행동충격과 공상적 체험욕이 강하며, 권위에 대한 반항심과 비현실적 이상주의와 자긍심에 빠지기도 한다. 또한 성욕이 넘쳐나 성의 사회 윤리적 의미를 잘 알지 못하고 자제력이 약하여 분별없이 비행에 빠지거나 희생자가 되기도 쉽다."

(2) 청소년 범죄의 동향

청소년 범죄의 동향에 대해서 간략히 살펴보면 다음과 같은데 1985년 이후 약 20년간 청소년이 행하는 범죄사건은 해마다 차이가 있으나 대략적으로 년 평균 140,000건 정도가 발생하고, 전체범죄의 10% 내외에 해당된다. 형법범중에서는 절도(약 40~45%), 강도(30~40%), 공갈(20~30%), 장물(10~15%)등의 범죄가 많고 특별법 중에는 폭력행위 등 처벌에관한법률 위반이 많은 편이다. 연령별로는 16~19세의 범행이 가장 많다. 전체범죄 대비 청소년범죄(범죄소년) 비율을 살펴보면 2016년 전체범죄인원은 2,589,311에서 청소년범죄인원은 87,403이고, 2017년 전체범죄인원은 1,438,366에서 청소년범죄인원은 48,457로 나타났다. 현재에는 점점 연령대가 낮아지는 추세이다. 즉 촉법소년이 범죄를 저지르는 비중이 점차 증가 대고 있다.

(3) 청소년 범죄의 특징

청소년 범죄의 특징을 간략히 살펴보면 가정과 학교의 존재감의 기능저하, 매스컴으로 인한 범죄에의 쉬운 접근, 인터넷을 통한 개인중심의 이기적인 사고 등으로 인하여 청소년에 의한 범죄의 비행이 날이 갈수록 증가하였다. 청소년은 거칠고 폭력적이며, 사전모의를 하는 경우가 적고(즉 우발적인 경우), 다수가 함께 범행하는 경우가 많다(집단성).

(4) 청소년 범죄시기의 구분

청소년 범죄시기의 구분에 따라 다음과 같이 나누어진다.

① 우범소년이란 연령적으로 아직 미숙한 단계로서 집단적인 행동을 하며 주위 사람들에게 불안감을 조성하거나, 정당한 이유 없이 가출하거나, 술을 마시고 소란을 피우는 행위를 하는 단계로써 만 10세 이상~ 만 19세 미만의 소년을 말한다.

② 촉법소년이란 형벌에는 저촉되는 행위를 하였지만 연령적으로 형사처벌을 하지 않은 만 10세 이상~만 14세 미만의 소년을 말한다.

③ 범죄소년이란 범죄행위를 실질적으로 한 만 14세 이상~ 만 19세 미만의 소년을 말한다.

(5) 청소년 범죄사건의 처리과정

1) 경찰

① 청소년 범죄사건의 처리과정을 간략히 살펴보면 경찰의 경우에는 촉법소년이나 우범소년에 대해서 조사한 경우에는 심사를 거치지 않고 직접 소년법원에 사건을 보내야 한다.

② 경찰이 조사 또는 심리를 한 결과 사건이 경미한 경우에는 훈방조치를 해야 한다.

③ 처벌의 필요성이 있을 때에는 관할 검찰청으로 사건을 송치하면 된다. 그러나 범죄소년의 경우에는 사건을 소년법원으로 보내지 않고 '검찰청'으로 사건을 송치해야 한다.

2) 검찰

검찰의 경우에는 소년사건이 벌금 이하의 형에 해당되는 경미한 범죄의 경우와 보호처분에 해당하는 사유가 인정되는 경우일 때에는 소년법원에 사건을 송치하여 보호사건으로 처리하면 된다. 이러한 경우가 아니면 일반법원에 기소하여 일반 성인범죄자와 동일하게 처리하면 된다.

3) 법원

① 검사가 금고이상의 형에 해당하는 범죄사실을 발견한 경우에 있어 그 범행을 저지른 동기와 죄질이 잔혹하여 형사처분을 해야 할 필요성이 인정되는 경우에는 법원에서 형사재판을 하여 처벌을 할 수 있다.

② ①의 경우와 달리 범행을 저지른 청소년을 조사 또는 심리한 결과 보호처분에 해당할 사유가 있다고 판단이 될 경우에는 소년법원으로 송치하여 소년보호사건으로 처리한다.

(6) 청소년관련법규의 두 가지 성격

청소년관련 법규에 관해서 다음의 두 가지로 그 성격을 살펴볼 수 있는데 첫째, 청소년이 비행을 저지른 경우 이에 특별히 대응하기 위한 법규로서 소년법[228]이 있고 둘째, 청소년을 범행이나 유해환경으로부터 보호하기 위한 법규로서 청소년보호법[229]을 대표적인 것으로 볼 수 있다.

① 형사미성년자(형법 제9조) 보호처분

장래 일정한 사유에 비추어 형벌법령에 저촉되는 행위를 할 우려가 있는 만 12세 이상의 소년에 대해서는 소년법상의 보호처분을 할 수 있다(소년법 제4조 2,3호). 보호처분에 대한 내용은 다음과 같다.

보호처분에 대한 내용

⇨ 보호자 또는 보호자를 대신하여 소년을 보호할 수 있는 자에게 감호를 위탁하는 경우. 이 경우에는 6월의 범위 내에서 1회 연장이 가능하다.

⇨ 보호관찰자의 보호관찰을 받게 하는 경우. 이 경우에는 단기보호관찰은 1년, 장기보호관찰은 2년인데 장기보호관찰의 경우에는 1년의 범위 내에서 1번의 연장이 가능하다.

---

228) 소년법(小年法): 반사회성(反社會性)이 있는 소년에 대해 그 환경의 조정과 성행(性行)의 교정에 관한 보호처분에 관한 특별조치를 함으로써 소년의 건전한 육성을 기하기 위해 제정된 법률이다.
229) 청소년보호법(靑小年保護法): 청소년에게 유해한 매체물과 약물 등이 청소년에게 유통되는 것과 청소년이 유해한 업소에 출입하는 것 등을 규제하고, 폭력·학대 등 청소년유해행위를 포함한 각종 유해한 환경으로부터 청소년을 보호·구제함으로써 청소년이 건전한 인격체로 성장할 수 있도록 함을 목적으로 하는 법률이다.

⇨ 아동복지시설 기타 소년보호시설에 감호를 위탁하는 경우(아동복지법).

⇨ 병원, 요양소에 위탁하는 경우.

⇨ 소년원(법원 소년부로부터 소년원 송치처분을 받은 청소년을 수용하여 교육하는 법무부 산하 국가기관이다. 최근의 소년원은 정규학교 체제를 갖추고 있을 뿐만 아니라 정보화교육, 직업훈련, 인성교육 등 다양한 특성화 교육을 실시하고 있다. 청소년이 소년원에서 교육을 받았다고 하더라도, 교도소나 구치소에 수용되는 성인 수용자와는 달리 전과기록이 남지 않는다)에 송치하는 경우. 이 경우에는 단기소년원 송치는 6개월 미만, 장기소년원 송치는 2년 미만의 연장이 가능하다.

⇨ 수강명령(유죄가 인정된 범죄인이나 비행소년을 교화·개선하기 위하여 일정한 강의나 교육을 받도록 명하는 것)등 이 있다(소년법 제32조). 이러한 처분은 소년부 판사가 심리의 결과 필요하다고 인정한 때에 결정으로 행한다.

② 범행 당시 18세 미만인 소년에 대한 특칙

범행당시에 범행을 한 자의 연령이 만 14세 이상이라 할지라도 아직 만 18세 미만인 소년에 대해서는 사형 또는 무기형의 형량을 15년의 유기징역으로 감형시킨다(소년법 제59조).

③ 형사절차

소년의 형사절차는 소년법이 우선 적용된다. 소년법에 특별한 규정이 없으면 일반 형사사건의 예에 의한다(소년법 제48조).

(7) 청소년보호법

청소년을 보호하기 위하여 1997년부터 청소년보호법이 제정되었다. 이 법의 주요 내용은 "청소년에게 악 영양을 끼치는 매체물과 해가되는 약물 등이 유통되는 경우와 청소년이 유해업소에 출입하는 것을 강력하게 규제하고 있는 법이다."

또한 폭력, 학대 등 각종 유해환경으로부터 청소년을 보호, 구제할 수 있도록 각종 제도적 장치가 마련되어 있는 법이다. 청소년 보호법에 대해서 내용을 살펴보면 다음과 같다.

① 청소년의 유해업소에 대한 출입금지

노래방(단 청소년의 출입이 허용되는 시설을 갖춘 곳은 예외적으로 출입가능), 유흥주점, 단란주점, 비디오 감상실 등은 청소년 출입을 금지시켜야 한다. 만약 출입을 허용하는 경우에는 처벌의 대상이 된다.

② 청소년 고용 금지업소

숙박업, 이용업(법령으로 금지되지 않은 곳은 제외), 소주방, 호프집, 카페, 비디오를 대여하는 업 등의 경우에는 청소년을 고용할 수 없다.

성범죄자에 대한 신상정보 공개 및 취업제한

범죄의 예방과 원활한 수사를 위해 성폭력 범죄자에 대한 신상정보를 제공함으로써 '국민의 안정과 성폭력범죄 예방'을 도모하기 위해 성폭력 범죄자의 신상정보 공개제도가 시행되고 있다.

신상공개결정은 '법원'에서 하며 정보통신망[230]을 이용하여 범죄자의 나이, 성명, 주소 및 실제 거주지, 신체정보(키와 몸무게), 사진, 성범죄의 내용을 공개 하도록 되어있다. 공개정보를 열람할 수 있는 사람은 실명인증 절차를 거친 성인만 '성범죄자 알림e'사이트를 이용하여 할 수 있다.

그러나 공개정보를 열람한 사람이 범죄자의 여러 가지 인적사항에 대해 신문, 잡지 등 출판물, 방송 또는 정보통신망을 이용하여 공개하거나, 공개정보 등의 수정 또는 삭제 등 공개정보를 악용한 때에는 5년 이하의 징역 또는 5천만원 이하의 벌금을 받게 된다.

또한 '아동·청소년의 성보호에 관한 법'은 성폭력 범죄로부터 아동·청소년을 보호하기 위하여 아동·청소년 성폭력 범죄를 저지른 자는 형 집행 후 10년간 유치원이나 초·중·고등학교, 아동보육 시설과 같은 아동·청소년 관련 교육기관에 취업할 수 없다. 만약 이를 위반하여 이러한 기관에 취업한 자에 대해서는 해당기관에 해임을 요구할 수 있다. 만약 이러한 요구에 불응한 경우에는 관련기관에 해당기관의 직장폐쇄나 등록허가 취소를 요구 할 수 있다.

---

230) 사이트는 www.sexoffender.go.kr

2. 사이버 범죄

사이버 범죄 즉, 컴퓨터 통신 등을 악용하여 사이버 공간에서 행하는 범죄행위는 최근 수년간 20배 이상 급증하고 있으며, 범죄자의 60%이상이 20대 이하의 청소년인 것으로 나타나고 있다. 이하에서는 사이버 범죄의 종류·특징 및 관련법규 등에 대해서 간략히 살펴보기로 한다.

(1) 사이버 범죄의 의의

사이버 범죄란 인터넷과 같은 정보통신망으로 연결된 컴퓨터 시스템이나 이들을 매개로 한 사이버 공간을 이용하여 공공복리를 저해하고, 건전한 사이버 문화에 해를 끼치는 범죄행위를 말한다. 기존의 전통적인 범죄들이 시대가 변함에 따라 컴퓨터와 인터넷을 매개로하여 발생하는 것이며, 정보통신망을 통해서 통신설비와 정보처리 장치 및 정보처리 시스템을 활용하여 범죄를 저지르기도 한다.

(2) 사이버 범죄의 특징

사이버 범죄는 빠른 시간 안에 불특정 다수인에게 많은 악영향을 끼친다. 즉 전파가 빠르기 때문에 많은 사람에게 악영향을 끼칠 수 있는 것이다. 그러나 사이버 공간이라는 특성상 정보 발신자의 특정이 어렵고, 전자정보의 증거인멸 및 수정이 간단하기 때문에 수사를 하는 데에 있어서 여간 힘든 일이 아닐 수 없다.

(3) 사이버 범죄의 종류

1) 사이버 명예훼손

> **조문:** 사람을 비방할 목적으로 정보통신망을 통하여 공공연하게 사실을 드러내어 다른 사람의 명예를 훼손한 자는 3년 이하의 징역이나 금고 또는 2천만원 이하의 벌금에 처한다. 사람을 비방할 목적으로 정보통신망을 통하여 공공연하게 거짓의 사실을 드러내어 다른 사람의 명예를 훼손한 자는 7년 이하의 징역, 10년 이하의 자격정지 또는 5천만원 이하의 벌금에 처한다(정보통신망 이용촉진 및 정보보호 등에 관한 법률 제70조).

① 의의

사람을 비방할 목적으로 정보통신망을 통하여 공공연하게 사실 또는 허위의 사실을 드러내어 다른 사람의 명예를 훼손한 경우에 성립하는 범죄이다. 사이버 명예훼손죄는 반의사불벌죄이다.

② 연혁

사이버 명예훼손죄는 2001년 7월 정보통신망 이용촉진 및 정보보호 등에 관한 법률이 개정되면서 신설되어졌다.

③ 취지

사이버 명예훼손의 경우에는 형법상 명예훼손죄 보다 무겁게 처벌한다. 왜냐하면 인터넷에서는 단시간에 많은 사람들이 그 글을 읽기 때문에 상대방의 피해가 더 크기 때문에 형법상 명예훼손죄(제307조 제1항) 보다 무겁게 처벌하는 것이다.

2) 사이버 스토킹

> 조문: 정보통신망을 이용하여 공포심, 불안감을 유발하는 문언, 음향, 화상 또는 영상을 반복적으로 상대방에게 도달하게 한 자에 대해서는 1년 이하의 징역 또는 1천만 원 이하의 벌금에 처한다(정보통신망이용촉진 및 정보보호 등에 관한 법률 제74조).

정보 통신망을 사용하여(예컨대, 전화, 이동통신, 대화방, e-mail 등) 악의적인 의도에 의해서 지속적으로 공포감이나 불안감 등을 유발하는 행위를 말한다. 반의사불벌죄에 해당된다.

스토킹에 대해 살펴보면 다음과 같다. '살며시 다가오다', '뒤를 밟다'라는 뜻의 영어 '스토커'에서 온 말이다. 상대가 아무리 싫어해도 상관하지 않고 자신의 편집광적인 망상을 부풀려 어디든지 따라다니며 기다리거나 전화를 걸어대는 사람을 '스토커(Stalker)'라고 하며, 이러한 행위를 일컬어 '스토킹(Stalking)'이라고 한다.

사이버 스토킹이 성립하려면 악의적인 행위가 정보 통신망을 통해서 행해져야 한다. 상대방의 의사와 무관하게 의도적, 반복적, 지속적으로 행해져야 한다.

3) 사이버 성희롱

> 조문: 자기 또는 타인의 성적 욕망을 유발하거나 만족시킬 목적으로 전화·우편·컴퓨터 등을 통하여 성적 수치심이나 혐오감을 일으키는 말이나 음향, 글이나 도화, 영상 또는 물건을 상대방에게 도달하게 한 자는 2년 이하의 징역 또는 500만 원 이하의 벌금에 처한다(성폭력범죄의 처벌 등에 관한 특례법 제12조).

사이버 성희롱은 PC를 이용한 통신이나 인터넷 채팅방에서 상대방에게 음란한 대화를 청하거나 채팅 중에 갑자기 음란한 말과 음란한 글을 보냄으로써 상대방으로 하여금 성적불쾌감과 모욕감을 느낄 수 있게 하는 모든 행위를 말한다. 예컨대, 게임상에서의 성희롱 등의 경우. 성희롱 피해를 본 당사자의 경우에는 검찰 또는 경찰에 고소를 할 수 있다. 즉, 피해자가 아닌 경우에도 성희롱 사실을 알고 있는 사람이라면 누구나 고소가 가능하다. 형사소송법에 따라 고소는 서면 또는 구술로써 검사 또는 사법경찰관에게 하면 됩니다. 이 죄는 친고죄에 해당된다.

4) 음란물 전송

> 조문: 음란물 전송에 관한 처벌 법률에는 형법[231]과 성폭력범죄의 처벌 등에 관한 특례법[232], 정보통신망이용촉진 및 정보보호 등에 관한 법률[233] 등이 있다.

① 의의

노골적인 성행위 장면이 담긴 사진, 잡지, 비디오, 만화 등을 컴퓨터를 이용해 볼

---

[231] 형법 제243조[음화반포 등] 음란한 문서, 도화, 필름 기타 물건을 반포, 판매 또는 임대하거나 공연히 전시 또는 상연한 자는 1년 이하의 징역 또는 500만 원 이하의 벌금에 처한다.

[232] 이 법은 성폭력범죄의 처벌 등에 관한 특례와 성폭력범죄의 피해자 보호 등에 관한 사항을 함께 규정하고 있어 각 사항에 대한 효율적 대처에 한계가 있으므로 성폭력범죄의 처벌에 관한 사항을 분리하여 이 법을 제정하였다. 여기에서는 제12조[통신매체를 이용한 음란행위] 자기 또는 다른 사람의 성적 욕망을 유발하거나 만족시킬 목적으로 전화, 우편, 컴퓨터, 그 밖의 통신매체를 통하여 성적수치심이나 혐오감을 일으키는 말, 음향, 글, 그림, 영상 또는 물건을 상대방에게 도달하게 한 사람은 2년 이하의 징역 또는 500만 원 이하의 벌금에 처한다.

[233] 정보통신망의 이용을 촉진 및 이용자의 개인정보의 보호와 함께 건전하고 안전한 정보통신망 환경을 조성하는 것을 목적으로 하는 법률이다. 이죄를 범한 자는 1년 이하의 징역 또는 1천만원 이하의 벌금에 처해질 수 있다.

수 있도록 프로그램 파일로 변환시키거나 컴퓨터의 특성을 이용해 타인에게 유포하는 행위를 말한다. 유통의 경로는 PC 통신이나 홈페이지 게시판, 대화방, 전화방, 이동전화 문자정보서비스 등을 이용하여 유통되는 것이 보통이다.

② 음란물 중독의 증세

음란물 중독자들은 여성을 자기의 진정한 동반자의 관계보다는 여성을 쾌락을 만족하기 위한 도구로 생각한다. 이러한 해결책으로 포르노를 보면서 손쉽게 욕구를 해결하려는 경향을 나타나고 있지만 이러한 행위가 심각하게 되면 결국 성범죄로 이어지게 된다.

특히 사춘기에 형성된 잘못된 성 관념이 성인까지 이어지는 게 더 큰 문제점이다. 성행위의 교감·소통·애정은 등한시하고 시각적인 자극과 쾌락에만 집착하다 보면 오히려 성에 무감각해지거나 여성에 대해서 하나의 성적인 도구로 생각할 수 있는 부작용이 발생하기 쉽다.

③ 사회적 문제

음란물이 성인들뿐만 아니라 청소년들에게도 판매되고 있다는 점이며, 개인의 사생활을 침해하는 내용을 담고 있어서 문제가 되고 있다. 예컨대, 화장실 안에서 몰래 촬영 한 후 PC 통신을 이용해 촬영 한 사진을 올리는 경우 등이다.

5) 스팸메일

> 조문: 정보통신망이용촉진 및 정보보호 등에 관한 법률[234]에서 처벌 규정을 두고 있다.

① 의의

정크메일(junk mail), 벌크메일(bulk mail)이라고도 한다. 스팸메일은 인터넷상

---

234) 제50조[영리목적의 광고성 정보 전송 제한] 1항에서 "누구든지 전자우편이나 그 밖에 대통령령으로 정하는 매체를 이용하여 수신자의 명시적인 수신거부의사에 반하는 영리 목적의 광고성 정보를 전성하여서는 아니된다"라고 하여 영리목적의 광고성 정보를 제한하고 있다. 제76조[과태료] 이에 위반할 경우 3천만원 이하의 과태료에 처한다.

에서 수신자의 의사와 관계없이 다수의 수신자에게 대량으로 발송되는 특정 목적의 이메일 또는 뉴스그룹 기사. 우편을 통해 불특정 다수의 수취인에게 허락 없이 일방적으로 보내는 대량의 이메일을 말한다. 스팸 메일은 대부분 수신자가 원하지도 않고, 관심도 없는 메시지이거나 각 뉴스그룹의 토론 주제와도 상관없는 기사들로 매우 적은 비용으로 다수의 사람들에게 상품을 광고하거나 특정인, 상품 또는 기업을 비방할 목적으로 인터넷을 악용하는 행위이다.

② 특징 및 문제점

스팸 메일은 대부분 수신자가 원하지도 않고, 관심도 없는 메시지이거나 각 뉴스그룹의 토론 주제와도 상관없는 기사들로 매우 적은 비용으로 다수의 사람들에게 상품을 광고하거나 특정인, 상품 또는 기업을 비방할 목적으로 인터넷을 악용하는 행위이다. 이러한 불법 음란 스팸메일은 성인뿐만 아니라 어린이 · 청소년에게도 무차별 전송으로 인해 사회적인 문제가 대두되고 있다.

③ 법원의 입장

원고가 수신거부 의사를 분명히 했는데도 불구하고 메일을 원고에게 보낸 행위은 원거에 대한 인격권을 침해하는 것이라고 하여 스팸메일을 발송한 스패머에게 손해배상 판결을 내리라고 판결한 적이 있다.

6) 해킹[235]

> 조문: 정당한 접근권한이 없거나 허용된 접근권한의 범위를 초과하여 정보통신망에 침입하는 행위를 금지 한다(정보통신망 이용촉진 및 정보보호 등에 관한 법률 제48조 제1항[236]). 이를 위반하면 3년 이하의 징역 또는 3,000만 원 이하의 벌금에 처한다(제63조 제1항 제1호).

---

[235] 해킹은 "파일이나 프로그램 손상 가능성, CPU 지원낭비, 시스템관리자의 점검 및 보안비용 증가" 등 부정적인 면이 많다고 볼 수 있다.
[236] 제48조[정보통신망 침해행위 등의 금지] ① 누구든지 정당한 접근권한 없이 또는 허용된 접근권한을 넘어 정보통신망에 침입하여서는 아니 된다. ② 누구든지 정당한 사유 없이 정보통신시스템, 데이터 또는 프로그램 등을 훼손 · 멸실 · 변경 · 위조하거나 그 운용을 방해할 수 있는 프로그램(이하 "악성프로그램"이라 한다)을 전달 또는 유포하여서는 아니 된다. ③ 누구든지 정보통신망의

① 의의

컴퓨터 네트워크의 취약한 보안망에 불법적으로 접근하여 다른 사람의 정보시스템에 유해한 영향을 끼치는 일체의 행위를 하는 범죄를 말한다. 인터넷상의 해킹 프로그램을 다운받아 사용하거나 특정 서버의 허점을 경로로 침입하는 경우로 구분할 수 있다.

② 연혁

1950년대 말 미국 매사추세츠공과대학(MIT) 동아리 모임에서 처음 사용되었던 '해크(hack)'에서 유래되었다.

③ 해킹의 유래

원래 해커는 순수하게 작업과정 자체의 즐거움을 추구하는 컴퓨터 전문가들의 행위로 시작되었으나 컴퓨터의 발달로 말미암아 컴퓨터가 일반화되면서 점차 나쁜 의미로 변질되어졌다. 즉 "다른 사람의 컴퓨터에 침입을 하여 정보를 빼내서 이익을 취득하거나 파일을 없애버리거나 전산망을 마비시키는 악의적 행위가 반발하게 된 것이다." 이런 파괴적 행위를 하는 자들을 크래커(cracker)라고 하여 해커와 구별하기도 하지만 대체적으로 해커와 크래커는 특별히 구분되어 쓰이지 않고 범죄행위를 하는 자의 의미로 쓰이고 있다. 해커의 공격 수법은 가로채기, 흐름차단, 변조, 서비스 거부 등의 방법이 있다. 해커로부터의 방어방법은 암호 알고리즘, 침입차단 시스템, 패스워드 관리 등이 있다.

7) 바이러스

> 조문: 정보통신망이용촉진 및 정보보호 등에 관한 법률에서는 악성 프로그램[237]의 전달·유포를 금지하고 있다. 형법[238]에서도 규정하고 있다.

안정적 운영을 방해할 목적으로 대량의 신호 또는 데이터를 보내거나 부정한 명령을 처리하도록 하는 등의 방법으로 정보통신망에 장애가 발생하게 하여서는 아니 된다. 제72조[벌칙] ① 48조에 위반할 경우 3년 이하의 징역 또는 3천만원 이하의 벌금에 처한다.

237) 정보통신시스템, 데이터 또는 프로그램 등을 훼손·멸실·변경·위조 또는 그 운용을 방해할 수 있는 프로그램을 의미한다.

238) 제366조[재물손괴] 타인의 재물, 문서 또는 전자기록 등 특수매체기록을 손괴 또는 은닉 기타

바이러스란 컴퓨터 또는 디스크로의 소프트웨어를 스스로 복제해서 악의적 목적을 수행하기 위해서 다른 컴퓨터나 디스크로 전염시키는 악성소프트웨어를 말한다. 즉, 컴퓨터를 작동시키는 소프트웨어에 첨부되어 프로그램 또는 데이터파일을 파괴하거나 정상적인 운영을 방해하는 프로그램을 말한다. 트로이 목마, 스파이웨어 등 이들은 트로이목마 스파이웨어 등과 다르게 스스로를 복제하여 감염시킬 수 있는게 특징이다. 그렇다면 악의적 컴퓨터 바이러스가 세상에 퍼지게 된 이유는 무엇인가? 이와 관련되어 여러 추측 설들이 있다.

자신이 가지고 있는 능력을 상대방에게 과시하기 위해 만들었다는 설이 있다. 타 경쟁사 등에게 손해를 주기 위한 상업적 목적으로 만들었다는 설이 있다. 소프트웨어의 유통 경로 등을 추적하기 위해 만들었다는 설 등이 있다. 그러나 이는 상대방도 모르게 은밀히 유포되는 바이러스의 특성상 정확하게 단정 짓기는 어렵고, 대체적으로 복합적이고 전반적인 경위에 의해 유포되는 것으로 보아야 한다.

8) 문제

다음 문장을 읽고 맞으면 O, 틀리면 X 로 답하시오
1. 사이버 명예훼손죄는 '친고죄'에 해당되는 범죄이다(   ).
2. 사이버 성희롱은 '반의사불벌죄'에 해당되는 범죄이다(   ).
3. 사비버 스토킹은 '반의사불벌죄'에 해당되는 범죄이다(   ).

3. 경범죄에 대해

우리는 일상생활을 살아오면서 경범죄라는 단어를 들어 보았을 것이고 또한 가벼운 경범죄를 범한 적도 있을 것이다. 예컨대, 운전을 하다가 신호위반을 하거나 안전벨트를 착용하지 않은 채 운전을 하다가 경찰한테 딱지를 떼거나, 신호등이 있는 횡단보도를 무단으로 건너다가 경찰에게 딱지를 뗀 기억도 있을 것이다. 이하에서

방법으로 그 효용을 해한 자는 3년 이하의 징역 또는 700만 원 이하의 벌금에 처한다. 제314조[업무방해] ② 컴퓨터 등 정보처리장치 또는 전자기록 등 특수매체기록을 손괴하거나 정보처리장치에 허위의 정보 또는 부정한 명령을 입력하거나 기타 방법으로 정보처리에 장애를 발생하게 하여 사람의 업무를 방해한 자는 제1항의 5년 이하의 징역 또는 1천500만 원 이하의 벌금에 처한다.

는 경범죄에 대해서 간략히 살펴보기로 한다.

(1) 경범죄

공공의 안녕질서의 유지, 범죄예방 등의 목적으로 제정된 경범죄처벌법에는 빈 집 등에서의 잠복, 흉기의 은닉휴대, 폭행 등의 예비, 허위신고, 시체현장 변경, 관 명사칭, 출판물의 부당게재, 물품의 강매, 허위광고, 업무방해, 덮개없는 음식물 판 매, 오물방치, 노상방뇨, 의식방해, 단체가입 강청, 자연훼손, 수로유통방해, 구걸 및 부당이득, 불안감 조성, 음주소란, 물건던지기 등 위험행위, 정신병자 감호소홀, 동물관리 소홀, 성명 등의 허위기재, 야간통행제한 위반, 과다노출, 비밀 춤교습 및 장소제공, 암표 및 새치기, 무임승차 및 무전취식, 장난전화, 금연장소에서의 흡연 등을 그 대상행위로 규정하고 있다. 경미한 처벌법상의 범칙행위나 도로교통법상의 교통법규 위반과 같은 경미한 사건에 대해서 위반행위를 한 자에게 범칙금을 부과 하는 죄를 말한다. 즉, 죄의 경중이 낮은 범죄를 말한다.

(2) 경범죄 제정 목적

공공의 안녕질서의 유지와 범죄예방 등의 목적으로 제정된 것이다.

(3) 우리나라경범죄의 대상행위

① 담배, 꽁초, 껌, 휴지, 쓰레기 등을 함부로 버리는 행위.
② 길이나 공원 등 여러 사람이 있는 곳에서 함부로 침을 뱉거나 대소변을 보는 행위.
③ 집에서 기르는 개를 끌고나와 산책 중 대변을 보고 이를 치우지 아니한 행위.
④ 정당한 이유 없이 타인에게 전화 또는 편지로 되풀이 하여 괴롭히는 행위.
⑤ 금연구역에서 담배를 피우는 행위.
⑥ 정당한 이유 없이 길을 막거나 시비를 하는 행위.
⑦ 공공장소에서 고의로 험악한 문신을 노출시켜 타인에게 혐오감을 주는 행위.
⑧ 악기·라디오·TV 등의 소리를 지나치게 크게 내는 행위.
　그 밖에도 빈 집 등에서의 잠복, 흉기의 은닉휴대, 폭행 등의 예비, 허위신고, 물품의 강매, 업무방해, 덮개 없는 음식물 판매, 오물방치, 노상방뇨, 자연훼

손, 구걸 및 부당이득, 불안감 조성, 음주소란, 물건던지기 등 위험행위, 정신병자 감호소홀, 동물관리 소홀, 성명 등의 허위기재, 과다노출, 암표 및 새치기, 무임승차 및 무전취식, 장난전화 등이 있다.

(4) 외국의 경우

미국의 경우 보통 1년 이하 징역이나 벌금형의 범죄를 경범죄라고 하며 경범죄범은 보통 자격증이나 공직 등 권리를 잃게 되지는 않는다.

(5) 범칙금 부과

경찰서장은 경범죄 처벌법상의 범칙행위나 도로교통법상의 교통법규 위반과 같은 경미한 사건에 있어 위반행위를 한 자에게 범칙금을 납부할 것을 통고 처분할 수 있다. 범칙금의 액수에 대해서는 법령이 정한 바에 의해서 납부하면 되는 것이고 경찰서장이 임의대로 범칙금 액수를 정해서 부과하는 것은 아니다.

(6) 범칙금 납부 절차

범칙금을 납부할 것을 통고받은 사람은 10일 이내에 경찰청장이 지정하는 장소에 범칙금을 납부해야 한다. 만약 납부를 하지 않을 경우에는 범칙금 납부 기간이 끝나는 날의 다음 날부터 20일 이내에 통고받은 범칙금의 120%에 해당하는 금액을 납부해야 한다.

(7) 범칙금을 납부하지 않은 경우

범칙금을 납부하지 않는 경우에는 관할 경찰서장이 '즉결심판(즉심이라고도 한다)'에 회부하고, 법원은 도로교통법상의 벌금, 구류, 과료에 처하게 된다.

(8) 즉결심판

즉결심판이란 경미(輕微)한 범죄사건(20만 원 이하의 벌금·구류 또는 과료에 해당하는 사건)에 대해 정식 형사소송 절차를 거치지 않고 즉결심판에 관한 절차법에 따라 관할경찰서장이 관할법원에 청구하는 약식재판을 말한다. 관할경찰서장이 관할법원에 즉결심판의 청구를 한 때에는 즉시 기일을 정하여 심판을 해야 한다. 즉결심판을 청구할 때에는 사전에 피고인에게 즉결심판의 절차를 이해하는데 필요한 사항을 서면 또는 구두로 알려주어야 한다(즉결심판에 관한 절차법 제3조 제3항)/ 이는 간단·신속한 절차에 따라 처벌을 마침으로써 법원과 검찰이 가지는 부담을 줄여주고, 당사자에게도 복잡한 절차에 의하지 않기 때문에 당사자에게도 편의를 주기 위한 제도인 것이다.

즉결심판은 피고인이 출석하지 않으면 개정할 수 없는 것이 원칙이나, 예외적으로 벌금 또는 과료를 선고하는 경우에는 개정할 수 있다. 정식재판의 판결에 의해 판결이 있을 경우에는 즉결심판은 효력을 잃는다. 즉결심판으로 선고된 형의 집행은 경찰서장이 집행한다.

(9) 즉결심판의 확정

즉결심판이 확정되면 '확정 판결'과 같은 효력이 생긴다. 그에 따른 형의 집행은 경찰서장이 하고 추후에 검사에게 보고하면 된다.

> **Q** 경찰관이 「경범죄처벌법」 위반혐의가 있음을 이유로 乙에게 범칙금통고처분을 하였으나, 乙이 승복할 수 없다고 하여 乙을 즉결심판에 회부하기로 하고 乙을 경찰서 즉결피의자대기실로 데리고 가서 경찰서보호실 근무자에게 신병을 인계시키려고 하였는데, 乙이 다음날 법정에 임의출석 하겠다며 귀가요청을 하여 당시 경찰업무관행에 따라 신병보증인을 세울 것을 요구하였으나 乙로부터 신병보증을 할 사람이 없다는 말을 듣고 귀가조치가 불가능하다고 판단하여 강제로 경찰서보호실에 유치시키려고, 乙을 경찰서보호실에 밀어 넣으려는 과정에서 상해를 입게 한 경우 불법감금이 되는지요?
>
> **A** 제124조는 "①재판, 검찰, 경찰 기타 인신구속에 관한 직무를 행하는 자 또는 이를 보조하는 자가 그 직권을 남용하여 사람을 체포 또는 감금한 때에는 7년 이하의 징역과 10년 이하의 자격정지에 처한다. ②전항의 미수범은 처벌한다."라고 규정하고 있으며, 「특정범죄가중처벌 등

에 관한 법률」제4조의2 제1항에 의하면 "형법 제124조·제125조에 규정된 죄를 범하여 사람을 상해(傷害)에 이르게 한 경우에는 1년 이상의 유기징역에 처한다."라고 규정하고 있습니다.

그런데 「형법」제20조는 "법령에 의한 행위 또는 업무로 인한 행위 기타 사회상규에 위배되지 아니하는 행위는 벌하지 아니한다."라고 규정하고 있습니다.

그러므로 경찰관이 즉결심판피의자를 강제로 경찰서보호실에 유치시키는 것이 정당한 행위인지 문제됩니다.

이에 관하여 판례는 "감금죄에 있어서의 감금행위는 사람으로 하여금 일정한 장소 밖으로 나가지 못하도록 하여 신체의 자유를 제한하는 행위를 가리키는 것이고, 그 방법은 반드시 물리적, 유형적 장애를 사용하는 경우뿐만 아니라 심리적, 무형적 장애에 의하는 경우도 포함되는 것이므로, 설사 그 장소가 경찰서 내 대기실로서 일반인과 면회인 및 경찰관이 수시로 출입하는 곳이고 여닫이문만 열면 나갈 수 있도록 된 구조라 하여도 경찰서 밖으로 나가지 못하도록 그 신체의 자유를 제한하는 유형, 무형의 억압이 있었다면 이는 감금에 해당한다."라고 하였으며, "형사소송법이나 경찰관직무집행법 등의 법률에 정하여진 구금 또는 보호유치요건에 의하지 아니하고는 즉결심판피의자라는 사유만으로 피의자를 구금, 유치할 수 있는 아무런 법률상 근거가 없고, 경찰업무상 그러한 관행이나 지침이 있었다 하더라도 이로써 원칙적으로 금지되어 있는 인신구속을 행할 수 있는 근거로 할 수 없으므로, 즉결심판피의자의 정당한 귀가요청을 거절한 채 다음날 즉결심판법정이 열릴 때까지 피의자를 경찰서보호실에 강제유치 시키려고 함으로써 피의자를 경찰서 내 즉결피의자 대기실에 10분 내지 20분 동안 있게 한 행위는 형법 제124조 제1항의 불법감금죄에 해당하고, 이로 인하여 피의자를 보호실에 밀어 넣으려는 과정에서 상해를 입게 하였다면 특정범죄가중처벌등에관한법률 제4조의2 제1항 위반죄에 해당한다."라고 하였습니다(대법원 1997. 6. 13. 선고 97도877 판결).

따라서 경찰관이 즉결심판피의자를 강제로 경찰서보호실에 유치시키는 것을 정당한 행위라고 볼 수 없으므로, 불법감금죄가 성립될 것이고, 그 과정에서 상해의 결과가 발생된다면 「특정범죄가중처벌 등에 관한 법률」 제4조의2 제1항 위반죄가 성립될 수 있을 것으로 보입니다.

(10) 정식재판 절차

피고인이 즉결심판의 결과를 기다린 후 이에 불복할 경우에는 정식재판을 청구할 수 있다.

① 7일 이내에 관할 경찰서장에게 정식재판 청구서를 제출해야 한다.
② 경찰서장은 피고인이 제출한 정식재판 청구서를 지체 없이 판사에게 제출해야 한다(즉결심판에 관한 절차법 제14조 제1항).
③ 판사는 7일 이내에 경찰서장에게 정식재판 청구서를 첨부한 사건기록과 증거물을 송부해야 한다.
④ 경찰서장은 지체 없이 관할지방 검찰청 또는 지청의 장에게 정식재판 청구서를 첨부한 사건기록과 증거물을 송부해야 한다.
▶ ① ⇨ ② ⇨ ③ ⇨ ④의 절차를 거친 후에 비로써 정식재판을 진행하게 된다.

4. 음주운전

대부분의 사람들은 직장에 다니면서 생활을 하고 회식을 1달에 1번 또는 여러 번 하는 회사도 있지만, 중요한 건 차를 가지고 간 사람은 술을 마신 뒤에는 음주운전을 하면 안 되는데도 불구하고, 나는 가볍게 몇 잔 마신 정도이니 운전을 해도 된다는 안일한 생각으로 인해 술을 마신 후에 운전을 하면 그로 인해 다른 사람의 생명과 단란한 한 가정의 행복마저도 빼앗아 갈 수 있는 문제이기 때문에 술을 마신 후 음주운전을 하는 행위는 근절되어야 마땅할 것이다. 우리나라의 경우에는 다른 나라에 비해서 처벌 수위가 약하다는 우려의 목소리가 들린다.

음주운전을 하여 문제가 발생하면 도로교통법에 의한 형사처벌, 운전면허정지와 같은 행정적인 처분과 상황에 따라서는 그보다 더 무거운 처벌을 받는다. 그러나 운전을 하면서 생계를 유지하는 회사원의 경우에 있어서는 운전면허가 절대적으로 필요하기 때문에 취소된 운전면허에 대해서 구제할 수 있는 구제방안에 대해서도 살펴볼 필요성이 있다. 따라서 음주운전으로 인해 면허가 취소된 경우에는 '행정심판'과 '행정소송'을 통해 구제를 받을 수 있다.

(1) 형사처벌과 행정처분

1) 형사처벌

① 혈중알콜농도가 0.2% 이상인 사람은 1년 이상 3년 이하의 징역이나 500만원 이상 1000만원 이하의 벌금에 처한다.

② 혈중알콜농도가 0.1% 이상 0.2%미만인 사람은 6개월 이상 1년 이하의 징역이나 300만원 이상 500만원 이하의 벌금에 처한다.

③ 혈중알콜 농도 0.05% 이상 0.1% 미만인 자에 6개월 이하의 징역이나 300만원 이하의 벌금에 처한다.

④ 사고를 내어 사람을 치사 하거나 치상한 경우에는 운전면허취소와 함께 5년 이하의 금고 또는 2천만 원 이하의 벌금에 처할 수 있다.

참고〉

0.05%~0.1%: 150만원~300만원

0.10%~0.15%: 300만원~400만원

0.15~0.2%: 400만원~400만원

0.2%~0.25%: 500만원~600만원

0.25%~0.3%: 600만원~700반원

0.3% 이상~: 700만원~1000만원

　성인 남녀가 몇 잔을 마시면 음주운전에 해당되는가?

① 남자(체중 70kg 기준)

-소주: 60ml 2잔 -위스키: 1, 2잔 -정주 3.2잔 -맥주: 200ml 2.5잔

② 여자(55kg 기준)

-소주: 60ml 1.6잔 -위스키: 0.9잔 -맥주: 200ml 2잔

2) 행정처분(운전면허 처분)

① 혈중알콜농도 0.05%에서 0.1%미만 경우는 운전면허 100일간 정지가 원칙이다.

② 혈중알콜농도 0.1% 이상인 자에 대해서는 운전면허 취소 및 1년간 운전면허 시험에 응시할 수 있는 자격제한을 받는다.

③ 2회 이상 운전면허정지나 취소를 당한 전력이 있는 사람이 다시 혈줄알콜농도 0.05% 이상의 상태에서 운전한 경우에는 운전면허가 취소된다(삼진아웃제).

④ 인명사고시에도 면허는 취소된다.

생계를 유지하는 데 차를 이용하는 사람이 교통사고를 낸 후 운전면허를 취소당한 경우에는 어떻게 처리해야 하는가? 이에 대해서는 교통사고나 법규위반으로 처벌받은 경력이 없고, 운전면허가 그 사람의 생계유지에 없어서는 안 될 절박한 사유가 있는 경우 등의 특수한 사정이 인정될 경우에는 면허취소 사유인 혈중알콜농도 0.1%를 조금 초과하더라도 면허정지에 그치는 경우에 해당 될 수 있다.

여기서 잠깐

경찰관은 호흡측정기로 음주운전자의 혈중알콜농도를 측정하는데 만약 음주운전을 한 자가 이에 의심을 갖고 자기의 요구로 혈액을 채취해 혈줄알콜농도를 측정할 수 도 있는데 과연 어느 것이 더 정확한가에 대해서 대법원은 "특별한 사정이 없는 한 혈액검사에 의한 측정치를 호흡측정기에 의한 측정치보다 당시의 실제 혈중알콜농도에 더 근접한 측정치로 보는 것이 타당하다고 보았다."

---

(2) 위드마크식 음주 측정 계산법

① 의의

음주 후 혈액 속의 알코올 농도를 계산하는 공식이다. 행정청은 운전시점부터 경과한 시간 동안 감소한 혈중 알코올 농도를 계산한 후 그 수치를 측정 수치에 더하는 방법으로 음주 측정을 할 수도 있다. 이를 위드마크식 음주 측정 계산법이라고 한다. 스웨덴 생화학자 에릭 마테오 프로셰 위드마크(Erik Matteo Prochet Widmark)가 만들어 위드마크 공식이란 이름이 붙었다. 음주운전 사고가 난 뒤

시간이 흘러 운전자의 혈중알코올농도가 기준 이하일 때 음주운전 당시의 혈중알코올농도를 확인하기 위해 사용한다. 「도로교통법」에서는 운전자의 혈중알코올농도가 0.05% 이상이면 술에 취한 상태로 판단한다.

한국에서는 1986년 위드마크 공식이 도입되었다. 뒤늦게 검거한 음주운전 사고 용의자나 경찰의 음주측정을 거부한 운전자의 음주운전 당시의 혈중알코올농도를 판단하기 위해서다. 단 운전자의 나이나 건강상태, 음주시간, 섭취한 음식물 등 조건이나 환경에 따른 개인차가 있을 수 있어 실제 법원에서는 위드마크 공식에 따른 결과를 증거로 채택하지 않기도 한다.

② 문제점

이러한 위드마크식 음주측정계산법에 의한 혈중알콜농도의 계산방법은 실험 결과를 토대로 해서 통계를 만든 것이기 때문에 체중, 체질, 나이, 성별 등에 따른 차이가 있고, 또한 최종 음주 후 30분에서 90분 사이에는 혈중알콜농도가 상승기에 있는지 하강기에 있는지 분명하지 않기 때문에 엄격한 요건 하에서 제한적으로 증거자료가 된다.

(3) 행정심판과 행정소송

구제받을 수 있는 기준은 다음과 같다.

---

① 음주수치

② 생계형(운전을 못할 경우 생계에 지장이 있는지)

③ 음주운전의 동기 및 당시 정황(피치 못할 사정이 있는지)

④ 음주운전의 거리

⑤ 음주운전 적발전력, 사고, 교통법규위반으로 받은 벌점 등

⑥ 운전 경력

⑦ 가정경제(재산의 유무, 부양의 의무, 부채의 정도, 생계비 등)

⑧ 사회공헌도(표창, 상장, 사회봉사 등) 등을 참작하여 결정한다.

---

1) 행정심판

행정심판은 처분을 내린 행정청의 상급기관이 그 처분의 적법성과 적정성을 한 번 더 검토해보는 것으로, 만약 심판청구가 이유 있다고 판단을 될 경우 상급기관이 직접 면허취소에 대한 처분을 취소하기도 한다.

'행정처분'을 청구할 경우 처분 사실을 안 날로부터 90일, 처분이 있은 날로부터 180일 이내에 취소 처분을 내린 경찰청에 행정심판청구서를 제출해야 한다.

2) 행정소송

행정소송이란 행정청이 내린 처분이 위법하거나 합당하지 않다고 생각되어 이를 취소해달라고 법원에 소송을 제기하는 것을 말한다. 행정소송을 제기하려는 사람은 처분이 있음을 안 날로부터 90일, 처분이 있은 날로부터 1년 이내에 소를 제기해야 한다.

(4) 사례

1. 김씨는 대로변에서 혈중 알콜농도 0.15% 상태로 승용차를 운전하기 위해 시동장치에 키를 꽂고 돌렸다. 하지만 수동변속 차량인 김씨의 차는 당시 기어가 1단인 상태여서 시동이 걸리지 않았고 차는 출렁이며 1~2m 움직이다 그쳤다. 바로 이때 차 옆을 지나던 경찰은 김씨를 붙잡아 음주검사를 하였고 이에 김씨는 음주운전 혐의(도로교통법 위반)로 불구속 기소했다. 김씨의 주장은 차가 출렁거리기만 했을 뿐이다. 이게 어떻게 운전행위에 해당되는가라고 주장하였다. 이에 법원은 다음과 같은 판결을 내렸다. 김씨는 운전석에 앉아 시동장치에 열쇠를 꽂고 돌렸으므로 도로교통법상 운전행위에 필요한 요건들을 모두 갖추었다고 판단하였다. 비록 짧은 거리이긴 하지만 차량이 앞으로 진행했기 때문에 이는 엄연한 운전행위에 해당한다고 보았다.

2. 김씨는 술을 마신 뒤 자기 집 아파트 단지 내 A동 앞에서 같은 동 주차장까지 20m를 운전하다가 경찰에 적발되어 기소된 사건이다. 재판부는 김

씨에게 무죄선고를 하였다. 왜냐하면 "김씨가 운전한 장소는 아파트입구로부터 출구까지 가는 주 통로가 아니라 단지 내 건물 사이 공간에 주차구획선을 그은 주차통로에 불과한 것이다. 이는 불특정 다수의 사람이나 차량의 통행로로 사용되는 도로교통법 상 도로라고 볼 수 없다."

참고〉 무면허 운전

무면허 운전이란 "운전면허 없이 도로에서 자동차를 운전하는 것을 말한다." 운전면허의 시점에 대해서 살펴보면 과거에는 대법원 판례로 '운전면허증상의 발행일자'라고 하였으나, 현재는 도로교통법에서 운전면허증을 본인 또는 그 대리인에게 교부한 때로부터 발생한다고 규정하고 있다(도로교통법 제85조 제3항). 만약 운전면허시험 합격 후 면허증 교부일 전에 운전을 한 경우에는 무면허 운전에 해당된다. 처벌에 대해서 살펴보면 지방경찰청장은 운전면허자가 무면허로 교통사고를 야기하는 등의 잘못을 저지른 경우 운전면허를 취소하거나 1년 이내의 범위에서 운전면허의 효력을 정지시킬 수 있다(동법 제93조).

운전면허가 취소되거나 정지된 경우에는 사유가 발생한 날로부터 7일 이내에 주소지를 관할하는 지방경찰청장에게 그 운전면허증을 반납해야 한다(동법 제95조). 정지기간이 도래해서 기간이 만료한 경우 그 즉시 당사자에게 운전면허증을 교부해주어야 한다(동법 제95조). 이런 무면허 운전의 결과에 따른 불이익은 보험회사로부터 보험혜택을 당연히 못 받는다는 것이고 설령 피해자와 합의가 된다고 하더라도 처벌을 받는 등 불이익이 매우 크다.

(7) 음주운전에 대한 처리기준

○ 혈중알콜농도 0.05% 이상자 전원 형사입건

○ 구속기준 (검찰과 법원의 구속 기준은 이와 다를 수 있습니다)

(단순음주운전의 경우)

- 혈중알콜농도(이하동일) 0.365 이상인 자
- 3회 이상 주취운전 처벌전력자 주취정도 불문
- 무면허 경합, 2회 음주운전 처벌전력자로서 0.26% 이상인 자

(대인사고의 경우)

- 0.265% 이상인 자는 치료기간, 보험가입, 합의불문
- 합의시 0.15% 이상인 자로서 6주 이상 상해

  (다만, 교차로 신호위반, 신호기 설치, 횡단보호, 고의적 중앙선 침범, 과속이
  경합되면 3주 이상)

- 보험가입시 0.16% 이상인자로서 3주 이상 상해

○ 대물사고의 경우는 0.31% 이상인 자로서 피해액 80만원 이상인 자

○ 행정처벌(운전면허처분)

- 혈중알콜농도 0.05~0.1% 미만까지는 벌점 100점 부과

① 0.05%이상의 상태에서 운전을 하다가 교통사고로 사람을 죽게 하거나 다치게
  한 때

② 0.1%이상의 상태에서 운전

③ 2회 이상 0.05% 이상의 상태에서 운전하거나 음주측정에 불응한 사람이 다시
  0.05%이상의 상태로 운전한 때

→ 운전면허가 취소됨과 동시에 면허취득을 위한 시험을 1년간 볼 수 없도록 제한

○ 음주운전 처벌기준

구 분			기 준	처 분
형사처벌	2회 이상 음주	구 속 (검찰·법원의 기준은 이와 다를 수 있음)	① 0.36% 이상 ② 3회이상 음주운전 전력이 있는 사람 ③ 무면허·2회 음주처벌 전력이 있는 사람으로서 0.26%이상 ④ 상당기간 음주측정을 거부한 죄질불량자	징역 1년 이상 3년 이하 또는 500만원 이상 1000만원 이하 벌금
	0.2% 이상			
	0.1% 이상 0.2% 미만	불구속	0.05~0.35%이하	징역 6월 이상 1년 이하 또는 300만원 이상 500만원 이하 벌금
	0.05% 이상 0.1% 미만			징역 6월 이하 또는 300만원 이하 벌금
행정처벌			○ 0.05%이상의 상태에서 운전을 하다가 교통사고로 사람을 죽게 하거나 다치게 한 때 ○ 0.1%이상의 상태에서 운전 ○ 2회 이상 0.05% 이상의 상태에서 운전하거나 음주측정에 불응한 사람이 다시 0.05%이상의 상태로 운전한 때	면허취소
			0.05~0.1% 미만	벌점 100점

5. 교통사고 · 뺑소니사고

우리는 운전을 하다보면 접촉사고 같은 작은 사고로부터 사람을 다치게 하는 큰 사고도 발생 할 수도 있다. 이런 사고가 난 경우에는 즉시 차에서 하차하여 사고를 해결해야 하는데 문제는 그렇지 않고 도망가는 경우가 있다. 이렇게 되면 일이 더 커지고 복잡해 질 수 있다. 특히 사람을 다치게 하고 도망가는 경우에는 그 죄가 가볍지 않다. 이런 경우를 위는 '뺑소니' 또는 '도주차량'이라고 부른다. 뺑소니 운전으로 말미암아 피해자의 생명과 신체에 막대한 영향을 줄 뿐만 아니라 뺑소니로 인해 그 피해를 보상받을 방법이 없어 곤란하게 되는 등 사회적으로 큰 문제점이 나타나게 되었다. 이런 문제점으로 말미암아 "1973년 2월24일 법률 제2550호로써 '특정범죄 가중처벌 등에 관한법률'(줄여서 특가법) 제5조의3에 도주운전자에 대한 가중처벌규정을 신설하였다." 그 이후에 제정된 특례법에도 교통사고를 낸 자가 도로교통법 제54조 제1항에서 정한 적절한 구호조치를 취하지 아니하고 도망간 경우에는 사고관여자의 합의여부, 보험가입여부 등과 상관없이 형사처벌을 하고 있다.

(1) 교통사고

1) 교통사고시 기본적 대처 사항

일반적으로 자동차를 운전하는 대부분의 운전자들은 교통사고 발생시 기본적으로 어떠한 조치를 할 것인가를 몰라 당황하는 경우가 발생한다. 사고가 발생한 경우 우선적으로 해야 할 사항은 법률적 의무 사항인 신고의무와 부상자에 대한 응급구호조치를 해야 하며, 사고 현장에 대한 증거자료 확보도 필수적으로 해야 한다. 또한 사고를 낸 사고당사자인 자신은 사고에 대한 자료를 확보해두어야 한다. 그래야만 나중에 억울하다고 생각되었을 경우에 사고에 대한 자료를 토대로 하여 전문기관에 의뢰하여 사고원인을 분석함으로써 잘못된 결론을 바로잡을 수 있는 것이다.

2) 교통사고 발생 현장에서 기본적 대처 사항

① 사고가 발생한 경우 운전자(동승자)는 상대방의 차와 자신의 차의 최종정지위치를 분사용 페인트로 표시해두고, 사진촬영을 해두어야 한다.
② 상대방의 차와 자신의 차의 손상(파손)부분을 파악한 후 그 부분에 대해 사진촬영을 해둔다.
③ 충돌로 인해 파손된 잔존물이 도로에 떨어진 경우 낙하위치를 정확하게 파악한 뒤 사진촬영을 해둔다.
④ 사고 시 도로에 생긴 흔적들을 정확히 파악한 후 사진촬영을 해둔다.
⑤ 주변에 있던 다른 차량의 사람들이나 목격자를 찾아 인적사항을 기록해두고, 현장 정리가 끝난 후 빠른 시간 내에 확인을 받아둔다.

3) 교통사고 발생 시 유의사항

① 구호의무

도로상에서 자동차 사고 발생 시 본인이 과실이 있는 경우 또는 본인의 과실이 없는 경우 간에 일단 차를 세우고 사상자를 구호하는 등 필요한 조치를 하여야 할 구호의무가 있다.

② 신고의무

물적피해 이건 인적피해 이건 간에 사고 시 가까운 경찰관서 또는 112에 신고를 해야 할 신고의무가 있다. 이러한 신고의무 위반 시 처벌을 받게 된다.

다만 자동차만 부서진 것이 명백하고 사고 후 또 다른 사고가 나지 않게 함은 물론, 교통 소통에도 장애가 없도록 하는 등의 조치를 한 경우에는 신고의무가 면제된다. 그러나 사람이 사상한 경우에는 반드시 경찰관서에 신고해야 한다.

(2) 뺑소니 사고

자동차를 운전하다가 사람을 사상하거나 물건을 망가뜨리는 교통사고를 낸 경우 운전자는 즉시 정차하여 구호의무를 해야 한다. 이러한 구호의무를 하지 않고 도주하는 경우를 우리는 '뺑소니' 또는 '도주차량'이라 한다. 이런 경우 구조의무를 하지 않을 경우에는 "구조의무 불이행 죄"가 성립한다. 뺑소니 혐의가 인정될 경우 설령 자동차보험에 가입되어 있거나 피해자와 합의를 한 경우라도 "특정범죄가중처벌 등에 관한 법률 위반"으로 엄하게 처벌된다.

> 뺑소니에 해당되지 않으려면 다음과 같은 조치를 취해야 한다.
> ① 사고 발생시 즉시 차에서 정차한 후 사건 피해자의 상태부터 먼저 확인해야 한다.
> ② 운전자의 운전면허증 또는 명함 등을 교부하여 신분, 전화번호 등을 확인해야 한다.
> ③ 경찰서에 신고하고 보험회사에 연락한 후에 사고를 접수해야 한다.
> ④ 설령, 피해자가 괜찮다는 의사표시를 하더라도 피해자의 연락처나 주민등록증을 통한 피해자의 신분확인은 반드시 필요하다.

뺑소니에 적용하는 차량은 도로교통법 제2조에 규정된 자동차·원동기장치자전거 또는 궤도차가 이에 해당한다.

① 자동차
철길 또는 가설된 선에 의하지 않고 원동기를 사용하여 운전되는 차를 말한다.

② 원동기장치자전거
'자동차관리법 제3조'에 의한 이륜자동차중 배기량 125cc 이하의 자동차와 50cc 미만의 원동기를 단 차이다.

③ 궤도차
철길·레일에 의하여 육상을 움직이는 기차·전차 및 케이블카 등을 말한다. 하지만 자전거, 우마차 및 경운기 등과 선박, 항공기 등은 '특정범죄가중처벌등에관한법률'에 해당하는 뺑소니 차량에는 포함되지 않는다.

(3) 교통사고의 합의

위와 같이 교통사고로 인해 사람을 다치거나 죽게 한 경우에 가해자의 경우에는 형사책임을 감경하기 위해서, 피해자의 경우에는 치료비의 조속한 조달이나 민사소송에 소요되는 노력과 비용의 절감 및 당장 필요한 생활비의 해결을 위하여, 보험회사의 경우에는 가급적 적은 비용에 의해서 분쟁이 신속하게 끝날 수 있도록 이른바 합의라는 것을 쌍방에 권유한다. 이러한 합의를 하기 위해서는 우선 가해자는 피해자를 만나야 한다. 가해자가 피해자를 만난 경우 피해자에게 자신이 한 행위에 대해서 진심어린 사과를 분명히 함으로써 피해자로 하여금 가해자가 진정으로 잘못을 뉘우치고 있다는 느낌을 받을 수 있도록 해야 한다. 또한 합의를 하는 경우에는 법률에 대해서 잘 아는 전문가에게 중재를 맡도록 하는 것이 각자에게 좋은 일이다.

(4) 교통사고 합의에 따른 배상

치료비의 경우 불법행위와 그에 따른 결과가 발생하는(인과관계)는 범위 내에서 청구할 수 있다. 이러한 치료비의 경우 "치료행위의 필요성이나 기간, 부상의 정도,

치료내용과 횟수, 의료보험수가 등 모든 사정을 종합적·객관적으로 고려해서 합리적으로 결정된다." 예컨대, 소송 중에 병원에 입원할 병원비도 청구, 치료기간 동안 다른 사람의 도움을 받은 경우, 부상이 완쾌된 후 남아 있는 상처의 흔적의 경우 이를 제거하기 위한 성형수술이나 골절교정을 위한 교정기, 재활훈련을 위한 물리치료비 등 향후에 들어갈 치료비도 청구할 수 있다. 소송이 끝난 후에 새로운 피해나 후유증도 발생할 수 있을 것이다. 예컨대 후유증으로 말미암은 우울증 증세라든가 뇌 부분에 기능장애 등 추가적인 후유증 등이다.

이러한 치료를 받고 나서도 다른 증상이 발견되는 경우에 추가적인 배상을 청구할 수 있는가 인데, 판례의 경우 다음과 같이 판시하고 있다. "소송의 변론 종결 당시 새로운 손해의 발생에 대한 예견을 할 수 없었고, 또 그 부분에 대한 청구를 포기했다고 볼 수도 없는 등 특별한 사정이 있는 경우 그 부분에 대하여 새로이 배상을 청구할 수 있다고 판시하고 있다." 즉 무조건 적인 배상을 허용하는 것이 아니고 추가적인 부분의 손해 배생에 대해서는 특별한 사정이 있는 경우에 대해서만 배상을 청구할 수 있다는 것이다.

(5) 교통사고로 인한 처벌

1) 사망사고인 경우

피해자가 사망한 경우에는 자동차보험이나 합의와 상관없이 교통사고처리 특례법에 따라 형사입건 되어 처벌을 받게 된다. 그러나 피해자 유족과 합의된 경우에는 구속, 불구속의 결정, 선고형량 등에 정상참작 될 수 있다.

2) 부상·대물사고인 경우

사고운전자가 종합보험(택시, 버스, 화물 트럭 공제 조합 포함)에 가입되어 있거나 피해자와 합의한 경우에는 형사처벌을 받지 않고, 사고 발생의 원인 행위에 따라 도로교통법상에 의거하여 벌점 및 범칙금을 부과 받게 된다. 그러나 부상사고의 경우 교통사고특례법 제3조에 규정된 "11대 중요위반 사고"의 경우는 다음과 같다.

11대 중요위반 사고

① 교통 신호기, 또는 교통정리를 위한 경찰관 등의 신호나 통행의 금지 또는 일시정지를 내용으로 하는 안전표지가 표시하는 지시에 위반한 경우.

② 중앙선을 침범하거나 고속도로 또는 자동차전용 도로에서 횡단·후진·유턴을 위반한 경우.

③ 제한 속도를 20km 초과하여 운전한 경우.

④ 앞지르기 방법 또는 금지위반의 경우.

⑤ 철길 건널목 통과 방법 위반의 경우.

⑥ 횡단보도 상에서의 보행자 보호의무 위반의 경우.

⑦ 무면허 운전인 경우.

⑧ 음주운전 또는 약물을 복용하고 운전한 경우.

⑨ 보도침범 또는 보도횡단 방법 위반의 경우.

⑩ 승객의 추락 방지 의무 위반의 경우(개문발차).

⑪ 어린이 보호구역에서 안전운전의무를 위반하여 어린이의 신체에 상해를 입힌 경우.

⇨ 이러한 11대 중요위반 사고의 경우에는 자동차보험가입이나 피해자 측과 합의가 된 경우라도 형사처벌을 받게 된다. 단 피해자와 사이에 합의가 되거나 피해자가 피고인의 처벌을 원하지 않는 경우는 형사처벌 되지 않는다.

3) 특정범죄가중처벌 등에 관한 법률

제5조의3(도주차량 운전자의 가중처벌) ① 「도로교통법」 제2조에 규정된 자동차·원동기장치자전거의 교통으로 인하여 「형법」 제268조의 죄를 범한 해당 차량의 운전자(이하 "사고운전자"라 한다)가 피해자를 구호(救護)하는 등 「도로교통법」 제54조제1항에 따른 조치를 하지 아니하고 도주한 경우에는 다음 각 호의 구분에 따라 가중처벌한다.

　　1. 피해자를 사망에 이르게 하고 도주하거나, 도주 후에 피해자가 사

망한 경우에는 무기 또는 5년 이상의 징역에 처한다.

2. 피해자를 상해에 이르게 한 경우에는 1년 이상의 유기징역 또는 500만원 이상 3천만 원 이하의 벌금에 처한다.

② 사고운전자가 피해자를 사고 장소로부터 옮겨 유기하고 도주한 경우에는 다음 각 호의 구분에 따라 가중처벌한다.

1. 피해자를 사망에 이르게 하고 도주하거나, 도주 후에 피해자가 사망한 경우에는 사형, 무기 또는 5년 이상의 징역에 처한다.

2. 피해자를 상해에 이르게 한 경우에는 3년 이상의 유기징역에 처한다.

4) 교통사고 후 미조치 처벌

제148조(벌칙) 제54조제1항에 따른 교통사고 발생 시의 조치를 하지 아니한 사람(주·정차된 차만 손괴한 것이 분명한 경우에 제54조제1항제2호에 따라 피해자에게 인적 사항을 제공하지 아니한 사람은 제외한다)은 5년 이하의 징역이나 1천500만원 이하의 벌금에 처한다. 〈개정 2016.12.2.〉

5) 교통사고 과실 손괴죄

제151조(벌칙) 차의 운전자가 업무상 필요한 주의를 게을리 하거나 중대한 과실로 다른 사람의 건조물이나 그 밖의 재물을 손괴한 경우에는 2년 이하의 금고나 500만원 이하의 벌금에 처한다.

(6) 사례

1. 버스운전자가 트럭이 운행하는 차선전방에 갑자기 진입하여 트럭과 충돌하는 바람에 그 트럭이 중앙선을 넘어서 마주 오던 승용차와 충돌하는 사고가 발생된 사실을 알면서 그대로 진행해 갔다면 이는 동 사고로 인한 사

상의 구호의무조치를 취함이 없이 도주한 경우라고 본 사례(대판 1983.
8. 23, 83도1328).

2. 피해자가 교통사고 당시 자기의 버스에 피해자가 충격되어 땅바닥에 넘어
   졌다가 일어난 것을 본 이상 피해자가 위 충격으로 인하여 상해를 입을 수
   있을 것이라는 예견을 할 수 있다 할 것이므로 피해자가 상해를 입었는지의
   여부, 구호의 필요여부를 검토하여야 함에도 불구하고 그러한 조치를 하지
   않고 피해자가 걸어가는 것을 보고 그대로 버스를 운행한 버스 기사를 특가
   법의 죄책에 해당된다고 판시한 사례(대판 1987. 8. 25, 87도1118).

(7) 문제

이(여, 60세)씨는 경기도 부천시의 한 초등학교 앞에서 승용차를 몰고
우회하던 중 횡단보도를 지나던 이(9)양을 차로 받은 후에 내리지도 않은 채 창
문만 열고 단지 '어디 다친데 없니'라고 묻고는 이양의 대답이 없자 그냥 그 자
리를 떠나갔다. 이씨는 마침 그곳을 지나가던 목격자의 신고에 의해 도주차량
으로 확정되어 운전면허가 취소되었다. 이씨는 경기경찰청을 상대로 자동차운
전면허 취소처분이 부당하다며 소송을 제기하였다. 과연 이씨의 자동차운전면
허 취소처분은 부당한 것인가?

▶ 부당하지 않다. 왜냐하면 이씨가 9살짜리 피해자에게 안전사항 등의 조치
   를 하지 않고 현장을 떠났고, 9살짜리 피해자가 자신의 차에 부딪혀 도로
   상에 넘어져 있는데도 불구하고 차에서 내려 상태확인하지 않은 여러 가
   지 정황을 보면 이는 가해자인 이씨가 피해자인 9살짜리 피해자에게 구호
   조치를 하지 않고 도주한 사실이 인정되기 때문에 자동차운전면허 취소처
   분은 당연한 것이라고 볼 수 있다.

Q 甲은 자신의 승용차를 시속 약 5km로 운전하다가 업무상 과실로 피해자 운전의 승용차를 들이받는 사고를 낸 뒤, 차에서 내린 후 피해 차량 쪽으로 다가가 피해자에게 피해 차량을 이동하여 달라고 요청한 뒤 가해 차량은 그대로 둔 채 사고 장소를 떠나 부근 골목으로 걸어갔고 그곳에서 전화로 보험회사에 사고접수를 하였으며 甲이 사고 장소를 벗어난 지 약 10분 만에 보험회사 직원이 현장에 도착하였고, 甲은 그의 전화를 받은 지 약 1~2분 만에 다시 사고 장소로 돌아왔으며, 피해자들은 사고 장소에서 甲에게 자신들이 사고로 외상을 입었다거나 통증이 있다는 말은 하지 않은 경우, 甲에게 특정범죄 가중처벌 등에 관한 법률상 도주차량죄가 성립하나요?

A 특정범죄 가중처벌 등에 관한 법률 제5조의3 도주차량 운전자의 가중처벌에 관한 규정의 입법 취지와 그 보호법익 등에 비추어 볼 때, 사고의 경위와 내용, 피해자의 나이와 그 상해의 부위 및 정도, 사고 뒤의 정황 등을 종합적으로 고려하여 사고운전자가 실제로 피해자를 구호하는 등 도로교통법 제54조 제1항의 규정에 따른 조치를 취할 필요가 있었다고 인정되지 아니하는 때에는 사고운전자가 피해자를 구호하는 등의 조치를 취하지 아니하고 사고 장소를 떠났다고 하더라도 특정범죄 가중처벌 등에 관한 법률 제5조의3 제1항 위반죄가 되지 아니합니다.

또한, 도로교통법 제54조 제1항의 취지는 도로에서 일어나는 교통상의 위험과 장해를 방지·제거하여 안전하고 원활한 교통을 확보하기 위한 것으로서 피해자의 물적 피해를 회복시켜 주기 위한 것이 아니고, 이 경우 사고운전자가 취하여야 할 조치는 사고의 내용과 피해의 정도 등 구체적 상황에 따라 적절히 강구되어야 하며 그 정도는 건전한 양식에 비추어 통상 요구되는 정도의 조치를 말합니다(대법원 2002. 6. 28. 선고 2002도2001 판결, 대법원 2013. 3. 14. 선고 2012도14114 판결 등 참조).

따라서 위 사안에서 사고의 경위 및 내용, 피해자들의 나이와 그 상해의 부위 및 정도, 피고인과 피해자들의 사고 장소에서의 대화 내용, 가해 차량 및 피해 차량의 이동 주차 경위와 당시 사고 현장의 도로 상황 등에 따라 사고 당시 甲이 실제로 피해자들을 구호하거나 교통상의 위험과 장해를 방지·제거하여 안전하고 원활한 교통을 확보하기 위한 조치를 취하여야 할 필요가 있었음에도 이를 이행하지 아니하고 도주의 고의로써 사고 장소를 떠났다고 단정하기 어려운 경우에는, 甲이 이 사건 사고 직후 위와 같이 사고 장소를 일시 떠났다 하더라도 특정범죄 가중처벌 등에 관한 법률 제5조의3 제1항 제2호 위반죄 및 도로교통법 제148조 위반죄로 처벌할 수는 없을 것입니다(대법원 2014. 2. 27. 선고 2013도15885 판결).

6. 저작권법에 대해

저작권이란 창작물을 만든 이(저작자)가 자기 저작물에 대해 가지는 법적 권리를 말한다. 저작권은 오래전부터 존재했던 권리이지만, 과거의 경우에는 저작권이라는 권리에 대해서 특별히 깊게 생각하지 않았다. 그러나 최근의 경우에는 과거의 경우와는 다르게 다양한 것들이 발명되어 저작권이라는 것이 일상생활 속에서 과거의 경우보다 상당히 큰 관심사로 작용 받기에 이르렀다. 이하에서는 저작권법에 관한 전반적인 이론과 사례 및 문제를 살펴보도록 하자.

관련조문

① 권리침해죄

저작재산권 등을 복제·공연·공중송신·전시·배포·대여·2차적 저작물 작성의 방법으로 침해한 자는 5년 이하의 징역 또는 5천만 원 이하의 벌금에 처하거나 이를 병과할 수 있다. 저작인격권 또는 실연자의 인격권을 침해하여 저작자 또는 실연자의 명예를 훼손한자, 보호되는 데이터베이스 제작자의 권리를 복제·배포·방송 또는 전송의 방법으로 침해한 자는 3년 이하의 징역 또는 3천만 원 이하의 벌금에 처하거나 이를 병과할 수 있다(저작권법 제136조).

② 부정발행 등의 죄

저작자 아닌 자를 저작자로 하여 실명·이명을 표시하여 저작물을 공표한 자, 실연자 아닌 자를 실연자로 하여 실명·이명을 표시하여 실연을 공연 또는 공중송신하거나 복제물을 배포한 자는 1년 이하의 징역 또는 1천만 원 이하의 벌금에 처한다(저작권법 제137조).

③ 출처명시 위반 등의 죄

저작물을 이용하는 자가 그 출처를 명시하지 않은 경우 500만 원 이하의 벌금에 처한다(저작권법 제128조).

(1) 의의

창작물을 만든 이(저작자)가 자기 저작물에 대해 가지는 법적 권리를 말한다. 자신의 창작물을 공표하고, 창작물을 공개 배포 또는 전달하고, 저작물을 다른 사람이 특정의 방법으로 사용하도록 허락할 수 있는 권리를 말한다.

(2) 저작권의 목적

저작자의 권리를 보호하여 문화를 발전시키는 것을 목적으로 한다.

(3) 저작권의 역사

저작권은 유럽에서 발달되었다. 15세기 구텐베르크가 인쇄술을 개발하면서 독자층이 확대되었다. 출판이 활발했던 이탈리아 베네치아에서는 1517년 저작권법이 만들어졌다. 1710년 영국 앤 왕 때 저작권법이 제정되어, 저작권 보호 기간이 정해지고, 기간이 지나면 사회가 공유하게 되었다. 1886년 베른협약이 체결되었고, 뒤에도 여러 번 개정되었다. 1952년에는 베른협약에 참여하지 않는 나라를 중심으로 세계적작권 협약(UCC)이 체결되었는데, 그 뒤 조약에 가맹한 나라들이 베른협약에 가입하면서 베른협약이 국제적으로 저작권 기본 조약이 되었다.

(4) 범위

1) 저작물

인간의 사상 또는 감정을 표현한 창작물을 말하는 것이다. 예컨대, 소설, 논문, 음악저작물, 영상저작물 등이 있다. 저작물에는 물리적 매체뿐만 아니라, 디지털화된 형태 역시 저작물에 해당된다. 즉 문자 형태의 어문 저작물뿐만 아니라, 컴퓨터로 작성한 여러 도면, MP3 와 같은 음악 저작물, DVD 영화나 비디오 같은 영상저작물 등도 디지털 저작권의 보호대상에 해당된다.

2) 저작권

저작권은 저작물의 창작과 동시에 자연적으로 발생하는 권리이다. 저작권은 저작인격권과 저작재산권으로 구분된다.

① 저작인격권

저작자의 명예와 인격적 이익을 보호하기 위한 권리로서 공표권(저작물을 공표할 권리), 성명표시권(스스로의 이름을 밝힐 권리), 동일성 유지권(저작물을 바꾸지 못하게 할 권리)이 있는 것을 말한다.

② 저작재산권

저작자의 재산적 이익을 보장하는 권리로, 저작물을 어떤 방법으로 이용하느냐에 따라 복제권, 공연권, 방송권, 전시권, 배포권 등으로 세분된다.

(5) 권리

저작자는 저작물에 대해 법이 정하는 권리를 행사할 수 있다. 일반적으로 다음과 같은 권리를 가진다.

① 복제(인쇄 · 녹음 · 녹화), 공연(상연 · 연주), 공중 송신(방송 · 전송)
② 전시, 배포(양도 · 대여)
③ 개작(번역 · 편곡 · 각색), 편집 등.

저작권과는 별도로, 저작물을 실연(실제로 해보는 것)하거나 음반으로 만들거나 방송한 이는 그 실연·음반·방송에 대한 일정한 권리를 갖는데 이를 '저작 인접권'이라 한다.

(6) 저작물 이용

저작권이 있는 저작물의 경우에는 저작 재산권 자에게 허락을 받아야만 그 저작물을 이용하여야 하며, 허락을 받으면 그 허락 조건에 따라 이용할 수 있는 것이다. 그러나 관리자가 허락 조건을 미리 명시해 둔 경우에는 별도로 허락을 받지 않은 경우라도 그 명시한 허락 조건에 따라 이용할 수 있다.

(7) 저작재산권의 제한

'저작재산권'은 저작인격권과 달리 양도나 상속 등이 가능 한 것을 말한다. '저작인격권'은 저작자의 인격을 보호해 주는 것으로서 저작자 혼자만이 가질 수 있는 것으로, 남에게 양도할 수 없는 권리다.

저작재산권자의 허락 없이 저작물(사람의 생각이나 감정이 표현되어 있는 독창적인 창작물을 지칭하는 것)을 자유롭게 이용할 수 있는 특수한 경우도 있는데 다음과 같다.

① 재판상 필요하여 불가피하게 저작물을 이용하는 경우.
② 학교 교육을 위한 경우.
③ 시사 보도를 위한 이용하는 경우.
④ 공표된 저작물을 논문 등에 인용하는 경우.
⑤ 영리를 목적으로 하지 않는 공연 방송에서 이용하는 경우.
⑥ 시험문제로서의 복제, 사적 이용을 위한 복제 등에 이용하는 경우.

(8) 저작권의 발생과 보호기간

1) 저작권의 발생

저작권은 저작한 때로부터 권리가 발생하기 때문에 따로 등록을 한다든지 하는 어떠한 절차나 방식을 필요로 하지 않는다. 이를 '무방식주의' 라고 한다.

2) 보호기간

저작 재산권은 일정기간 동안 소멸하지 않는다. 베른협약은 저작물을 만든 사람이 죽은 뒤에 적어도 50년 까지 보호하도록 하고 있다. 미국의 경우에는 50년 까지 었으나 70년으로 늘렸다. 대한민국의 경우는 원칙적으로 50년 이었으나 한미 자유무역협정 체결에 따라, 2011년에 저작권법 개정을 통해 2013년 7월부터 보호기간을 70년으로 늘렸다.

> **Q** 청소년수련관을 관리하고 있는 甲은 시설을 이용하는 청소년들을 위해 무료로 영화를 상영할 것을 계획하고 있습니다. 그런데 甲이 그 영화의 제작사 등의 허락을 받지 않아도 아무런 문제가 없는지요?
>
> **A** 원칙적으로 저작자는 저작권법에 의해 그의 저작물을 공연할 권리를 가집니다(저작권법 제17조). 그러나 저작권법은 그 29조에 영리를 목적으로 하지 아니하는 경우에는 지적재산권을 제한하여 영상저작물을 공연할 수 있도록 규정하고 있습니다. 따라서 甲은 영리를 목적으로 하지 않는 한 저작자의 동의를 받지 않더라도 청소년들을 위해 영화를 상영할 수 있을 것입니다. 다만 저작권법 시행령 11조는 위 저작권법 제29조 규정에 의한 지적재산권의 제한에 또 다시 예외를 두고 있는바 그 규정에 따르면 '영상저작물을 감상하게 하기 위한 설비를 갖추고 발행일부터 6개월이 지나지 아니한 상업용 영상저작물을 재생하는 형태의 공연'은 금지하고 있습니다. 따라서 甲은 무료로 영화 상영을 하더라도 발행된 지 6개월이 지난 영화를 상영하여야 할 것으로 보입니다.

7. 택배분실

(1) 택배분실의 책임

요즘은 인터넷이 발달되면서 집에서도 다양한 인터넷 매체나 PC를 통해서 쇼핑을 할 수 있게 되었다. 이런 인테넷 쇼핑과 맞물려 발달하게 된 산업이 바로 택배산업인 것이다. 산업이 발달하면서 인터넷 쇼핑뿐만 아니라 개인 간의 물품 거래에도 택배가 유용하게 쓰이게 되었다. 하지만 편리한 택배 서비스가 우리를 당황하게 만드는 경우도 종종 발생한다. 예컨대, 운송 중이던 물건이 중간에서 홀연히 사라진 경우, 운송 도중 분실되거나 배송을 했지만 엉뚱한 곳에 가져다주어 찾을 수 없는 경우. 그렇다면 택배물건이 사라지거나 분실한 경우 이에 대한 보상을 택배회사에게 보상 받을 수 있는가가 문제이다. 물론 그에 대한 대답은 보상 받을 수 있다는 것이다. 하지만 문제는 택배회사가 택배비만 돌려주고 물건에 대한 책임에 대해서는 회피를 하는 경우에 어떻게 조치를 취해야 하는가이다. 소비자와 택배회사 사이에는 '화물운송 계약'이 상호간에 맺어져 있다. 택배회사는 소비자와 이러한 계약을 한 이상 계약을 성실하게 수행해야 할 책무가 있는 것이다. 그렇기 때문에 당연히 택배회사는 운송물 부주의로 인해 잃어버린 택배물건에 대해서는 보상을 해줘야 한다. 즉, 택배회사가 물건에 대한 수령, 인도, 보관 및 운송에 관한 주의의무를 위반하지 않았다는 사실을 증명하지 못할 경우 책임을 져야 한다는 것이다. 단, 택배회사가 고객에게 택배를 제대로 배달했다는 증명을 받아 놓은 경우에는 운송물 분실에 대한 책임을 지지 않아도 된다. 그러나 그러한 증명을 하지 못한 경우에는 그에 따른 배상책임을 해야 한다.

(2) 택배분실의 책임과 보상

택배분실에 따른 택배 회사로부터 어떤 보상을 받을 수 있는가? 택배물건의 경우도 어떤 것은 가치가 적은 물건일 것이고 어떤 택배물건은 가치가 큰 것일 수도 있다. 즉, 택배의 보상은 그 물건이 얼마만큼의 가치를 가지고 있느냐에 따라 차이가 날 수 있다는 것이다. 택배서비스를 이용한 사람이 만약의 사태를 대비하여 물건의 종류, 시가, 취급 주의 품목 여부 등에 대한 내용을 적어 보냈는데 택배회사가 제대로 일 처리를 하지 않아 물건이 손상을 입은 경우에는 택배회사가 책임을 져야 한다. 즉, 잃어버린 물건에 대한 보상을 하는 것은 물론이고 택배비용도 보상해야 한다.

최고 보상한도

① 물건의 가격을 미리 적은 경우에는 그 가격만큼 보상을 받을 수 있다.

② 물건의 가격을 적지 않은 경우에는 약관이 정하는 최고 보상한도의 범위 내에서 보상을 받을 수 있다.

③ 물건의 가격을 적지 않았는데 최고보상한도 보다 값이 나가는 물건일 경우에는 소비자의 책임도 일정부분 있다고 보기 때문에 전적으로 택배회사에게 책임을 물을 수는 없다. 따라서 여러 가지 상황에 따라 보상의 결과도 달라질 수 있다.

(3) 택배이용 방법 중 중요한 사항

① 훼손될 가능성이 있는 물건들은 포장을 잘해야 한다.

② 택배를 보낼 물건의 정보를 정확히 입력한다. 예컨대, 보내는 사람, 받는 사람, 연락처 등, 보내는 물건 및 가격 등이다.

③ 물건을 보낼 때 받은 영수증은 반드시 챙겨두어야 한다. 영수증은 물건을 보냈고 물건에 대한 정보를 제대로 알려 주었다는 내용을 증명하는 자료다. 영수증이 없는 경우에는 나중에 다른 소리를 할 수 있기 때문에 꼭 간직해두도록 하자.

④ 고가의 물건일 경우에는 추가 요금을 더 내더라도 안전한 서비스를 이용하기 위해서는 설령 추가비를 내라고 할 경우에는 추가 요금을 더 내고 서비스를 이용하도록 하자. 즉, 고가의 물건을 보내는 경우에는 기존요금보다 더 추가 요금이 발생하는데, 그렇더라도 몇 천 원 아끼려다 고가의 물건에 문제가 발생하는 곤란한 일을 당할 수도 있다.

8. 음식점에서 물건을 잃어버린 황당한 경우

사람들과 만나서 식사를 하기위해 신발을 벗고 음식점에 들어간다. 식사 후에 신발을 신을 때 대부분의 경우에는 신발을 잊어 먹지 않는데 가끔 내 신발이 없어지는 경우가 발생하는 경우도 생긴다.

물론 이러한 경우에는 고의적으로 신발이 비싸 보여 신고 간 사람도 있을 것이고,

북적북적 시끄럽고 정신이 없어 실수로 신발을 바꿔 신은 경우도 있을 것이다.

사람들과 밥을 맛있게 식사한 후 계산을 한 후 신발을 신으려고 하는데 신발이 사라졌다면 얼마나 당황스럽고 황당하겠는가? 게다가 그 신발이 내가 아끼는 신발이라면 아마 더 황당할 것이다. 자 그렇다면 이러한 경우에 신발이 없어진 것에 대한 보상을 누구에게 받아야 하겠는가의 문제이다. 이에 대해서는 당연 식당주인에게 받아야 할 것이다. 비단 식당뿐만 아니라 극장이나 여관 등도 마찬가지이다. 상법에 보면 극장, 여관, 음식점이나 많은 손님들이 모이는 시설에서 영업하는 사람을 '공중적객업자'라고 부른다.

이와 관련되어 상법 제152조가 거론된다. 이 조항은 업주에게 책임이 없다는 규정이 아니다.

제152조(공중접객업자의 책임) ① 공중접객업자는 자기 또는 그 사용인이 고객으로부터 임치(任置)받은 물건의 보관에 관하여 주의를 게을리 하지 아니하였음을 증명하지 아니하면 그 물건의 멸실 또는 훼손으로 인한 손해를 배상할 책임이 있다.
② 공중접객업자는 고객으로부터 임치 받지 아니한 경우에도 그 시설 내에 휴대한 물건이 자기 또는 그 사용인의 과실로 인하여 멸실 또는 훼손되었을 때에는 그 손래를 배상할 책임이 있다.
③ 고객의 휴대물에 대하여 책임이 없음을 알린 경우에도 공중접객업자는 제1항과 제2항의 책임을 면하지 못한다.

상법 제152에 규정되어져 있는 공중접객업자는 극장, 여관, 음식점과 같이 여러 사람이 드나드는 시설에 의한 영업을 하는 사람을 말한다. 음식점이나 목욕탕의 경우에는 공중접객업에 해당된다. 위 법조항에 의하면 손님이 설령 업주에게 물건을 맡겨두었건, 맡겨두지 않았건 간에 분실물에 대해서는 업주가 책임을 져야 하며, 심지어 업주가 손님에게 휴대물 분실에 대하여 책임이 없다고 말 한 경우에도 책임을 져야 한다고 규정되고 있다. 즉 목욕탕이나 음식점에 붙어 있는 상법 제152조의 규정은 업무에게 원칙적으로 책임이 있다는 것을 규정한 조항인 것이지 업주에게 책임이 없다는 규정은 아닌 것이다(전액 배상이 아님).

그런데 재미있는 것은 이 규정에 대해서 업주들은 손님들이 물건을 분실한 경우 업주 본인들은 책임이 없다는 규정으로 인용을 하고 있다는 점이다. 또한 어느 식당을 가보면 카운터 앞에 소지품 주의, 분실시 책임지지 않음 이라는 문구를 주인이 써 놓는 가게도 있다. 과연 이렇게 써 놓으면 물건을 잃어버린 경우 가게 주인은 책임을 지지 않는가에 대해서도 그렇지 않다. 경고 문구는 단지 경고 문구 일 뿐, 실질적인 책임은 가게 주인에게 있다고 할 것이다(전액 배상이 아님).

가게주인이 물건(신발)에 대한 보상을 해주지 않겠다고 하는 경우에는 보통 공정거래위원회의 고시인 소비자분쟁해결기준에 의거하는데, 이 기준에는 분실물의 종류, 사용기간 등에 따른 세부적인 배상기준이 나와 있다.

소비자분쟁해결기준에 따라 보상을 받기 위해서는 분실물의 구입시점과 가격을 제시해야 한다. 영수증이나 카드 사용내역 등이 필요하다. 이러한 것이 없는 경우에는 보상이 쉽지가 않다. 만약 업주가 이러함에도 불구하고 끝까지 배상을 거부한다면, 두 가지 방법에 의해 해결해야 한다. ① 한국소비자원에 피해구제 청구를 하는 방법이 있고(합의안이나 조정안에는 강제력이 없음), ② 민사소송으로 해결해야 하는 방법이 있다. ②의 경우에는 비용과 절차가 복잡하기 때문에 되도록 ①에 의한 방법을 통해 해결하는 것이 좋을 듯하다. ①의 방법에 의해 분쟁이 해결 되는 경우에는 사건이 해결되지만 그렇지 않은 경우에는 민소소송을 진행해야 한다.

> **Q** 저는 미용실을 경영하고 있는데, 손님 甲이 가방을 맡겨 이를 보관하고 있던 중 분실하였습니다. 그러자 甲은 "가방 안에 현금 400만원과 70만원 상당의 시계, 옷 등이 들어 있었다."라고 하면서 그 전액을 배상해달라고 합니다. 그러나 甲이 가방을 맡길 때 현금 등의 이야기는 하지 않았고 설령 현금 등이 들어 있었다고 하더라도 그 액수 등을 확인할 길이 없는 지금 甲이 요구하는 전액을 배상해야 하는지요?
>
> **A** 「상법」에 의하면 극장, 여관, 음식점, 그 밖의 공중이 이용하는 시설에 의한 거래를 영업으로 하는 자를 공중접객업자라 하고(상법 제151조), 공중접객업자는 객으로부터 임치(任置)를 받은 물건의 멸실 또는 훼손

에 대하여 불가항력으로 인함을 증명하지 아니하면 그 손해를 배상할 책임을 면하지 못하며, 공중접객업자는 객으로부터 임치를 받지 아니한 경우에도 그 시설 내에 휴대한 물건이 자기 또는 그 사용인의 과실로 인하여 멸실 또는 훼손된 때에는 그 손해를 배상할 책임이 있다고 규정하고 있습니다. 또한, 객의 휴대물에 대하여 책임이 없음을 게시한 때에도 공중접객업자는 위의 책임을 면하지 못합니다(같은 법 제152조).

그러나 화폐, 유가증권 기타의 고가물(귀금속, 골동품, 고서화 등)에 대하여는 객이 그 종류와 가액을 명시하여 임치(任置)하지 아니하면 공중접객업자는 그 물건의 멸실 또는 훼손으로 인한 손해를 배상할 책임이 없다고 하는 고가물책임에 관한 특칙을 규정하고 있습니다(같은 법 제153조).

따라서 귀하의 경우에도 甲이 화폐나 고가물이 있음을 알리고 맡긴 것이 아니므로, 귀하에게 화폐나 고가물에 대한 손해배상책임은 없다고 하겠습니다. 다만, 귀하가 고가물임을 알고 있었던 경우에는 물건의 멸실·훼손에 관한 책임을 부담할 수도 있을 것입니다.

그리고 위의 책임은 공중접객업자나 그 사용인이 악의인 경우가 아닌 한 공중접객업자가 임치물을 반환하거나 객이 휴대물을 가져간 후 6월을 경과하면 소멸시효가 완성되며, 물건이 전부 멸실한 경우에는 객이 그 시설을 퇴거한 날로부터 소멸시효를 기산합니다(같은 법 제154조).

참고문헌

강민구, 『부동산·형사소송변호사의 생활법률』, 박영사, 2018

노갑영, 『여성과 법률(개정판)』, 동방문화사, 2016

이보영, 『현대의 법과 생활(개정판)』, 동방문화사, 2013

최종고, 『법과생활(제6판) 케이스식법학통론』, 박영사, 2012

홍완식, 『법과사회(사회적 쟁점과 법적 접근』, 법문사, 2016

이문지, 『법과생활(사례중심)』, 법문사, 2106

원영철·임윤수, 『생활과 법률(제5판)』, 삼영사, 2016

신종석, 『현대인에게 필요한 법과 생활』, 삼조사, 2017

임충희, 『법과현대생활(제10개정판)』, 삼조사, 2013

송희식·김우진, 『법률콘서트』, 법률출판사, 2012

황선익, 『생활법률 119(개정증보판)』, 더난출판, 2012

허영희, 『알아두면 유익한 생활법률(제5판)』, 비앤엠북스, 2011

박동명, 『현대생활과 법률』, 한국학술정보, 2009

윤황채·지오남, 『형법·형사소송법 용어 해설집』, 배움, 2011 이외 다수

법제처: http://www.moleg.go.kr/

대법원: http://www.scourt.go.kr/

헌법재판소: http://www.ccourt.go.kr/ 등

저자약력

저자 법학박사
  행 정 사 김동근

숭실대학교 법학과 졸업
숭실대학교 대학원 법학과 졸업(법학박사)

현, 숭실대학교 초빙교수
  공인행정사협회 법제이사
  중앙법률사무교육원 교수
  YMCA병설 월남시민문화연구소 연구위원
  대한부동산학회 이사
  한국시민문화학회 이사
  한국법무보호복지학회 이사
  내외일보·내외경제신문 논설위원

저서,
  핵심재개발·재건축분쟁실무(진원사)
  부동산소송(진원사)
  건축분쟁실무(진원사)
  건축법 이론 및 실무(진원사)
  주택법 이론 및 실무(진원사)
  국토계획법 이론 및 실무(진원사)
  도시개발법 이론 및 실무(진원사)
  주택상가임대차보호법 분쟁실무(법률출판사)
  민사소송준비부터 가압류·강제집행까지(법률출판사)
  민법총칙(진원사)
  요건사실론(진원사)
  답변서·준비서면 총서(진원사)

신종합법률실무대전 Ⅰ Ⅱ Ⅲ (진원사)

민법의 이해와 실무(개정판) (중앙법률사무교육원)

이혼소송에서 위자료 재산분할까지(진원사)

유형별 가사분쟁실무(진원사)

사건유형별 가사소송 이론 및 실무(진원사)

이혼소송준비부터 가압류 강제집행까지(법률출판사)

가사소송법실무(진원사)

가사소송실무 Ⅰ Ⅱ (진원사)

상속분할과 유류분청구(진원사)

미성년·성년후년소송(진원사)

조문별 핵심판례 도시및주거환경정비법(상,하)(진원사)

유형별 민사집행법 판례정리집(상,하)(진원사)

누구나 쉽게할 수 있는 민사소송(진원사)

나홀로 하는 민사소송실무(진원사)

나홀로 하는 형사소송실무(진원사)

나홀로 하는 가사소송실무(진원사)

나홀로 하는 보전소송실무(진원사)

나홀로 하는 민사집행실무(진원사)

나홀로 하는 어음수표소송(진원사)

나홀로 하는 교통사고 손해배상소송(진원사)

나홀로 하는 부동산소송실무(진원사)

나홀로 하는 소장작성례(진원사)

나홀로 하는 가족관계사건등록절차(진원사)

한권으로 끝내는 가사소송실무(법률출판사)

한권으로 끝내는 운전면허취소정지구제 행정심판(법률출판사)

한권으로 끝내는 영업정지취소구제 행정심판(법률출판사)

사건유형별 행정소송 이론 및 실무(법률출판사)

한권으로 끝내는 주택상가임대차보호법 분쟁실무(법률출판사)

증거수집 및 증거신청절차(진원사)

저자

법학박사 이기원

숭실대학교 대학원 법학과 졸업 - 형사법전공
전, 숭실대, 홍익대, 대전대 외래교수
현, 월남시민문화연구소 연구위원
    광운대, 조선대, 강원대 외래교수
    조선대 초빙교수
    한국법이론 실무학회 이사

저자

변호사 최나리

성균관대학교 법학과
대법원 사법연수원 수료
인천지방검찰청 부천지청 검사직무대리
수원지방법원 민사조정위원
대한변호사협회 지적재산권/가사법/지식재산권 등 특별연수 수료
대한변호사협회 준법지원아카데미 수료

前 법무법인 한국 소속변호사
前 서울동부지방법원 소송구조변호사
前 메이트윈 법률사무소 변호사
現 대법원, 서울동부지방법원, 서울서부지방법원, 서울남부지방법원,
    서울북부지방법원 국선변호인
現 법률사무소 현명 변호사

생활법률 솔루션

법과 생활

2018년 9월 10일   1판 1쇄 인쇄
2018년 9월 20일   1판 1쇄 발행

저 자   김동근 · 이기원 · 최나리
발 행 인   김용성
발 행 처   법률출판사
         서울시 동대문구 이문로 58 (휘경동) 오스카빌딩 4층
         ☎ 02) 962-9154   팩스 02) 962-9156
등 록 번 호   제1-1982호
ISBN   978-89-5821-334-5   13360
E-mail :   lawnbook@hanmail.net